U0613875

中華古籍保護計劃

ZHONG HUA GU JI BAO HU JI HUA CHENG GUO

·成果·

江蘇省揚州市圖書館古籍普查登記目録

全國古籍普查登記目録

國家圖書館出版社
National Library of China Publishing House

圖書在版編目(CIP)數據

江蘇省揚州市圖書館古籍普查登記目録/《江蘇省揚州市圖書館古籍普查登記目録》編委會編. —北京:國家圖書館出版社,2019.10
(全國古籍普查登記目録)
ISBN 978-7-5013-6798-6

Ⅰ.①揚… Ⅱ.①揚… Ⅲ.①公共圖書館—古籍—圖書館目録—揚州 Ⅳ.①Z838

中國版本圖書館 CIP 數據核字(2019)第 124797 號

書　　名　江蘇省揚州市圖書館古籍普查登記目録
著　　者　《江蘇省揚州市圖書館古籍普查登記目録》編委會　編
責任編輯　黄　鑫

出版發行　國家圖書館出版社(北京市西城區文津街 7 號　100034)
(原書目文獻出版社 北京圖書館出版社)
010-66114536　63802249　nlcpress@nlc.cn(郵購)
網　　址　http://www.nlcpress.com
排　　版　凡華(北京)文化傳播有限公司
印　　裝　河北三河弘翰印務有限公司
版次印次　2019 年 10 月第 1 版　2019 年 10 月第 1 次印刷

開　　本　787×1092(毫米)　1/16
印　　張　37
字　　數　740 千字
書　　號　ISBN 978-7-5013-6798-6
定　　價　370.00 圓

《全國古籍普查登記目録》

工作委員會

《全國古籍普查登記目録》

序　言

全國古籍普查登記工作是“中華古籍保護計劃”的首要任務，是全面開展古籍搶救、保護和利用工作的基礎，也是有史以來第一次由政府組織、參加收藏單位最多的全國性古籍普查登記工作。

2007年國務院辦公廳發布《關於進一步加强古籍保護工作的意見》（國辦發［2007］6號），明確了古籍保護工作的首要任務是對全國公共圖書館、博物館和教育、宗教、民族、文物等系統的古籍收藏和保護狀況進行全面普查，建立中華古籍聯合目録和古籍數字資源庫。2011年12月，文化部下發《文化部辦公廳關於加快推進全國古籍普查登記工作的通知》（文辦發［2011］518號），進一步落實了全國古籍普查登記工作。根據文化部2011年518號文件精神，國家古籍保護中心擬訂了《全國古籍普查登記工作方案》，進一步規範了古籍普查登記工作的範圍、内容、原則、步驟、辦法、成果和經費。目前進行的全國古籍普查登記工作的中心任務是通過每部古籍的身份證——“古籍普查登記編號”和相關信息，建立古籍總臺賬，全面瞭解全國古籍存藏情况，開展全國古籍保護的基礎性工作，加强各級政府對古籍的管理、保護和利用。

《全國古籍普查登記工作方案》規定了全國古籍普查登記工作的三個主要步驟：一、開展古籍普查登記工作；二、在古籍普查登記基礎上，編纂出版館藏古籍普查登記目録，形成《全國古籍普查登記目録》；三、在古籍普查登記工作基本完成的前提下，由省級古籍保護中心負責編纂出版本省古籍分類聯合目録《中華古籍總目》分省卷，由國家古籍保護中心負責編纂出版《中華古籍總目》統編卷。

在黨和政府領導下，在各地區、各有關部門和全社會共同努力下，古籍普查登記工作得以扎實推進。古籍普查已在除臺、港、澳之外的全國各省級行政區域開展，普查内容除漢文古籍外，還包括各少數民族文字古籍，特别是於2010年分别啓動了新疆古籍保護和西藏古籍保護專項，因地制宜，開展古籍普查登記工作；國家古籍保護中心研製的“全國古籍普查登記平臺”已覆蓋到全國各省級古籍保護中心，并進一步研發了“中華古籍索引庫”，爲及時展現古籍普查成果提供有力支持；截至目前，已有11375部古籍進入《國家珍貴古籍名録》，浙江、江蘇、山東、河北等省公布了省級《珍貴古籍名録》,古籍分級保護機制初步形成。

《全國古籍普查登記目録》是古籍普查工作的階段性成果,旨在摸清家底,揭示館藏,反映古籍的基本信息。原則上每申報單位獨立成册,館藏量少不能獨立成册者,則在本省範圍内幾個館目合并成册。無論獨立成册還是合并成册,均編製獨立的書名筆畫索引附於書後。著録的必填基本項目有:古籍普查登記編號、索書號、題名卷數、著者(含著作方式)、版本、册數及存缺卷數。其他擴展項目有:分類、批校題跋、版式、裝幀形式、叢書子目、書影、破損狀況等。有條件的收藏單位多著録的一些擴展項目,也反映在《全國古籍普查登記目録》上。目録編排按古籍普查登記編號排序,内在順序給予各古籍收藏單位較大自由度,可按分類排列古籍普查登記編號,也可按排架號、按同書名等排列古籍普查登記編號,以反映各館特色。

此次全國古籍普查登記工作,克服了古籍數量多、普查人員少、普查難度大等各種困難,也得到了全國古籍保護工作者的極大支持。在古籍普查登記過程中,國家古籍保護中心、各省古籍保護中心爲此舉辦了多期古籍普查、古籍鑒定、古籍普查目録審校等培訓班,全國共1600餘家單位參加了培訓,爲古籍普查登記工作培養了大量人才。同時在古籍普查登記工作中,也鍛煉了普查員的實踐能力,爲將來古籍保護事業發展奠定了良好的基礎。

《全國古籍普查登記目録》的出版,將摸清我國古籍家底,爲古籍保護和利用工作提供依據,也將是古籍保護長期工作的一個里程碑。

國家古籍保護中心
2013年10月

《全國古籍普查登記目録》

編纂凡例

一、收録範圍爲我國境内各收藏機構或個人所藏，産生於 1912 年以前，具有文物價值、學術價值和藝術價值的文獻典籍，包括漢文古籍和少數民族文字古籍以及甲骨、簡帛、敦煌遺書、碑帖拓本、古地圖等文獻。其中，部分文獻的收録年限適當延伸。

二、以各收藏機構爲分册依據，篇幅較小者，適當合并出版。

三、一部古籍一條款目，複本亦單獨著録。

四、著録基本要求爲客觀登記、規範描述。

五、著録款目包括古籍普查登記編號、索書號、題名卷數、著者、版本、册數、存缺卷等。古籍普查登記編號的組成方式是：省級行政區劃代碼—單位代碼—古籍普查登記順序號。

六、以古籍普查登記編號順序排序。

《江蘇省揚州市圖書館古籍普查登記目録》

編委會

《江蘇省揚州市圖書館古籍普查登記目録》

前　言

江蘇省揚州市是國務院首批公布的二十四座歷史文化名城之一，以其 2500 多年的厚重歷史、光輝璀璨的古代文化、優美怡人的風景名勝著稱於世。在漫長的歷史長河中，形成了獨具地域特色的文化傳統。揚州的文化底蘊深厚，特别是清乾嘉以來形成的“揚州學派”和“揚州八怪”，使揚州在中國文化版圖上占有重要一席。衆多的學術大家，濃厚的文化氛圍，使揚州形成了藏書、編書、刻書的文化傳統，出現了以阮元、季振宜爲代表的衆多藏書家和以文匯閣、馬氏小玲瓏山館、吴氏測海樓、梅花書院爲代表的大量藏書樓。

創建於 1950 年的蘇北圖書館，是揚州市圖書館的前身。當時的藏書來源，主要是從鹽城專區各縣徵集的一部分舊書，以及淮陰博古圖書館、鹽城中學圖書館、蘇北行署文教處資料室的部分圖書，另有揚州徐芸生先生捐贈的 5000 多册珍藏古書和其他社會人士捐贈的新舊圖書。古籍部的藏書基礎就是從這些書裏整理出來的古舊書，并成立了圖書館特藏組。之後特藏組館員劉梅先先生傾注全力，接受捐獻和募集了 6 萬多册古舊書，爲古籍資源建設作出重大貢獻。1960 年，特藏室擴置爲古籍部。1972 年以後，揚州市圖書館四處徵集、采購古籍，使古籍藏量增至 11.2 萬册。2007 年清點上架了近 2 萬册綫裝書，使藏書總量增至 13.2 萬册。目前，被編入《中國古籍善本書目》的有 250 部，入選《國家珍貴古籍名録》的有 75 部，入選《江蘇省珍貴古籍名録》的有 196 部。

古籍庫房的收藏條件，隨着圖書館的發展及兩次搬遷，日趨完善。古籍部當初位於揚州老城區永勝街 40 號，1998 年 10 月隨新館搬遷至維揚路 349 號，2010 年 10 月又隨新館搬遷至文昌西路 466 號揚州文化藝術中心内。新館古籍庫房面積 600 平方米，嚴格按照《圖書館古籍特藏書庫基本要求》建造，配置各項保護設備，普本庫房選用鋼製密集型書橱，善本庫房定製了樟木書櫃，氣體自動滅火、恒温恒濕、監控報警系統等各項保護設備齊全，古籍保護條件更具規範化、科學化和現代化。2010 年揚州市圖書館入選首批“江蘇省古籍重點保護單位”、第三批“全國古籍重點保護單位”。

揚州市圖書館歷年收集保存古籍，然而，這些書大多利用卡片編目，極其簡單且謬誤不少，不符合古籍普查編目的規範。2011 年 12 月，文化部下發《文化部辦公廳關於加快推進全國古籍普查登記工作的通知》，我館根據新的工作方案開始對古籍部館藏文獻進行古籍六項的普查登記工作，截至目前，整理出 9186 部古籍，編輯成《江蘇省揚州市圖書館古籍普查登記目録》。

此次爲編輯出版《江蘇省揚州市圖書館古籍普查登記目録》而進行的普查工作，加快了我館古籍編目工作的進程，摸清了館藏古籍家底，夯實了古籍保護工作的基礎。古籍保護工作任重道遠，我們將在省文化廳、省古籍保護中心的領導和支持下，不斷學習、探索古籍保護與利用的新途徑，努力做好這項功在當代、利在千秋的事業。

朱　軍

2019 年 7 月

目　　録

320000－1615－0000001　獻0111－4/100001
十三經注疏三百三十三卷　清光緒四年(1878)淮南書局刻本　一百五冊　缺一種四卷(禮記疏十四至十七)

320000－1615－0000002　獻0115－0121/100002
十三經注疏校勘記二百六十二卷　清光緒二十四年(1898)刻本　五十六冊

320000－1615－0000003　獻0122/100003
皇清經解檢目八卷　(清)蔡啟盛編　清光緒十二年(1886)武林刻本　二冊

320000－1615－0000004　獻0122－45/100004
皇清經解一千四百卷續刻四百八卷　(清)阮元輯　清道光九年(1829)廣東學海堂刻咸豐十一年(1861)廣東補刻本　三百五十九冊　存五十一卷(經問十四卷、補一卷,四書賸言四卷、補二卷,詩說三卷、附録一卷,春秋正辭十一卷,春秋舉例一卷,春秋要指一卷,春秋公羊通義十二卷、敍一卷)

320000－1615－0000005　獻0145－0215/100005
皇清經解續編一千四百三十卷　王先謙輯　清光緒十四年(1888)南菁書院刻本　二百六十冊　缺二十六種二百十七卷(詩經稗疏四卷,鄉黨正義一卷,儀禮正義一至三、七至十三、十七至二十五、三十八至四十,禘祫問答一卷,周易姚氏學十三至十六,春秋公羊傳曆譜十一卷,論語古註集箋一至七、十三至二十,虞氏易消息圖說一卷,大勢答問一卷,春秋決事比一卷,輪輿私箋二卷、附圖一卷,儀禮私箋八卷,東塾讀書記五至十,詩地理徵七卷,喪服會通說四卷,讀儀禮録一卷,論語正義二十四卷,釋穀四卷,今文尚書經說考一至二,毛詩鄭箋考字說四卷,詩經四家異文考一至二、四至五,齊詩翼氏學疏證二卷,禮堂經說二卷,禮記鄭讀考六卷,爾雅經注集證三卷,公羊義疏七十六卷)

320000－1615－0000006　獻0221/100006
四音定切四卷　(清)劉熙載撰　清光緒刻本　二冊

320000－1615－0000007　獻0221/100007
四書講義集説七卷　(清)李道南撰　清刻本　二冊　缺一卷(孟子講義集説一卷)

320000－1615－0000008　獻0221/100008
毛詩禮徵十卷　(清)包世榮撰　清道光七年(1827)小倦游閣刻本　六冊

320000－1615－0000009　獻0221/100009
經義述聞三十二卷　(清)王引之撰　清道光七年(1827)北京壽滕書屋刻本　二十四冊

320000－1615－0000010　獻0221/100010
揚州畫舫録十八卷　(清)李斗撰　清刻本　二冊　存四卷(十二至十五)

320000－1615－0000011　獻0221/100011
楚漢諸侯疆域志三卷　(清)劉文淇撰　清光緒二年(1876)金陵刻本　一冊

320000－1615－0000012　獻0221/100012
楚漢諸侯疆域志三卷　(清)劉文淇撰　清光緒二年(1876)金陵刻本　一冊

320000－1615－0000013　獻0221/100013
楚漢諸侯疆域志三卷　(清)劉文淇撰　清光緒二年(1876)金陵刻本　一冊

320000－1615－0000014　獻0222/100014
四書箋疑疏正八卷　徐天璋撰　清光緒二十二年(1896)天一堂刻本　一冊

320000－1615－0000015　獻0222/100015
四書徵引録四卷　(清)葉秉純輯　清光緒刻本　四冊

320000－1615－0000016　獻0222/100016
孝經義疏補九卷首一卷　(清)阮福撰　清道光九年(1829)喜齋刻本　二冊

320000－1615－0000017　獻0222/100017
龍學孫公春秋經解十五卷　(宋)孫覺撰　清通志堂刻本　六冊

320000－1615－0000018　獻0222/100018
猶存集六卷　(清)孫仝轍　(清)孫應科輯　清道光二十二年(1842)小康書屋刻本　一冊

320000－1615－0000019　獻0222/100019

淮南鹽法紀略十卷　(清)方濬頤輯　清同治十二年(1873)淮南書局刻本　四冊

320000－1615－0000020　獻 0222/100020
淮南鹽法紀略十卷　(清)方濬頤輯　清同治十二年(1873)淮南書局刻本　四冊

320000－1615－0000021　獻 0222/100021
兩江忠義録不分卷　(清)兩江忠義采訪局編　清光緒十三年(1887)刻本　二冊

320000－1615－0000022　獻 0223/100022
大學古本薈參一卷續編一卷　(清)胡泉輯　清咸豐七年(1857)刻本　一冊

320000－1615－0000023　獻 0223/100023
四書緯四卷　(清)常增撰　清道光刻本　四冊

320000－1615－0000024　獻 0223/100024
冕服考四卷　(清)焦廷琥撰　清光緒十六年(1890)刻本　一冊

320000－1615－0000025　獻 0223/100025
周易互體詳述一卷周易卦變舉要一卷周易卦象集証一卷　(清)方申撰　清道光刻本　一冊

320000－1615－0000026　獻 0223/100026
詩經韵讀四卷　(清)江有誥撰　清刻江氏音學十書本　一冊

320000－1615－0000027　獻 0223/100027
易話二卷　(清)焦循學　清光緒刻本　一冊

320000－1615－0000028　獻 0223/100028
方氏易學五書五卷　(清)方申撰　清道光十八年(1838)刻本　一冊　存二卷(虞氏易象彙編一卷、諸家易象别録一卷)

320000－1615－0000029　獻 0223/100029
説文雙聲二卷　(清)劉熙載撰　清光緒刻本　一冊

320000－1615－0000030　獻 0223/100030
説文答問疏証六卷　(清)薛傳均撰　清歸安姚氏刻咫進齋叢書本　一冊

320000－1615－0000031　獻 0223/100031
説文疊韵四卷　(清)劉熙載撰　清光緒刻本　二冊

320000－1615－0000032　獻 0223/100032
春秋繁露十七卷　(漢)董仲舒撰　清光緒八年(1882)淮南書局刻本　二冊

320000－1615－0000033　獻 0223/100033
一燈精舍甲部稿五卷　(清)何秋濤撰　清光緒五年(1879)淮南書局刻本　一冊

320000－1615－0000034　獻 0223/100034
説文校定本一卷　(清)朱士端撰　清同治二年(1863)刻本　一冊

320000－1615－0000035　獻 0223/100035
爾雅古注斠三卷　(清)葉蕙心撰　清光緒二年(1876)揚州李氏半畝園刻本　三冊

320000－1615－0000036　獻 0223/100036
快雨堂題跋八卷　(清)王文治撰　清道光十一年(1831)汪承誼祺蓀閣刻本　二冊

320000－1615－0000037　獻 0223/100037
享帚詞四卷　(清)秦恩復撰　清道光二十五年(1845)刻本　一冊

320000－1615－0000038　獻 0223/100038
平山堂圖志十卷首一卷　(清)趙之壁編纂　清刻本　一冊　存一卷(首一卷)

320000－1615－0000039　獻 0223/100039
虹橋秋禊圖一卷　(清)朱銘等撰　清光緒三年(1877)刻本　一冊

320000－1615－0000040　獻 0224/100040
皇朝蓄艾文編八十卷　于寶軒輯　清光緒二十九年(1903)上海官書局鉛印本　四十冊

320000－1615－0000041　獻 0225/100041
臨川答問一卷　(清)李聯琇撰　(清)劉壽曾録　清光緒中南陵徐氏刻積學齋叢書本　一冊

320000－1615－0000042　獻 0225/100042
儀禮石經校勘記四卷　(清)阮元輯　清乾隆五十七年(1792)七録書閣刻本　一冊

320000－1615－0000043　獻 0225/100043
監本四書□□卷　（宋）朱熹集注　清光緒十八年（1892）淮南書局刻本　一冊　存二卷（大學、中庸）

320000－1615－0000044　獻 0225/100044
論語正義二十四卷　（清）劉寶楠撰　清同治五年（1866）刻本　五冊　缺五卷（一至五）

320000－1615－0000045　獻 0225/100045
儀禮十七卷　（漢）鄭玄注　（唐）陸德明音義　清光緒二十四年（1898）淮南書局刻本　四冊

320000－1615－0000046　獻 0225/100046
周禮十二卷　（漢）鄭玄注　（唐）陸德明音義　清光緒二十三年（1897）淮南書局刻本　六冊

320000－1615－0000047　獻 0225/100047
深衣釋例三卷　（清）任大椿撰　清乾隆刻本　一冊

320000－1615－0000048　獻 0225/100048
釋繒一卷　（清）任大椿撰　清刻本　一冊

320000－1615－0000049　獻 0225/100049
國朝漢學師承記八卷附國朝經師經義目録一卷　（清）江藩撰　清嘉慶刻本　三冊

320000－1615－0000050　獻 0231/100050
詩書古訓六卷　（清）阮元撰　清道光二十一年（1841）刻本　六冊

320000－1615－0000051　獻 0231/100051
書古微十二卷　（清）魏源撰　清光緒四年（1878）淮南書局刻本　四冊

320000－1615－0000052　獻 0231/100052
七經孟子考文并補遺二百卷　（日本）山井鼎撰　（日本）物觀補遺　清阮氏小瑯嬛仙館刻本　十六冊　存一百六十三卷（周易一至十、尚書一至二十、毛詩一至二十、左傳一至六十、禮記三十五至六十三、論語一至十、孟子一至十四）

320000－1615－0000053　獻 0232/100053
春秋繁露十七卷　（漢）董仲舒撰　（清）淩曙注　清嘉慶二十年（1815）蜚雲閣刻本　四冊

320000－1615－0000054　獻 0232/100054
方氏易學五書不分卷　（清）方申撰　清道光二十五年（1845）青溪舊屋刻本　二冊

320000－1615－0000055　獻 0232/100055
曾子注釋四卷敘録一卷　（清）阮元注　清道光二十五年（1845）揚州阮氏揅經室刻本　一冊

320000－1615－0000056　獻 0232/100056
禮經釋例十三卷首一卷　（清）淩廷堪撰　清嘉慶揚州文選樓阮氏刻本　八冊

320000－1615－0000057　獻 0232/100057
論語正義二十四卷　（清）劉寶楠撰　清同治五年（1866）刻本　六冊

320000－1615－0000058　獻 0232/100058
蜚雲閣淩氏叢書　（清）淩曙撰　清嘉慶、道光間江都淩氏蜚雲閣刻本　五冊

320000－1615－0000059　獻 0232/100059
公羊問答二卷　（清）淩曙撰　清道光元年（1821）蜚雲閣刻淩氏叢書本　一冊

320000－1615－0000060　獻 0232/100060
節甫老人雜撰四十卷　（清）江藩撰　清道光九年（1829）刻本　一冊　存六卷（周易述補七至八、十、十四、二十，易大義一卷）

320000－1615－0000061　獻 0233/100061
爾雅三卷　（晉）郭璞注　（唐）陸德明音義　清光緒二十五年（1899）淮南書局刻本　三冊

320000－1615－0000062　獻 0233/100062
論語通釋一卷　（清）焦循撰　清光緒中德化李氏木犀軒刻木犀軒叢書本　一冊

320000－1615－0000063　獻 0233/100063
説文發疑七卷　（清）張行孚撰　清光緒九年（1883）邗上寓廬刻本　三冊

320000－1615－0000064　獻 0233/100064
説文楬原二卷　（清）張行孚撰　清光緒十一年（1885）揚州刻本　二冊

320000－1615－0000065　獻 0233/100065
説文解字繫傳四十卷　(宋)徐鍇撰　清乾隆四十七年(1782)新安汪氏刻本　八册

320000－1615－0000066　獻 0233/100066
説文解字繫傳四十卷　(宋)徐鍇撰　清道光十九年(1839)吴江刻本　八册

320000－1615－0000067　獻 0234/100067
羣經識小八卷　(清)李惇撰　清道光五年(1825)高郵李氏刻本　四册

320000－1615－0000068　獻 0234/100068
孟子集注七卷　(宋)朱熹集注　清刻本　三册

320000－1615－0000069　獻 0234/100069
春秋公羊經傳解詁十二卷附校記一卷　(漢)何休撰　清道光四年(1824)揚州汪氏問禮堂刻本　一册

320000－1615－0000070　獻 0234/100070
周易四卷　(宋)朱熹注　清光緒二十年(1894)淮南書局刻本　二册

320000－1615－0000071　獻 0234/100071
説文解字十五卷　(漢)許慎撰　(宋)徐鉉校　清乾隆三十八年(1773)朱氏椒華吟舫刻本　八册

320000－1615－0000072　獻 0234/100072
説文解字繫傳四十卷附校勘記三卷　(宋)徐鍇撰　清光緒三年(1877)刻本　八册

320000－1615－0000073　獻 0241/100073
經義述聞三十二卷　(清)王引之撰　清道光七年(1827)北京壽滕書屋刻本　十六册

320000－1615－0000074　獻 1134/100074
倫理教科書三十六課　劉師培撰　清光緒三十二年(1906)上海國學保存會鉛印本　一册

320000－1615－0000075　獻 1134/100075
中國歷史教科書七十二課　劉師培撰　清光緒三十二年(1906)上海國學保存会鉛印本　二册

320000－1615－0000076　獻 1134/100076
中國歷史教科書三十六課　劉師培撰　清光緒三十二年(1906)上海國學保存会鉛印本　一册

320000－1615－0000077　獻 0241/100077
揚州畫舫録十八卷　(清)李斗撰　清同治十一年(1872)刻本　四册

320000－1615－0000078　獻 0242/100078
春秋世系一卷　(清)陳曙峰撰　清咸豐五年(1855)刻本　一册

320000－1615－0000079　獻 0242/100079
春秋列國官名異同考一卷　(清)汪中撰　清蟄園刻本　一册

320000－1615－0000080　獻 0242/100080
國朝漢學師承記八卷附國朝經師經義目録一卷　(清)江藩撰　清光緒二十二年(1896)長沙周大文堂刻本　一册

320000－1615－0000081　獻 0242/100081
禹貢班義述三卷漢縻水入尚龍谿考一卷　(清)成蓉鏡撰　清光緒十一年(1885)刻本　一册

320000－1615－0000082　獻 0242/100082
復古編二卷　(宋)張有撰　**附録一卷校正一卷**　清光緒八年(1882)淮南書局刻本　三册

320000－1615－0000083　獻 0242/100083
復古編二卷　(宋)張有撰　**附録一卷校正一卷**　清光緒八年(1882)淮南書局刻本　三册

320000－1615－0000084　獻 0242/100084
禹貢鄭注釋二卷　(清)焦循撰　清道光八年(1828)半九書塾刻本　一册

320000－1615－0000085　獻 0242/100085
春秋公羊經傳解詁十二卷　(漢)何休撰　清道光四年(1824)揚州汪氏問禮堂刻本　四册

320000－1615－0000086　獻 0242/100086
問奇一覽二卷　(清)李書雲輯　清刻本　一册　存一卷(下)

320000－1615－0000087　獻 0242/100087
左傳舊疏考正八卷　(清)劉文淇撰　清光緒

三年(1877)湖北崇文書局刻本　四册

320000－1615－0000088　獻0242/100088
戊丁詩存一卷　陳霞章撰　清宣統元年(1909)鉛印本　一册

320000－1615－0000089　獻0242/100089
歸田瑣記八卷　(清)梁章鉅撰　清道光二十五年(1845)刻本　二册

320000－1615－0000090　獻1134/100090
中國文學教科書三十六課　劉師培撰　清光緒三十二年(1906)上海國學保存会鉛印本　一册

320000－1615－0000091　獻1134/100091
經學教科書七十二課　劉師培撰　清光緒三十二年(1906)上海國學保存會鉛印本　二册

320000－1615－0000092　獻0243/100092
逸周書補正二十二卷首一卷末一卷　(清)陳逢衡撰　清道光五年(1825)陳氏刻本　八册

320000－1615－0000093　獻0243/100093
春秋左傳三十卷　(晉)杜預注　(宋)林堯叟附注　(唐)陸德明音義　(清)馮李驊集解　清光緒二十三年(1897)淮南書局刻本　十二册

320000－1615－0000094　獻0243/100094
宋王復齋鐘鼎款識一卷　(宋)王厚之輯　清嘉慶七年(1802)揚州阮氏積古齋摹刻本　一册

320000－1615－0000095　獻0244/100095
隋書八十五卷　(唐)魏徵等撰　清同治十年(1871)揚州書局刻本　十六册

320000－1615－0000096　獻0251－2/100096
皇清經解一千四百八卷　(清)阮元輯　清道光九年(1829)廣東學海堂刻咸豐十一年(1861)補刻本　五十一册

320000－1615－0000097　獻0253/100097
皇清經解續編一千四百三十卷　王先謙輯　清光緒十四年(1888)南菁書院刻本　二十八册　存二十四種一百三十七卷

320000－1615－0000098　獻0254－5/100098
經籍籑詁一百六卷　(清)阮元撰　清光緒淮南書局刻本　四十四册　缺七卷(一、六十七至七十二)

320000－1615－0000099　獻0311－2/100099
江北運程四十卷首一卷　(清)董恂輯　清咸豐十年(1860)京兆尹署刻本　四十一册

320000－1615－0000100　獻0312/100100
楚漕運程十六卷　(清)董恂輯　清咸豐四年(1854)荻芬書屋刻本　十六册

320000－1615－0000101　獻0312/100101
樓邨詩集二十五卷　(清)王式丹撰　清刻本　五册　存二十卷(六至二十五)

320000－1615－0000102　獻0313/100102
揚州足徵録二十七卷　(清)焦循撰　清同治廣東真州張氏刻榕園叢書本　十册

320000－1615－0000103　獻0313－4/100103
[雍正]揚州府志四十卷　(清)尹會一修　(清)程夢星等纂　清雍正十一年(1733)刻本　三十二册

320000－1615－0000104　獻0321/100104
曝書雜記三卷　(清)錢泰吉撰　清同治七年(1868)刻甘泉鄉人稿本　一册

320000－1615－0000105　獻0321/100105
八甎吟館刻燭集三卷　(清)阮元輯　清刻本　一册

320000－1615－0000106　獻0321/100106
漢延熹西嶽華山碑考四卷　(清)阮元編　清嘉慶十八年(1813)文選樓刻本　一册

320000－1615－0000107　獻0321/100107
邗溝故道歷代變遷圖説一卷　(清)徐庭曾撰　清光緒三十年(1904)刻本　一册

320000－1615－0000108　獻0321/100108
邗溝故道歷代變遷圖説一卷　(清)徐庭曾撰　清光緒三十年(1904)刻本　一册

320000－1615－0000109　獻0321/100109
宦海浮沈録一卷　(清)張心泰撰　清光緒三

十二年(1906)夢梅仙館刻本　一册

320000－1615－0000110　獻0321/100110
歷代鐘鼎彝器欵識法帖二十卷　(宋)薛尚功編　清嘉慶二年(1797)小琅嬛僊館刻本　六册

320000－1615－0000111　獻0321/100111
揚州歷代疆域沿革圖説不分卷　(清)徐庭曾撰　(清)汪桂森輯　清光緒三十年(1904)刻本　一册

320000－1615－0000112　獻0321/100112
曝書雜記三卷　(清)錢泰吉撰　清同治七年(1868)刻甘泉鄉人稿本　一册

320000－1615－0000113　獻0321/100113
揚州歷代疆域沿革圖説不分卷　(清)徐庭曾撰　清光緒三十年(1904)刻本　二册

320000－1615－0000114　獻0321/100114
揚州水道圖説不分卷　(清)徐庭曾撰　清光緒三十年(1904)刻本　二册

320000－1615－0000115　獻0321/100115
楚漢諸侯疆域志三卷　(清)劉文淇撰　清光緒二年(1876)金陵刻本　一册

320000－1615－0000116　獻0321/100116
國史儒林傳二卷　(清)阮元輯　清刻本　一册

320000－1615－0000117　獻0321/100117
[福建莆田]林氏西山本支宗譜四卷首一卷　(清)林述曾撰　清同治十一年(1872)刻本　四册

320000－1615－0000118　獻0321/100118
揚州水道記四卷圖一卷　(清)劉文淇撰　清同治十一年(1872)淮南書局刻本　四册

320000－1615－0000119　獻0321/100119
淮揚水利圖説一卷　(清)馮道立撰　清光緒二十六年(1900)刻本　一册

320000－1615－0000120　獻0322/100120
阮盦筆記五種　況周儀撰　清光緒三十三年(1907)白門刻本　二册

320000－1615－0000121　獻0322/100121
山右金石録一卷　(清)夏寶晉撰　清光緒八年(1882)歸安石氏古歡閣刻本　一册

320000－1615－0000122　獻0322/100122
粤遊小志七卷　(清)張心泰撰　清光緒二十六年(1900)夢梅仙館刻本　一册

320000－1615－0000123　獻0322/100123
積古齋鐘鼎彝器欵識十卷　(清)阮元編　清光緒刻本　四册

320000－1615－0000124　獻0322/100124
積古齋鐘鼎彝器欵識十卷　(清)阮元編　清光緒九年(1883)鮑氏後知不足齋刻本　四册

320000－1615－0000125　獻0322/100125
積古齋鐘鼎彝器欵識十卷　(清)阮元編　清嘉慶九年(1804)阮氏刻本　三册　存八卷(一至五、八至十)

320000－1615－0000126　獻0322/100126
積古齋鐘鼎彝器欵識十卷　(清)阮元編　清嘉慶九年(1804)阮氏刻本　一册　存三卷(一至三)

320000－1615－0000127　獻0322/100127
積古齋鐘鼎彝器欵識十卷　(清)阮元編　清光緒刻本　四册

320000－1615－0000128　獻0322/100128
積古齋鐘鼎彝器欵識十卷　(清)阮元編　清光緒五年(1879)武昌刻本　六册

320000－1615－0000129　獻0322/100129
疇人傳四十六卷　(清)阮元撰　**疇人傳三編七卷**　(清)諸可寶撰　**補目六卷**　(清)諸可寶　(清)羅士琳撰　清光緒上海璣衡堂石印本　六册

320000－1615－0000130　獻0322/100130
疇人傳四十六卷　(清)阮元撰　清光緒上海璣衡堂石印本　四册

320000－1615－0000131　獻0323/100131
穆天子傳補正六卷　(清)陳逢衡補正　清道光二十二年(1842)刻本　六册

320000－1615－0000132　獻 0323/100132
朱子年譜四卷考異四卷附録二卷校勘記二卷　（清）王懋竑纂訂　清武昌書局刻本　四册

320000－1615－0000133　獻 0323/100133
疇人傳五十二卷　（清）阮元撰　**疇人傳補傳六卷**　（清）羅士琳撰　清揚州阮氏琅嬛僊館刻本　十册　存四十四卷（一至三十二、三十七至四十一、四十六至四十九、五十至五十二）

320000－1615－0000134　獻 0323/100134
疇人傳四十六卷　（清）阮元撰　清嘉慶四年（1799）揚州阮氏琅嬛僊館刻本　三册　存十八卷（一至五、十九至三十一）

320000－1615－0000135　獻 0324/100135
金石三例續編十卷　（清）朱記荣輯　清光緒十一年（1885）吴县朱氏刻槐廬叢書本　五册

320000－1615－0000136　獻 0324/100136
愈愚録六卷　（清）劉寶楠撰　清光緒十四年（1888）廣雅書局刻本　二册

320000－1615－0000137　獻 0324/100137
揚州儀董學堂藏書目不分卷　（清）儀董學堂編　清光緒刻朱印本　一册

320000－1615－0000138　獻 0324/100138
後漢書補注二十四卷　（清）惠棟撰　清嘉慶九年（1804）揚州李保泰刻本　五册

320000－1615－0000139　獻 0324/100139
淮鹺備要十卷　（清）李澄撰　清醉經堂書刻本　四册

320000－1615－0000140　獻 0324/100140
十種古逸書不分卷　（清）茆泮林輯　清道光梅瑞軒刻本　十册

320000－1615－0000141　獻 0324/100141
揚州水道記四卷圖一卷　（清）劉文淇撰　清同治十一年（1872）淮南書局刻本　二册

320000－1615－0000142　獻 0331/100142
嘉慶己卯科鄉試同年譜一卷　（清）鄂恒編　清光緒三十三年（1907）上海商務印書館鉛印本　一册

320000－1615－0000143　獻 0331/100143
秦淮海［觀］年譜節要一卷　（清）秦瀛撰　清刻本　一册

320000－1615－0000144　獻 0331/100144
爾雅古義十二卷　（清）黄奭輯　清道光二十八年（1848）刻本　六册

320000－1615－0000145　獻 0331/100145
歷代帝王年表四卷　（清）齊召南編　（清）阮福續編　清光緒二十八年（1902）石印本　四册

320000－1615－0000146　獻 0331/100146
宋孫莘老先生［覺］年譜一卷　（清）茆泮林纂　清道光二十五年（1845）左暉雲刻本　一册

320000－1615－0000147　獻 0331/100147
度隴記四卷　（清）董醇撰　清咸豐元年（1851）刻本　四册

320000－1615－0000148　獻 0331/100148
度隴記四卷　（清）董醇撰　清咸豐元年（1851）刻本　四册

320000－1615－0000149　獻 0331/100149
王船山先生［夫之］年譜二卷　（清）劉毓崧編　清光緒十二年（1886）江南書局刻本　一册

320000－1615－0000150　獻 0331/100150
還讀我書室老人手訂年譜二卷　（清）董恂撰　清光緒刻本　二册

320000－1615－0000151　獻 0331/100151
度隴記四卷　（清）董醇撰　清咸豐元年（1851）刻本　二册

320000－1615－0000152　獻 0331/100152
疇人傳五十二卷　（清）阮元撰　**續傳六卷**　（清）羅士琳續補　清光緒八年（1882）刻本　九册　存三十七卷（五至十三、十九至二十二、二十九至五十二）

320000－1615－0000153　獻 0332/100153
阮元専祠録一卷　（清）楊昌濬編　清刻本　一册

320000－1615－0000154　獻0332/100154
重刊蕭氏旌孝録一卷　(清)劉孟瞻撰　清光緒十八年(1892)刻本　一册

320000－1615－0000155　獻0332/100155
瀛環新志十卷　(清)李愼儒撰　清光緒二十八年(1902)退思軒西法石印本　六册

320000－1615－0000156　獻0332/100156
瀛環新志十卷　(清)李愼儒撰　清光緒二十八年(1902)退思軒西法石印本　二册

320000－1615－0000157　獻0332/100157
續明紀事本末十八卷　倪在田撰　清光緒二十九年(1903)上海書局鉛印本　五册　存十四卷(五至十八)

320000－1615－0000158　獻0332/100158
柳庭輿地隅説三卷　(清)孫蘭撰　清光緒三十年(1904)蟄園刻本　一册

320000－1615－0000159　獻0332/100159
明季稗史彙編十六種　(清)留雲居士輯　清都城琉璃廠刻本　一册　存二種二卷(吴耿尚孔四王合傳一卷、揚州十日記一卷)

320000－1615－0000160　獻0332/100160
柳庭輿地隅説三卷大地山河圖説一卷　(清)孫蘭撰　清光緒十一年(1885)蟄園刻本　一册

320000－1615－0000161　獻0332/100161
秣陵集六卷　(清)陳文述撰　清光緒十年(1884)淮南書局刻本　三册

320000－1615－0000162　獻0332/100162
票鹽備覽一卷　(□)□□撰　清道光二十六年(1846)揚州小东门穆近文齋刻本　一册

320000－1615－0000163　獻0332/100163
導淮損益議一卷　(清)朱太和撰　清維揚謙受齋木活字印本　一册

320000－1615－0000164　獻0332/100164
淮鹺備要十卷　(清)李澄撰　清醉經堂書刻本　四册

320000－1615－0000165　獻0332/100165
南行紀程一卷　(清)蔣超伯撰　清刻本　一册

320000－1615－0000166　獻0332/100166
西江軺程記一卷　(清)晏端書撰　清光緒刻本　一册

320000－1615－0000167　獻0332/100167
南鹺志要一卷　題(清)冰壺外史輯　清光緒二年(1876)刻本　一册

320000－1615－0000168　獻0332/100168
建隆寺志略十卷　(清)釋昌玄纂　清刻本　一册　存五卷(六至十)

320000－1615－0000169　獻0332/100169
鳳臺祗謁筆記一卷　(清)董恂撰　清同治九年(1870)刻本　一册

320000－1615－0000170　獻0332/100170
晏彤甫大中丞程記三種　(清)晏端書撰　清光緒十三年(1887)刻本　一册

320000－1615－0000171　獻0332/100171
兩淮鹽法撰要二卷　陳慶年撰　清光緒維揚文富堂刻本　一册

320000－1615－0000172　獻0333/100172
南巡盛典一百二十卷　(清)高晉纂輯　清光緒八年(1882)上海點石齋石印本　八册

320000－1615－0000173　獻0333/100173
天慵庵筆記二卷　(清)方士庶撰　清刻本　一册

320000－1615－0000174　獻0333/100174
鴻雪因緣圖記三集　(清)麟慶輯　清光緒二十二年(1896)上海點石齋石印本　六册

320000－1615－0000175　獻0333/100175
揚州攬勝賦鈔初集四卷五集四卷　(清)郭晉超輯　清光緒五年(1879)印山堂刻本　八册

320000－1615－0000176　獻0333/100176
儒林傳稿四卷　(清)阮元撰　清光緒十一年(1885)儀徵張氏榕園刻本　二册　缺一種三卷(雕菰集十一至十三)

320000－1615－0000177　獻 0334/100177

羅母陳太孺人祭輓録一卷　(清)羅氏編　清刻本　一册

320000－1615－0000178　獻 0334/100178

雷塘庵主弟子記八卷　(清)張鑑録　清刻本　一册　存四卷(一至四)

320000－1615－0000179　獻 0334/100179

吴文節[文鎔]年譜一卷　(清)吴養原撰　清吴氏家刻本　一册

320000－1615－0000180　獻 0334/100180

王文勤公自訂年譜一卷　(清)王凱泰撰　清刻本　一册

320000－1615－0000181　獻 0334/100181

雷塘庵主弟子記八卷　(清)張鑑録　清刻本　一册　存四卷(一至四)

320000－1615－0000182　獻 0334/100182

雷塘庵主弟子記八卷　(清)張鑑録　清刻本　二册

320000－1615－0000183　獻 0334/100183

秣陵集六卷附金陵歷代紀事表一卷秣陵集圖考一卷　(清)陳文述撰　清光緒十年(1884)淮南書局刻本　三册

320000－1615－0000184　獻 0334/100184

月令粹編二十四卷　(清)秦嘉謨撰　清嘉慶十七年(1812)刻本　八册

320000－1615－0000185　獻 0334/100185

梧竹軒詩鈔十卷附丁酉後賸稿一卷　(清)徐兆英撰　清光緒二十七年(1901)愛虞堂刻本　四册

320000－1615－0000186　獻 0335/100186

兩浙金石志十八卷　(清)阮元編　清光緒十六年(1890)浙江書局刻本　十二册

320000－1615－0000187　獻 0335/100187

月令粹編二十四卷　(清)秦嘉謨撰　清嘉慶十七年(1812)刻本　六册

320000－1615－0000188　獻 0335/100188

揚州畫舫録十八卷　(清)李斗撰　清刻本　四册

320000－1615－0000189　獻 0341/100189

平山堂圖志十卷首一卷　(清)趙之壁編纂　清光緒九年(1883)欧陽利見刻本　二册　存六卷(二至三、七至十)

320000－1615－0000190　獻 0341/100190

平山堂圖志十卷首一卷　(清)趙之壁編纂　清光緒九年(1883)欧陽利見刻本　四册

320000－1615－0000191　獻 0341/100191

平山堂圖志十卷首一卷　(清)趙之壁編纂　清光緒九年(1883)欧陽利見刻本　二册　存六卷(五至十)

320000－1615－0000192　獻 0341/100192

平山堂圖志十卷　(清)趙之壁編纂　清乾隆刻本　二册　存六卷(一至二、七至十)

320000－1615－0000193　獻 0341/100193

廣陵通典十卷　(清)汪中撰　清同治八年(1869)揚州書局刻本　二册

320000－1615－0000194　獻 0341/100194

廣陵通典十卷　(清)汪中撰　清同治八年(1869)揚州書局刻本　二册

320000－1615－0000195　獻 0341/100195

鐔津文集十九卷首一卷　(宋)釋契嵩撰　清光緒二十八年(1902)揚州藏經院刻本　四册

320000－1615－0000196　獻 0341/100196

板橋詩鈔三卷詞鈔一卷道情一卷題畫一卷家書一卷　(清)鄭燮撰　清清暉書屋刻本　四册

320000－1615－0000197　獻 0341/100197

九煙先生遺集六卷　(清)黄周星撰　(清)周詒樸輯　清道光二十九年(1849)揚州廨館刻本　二册

320000－1615－0000198　獻 0341/100198

邗江三百吟十卷　(清)林蘇門輯　清刻本　二册

320000－1615－0000199　獻 0341/100199

廣陵通典十卷　(清)汪中撰　清同治八年

(1869)揚州書局刻本　二册

320000－1615－0000200　獻0341/100200
廣陵通典十卷　(清)汪中撰　清同治八年(1869)揚州書局刻本　二册

320000－1615－0000201　獻0341/100201
平山堂圖志十卷首一卷　(清)趙之壁編纂　清光緒九年(1883)欧陽利見刻本　一册　存一卷(首一卷)

320000－1615－0000202　獻0342/100202
才調集十卷　(五代)韋穀集　清維揚述古齋木活字印本　四册

320000－1615－0000203　獻0342/100203
淮海英靈集二十二卷　(清)阮元輯　清嘉慶三年(1798)小琅嬛僊館刻本　九册

320000－1615－0000204　獻0342/100204
淮海英靈集二十二卷　(清)阮元輯　清嘉慶三年(1798)小琅嬛僊館刻本　十册

320000－1615－0000205　獻0342/100205
西泠五布衣遺著四十一卷　(清)丁丙輯　清同治十二年(1873)錢唐丁氏刻本　八册

320000－1615－0000206　獻0343/100206
定香亭筆談四卷　(清)阮元撰　清刻本　四册

320000－1615－0000207　獻0343/100207
唐人三家集二十六卷　(清)秦恩復輯　清道光十年(1830)江都石研齋刻本　四册

320000－1615－0000208　獻0343/100208
瀛舟筆談十二卷　(清)阮亨撰　清刻本　九册

320000－1615－0000209　獻0343/100209
是程堂集十四卷　(清)屠倬撰　清嘉慶十九年(1814)真州稃陵陶士立刻本　四册

320000－1615－0000210　獻0343/100210
題襟館倡和集四卷　(清)方濬頤等撰　清同治十一年(1872)兩淮運署刻本　二册

320000－1615－0000211　獻0343/100211
小滄浪筆談四卷　(清)阮元撰　清嘉慶七年(1802)浙江節院刻本　二册

320000－1615－0000212　獻0343/100212
夢陔堂詩集五十卷　(清)黄承吉撰　清道光刻本　二册　存八卷(二十二至二十九)

320000－1615－0000213　獻0343/100213
吴學士文集四卷詩集五卷　(清)吴鼒撰　清光緒八年(1882)江寧藩署刻本　六册

320000－1615－0000214　獻0344/100214
鮚埼亭集外編五十卷　(清)全祖望撰　清刻本　十一册　缺五卷(十九至二十三)

320000－1615－0000215　獻0344/100215
二知軒文存三十四卷　(清)方濬頤撰　清光緒四年(1878)刻本　十二册

320000－1615－0000216　獻0344/100216
初唐四傑文集二十一卷　(清)□□輯　清光緒五年(1879)淮南書局刻本　四册

320000－1615－0000217　獻0351/100217
忠雅堂文集十二卷詩集二十七卷詩集補遺二卷詞集二卷　(清)蔣士銓撰　清益州薇署刻本　十二册

320000－1615－0000218　獻0351/100218
頣道堂文鈔五卷　(清)陳文述撰　清刻本　二册

320000－1615－0000219　獻0351/100219
有正味齋駢體文二十四卷詞集七卷詩集十六卷外集五卷　(清)吴錫麒撰　清刻本　十二册

320000－1615－0000220　獻0351/100220
心嚮往齋用陶韻詩二卷　(清)孔繼鑅撰　清道光二十九年(1849)刻本　一册

320000－1615－0000221　獻0352－3/100221
江蘇詩徵一百八十三卷　(清)王豫輯　清焦山海西庵詩徵閣刻本　四十册

320000－1615－0000222　獻0353/100222
淮海集十七卷後集二卷補遺一卷詞一卷　(宋)秦觀撰　清道光二十一年(1841)高郵刻

本　八册

320000－1615－0000223　獻0353/100223

淮海集十七卷後集二卷補遺一卷文集考証一卷附纂一卷　（宋）秦觀撰　清道光二十一年(1841)高郵刻本　八册

320000－1615－0000224　獻0353/100224

國朝駢體正宗十二卷　（清）曾燠輯　清嘉慶十一年(1806)賞雨茆屋刻本　六册

320000－1615－0000225　獻0354/100225

文選六十卷　（南朝梁）蕭統輯　（唐）李善注　清同治八年(1869)湖北崇文書局刻本　二十册

320000－1615－0000226　獻0411/100226

徐騎省集三十卷補遺一卷附録一卷　（宋）徐鉉撰　**校勘記一卷**　（清）李英元撰　清光緒十九年(1893)黟南李氏刻本　八册

320000－1615－0000227　獻0411/100227

註陸宣公奏議十五卷制誥十卷　（唐）陸贄撰　（宋）郎曄注　**附録一卷年譜輯略一卷**　（清）江榕撰　清光緒十二年(1886)淮南書局刻本　四册

320000－1615－0000228　獻0411/100228

湖東遺詩三卷　（清）范凌霳撰　清光緒十三年(1887)刻本　一册

320000－1615－0000229　獻0411/100229

重訂李義山詩集箋注三卷外詩箋注一卷　（唐）李商隱撰　（清）朱鶴齡箋注　（清）程夢星删補　**年譜一卷**　（清）程夢星輯　清乾隆東柯草堂刻本　四册

320000－1615－0000230　獻0411/100230

徐孝穆全集六卷　（南朝陳）徐陵撰　（清）吴兆宜箋注　清光緒揚州藝古堂刻本　六册

320000－1615－0000231　獻0412/100231

揅經室一集十四卷二集八卷三集五卷四集十一卷續集十一卷　（清）阮元撰　清道光揚州阮氏文選樓刻本　十八册

320000－1615－0000232　獻0412/100232

揅經室詩録五卷　（清）阮元撰　清道光十三年(1833)姑蘇刻本　二册

320000－1615－0000233　獻0412/100233

楚中文筆二卷附録一卷　（清）阮元撰　清同治四年(1865)鄂渚刻本　二册

320000－1615－0000234　獻0412/100234

揅經室訓子文筆二卷　（清）阮福輯　清光緒元年(1875)刻本　一册

320000－1615－0000235　獻0412/100235

變雅堂文集四卷　（清）杜濬撰　清咸豐十年(1860)彭崧毓刻本　四册

320000－1615－0000236　獻0412/100236

史忠正公集四卷首一卷末一卷　（明）史可法撰　清咸豐六年(1856)刻本　二册

320000－1615－0000237　獻0413/100237

半螺龕詩存一卷　（清）吴文錫撰　清咸豐九年(1859)刻本　一册

320000－1615－0000238　獻0413/100238

重訂厲廉州先生詩全集　（清）厲同勳撰　清刻本　三册　存五種六卷(籟華小室詩鈔二卷、寄蠡詩鈔一卷、還珠堂和陶百詩鈔一卷、斷梗吟一卷、栖塵集一卷)

320000－1615－0000239　獻0413/100239

一漚吟館選集一卷　（清）陳崇光撰　清宣統二年(1910)懷荃室刻本　一册

320000－1615－0000240　獻0413/100240

石林草堂詩存一卷　（清）葉舟撰　清道光刻本　一册

320000－1615－0000241　獻0413/100241

峰青館詩續鈔四卷　（清）錢國珍撰　清光緒二年(1876)刻本　一册

320000－1615－0000242　獻0413/100242

逸園吟草四卷　（清）汪椿年撰　清道光二十三年(1843)刻本　一册

320000－1615－0000243　獻0413/100243

独慎齋詩鈔八卷　（清）梁承誥撰　清光緒九年(1883)刻本　一册

320000－1615－0000244　獻 0413/100244
嵇庵詩文集十卷　(清)梅植之撰　清道光二十四年(1844)刻本　四冊

320000－1615－0000245　獻 0413/100245
陋軒詩十二卷續二卷　(清)吴嘉紀撰　清道光二十年(1840)泰州夏氏刻本　七冊

320000－1615－0000246　獻 0413/100246
俞俞齋文稿初集四卷詩稿初集二卷詩餘一卷　(清)史念祖撰　清光緒三十二年(1906)廣陵刻本　六冊

320000－1615－0000247　獻 0414/100247
蜜梅花館文録一卷詩録一卷　(清)焦廷琥撰　**通儒揚州焦君傳一卷**　(清)阮元撰　清刻本　一冊

320000－1615－0000248　獻 0414/100248
容甫先生遺詩五卷補遺一卷　(清)汪中撰　清光緒十一年(1885)維揚述古齋木活字印本　一冊

320000－1615－0000249　獻 0414/100249
廣陵詩事十卷　(清)阮元撰　清嘉慶六年(1801)浙江節署刻本　三冊

320000－1615－0000250　獻 0414/100250
容甫先生遺詩五卷補遺一卷　(清)汪中撰　清光緒十一年(1885)維揚述古齋木活字印本　一冊

320000－1615－0000251　獻 0414/100251
小言集十二卷　(清)王敬之撰　清道光二十八年(1848)刻本　八冊

320000－1615－0000252　獻 0414/100252
岳忠武王文集八卷首一卷末一卷　(宋)岳飛撰　清道光二十七年(1847)揚州刻本　四冊

320000－1615－0000253　獻 0414/100253
廣陵詩事十卷　(清)阮元撰　清嘉慶六年(1801)浙江節署刻本　二冊

320000－1615－0000254　獻 0414/100254
廣陵詩事十卷　(清)阮元撰　清嘉慶六年(1801)浙江節署刻本　二冊

320000－1615－0000255　獻 0414/100255
容甫先生遺詩五卷補遺一卷　(清)汪中撰　清光緒十一年(1885)維揚述古齋木活字印本　二冊

320000－1615－0000256　獻 0414/100256
述學内篇三卷補遺一卷外篇一卷別録一卷　(清)汪中撰　清同治八年(1869)揚州書局刻本　二冊

320000－1615－0000257　獻 0414/100257
雕菰集二十四卷附蜜梅花館集二卷　(清)焦循撰　清道光四年(1824)嶺南節署刻本　七冊　缺三卷(十一至十三)

320000－1615－0000258　獻 0421/100258
經遺堂集二十六卷　(清)韋佩金撰　清道光二十一年(1841)江都丁光煦刻本　四冊

320000－1615－0000259　獻 0421/100259
遊道堂集四卷　(清)朱彬撰　清光緒二年(1876)寶應朱宜禄堂刻本　二冊

320000－1615－0000260　獻 0421/100260
都梁草一卷　(清)于養源撰　清光緒十九年(1893)刻本　一冊

320000－1615－0000261　獻 0421/100261
碧雨山房詩鈔一卷　(清)許天球撰　清乾隆十一年(1746)刻本　一冊

320000－1615－0000262　獻 0421/100262
弢塵館詩存四卷　(清)卞維城撰　清道光二十七年(1847)揚州刻本　一冊

320000－1615－0000263　獻 0421/100263
希陶軒詩鈔二卷詩餘一卷文存一卷黄氏家乘一卷　(清)黄圖成撰　清宣統元年(1909)董逸滄鉛印本　一冊

320000－1615－0000264　獻 0421/100264
洗桐軒詩集六卷　(清)李周南撰　清嘉慶八年(1803)刻本　一冊

320000－1615－0000265　獻 0421/100265
虚白齋古近體詩二卷　(清)劉蘊輝撰　**鋤月山房遺稿一卷**　(清)何淳撰　清同治十一年

(1872)刻本　一册

320000－1615－0000266　獻 0421/100266
句溪雜箸六卷　(清)陳立撰　清光緒十四年(1888)廣雅書局刻本　二册

320000－1615－0000267　獻 0421/100267
容拙齋古文二卷　(清)張舒撰　清同治十年(1871)懷藥齋刻本　一册

320000－1615－0000268　獻 0421/100268
西邨詩賸二卷　(清)程思瀛撰　清光緒十七年(1891)刻本　一册

320000－1615－0000269　獻 0421/100269
犀禪山館集一卷　(清)汪和撰　清光緒元年(1875)金陵刻本　一册

320000－1615－0000270　獻 0421/100270
鐵盂居士詩稿五卷　(清)汪全泰撰　清光緒二十一年(1895)石印本　一册　存二卷(四至五)

320000－1615－0000271　獻 0421/100271
桐花吟館詩一卷　(清)汪佩珩撰　清光緒二十一年(1895)曹用霖署石印本　一册

320000－1615－0000272　獻 0421/100272
據梧吟館詩存二卷　(清)汪滋樹撰　清光緒二十一年(1895)曹用霖署石印本　一册

320000－1615－0000273　獻 0421/100273
十二硯齋金石过眼録十八卷　(清)汪鋆撰　清光緒刻本　六册

320000－1615－0000274　獻 0421/100274
夢陔堂文集十卷　(清)黄承吉撰　清道光二十三年(1843)刻本　四册

320000－1615－0000275　獻 0422/100275
小醉經堂詩集六卷　(清)徐廷珍撰　清光緒十年(1884)徐氏刻本　一册

320000－1615－0000276　獻 0422/100276
翠岩室詩鈔四卷　(清)韓弼元撰　清光緒刻本　一册

320000－1615－0000277　獻 0422/100277
香雪巢詩鈔續一卷　(清)徐兆豐撰　清光緒二十九年(1903)刻本　一册

320000－1615－0000278　獻 0422/100278
錫山書屋詩鈔六卷　(清)談恩誥撰　清光緒十七年(1891)刻本　一册

320000－1615－0000279　獻 0422/100279
琴語堂雜體文續一卷　(清)李肇增撰　清同治三年(1864)刻本　一册

320000－1615－0000280　獻 0422/100280
琴語堂雜體文續一卷　(清)李肇增撰　清同治三年(1864)刻本　一册

320000－1615－0000281　獻 0422/100281
梧竹軒詩鈔十卷附丁酉後賸稿一卷　(清)徐兆英撰　清光緒二十七年(1901)愛虞堂刻本　四册

320000－1615－0000282　獻 0422/100282
錫山書屋詩鈔六卷　(清)談恩誥撰　(清)徐兆英選訂　清光緒十七年(1891)刻本　一册

320000－1615－0000283　獻 0422/100283
夢陔堂文説十一篇不分卷　(清)黄承吉撰　清道光二十一年(1841)刻本　十四册

320000－1615－0000284　獻 0423/100284
黄葉山樵文録四卷　(清)江璧撰　清末刻本　二册

320000－1615－0000285　獻 0423/100285
黄葉山樵詩草四卷　(清)江璧撰　清末刻本　一册

320000－1615－0000286　獻 0423/100286
黄葉山樵詩草四卷　(清)江璧撰　清末刻本　一册

320000－1615－0000287　獻 0423/100287
壬癸詩存一卷　(清)張丙瑩撰　清光緒二十一年(1895)張氏清暉草堂刻本　一册

320000－1615－0000288　獻 0423/100288
青谿舊屋文集十一卷　(清)劉文淇撰　清光緒九年(1883)刻本　二册

320000－1615－0000289　獻 0423/100289
石樵先生遺詩四卷　(清)張安保撰　清光緒七年(1881)淮浦刻本　四册

320000－1615－0000290　獻 0423/100290
枯生松齋集詩存二卷　倪在田撰　清宣統二年(1910)刻本　四册

320000－1615－0000291　獻 0423/100291
伯山詩鈔爱日集一卷望雲集七卷由庚集一卷癸巳集七卷　(清)康發祥撰　清咸豐十一年(1861)刻本　四册

320000－1615－0000292　獻 0423/100292
冬生草堂文録四卷詩録八卷詞四卷　(清)夏寳晉撰　清咸豐刻本　二册　存四卷(文録三至四、詩録七至八)

320000－1615－0000293　獻 0423/100293
十二硯齋補瘗鶴銘考二卷　(清)汪鋆輯　清光緒刻本　一册

320000－1615－0000294　獻 0423/100294
半氈齋題跋二卷　(清)江藩撰　清刻本　一册

320000－1615－0000295　獻 0423/100295
積古齋鐘鼎彝器欵識十卷　(清)阮元輯　清嘉慶九年(1804)阮氏刻本　十二册

320000－1615－0000296　獻 0424/100296
學詁齋文集二卷　(清)薛壽撰　清光緒六年(1880)冶城山館刻本　一册

320000－1615－0000297　獻 0424/100297
戊丁詩存一卷　陳霞章撰　清宣統元年(1909)京師鉛印本　一册

320000－1615－0000298　獻 0424/100298
學詁齋文集二卷　(清)薛壽撰　清光緒六年(1880)冶城山館刻本　二册

320000－1615－0000299　獻 0424/100299
吴學士文集四卷詩集五卷　(清)吴鼒撰　清光緒八年(1882)江寧藩署刻本　六册

320000－1615－0000300　獻 0424/100300
賞雨茅屋詩集十五卷　(清)曾燠撰　清嘉慶二十年(1815)刻本　五册

320000－1615－0000301　獻 0424/100301
師蘊齋詩集六卷　(清)黄宗彦撰　清光緒三年(1877)刻本　一册

320000－1615－0000302　獻 0424/100302
湖東集四卷　(清)范凌霳撰　清咸豐十一年(1861)刻本　二册

320000－1615－0000303　獻 0424/100303
通齋集五卷通齋外集一卷通齋文集二卷南行紀程一卷　(清)蔣超伯撰　**晓瀛遺稿二卷**　(清)蔣繼伯撰　清同治三年(1864)高凉郡齋刻本　四册

320000－1615－0000304　獻 0424/100304
圃珖巖館詩鈔四卷　(清)蔣超伯撰　清刻本　一册

320000－1615－0000305　獻 0424/100305
黄檗山人詩集二卷　(清)李少平撰　清光緒十四年(1888)刻本　一册

320000－1615－0000306　獻 0424/100306
龍川先生詩鈔一卷　(清)李晴峰撰　清光緒十四年(1888)刻本　一册

320000－1615－0000307　獻 0431/100307
玉樹山房遺稿一卷　(清)何亮采撰　清光緒刻本　一册

320000－1615－0000308　獻 0431/100308
儀鄭堂文集二卷　(清)孔廣森撰　(清)阮元敍録　清刻本　一册

320000－1615－0000309　獻 0431/100309
戊丁詩存一卷　陳霞章撰　清宣統元年(1909)京師鉛印本　一册

320000－1615－0000310　獻 0431/100310
李刻徐騎省集校勘記二卷補遺一卷續補遺一卷　(清)王錫元　(清)李鴻年纂　清光緒十七年(1891)刻本　一册

320000－1615－0000311　獻 0431/100311
一漚吟館選集二卷　(清)陳崇光撰　清宣統二年(1910)懷荃室刻本　一册

320000－1615－0000312　獻0431/100312
枯生松齋集詩存二卷　倪在田撰　清宣統二年(1910)刻本　四冊

320000－1615－0000313　獻0431/100313
落花酬唱集不分卷　沈宗疇等撰　清光緒二十四年(1898)拜鴛樓刻本　二冊

320000－1615－0000314　獻0431/100314
通義堂文集十六卷　(清)劉毓崧撰　清光緒十四年(1888)青谿舊屋刻本　四冊

320000－1615－0000315　獻0431/100315
小謨觴館詩集八卷詩餘附録一卷詩續集二卷文集四卷文續集二卷　(清)彭兆蓀撰　清嘉慶十一年(1806)韓江刻本　四冊

320000－1615－0000316　獻0431/100316
林氏一家言不分卷　(清)林氏撰　清刻本　四冊

320000－1615－0000317　獻0431/100317
義迹山房詩稿一卷　(清)劉履恂撰　清道光元年(1821)興讓堂刻本　一冊

320000－1615－0000318　獻0431/100318
勉新書屋詩存正編一卷續編一卷　(清)湯鎔撰　清宣統元年(1909)鉛印本　一冊

320000－1615－0000319　獻0431/100319
爪印軒詩存一卷　(清)吴慶鴻撰　清光緒三十一年(1905)刻本　一冊

320000－1615－0000320　獻0431/100320
孫公談圃二卷附録一卷　(宋)劉延世撰　清道光二十六年(1846)高郵刻本　一冊

320000－1615－0000321　獻0431/100321
窺豹集二卷　(清)蔣超伯輯　清末刻本　一冊

320000－1615－0000322　獻0431/100322
兩當軒詞四卷　(清)黄景仁撰　清金粟山房刻本　二冊

320000－1615－0000323　獻0431/100323
五十絃錦瑟樓詞不分卷　郭寶珩撰　清光緒鉛印本　一冊

320000－1615－0000324　獻0431/100324
享帚詞四卷　(清)秦恩復撰　清道光二十五年(1845)刻本　一冊　存二卷(一至二)

320000－1615－0000325　獻0431/100325
八十一寒詞一卷　何震彝撰　清宣統元年(1909)鉛印本　一冊

320000－1615－0000326　獻0432/100326
陽春白雪八卷外集一卷　(宋)趙聞禮編　清道光九年(1829)江都秦氏享帚精舍刻本　四冊

320000－1615－0000327　獻0432/100327
約園詞四卷　(清)劉湝年撰　清光緒十二年(1886)揚城刻本　一冊

320000－1615－0000328　獻0432/100328
弢園詞一卷　(清)史念祖撰　清光緒三十一年(1905)刻本　一冊

320000－1615－0000329　獻0432/100329
選聲集二卷　(清)吴綺撰　清吴氏林蕙堂刻本　一冊

320000－1615－0000330　獻0432/100330
醉經齋詞鈔不分卷　(清)張兆蘭撰　清光緒二十一年(1895)鉛印本　一冊

320000－1615－0000331　獻0432/100331
竹簾館詞一卷　(清)王樹藩撰　清宣統元年(1909)刻本　一冊

320000－1615－0000332　獻0432/100332
國朝文粹二卷　錢祥保編　清宣統元年(1909)鉛印本　一冊

320000－1615－0000333　獻0432/100333
荓綠詞三卷續編一卷再續一卷　(清)丁至和撰　清咸豐、同治間曼陀羅華閣刻本　一冊

320000－1615－0000334　獻0432/100334
荓綠詞三卷續編一卷　(清)丁至和撰　清咸豐、同治間曼陀羅華閣刻本　一冊

320000－1615－0000335　獻0432/100335
漱泉詞一卷　(清)成肇麐輯　清末刻本　一冊

320000－1615－0000336　獻0432/100336
受辛詞二卷　(清)王荻撰　清光緒刻本　一册

320000－1615－0000337　獻0432/100337
約園詞二卷　(清)劉湗年撰　清光緒十年(1884)刻本　二册

320000－1615－0000338　獻0432/100338
吾意盦長短句甲稿一卷乙稿一卷　(清)姚正鏞撰　清光緒八年(1882)刻本　二册

320000－1615－0000339　獻0432/100339
國朝駢體正宗十二卷　(清)曾燠輯　清刻本　六册

320000－1615－0000340　獻0432/100340
樓雲山館詞存一卷　(清)黄錫禧撰　清同治六年(1867)刻本　一册

320000－1615－0000341　獻0432/100341
方南堂先生輟鍜録一卷　(清)方世舉撰　清道光十四年(1834)廣陵聚好齋刻本　一册

320000－1615－0000342　獻0432/100342
定香亭筆談四卷　(清)阮元撰　清浙江書局刻本　二册　存二卷(二、四)

320000－1615－0000343　獻0432/100343
一沤吟館選集二卷　(清)陳崇光撰　清宣統二年(1910)懷荃室刻本　一册　存一卷(上)

320000－1615－0000344　獻0432/100344
正聲集四卷詞一卷　(清)施朝榦撰　清刻本　一册

320000－1615－0000345　獻0432/100345
麗滹薈録十四卷　(清)蔣超伯撰　清刻本　七册

320000－1615－0000346　獻0433/100346
宋七家詞選七卷　(清)戈載輯　清光緒十一年(1885)刻本　三册

320000－1615－0000347　獻0433/100347
宋六十一家詞選十二卷　(清)馮煦輯　清光緒十三年(1887)冶城山館刻本　四册

320000－1615－0000348　獻0433/100348
詞學叢書六種二十三卷　(清)秦恩復輯　清嘉慶、道光間江都秦氏享帚精舍刻本　十二册

320000－1615－0000349　獻0433/100349
淮海詞一卷補遺一卷續補遺一卷　(宋)秦觀撰　清道光十七年(1837)刻本　一册

320000－1615－0000350　獻0433/100350
受辛詞二卷　(清)王荻撰　清光緒刻本　一册

320000－1615－0000351　獻0433/100351
心安隱室詩集九卷詞集四卷　(清)詹肇堂撰　清光緒十年(1884)刻本　四册

320000－1615－0000352　獻0433/100352
弢園詞一卷　(清)史念祖撰　清光緒三十一年(1905)刻本　一册

320000－1615－0000353　獻0433/100353
受辛詞二卷　(清)王荻撰　清光緒刻本　一册

320000－1615－0000354　獻0433/100354
伯山詩話四續集二卷　(清)康發祥輯　清同治元年(1862)刻本　一册

320000－1615－0000355　獻0433/100355
韡芬室詞甲稿不分卷　何震彝撰　清光緒三十三年(1907)上海點石齋鉛印本　一册

320000－1615－0000356　獻0433/100356
冰甌館詞鈔一卷　(清)張丙炎撰　清光緒十一年(1885)刻本　一册

320000－1615－0000357　獻0433/100357
冰甌館詞鈔一卷　(清)張丙炎撰　清光緒十一年(1885)刻本　一册

320000－1615－0000358　獻0433/100358
石閭集一卷　(清)蔣易撰　清宣統二年(1910)江都吴仲刻本　一册

320000－1615－0000359　獻0433/100359
弢園詞一卷　(清)史念祖撰　清光緒三十一年(1905)刻本　一册

320000－1615－0000360　獻0434/100360
男科二卷女科補遺一卷　(清)傅山撰　清光緒七年(1881)和天倪室刻本　二册

320000－1615－0000361　獻0434/100361
有正味齋駢體文二十四卷首一卷　(清)吴錫麒撰　(清)王廣業箋　(清)葉聯芬注　清光緒十五年(1889)上海蜚英館石印本　四册

320000－1615－0000362　獻0434/100362
蒙香室賦録二卷　(清)馮煦撰　清光緒十一年(1885)刻本　一册

320000－1615－0000363　獻0434/100363
廣陵思古編二十九卷　(清)汪廷儒編　清儀徵汪氏刻本　十册

320000－1615－0000364　獻0434/100364
元城語録三卷　(宋)馬永卿編　清刻小萬卷樓叢書本　一册

320000－1615－0000365　獻0434/100365
麐楥詞一卷　(清)劉恩黻撰　清光緒三十四年(1908)吴氏雙照樓刻本　一册

320000－1615－0000366　獻0434/100366
小山詞鈔一卷補鈔一卷　(宋)晏幾道撰　(清)晏端書輯　清光緒十一年(1885)揚州刻本　一册

320000－1615－0000367　獻0434/100367
珠玉詞鈔一卷補鈔一卷　(宋)晏殊撰　(清)晏端書輯　清光緒十一年(1885)揚州刻本　一册

320000－1615－0000368　獻0434/100368
心安隱室詩集九卷詞集四卷　(清)詹肇堂撰　清光緒十年(1884)刻本　一册　存四卷(詞集四卷)

320000－1615－0000369　獻0434/100369
淮海秋笳集一卷　(清)李肇增輯　清咸豐十年(1860)遲雲山館刻本　一册

320000－1615－0000370　獻0434/100370
棕亭詞鈔七卷　(清)金兆燕撰　清道光十六年(1836)贈雲軒刻本　二册

320000－1615－0000371　獻0441/100371
海愚詩鈔十二卷　(清)朱孝純撰　清乾隆五十九年(1794)刻本　六册

320000－1615－0000372　獻0441/100372
冬生草堂詩録八卷　(清)夏寶晉撰　清咸豐元年(1851)刻本　一册

320000－1615－0000373　獻0441/100373
二知軒詩續鈔十卷　(清)方濬頤撰　清同治七年(1868)刻本　四册

320000－1615－0000374　獻0441/100374
松泉詩集六卷　(清)江昱撰　清乾隆二十六年(1761)小東軒刻本　二册

320000－1615－0000375　獻0441/100375
雅雨堂詩集二卷文集四卷出塞集一卷　(清)盧見曾撰　清道光二十年(1840)清雅堂刻本　四册

320000－1615－0000376　獻0441/100376
心安隱室詩集九卷詞集四卷　(清)詹肇堂撰　清道光二十三年(1843)成德堂刻本　二册

320000－1615－0000377　獻0441/100377
懷豳雜俎十二種十七卷　徐乃昌輯　清宣統元年(1909)南陵徐氏刻本　一册　存二種三卷(我信録二卷、花部農譚一卷)

320000－1615－0000378　獻0441/100378
宦海浮沈録一卷　(清)張心泰撰　清光緒三十二年(1906)夢梅仙館刻本　一册

320000－1615－0000379　獻0441/100379
述學内篇三卷補遺一卷外篇一卷别録一卷　(清)汪中撰　清同治八年(1869)揚州書局刻本　二册

320000－1615－0000380　獻0441/100380
述學内篇三卷補遺一卷外篇一卷别録一卷　(清)汪中撰　清同治八年(1869)揚州書局刻本　二册

320000－1615－0000381　獻0441/100381
板橋詩鈔三卷詞鈔一卷題畫一卷家書一卷小唱一卷　(清)鄭燮撰　清乾隆十四年(1749)

上元司徒文膏刻本　三册　存四卷（板橋詩鈔二至三、題畫一卷、家書一卷）

320000－1615－0000382　獻 0441/100382
粤遊小識七卷　（清）張心泰撰　清光緒刻本　一册

320000－1615－0000383　獻 0441/100383
俞俞齋文稿初集四卷　（清）史念祖撰　清末刻本　一册　存一卷（三）

320000－1615－0000384　獻 0441/100384
是程堂倡和投贈集二十二卷　（清）屠倬輯　清刻本　一册　存五卷（十六至二十）

320000－1615－0000385　獻 0441/100385
楚中文筆二卷附録一卷　（清）阮元撰　清同治四年（1865）鄂渚刻本　一册

320000－1615－0000386　獻 0442/100386
海陵文徵二十卷　（清）夏荃輯　清道光二十三年（1843）刻本　十册

320000－1615－0000387　獻 0442/100387
角山樓蘇詩評註彙鈔二十卷附録三卷　（清）趙克宜輯訂　清咸豐二年（1852）丹徒趙氏刻本　八册

320000－1615－0000388　獻 0442/100388
淮揚水利圖説一卷　（清）馮道立撰　清光緒二十六年（1900）刻本　一册

320000－1615－0000389　獻 0442/100389
戊丁詩存一卷　陳霞章撰　清宣統元年（1909）鉛印本　一册

320000－1615－0000390　獻 0442/100390
廣陵詩事十卷　（清）阮元撰　清光緒十六年（1890）揚州會館刻本　二册

320000－1615－0000391　獻 0442/100391
雷塘庵主弟子記八卷　（清）張鑑録　清刻本　二册

320000－1615－0000392　獻 0443/100392
望湖雜録四卷　（清）王開益撰　清光緒二年（1876）刻本　一册

320000－1615－0000393　獻 0443/100393
小滄浪筆談四卷　（清）阮元撰　清嘉慶七年（1802）刻本　二册

320000－1615－0000394　獻 0443/100394
題襟館倡和集四卷　（清）方濬頤等撰　清同治十一年（1872）兩淮運署刻本　二册

320000－1615－0000395　獻 0443/100395
選學拾瀋二卷　李詳撰　清光緒二十年（1894）金陵錦成齋刻字舖刻本　一册

320000－1615－0000396　獻 0443/100396
文選古字通疏証六卷　（清）薛傳均撰　清道光二十年（1840）刻本　一册

320000－1615－0000397　獻 0443/100397
香葉草堂詩存一卷　（清）羅聘撰　清道光十四年（1834）刻本　一册

320000－1615－0000398　獻 0443/100398
藝概六卷　（清）劉熙載撰　清同治十二年（1873）古桐書屋刻本　二册

320000－1615－0000399　獻 0443/100399
詁經精舍文集十四卷　（清）阮元訂　清嘉慶揚州阮氏琅嬛僊館刻本　八册

320000－1615－0000400　獻 0443/100400
伯山詩話後集二卷　（清）康發祥輯　清光緒三十三年（1907）刻本　一册

320000－1615－0000401　獻 0443/100401
四史疑年録七卷　（清）劉文如撰　清嘉慶刻本　二册　存二卷（一至二）

320000－1615－0000402　獻 0443/100402
鐵盂居士詩稿五卷　（清）汪全泰撰　清光緒二十一年（1895）石印本　四册

320000－1615－0000403　獻 0443/100403
樓雲山館詞存一卷　（清）黄錫禧撰　清同治六年（1867）吴讓之寫維揚碑街張墨林齋刻本　一册

320000－1615－0000404　獻 0443/100404
文苑珠林四卷　（清）蔣超伯輯　清刻本　一册　存二卷（三至四）

320000－1615－0000405　獻 0444/100405
半舫齋古文八卷　(清)夏之蓉撰　清乾隆刻本　四册

320000－1615－0000406　獻 0444/100406
食舊悳齋雜箸不分卷　(清)劉嶽雲撰　清光緒八年(1882)寶應劉氏刻本　二册

320000－1615－0000407　獻 0444/100407
娱景堂集三卷　(清)劉寶樹撰　清道光二十年(1840)劉寶樹刻本　一册

320000－1615－0000408　獻 0444/100408
重訂感舊吟二卷　(清)薛聯元撰　清道光十七年(1837)刻本　一册

320000－1615－0000409　獻 0444/100409
學讀書齋詩三卷　(清)喬載繇撰　清道光二十六年(1846)刻本　二册

320000－1615－0000410　獻 0444/100410
王文肅公遺文一卷　(清)王安國撰　**丁亥詩鈔一卷**　(清)王念孫撰　清道光刻本　一册

320000－1615－0000411　獻 0444/100411
容瓠軒詩鈔四卷　(清)賈田祖撰　清乾隆四十年(1775)刻本　一册

320000－1615－0000412　獻 0444/100412
冬生草堂文録四卷　(清)夏寶晉撰　清咸豐元年(1851)刻本　一册　缺二卷(三至四)

320000－1615－0000413　獻 0444/100413
孟亭編年詩不分卷　(清)王箴輿撰　清乾隆刻本　一册

320000－1615－0000414　獻 0444/100414
半吾堂文鈔一卷　(清)孫研芝撰　清道光二十三年(1843)小康書屋刻本　一册

320000－1615－0000415　獻 0444/100415
妙華仙館詩二卷　(清)喬載繇撰　清道光二十六年(1846)刻本　一册

320000－1615－0000416　獻 0444/100416
琴語堂雜體文續一卷琴語堂行卷一卷　(清)李肇增撰　清同治三年至光緒四年(1864－1878)刻本　一册

320000－1615－0000417　獻 0444/100417
昨非集四卷　(清)劉熙載撰　清刻本　一册

320000－1615－0000418　獻 0444/100418
題襟館倡和集四卷　(清)方濬頤等撰　清同治十一年(1872)兩淮運署刻本　二册

320000－1615－0000419　獻 0444/100419
據梧吟館詩存二卷　(清)汪滋樹撰　清光緒二十一年(1895)曹用霖署石印本　一册

320000－1615－0000420　獻 0444/100420
約園詞四卷　(清)劉湝年撰　清光緒十二年(1886)揚城刻本　一册

320000－1615－0000421　獻 0444/100421
學詁齋文集二卷　(清)薛壽撰　清光緒六年(1880)冶城山館刻本　一册

320000－1615－0000422　獻 0444/100422
百萼紅詞二卷　(清)吴鼒撰　清光緒五年(1879)合肥張氏刻本　一册

320000－1615－0000423　獻 0444/100423
晉甎室詩存四卷爨餘集一卷　(清)趙瑜撰　清刻本　二册

320000－1615－0000424　獻 0444/100424
琴語堂文述二卷　(清)李肇增撰　清咸豐七年(1857)木活字印本　二册

320000－1615－0000425　獻 0451/100425
舍是集八卷　(清)王翼鳳撰　清道光二十一年(1841)刻本　二册

320000－1615－0000426　獻 0451/100426
三十二蘭亭室詩存續刻二卷　(清)劉湝年撰　清光緒省城富文齋刻本　二册

320000－1615－0000427　獻 0451/100427
思適齋集十八卷　(清)顧廣圻撰　清道光二十九年(1849)上海徐氏刻本　四册　存十四卷(一至十四)

320000－1615－0000428　獻 0451/100428
徐孝穆全集六卷　(南朝陳)徐陵撰　(清)吴兆宜箋注　清光緒揚州藝古堂刻本　六册

320000－1615－0000429　獻 0451/100429

玉井山館文略五卷文續二卷詩十五卷詩餘一卷　(清)許宗衡撰　清同治四年(1865)盖平姚正鏞署刻本　五冊

320000－1615－0000430　獻 0452/100430

思適齋集十八卷　(清)顧廣圻撰　清道光二十九年(1849)上海徐氏刻本　三冊

320000－1615－0000431　獻 0452/100431

樊榭山房集十卷續集十卷　(清)厲鶚撰　清乾隆四年(1739)刻本　六冊

320000－1615－0000432　獻 0452/100432

悔餘庵詩稿十三卷文稿九卷樂府四卷　(清)何栻撰　清同治四年(1865)鳩江戎幄刻增刻本　九冊

320000－1615－0000433　獻 0452/100433

餘辛集三卷　(清)何栻撰　清末刻本　一冊

320000－1615－0000434　獻 0452/100434

衲蘇集二卷　(宋)蘇軾撰　(清)何栻纂　清同治刻本　二冊

320000－1615－0000435　獻 0452/100435

小遊船詩一卷　(清)辛漢清撰　清光緒二十八年(1902)刻本　一冊

320000－1615－0000436　獻 0452/100436

簡松草堂詩集二十卷　(清)張雲璈撰　清嘉慶八年(1803)刻本　六冊

320000－1615－0000437　獻 0452/100437

伯山詩話後集四卷續集二卷再續集二卷　(清)康發祥輯　清道光二十七年至咸豐元年(1847－1851)刻本　四冊

320000－1615－0000438　獻 0452/100438

心嚮往齋用陶韻詩二卷　(清)孔繼鑅撰　清道光二十九年(1849)刻本　一冊

320000－1615－0000439　獻 0452/100439

香葉草堂詩存一卷　(清)羅聘撰　清道光十四年(1834)刻本　一冊

320000－1615－0000440　獻 0452/100440

爽鳩要録二卷　(清)蔣超伯輯　清同治刻本　一冊

320000－1615－0000441　獻 0453/100441

鮚埼亭集三十八卷世譜一卷年譜一卷全謝山先生經史問答十卷　(清)全祖望撰　清刻本　八冊

320000－1615－0000442　獻 0453/100442

樊榭山房文集八卷續集十卷詩集十卷　(清)厲鶚撰　清乾隆刻本　六冊　缺四卷(詩集一至四)

320000－1615－0000443　獻 0453/100443

松溪集一卷　(清)汪梧鳳撰　清同治十二年(1873)金陵刻本　一冊

320000－1615－0000444　獻 0453/100444

同人集十二卷　(清)冒襄輯　清光緒八年(1882)刻本　十二冊

320000－1615－0000445　獻 0454/100445

忠雅堂文集十二卷　(清)蔣士銓撰　清嘉慶二十一年(1816)刻本　八冊

320000－1615－0000446　獻 0454/100446

忠雅堂詩集二十七卷補遺二卷銅絃詞二卷　(清)蔣士銓撰　清刻本　八冊　存十五卷(忠雅堂詩集一至十二、十五至十六,銅絃詞上)

320000－1615－0000447　獻 0454/100447

漁洋山人精華録訓纂十卷訓纂補十卷年譜二卷金氏精華録箋注辯訛一卷　(清)王士禛撰　(清)惠棟注　清光緒十七年(1891)會稽徐氏述史樓刻本　十四冊

320000－1615－0000448　獻 0511－2/100448

[嘉慶]重修揚州府志七十二卷首一卷　(清)阿克當阿修　(清)姚文田等纂　清嘉慶十五年(1810)刻本　五十冊

320000－1615－0000449　獻 0513/100449

宋六十一家詞選十二卷　(清)馮煦輯　清光緒十三年(1887)刻本　二冊　存七卷(三至五、九至十二)

320000－1615－0000450　獻 0513/100450

唐五代詞選三卷　(清)成肇麐輯　清光緒十三年(1887)刻蒙香室叢書本　一册

320000－1615－0000451　獻 0513/100451
鴻雪因緣圖記三集　(清)麟慶撰　(清)汪英福等繪　清道光二十七年(1847)揚州刻本　十二册

320000－1615－0000452　獻 0514－5/100452
全唐詩九百卷　(清)曹寅等輯　清揚州詩局刻本　五十七册

320000－1615－0000453　獻 0521/100453
虞初新志二十卷　(清)張潮輯　清咸豐元年(1851)琅嬛僊館刻本　八册

320000－1615－0000454　獻 0521/100454
竹眠詞四卷　(清)黄景仁撰　清道光八年(1828)揚州金粟山房刻本　二册

320000－1615－0000455　獻 0521/100455
聊齋續編八卷　(清)柳春浦撰　清道光揚州秋聲館刻本　八册

320000－1615－0000456　獻 0521/100456
綠春詞一卷　(清)阮祓撰　清光緒刻本　一册

320000－1615－0000457　獻 0521/100457
菊部群英二卷　(清)小游仙客撰　清同治十二年(1873)京都刻本　一册　存一卷(下)

320000－1615－0000458　獻 0521/100458
壽芝軒九老會唱和詩一卷　(清)阮充等撰　清光緒刻本　一册

320000－1615－0000459　獻 0521/100459
重陽唱和詩一卷　(清)王開益輯　清光緒刻本　一册

320000－1615－0000460　獻 0521/100460
悔不讀書齋謎稿一卷　(清)吴鈺撰　清光緒三十四年(1908)刻本　二册

320000－1615－0000461　獻 0521/100461
隱語萃精一卷　(清)吴鈺輯　清光緒三十四年(1908)刻本　二册

320000－1615－0000462　獻 0521/100462
揚州竹枝詞一卷　(清)董偉業撰　清光緒十三年(1887)刻本　一册

320000－1615－0000463　獻 0521/100463
林蕙堂文集十二卷　(清)吴綺撰　清乾隆三十九年(1774)衷白堂刻本　六册

320000－1615－0000464　獻 0521/100464
説詩樂趣類編二十卷　(清)伍涵芬撰　清道光二十六年(1846)錦秀堂刻本　四册

320000－1615－0000465　獻 0521/100465
夢談隨録二卷　(清)厲惕齋撰　清刻本　二册

320000－1615－0000466　獻 0521/100466
韓樂吾先生集一卷　(明)韓樂吾撰　清光緒刻本　一册

320000－1615－0000467　獻 0521/100467
夢談隨録二卷　(清)厲惕齋撰　清刻本　一册

320000－1615－0000468　獻 0522/100468
望湖隨筆一卷　(清)王開益輯　清光緒刻本　一册

320000－1615－0000469　獻 0522/100469
國朝正雅集九十九卷首一卷　(清)符葆森輯　清咸豐七年(1857)刻本　三十册　存九十三卷(一至二、六至四十七、五十一至九十九)

320000－1615－0000470　獻 0522/100470
問奇一覽二卷　(清)李書雲輯　清光緒十年(1884)刻本　二册

320000－1615－0000471　獻 0522/100471
片石詩鈔七卷詩餘一卷　(清)江干撰　清嘉慶三年(1798)萍香書屋刻本　四册

320000－1615－0000472　獻 0523/100472
隱語萃精一卷悔不讀書齋謎稿一卷　(清)吴鈺輯　清光緒三十四年(1908)刻本　二册

320000－1615－0000473　獻 0523/100473
五十絃錦瑟樓詞不分卷　郭寶珩撰　清光緒三十一年(1905)鉛印本　二册

320000－1615－0000474　獻 0523/100474

五十絃錦瑟樓詞不分卷　郭寶珩撰　清光緒三十一年(1905)鉛印本　二冊

320000－1615－0000475　獻 0523/100475

梅花閣詩存一卷　(清)何杏春撰　清光緒六年(1880)小盤谷刻本　一冊

320000－1615－0000476　獻 0523/100476

樂府雅詞三卷拾遺二卷　(宋)曾慥輯　清嘉慶二十一年(1816)江都秦氏享帚精舍刻詞學叢書本　三冊　存三卷(樂府雅詞三卷)

320000－1615－0000477　獻 0523/100477

樂府雅詞三卷拾遺二卷　(宋)曾慥輯　清嘉慶二十一年(1816)江都秦氏享帚精舍刻詞學叢書本　二冊　存二卷(樂府雅詞中、下)

320000－1615－0000478　獻 0523/100478

通州直隸州志十六卷首一卷末一卷　(清)莫祥芝等修　(清)季念詒纂　清刻本　十七冊

320000－1615－0000479　獻 0523－4/100479

讀書雜志八十二卷　(清)王念孫撰　清同治九年(1870)金陵書局刻本　二十二冊

320000－1615－0000480　獻 0525/100480

[嘉慶]重修揚州府志七十二卷首一卷　(清)阿克當阿等修　(清)姚文田等纂　清嘉慶十五年(1810)刻本　二十八冊　存六十三卷(一至四、八至十一、十五至三十、三十三至三十八、四十至七十二)

320000－1615－0000481　獻 0531/100481

温州竹枝詞一卷　(清)方鼎鋭輯　清同治十一年(1872)剜綠軒刻本　一冊

320000－1615－0000482　獻 0531/100482

鄭氏家言一卷　(清)鄭鑑元撰　清嘉慶十一年(1806)叢桂山房刻本　一冊

320000－1615－0000483　獻 0531/100483

委宛詞一卷　(清)郭鍾岳撰　清光緒二十年(1894)和天倪齋刻本　一冊

320000－1615－0000484　獻 0531/100484

掩關集二卷　(明)劉繼善撰　清道光十九年(1839)劉氏刻世德堂叢書本　一冊

320000－1615－0000485　獻 0531/100485

樓邨詩集二十五卷　(清)王式丹撰　清道光十六年(1836)刻本　四冊

320000－1615－0000486　獻 0531/100486

小樓詩集八卷　(清)王嵩高撰　清道光十六年(1836)刻本　二冊

320000－1615－0000487　獻 0531/100487

[乾隆]江都縣志三十二卷　(清)五格　(清)黄湘纂修　清光緒七年(1881)刻本　九冊　存三十一卷(一至三十一)

320000－1615－0000488　獻 0532/100488

[同治]續纂揚州府志二十四卷　(清)方濬頤修　(清)晏端書等纂　清同治十三年(1874)刻本　八冊

320000－1615－0000489　獻 0532/100489

[同治]續纂揚州府志二十四卷　(清)方濬頤修　(清)晏端書等纂　清同治十三年(1874)刻本　八冊

320000－1615－0000490　獻 0532/100490

容甫先生遺詩五卷補遺一卷　(清)汪中撰　清光緒十一年(1885)維揚述古齋木活字印本　一冊

320000－1615－0000491　獻 0532/100491

六合紀事四卷　(清)周長森撰　清刻本　一冊

320000－1615－0000492　獻 0532/100492

積古齋鐘鼎欵識稿本四卷附録一卷　(清)朱爲弼撰　清光緒石印本　一冊

320000－1615－0000493　獻 0532/100493

汪容甫遺詩五卷補遺詩一卷　(清)汪喜孫輯　清光緒十一年(1885)維揚述古齋木活字印本　一冊

320000－1615－0000494　獻 0532/100494

廣陵詩事十卷　(清)阮元撰　清光緒十六年(1890)揚州會館刻本　二冊

320000－1615－0000495　獻 0533/100495

[同治]續纂揚州府志二十四卷 (清)方濬頤修 (清)晏端書等纂 清同治十三年(1874)刻本 七册 存二十一卷(一至二十一)

320000－1615－0000496 獻0533/100496
九九消寒吟一卷 (清)阮恩霖撰 清光緒刻本 一册

320000－1615－0000497 獻0533/100497
雲莊詩存五卷雲莊題贈録四卷 (清)阮充撰 **雲莊唱和録二種二卷** (清)阮充輯 清末刻本 四册

320000－1615－0000498 獻0533/100498
赤湖雜詩一卷 (清)阮先撰 清刻本 一册

320000－1615－0000499 獻0533/100499
重訂厲廉州先生詩全集 (清)厲同勳撰 清刻本 一册 存二種(幸存稿、衡游草)

320000－1615－0000500 獻0533/100500
食舊悳齋雜箸不分卷 (清)劉嶽雲撰 清末刻本 一册

320000－1615－0000501 獻0533/100501
食舊悳齋雜箸不分卷 (清)劉嶽雲撰 清末刻本 一册

320000－1615－0000502 獻0533/100502
淩氏叢書 (清)淩霞撰 清光緒二十六年(1900)安慶正誼書局鉛印本 一册

320000－1615－0000503 獻0533/100503
佩之遺稿不分卷 (清)楊綬祖撰 清同治三年(1864)刻本 一册

320000－1615－0000504 獻0533/100504
十二硯齋金石过眼續録六卷 (清)汪鋆撰 清刻本 一册 存四卷(一至四)

320000－1615－0000505 獻0533/100505
留春草堂詩鈔七卷 (清)伊秉綬撰 清光緒六年(1880)刻本 二册

320000－1615－0000506 獻0533/100506
詞學叢書六種二十三卷 (清)秦恩復輯 清嘉慶、道光間江都秦氏享帚精舍刻本 十二册

320000－1615－0000507 獻0534/100507
[嘉慶]重修揚州府志七十二卷首一卷 (清)阿克當阿修 (清)姚文田等纂 清嘉慶十五年(1810)刻本 二十七册 存三十八卷(十五至十九、二十二至二十五、二十九至三十、三十七、四十三至六十二、六十五至七十)

320000－1615－0000508 獻0534/100508
[嘉慶]重修揚州府志七十二卷首一卷 (清)阿克當阿修 (清)姚文田等纂 清嘉慶十五年(1810)刻本 八册 存十三卷(十五至二十六、二十八)

320000－1615－0000509 獻0531/100509
飛跎全傳四卷三十二回 (清)鄒必顯撰 清同治十一年(1872)揚州醉經堂刻本 四册

320000－1615－0000510 獻0531/100510
飛跎全傳四卷三十二回 (清)鄒必顯撰 清同治十一年(1872)揚州醉經堂刻本 四册

320000－1615－0000511 獻0541/100511
[雍正]揚州府志四十卷 (清)尹會一修 (清)程夢星等纂 清雍正十一年(1733)刻本 三十册

320000－1615－0000512 獻0542/100512
[乾隆]江都縣志三十二卷 (清)五格 (清)黃湘纂修 清光緒七年(1881)刻本 十一册

320000－1615－0000513 獻0542/100513
[光緒]江都縣續志三十卷首一卷 (清)謝延庚修 (清)劉壽曾纂 清光緒十年(1884)刻本 七册 缺一卷(首一卷)

320000－1615－0000514 獻0542/100514
平山堂圖志十卷 (清)趙之壁編纂 清光緒九年(1883)歐陽利見刻本 四册

320000－1615－0000515 獻0542/100515
春冶草堂詞不分卷 (清)江鎔撰 清光緒十八年(1892)刻本 一册

320000－1615－0000516 獻0542/100516
廣陵詩事十卷 (清)阮元撰 清光緒十六年

(1890)揚州會館刻本　二册

320000－1615－0000517　獻0543/100517
[光緒]江都縣續志三十卷首一卷　(清)謝延庚修　(清)劉壽曾纂　清光緒十年(1884)刻本　八册

320000－1615－0000518　獻0543/100518
[光緒]江都縣續志三十卷首一卷　(清)謝延庚修　(清)劉壽曾纂　清光緒十年(1884)刻本　八册

320000－1615－0000519　獻0543/100519
受辛詞二卷　(清)王菼撰　清光緒九年(1883)刻本　一册

320000－1615－0000520　獻0543/100520
竹簾館詞一卷　(清)王樹藩撰　清宣統元年(1909)刻本　一册

320000－1615－0000521　獻0543/100521
約園詞二卷　(清)劉湝年撰　清光緒十年(1884)刻本　二册

320000－1615－0000522　獻0543/100522
麐椶詞一卷　(清)劉恩黻撰　清光緒三十四年(1908)吴氏雙照樓刻本　一册

320000－1615－0000523　獻0543/100523
藝概六卷　(清)劉熙載撰　清同治十二年(1873)刻本　一册

320000－1615－0000524　獻0543/100524
鬼谷子三卷附録一卷　(南朝梁)陶宏景注　清嘉慶十年(1805)江都秦氏石研齋刻本　三册

320000－1615－0000525　獻0543/100525
百萼紅詞二卷　(清)吴藹撰　清光緒五年(1879)合肥張氏刻本　一册

320000－1615－0000526　獻0544/100526
[光緒]江都縣續志三十卷首一卷　(清)謝延庚修　(清)劉壽曾纂　清光緒十年(1884)刻本　八册

320000－1615－0000527　獻0544/100527
[嘉慶]江都縣續志十二卷首一卷　(清)王逢源修　(清)李保泰纂　清光緒七年(1881)刻本　四册

320000－1615－0000528　獻0544/100528
[嘉慶]江都縣續志十二卷首一卷　(清)王逢源修　(清)李保泰纂　清光緒七年(1881)刻本　四册

320000－1615－0000529　獻0544/100529
[嘉慶]江都縣續志十二卷首一卷　(清)王逢源修　(清)李保泰纂　清光緒七年(1881)刻本　三册　存九卷(四至十二)

320000－1615－0000530　獻0544/100530
[嘉慶]江都縣續志十二卷首一卷　(清)王逢源修　(清)李保泰纂　清光緒七年(1881)刻本　三册　存九卷(四至十二)

320000－1615－0000531　獻0544/100531
廣陵通典十卷　(清)汪中撰　清同治八年(1869)揚州書局刻本　二册

320000－1615－0000532　獻0544/100532
揚州水道記四卷圖一卷　(清)劉文淇撰　清同治十一年(1872)淮南書局刻本　四册

320000－1615－0000533　獻0551/100533
[光緒]增修甘泉縣志二十四卷首一卷圖一卷　(清)徐成敟等修　(清)陳浩恩等纂　清光緒十一年(1885)刻本　二十册

320000－1615－0000534　獻0552/100534
[光緒]增修甘泉縣志二十四卷首一卷圖一卷　(清)徐成敟等修　(清)陳浩恩等纂　清光緒十一年(1885)刻本　十八册　存二十三卷(一至二、四至二十四)

320000－1615－0000535　獻0553/100535
[光緒]增修甘泉縣志二十四卷首一卷圖一卷　(清)徐成敟等修　(清)陳浩恩等纂　清光緒十一年(1885)刻本　二十册

320000－1615－0000536　獻0554/100536
[光緒]增修甘泉縣志二十四卷首一卷圖一卷　(清)徐成敟等修　(清)陳浩恩等纂　清光緒十一年(1885)刻三十三年(1907)陳元鑄補

刻本　二十册

320000－1615－0000537　獻 0554/100537
甘棠小志四卷首一卷末一卷　（清）董醇撰　清光緒刻本　一册

320000－1615－0000538　獻 0554/100538
甘棠小志四卷首一卷末一卷　（清）董醇撰　清咸豐五年（1855）荻芬書屋刻本　二册

320000－1615－0000539　獻 0611－4/100539
舊唐書二百卷　（五代）劉昫等撰　清道光二十三年（1843）揚州岑建功刻本　八十六册

320000－1615－0000540　獻 0614/100540
文苑珠林四卷　（清）蔣超伯輯　清雩樂山房刻本　四册

320000－1615－0000541　獻 0621/100541
小脈望館詩草一卷　（清）趙嵩芝撰　清末石印本　一册

320000－1615－0000542　獻 0621/100542
消寒八十一詠一卷　（清）臧穀撰　清宣統元年（1909）鉛印本　一册

320000－1615－0000543　獻 0621/100543
一漚吟館選集二卷　（清）陳崇光撰　清宣統二年（1910）懷荃室刻本　二册

320000－1615－0000544　獻 0621/100544
樓邨詩集二十五卷　（清）王式丹纂　清雍正四年（1726）刻本　一册

320000－1615－0000545　獻 0621/100545
揚州吴氏測海樓藏書目録十二卷　吴引孫編　清宣統二年（1910）刻本　六册

320000－1615－0000546　獻 0621/100546
吴可讀文集四卷　（清）吴可讀撰　（清）楊慶生箋注　清光緒二十六年（1900）集成圖書公司鉛印本　一册

320000－1615－0000547　獻 0621/100547
［光緒］泰州鄉土志不分卷　（清）馬錫純編　清光緒三十四年（1908）上海錦章書局石印本　二册

320000－1615－0000548　獻 0621/100548
香葉草堂詩存一卷　（清）羅聘撰　清道光十四年（1834）刻本　一册

320000－1615－0000549　獻 0621/100549
揚州畫舫録十八卷　（清）李斗撰　清同治刻本　四册

320000－1615－0000550　獻 0621/100550
述學内篇三卷補遺一卷外篇一卷别録一卷　（清）汪中撰　清同治八年（1869）揚州書局刻本　二册

320000－1615－0000551　獻 0621/100551
風月談餘録六卷　（清）徐兆豐撰　清光緒三十三年（1907）刻本　二册

320000－1615－0000552　獻 0621/100552
劉烈女哀辭一卷　（清）阮充等撰　清光緒十三年（1887）刻本　一册

320000－1615－0000553　獻 0622/100553
子笙賦鈔一卷　（清）江璧撰　清光緒四年（1878）刻本　二册

320000－1615－0000554　獻 0622/100554
半氊齋試帖二卷　（清）江懋鈞撰　清道光十四年（1834）刻本　一册

320000－1615－0000555　獻 0622/100555
四白齋唱和集一卷　（清）朱銘輯　清光緒元年（1875）刻本　一册

320000－1615－0000556　獻 0622/100556
五經算術疏義二卷　（清）劉嶽雲撰　清光緒二十五年（1899）鉛印本　二册

320000－1615－0000557　獻 0622/100557
觀心室詩存一卷　（清）陳金詔撰　清咸豐八年（1858）刻本　一册

320000－1615－0000558　獻 0622/100558
桂之華軒詩集四卷　（清）朱銘盤撰　清光緒三十四年（1908）南通翰墨林書局鉛印本　一册

320000－1615－0000559　獻 0622/100559
蔡氏旌孝録一卷　（清）夏嘉穀輯　清光緒泰

州夏氏刻本　一册

320000－1615－0000560　獻0622/100560
鏡心樓集二卷補遺一卷附録一卷　(明)朱方中撰　清道光二十一年(1841)維揚王瑞清刻本　一册

320000－1615－0000561　獻0622/100561
問心齋學治雜録二卷續録四卷　(清)張聯桂撰　清光緒十一年(1885)刻本　六册

320000－1615－0000562　獻0622/100562
漢碑徵經一卷　(清)朱百度撰　清光緒十五年(1889)廣雅書局刻本　一册

320000－1615－0000563　獻0622/100563
禹貢班義述三卷漢縻水入尚龍谿考一卷　(清)成蓉鏡撰　清光緒十一年(1885)刻本　一册

320000－1615－0000564　獻0622/100564
經濟類考約編二卷　(清)顧九錫撰　清末慶槐堂鉛印本　四册

320000－1615－0000565　獻0622/100565
[咸豐]重修興化縣志十卷　(清)梁園棣修　(清)鄭之僑　(清)趙彦俞纂　清咸豐二年(1852)尊經閣刻本　八册

320000－1615－0000566　獻0622/100566
疫喉淺論二卷　(清)夏春農撰　清光緒五年(1879)存吾春齋刻本　一册

320000－1615－0000567　獻0622/100567
疫喉淺論治驗一卷　(清)夏春農撰　清光緒三十一年(1905)刻本　一册

320000－1615－0000568　獻0622/100568
疫喉淺論二卷補遺一卷　(清)夏春農撰　清光緒五年(1879)存吾春齋刻本　一册　存二卷(下、補遺一卷)

320000－1615－0000569　獻0622/100569
疫喉淺論二卷補遺一卷　(清)夏春農撰　清光緒五年(1879)存吾春齋刻本　一册

320000－1615－0000570　獻0623/100570
雋鵜録一卷　吴灝撰　清光緒二十三年(1897)鼇園刻本　一册

320000－1615－0000571　獻0623/100571
[雍正]揚州府志四十卷　(清)尹會一修　(清)程夢星等纂　清雍正十一年(1733)刻本　二十二册　存三十五卷(一至六、九至二十七、三十一至四十)

320000－1615－0000572　獻0624/100572
東湖草堂賦鈔初集二卷二集四卷三集四卷四集四卷　(清)程祥棟撰　清光緒三年(1877)安懷山房刻本　十二册

320000－1615－0000573　獻0624/100573
立貞堂闡微録不分卷　梁可孫撰　清刻本　一册

320000－1615－0000574　獻0624/100574
重訂李義山[商隱]年譜一卷　(清)程夢星編　清刻本　一册

320000－1615－0000575　獻0624/100575
[光緒]靖江縣志十六卷首一卷　(清)葉滋森修　(清)褚翔等纂　清光緒五年(1879)刻本　十册

320000－1615－0000576　獻0624/100576
吴氏一家稿十種　(清)吴錫麒等撰　清刻本　十四册

320000－1615－0000577　獻0631/100577
宋王復齋鐘鼎款識一卷　(宋)王厚之輯　清嘉慶七年(1802)揚州阮氏積古齋藏宋拓摹刻本　一册

320000－1615－0000578　獻0631－52/100578
全唐文一千卷　(清)董誥等編　清嘉慶内府刻本　二百四十册

320000－1615－0000579　獻0653/100579
玉山閣古文選四卷詩選八卷荔子丹房詩選一卷梅墅詩選一卷　(清)徐鏶慶撰　清揚州阮氏琅嬛僊館刻本　四册

320000－1615－0000580　獻0653/100580
困學紀聞二十卷　(宋)王應麟撰　清同治九

年(1870)揚州書局刻本　六册

320000－1615－0000581　獻0653/100581
困學紀聞二十卷　(宋)王應麟撰　清乾隆三年(1738)馬氏叢書樓刻本　四册

320000－1615－0000582　獻0653/100582
悔餘庵詩稿十三卷文稿九卷樂府四卷　(清)何栻撰　清同治四年(1865)鳩江戎幄刻增刻本　九册

320000－1615－0000583　獻0654－0715/100583
昭代叢書五百七十二種　(清)張潮輯　(清)楊復吉等輯　清道光吴江沈氏世楷堂刻本　一百七十二册

320000－1615－0000584　獻0721－36/100584
皇清經解依經分訂十六部一千七十卷　(清)祝崧年編　清光緒十六年(1890)船山書局刻本　四百册

320000－1615－0000585　獻0732－3/100585
焦氏叢書　(清)焦循撰　清光緒二年(1876)衡陽魏氏刻本　四十八册

320000－1615－0000586　獻0741－2/100586
焦氏叢書　(清)焦循撰　清嘉慶、道光間江都焦氏雕菰樓刻本　三十七册　缺二種八卷(北湖小志六卷、首一卷,先府君事略一卷)

320000－1615－0000587　獻0744/100587
校禮堂文集三十六卷詩集十四卷梅邊吹笛譜二卷燕樂考原六卷　(清)淩廷堪撰　**淩次仲先生年譜四卷**　(清)張其錦輯　清嘉慶、道光間刻本　十六册

320000－1615－0000588　獻0744/100588
江都陳氏叢書　(清)陳本禮撰　清嘉慶裛露軒自刻本　八册　存四種十五卷(屈辞精義六卷,漢詩統箋三卷,急就篇一卷,协律鈎元四卷、外集一卷)

320000－1615－0000589　獻0744/100589
春雨樓叢書　(清)朱士端輯　清同治元年(1862)寶應朱氏刻本　六册

320000－1615－0000590　獻0745/100590
燕禧堂五種十五卷　(清)任大椿撰　清乾隆刻本　八册

320000－1615－0000591　獻0745/100591
榕園叢書六十二種　(清)張丙炎輯　(清)張允顗重輯　清同治十三年(1874)儀徵張氏冰甌仙館刻本　二十八册　存三十八種九十九卷(甲集:易略例一卷,易説六卷,易象意言一卷,尚書大傳三卷、補遺一卷、續補遺一卷,敷文書説一卷,禹貢指南四卷,洪範統一一卷,詩譜一卷,絜齋毛詩經筵講義四卷,書繹一卷,詩繹二卷,箴膏肓起廢疾發墨守一卷,春秋傳説例一卷,春秋金鎖匙一卷,左傳義法舉要一卷,儀禮釋宫一卷,古本大學解二卷,爾雅古義十二卷,孝經一卷,孝經鄭注一卷,孝經刊誤一卷,駁五經異義一卷、補遺一卷;乙集:兩漢刊誤補遺十卷、附録一卷,鄴中記一卷,釣幾立談一卷,燕翼貽謀録五卷,漢官舊儀二卷、補遺一卷,翰林志一卷,續翰林志二卷,麟臺故事五卷,翰苑遺事一卷,嶺表録異三卷,吴郡圖經續記三卷,長春真人西遊記一卷、附録一卷,四使記一卷,西藏賦一卷,普法戰紀輯要四卷,舊聞證誤四卷)

320000－1615－0000592　獻0751－2/100592
輿地紀勝二百卷　(宋)王象之撰　**校勘記五十二卷**　(清)劉文淇撰　**補闕十卷**　(清)岑建功輯　清道光二十九年(1849)揚州岑氏懼盈齋刻本　六十二册　缺十二卷(紀勝一百七十六至一百八十二、補闕六至十)

320000－1615－0000593　獻0753/100593
兩浙金石志十八卷　(清)阮元編　清道光刻本　十八册

320000－1615－0000594　獻0753－4/100594
山左金石志二十四卷　(清)畢沅　(清)阮元撰　清嘉慶二年(1797)儀徵阮氏小琅嬛僊館刻本　十册

320000－1615－0000595　獻0754/100595
懷豳雜俎十二種十七卷　徐乃昌輯　清宣統

三年(1911)南陵徐氏刻本　八册

320000－1615－0000596　獻0754/100596
積學齋叢書六十一卷　徐乃昌編　清光緒南陵徐氏刻本　二十四册

320000－1615－0000597　獻0754/100597
唐宋舊經樓詩稿六卷　(清)孔璐華撰　清嘉慶二十年(1815)刻本　四册

320000－1615－0000598　獻0754/100598
西泠酬唱集五卷　(清)秦緗業等撰　清光緒五年(1879)刻本　二册

320000－1615－0000599　獻0754/100599
徐孝穆全集六卷　(南朝陳)徐陵撰　(清)吴兆宜箋注　清光緒揚州藝古堂刻本　三册

320000－1615－0000600　獻0811－2/100600
子史精華一百六十卷　(清)聖祖玄燁編　清焦理堂通行刻本　四十八册

320000－1615－0000601　獻0812－3/100601
讀書雜志八十二卷餘編二卷　(清)王念孫撰　清同治九年(1870)金陵書局刻本　二十四册

320000－1615－0000602　獻0813/100602
麗瀍薈録十四卷　(清)蔣超伯撰　清同治六年(1867)刻本　七册

320000－1615－0000603　獻0814/100603
容甫先生遺詩五卷補遺一卷　(清)汪中撰　清宣統元年(1909)正誼書局鉛印本　一册

320000－1615－0000604　獻0814/100604
容甫先生遺詩五卷補遺一卷附録一卷　(清)汪中撰　清宣統元年(1909)正誼書局鉛印本　一册

320000－1615－0000605　獻0814－5/100605
漢學堂叢書二百十五種　(清)黄奭輯　清道光黄氏刻光緒印本　四十六册　存九十四種一百六卷(春秋土地名一卷、春秋左氏傳述義一卷、爾雅古義十二卷、唐韻二卷、河圖括地象一卷附括地圖、河圖帝覽嬉一卷、河圖稽命徵一卷、河圖稽耀鉤一卷、龍魚河圖一卷、河圖始開圖一卷、雒書一卷、雒書甄曜度一卷、雒書靈准聽一卷、雒書摘六辟一卷、易緯一卷、易乾鑿度鄭氏注一卷、易乾坤鑿度鄭氏族注一卷、易是類謀鄭氏注一卷、易坤靈圖鄭氏注一卷、易坤元序制記鄭氏注一卷、尚書琁璣鈐一卷、尚書帝命驗一卷、尚書刑德放一卷、尚書運期授一卷、詩緯一卷、詩含神霧一卷、詩推度災一卷、禮緯一卷、禮含文嘉一卷、禮稽命徵一卷、樂緯一卷、樂協圖徵一卷、春秋一卷、春秋演孔圖一卷、春秋説題辭一卷、春秋元命苞一卷、春秋文耀鉤一卷、春秋運斗樞一卷、春秋感精符一卷、春秋合誠圖一卷、春秋考異郵一卷、春秋保乾圖一卷、春秋佐助期一卷、春秋握誠圖一卷、春秋潛潭巴一卷、春秋命厤序一卷、春秋内事一卷、論語摘輔象一卷、孝經緯一卷、孝經鉤命决一卷、孝經援神契一卷、孝經内記圖一卷、河圖聖洽符一卷、論語撰考讖一卷、論語比考讖一卷、孝經雌雄圖一卷、乾象術一卷、易元包一卷、淮南王萬畢術一卷、鐘律書一卷、琴操一卷、古今樂録一卷、魏皇覽一卷、逸莊子一卷、莊子注一卷、竹書紀年一卷、楚漢春秋一卷、漢後書一卷、後漢書注一卷、後漢書一卷、後漢書一卷、後漢紀一卷、晉書一卷、晉書一卷、晉中興書一卷附徵祥説、晉書一卷、晉書一卷、晉書地道記一卷、晉諸公讚一卷、晉後略一卷、晉八王故事一卷、付侯古今注一卷、英雄記一卷、戰略一卷、九州春秋一卷、括地志一卷、晉太康三年地記一卷、喪服要記一卷、三輔决録一卷、孝子傳一卷、孝子傳一卷、孝子傳一卷、漢官儀一卷、唐明皇月令注解一卷)

320000－1615－0000606　獻0815/100606
格物中法十二卷　(清)劉嶽雲撰　清光緒刻本　十二册　存六卷(一至六)

320000－1615－0000607　獻0815/100607
增訂字詁義府合按三卷　(清)黄生撰　(清)黄承吉編　清光緒二十六年(1900)刻本　三册

320000－1615－0000608　獻0815/100608
榕堂續録四卷　(清)蔣超伯撰　清同治六年

(1867)刻本　一冊

320000－1615－0000609　獻0815/100609
易餘籥録二十卷　(清)焦循撰　**舊學蓄疑一卷**　(清)汪中述　清光緒十二年(1886)刻本　四冊

320000－1615－0000610　獻0821－3/100610
漢學堂叢書二百十五種　(清)黄奭輯　清道光黄氏刻光緒印本　八十冊

320000－1615－0000611　獻0823/100611
清湘老人題記一卷附録一卷苦瓜和尚書語録一卷　(清)釋道濟撰　(清)汪鋆輯　清光緒九年(1883)儀徵汪氏刻本　一冊

320000－1615－0000612　獻0823/100612
國朝宋學淵源記二卷　(清)江藩輯　清道光三年(1823)刻本　一冊

320000－1615－0000613　獻0823/100613
石畫記五卷　(清)阮元撰　清儀徵阮氏刻本　二冊

320000－1615－0000614　獻0823/100614
媿生叢録二卷　李詳撰　清宣統元年(1909)江寧刻本　一冊

320000－1615－0000615　獻0823/100615
窺豹集二卷　(清)蔣超伯輯　清同治元年(1862)刻本　一冊

320000－1615－0000616　獻0823/100616
石渠隨筆八卷　(清)阮元撰　清揚州珠湖草堂阮氏刻本　二冊

320000－1615－0000617　獻0823/100617
南漘楛語八卷　(清)蔣超伯撰　清同治元年(1862)刻本　二冊

320000－1615－0000618　獻0824/100618
[嘉慶]高郵州志十二卷首一卷　(清)楊宜崙修　(清)夏之蓉　(清)沈之本纂　(清)馮馨增修　清道光二十五年(1845)刻本　十七冊　存十二卷(一至十一、首一卷)

320000－1615－0000619　獻0825/100619
[雍正]江都縣志二十卷圖一卷　(清)陸朝璣修　(清)程夢星　(清)蔣繼軾纂　清雍正七年(1729)刻本　二十冊

320000－1615－0000620　獻0831/100620
[乾隆]甘泉縣志二十卷首一卷　(清)吴鶚峙修　(清)厲鶚等纂　清乾隆八年(1743)刻本　十冊

320000－1615－0000621　獻0831/100621
[道光]續增高郵州志不分卷　(清)左輝春等纂修　清道光二十三年(1843)刻本　六冊

320000－1615－0000622　獻0831/100622
江左十五子詩選十五卷　(清)宋犖選　清掃葉山房石印本　六冊

320000－1615－0000623　獻0831/100623
觀我生室膡稿不分卷　(清)罗士琳撰　清刻本　一冊

320000－1615－0000624　獻0831/100624
漢官儀三卷　(宋)劉攽撰　清揚州穆西堂刻本　一冊

320000－1615－0000625　獻0831/100625
持志塾言二卷　(清)劉熙載撰　清刻本　一冊

320000－1615－0000626　獻0831/100626
青谿舊屋文集十一卷　(清)劉文淇撰　清光緒九年(1883)刻本　二冊

320000－1615－0000627　獻0831/100627
春秋繁露十七卷　(漢)董仲舒撰　清光緒八年(1882)淮南書局刻本　二冊

320000－1615－0000628　獻0831/100628
柏梘山房詩集十卷續集二卷駢体文二卷　(清)梅曾亮撰　清刻本　二冊

320000－1615－0000629　獻0831/100629
字學七種二卷　(清)李祕園撰　清光緒十二年(1886)石印本　一冊

320000－1615－0000630　獻0832/100630
[雍正]高郵州志十二卷　(清)張德盛修　(清)王會禄纂　清雍正二年(1724)刻本　十六冊

320000－1615－0000631　獻 0832/100631
[乾隆]直隸通州志二十二卷　(清)王繼祖修　(清)夏之蓉等纂　清乾隆二十年(1755)刻本　十六册

320000－1615－0000632　獻 0833/100632
[道光]重修儀徵縣志五十卷首一卷　(清)王檢心修　(清)劉文淇　(清)張安保纂　清光緒十六年(1890)刻本　十六册

320000－1615－0000633　獻 0833/100633
[光緒]江都縣續志三十卷首一卷　(清)謝延庚修　(清)劉壽曾纂　清光緒十年(1884)刻本　三册　存八卷(五至十二)

320000－1615－0000634　獻 0833/100634
[乾隆]江都縣志三十二卷　(清)五格　(清)黄湘纂修　清光緒刻本　八册　存二十一卷(一至十二、十四至十九、三十至三十二)

320000－1615－0000635　獻 0833/100635
唐陸宣公制誥十卷附録一卷　(唐)陸贄撰　清光緒十一年(1885)淮南書局刻本　一册

320000－1615－0000636　獻 0834/100636
廣陵通典十卷　(清)汪中撰　清同治八年(1869)揚州書局刻本　一册

320000－1615－0000637　獻 0834/100637
時晴齋館賦二卷　(清)張集馨撰　清同治刻本　二册

320000－1615－0000638　獻 0834/100638
錫穀堂詩五卷　(清)劉師恕撰　清同治元年(1862)劉氏家刻本　二册

320000－1615－0000639　獻 0834/100639
壬癸詩存一卷　(清)張丙瑩撰　清光緒二十一年(1895)張氏清暉草堂刻本　一册

320000－1615－0000640　獻 0834/100640
春雨唱和集一卷　(清)王開益輯　清光緒望湖草堂刻本　一册

320000－1615－0000641　獻 0834/100641
虚白齋古近體詩二卷　(清)劉蘊輝撰　**鋤月山房遺稿一卷**　(清)何淳撰　清光緒七年(1881)揚州倪文林齋刻本　一册

320000－1615－0000642　獻 0834/100642
淮海新聲一卷凌谿灯詞一卷射陂芜城詞一卷　題(明)逍遥館主人撰　清嘉慶二十一年(1816)刻本　一册

320000－1615－0000643　獻 0834/100643
韻廔詞一卷後韻廔詞一卷　(清)經半園撰　清道光刻本　一册

320000－1615－0000644　獻 0834/100644
積古齋鐘鼎彝器欵識十卷　(清)阮元編　清嘉慶九年(1804)阮氏刻本　四册　存七卷(一至三、五至六、九至十)

320000－1615－0000645　獻 0834/100645
研經館詩賦鈔二卷　羅君懷撰　清光緒二十年(1894)刻本　二册

320000－1615－0000646　獻 0834/100646
嘯雲軒詩集五卷　(清)程畹撰　清同治十一年(1872)刻本　二册

320000－1615－0000647　獻 0834/100647
弢園詞一卷　(清)史念祖撰　清光緒三十一年(1905)刻本　一册

320000－1615－0000648　獻 0834/100648
南園集二卷　(清)李光榮撰　清同治元年(1862)刻本　一册

320000－1615－0000649　獻 0834/100649
約園詞二卷　(清)劉湝年撰　清光緒十年(1884)刻本　一册

320000－1615－0000650　獻 0834/100650
黄檗山人詩集二卷　(清)李少平撰　清光緒十四年(1888)刻本　一册

320000－1615－0000651　獻 0834/100651
六朝文絜箋注十二卷　(清)許槤評選　(清)黎經誥箋注　清光緒十五年(1889)枕溢書屋刻本　二册

320000－1615－0000652　獻 0834/100652
揚州水道記四卷圖一卷　(清)劉文淇撰　清同治十一年(1872)淮南書局刻本　四册

320000－1615－0000653　獻 0834/100653
揚州歷代疆域沿革圖説不分卷　(清)徐庭曾撰　清光緒三十年(1904)刻本　二冊

320000－1615－0000654　獻 0834/100654
竹西九老吟不分卷　(清)徐穆等撰　清光緒二十五年(1899)刻本　一冊

320000－1615－0000655　獻 0841/100655
[光緒]再續高郵州志八卷首一卷　(清)龔定瀛修　(清)夏子鐊纂　清光緒九年(1883)刻本　八冊

320000－1615－0000656　獻 0841/100656
[嘉慶]高郵州志十二卷首一卷　(清)楊宜崙修　(清)夏之蓉　(清)沈之本纂　(清)馮馨增修　清道光二十五年(1845)刻本　十六冊

320000－1615－0000657　獻 0842/100657
[道光]重修寶應縣志二十八卷首一卷　(清)孟毓蘭修　(清)喬載繇等纂　清道光二十年(1840)湯氏沐華堂刻本　二冊　存五卷(二十四至二十八)

320000－1615－0000658　獻 0842/100658
[道光]重修寶應縣志二十八卷首一卷　(清)孟毓蘭修　(清)喬載繇等纂　清道光二十年(1840)湯氏沐華堂刻本　十冊

320000－1615－0000659　獻 0842/100659
[道光]寶應圖經六卷首二卷　(清)劉寶楠纂　清光緒九年(1883)淮南書局刻本　四冊

320000－1615－0000660　獻 0842/100660
[道光]寶應圖經六卷首二卷　(清)劉寶楠纂　清光緒九年(1883)淮南書局刻本　三冊　缺一卷(三)

320000－1615－0000661　獻 0842/100661
夢陔堂詩集□□卷　(清)黄承吉撰　清刻本　四冊　存十八卷(十八至三十五)

320000－1615－0000662　獻 0843－5/100662
經籍籑詁一百六卷　(清)阮元撰　清光緒六年(1880)淮南書局刻本　四十八冊

320000－1615－0000663　獻 0851/100663
[道光]泰州志三十六卷首一卷　(清)王有慶等修　(清)陳世鎔等纂　清道光七年(1827)刻光緒三十四年(1908)補刻本　十二冊

320000－1615－0000664　獻 0851/100664
徐騎省集三十卷補遺一卷　(宋)徐鉉撰　**校勘記一卷**　(清)李英元撰　清光緒十九年(1893)黟南李氏刻本　八冊

320000－1615－0000665　獻 0851/100665
説文解字斠詮十四卷　(清)錢坫撰　清光緒九年(1883)淮南書局刻本　陳含光批校　六冊

320000－1615－0000666　獻 0852/100666
[光緒]泰興縣志二十六卷首一卷末一卷　(清)楊激雲修　(清)顧曾烜纂　清光緒十二年(1886)刻本　十冊

320000－1615－0000667　獻 0852/100667
[道光]泰州志三十六卷首一卷　(清)王有慶等修　(清)陳世鎔等纂　清道光七年(1827)刻光緒三十四年(1908)補刻本　十六冊

320000－1615－0000668　獻 0852/100668
[道光]泰州志三十六卷首一卷　(清)王有慶等修　(清)陳世鎔等纂　清道光七年(1827)刻光緒三十四年(1908)補刻本　四冊

320000－1615－0000669　獻 0852/100669
[道光]泰州新志刊謬二卷首一卷　(清)任鈺等纂輯　清道光十年(1830)刻本　二冊

320000－1615－0000670　獻 0853/100670
[光緒]泰興縣志二十六卷首一卷末一卷　(清)楊激雲修　(清)顧曾烜纂　清光緒十二年(1886)刻本　十二冊

320000－1615－0000671　獻 0853/100671
[光緒]六合縣志八卷圖説一卷附録一卷　(清)謝延庚等修　(清)賀延壽等纂　清光緒十年(1884)刻本　十冊

320000－1615－0000672　獻 0854/100672
[咸豐]重修興化縣志十卷　(清)梁園棣修

(清)鄭之僑　(清)趙彦俞纂　清咸豐二年(1852)尊經閣刻本　九册

320000－1615－0000673　獻 0854/100673
[咸豐]重修興化縣志十卷　(清)梁園棣修　(清)鄭之僑　(清)趙彦俞纂　清咸豐二年(1852)尊經閣刻本　八册

320000－1615－0000674　獻 0855/100674
光緒會計表四卷　(清)劉嶽雲撰　清光緒二十七年(1901)教育世界社石印本　四册

320000－1615－0000675　獻 0855/100675
增評歷代名臣言行録二十二卷首一卷　(清)孫鈺輯　清光緒二十九年(1903)開智書局石印本　八册

320000－1615－0000676　獻 0855/100676
小脈望館詩草一卷　(清)趙嵩芝撰　清宣統元年(1909)石印本　一册

320000－1615－0000677　獻 0855/100677
古今輿地考不分卷　(清)顧善慶撰　清光緒三十年(1904)雄雉齋刻本　一册

320000－1615－0000678　獻 0855/100678
今有堂詩集四卷　(清)程夢星撰　清刻本　二册

320000－1615－0000679　獻 0855/100679
怡园紀事唱和詩存一卷　(清)湯兆福撰　清道光刻本　一册

320000－1615－0000680　獻 0855/100680
廣雅疏證十卷博雅音十卷　(清)王念孫撰　清光緒十九年(1893)上海鴻文書局石印本　四册　缺一卷(博雅音十)

320000－1615－0000681　獻 0855/100681
林蕙堂文集十二卷續刻六卷亭皋詩鈔四卷藝香詞鈔四卷　(清)吴綺撰　清乾隆四十一年(1776)衷白堂刻本　六册　存十四卷(續刻六卷、亭皋詩鈔四卷、藝香詞鈔四卷)

320000－1615－0000682　獻 0855/100682
經籍籑詁五卷　(清)阮元撰　清光緒九年(1883)上海點石齋石印本　五册

320000－1615－0000683　獻 0855/100683
文選古字通疏証六卷　(清)薛傳均撰　清光緒十二年(1886)还讀樓刻本　一册

320000－1615－0000684　獻 0855/100684
説文答問疏証六卷　(清)薛傳均撰　清光緒八年(1882)紫薇山館刻本　二册

320000－1615－0000685　獻 0855/100685
述學内篇三卷補遺一卷外篇一卷別録一卷　(清)汪中撰　(清)汪喜孫輯　清道光、光緒間南海伍氏刻粤雅堂叢書本　三册

320000－1615－0000686　獻 0855/100686
憶書六卷　(清)焦循撰　清刻本　一册

320000－1615－0000687　獻 0855/100687
天慵庵筆記二卷　(清)方士庶撰　清光緒刻本　一册

320000－1615－0000688　獻 0911/100688
[嘉慶]東臺縣志四十卷　(清)周右修　(清)蔡復午等纂　清嘉慶二十二年(1817)刻本　十册

320000－1615－0000689　獻 0911/100689
[嘉慶]東臺縣志四十卷　(清)周右修　(清)蔡復午等纂　清道光十年(1830)增刻本　十册

320000－1615－0000690　獻 0912/100690
[嘉慶]如皋縣志二十四卷　(清)楊受廷等修　(清)馬汝舟等纂　清嘉慶十三年(1808)刻本　二十册

320000－1615－0000691　獻 0912/100691
[道光]如皋縣續志十二卷　(清)范仕義修　(清)吴鎧纂　清道光十七年(1837)刻本　四册

320000－1615－0000692　獻 0912/100692
[同治]如皋縣續志十六卷　(清)周際霖　(清)胡維藩修　(清)周項　(清)吴開陽纂　清同治十二年(1873)刻本　八册

320000－1615－0000693　獻 0913－4/100693
[嘉慶]重修揚州府志七十二卷首一卷　(清)

阿克當阿修　(清)姚文田等纂　清嘉慶十五年(1810)刻本　四十八册

320000－1615－0000694　獻 0914/100694
[同治]續纂揚州府志二十四卷　(清)方濬頤修　(清)晏端書等纂　清同治十三年(1874)刻本　八册

320000－1615－0000695　獻 0914/100695
[咸豐]重修寶應縣志辨一卷　(清)劉贊勳撰　清咸豐元年(1851)醉經閣刻本　一册

320000－1615－0000696　獻 0914/100696
[嘉慶]重修泰興縣志八卷　(清)淩坮纂修　清嘉慶十八年(1813)刻本　七册

320000－1615－0000697　獻 0914/100697
北湖小志六卷首一卷　(清)焦循纂　清嘉慶十三年(1808)揚州阮氏刻本　四册

320000－1615－0000698　獻 0914/100698
北湖小志六卷首一卷　(清)焦循纂　清嘉慶十三年(1808)揚州阮氏刻本　一册

320000－1615－0000699　獻 0914/100699
北湖小志六卷首一卷　(清)焦循纂　清嘉慶十三年(1808)揚州阮氏刻本　二册

320000－1615－0000700　獻 0921/100700
[嘉慶]重修揚州府志七十二卷首一卷　(清)阿克當阿修　(清)姚文田等纂　清嘉慶十五年(1810)刻本　三十册　存三十九卷(三十四至七十二)

320000－1615－0000701　獻 0921/100701
河賦注一卷　(清)江藩撰　(清)錢坤注　清光緒、宣統間刻藕香零拾本　一册

320000－1615－0000702　獻 0921/100702
[嘉慶]重修揚州府志七十二卷首一卷　(清)阿克當阿修　(清)姚文田等纂　清嘉慶十五年(1810)刻本　八册

320000－1615－0000703　獻 0922－4/100703
[嘉慶]重修揚州府志七十二卷首一卷　(清)阿克當阿修　(清)姚文田等纂　清嘉慶十五年(1810)刻本　六十四册

320000－1615－0000704　獻 0931/100704
真州倡和詩三卷　(清)張璞等撰　清末刻本　一册

320000－1615－0000705　獻 0931/100705
春蠶集二卷　(元)釋覺岸撰　清光緒刻本　一册

320000－1615－0000706　獻 0931/100706
金陵遊記一卷　(清)王士禛撰　清刻本　一册

320000－1615－0000707　獻 0931/100707
壽藤軒吟藁四卷　(清)朱宗大撰　清刻本　一册

320000－1615－0000708　獻 0931/100708
石畫記五卷　(清)阮元撰　清光緒三年(1877)學海堂叢書刻本　二册

320000－1615－0000709　獻 0931/100709
彊識編四卷　(清)朱士端撰　清同治元年(1862)刻本　二册

320000－1615－0000710　獻 0931/100710
板橋詩鈔三卷詞鈔一卷道情一卷題畫一卷家書一卷小唱一卷　(清)鄭燮撰　清乾隆十四年(1749)上元司徒文膏刻本　四册　存六卷(板橋詩鈔二至三、詞鈔一卷、題畫一卷、家書一卷、小唱一卷)

320000－1615－0000711　獻 0931/100711
窺園吟稿二卷　(清)喬億撰　清刻本　一册

320000－1615－0000712　獻 0931/100712
拾雅六卷　(清)夏味堂撰　清嘉慶刻本　二册

320000－1615－0000713　獻 0931/100713
食舊悳齋雜箸二卷　(清)劉嶽雲撰　清光緒二十二年(1896)四川尊經書院刻本　二册

320000－1615－0000714　獻 0931/100714
説文校議十五卷　(清)姚文田　(清)嚴可均撰　(清)孫星衍商訂　清咸豐二年(1852)江都李氏半畝園刻小學類編本　四册

320000－1615－0000715　獻 0931/100715

重陽唱和詩一卷　(清)王開益輯　清光緒刻本　一冊

320000－1615－0000716　獻 0931/100716
香葉草堂詩存一卷　(清)羅聘撰　清道光十四年(1834)刻本　一冊

320000－1615－0000717　獻 0931/100717
窺豹集二卷　(清)蔣超伯撰　清同治刻本　一冊

320000－1615－0000718　獻 0931/100718
蒙香室賦録二卷　(清)馮煦撰　清光緒十一年(1885)刻本　二冊

320000－1615－0000719　獻 0932/100719
大戴禮記十三卷　(漢)戴德撰　(北周)盧辯注　清刻本　二冊

320000－1615－0000720　獻 0932/100720
弁服釋例八卷　(清)任大椿撰　清刻本　二冊

320000－1615－0000721　獻 0932/100721
夏小正一卷　(清)戴震　(清)盧文弨撰　(清)汪廷儒批校　清刻本　一冊

320000－1615－0000722　獻 0932/100722
劉端臨先生遺書　(清)劉台拱撰　清嘉慶刻本　一冊　存五種五卷(論語駢枝一卷、荀子補註一卷、漢學拾遺一卷、經傳小記一卷、劉端臨先生文集一卷)

320000－1615－0000723　獻 0932/100723
孟子正義三十卷　(清)焦循撰集　清刻本　十二冊

320000－1615－0000724　獻 0932/100724
大英帝王世系表并紀略一卷　(清)郭鍾岳編　清光緒二十五年(1899)溫州刻本　一冊

320000－1615－0000725　獻 0932/100725
高郵耆舊詩餘一卷　(清)王敬之等録　清刻本　一冊

320000－1615－0000726　獻 0932/100726
研北花南吟草四卷詞鈔一卷合璧詞一卷　(清)徐鳴珂撰　清道光十八年(1838)刻本　一冊

320000－1615－0000727　獻 0932/100727
蓱綠詞三卷續編一卷再續一卷補遺一卷　(清)丁至和撰　清咸豐、同治間刻本　一冊

320000－1615－0000728　獻 0932/100728
醉經齋詞鈔不分卷　(清)張兆蘭撰　清光緒二十一年(1895)鉛印本　一冊

320000－1615－0000729　獻 0932/100729
薇省詞鈔十卷附録一卷　況周儀撰　清光緒二十四年(1898)刻本　二冊

320000－1615－0000730　獻 0932/100730
榴實山莊詞鈔一卷　(清)吴存義撰　清刻本　一冊

320000－1615－0000731　獻 0932/100731
時晴齋詞鈔一卷　(清)張集馨撰　清光緒二十一年(1895)鉛印本　一冊

320000－1615－0000732　獻 0933/100732
重鐫心齋王先生全集六卷新鐫東厓先生遺集二卷一庵先生遺集二卷王心齋先生疏傳合編二卷　(明)王艮撰　清刻本　十二冊

320000－1615－0000733　獻 0933/100733
海門初集十卷首一卷　(清)鮑皋撰　(清)尹嘉銓輯　清乾隆刻本　四冊　存九卷(一至九)

320000－1615－0000734　獻 0933/100734
伯山詩話後集四卷　(清)康發祥輯　清刻本　二冊

320000－1615－0000735　獻 0933/100735
伯山詩話續集二卷　(清)康發祥輯　清道光二十九年(1849)刻本　一冊

320000－1615－0000736　獻 0933/100736
伯山詩話再續集二卷　(清)康發祥輯　清咸豐元年(1851)刻本　一冊

320000－1615－0000737　獻 0933/100737
伯山詩話三續集二卷　(清)康發祥輯　清咸豐十年(1860)刻本　一冊

320000－1615－0000738　獻 0933/100738
嘯雲軒避寇紀略一卷　(清)程畹撰　清光緒十二年(1886)刻本　一册

320000－1615－0000739　獻 0933/100739
崇川咫聞録十二卷　(清)徐縉　(清)楊廷撰輯　清道光十年(1830)徐氏芸暉閣刻本　十二册

320000－1615－0000740　獻 0933/100740
壬癸詩録一卷　(清)孔繼鎔撰　清咸豐四年(1854)刻本　一册

320000－1615－0000741　獻 0934/100741
二十四福堂詩課一卷續一卷　(清)朱士端輯　清道光十五年(1835)刻本　一册

320000－1615－0000742　獻 0934/100742
坦庵樂府黍香集一卷　(清)徐石麒撰　清刻本　一册

320000－1615－0000743　獻 0934/100743
影梅菴傳奇二卷　(清)彭劍南撰　清道光六年(1826)刻彭氏茗雪山房二種曲本　四册

320000－1615－0000744　獻 0934/100744
尹少宰公[會一]年譜二卷　(清)吕熾編　清乾隆刻本　一册

320000－1615－0000745　獻 0934/100745
淩谿先生集十八卷　(明)朱應登撰　清道光十五年(1835)宜禄堂刻本　四册

320000－1615－0000746　獻 0934/100746
新刊古列女傳八卷　(漢)劉向編　(晉)顧凱之繪圖　清小琅嬛僊館阮氏刻本　四册

320000－1615－0000747　獻 0934/100747
廣陵名勝圖不分卷　(清)阮亨編　清刻本　一册

320000－1615－0000748　獻 0934/100748
廣印人傳十六卷補遺一卷　葉銘輯　清宣統三年(1911)西泠印社刻印學叢書本　四册

320000－1615－0000749　獻 0934/100749
林蕙堂文集十二卷　(清)吴綺撰　清乾隆三十九年(1774)衷白堂刻本　六册

320000－1615－0000750　獻 0934/100750
藝林詞鈔四卷　(清)吴綺撰　清刻本　一册　存三卷(二至四)

320000－1615－0000751　獻 0934/100751
揚州畫舫録十八卷　(清)李斗撰　清光緒申報館鉛印本　三册　存五卷(一、四至五、十七至十八)

320000－1615－0000752　獻 0934/100752
述舊三卷　(清)李福祚輯　清末刻本　五册　缺一卷(上)

320000－1615－0000753　獻 0941－52/100753
全唐詩九百卷　(清)曹寅等輯　清道光十年(1830)刻本　一百三十六册

320000－1615－0000754　獻 0952－4/100754
綱鑑會通九十八卷　(清)葉澐輯　**明紀會通十五卷**　(清)陳志襄輯　清刻本　六十册

320000－1615－0000755　獻 0954/100755
揚子法言十三卷　(漢)揚雄撰　(晉)李軌注　**音義一卷**　清嘉慶二十三年(1818)石研齋秦氏刻本　一册

320000－1615－0000756　獻 0954/100756
全唐文一千卷　(清)董誥等編　清嘉慶揚州刻本　六册　存二十九卷(一百四十一至一百五十、二百七十一至二百八十、二百八十二至二百九十)

320000－1615－0000757　獻 0955/100757
易餘籥録二十卷　(清)焦循撰　清嘉慶刻本　四册

320000－1615－0000758　獻 0955/100758
自遠堂琹譜十二卷　(清)吴灴輯　清嘉慶六年(1801)自遠堂刻本　二十册

320000－1615－0000759　獻 0955/100759
壽藤軒吟藁二卷冬榮館詩一卷杜詩識小一卷李詩臆説一卷　(清)朱宗大撰　清乾隆刻本　一册　存一卷(杜詩識小一卷)

320000－1615－0000760　獻 1011/100760

淮海英靈續集十二卷　（清）阮亨輯　清道光刻本　二冊　存五卷（一至五）

320000－1615－0000761　獻1011/100761
文選六十卷　（南朝梁）蕭統輯　（唐）李善注　（清）陳含光批校　清同治八年（1869）廣東省華文堂刻本　二十四冊

320000－1615－0000762　獻1011/100762
望衡堂詩鈔四卷　（清）吴聯元撰　清同治十三年（1874）摩兜鞬室刻本　二冊

320000－1615－0000763　獻1012/100763
三國志六十五卷　（晉）陳寿撰　（南朝宋）裴松之註　（清）陳含光点校　清光緒七年（1881）文雅齋刻本　十冊

320000－1615－0000764　獻1012/100764
淩谿先生集十八卷　（明）朱應登撰　清刻本　四冊

320000－1615－0000765　獻1012/100765
袞東集一卷袞東詩集一卷　（清）朱經撰　清刻本　一冊

320000－1615－0000766　獻1012/100766
四白齋唱和集一卷　（清）朱銘輯　清光緒元年（1875）刻本　一冊

320000－1615－0000767　獻1012/100767
小腆紀年二十卷　（清）徐鼒撰　清咸豐十一年（1861）刻本　十二冊

320000－1615－0000768　獻1013/100768
南漘楛語八卷　（清）蔣超伯撰　清同治十年（1871）兩廬山房刻本　二冊

320000－1615－0000769　獻1013/100769
才調集十卷　（五代）韋縠輯　清維揚述古齋木活字印本　二冊

320000－1615－0000770　獻1013/100770
持志塾言二卷　（清）劉熙載撰　清光緒二十二年（1896）刻本　一冊

320000－1615－0000771　獻1013/100771
莊子司马彪注一卷　（晉）司馬彪注　（清）黄奭學　清刻黄氏逸書考本　二冊

320000－1615－0000772　獻1013/100772
述學二卷　（清）汪中撰　清嘉慶三年（1798）小琅嬛僊館刻本　一冊

320000－1615－0000773　獻1013/100773
重訂厲廉州先生詩全集　（清）厲同勳撰　清末刻本　一冊　存一種二卷（籍花小室詩鈔二卷）

320000－1615－0000774　獻1013/100774
夢園子不分卷　（清）方濬頤撰　清光緒十年（1884）揚州刻本　一冊

320000－1615－0000775　獻1013/100775
讀書敏求記四卷　（清）錢曾撰　清道光五年（1825）小琅嬛僊館阮氏刻本　二冊

320000－1615－0000776　獻1013/100776
淮海秋笳集一卷　（清）李肇增輯　清咸豐十年（1860）遲雲山館刻本　一冊

320000－1615－0000777　獻1013/100777
山聞詩不分卷　（清）汪楫撰　清刻本　一冊

320000－1615－0000778　獻1013/100778
李舍人遺集一卷　（清）李結撰　清光緒二十二年（1896）宗鄴堂刻本　一冊

320000－1615－0000779　獻1013/100779
邗上題襟集選二卷　（清）曾燠輯　清嘉慶刻本　一冊　存一卷（下）

320000－1615－0000780　獻1013/100780
列子八卷　（唐）盧重元撰　清嘉慶八年（1803）江都秦氏石研齋刻本　二冊

320000－1615－0000781　獻1013/100781
困學紀聞二十卷　（宋）王應麟撰　清同治九年（1870）揚州書局刻本　四冊

320000－1615－0000782　獻1014/100782
［光緒］增修甘泉縣志二十四卷首一卷圖一卷　（清）徐成敟等修　（清）陳浩恩等纂　清光緒十一年（1885）刻本　二十冊

320000－1615－0000783　獻1021/100783
甓湖詩鈔四卷詞鈔一卷　左楨撰　清宣統揚州大新局鉛印本　四冊

320000－1615－0000784　獻 1021/100784
湖船録一卷續録一卷　（清）厲鶚輯　清錢唐丁氏刻本　一册

320000－1615－0000785　獻 1021/100785
淮海詞鈔三卷　（宋）秦觀撰　清道光元年(1821)紅雪吟館刻本　一册

320000－1615－0000786　獻 1021/100786
邗上題襟續集不分卷　（清）曾燠輯　清刻本　一册

320000－1615－0000787　獻 1021/100787
雷塘庵主弟子記八卷　（清）張鑑録　清咸豐琅嬛僊館刻本　二册

320000－1615－0000788　獻 1021/100788
安定言行録二卷　（清）許正綬原輯　（清）丁寶補輯　清同治刻本　二册

320000－1615－0000789　獻 1021/100789
春雨樓叢書　（清）朱士端輯　清同治二年(1863)寶應朱氏刻本　二册　存二種九卷(宜禄堂收藏金石記六卷、補編一卷,讀書解義一卷、附録一卷)

320000－1615－0000790　獻 1021/100790
百萼紅詞二卷　（清）吴鼒撰　清光緒五年(1879)合肥張氏刻本　二册

320000－1615－0000791　獻 1021/100791
阮盦筆記五種　況周儀撰　清光緒三十三年(1907)白門刻本　四册

320000－1615－0000792　獻 1021/100792
廔楥詞一卷　（清）劉恩黻撰　清光緒三十四年(1908)吴氏雙照樓刻本　一册

320000－1615－0000793　獻 1021/100793
曉瀛遺稿二卷　（清）蔣繼伯撰　清末刻本　一册

320000－1615－0000794　獻 1021/100794
通齋集五卷外集一卷　（清）蔣超伯撰　清同治三年(1864)高凉郡齋刻本　二册

320000－1615－0000795　獻 1021/100795
享帚詞四卷　（清）秦恩復撰　清道光二十五年(1845)刻本　一册

320000－1615－0000796　獻 1021/100796
射藝津梁二卷　（清）史德威撰　清同治七年(1868)刻本　二册

320000－1615－0000797　獻 1021/100797
板橋詞鈔一卷道情十首一卷　（清）鄭燮撰　清刻板橋集本　一册

320000－1615－0000798　獻 1021/100798
板橋家書一卷　（清）鄭燮撰　清刻板橋集本　一册

320000－1615－0000799　獻 1021/100799
板橋詩鈔不分卷　（清）鄭燮撰　清刻板橋集本　一册

320000－1615－0000800　獻 1021/100800
板橋集六卷　（清）鄭燮撰　清清暉書屋刻本　一册

320000－1615－0000801　獻 1022/100801
石閶集一卷　（清）蔣易撰　清宣統二年(1910)晨風閣刻本　一册

320000－1615－0000802　獻 1022/100802
虹橋秋禊圖一卷　（清）朱銘等撰　清光緒三年(1877)刻本　一册

320000－1615－0000803　獻 1022/100803
平山堂圖志十卷　（清）趙之壁編纂　清光緒九年(1883)歐陽利見刻本　四册

320000－1615－0000804　獻 1022/100804
冬心先生續集一卷　（清）金農撰　（清）羅聘編　清乾隆刻本　一册

320000－1615－0000805　獻 1022/100805
遺山詩集□□卷　（清）高詠撰　（清）張羽皇選　清刻本　四册　存十二卷(四言古詩一卷、樂府一卷、五言古詩二卷、七言古詩二卷、七言律詩二卷、五言排律一卷、七言排律一卷、五言絶句一卷、七言絶句一卷)

320000－1615－0000806　獻 1022/100806
經傳釋詞十卷　（清）王引之撰　清道光九年(1829)廣東學海堂刻咸豐十一年(1861)補刻

皇清經解本　二册

320000－1615－0000807　獻 1022/100807
伯山詩話續集二卷　(清)康發祥輯　清道光二十九年(1849)刻本　一册

320000－1615－0000808　獻 1022/100808
小詩龕同人唱和偶存集二卷　(清)汪之選等撰　清嘉慶二十四年(1819)刻本　二册

320000－1615－0000809　獻 1022/100809
重訂厲廉州先生詩全集　(清)厲同勳撰　清道光刻本　一册　存一種一卷(籍花小室詩鈔上)

320000－1615－0000810　獻 1022/100810
史漢駢枝一卷　(清)成孺撰　清光緒十四年(1888)廣雅書局刻本　一册

320000－1615－0000811　獻 1022/100811
楚漢諸侯疆域志三卷　(清)劉文淇撰　清光緒二年(1876)金陵刻本　一册

320000－1615－0000812　獻 1022/100812
餘辛集三卷　(清)何栻撰　清同治刻本　一册

320000－1615－0000813　獻 1022/100813
小滄浪筆談四卷　(清)阮元撰　清光緒二十六年(1900)江蘇書局刻本　一册　存二卷(一至二)

320000－1615－0000814　獻 1022/100814
春秋繁露十七卷　(漢)董仲舒撰　清光緒三年(1877)湖北崇文書局刻本　一册

320000－1615－0000815　獻 1022/100815
補瘞鶴銘考二卷　(清)汪鋆輯　清光緒九年(1883)刻本　一册

320000－1615－0000816　獻 1022/100816
勾股邊角圖説一卷　(清)胡炳文撰　清光緒二十三年(1897)刻本　一册

320000－1615－0000817　獻 1022/100817
樂縣考二卷　(清)江藩撰　清道光、光緒間南海伍氏刻粤雅堂叢書本　一册

320000－1615－0000818　獻 1022/100818
隸經文四卷　(清)江藩撰　清道光、光緒間南海伍氏刻粤雅堂叢書本　二册

320000－1615－0000819　獻 1022/100819
儀禮石經校勘記四卷　(清)阮元撰　清道光、光緒間南海伍氏刻粤雅堂叢書本　一册

320000－1615－0000820　獻 1023/100820
遊道堂集四卷　(清)朱彬撰　清光緒二年(1876)寶應朱宜禄堂刻本　二册

320000－1615－0000821　獻 1023/100821
續揚城殉難録節鈔二卷　(清)鄭章雲等輯　清末刻本　一册

320000－1615－0000822　獻 1023/100822
增訂詳註廣日記故事二卷　(清)王相註　清光緒九年(1883)揚州文樞堂刻本　二册

320000－1615－0000823　獻 1023/100823
白田風雅二十四卷　(清)朱彬輯　清光緒十二年(1886)金陵刻本　四册

320000－1615－0000824　獻 1023/100824
劉端臨先生遺書　(清)劉台拱撰　清嘉慶阮氏刻本　二册　缺三種三卷(國語補校一卷、淮南子補校一卷、方言補校一卷)

320000－1615－0000825　獻 1023/100825
奕萃一卷奕萃官子一卷　(清)卞文恒撰　清嘉慶二十一年(1816)味書堂刻本　二册

320000－1615－0000826　獻 1023/100826
清湘老人題記一卷附録一卷苦瓜和尚書語録一卷　(清)釋道濟撰　(清)汪鋆輯　清光緒九年(1883)儀徵汪氏刻本　一册

320000－1615－0000827　獻 1023/100827
揚子法言十三卷　(漢)揚雄撰　(晋)李軌注　**音義一卷**　清嘉慶二十三年(1818)石研齋秦氏刻本　一册

320000－1615－0000828　獻 1023/100828
冬心先生題畫記五卷　(清)金農撰　清同治十一年(1872)潘氏桐西書屋刻本　一册

320000－1615－0000829　獻 1023/100829

鬼谷子三卷附録一卷　(南朝梁)陶宏景注　清嘉慶十年(1805)江都秦氏石研齋刻本　二册

320000－1615－0000830　獻 1023/100830
列子八卷　(唐)盧重元解　清嘉慶八年(1803)江都秦氏石研齋刻本　二册

320000－1615－0000831　獻 1023/100831
桃花泉弈譜二卷　(清)范世勳撰　清光緒四年(1878)如皋義林堂刻本　二册

320000－1615－0000832　獻 1023/100832
揚州畫舫録十八卷　(清)李斗撰　清刻本　三册　存十卷(六至九、十三至十八)

320000－1615－0000833　獻 1024/100833
白田風雅二十四卷　(清)朱彬輯　清光緒十二年(1886)金陵刻本　四册

320000－1615－0000834　獻 1024/100834
王隱晉書一卷　(晉)王隱撰　(清)汪中輯　清道光黄氏刻光緒印漢學堂叢書本　一册

320000－1615－0000835　獻 1024/100835
張大司馬奏稿四卷　(清)張亮基撰　清末刻本　四册

320000－1615－0000836　獻 1024/100836
笛椽詞琴隱詞三卷　(清)夏寶晉撰　清道光刻本　一册

320000－1615－0000837　獻 1024/100837
國朝畫徵續録三卷　(清)張庚撰　清江都朱氏萃文書局刻本　三册

320000－1615－0000838　獻 1024/100838
海琴仙館詩鈔六卷　(清)成占春撰　清光緒二十三年(1897)刻本　二册

320000－1615－0000839　獻 1024/100839
廔椶詞一卷　(清)劉恩黻撰　清光緒三十四年(1908)吴氏雙照樓刻朱印本　一册

320000－1615－0000840　獻 1024/100840
夢園叢説内篇八卷外篇八卷　(清)方濬頤撰　清同治十三年(1874)揚州刻本　四册

320000－1615－0000841　獻 1024/100841
詩品畫譜一卷　(清)諸乃方撰　清光緒十一年(1885)石印本　一册

320000－1615－0000842　獻 1024/100842
桂之華軒文集九卷　(清)朱銘盤撰　清光緒三十二年(1906)通州翰墨林編譯印書局鉛印本　二册

320000－1615－0000843　獻 1024/100843
太上感應篇注不分卷　(清)吴讓之撰　清道光十九年(1839)刻本　一册

320000－1615－0000844　獻 1024/100844
綰緑詞二卷　(清)王壽撰　清道光十九年(1839)刻本　一册

320000－1615－0000845　獻 1024/100845
周易通義十六卷　(清)莊忠棫撰　清光緒六年(1880)刻本　二册

320000－1615－0000846　獻 1024/100846
小學鉤沈十九卷　(清)任大椿撰　(清)王念孫校正　清光緒十年(1884)龍氏刻本　二册

320000－1615－0000847　獻 1024/100847
樓雲山館詞存一卷　(清)黄錫禧撰　清同治六年(1867)吴讓之寫維揚磚街張墨林齋刻本　一册

320000－1615－0000848　獻 1024/100848
懷荃室詩餘二卷　(清)王鑒撰　清光緒三十三年(1907)鉛印本　一册

320000－1615－0000849　獻 1031/100849
使滇紀程一卷粵游紀程一卷西江軺程紀一卷　(清)晏端書撰　清光緒晏方琦刻本　三册

320000－1615－0000850　獻 1031/100850
應制集一卷　(清)喬萊撰　清刻本　一册

320000－1615－0000851　獻 1031/100851
秋柳詩釋一卷　(清)王士禛撰　(清)王肇震釋　清光緒十四年(1888)王氏刻本　一册

320000－1615－0000852　獻 1031/100852
劉練江先生集八卷離騷經纂註一卷　(清)劉永澄撰　(清)劉永沁輯　**劉職方公年譜一卷**

（清）劉穎編　清興讓堂刻本　四冊

320000－1615－0000853　獻 1031/100853
石榴記傳奇四卷三十二齣　（清）黄振填詞　清乾隆三十七年（1772）柴灣村舍刻本　四冊

320000－1615－0000854　獻 1031/100854
霄峥集八卷　（清）宫國苞撰　清乾隆三十三年（1768）刻本　二冊　存二卷（一至二）

320000－1615－0000855　獻 1031/100855
鲁山集不分卷　（清）鄭鑾撰　清刻本　一冊

320000－1615－0000856　獻 1031/100856
嘯雲軒避寇紀略一卷　（清）程畹撰　清光緒十二年（1886）刻本　一冊

320000－1615－0000857　獻 1031/100857
薇省詞鈔十卷附録一卷　況周儀撰　清光緒二十四年（1898）廣陵刻本　四冊

320000－1615－0000858　獻 1031/100858
續方言疏證二卷　（清）沈齡撰　清光緒刻本　三冊

320000－1615－0000859　獻 1031/100859
喬剑溪遺集十九卷　（清）喬億撰　清乾隆刻本　六冊

320000－1615－0000860　獻 1032/100860
快樂原一卷快樂豫一卷快樂銘一卷　（清）石成金撰　清末刻本　一冊

320000－1615－0000861　獻 1032/100861
樂縣考二卷　（清）江藩撰　清嘉慶刻本　二冊

320000－1615－0000862　獻 1032/100862
授受金針不分卷　（清）石成金訂集　清刻本　一冊

320000－1615－0000863　獻 1032/100863
離垢集五卷　（清）華嵒撰　清光緒十五年（1889）鉛印本　一冊

320000－1615－0000864　獻 1032/100864
揚州攬勝賦鈔初集四卷五集四卷　（清）郭晉超輯　清光緒五年（1879）印山堂刻本　四冊　存四卷（初集四卷）

320000－1615－0000865　獻 1032/100865
續明紀事本末十八卷　倪在田輯　清光緒二十九年（1903）上海書局鉛印本　六冊

320000－1615－0000866　獻 1032/100866
十國宫詞一卷　（清）吴省蘭撰　清同治十二年（1873）淮南書局刻本　一冊

320000－1615－0000867　獻 1032/100867
經義述聞不分卷　（清）王引之撰　清嘉慶二年（1797）刻本　六冊

320000－1615－0000868　獻 1032/100868
石樵先生遺詩味真閣集二卷晚翠軒集二卷　（清）張安保撰　清光緒七年（1881）淮浦刻本　四冊

320000－1615－0000869　獻 1032/100869
臨川答問一卷　（清）李聯琇撰　（清）劉壽曾録　清光緒中南陵徐氏刻積學齋叢書本　一冊

320000－1615－0000870　獻 1032/100870
禹貢班義述三卷漢糜水入尚龍谿考一卷　（清）成蓉鏡撰　清光緒十一年（1885）刻本　一冊

320000－1615－0000871　獻 1032/100871
春秋公羊經傳解詁十二卷附校記一卷　（漢）何休撰　清同治二年（1863）刻本　二冊

320000－1615－0000872　獻 1032/100872
春蠶集二卷　（元）釋覺岸撰　清光緒刻本　一冊

320000－1615－0000873　獻 1032/100873
藝概六卷　（清）劉熙載撰　清同治十二年（1873）古桐書屋刻本　一冊　存二卷（一至二）

320000－1615－0000874　獻 1032/100874
容甫先生遺詩五卷補遺一卷　（清）汪中撰　清光緒十一年（1885）維揚述古齋木活字印本　一冊

320000－1615－0000875　獻 1032/100875

擘經室詩録五卷　(清)阮元撰　清道光十三年(1833)姑蘇刻本　二冊

320000－1615－0000876　獻1032/100876
研經館詩鈔不分卷　羅君懷撰　清光緒二十年(1894)刻本　一冊

320000－1615－0000877　獻1033/100877
妙華仙館詩二卷學讀書齋詩三卷裁雲館詞二卷　(清)喬載繇撰　清道光二十六年(1846)刻本　三冊

320000－1615－0000878　獻1033/100878
遂園詩鈔六卷　(清)夏味堂撰　清道光二十九年(1849)刻本　二冊

320000－1615－0000879　獻1033/100879
朱止泉先生文集八卷　(清)朱澤澐撰　(清)朱光進輯　清乾隆刻本　四冊

320000－1615－0000880　獻1033/100880
勝朝殉揚録三卷　(清)劉寶楠輯　清同治十年(1871)淮南書局刻本　一冊

320000－1615－0000881　獻1033/100881
南坪詩鈔八卷　(清)張學舉撰　清乾隆五十八年(1793)刻本　二冊　存六卷(一至六)

320000－1615－0000882　獻1033/100882
補註洗冤録集證四卷附作吏要言一卷　(宋)宋慈撰　(清)王又槐輯　清道光二十三年(1843)刻三色套印本　四冊

320000－1615－0000883　獻1033/100883
楚中文筆二卷附録一卷　(清)阮元撰　清同治四年(1865)鄂渚刻本　四冊

320000－1615－0000884　獻1033/100884
讀書雜志八十二卷　(清)王念孫撰　清同治九年(1870)金陵書局刻本　一冊　存二卷(九至十)

320000－1615－0000885　獻1033/100885
詩品畫譜一卷　(清)諸乃方撰　清光緒晚翠草堂石印本　一冊

320000－1615－0000886　獻1033/100886
國朝宋學淵源記二卷附記一卷　(清)江藩撰　清光緒長沙周大文堂刻本　一冊

320000－1615－0000887　獻1033/100887
八甎吟館刻燭集三卷　(清)阮元輯　清刻本　一冊

320000－1615－0000888　獻1033/100888
春草堂詞集二卷四六一卷詩集十二卷詩話八卷　(清)謝堃撰　清道光十年至十一年(1830－1831)揚州書局刻本　三冊　缺二卷(詩集十一至十二)

320000－1615－0000889　獻1033/100889
兩淮師範學堂職員姓氏録不分卷　(□)□□編　清宣統元年(1909)鉛印本　一冊

320000－1615－0000890　獻1033/100890
溉亭述古録二卷　(清)錢塘撰　(清)阮元敘録　清嘉慶、道光間揚州阮氏刻文選樓叢書本　一冊

320000－1615－0000891　獻1033/100891
老子本義二卷　(清)鄭環撰　清嘉慶七年(1802)甘泉尋樂堂刻本　一冊

320000－1615－0000892　獻1033/100892
冬心集拾遺一卷　(清)金農撰　清光緒六年(1880)福州當歸草堂刻本　一冊

320000－1615－0000893　獻1034/100893
食舊悳齋賦鈔一卷　(清)劉嶽雲撰　清光緒二十二年(1896)成都尊經書局刻本　一冊

320000－1615－0000894　獻1034/100894
羣雅集四十卷二集十八卷　(清)王豫撰　清刻本　二冊　存四卷(羣雅集一至四)

320000－1615－0000895　獻1034/100895
錢程遺稿二卷　(清)錢唐　(清)程樹滋撰　(清)臧雪溪輯　清同治十二年(1873)問秋館刻本　一冊

320000－1615－0000896　獻1034/100896
憶園詩鈔六卷　(清)陳燮撰　清嘉慶三年(1798)聽雨樓刻本　二冊

320000－1615－0000897　獻1034/100897
伯山詩話後集四卷續集二卷再續集二卷

(清)康發祥輯　清道光二十七年至咸豐元年(1847－1851)刻本　四册

320000－1615－0000898　獻1034/100898
通齋文集二卷南行紀程一卷　(清)蔣超伯撰　清同治三年(1864)刻本　一册

320000－1615－0000899　獻1034/100899
[道光]重修儀徵縣志五十卷首一卷　(清)王檢心修　(清)劉文淇　(清)張安保纂　清光緒十六年(1890)刻本　十三册　存二十六卷(一至二、二十八至五十,首一卷)

320000－1615－0000900　獻1034/100900
雨窗吟存一卷雨窗文存一卷　(清)周叙撰　清道光刻本　二册

320000－1615－0000901　獻1034/100901
詠史詩二卷　(清)賈柟撰　清嘉慶得月樓刻本　一册

320000－1615－0000902　獻1034/100902
高郵耆舊詩存初册一卷二册一卷二册補遺一卷　(清)王敬之等録　清道光十四年(1834)刻本　一册

320000－1615－0000903　獻1034/100903
富春山館遺集詩鈔一卷賦鈔一卷　(清)嚴京沼撰　清光緒二十四年(1898)龍川刻本　一册

320000－1615－0000904　獻1034/100904
幽夢影二卷　(清)張潮撰　清刻本　二册

320000－1615－0000905　獻1034/100905
松溪集一卷　(清)汪梧鳳撰　清同治十二年(1873)金陵刻本　一册

320000－1615－0000906　獻1034/100906
犀禪山館集一卷　(清)汪和撰　清光緒元年(1875)金陵刻本　一册

320000－1615－0000907　獻1041/100907
勝朝殉揚録三卷　(清)劉寶楠輯　清同治十年(1871)淮南書局刻本　二册

320000－1615－0000908　獻1041/100908
春雨樓叢書　(清)朱士端輯　清同治二年(1863)寶應朱氏刻本　二册　存二種九卷(宜禄堂收藏金石記六卷、補編一卷,讀書解義一卷、附録一卷)

320000－1615－0000909　獻1041/100909
格物中法十二卷　(清)劉嶽雲撰　清光緒刻本　十二册　存六卷(一至六)

320000－1615－0000910　獻1041/100910
板橋詩鈔三卷詞鈔一卷題畫一卷家書一卷小唱一卷　(清)鄭燮撰　清雪浪齋刻本　四册

320000－1615－0000911　獻1042/100911
疇人傳四十六卷　(清)阮元撰　**續傳六卷**　(清)羅士琳續補　清光緒八年(1882)海鹽張氏刻本　十二册

320000－1615－0000912　獻1042/100912
揚州府志詩鈔二卷　(□)□□撰　清刻本　一册

320000－1615－0000913　獻1042/100913
經義圖説八卷　(清)吴寶謨輯　清嘉慶二十四年(1819)裛露軒刻本　十六册

320000－1615－0000914　獻1042/100914
揚州畫舫録十八卷　(清)李斗撰　清光緒申報館鉛印本　八册

320000－1615－0000915　獻1043/100915
冬心先生詩集四卷　(清)金農撰　清宣統二年(1910)北京琉璃廠石印本　四册

320000－1615－0000916　獻1043/100916
鴻雪因緣圖記三集　(清)麟慶撰　清光緒十二年(1886)上海同文書局石印本　三册

320000－1615－0000917　獻1043/100917
人譜類記輯要二卷　(明)劉宗周撰　(清)董玉書輯　清光緒正誼書局鉛印本　一册

320000－1615－0000918　獻1043/100918
海鷗小譜一卷附録一卷　(清)趙執信撰　(清)吴仲校　清光緒二十六年(1900)番禺沈氏刻拜鴛樓校四種本　一册

320000－1615－0000919　獻1043/100919
欠愁集一卷　(清)史震林撰　清光緒刻拜鴛

樓校四種本　一册

320000－1615－0000920　獻1043/100920
板橋褉記一卷附録一卷　（清）余懷撰　清光緒二十六年（1900）番禺沈氏刻拜鴛樓校四種本　一册

320000－1615－0000921　獻1043/100921
影梅菴憶語一卷附録一卷影梅菴悼亡題詠一卷附録一卷　（清）冒襄撰　清光緒二十六年（1900）番禺沈氏刻拜鴛樓校四種本　二册

320000－1615－0000922　獻1043/100922
國朝駢體正宗十二卷　（清）曾燠輯　清嘉慶十一年（1806）賞雨茆屋刻本　四册

320000－1615－0000923　獻1043/100923
説文解字斠詮十四卷　（清）錢坫撰　清光緒九年（1883）淮南書局刻本　六册

320000－1615－0000924　獻1043/100924
碧城僊館詩鈔八卷　（清）陳文述撰　清嘉慶十年（1805）刻本　二册

320000－1615－0000925　獻1043/100925
説文經字正誼四卷　（清）郭慶藩撰　清光緒二十年（1894）湘陰郭氏刻本　二册

320000－1615－0000926　獻1044/100926
大學古本薈參一卷續編一卷　（清）胡泉輯　清咸豐刻本　二册

320000－1615－0000927　獻1044/100927
香葉草堂詩存一卷　（清）羅聘撰　清道光十四年（1834）刻本　一册

320000－1615－0000928　獻1044/100928
詩疑筆記七卷　（清）夏味堂撰　清嘉慶十九年（1814）棣華書屋刻本　三册

320000－1615－0000929　獻1044/100929
三家詩補遺三卷　（清）阮元撰　清儀徵李氏崇惠堂刻本　一册

320000－1615－0000930　獻1044/100930
埽垢山房詩鈔六卷　（清）黄文暘撰　清嘉慶闕里刻本　四册

320000－1615－0000931　獻1044/100931
甌江竹枝詞一卷　（清）郭鍾岳撰　清同治十一年（1872）和天倪齋刻本　一册

320000－1615－0000932　獻1044/100932
温州竹枝詞一卷　（清）方鼎鋭輯　清同治十一年（1872）剜緑軒刻本　一册

320000－1615－0000933　獻1044/100933
粤西詞見二卷　況周儀輯　清光緒二十年（1894）金陵刻本　一册

320000－1615－0000934　獻1044/100934
清芬集十卷　（清）劉寶楠輯　清道光十八年（1838）世德堂刻本　四册

320000－1615－0000935　獻1044/100935
紅粟山莊詩六卷續六卷詩餘一卷　（清）朱寶善撰　清同治九年（1870）福州刻本　四册

320000－1615－0000936　獻1044/100936
復古編二卷　（宋）張有撰　清光緒八年（1882）淮南書局刻本　二册

320000－1615－0000937　獻1044/100937
揚州畫舫録十八卷　（清）李斗撰　清道光十九年（1839）刻本　四册

320000－1615－0000938　獻1044/100938
復古編二卷　（宋）張有撰　**附録一卷校正一卷**　清乾隆四十六年（1781）刻本　一册

320000－1615－0000939　獻1044/100939
史忠正公集四卷首一卷末一卷　（明）史可法撰　（清）史山清輯　清教忠堂刻本　二册

320000－1615－0000940　獻1044/100940
容甫先生遺詩五卷補遺一卷附録一卷　（清）汪中撰　清宣統元年（1909）正誼書局鉛印本　一册

320000－1615－0000941　獻1044/100941
古微堂内集三卷外集七卷　（清）魏源撰　清光緒四年（1878）淮南書局刻本　三册　缺二卷（外集一至二）

320000－1615－0000942　獻1044/100942
述學内篇三卷補遺一卷外篇一卷别録一卷

(清)汪中撰　清同治八年(1869)揚州書局刻本　一冊

320000－1615－0000943　獻1051/100943
文獻通考鈔二十四卷　(元)馬端臨撰　(清)史以遇鈔　清維揚史衙刻本　八冊

320000－1615－0000944　獻1051/100944
文苑珠林四卷　(清)蔣超伯輯　清雩樂山房刻本　二冊

320000－1615－0000945　獻1051/100945
積古齋鐘鼎彝器欵識十卷　(清)阮元編　清末上海中華圖書館石印本　三冊

320000－1615－0000946　獻1051/100946
鞮芬室近詩一卷　何震彝撰　清宣統元年(1909)鉛印本　一冊

320000－1615－0000947　獻1051/100947
省言一卷　(清)劉友尚撰　清末刻本　一冊

320000－1615－0000948　獻1051/100948
戊丁詩存一卷　陳霞章撰　清宣統元年(1909)京師鉛印本　一冊

320000－1615－0000949　獻1051/100949
草草草堂詩選二卷詞一卷　(清)黄純椵撰　清道光刻本　一冊

320000－1615－0000950　獻1051/100950
一漚吟館選集二卷　(清)陳崇光撰　清宣統二年(1910)懷荃室刻本　一冊

320000－1615－0000951　獻1051/100951
四川尊經書院講義一卷　(清)劉嶽雲撰　清光緒二十二年(1896)刻本　一冊

320000－1615－0000952　獻1051/100952
測圓海鏡通釋四卷算學叢話一卷　(清)劉嶽雲撰　清光緒二十二年(1896)尊經書局刻本　一冊

320000－1615－0000953　獻1051/100953
有正味齋詩十二卷詞七卷曲一卷　(清)吴錫麒撰　清咸豐五年(1855)刻本　一冊

320000－1615－0000954　獻1051/100954
一漚吟館選集二卷　(清)陳崇光撰　清宣統二年(1910)懷荃室刻本　一冊

320000－1615－0000955　獻1051/100955
羣書答問二卷補遺一卷　(清)淩曙撰　清光緒十四年(1888)木犀軒刻本　二冊

320000－1615－0000956　獻1051/100956
冰甌館詞鈔一卷　(清)張丙炎撰　清光緒十一年(1885)刻本　一冊

320000－1615－0000957　獻1051/100957
晚晴軒詩存五卷　(清)陳文田撰　清光緒七年(1881)京都琉璃廠梓文齋刻本　一冊

320000－1615－0000958　獻1051/100958
宋元舊本書經眼録三卷坿録二卷　(清)莫友芝撰　清同治十二年(1873)刻本　一冊

320000－1615－0000959　獻1051/100959
容甫先生遺詩五卷補遺一卷　(清)汪中撰　清宣統元年(1909)鉛印本　一冊

320000－1615－0000960　獻1052/100960
資治通鑑地理今釋十六卷　(清)吴熙載撰　清光緒二十三年(1897)廣東經史閣刻本　四冊

320000－1615－0000961　獻1052/100961
邗上題襟集一卷　(清)曾燠輯　清乾隆兩淮官署刻本　一冊

320000－1615－0000962　獻1052/100962
邗上題襟集選二卷　(清)曾燠輯　清嘉慶刻本　二冊

320000－1615－0000963　獻1052/100963
定香亭筆談四卷　(清)阮元撰　清浙江書局刻本　四冊

320000－1615－0000964　獻1052/100964
燼餘彙鈔三卷續集一卷　(清)方觀瀾輯　清光緒刻本　二冊

320000－1615－0000965　獻1052/100965
義山文集六卷　(唐)李商隱撰　(清)汪全泰校　清嘉慶揚州王有耀齋刻本　四冊

320000－1615－0000966　獻1052/100966
冬心先生集四卷　(清)金農撰　清同治七年(1868)當歸草堂刻本　一册

320000－1615－0000967　獻1052/100967
悔餘庵文稿九卷　(清)何栻撰　清同治四年(1865)鳩江戎幄刻增刻本　三册

320000－1615－0000968　獻1052/100968
悔餘庵詩稿十二卷　(清)何栻撰　清同治四年(1865)鳩江戎幄刻增刻本　四册

320000－1615－0000969　獻1052/100969
俞俞齋詩稿初集二卷　(清)史念祖撰　清光緒二十二年(1896)廣陵刻本　二册

320000－1615－0000970　獻1052/100970
悔餘庵樂府四卷　(清)何栻撰　清同治四年(1865)鳩江戎幄刻本　二册

320000－1615－0000971　獻1052/100971
周易述補四卷　(清)江藩撰　**易大義一卷**　(清)惠棟撰　清光緒十二年(1886)刻本　一册

320000－1615－0000972　獻1052/100972
冬心先生續集一卷　(清)金農撰　(清)羅聘編　清乾隆三十八年(1773)刻本　一册

320000－1615－0000973　獻1053/100973
增補瀛環志略十卷　(清)徐繼畬輯　(清)李慎儒增輯　清道光刻本　五册

320000－1615－0000974　獻1053/100974
受辛詞二卷　(清)王荾撰　清光緒十年(1884)刻本　一册

320000－1615－0000975　獻1053/100975
古香凹詩餘二卷　(清)方濬頤撰　清光緒十年(1884)維揚刻本　二册

320000－1615－0000976　獻1053/100976
留雲閣存稿一卷　(清)彭壽山撰　清末刻本　一册

320000－1615－0000977　獻1053/100977
二知軒文續存五卷　(清)方濬頤撰　清光緒十二年(1886)揚州刻本　三册

320000－1615－0000978　獻1053/100978
小樓詩集八卷　(清)王嵩高撰　清道光十六年(1836)刻本　二册

320000－1615－0000979　獻1053/100979
聲玉山齋詩集十卷　(清)鄒熊撰　清嘉慶刻本　二册

320000－1615－0000980　獻1053/100980
海燕草堂詩四卷　(清)周庠撰　清道光刻本　二册

320000－1615－0000981　獻1053/100981
黄檗山人詩集二卷　(清)李少平撰　清光緒十四年(1888)刻本　一册

320000－1615－0000982　獻1053/100982
駝峯館詩鈔一卷　(清)周勳撰　清嘉慶二十年(1815)刻本　一册

320000－1615－0000983　獻1053/100983
演元九式一卷　(清)羅士琳撰　清道光八年(1828)刻本　一册

320000－1615－0000984　獻1053/100984
百萼紅詞二卷　(清)吴鼒撰　清光緒五年(1879)合肥張氏刻本　一册

320000－1615－0000985　獻1053/100985
劉氏遺書八卷　(清)劉台拱撰　清光緒十五年(1889)廣雅書局刻本　二册

320000－1615－0000986　獻1053/100986
尚書伸孔篇一卷　(清)焦廷琥撰　清光緒十四年(1888)廣雅書局刻本　一册

320000－1615－0000987　獻1054/100987
禮記訓纂四十九卷　(清)朱彬輯　清道光刻本　十册

320000－1615－0000988　獻1054/100988
瀛舟筆談十二卷首一卷　(清)阮亨編　清嘉慶刻本　十二册

320000－1615－0000989　獻1054/100989
笏山詩集十卷　(清)申甫撰　清刻本　二册

320000－1615－0000990　獻1054/100990

狄芬書屋詩稿四卷賦稿一卷文稿一卷 （清）董恂撰 清咸豐刻本 五册

320000－1615－0000991 獻 1111/100991
爾雅古注斠三卷蘭如詩鈔一卷 （清）葉蕙心撰 清光緒二年（1876）江都李氏半畝園刻本 二册

320000－1615－0000992 獻 1111/100992
爾雅古注斠三卷蘭如詩鈔一卷 （清）葉蕙心撰 清光緒二年（1876）江都李氏半畝園刻本 二册

320000－1615－0000993 獻 1111/100993
爾雅古注斠三卷蘭如詩鈔一卷 （清）葉蕙心撰 清光緒二年（1876）江都李氏半畝園刻本 二册

320000－1615－0000994 獻 1111/100994
爾雅古注斠三卷蘭如詩鈔一卷 （清）葉蕙心撰 清光緒二年（1876）江都李氏半畝園刻本 二册

320000－1615－0000995 獻 1111/100995
爾雅古注斠三卷蘭如詩鈔一卷 （清）葉蕙心撰 清光緒二年（1876）江都李氏半畝園刻本 二册

320000－1615－0000996 獻 1111/100996
爾雅古注斠三卷蘭如詩鈔一卷 （清）葉蕙心撰 清光緒二年（1876）江都李氏半畝園刻本 二册

320000－1615－0000997 獻 1111/100997
爾雅古注斠三卷蘭如詩鈔一卷 （清）葉蕙心撰 清光緒二年（1876）江都李氏半畝園刻本 二册

320000－1615－0000998 獻 1111/100998
爾雅古注斠三卷蘭如詩鈔一卷 （清）葉蕙心撰 清光緒二年（1876）江都李氏半畝園刻本 二册

320000－1615－0000999 獻 1111/100999
爾雅古注斠三卷蘭如詩鈔一卷 （清）葉蕙心撰 清光緒二年（1876）江都李氏半畝園刻本 二册

320000－1615－0001000 獻 1111/101000
爾雅古注斠三卷 （清）葉蕙心撰 清光緒二年（1876）揚州李氏半畝園刻本 二册

320000－1615－0001001 獻 1111/101001
爾雅古注斠三卷蘭如詩鈔一卷 （清）葉蕙心撰 清光緒二年（1876）江都李氏半畝園刻本 二册

320000－1615－0001002 獻 1111/101002
爾雅古注斠三卷蘭如詩鈔一卷 （清）葉蕙心撰 清光緒二年（1876）江都李氏半畝園刻本 二册

320000－1615－0001003 獻 1111/101003
爾雅古注斠三卷蘭如詩鈔一卷 （清）葉蕙心撰 清光緒二年（1876）江都李氏半畝園刻本 二册

320000－1615－0001004 獻 1112/101004
爾雅古注斠三卷蘭如詩鈔一卷 （清）葉蕙心撰 清光緒二年（1876）江都李氏半畝園刻本 二册

320000－1615－0001005 獻 1112/101005
爾雅古注斠三卷蘭如詩鈔一卷 （清）葉蕙心撰 清光緒二年（1876）江都李氏半畝園刻本 二册

320000－1615－0001006 獻 1112/101006
爾雅古注斠三卷蘭如詩鈔一卷 （清）葉蕙心撰 清光緒二年（1876）江都李氏半畝園刻本 二册

320000－1615－0001007 獻 1112/101007
爾雅古注斠三卷蘭如詩鈔一卷 （清）葉蕙心撰 清光緒二年（1876）江都李氏半畝園刻本 二册

320000－1615－0001008 獻 1112/101008
爾雅古注斠三卷蘭如詩鈔一卷 （清）葉蕙心撰 清光緒二年（1876）江都李氏半畝園刻本 二册

320000－1615－0001009 獻 1112/101009

爾雅古注斠三卷蘭如詩鈔一卷　(清)葉蕙心撰　清光緒二年(1876)江都李氏半畝園刻本　二册

320000－1615－0001010　獻 1112/101010
爾雅古注斠三卷蘭如詩鈔一卷　(清)葉蕙心撰　清光緒二年(1876)江都李氏半畝園刻本　二册

320000－1615－0001011　獻 1112/101011
爾雅古注斠三卷蘭如詩鈔一卷　(清)葉蕙心撰　清光緒二年(1876)江都李氏半畝園刻本　二册

320000－1615－0001012　獻 1112/101012
爾雅古注斠三卷蘭如詩鈔一卷　(清)葉蕙心撰　清光緒二年(1876)江都李氏半畝園刻本　二册

320000－1615－0001013　獻 1112/101013
爾雅古注斠三卷蘭如詩鈔一卷　(清)葉蕙心撰　清光緒二年(1876)江都李氏半畝園刻本　二册

320000－1615－0001014　獻 1112/101014
爾雅古注斠三卷蘭如詩鈔一卷　(清)葉蕙心撰　清光緒二年(1876)江都李氏半畝園刻本　二册

320000－1615－0001015　獻 1112/101015
爾雅古注斠三卷蘭如詩鈔一卷　(清)葉蕙心撰　清光緒二年(1876)江都李氏半畝園刻本　二册

320000－1615－0001016　獻 1112/101016
爾雅古注斠三卷蘭如詩鈔一卷　(清)葉蕙心撰　清光緒二年(1876)江都李氏半畝園刻本　二册

320000－1615－0001017　獻 1112/101017
爾雅古注斠三卷蘭如詩鈔一卷　(清)葉蕙心撰　清光緒二年(1876)江都李氏半畝園刻本　二册

320000－1615－0001018　獻 1112/101018
爾雅古注斠三卷蘭如詩鈔一卷　(清)葉蕙心撰　清光緒二年(1876)江都李氏半畝園刻本　二册

320000－1615－0001019　獻 1113/101019
爾雅古注斠三卷蘭如詩鈔一卷　(清)葉蕙心撰　清光緒二年(1876)江都李氏半畝園刻本　二册

320000－1615－0001020　獻 1113/101020
爾雅古注斠三卷蘭如詩鈔一卷　(清)葉蕙心撰　清光緒二年(1876)江都李氏半畝園刻本　二册

320000－1615－0001021　獻 1113/101021
爾雅古注斠三卷蘭如詩鈔一卷　(清)葉蕙心撰　清光緒二年(1876)江都李氏半畝園刻本　二册

320000－1615－0001022　獻 1113/101022
爾雅古注斠三卷蘭如詩鈔一卷　(清)葉蕙心撰　清光緒二年(1876)江都李氏半畝園刻本　二册

320000－1615－0001023　獻 1113/101023
爾雅古注斠三卷蘭如詩鈔一卷　(清)葉蕙心撰　清光緒二年(1876)江都李氏半畝園刻本　二册

320000－1615－0001024　獻 1113/101024
爾雅古注斠三卷蘭如詩鈔一卷　(清)葉蕙心撰　清光緒二年(1876)江都李氏半畝園刻本　二册

320000－1615－0001025　獻 1113/101025
爾雅古注斠三卷蘭如詩鈔一卷　(清)葉蕙心撰　清光緒二年(1876)江都李氏半畝園刻本　二册

320000－1615－0001026　獻 1113/101026
爾雅古注斠三卷蘭如詩鈔一卷　(清)葉蕙心撰　清光緒二年(1876)江都李氏半畝園刻本　二册

320000－1615－0001027　獻 1113/101027
爾雅古注斠三卷蘭如詩鈔一卷　(清)葉蕙心撰　清光緒二年(1876)江都李氏半畝園刻本

二册

320000－1615－0001028　獻1113/101028

爾雅古注斠三卷蘭如詩鈔一卷　(清)葉蕙心撰　清光緒二年(1876)江都李氏半畝園刻本　二册

320000－1615－0001029　獻1113/101029

爾雅古注斠三卷蘭如詩鈔一卷　(清)葉蕙心撰　清光緒二年(1876)江都李氏半畝園刻本　二册

320000－1615－0001030　獻1113/101030

爾雅古注斠三卷蘭如詩鈔一卷　(清)葉蕙心撰　清光緒二年(1876)江都李氏半畝園刻本　二册

320000－1615－0001031　獻1113/101031

爾雅古注斠三卷蘭如詩鈔一卷　(清)葉蕙心撰　清光緒二年(1876)江都李氏半畝園刻本　二册

320000－1615－0001032　獻1113/101032

爾雅古注斠三卷蘭如詩鈔一卷　(清)葉蕙心撰　清光緒二年(1876)江都李氏半畝園刻本　二册

320000－1615－0001033　獻1114/101033

爾雅古注斠三卷蘭如詩鈔一卷　(清)葉蕙心撰　清光緒二年(1876)江都李氏半畝園刻本　二册

320000－1615－0001034　獻1114/101034

爾雅古注斠三卷蘭如詩鈔一卷　(清)葉蕙心撰　清光緒二年(1876)江都李氏半畝園刻本　二册

320000－1615－0001035　獻1114/101035

爾雅古注斠三卷蘭如詩鈔一卷　(清)葉蕙心撰　清光緒二年(1876)江都李氏半畝園刻本　二册

320000－1615－0001036　獻1114/101036

爾雅古注斠三卷蘭如詩鈔一卷　(清)葉蕙心撰　清光緒二年(1876)江都李氏半畝園刻本　二册

320000－1615－0001037　獻1114/101037

爾雅古注斠三卷蘭如詩鈔一卷　(清)葉蕙心撰　清光緒二年(1876)江都李氏半畝園刻本　二册

320000－1615－0001038　獻1114/101038

爾雅古注斠三卷蘭如詩鈔一卷　(清)葉蕙心撰　清光緒二年(1876)江都李氏半畝園刻本　二册

320000－1615－0001039　獻1114/101039

爾雅古注斠三卷蘭如詩鈔一卷　(清)葉蕙心撰　清光緒二年(1876)江都李氏半畝園刻本　二册

320000－1615－0001040　獻0451/101040

小山詞鈔一卷　(宋)晏幾道撰　清光緒十一年(1885)揚州刻本　一册

320000－1615－0001041　獻1114/101041

爾雅古注斠三卷蘭如詩鈔一卷　(清)葉蕙心撰　清光緒二年(1876)江都李氏半畝園刻本　二册

320000－1615－0001042　獻1114/101042

爾雅古注斠三卷蘭如詩鈔一卷　(清)葉蕙心撰　清光緒二年(1876)江都李氏半畝園刻本　二册

320000－1615－0001043　獻1114/101043

爾雅古注斠三卷蘭如詩鈔一卷　(清)葉蕙心撰　清光緒二年(1876)江都李氏半畝園刻本　二册

320000－1615－0001044　獻1114/101044

爾雅古注斠三卷蘭如詩鈔一卷　(清)葉蕙心撰　清光緒二年(1876)江都李氏半畝園刻本　二册

320000－1615－0001045　獻1114/101045

爾雅古注斠三卷蘭如詩鈔一卷　(清)葉蕙心撰　清光緒二年(1876)江都李氏半畝園刻本　二册

320000－1615－0001046　獻1114/101046

爾雅古注斠三卷蘭如詩鈔一卷　(清)葉蕙心

撰　清光緒二年(1876)江都李氏半畝園刻本　二册

320000－1615－0001047　獻 1114/101047
爾雅古注斠三卷蘭如詩鈔一卷　(清)葉蕙心撰　清光緒二年(1876)江都李氏半畝園刻本　一册　存二卷(上、中)

320000－1615－0001048　獻 1114/101048
爾雅古注斠三卷蘭如詩鈔一卷　(清)葉蕙心撰　清光緒二年(1876)江都李氏半畝園刻本　一册　存二卷(上、中)

320000－1615－0001049　獻 1121/101049
冬巢詩集四卷　(清)汪潮生撰　清道光十七年(1837)黄承吉刻本　一册

320000－1615－0001050　獻 1121/101050
小學鉤沈十九卷　(清)任大椿撰　清李氏半畝園刻本　一册　存六卷(十四至十九)

320000－1615－0001051　獻 1121/101051
開门七事吟一卷　(清)吴文錫等撰　清咸豐刻本　一册

320000－1615－0001052　獻 1121/101052
壬癸詩存一卷　(清)張丙瑩撰　清光緒二十一年(1895)張氏清暉草堂刻本　一册

320000－1615－0001053　獻 1121/101053
才調集十卷　(五代)韋縠集　清維揚述古齋木活字印本　四册

320000－1615－0001054　獻 1121/101054
續方言疏證二卷　(清)沈齡撰　清光緒木犀軒刻本　二册

320000－1615－0001055　獻 1121/101055
明季稗史彙編十六種　(清)留雲居士輯　清刻本　一册　存二種二卷(耿尚孔吴四王合傳一卷、揚州十日記一卷)

320000－1615－0001056　獻 1121/101056
朱文定公集十卷　(清)朱士彦撰　清道光、咸豐間刻本　二册

320000－1615－0001057　獻 1121/101057
小迦陵館文集不分卷　(清)陳賨撰　清宣統元年(1909)浙江官報鉛印本　一册

320000－1615－0001058　獻 1121/101058
小遊船詩一卷　(清)辛漢清撰　清光緒二十八年(1902)刻本　一册

320000－1615－0001059　獻 1121/101059
黄葉山樵詩草四卷　(清)江璧撰　清末刻本　一册

320000－1615－0001060　獻 1121/101060
樓雲山館詞存一卷　(清)黄錫禧撰　清同治六年(1867)刻本　一册

320000－1615－0001061　獻 1122/101061
揅經室訓子文筆二卷　(清)阮福輯　清光緒元年(1875)刻本　一册

320000－1615－0001062　獻 1122/101062
香月廊詩存二卷　(清)文汝梅撰　清道光二十八年(1848)揚州刻本　一册　存一卷(上)

320000－1615－0001063　獻 1122/101063
揚州擬題分韻不分卷　(清)止止室主人輯　清道光二十九年(1849)刻本　一册

320000－1615－0001064　獻 1122/101064
經濟類考二卷　(清)顧九錫撰　清光緒十五年(1889)上海鴻文書局石印本　一册

320000－1615－0001065　獻 1122/101065
新出揚州時事治聾前十杯酒一卷　(清)包黎先撰　清光緒刻本　一册

320000－1615－0001066　獻 1122/101066
真州竹枝詞不分卷　(清)厲秀芳撰　清咸豐刻本　一册

320000－1615－0001067　獻 1122/101067
同人集十二卷　(清)冒襄輯　清水繪庵刻本　十八册　存八卷(一至四、七至十)

320000－1615－0001068　獻 1123/101068
揚州畫苑録四卷　(清)汪鋆輯　清光緒十一年(1885)刻本　一册

320000－1615－0001069　獻 1123/101069
劉職方公[永澄]年譜一卷　(清)劉穎撰　清

刻本　一册

320000－1615－0001070　獻 1123/101070
心巢文録二卷　(清)成蓉鏡撰　清光緒十四年(1888)刻南菁書院叢書本　二册

320000－1615－0001071　獻 1123/101071
桂之華軒文集九卷　(清)朱銘盤撰　清光緒三十二年(1906)通州翰墨林編譯印書局鉛印本　二册

320000－1615－0001072　獻 1123/101072
竹所詩鈔四卷　(清)吴會撰　清道光刻本　二册

320000－1615－0001073　獻 1123/101073
宗朱子要法一卷合意編五卷止泉外集五卷　(清)朱澤澐撰　清道光三年(1823)刻本　二册

320000－1615－0001074　獻 1123/101074
擘茝書屋詩詞遺稿二卷　(清)王謙撰　清光緒三十三年(1907)刻本　一册

320000－1615－0001075　獻 1123/101075
晉甎室詩存四卷爨餘集一卷晉甎室詩續一卷　(清)趙瑜撰　清同治刻本　二册

320000－1615－0001076　獻 1123/101076
蔡氏旌孝録一卷　(清)夏嘉穀輯　清光緒泰州夏氏刻本　一册

320000－1615－0001077　獻 1123/101077
離垢集五卷　(清)華嵒撰　清道光十五年(1835)慎餘堂刻本　二册

320000－1615－0001078　獻 1123/101078
如皋冒氏詩略十四卷詞略一卷　冒廣生編　清宣統刻本　四册

320000－1615－0001079　獻 1123/101079
延秋吟館詩鈔四卷續鈔四卷　(清)張聯桂撰　清光緒十一年至十八年(1885－1892)刻本　二册

320000－1615－0001080　獻 1124/101080
邗水老民遺藁一卷　(清)胡翰撰　贾觀雲録存　清宣統元年(1909)刻本　一册

320000－1615－0001081　獻 1124/101081
喻利算法一卷　(清)劉嶽雲撰　清末刻本　一册

320000－1615－0001082　獻 1124/101082
秋蓮子詞前稿一卷後稿二卷　(清)王僧保撰　清道光二十九年(1849)刻本　二册

320000－1615－0001083　獻 1124/101083
五經算術疏義二卷　(清)劉嶽雲撰　清光緒二十五年(1899)鉛印本　二册

320000－1615－0001084　獻 1124/101084
蠡園詩話不分卷　(清)范獻之撰　清宣統維揚刻本　一册

320000－1615－0001085　獻 1124/101085
十二硯齋随録四卷　(清)汪鋆録　清同治十一年(1872)刻本　一册

320000－1615－0001086　獻 1124/101086
弢廛館詩存四卷　(清)卞維城撰　清道光二十七年(1847)揚州刻本　一册

320000－1615－0001087　獻 1124/101087
卞制軍政書四卷　(清)卞寶第撰　清末刻本　四册

320000－1615－0001088　獻 1124/101088
南齋集六卷　(清)馬曰璐撰　清乾隆刻本　一册　存三卷(一至三)

320000－1615－0001089　獻 1124/101089
資治通鑑地理今釋十六卷　(清)吴熙載撰　清光緒八年(1882)江蘇書局刻本　三册

320000－1615－0001090　獻 1124/101090
我信録二卷　(清)羅聘撰　清宣統元年(1909)刻本　一册

320000－1615－0001091　獻 1131/101091
寶應耆舊傳二卷　(清)范士齡撰　清末刻本　二册

320000－1615－0001092　獻 1131/101092
紀荒詩略一卷　(清)顧仙根撰　清刻本　一册

320000－1615－0001093　獻 1131/101093
昭陽從政録一卷　(清)俞麟年撰　清同治十年(1871)刻本　一册

320000－1615－0001094　獻 1131/101094
唐荆川先生集六卷　(明)唐順之撰　清郢雪書林刻本　四册

320000－1615－0001095　獻 1132/101095
媿生叢録二卷先妻趙孺人事述一卷　李詳撰　清宣統元年(1909)江寧刻本　一册

320000－1615－0001096　獻 1132/101096
十二硯齋随録四卷　(清)汪鋆録　清同治十一年(1872)刻本　一册

320000－1615－0001097　獻 1132/101097
程可山先生壽序一卷　(清)劉毓崧撰　清同治五年(1866)刻本　一册

320000－1615－0001098　獻 1132/101098
湖東集四卷　(清)范凌霳撰　清咸豐十一年(1861)刻本　二册

320000－1615－0001099　獻 1132/101099
劉融齋鄉試硃卷不分卷　(清)劉熙載撰　清道光刻本　一册

320000－1615－0001100　獻 1132/101100
山右金石録一卷　(清)夏寶晉纂　(清)石宗建校訂　清末归安石氏刻本　二册

320000－1615－0001101　獻 1132/101101
十二硯齋補瘞鶴銘考二卷　(清)汪鋆輯　清光緒九年(1883)自刻本　一册

320000－1615－0001102　獻 1132/101102
喪服答問紀實一卷　(清)汪喜孫撰　清光緒十九年(1893)趙逵儀刻本　一册

320000－1615－0001103　獻 1132/101103
廣雅疏證十卷　(清)王念孫撰　清刻本　一册　存一卷(一)

320000－1615－0001104　獻 1132/101104
廣陵事略七卷　(清)姚文田輯　清嘉慶十七年(1812)刻本　四册

320000－1615－0001105　獻 1132/101105
餐菊齋棋評不分卷　(清)周小松編　清同治十一年(1872)刻本　一册

320000－1615－0001106　獻 1132/101106
待月誃奕存不分卷　(清)夢園(方濬頤)輯　清光緒元年(1875)刻本　一册

320000－1615－0001107　獻 1132/101107
夢陔堂詩集五十卷　(清)黄承吉撰　清道光刻本　一册　存四卷(五至八)

320000－1615－0001108　獻 1133/101108
唐釋湛然輔行記四十卷　(清)張心泰輯　清光緒十一年(1885)刻本　二册

320000－1615－0001109　獻 1133/101109
揚州竹枝詞一卷　(清)董偉業撰　清光緒十三年(1887)刻本　一册

320000－1615－0001110　獻 1133/101110
風月夢不分卷三十二回　題(清)邗上蒙人撰　清光緒九年(1883)申報館刻本　四册

320000－1615－0001111　獻 1133/101111
[光緒]通州直隸州志十六卷首一卷末一卷　(清)梁悦馨　(清)莫祥芝修　(清)季念詒　(清)沈鍠纂　清光緒元年(1875)刻本　一册

320000－1615－0001112　獻 1133/101112
漢學堂叢書二百十五種　(清)黄奭輯　清道光黄氏刻光緒印本　一册　存三種三卷(春秋感精符一卷、春秋合誠圖一卷、春秋考異郵一卷)

320000－1615－0001113　獻 1133/101113
珠玉詞鈔一卷補鈔一卷　(宋)晏殊撰　清光緒十一年(1885)揚州刻本　一册

320000－1615－0001114　獻 1214/w001
小歲寒堂詩存一卷　(□)□□撰　清末至民國間抄本　一册

320000－1615－0001115　獻 1141/w002
廣陵名勝圖不分卷　(清)阮亨編　清末至民國間上海申報館影印本　一册

320000－1615－0001116　獻 1141/w003
廣陵名勝圖不分卷　(清)阮亨編　清末至民國間上海申報館影印本　一册

320000－1615－0001117　獻 1141/w004
揚州十日記一卷　(明)王秀楚撰　清末至民國間石印本　一册

320000－1615－0001118　獻 1141/w005
明儒王東厓先生遺集二卷首一卷　(明)王襞撰　清末至民國間鉛印本　一册

320000－1615－0001119　獻 1141/w006
廣陵私乘不分卷　湯寅臣撰　清末至民國間揚州新勝街集賢齋鉛印本　一册

320000－1615－0001120　獻 1141/w007
通義堂文集十六卷　(清)劉毓崧撰　清末至民國間刻本　一册　存三卷(十二至十四)

320000－1615－0001121　獻 1141/w008
揚州儀董學堂章程一卷　(□)□□編　清末至民國間刻朱印本　一册

320000－1615－0001122　獻 1141/w009
揚州儀董學堂章程一卷　(□)□□編　清末至民國間刻朱印本　一册

320000－1615－0001123　獻 1141/w010
校正千字文讀本一卷　(南朝梁)周興嗣編　清末至民國間揚州聚盛堂刻本　一册

320000－1615－0001124　獻 1141/w011
校正千字文讀本一卷　(南朝梁)周興嗣編　清末至民國間揚州聚盛堂刻本　一册

320000－1615－0001125　獻 1141/w012
校正千字文讀本一卷　(南朝梁)周興嗣編　清末至民國間揚州聚盛堂刻本　一册

320000－1615－0001126　獻 1141/w013
千字文一卷　(南朝梁)周興嗣編　清末至民國間維揚文魁堂刻本　一册

320000－1615－0001127　獻 1142－3/w014
泰州戈氏醫學叢書四種　(清)戈頌平撰　清末至民國間抄本　四十六册

320000－1615－0001128　獻 1144/w015
江甘鄉土地理教科書三十六課　(□)□□撰　清末至民國間抄本　一册

320000－1615－0001129　獻 1144/w016
揚州北湖小志摘抄不分卷　(清)焦循撰　清菜畦翁抄本　一册

320000－1615－0001130　獻 1144/w017
白田文集刪存二十卷　(清)王巌纂　清抄本　八册

320000－1615－0001131　獻 1144/w019
藝文評冣不分卷　徐謙芳撰　清末至民國間抄本　十二册

320000－1615－0001132　獻 1151/w020
研北花南詞鈔一卷研北花南合璧詞一卷　(清)徐鳴珂撰　清末至民國間少愚抄本　一册

320000－1615－0001133　獻 1151/w021
硯秋齋詩稿一卷　(清)劉彦矩撰　清末至民國間抄本　一册

320000－1615－0001134　獻 1151/w022
晚翠軒詩鈔三卷　(清)張安保撰　清抄本　一册

320000－1615－0001135　獻 1151/w023
王西樓先生樂府一卷野菜譜題句一卷西樓詩鈔一卷　(明)王磐撰　清小嫏嬛室抄本　二册

320000－1615－0001136　獻 1151/w024
寶應十五詩人遺詩合鈔一卷　(清)劉寶楠編　清抄本　一册

320000－1615－0001137　獻 1151/w025
方城鸞语一卷　(清)張序輯　清末至民國間抄本　一册

320000－1615－0001138　獻 1151/w026
咸豐三年避寇日記不分卷　(清)符葆森撰　清抄本　一册

320000－1615－0001139　獻 1151/w027
測地算法不分卷　(清)劉嶽雲撰　清宋學抄

本　二冊

320000－1615－0001140　獻 1151/w028
遊初室文存一卷　(清)李肇墉撰　清抄本　一冊

320000－1615－0001141　獻 1151/w029
四朝大政録二卷　(明)劉心學撰　清末至民國間抄本　一冊

320000－1615－0001142　獻 1151/w030
朱宗洛公過庭紀聞一卷　(清)朱宗洛撰　清末至民國間抄本　一冊

320000－1615－0001143　獻 1151/w031
古鐵齋詩録二卷續録二卷　(清)尤澍撰　清末至民國間抄本　二冊

320000－1615－0001144　獻 1151/w032
喬御史集一卷　(明)喬可聘撰　(清)劉寶楠編　清抄本　一冊

320000－1615－0001145　獻 1151/w033
伯山詩鈔□□卷　(清)康發祥撰　清末至民國間抄本　一冊　存二卷(由庚集一卷、辛酉集一卷)

320000－1615－0001146　獻 1151/w034
修月詞一卷　(清)繆祖培撰　清末至民國間抄本　一冊

320000－1615－0001147　獻 1151/w035
剪春詞一卷　(清)俞圻撰　清末至民國間抄本　一冊

320000－1615－0001148　獻 1151/w036
半紅樓吟稿不分卷　(清)宫國苞撰　清末至民國間抄本　一冊

320000－1615－0001149　獻 1151/w037
入畫廣詩二卷　(清)王孫驤撰　清末至民國間抄本　一冊

320000－1615－0001150　獻 1151/w038
慎墨堂詩文集不分卷　(清)鄧漢儀撰　清末至民國間抄本　三冊

320000－1615－0001151　獻 1151/w039
國朝海陵詩彙補遺一卷　(清)鄒應庚輯　清末至民國間抄本　一冊

320000－1615－0001152　獻 1151/w040
崇節堂碑記不分卷　(清)姚光鼐撰　(清)劉湝年書　清劉湝年抄本　一冊

320000－1615－0001153　獻 1151/w041
食舊悳齋隨筆不分卷　(清)劉嶽雲撰　清末至民國間抄本　一冊

320000－1615－0001154　獻 1151/w043
清芬外集二卷　(清)劉寶楠輯　稿本　二冊

320000－1615－0001155　獻 1151/w044
粵越分界圖説一卷　(□)□□撰　清李慎儒抄本　一冊

320000－1615－0001156　獻 1151/w045
揅經室四集　(清)阮元編　**白下瑣言**　(清)甘熙撰　**篆刻塵談**　(□)□□撰　清末至民國間抄本　一冊

320000－1615－0001157　獻 1151/w046
里堂家訓二卷　(清)焦循撰　清末至民國間抄本　一冊

320000－1615－0001158　獻 1151/w047
九云書院集不分卷　(清)宫昌宗撰　清末至民國間抄本　六冊

320000－1615－0001159　獻 1151/w048
南宫拾遺不分卷　(□)□□輯　清末至民國間抄本　二冊

320000－1615－0001160　獻 1152/w049
三垣筆記不分卷　(清)李清記　清抄本　四冊

320000－1615－0001161　獻 1152/w050
吴可讀文集四卷　(清)吴可讀撰　(清)楊慶生箋注　清末至民國間株老屋抄本　二冊

320000－1615－0001162　獻 1152/w051
伯琴詩存一卷　(清)潘詠撰　清末至民國間抄本　一冊

320000－1615－0001163　獻 1152/w052

朱子聖學考略辨僞一卷 王箴傳撰 **宗朱要法一卷** (清)朱澤澐撰 清末至民國間抄本 成永批校 一冊

320000－1615－0001164 獻1152/w053
錫穀堂詩二卷 (清)劉師恕撰 清末抄本 一冊

320000－1615－0001165 獻1152/w054
日省録不分卷 (清)喬漼撰 清末至民國間抄本 一冊

320000－1615－0001166 獻1152/w055
擁萬堂詩集一卷 (清)朱四輔 **匏山莊詩集一卷** (清)朱宬撰 **佛影屠蘇詩集四卷** (清)朱賽撰 清末至民國間抄本 一冊

320000－1615－0001167 獻1152/w056
重訂感舊吟二卷 (清)薛聯元撰 清末至民國間抄本 一冊

320000－1615－0001168 獻1152/w057
馬伯梁先生藁一卷 馬蔭秦撰 蕭丙章選 清末至民國間蕭丙章抄本 一冊

320000－1615－0001169 獻1152/w058
庸德録一卷 (清)成蓉鏡撰 清末至民國間抄本 一冊

320000－1615－0001170 獻1214/w059
揚州府治城圖 (□)□□繪 清末至民國間繪本 一張

320000－1615－0001171 獻1152/w060
食舊悳齋詩鈔八卷 (清)劉嶽雲撰 清末至民國間抄本 二冊

320000－1615－0001172 獻1152/w061
影園詩稿二卷影園瑶華集三卷 (明)鄭元勳撰 (清)鄭開基輯 清末至民國間抄本 五冊

320000－1615－0001173 獻1153/w062
齊魯韓三家詩釋十四卷原流一卷三家詩疑一卷 (清)朱士端撰 清末至民國間抄本 四冊

320000－1615－0001174 獻1153/w063
[江蘇高郵]高郵金氏宗譜不分卷 (清)金長福撰 清末至民國間抄本 二冊

320000－1615－0001175 獻1153/w064
海陵詩徵十六卷 (清)夏荃輯 清末至民國間抄本 四冊

320000－1615－0001176 獻1153/w065
泰縣物産志不分卷 (□)□□撰 清末至民國間抄本 二冊

320000－1615－0001177 獻1153/w066
射陽漢鑑圖釋一卷 (清)朱百度撰 清抄本 一冊

320000－1615－0001178 獻1153/w067
天橋初稿一卷 (清)周虹撰 清末至民國間抄本 一冊

320000－1615－0001179 獻1153/w068
江西銅鼓營同知劉君傳一卷 (清)阮元撰 清末至民國間抄本 一冊

320000－1615－0001180 獻1153/w069
吴鎔初孝廉詩一卷 (清)乔棻輯 清末至民國間抄本 一冊

320000－1615－0001181 獻1153/w070
叢桂山房詩鈔不分卷 (清)高銘撰 清末至民國間抄本 一冊

320000－1615－0001182 獻1214/w071
續揚州竹枝詞九十九首 (清)林蘇門撰 清末至民國間抄本 一冊

320000－1615－0001183 獻1153/w072
邗水老民遺藁一卷 (清)胡翰撰 贾觀雲録存 清末至民國間抄本 一冊

320000－1615－0001184 獻1153/w073
二亭詩鈔六卷 (清)朱筫撰 清末至民國間抄本 二冊

320000－1615－0001185 獻1153/w074
楚州城甎録一卷 羅振玉撰 清末至民國間抄本 一冊

320000－1615－0001186 獻1153/w075

論孟集註附考二卷　(清)劉寶楠撰　清末至民國間抄本　一冊

320000－1615－0001187　獻1153/w076
梅花屋詩存一卷　(清)林述曾撰　清末至民國間抄本　一冊

320000－1615－0001188　獻1153/w077
樗盦詩草不分卷　朱黄撰　清末至民國間抄本　二冊

320000－1615－0001189　獻1153/w078
韓齋雜録不分卷　(清)陶蔚　(清)劉桐等撰　清末至民國間抄本　一冊

320000－1615－0001190　獻1154/w079
海陵詩彙不分卷　(清)鄒熊輯　清末至民國間抄本　一冊

320000－1615－0001191　獻1154/w080
治水雜鈔一卷　(□)□□撰　清末至民國間抄本　一冊

320000－1615－0001192　獻1154/w081
釣渚集一卷　(清)蔣超伯撰　清末至民國間抄本　一冊

320000－1615－0001193　獻1154/w082
岫雲集一卷　(清)蔣超伯撰　清末至民國間抄本　一冊

320000－1615－0001194　獻1154/w083
夜燭集一卷　(清)蔣超伯撰　清末至民國間抄本　一冊

320000－1615－0001195　獻1154/w084
秦郵王森堂詞稿一卷　(清)王留福撰　清抄本　一冊

320000－1615－0001196　獻1154/w085
林蕙堂文集十二卷　(清)吴綺撰　清末至民國間抄本　一冊　存八卷(一至八)

320000－1615－0001197　獻1154/w086
説文稿不分卷　(清)朱士端撰　清抄本　六冊

320000－1615－0001198　獻1154/w087
朱氏拾遺詩鈔一卷　(清)朱秋崖撰　清末抄本　一冊

320000－1615－0001199　獻1154/w088
吴绳年端溪研志三卷　(清)趙長恩摘録　清末至民國間抄本　一冊

320000－1615－0001200　獻1154/w089
揚州詠古五排詩鈔不分卷　(清)談怡曾撰　清道光八年(1828)抄本　一冊

320000－1615－0001201　獻1154/w090
无悔詞一卷　周樹年撰　清末至民國間抄本　一冊

320000－1615－0001202　獻1154/w091
西山樵唱一卷　(清)林溥撰　清末至民國間包安保抄本　一冊

320000－1615－0001203　獻1211/w092
藝香詞鈔不分卷　(清)吴綺撰　清末至民國間少漁抄本　一冊

320000－1615－0001204　獻1211/w093
蘭蕙同心録不分卷　(清)許鼐龢撰　清末至民國間抄本　四冊

320000－1615－0001205　獻1211/w094
蘭蕙同心録不分卷　(清)許鼐龢撰　清末至民國間抄本　二冊

320000－1615－0001206　獻1211/w095
鐵孟居士詩鈔六卷　(清)汪全泰撰　清末至民國間抄本　五冊

320000－1615－0001207　獻1211/w096
同光年間揚州名人文稿不分卷　(清)□□編　清末抄本　一冊

320000－1615－0001208　獻1211/w097
朱止泉先生選朱子語類九卷　(清)朱澤澐撰　清抄本　三冊

320000－1615－0001209　獻1212/w098
蘭泉詩稿不分卷　(清)常蘭泉撰　清抄本　一冊

320000－1615－0001210　獻1212/w099

宗朱子要法一卷 （清）朱澤澐撰　清抄本　一冊

320000－1615－0001211　獻1212/w100
悠然堂詩選一卷 （清）黄雲撰　（清）鄧漢儀選　清末至民國間抄本　一冊

320000－1615－0001212　獻1212/w101
宗考功詩集九卷 （清）宗臣撰　清抄本　二冊

320000－1615－0001213　獻1212/w102
鳩柴詩集五卷 （清）陳銑撰　清末至民國間抄本　一冊

320000－1615－0001214　獻1212/w103
王文勤公自訂年譜一卷 （清）王凱泰撰　（清）王豫卿等補録　清末至民國間抄本　一冊

320000－1615－0001215　獻1212/w104
退庵筆記十二卷 （清）夏荃撰　清末至民國間抄本　二冊　存二卷（七、十一）

320000－1615－0001216　獻1212/w105
徐宗幹年譜不分卷 （□）□□撰　清末至民國間抄本　一冊

320000－1615－0001217　獻1212/w106
北行日記二卷 （清）仲振履撰　（清）夏荃校　清抄本　二冊

320000－1615－0001218　獻1212/w107
齊魯韓三家詩釋五卷 （清）朱士端撰　清末至民國間抄本　二冊

320000－1615－0001219　獻1213/w108
殷頑録六卷 （清）楊陸榮編　清抄本　一冊

320000－1615－0001220　獻1213/w109
海陵六家詩鈔不分卷 （元）馬玉麟　（清）趙瑜等撰　清末至民國間抄本　一冊　存二種七卷（晉甎室詩存不分卷，東臯先生詩集五卷、附録一卷）

320000－1615－0001221　獻1213/w110
海陵詩存二卷 （清）鄒熊選　清末至民國間抄本　二冊

320000－1615－0001222　獻1213/w111
卧秋草堂詩鈔一卷 （清）朱冕撰　清末至民國間抄本　一冊

320000－1615－0001223　獻1213/w112
文林摭語一卷 王無生撰　清末至民國間抄本　一冊

320000－1615－0001224　獻1213/w113
樗盦文存不分卷 朱黄撰　清末至民國間抄本　一冊

320000－1615－0001225　獻1213/w114
心嚮往齋詩集□□卷文集三卷遺集不分卷 （清）孔繼鑅撰　**勿二三齋詩齋一卷飲冰子詞存一卷** （清）孔廣牧撰　**林風閣詩鈔一卷** （清）劉淑曾撰　清抄本　五冊

320000－1615－0001226　獻1213/w115
朱文定公詩集十卷補遺一卷文集不分卷 （清）朱士彦撰　清末至民國間抄本　三冊

320000－1615－0001227　獻1213/w116
揚州徐氏藏書目不分卷 （□）□□編　清末至民國間抄本　一冊

320000－1615－0001228　獻1214/w117
紉秋館詩存一卷紉秋室詩存一卷 （清）許增福撰　清末至民國間抄本　二冊

320000－1615－0001229　獻1214/w118
花隱居詩稿一卷 （清）毛昌撰　清末至民國間抄本　一冊

320000－1615－0001230　獻1214/w119
吴古亭先生詩稿一卷 （清）吴日鼎撰　清抄本　一冊

320000－1615－0001231　獻1214/w120
寧余府君詩鈔一卷 （清）陳寧余撰　清末至民國間抄本　一冊

320000－1615－0001232　獻1214/w121
艾菱湖隱歌詞原稿一卷 （清）劉金榮撰　清光緒二十年（1894）抄本　一冊

320000－1615－0001233　獻1214/w122
儷白妃黄冊八卷 （清）董恂輯　清末至民國

間抄本　一册　存五卷(一至五)

320000－1615－0001234　獻1214/w123

湖中明月詞一卷笛椽詞一卷琴隱詞一卷　(清)夏寶晉撰　**有正味齋詞集二卷**　(清)吴錫麒撰　清末至民國間抄本　一册

320000－1615－0001235　獻1214/w124

師古録四卷　(清)王錫甲撰　清抄本　三册

320000－1615－0001236　獻1214/w125

橄欖軒詩鈔一卷　(清)李福祚撰　清末至民國間抄本　一册

320000－1615－0001237　獻1214/w126

東望集選一卷　題碧山居士撰　題鉢池山人評選　清末至民國間抄本　一册

320000－1615－0001238　獻1214/w127

葯領詩鈔五卷　(清)黄騂撰　清末抄本　一册

320000－1615－0001239　獻1214/w128

苦瓜和尚題畫一卷　(清)石濤撰　清末至民國間抄本　一册

320000－1615－0001240　獻1214/w129

寶應朱士端周儀禮注稿不分卷　(清)朱士端撰　清末至民國間抄本　一册

320000－1615－0001241　獻1214/w130

雙翔閣靜齋叢書　(清)洪正治校編　清抄本　十册　存六種十八卷(蕺山先生人譜一卷、高忠憲公詩集八卷、朱子行狀一卷、蘇文忠公年譜一卷、入蜀記六卷、渭南詩餘一卷)

320000－1615－0001242　獻1214/w131

泰州志詩選一卷　(□)□□撰　清末至民國間抄本　一册

320000－1615－0001243　獻1214/w132

揚州府志詩選不分卷　(□)□□撰　清末至民國間抄本　三册

320000－1615－0001244　獻1214/w133

揚州百詠擬望江南一卷　(□)□□撰　清末至民國間抄本　一册

320000－1615－0001245　獻1214/w134

樵月山房詩稿不分卷　(清)俞國鑑撰　清末至民國間抄本　三册

320000－1615－0001246　獻1214/w135

碧琅玕館圖一卷繞屋梅花三十樹圖詠一卷　(清)林述曾輯　清末至民國間抄本　一册

320000－1615－0001247　經0111－22/200001

重刊宋本十三經注疏　清道光六年(1826)刻本　一百八十四册

320000－1615－0001248　經0122/200002

第一樓叢書九種　(清)俞樾撰　清同治十年(1871)刻本　八册

320000－1615－0001249　經0123－5/200003

經策通纂　(清)吴潁炎輯　清光緒二十六年(1900)上海點石齋石印本　八十册

320000－1615－0001250　經0126－32/200004

經苑二百五十四卷　(清)錢儀吉編　清道光、咸豐間大梁書院刻同治七年(1868)王儒行等印本　七十七册

320000－1615－0001251　經0132/200005

欽定本朝四書文四十一卷　(清)張玉書等編　清乾隆刻本　二十二册

320000－1615－0001252　經0133－41/200006

十三經注疏三百三十三卷　清嘉慶三年(1798)金閶書業堂刻本　八十五册

320000－1615－0001253　經0142－3/200007

宋本十三經注疏　清光緒二十四年(1898)蘇州官書坊刻本　四十六册

320000－1615－0001254　經0144－54/200008

御纂七經　(清)王鴻緒等撰　清同治六年(1867)浙江書局刻本　一百四十二册

320000－1615－0001255　經0211－3/200009

古今解彙函附小學彙函　(漢)鄭玄等　清同

治十二年(1873)粵東書局刻本　六十八册

320000－1615－0001256　經0213/200010
十一經初學讀本　(清)萬廷蘭編　清嘉慶元年(1796)南昌萬廷蘭刻本　十九册

320000－1615－0001257　經0214/200011
仿宋相臺五經附考證九十六卷　(宋)岳珂編　清光緒二年(1876)江南書局刻本　二十一册

320000－1615－0001258　經0221/200012
書經集傳圖序全書六卷首一卷末一卷　(宋)蔡沈撰　(清)孫慶甲校述　清光緒十八年(1892)京口善化書局刻本　六册

320000－1615－0001259　經0222/200013
韓詩外傳十卷　(漢)韓嬰傳　(清)周廷寀校注　清光緒元年(1875)望三益齋刻本　一册

320000－1615－0001260　經0222－3/200014
十三經古注三百九十卷　(明)金蟠輯　明永懷堂刻本清同治八年(1869)浙江書局重修本　四十五册

320000－1615－0001261　經0224/200015
欽定春秋左傳讀本三十卷　(清)英和等撰　清同治八年(1869)江蘇書局刻本　十册

320000－1615－0001262　經0224/200016
春秋左傳三十卷首一卷　(晉)杜預注　(宋)林堯叟附注　(唐)陸德明音義　(清)馮李驊集解　清光緒十二年(1886)湖北官書處刻本　十二册

320000－1615－0001263　經0231/200017
説文段注撰要九卷　(清)馬壽齡述　清光緒九年(1883)金陵胡氏愚園刻本　四册

320000－1615－0001264　經0231－2/200018
經義考三百卷　(清)朱彝尊輯　清光緒二十三年(1897)浙江書局刻本　五十册

320000－1615－0001265　經0233/200019
周禮精華六卷　(清)陳龍標編輯　清刻本　三册

320000－1615－0001266　經0233/200020
欽定詩經傳説彙纂二十一卷　(清)王鴻緒等編　清同治七年(1868)馬新貽刻本　十六册

320000－1615－0001267　經0233/200021
周禮六卷　(漢)鄭玄注　(唐)陸德明音義　清同治十三年(1874)湖南書局刻本　六册

320000－1615－0001268　經0234/200022
仿宋撫州本禮記二十卷　(漢)鄭玄注　清同治九年(1870)崇文書局刻本　五册

320000－1615－0001269　經0234/200023
欽定詩經傳説彙纂二十一卷首二卷詩序二卷　(清)王鴻緒等編　清刻本　十八册

320000－1615－0001270　經0235/200024
禮書一百五十卷　(宋)陳祥道撰　清嘉慶九年(1804)福清校經堂郭氏刻本　二十四册

320000－1615－0001271　經0241/200025
鄭氏佚書二十三種七十九卷　(漢)鄭玄撰　(清)袁鈞輯　清光緒十四年(1888)浙江書局刻本　十册

320000－1615－0001272　經0241/200026
春秋經傳集解三十卷春秋名號歸一圖二卷年表一卷　(晉)杜預注　清刻本　十六册

320000－1615－0001273　經0242/200027
春秋左傳五十卷　(晉)杜預注　(宋)林堯叟附注　(唐)陸德明音義　(清)馮李驊集解　清南京李光明書莊刻本　十六册

320000－1615－0001274　經0242/200028
春秋左傳集解三十卷左繡三十卷　(晉)杜預注　(宋)林堯叟附注　(唐)陸德明音義　(清)馮李驊集解　清南京李光明書莊刻本　七册

320000－1615－0001275　經0243/200029
禮記增訂旁訓六卷　(清)徐立綱撰　清光緒二十三年(1897)掃葉山房刻本　六册

320000－1615－0001276　經0243/200030
漱芳軒拾纂禮記體注四卷　(清)范翔參訂　清姑蘇會文堂刻本　四册

320000－1615－0001277　經0243/200031

監本附釋音春秋公羊注疏二十八卷 (漢)何休解詁 (唐)陸德明音義 **校勘記二十八卷** (清)阮元撰 清嘉慶二十年(1815)江西南昌府學刻本 六冊

320000－1615－0001278 經 0243/200032
禮記集説十卷 (元)陳澔撰 清末江南李光明莊刻本 十冊

320000－1615－0001279 經 0244/200033
大學衍義四十三卷 (宋)真德秀撰 清同治十一年(1872)浙江書局刻本 十冊

320000－1615－0001280 經 0244/200034
毛詩後箋三十卷 (清)胡承珙撰 清道光十七年(1837)刻本 二十冊

320000－1615－0001281 經 0251－3/200035
十三經讀本附校刊記 (清)丁寶楨等校併撰校刊記 清同治十一年(1872)山東書局刻本 六十六冊

320000－1615－0001282 經 0254/200036
漢魏遺書鈔 (清)王謨輯 清嘉慶刻本 九冊

320000－1615－0001283 經 0311/200037
新學僞經考十四卷 康有為撰 清光緒十七年(1891)武林望雲樓石印本 八冊

320000－1615－0001284 經 0311/200038
皇朝五經彙解二百七十卷 題(清)扶經室主人輯録 清光緒十四年(1888)鴻文書局石印本 三十二冊

320000－1615－0001285 經 0312/200039
皇朝五經彙解二百七十卷 題(清)扶經室主人輯録 清光緒十九年(1893)上海積山書局石印本 三十二冊

320000－1615－0001286 經 0313/200040
皇清經解續編二百九種 王先謙輯 清光緒十四年(1888)南菁書院刻本 三十二冊

320000－1615－0001287 經 0314/200041
尚書注疏十九卷 (漢)孔安國傳 (唐)陸德明音義 (唐)孔穎達疏 清同治十年(1871)刻本 八冊 存十五卷(一至七、十至十七)

320000－1615－0001288 經 0314/200042
公羊箋十一卷 (漢)何休解詁 王闓運箋 清光緒十一年(1885)成都尊經書局刻本 二冊

320000－1615－0001289 經 0314/200043
孟子要略五卷 (宋)朱熹編 清同治十三年(1874)傳忠書局刻本 一冊

320000－1615－0001290 經 0314/200044
易經詳説五十卷 (清)冉覲祖輯 清刻本 九冊 存九卷(四十二至五十)

320000－1615－0001291 經 0315/200045
春秋左傳杜注補輯三十卷首一卷 (清)姚培謙撰 清光緒九年(1883)江南書局刻本 十冊

320000－1615－0001292 經 0321/200046
五經類編二十八卷 (清)周世樟輯 清刻本 二冊

320000－1615－0001293 經 0321/200047
禮記十卷 (元)陳澔注 明崇禎十四年(1641)毛氏汲古閣刻本 十冊

320000－1615－0001294 經 0321/200048
古籀拾遺三卷坿宋政和禮器文字考一卷 (清)孫詒讓撰 清末石印本 一冊

320000－1615－0001295 經 0321/200049
聖門名字纂詁二卷 (清)洪恩波編 清光緒二十三年(1897)刻本 一冊

320000－1615－0001296 經 0321/200050
司馬氏書儀十卷 (宋)司馬光撰 清同治七年(1868)江蘇書局刻本 一冊

320000－1615－0001297 經 0322/200051
詩經葉音辨偽八卷 (清)劉維謙撰 清宣統上海十不齋刻本 四冊

320000－1615－0001298 經 0322/200052
學古堂日記四十九種 (清)雷俊 (清)汪之昌合輯 清光緒十六年至二十三年(1890－1897)正誼書院刻本 二十六冊

320000－1615－0001299　經 0323/200053
六書故三十三卷　(元)戴侗撰　清乾隆四十九年(1784)綿州李鼎元刻本　十六册

320000－1615－0001300　經 0323/200054
禮記二十卷　(漢)鄭玄注　清刻本　十册

320000－1615－0001301　經 0324/200055
吕氏家塾讀詩記三十二卷　(宋)吕祖謙撰　清同治十二年(1873)胡鳳丹退補齋刻金華叢書本　十二册

320000－1615－0001302　經 0324/200056
儀禮十七卷　(漢)鄭玄注　清同治九年(1870)湖北崇文書局刻本　二册

320000－1615－0001303　經 0324/200057
儀禮鄭注句讀十七卷　(漢)鄭玄注　(清)張爾岐句讀　清同治七年(1868)金陵書局刻本　四册

320000－1615－0001304　經 0331/200058
儀禮鄭注句讀十七卷　(漢)鄭玄注　(清)張爾岐句讀　清同治十一年(1872)山東書局刻本　六册

320000－1615－0001305　經 0331/200059
春秋左傳三十卷　(晉)杜預注　(宋)林堯叟附注　(唐)陸德明音義　(清)馮李驊集解　清光緒十二年(1886)湖北官書處刻本　十二册

320000－1615－0001306　經 0331/200060
詩經八卷　(宋)朱熹集傳　清同治十一年(1872)山東書局刻本　四册

320000－1615－0001307　經 0332/200061
毛詩稽古編三十卷附考一卷　(清)陳啟源撰　清刻本　一册　存二卷(二十九至三十)

320000－1615－0001308　經 0332/200062
周易孔義集説二十卷　(清)沈起元撰　清光緒八年(1882)江蘇書局刻本　八册

320000－1615－0001309　經 0332/200063
御纂詩義折中二十卷　(清)傅恒等撰　清長蘆鹽運使如山刻本　六册

320000－1615－0001310　經 0332/200064
毛詩稽古編三十卷　(清)陳啟源撰　清嘉慶十八年(1813)刻本　八册

320000－1615－0001311　經 0333/200065
經言拾遺十四卷　(清)徐文靖撰　清乾隆志寧堂刻本　四册

320000－1615－0001312　經 0333/200066
毛詩後箋三十卷　(清)胡承珙撰　(清)陳奂補　清道光刻本　十八册　存二十八卷(三至三十)

320000－1615－0001313　經 0334/200067
易經來注圖解十五卷　(明)來知德撰　清朝爽堂刻本　十册

320000－1615－0001314　經 0341/200068
説文解字斠詮十四卷　(清)錢坫撰　清光緒九年(1883)淮南書局刻本　六册

320000－1615－0001315　經 0341/200069
説文解字繫傳四十卷　(宋)徐鍇撰　清光緒元年(1875)川東刻本　八册

320000－1615－0001316　經 0342/200070
説文解字注三十二卷　(清)段玉裁注　清同治六年(1867)蘇州保息局刻本　十六册

320000－1615－0001317　經 0343/200071
説文解字注三十二卷　(清)段玉裁注　清同治六年(1867)蘇州保息局刻本　十六册

320000－1615－0001318　經 0344/200072
説文解字十五卷　(漢)許慎撰　(宋)徐鉉校　清毛氏汲古閣刻本　十册

320000－1615－0001319　經 0344/200073
尚書今古文注疏三十卷　(清)孫星衍撰　清嘉慶刻本　七册

320000－1615－0001320　經 0344/200074
周禮六卷　(漢)鄭玄注　清光緒二十年(1894)金陵書局刻本　六册

320000－1615－0001321　經 0351/200075
孔子改制考二十一卷　康有為撰　清末上海大同譯書局石印本　九册

320000－1615－0001322　經0351/200076
十三經注疏四百十六卷　清光緒十三年(1887)脈望仙館石印本　二十三册

320000－1615－0001323　經0352/200077
十三經注疏四百十六卷校勘記不分卷　清光緒十三年(1887)脈望仙館石印本　二十六册

320000－1615－0001324　經0353/200078
古經解彙函二十四種附小學彙函二十八種　(清)鍾謙鈞等輯　清光緒十四年(1888)上海蜚英館石印本　二十册

320000－1615－0001325　經0354/200079
古經解彙函二十四種　(清)鍾謙鈞等輯　清光緒十四年(1888)上海蜚英館石印本　十四册

320000－1615－0001326　經0354－5/200080
皇清經解續編二百九種　王先謙輯　清光緒十五年(1889)上海蜚英館影印本　二十四册

320000－1615－0001327　經0411/200081
説文解字注三十二卷　(清)段玉裁注　清同治十一年(1872)湖北崇文書局刻本　二十四册

320000－1615－0001328　經0412－3/200082
説文解字義證五十卷　(清)桂馥撰　清同治九年(1870)湖北崇文書局刻本　三十二册

320000－1615－0001329　經0413/200083
許學叢書十四種　(清)張炳翔輯　清光緒九年(1883)張氏儀鄦廬刻本　二十四册

320000－1615－0001330　經0414/200084
説文古籀補十四卷　(清)吴大澂撰　清光緒十二年(1886)點石齋石印本　二册

320000－1615－0001331　經0415/200085
經義雜記三十卷　(清)臧琳撰　**敘録一卷**　(清)臧鏞堂輯　清嘉慶四年(1799)臧氏拜經堂刻本　八册

320000－1615－0001332　經0415/200086
稽古日鈔八卷　(清)張方湛等輯　清乾隆二十九年(1764)刻本　六册

320000－1615－0001333　經0415/200087
説文解字校録十五卷　(清)鈕樹玉撰　清光緒十一年(1885)江蘇書局刻本　十四册

320000－1615－0001334　經0421/200088
詩毛氏傳疏三十卷釋毛詩音四卷毛詩説一卷毛詩傳義類一卷鄭氏箋考徵一卷　(清)陳奂撰　清末吴門陳氏掃葉山莊刻本　十二册

320000－1615－0001335　經0421/200089
康熙字典十二集補遺一卷備考一卷　(清)張玉書等編　清光緒二十年(1894)同文書局石印本　十二册

320000－1615－0001336　經0422－3/200090
康熙字典十二集補遺一卷備考一卷　(清)張玉書等編　清刻本　三十九册

320000－1615－0001337　經0424－5/200091
康熙字典十二集補遺一卷備考一卷　(清)張玉書等編　清光緒元年(1875)湖北崇文書局刻本　四十册

320000－1615－0001338　經0425/200092
十三經劄記十二種二十二卷　(清)朱亦棟撰　清刻本　一册　存二種四卷(論語札記三卷、孝經札記一卷)

320000－1615－0001339　經0425/200093
論語後案不分卷　(清)黄式三撰　清光緒九年(1883)浙江書局刻本　十册

320000－1615－0001340　經0425/200094
論語後案不分卷　(清)黄式三撰　清光緒九年(1883)浙江書局刻本　十册

320000－1615－0001341　經043/200095
説文解字繫傳四十卷　(宋)徐鍇撰　清光緒九年(1883)江蘇書局刻本　八册

320000－1615－0001342　經0431/200096
説文釋例二十卷　(清)王筠撰　清刻本　十册

320000－1615－0001343　經0431/200097
説文解字十五卷　(漢)許慎撰　(宋)徐鉉校　清刻本　八册

320000－1615－0001344　經 0432/200098
經典釋文三十卷　(唐)陸德明撰　**考證三十卷**　(清)盧文弨撰　清乾隆五十六年(1791)刻本　八册

320000－1615－0001345　經 0432/200099
經典釋文三十卷　(唐)陸德明撰　**考證三十卷**　(清)盧文弨撰　清同治八年(1869)崇文書局刻本　十二册

320000－1615－0001346　經 0433/200100
經典釋文三十卷　(唐)陸德明撰　**考證三十卷**　(清)盧文弨撰　清刻本　十二册

320000－1615－0001347　經 0433/200101
經典釋文三十卷　(唐)陸德明撰　**考證三十卷**　(清)盧文弨撰　清同治八年(1869)湖北崇文書局刻本　十二册

320000－1615－0001348　經 0434/200102
新方言十一卷附嶺外三州語一卷　章炳麟撰　清末鉛印本　一册

320000－1615－0001349　經 0434/200103
經典釋文三十卷　(唐)陸德明撰　**攷證三十卷**　(清)盧文弨撰　清乾隆五十六年(1791)常州龍城書院刻本　一册　存一卷(經典釋文序録攷證)

320000－1615－0001350　經 0434/200104
經典釋文三十卷　(唐)陸德明撰　**考證三十卷**　(清)盧文弨撰　清刻本　二册　存四卷(三至五、七)

320000－1615－0001351　經 0434/200105
經典釋文三十卷　(唐)陸德明撰　**考證三十卷**　(清)盧文弨撰　清同治八年(1869)湖北崇文書局刻本　十二册

320000－1615－0001352　經 0441/200106
説文解字注三十二卷　(清)段玉裁注　清同治十一年(1872)湖北崇文書局刻本　十六册

320000－1615－0001353　經 0442/200107
説文通訓定聲十八卷柬韻一卷説雅一卷古今韻準一卷　(清)朱駿聲撰　(清)朱鏡湣訂　清咸豐元年(1851)臨嘯閣刻本　二十四册

320000－1615－0001354　經 0443－4/200108
説文解字義證五十卷　(清)桂馥撰　清同治九年(1870)湖北崇文書局刻本　三十二册

320000－1615－0001355　經 0451/200109
説文通訓定聲十八卷柬韻一卷　(清)朱駿聲撰　清臨嘯閣刻本　二十一册

320000－1615－0001356　經 0451－2/200110
説文解字義證五十卷　(清)桂馥撰　清同治九年(1870)湖北崇文書局刻本　三十二册

320000－1615－0001357　經 0453－4/200111
皇清經解一百八十九種　(清)阮元輯　清光緒十七年(1891)鴻寶齋石印本　二十一册

320000－1615－0001358　經 0454－5/200112
皇清經解一百八十九種　(清)阮元輯　清光緒十七年(1891)鴻寶齋石印本　二十四册

320000－1615－0001359　經 0511－3/200113
古經解彙函二十四種附小學彙函三十六種　(清)鍾謙鈞輯　清同治十二年(1873)粤東書局刻本　六十八册

320000－1615－0001360　經 0515/200114
國朝漢學師承記八卷附經師經義一卷　(清)江藩撰　清光緒二十二年(1896)長沙周大文堂刻本　三册

320000－1615－0001361　經 0515/200115
詩經讀本八卷　(宋)朱熹集傳　清鎮江文成堂刻本　四册

320000－1615－0001362　經 0515/200116
文字蒙求廣義四卷　(清)王筠撰　清光緒二十七年(1901)江楚書局刻本　五册

320000－1615－0001363　經 0514/200117
四書二十一卷　(宋)朱熹集注　清郁郁堂刻本　十二册

320000－1615－0001364　經 0514/200118
爾雅三卷　(晉)郭璞注　清嘉慶顧氏思適齋刻本　一册

320000－1615－0001365　經 0514/200119
干祿字書一卷　(唐)顔元孫撰　清嘉慶十年(1805)龔氏刻本　一册

320000－1615－0001366　經 0514/200120
名原二卷　(清)孫詒讓撰　清光緒三十一年(1905)刻本　一册

320000－1615－0001367　經 0221/200121
詩經朱傳八卷　(宋)朱熹集傳　(清)孫慶甲校述　清光緒十八年(1892)京口善化書局刻本　六册

320000－1615－0001368　經 0521/200122
廣雅疏證十卷博雅音十卷　(清)王念孫撰　清光緒五年(1879)淮南書局刻本　八册

320000－1615－0001369　經 0521/200123
説文解字十五卷　(漢)許慎撰　(宋)徐鉉校　清刻本　七册

320000－1615－0001370　經 0521/200124
説文解字斠詮十四卷　(清)錢坫撰　清光緒九年(1883)淮南書局刻本　六册

320000－1615－0001371　經 0522/200125
春秋集古傳注二十六卷附春秋或問六卷　(清)郜坦撰　清光緒二年(1876)揚州淮南書局刻本　八册

320000－1615－0001372　經 0522/200126
尚書後案三十卷附尚書後辨一卷　(清)王鳴盛撰　清乾隆四十四年(1779)頤志堂刻本　八册

320000－1615－0001373　經 0522/200127
尚書古文疏證八卷　(清)閻若璩撰　清同治六年(1867)錢塘汪氏振綺堂補刻本　八册

320000－1615－0001374　經 0522/200128
六禮或問十二卷首一卷末一卷　(清)汪紱撰　清光緒二十一年(1895)刻本　四册

320000－1615－0001375　經 0523/200129
春秋左氏傳賈服注輯述二十卷　(清)李貽德學　清同治五年(1866)刻本　六册

320000－1615－0001376　經 0523/200130
春秋大事表五十卷輿圖一卷附録一卷　(清)顧棟高輯　清同治十二年(1873)山東尚志堂刻本　八册

320000－1615－0001377　經 0523/200131
春秋公羊經傳解詁十二卷附校記一卷　(漢)何休撰　清道光四年(1824)揚州汪氏問禮堂刻本　二册

320000－1615－0001378　經 0523/200132
春秋穀梁傳十二卷　(晉)范甯集解　清同治七年(1868)金陵書局刻本　二册

320000－1615－0001379　經 0524/200133
詩經八卷　(宋)朱熹集傳　清金陵李光明莊刻本　二册　存一卷(一)

320000－1615－0001380　經 0524/200134
文字發凡四卷　(清)龍志澤撰　清光緒三十一年(1905)廣智書局鉛印本　二册

320000－1615－0001381　經 0524/200135
中庸注一卷　康有為撰　清光緒二十七年(1901)中國圖書公司鉛印演孔叢書本　一册

320000－1615－0001382　經 0524/200136
禮運注一卷　康有為撰　清光緒十年(1884)中國圖書公司鉛印演孔叢書本　一册

320000－1615－0001383　經 0524/200137
詩經八卷　(宋)朱熹集傳　清同治五年(1866)金陵書局刻本　三册

320000－1615－0001384　經 0524/200138
批檀弓二卷　(清)汪有光撰　清光緒刻本　一册

320000－1615－0001385　經 0524/200139
名原二卷　(清)孫詒讓撰　清光緒三十一年(1905)刻本　一册

320000－1615－0001386　經 0524/200140
古籀拾遺三卷附宋政和禮器文字考一卷　(清)孫詒讓撰　清光緒十六年(1890)刻本　一册

320000－1615－0001387　經 0524/200141
儀禮十七卷　(漢)鄭玄注　**校録一卷**　(清)

黄丕烈撰　清嘉慶、道光間吴縣黄氏刻士禮居黄氏叢書本　二册

320000－1615－0001388　經 0524/200142
孟子貫源注不分卷　(清)楊欲仁撰　清觀心堂刻本　一册

320000－1615－0001389　經 0524/200143
儀禮圖六卷　(清)張惠言撰　清同治九年(1870)楚北崇文書局刻本　三册

320000－1615－0001390　經 0531/200144
儀禮圖六卷　(清)張惠言撰　清同治九年(1870)楚北崇文書局刻本　三册

320000－1615－0001391　經 0531/200145
説文楬原二卷　(清)張行孚撰　清光緒十年(1884)知不足齋刻本　二册

320000－1615－0001392　經 0531/200146
説文發疑六卷　(清)張行孚述　清刻本　三册

320000－1615－0001393　經 0531/200147
春秋大事表五十卷　(清)顧棟高輯　清乾隆十三年(1748)顧氏萬卷樓刻本　十二册

320000－1615－0001394　經 0531/200148
隸韻十卷碑目一卷　(宋)劉球纂　**隸韻考證二卷**　(清)翁方綱撰　**碑目考證一卷**　(清)秦恩復撰　清嘉慶十五年(1810)刻本　五册

320000－1615－0001395　經 0531/200149
四子書四卷　(清)江南製造局輯　清末江南製造總局刻本　一册

320000－1615－0001396　經 0532/200150
書集傳輯録纂註六卷　(元)董鼎撰　清刻本　四册

320000－1615－0001397　經 0532/200151
書集傳纂疏六卷　(元)陳櫟撰　清通志堂刻本　四册

320000－1615－0001398　經 0532/200152
今文尚書纂言四卷　(元)吴澄輯　清通志堂刻本　三册

320000－1615－0001399　經 0532/200153
大戴禮記補注十三卷　(清)孔廣森撰　清嘉慶五年(1800)刻本　四册

320000－1615－0001400　經 0532/200154
大戴禮記十三卷　(漢)戴德撰　(北周)盧辯注　清乾隆刻本　二册

320000－1615－0001401　經 0533/200155
經傳釋詞十卷　(清)王引之撰　清刻本　四册

320000－1615－0001402　經 0533/200156
四書考異七十二卷　(清)翟灝撰　清無不宜齋刻本　七册

320000－1615－0001403　經 0533/200157
四書釋地一卷續一卷又續一卷三續一卷　(清)閻若璩撰　清乾隆五十三年(1788)刻本　四册

320000－1615－0001404　經 0533/200158
陳氏毛詩五種　(清)陳奂撰　清道光、咸豐間吴門南園陳氏掃葉山莊刻本　一册　存二種五卷(釋毛詩音四卷、毛詩説一卷)

320000－1615－0001405　經 0534/200159
説文釋例二十卷　(清)王筠撰　清光緒九年(1883)成都御風樓刻本　十二册

320000－1615－0001406　經 0534/200160
群經平議十四卷　(清)俞樾撰　清同治五年(1866)杭州刻本　十六册

320000－1615－0001407　經 0541/200161
爾雅釋文三卷　(唐)陸德明撰　清刻本　一册

320000－1615－0001408　經 0541/200162
小學類編六種附一種　(清)李祖望輯　清咸豐、光緒間江都李氏半畝園刻本　一册

320000－1615－0001409　經 0541/200163
雷刻四種　(清)雷浚撰　清光緒十年(1884)刻本　五册　存三種十八卷(説文外編十五卷、補遺一卷,説文辨疑一卷,劉氏碎金一卷)

320000－1615－0001410　經 0541/200164

説文引經例辨三卷　(清)雷浚撰　清光緒十年(1884)刻本　一册

320000－1615－0001411　經 0541/200165
説文舊音一卷　(清)畢沅集　清咸豐元年(1851)李氏半畝園刻本　一册

320000－1615－0001412　經 0541/200166
説文釋例二卷　(清)江沅撰　清咸豐元年(1851)江都李氏半畝園刻本　二册

320000－1615－0001413　經 0541/200167
段氏説文注訂八卷　(清)鈕樹玉撰　清同治五年(1866)碧螺山館刻本　二册

320000－1615－0001414　經 0541/200168
説文新附考六卷續考一卷　(清)鈕樹玉撰　清嘉慶六年(1801)非石居刻同治七年(1868)碧螺山館補刻本　二册

320000－1615－0001415　經 0541/200169
周禮正義八十六卷　(清)孫詒讓撰　清光緒三十一年(1905)鉛印本　十二册

320000－1615－0001416　經 0541/200170
夏小正集説四卷　(清)程鴻詔撰　清同治四年(1865)刻本　二册

320000－1615－0001417　經 0542/200171
駢雅訓纂十六卷　(明)朱謀㙔撰　清道光二十五年(1845)有不為齋刻本　八册

320000－1615－0001418　經 0542/200172
埤雅二十卷　(宋)陸佃撰　清顧棫刻本　四册

320000－1615－0001419　經 0542/200173
易漢學八卷　(清)惠棟撰　清柏筠堂刻本　二册

320000－1615－0001420　經 0542/200174
春秋經傳集解三十卷　(晉)杜預集解　**左傳杜解補正三卷**　(清)顧炎武撰　明永懷堂刻清芷蘭堂重印本　八册

320000－1615－0001421　經 0543/200175
爾雅三卷　(晉)郭璞注　(唐)陸德明音義　清嘉慶二十二年(1817)清芬閣刻本　三册

320000－1615－0001422　經 0543/200176
五經文字三卷　(唐)張參撰　**新加九經字樣一卷**　(唐)唐玄度撰　**五經文字疑一卷九經字樣疑一卷**　(清)孔繼涵撰　清乾隆三十三年(1768)孔氏紅櫚書屋刻本　一册

320000－1615－0001423　經 0543/200177
春秋金鎖匙一卷　(元)趙汸撰　清紅櫚書屋刻本　一册

320000－1615－0001424　經 0543/200178
水經注不分卷　(北魏)酈道元撰　(清)戴震校訂　清乾隆刻本　十四册

320000－1615－0001425　經 0544/200179
儀禮十七卷　(漢)鄭玄注　清道光十四年(1834)立本齋刻本　四册

320000－1615－0001426　經 0544/200180
禮説十四卷大學説一卷　(清)惠士奇撰　清嘉慶三年(1798)蘭陔書屋刻本　四册

320000－1615－0001427　經 0544/200181
欽定詩經傳説彙纂二十一卷首二卷詩序二卷　(清)王鴻緒等編　清雍正五年(1727)刻本　十七册

320000－1615－0001428　經 0551－2/200182
欽定禮記義疏八十二卷首一卷　(清)高宗弘曆撰　清刻本　三十二册

320000－1615－0001429　經 0552－3/200183
周官義疏四十八卷　(清)鄂爾泰等撰　清刻本　二十册

320000－1615－0001430　經 0553－4/200184
欽定儀禮義疏四十八卷首二卷　(清)高宗弘曆纂　清刻本　二十三册

320000－1615－0001431　經 0611/200185
論語古注集箋十卷考一卷敘一卷　(清)潘維城撰　清光緒七年(1881)江蘇書局刻本　六册

320000－1615－0001432　經 0611/200186
論語古注集箋十卷　(清)潘維城撰　清光緒七年(1881)江蘇書局刻本　六册

320000－1615－0001433　經 0611/200187
周官禮經注正誤一卷孟子七篇諸國年表二卷　(清)張宗泰述　清石梁學署刻本　一册

320000－1615－0001434　經 0611/200188
增訂金壺字考一卷附古體假借字一卷　(清)郝在田輯　清同治十三年(1874)刻本　一册

320000－1615－0001435　經 0611/200189
臨文便覽□□卷　(清)龍啟瑞輯　清同治十三年(1874)刻本　二册

320000－1615－0001436　經 0611/200190
字學匯海不分卷　(清)龍光甸等輯　清光緒十五年(1889)琉璃廠秀文齋刻本　四册

320000－1615－0001437　經 0611/200191
越諺三卷　(清)范寅輯　清光緒八年(1882)谷應山房刻本　三册

320000－1615－0001438　經 0612/200192
説文引經考證八卷　(清)陳瑑撰　清同治十三年(1874)湖北崇文書局刻本　二册

320000－1615－0001439　經 0612/200193
説文新附考六卷　(清)鈕樹玉撰　清同治十三年(1874)湖北崇文書局刻本　二册

320000－1615－0001440　經 0612/200194
説文新附考六卷　(清)鈕樹玉撰　清同治十三年(1874)湖北崇文書局刻本　二册

320000－1615－0001441　經 0612/200195
段氏説文注訂八卷　(清)鈕樹玉撰　清同治十三年(1874)湖北崇文書局刻本　二册

320000－1615－0001442　經 0612/200196
周禮政要二卷　(清)孫詒讓撰　清光緒二十八年(1902)瑞安普通學堂刻本　二册

320000－1615－0001443　經 0612/200197
周禮政要二卷　(清)孫詒讓撰　清光緒二十八年(1902)瑞安普通學堂刻本　二册

320000－1615－0001444　經 0612/200198
毛詩故訓傳箋三十卷　(漢)毛亨傳　(漢)鄭玄箋　清江南官書局刻本　二册　存十二卷(四至十一、十七至二十)

320000－1615－0001445　經 0612/200199
毛詩傳箋二十卷鄭氏詩譜一卷　(漢)鄭玄箋　清江南書局刻本　四册

320000－1615－0001446　經 0612/200200
毛詩故訓傳箋三十卷　(漢)毛亨傳　(漢)鄭玄箋　清同治十一年(1872)淮安五雲堂刻本　六册

320000－1615－0001447　經 0613/200201
論語戴氏注二十卷　(清)戴望撰　清同治十年(1871)刻本　一册

320000－1615－0001448　經 0613/200202
東萊左氏博議八卷　(宋)吕祖謙撰　清光緒二十三年(1897)湖南書局刻本　六册

320000－1615－0001449　經 0613/200203
論語戴氏注二十卷　(清)戴望撰　清同治十年(1871)刻本　一册

320000－1615－0001450　經 0613/200204
經傳釋詞十卷　(清)王引之撰　清道光二十七年(1847)刻本　二册

320000－1615－0001451　經 0613/200205
助字辨略五卷　(清)劉淇撰　清咸豐五年(1855)楊氏海源閣刻本　五册

320000－1615－0001452　經 0613/200206
大戴禮記補注十三卷　(清)孔廣森撰　清刻本　一册

320000－1615－0001453　經 0613/200207
易堂問目四卷　(清)吴鼎撰　清乾隆三十七年(1772)刻本　二册

320000－1615－0001454　經 0614/200208
春秋穀梁傳十二卷　(晉)范甯集解　清同治南京李光明書莊刻本　四册

320000－1615－0001455　經 0614/200209
太史張天如詳節春秋綱目左傳句解六卷　(清)韓菼重訂　清貴文堂刻本　四册

320000－1615－0001456　經 0614/200210
養蒙鍼度五卷　(清)潘子聲定　清光緒十三年(1887)漁古山房刻本　二册

320000－1615－0001457　經 0614/200211
春秋公羊經傳解詁十二卷　（漢）何休撰　清同治南京李光明書莊刻本　四册

320000－1615－0001458　經 0614/200212
十三經集字摹本不分卷　（清）彭玉雯纂　清道光刻本　八册

320000－1615－0001459　經 0614/200213
論語正義二十四卷　（清）劉寶楠撰　清同治五年(1866)刻本　五册

320000－1615－0001460　經 0614/200214
四書説苑十一卷　（清）孫應科撰　清道光四年(1824)高郵孫應科刻本　四册

320000－1615－0001461　經 0621/200215
論語古訓十卷附一卷　（清）陳鱣撰　清光緒九年(1883)浙江書局刻本　一册

320000－1615－0001462　經 0621/200216
周易程傳八卷　（宋）程頤傳　清南京李光明書莊刻本　五册

320000－1615－0001463　經 0621/200217
周易集解十七卷　（唐）李鼎祚集解　清嘉慶二十三年(1818)木瀆周氏刻本　三册

320000－1615－0001464　經 0621/200218
易堂問目四卷　（清）吴鼎撰　清乾隆三十七年(1772)刻本　二册

320000－1615－0001465　經 0621/200219
四書拾義五卷　（清）胡紹勳撰　清道光十四年(1834)吟經樓刻本　二册

320000－1615－0001466　經 0621/200220
詩經旁訓辨體合訂四卷　（清）徐立綱輯　清刻本　三册

320000－1615－0001467　經 0621/200221
詩經集注八卷　（宋）朱熹集傳　清光緒十八年(1892)刻本　六册

320000－1615－0001468　經 0621/200222
朱子詩義補正八卷　（清）方苞撰　清刻本　三册

320000－1615－0001469　經 0621/200223
臨川答問一卷　（清）李聯琇撰　（清）劉壽曾録　清同治十二年(1873)南陵徐氏刻本　一册

320000－1615－0001470　經 0621/200224
六經圖十二卷　（清）鄭之僑編　清乾隆八年(1743)刻本　六册

320000－1615－0001471　經 0621/200225
三百篇原聲七卷　（清）夏味堂撰　清嘉慶十二年(1807)刻本　一册

320000－1615－0001472　經 0622/200226
焦氏易林二卷　（漢）焦延壽撰　清光裕堂刻本　四册

320000－1615－0001473　經 0622/200227
周易本義爻徵二卷　（清）吴曰慎撰　清刻惜陰軒叢書本　二册

320000－1615－0001474　經 0622/200228
經課續編八卷　（清）俞樾撰　清刻本　四册

320000－1615－0001475　經 0622/200229
惜抱軒九經説十七卷　（清）姚鼐撰　清亦愛慶刻本　一册

320000－1615－0001476　經 0622/200230
巢經巢集□□卷　（清）鄭珍撰　清刻本　一册　存一卷(經説一卷)

320000－1615－0001477　經 0622/200231
經説叢鈔四卷　（清）謝庭蘭鈔　清光緒刻本　四册

320000－1615－0001478　經 0622/200232
經説叢鈔四卷　（清）謝庭蘭鈔　清光緒刻本　一册

320000－1615－0001479　經 0622/200233
四書訓解紥證十二卷　（清）張定鋆撰　清咸豐二年(1852)刻本　四册

320000－1615－0001480　經 0622/200234
四書集注繹義雪疑三卷　（清）朱鍾撰　清道光研香齋刻本　一册

320000－1615－0001481　經 0622/200235
四書集注□□卷　(宋)朱熹集注　清末李氏刻本　一册　存二卷(大學一卷、中庸一卷)

320000－1615－0001482　經 0622/200236
四書反身録八卷　(清)李顒撰　清小嫏嬛山館刻本　二册

320000－1615－0001483　經 0622/200237
睡餘偶筆二卷　(清)雷浚撰　清光緒二十年(1894)刻本　一册

320000－1615－0001484　經 0622/200238
紫薇花館雜纂　(清)王廷鼎撰　清光緒十七年(1891)刻紫薇花館集本　一册　存二種二卷(退學述存一卷、北征日記一卷)

320000－1615－0001485　經 0622/200239
句溪雜箸五卷　(清)陳立撰　清刻本　一册

320000－1615－0001486　經 0623/200240
春秋比二卷　(清)郝懿行輯　清嘉慶十四年(1809)海陽趙銘彝刻本　一册

320000－1615－0001487　經 0623/200241
春秋辨疑四卷　(宋)蕭楚撰　**春秋傳説例一卷**　(宋)劉敞撰　清刻本　一册

320000－1615－0001488　經 0623/200242
春秋疑義録二卷　(清)劉士毅撰　清光緒六年(1880)刻本　一册

320000－1615－0001489　經 0623/200243
春秋鑽燧四卷　(清)曹金籀纂　清同治七年(1868)曹氏小石倉刻本　一册

320000－1615－0001490　經 0623/200244
群經考略十六卷　姚永樸撰　清光緒末安徽高等學堂鉛印本　一册

320000－1615－0001491　經 0623/200245
古文尚書私議三卷　(清)張崇蘭撰　清刻本　一册

320000－1615－0001492　經 0623/200246
爾雅三卷　(晉)郭璞注　清光緒八年(1882)巴陵方氏碧琳琅館刻本　一册

320000－1615－0001493　經 0623/200247
説文統釋序一卷　(清)錢大昭撰注　清乾隆刻本　一册

320000－1615－0001494　經 0623/200248
説文檢字二卷　(清)毛謨撰　**補遺一卷**　(清)姚覲元撰　清嘉慶二十一年(1816)歸安姚氏咫進齋刻本　一册

320000－1615－0001495　經 0623/200249
尚書講義一卷　(清)黄儆孫撰　清光緒二十一年(1895)江蘇南菁書院刻本　一册

320000－1615－0001496　經 0623/200250
説文辨字正俗八卷　(清)李富孫撰　清同治九年(1870)刻本　一册

320000－1615－0001497　經 0623/200251
京氏易八卷　(漢)京房撰　清刻本　一册

320000－1615－0001498　經 0623/200252
尚書古文證疑四卷　(清)孫喬年撰　清嘉慶十五年(1810)刻本　四册

320000－1615－0001499　經 0624/200253
儀禮瑣辨一卷　(清)常增撰　清刻本　一册

320000－1615－0001500　經 0624/200254
詩本誼一卷　(清)龔橙撰　清光緒十五年(1889)刻本　一册

320000－1615－0001501　經 0624/200255
毛詩古音考四卷　(明)陳第撰　清光緒武昌張氏刻本　三册

320000－1615－0001502　經 0624/200256
王會篇箋釋三卷　(清)何秋濤箋　清光緒十七年(1891)江蘇書局刻本　三册

320000－1615－0001503　經 0624/200257
毛詩音義三卷　(唐)陸德明撰　清刻本　二册

320000－1615－0001504　經 0624/200258
喪服今制表不分卷　(清)張華理輯　清同治十三年(1874)刻本　一册

320000－1615－0001505　經 0624/200259

孟子集注箋正十四卷 徐天璋撰 清宣統二年(1910)揚州胡氏簫聲館鉛印本 七冊

320000－1615－0001506 經0624/200260
韻府翼五卷 (清)郭鑑庚輯 清光緒元年(1875)刻本 二冊

320000－1615－0001507 經0624/200261
四書章句集注二十六卷 (宋)朱熹撰 清光緒七年(1881)淮南書局刻本 一冊

320000－1615－0001508 經0631/200262
爾雅注疏十一卷 (晉)郭璞注 (宋)邢昺疏 清綠陰堂刻本 六冊

320000－1615－0001509 經0631/200263
爾雅古注斠三卷 (清)葉蕙心撰 清光緒二年(1876)揚州李氏半畝園刻本 二冊

320000－1615－0001510 經0631/200264
爾雅注疏十一卷 (晉)郭璞注 (宋)邢昺疏 清刻本 六冊

320000－1615－0001511 經0631/200265
爾雅正義二十卷 (清)邵晉涵撰 清乾隆五十三年(1788)餘姚邵氏家塾刻本 八冊

320000－1615－0001512 經0631/200266
爾雅義疏二十卷 (清)郝懿行撰 清光緒十年(1884)榮縣蜀南閣刻本 十冊

320000－1615－0001513 經0631/200267
春秋鑽燧四卷 (清)曹金籀撰 清同治七年(1868)曹氏小石倉刻本 一冊

320000－1615－0001514 經0632/200268
四書典故辯正二十卷 (清)周柄中撰 清同治五年(1866)賞奇閣刻本 六冊

320000－1615－0001515 經0632/200269
四書典林三十卷 (清)江永編 清雍正十三年(1735)刻本 十二冊

320000－1615－0001516 經0633/200270
中國文學教科書三十六課 劉師培編 清光緒三十二年(1906)國學保存會鉛印本 一冊

320000－1615－0001517 經0633/200271
説文辨疑不分卷 (清)顧廣圻撰 清光緒三年(1877)湖北崇文書局刻本 一冊

320000－1615－0001518 經0633/200272
唐寫本説文解字木部箋異一卷 (清)莫友芝撰 清同治三年(1864)莫氏刻本 一冊

320000－1615－0001519 經0633/200273
易例二卷 (清)惠棟撰 清刻本 一冊 存一卷(上)

320000－1615－0001520 經0633/200274
頤志齋叢書 (清)丁晏撰 清咸豐、同治間山陽丁氏六藝堂刻同治元年(1862)彙印本 一冊 存四種五卷(孝經述注一卷,北宋汴學二體石經記一卷,淮安北門城樓金天德年大鐘款識一卷、附一卷,史記毛本正誤一卷)

320000－1615－0001521 經0633/200275
四書體味録殘稿一卷 (清)宗稷辰撰 清光緒十四年(1888)躬恥齋刻本 一冊

320000－1615－0001522 經0633/200276
仿唐寫本説文解字木部箋異一卷 (清)莫友芝撰 清同治三年(1864)刻本 一冊

320000－1615－0001523 經0633/200277
説文補考一卷 (清)戚學林撰 清刻本 一冊

320000－1615－0001524 經0633/200278
説文辨疑一卷 (清)顧廣圻撰 清光緒三年(1877)湖北崇文書局刻本 一冊

320000－1615－0001525 經0633/200279
學古堂日記六卷 王仁俊撰 清光緒十六年(1890)刻本 一冊

320000－1615－0001526 經0633/200280
經義述聞三十卷 (清)王引之撰 清光緒二十一年(1895)鴻文書局石印本 二冊

320000－1615－0001527 經0633/200281
藝海珠塵 (清)吴省蘭輯 清刻本 一冊 存二種三卷(轉注古義考一卷、駢字分箋二卷)

320000－1615－0001528 經0633/200282

九經古義十六卷 (清)惠棟撰 清光緒十三年(1887)朱氏行素艸堂刻本 二册

320000－1615－0001529 經0633/200283
六藝綱目二卷附録二卷札記一卷 (元)舒天民撰 (元)舒恭注 (明)趙宜中附注 清光緒七年(1881)汪氏刻本 二册

320000－1615－0001530 經0633/200284
甕天瑣録一卷 (清)趙樹吉撰 清光緒八年(1882)汗青簃刻本 一册

320000－1615－0001531 經0633/200285
爾雅蒙求二卷 (清)李拔式撰 清嘉慶三年(1798)蟠根書院刻本 二册

320000－1615－0001532 經0633/200286
周易四卷 (宋)朱熹注 清同治七年(1868)崇文書局刻本 二册

320000－1615－0001533 經0633/200287
四書反身録十卷 (清)李顒撰 (清)王心敬輯 清光緒十一年(1885)四川鹺務官舍刻本 二册

320000－1615－0001534 經0633/200288
唐寫本説文解字木部箋異一卷 (清)莫友芝撰 清同治三年(1864)莫氏刻本 一册

320000－1615－0001535 經0633/200289
唐寫本説文解字木部箋異一卷 (清)莫友芝撰 清同治三年(1864)莫氏刻本 一册

320000－1615－0001536 經0633/200290
許氏説文解字雙聲疊韻譜一卷 (清)鄧廷楨撰 清光緒七年(1881)後知不足齋刻本 一册

320000－1615－0001537 經0634/200291
説文釋例二卷 (清)江沅撰 清咸豐元年(1851)江都李氏半畝園刻本 一册

320000－1615－0001538 經0634/200292
説文辨字正俗八卷 (清)李富孫撰 清嘉慶二十一年(1816)刻本 四册

320000－1615－0001539 經0634/200293
説文解字韻譜五卷附録一卷 (宋)徐鉉撰 清乾隆四十六年(1781)李調元刻本 二册

320000－1615－0001540 經0634/200294
六書假借經徵四卷 (清)朱駿聲撰 清光緒十八年(1892)刻本 三册

320000－1615－0001541 經0634/200295
説文辨字正俗八卷 (清)李富孫撰 清嘉慶刻本 四册

320000－1615－0001542 經0634/200296
説文統釋自序一卷附音同義異辨一卷 (清)錢大昭撰注 清光緒八年(1882)鄞孫郭氏金峩山館刻本 一册

320000－1615－0001543 經0634/200297
説文通檢十四卷首一卷末一卷 (清)黎永椿編 清光緒二年(1876)崇文書局刻本 二册

320000－1615－0001544 經0634/200298
説文通檢十四卷首一卷末一卷 (清)黎永椿編 清光緒二年(1876)崇文書局刻本 二册

320000－1615－0001545 經0634/200299
説文徐氏未詳説一卷 (清)許溎祥輯 清光緒十六年(1890)海寧許氏古均閣刻本 一册

320000－1615－0001546 經0634/200300
説文徐氏未詳説一卷 (清)許溎祥輯 清光緒十六年(1890)海寧許氏古均閣刻本 一册

320000－1615－0001547 經0634/200301
讀説文雜識一卷 (清)許棫撰 清光緒七年(1881)刻本 一册

320000－1615－0001548 經0634/200302
讀説文雜識一卷 (清)許棫撰 清光緒七年(1881)刻本 一册

320000－1615－0001549 經0634/200303
讀説文雜識一卷 (清)許棫撰 清光緒七年(1881)刻本 一册

320000－1615－0001550 經0634/200304
爾雅三卷 (晉)郭璞注 清光緒八年(1882)巴陵方氏碧琳琅館刻本 一册

320000－1615－0001551 經0634/200305

説文管見三卷　(清)胡秉虔撰　清刻本　一册

320000－1615－0001552　經 0634/200306
説文管見三卷　(清)胡秉虔撰　清同治十二年(1873)世澤樓刻本　一册

320000－1615－0001553　經 0634/200307
説文管見三卷　(清)胡秉虔撰　清同治十二年(1873)世澤樓刻本　一册

320000－1615－0001554　經 0634/200308
漢隸今存録一卷　(清)王琛撰　清光緒十二年(1886)南清河王氏鉛印小方壺齋叢書本　一册

320000－1615－0001555　經 0634/200309
熹平石經殘字一卷　(清)陳宗彝輯　清光緒十七年(1891)刻本　一册

320000－1615－0001556　經 0641/200310
四書古注群義彙解九種　(南朝梁)皇侃義疏　(三國魏)何晏撰　清光緒十六年(1890)珍藝書局鉛印本　十二册

320000－1615－0001557　經 0641/200311
韻學辨中備五卷　(清)張享釪撰　清咸豐十年(1860)廣東省刻三色套印本　二册

320000－1615－0001558　經 0641/200312
音學五書三十八卷　(清)顧炎武撰　清光緒十一年(1885)四明觀稼樓刻本　十二册

320000－1615－0001559　經 0642/200313
別雅五卷　(清)吴玉搢輯　清道光二十九年(1849)小蓬萊山館刻本　五册

320000－1615－0001560　經 0642/200314
別雅五卷　(清)吴玉搢輯　清道光二十九年(1849)小蓬萊山館刻本　五册

320000－1615－0001561　經 0642/200315
儀禮識誤三卷　(宋)張淳撰　清刻本　一册

320000－1615－0001562　經 0642/200316
四書圖考十三卷　(清)杜炳撰　清光緒十三年(1887)鴻文書局石印本　四册

320000－1615－0001563　經 0642/200317
四書圖考十三卷　(清)杜炳撰　清光緒十三年(1887)鴻文書局石印本　四册

320000－1615－0001564　經 0643/200318
九經今義二十八卷　成本璞撰　清光緒三十年(1904)鉛印本　二册

320000－1615－0001565　經 0643/200319
字學舉隅不分卷　(清)龍啟瑞輯　清光緒十三年(1887)鴻文書局石印本　一册

320000－1615－0001566　經 0643/200320
説文解字十五卷　(漢)許慎撰　(宋)徐鉉校　清刻本　八册

320000－1615－0001567　經 0643/200321
小學考五十卷　(清)謝啟昆輯　清光緒十五年(1889)石印本　六册

320000－1615－0001568　經 0643/200322
禮記節本十卷　(清)汪基鈔撰　清光緒鑄記書局石印本　六册

320000－1615－0001569　經 0643/200323
孝經一卷　(清)黄奭輯　清刻本　一册

320000－1615－0001570　經 0644/200324
石經考辨二卷　(清)馮世瀛輯　清同治六年(1867)刻本　一册

320000－1615－0001571　經 0644/200325
東萊左氏博議四卷　(宋)吕祖謙撰　清光緒二十四年(1898)掃葉山房鉛印本　二册

320000－1615－0001572　經 0644/200326
東萊左氏博議四卷　(宋)吕祖謙撰　清光緒二十四年(1898)掃葉山房鉛印本　二册

320000－1615－0001573　經 0644/200327
周禮政要四卷　(清)孫詒讓撰　清光緒三十年(1904)上海書局石印本　二册

320000－1615－0001574　經 0644/200328
何氏公羊春秋解詁三十論一卷附一卷　廖平撰　清光緒刻本　一册

320000－1615－0001575　經 0644/200329

春秋左傳類纂六卷首一卷末一卷 （清）桂含章輯　清光緒七年（1881）敦厚堂刻本　一册

320000－1615－0001576　經 0644/200330

詩經體注圖考八卷 （清）高朝瓔輯　清寶善堂刻本　四册

320000－1615－0001577　經 0645/200331

春秋匯不分卷 （□）□□撰　清光緒二十六年（1900）青雲閣刻本　一册

320000－1615－0001578　經 0645/200332

孟志編略五卷末一卷 （清）孫葆田撰　清光緒十四年（1888）木活字印本　一册

320000－1615－0001579　經 0645/200333

論語集注旁證二十卷 （清）梁章鉅撰　清光緒十七年（1891）廣百宋齋鉛印本　四册

320000－1615－0001580　經 0645/200334

李氏音鑑六卷 （清）李汝珍撰　清同治七年（1868）寶善堂刻本　四册

320000－1615－0001581　經 0645/200335

李氏音鑑六卷 （清）李汝珍撰　清同治七年（1868）寶善堂刻本　四册

320000－1615－0001582　經 0645/200336

論語説文十四卷 （清）嚴良輔編　清宣統元年（1909）京江粹存齋石印本　七册

320000－1615－0001583　經 0645/200337

説文通檢十四卷首一卷末一卷 （清）黎永椿編　清光緒十二年（1886）商務印書館石印本　一册

320000－1615－0001584　經 0645/200338

春秋朔閏至日考三卷春秋日食辨證一卷 （清）王韜撰　清光緒十五年（1889）弢園鉛印本　四册

320000－1615－0001585　經 0645/200339

增補蘇批孟子二卷 （宋）蘇洵批　（清）趙大浣增補　清末著易堂書局石印本　二册

320000－1615－0001586　經 0645/200340

戴氏注論語二十卷 （清）戴望撰　清同治十年（1871）刻本　一册

320000－1615－0001587　經 0651/200341

小學考五十卷 （清）謝啟昆輯　清光緒十四年（1888）浙江書局刻本　二十册

320000－1615－0001588　經 0652/200342

小學考五十卷 （清）謝啟昆輯　清嘉慶二十一年（1816）樹經堂刻本　十六册

320000－1615－0001589　經 0653－4/200343

春秋屬辭辨例編六十卷 （清）張應昌撰　清同治十二年（1873）江蘇書局刻本　三十二册

320000－1615－0001590　經 0654/200344

尚書古文疏證八卷 （清）閻若璩撰　**朱子古文書疑一卷** （清）閻詠輯　清同治六年（1867）錢唐汪氏振綺堂補刻本　十册

320000－1615－0001591　經 0654/200345

説文解字注二十二卷 （清）段玉裁注　清嘉慶十三年（1808）經韻樓刻本　十六册

320000－1615－0001592　經 0711/200346

隸辨八卷 （清）顧藹吉撰　清乾隆黄氏喻義堂刻本　八册

320000－1615－0001593　經 0711/200347

隸辨八卷 （清）顧藹吉撰　清乾隆黄氏喻義堂刻後印本　八册

320000－1615－0001594　經 0711/200348

汗簡箋正八卷 （清）鄭珍撰　清光緒十五年（1889）廣雅書局刻本　四册

320000－1615－0001595　經 0712/200349

恒言録六卷 （清）錢大昕纂　清嘉慶十年（1805）儀徵阮氏刻本　二册

320000－1615－0001596　經 0712/200350

急就篇四卷 （漢）史游撰　（唐）顔師古注　（宋）王應麟補注　清光緒五年（1879）福山王氏刻天壤閣叢書本　四册

320000－1615－0001597　經 0712/200351

五方元音二卷 （清）樊騰鳳輯　清道光二十五年（1845）刻本　二册

320000－1615－0001598　經 0712/200352

方言十三卷 （漢）揚雄撰　（晉）郭璞注　清

刻本　四册

320000－1615－0001599　經 0712/200353
隸釋二十七卷隸續二十一卷附隸續刊誤一卷　（宋）洪適撰　清同治十年（1871）洪氏仿樓松書屋汪氏刻本　八册

320000－1615－0001600　經 0712/200354
隸釋二十七卷隸續二十一卷附隸續刊誤一卷　（宋）洪適撰　清同治十年（1871）洪氏仿樓松書屋王氏刻本　七册　缺一卷（隸釋刊誤一卷）

320000－1615－0001601　經 0713/200355
京師大學堂經學科講義十一章　王舟瑤述　清末京師大學堂鉛印本　一册

320000－1615－0001602　經 0713/200356
國朝漢學師承記八卷附國朝經師經義目録一卷　（清）江藩撰　清嘉慶十七年（1812）刻本　一册　存四卷（五至八）

320000－1615－0001603　經 0713/200357
律吕勝言三卷　（清）蔣文勳撰　清道光刻本　一册

320000－1615－0001604　經 0713/200358
檀弓論文二卷　（清）孫護孫評　清孫氏天心閣刻本　一册

320000－1615－0001605　經 0713/200359
古韻通説二十卷　（清）龍啟瑞撰　清光緒九年（1883）四川尊經書局刻本　三册

320000－1615－0001606　經 0713/200360
六書通十卷　（明）閔齊伋撰　清刻本　五册

320000－1615－0001607　經 0713/200361
古韻發明不分卷切字肆考不分卷　（清）張耕撰　清道光六年（1826）芸心堂刻本　四册

320000－1615－0001608　經 0713/200362
六書通十卷　（明）閔齊伋撰　清刻本　一册　存二卷（三至四）

320000－1615－0001609　經 0714/200363
惠氏讀説文記十五卷　（清）惠棟撰　清光緒江都李氏半畝園刻本　二册

320000－1615－0001610　經 0714/200364
説文校議十五卷　（清）姚文田　（清）嚴可均撰　清江都李氏半畝園刻本　五册　存十三卷（三至五、六至十五）

320000－1615－0001611　經 0714/200365
顧氏音學五書三十八卷　（清）顧炎武撰　清光緒十六年（1890）湖南思賢講舍刻本　十五册

320000－1615－0001612　經 0721/200366
音學辨微一卷　（清）江永撰　清宣統元年（1909）上海國學保存會石印本　一册

320000－1615－0001613　經 0721/200367
唐寫本唐韻四十四卷　（唐）孫緬撰　清末國粹輯學報館影印本　一册

320000－1615－0001614　經 0721/200368
易理蒙訓二卷易説摘存三卷　（清）陳濬編輯　清咸豐刻本　一册

320000－1615－0001615　經 0721/200369
周易經典證略十卷末一卷　（清）何其傑撰　清光緒十二年（1886）刻本　一册

320000－1615－0001616　經 0721/200370
易説六卷　（清）惠士奇撰　清嘉慶十五年（1810）璜川吴氏刻本　一册

320000－1615－0001617　經 0721/200371
易象一説二卷　（清）潘欲仁撰　清光緒刻虞山潘氏叢書本　一册

320000－1615－0001618　經 0721/200372
周易證籤四卷　（清）茹敦和撰　清刻本　一册

320000－1615－0001619　經 0721/200373
卦本圖考一卷　（清）胡秉虔撰　清刻本　一册

320000－1615－0001620　經 0721/200374
周易虞氏義九卷周易虞氏消息二卷　（清）張惠言撰　清嘉慶八年（1803）阮氏琅嬛仙館刻本　四册

320000－1615－0001621　經 0721/200375

刊謬正俗八卷 (唐)顔師古撰 清光緒元年(1875)湖北崇文書局刻本 一册

320000－1615－0001622 經 0721/200376

説文提要一卷 (清)陳建侯撰 清同治十二年(1873)湖北崇文書局刻本 一册

320000－1615－0001623 經 0721/200377

説文提要一卷 (清)陳建侯撰 清同治十二年(1873)湖北崇文書局刻本 一册

320000－1615－0001624 經 0721/200378

焦氏易林四卷 (漢)焦贛撰 清光緒元年(1875)湖北崇文書局刻本 四册

320000－1615－0001625 經 0722/200379

經玩 (清)沈淑撰 清雍正三年(1725)常熟沈氏孝德堂刻本 四册 存二種十卷(注疏瑣語四卷、經典異文補六卷)

320000－1615－0001626 經 0722/200380

佩文詩韻釋要五卷 (清)周兆基撰 (清)朱蘭輯 清光緒刻本 一册

320000－1615－0001627 經 0722/200381

論語戴氏注二十卷 (清)戴望撰 清同治十年(1871)刻本 一册

320000－1615－0001628 經 0722/200382

官韻考異一卷 (清)吴省蘭輯 清刻藝海珠塵本 一册

320000－1615－0001629 經 0722/200383

佩文詩韻釋要五卷 (清)周兆基撰 (清)朱蘭輯 清光緒十五年(1889)刻本 一册

320000－1615－0001630 經 0722/200384

易緯十二卷 (漢)鄭玄注 清刻本 二册

320000－1615－0001631 經 0722/200385

石經考文提要十三卷 (清)彭元瑞撰 清刻本 二册

320000－1615－0001632 經 0722/200386

五經同異三卷 (清)顧炎武撰 清常熟蔣氏刻吾堂四種本 一册

320000－1615－0001633 經 0722/200387

十三經注疏序録二卷 (清)何天衢輯 清刻本 二册

320000－1615－0001634 經 0722/200388

説文逸字二卷 (清)鄭珍撰 清咸豐八年(1858)湖南經濟學堂刻本 二册

320000－1615－0001635 經 0722/200389

周易述四十卷 (清)惠棟集注并疏 清乾隆雅雨堂刻本 八册 存二十一卷(一至七、九至二十、二十二至二十三)

320000－1615－0001636 經 0722/200390

亭林遺書十種 (清)顧炎武撰 清刻本 一册 存四種五卷(韻補正一卷、昌平山水記二卷、譎觚十事一卷、顧氏譜系考一卷)

320000－1615－0001637 經 0722/200391

朱子論語集注訓詁考二卷 (清)潘衍桐輯 清光緒十七年(1891)浙江書局刻本 一册

320000－1615－0001638 經 0723/200392

説文引經例辨三卷 (清)雷浚撰 清光緒十年(1884)雷氏刻本 一册

320000－1615－0001639 經 0723/200393

説文經字正誼四卷 (清)郭慶藩撰 清光緒二十年(1894)湘陰郭氏刻本 一册

320000－1615－0001640 經 0723/200394

説文引經考異十六卷 (清)柳榮宗撰 清咸豐二年(1852)刻本 三册

320000－1615－0001641 經 0723/200395

説文引經考二卷 (清)吴玉搢撰 清光緒九年(1883)歸安姚氏刻咫進齋叢書本 一册 存三種十八卷(子夏易傳十一卷,易數鉤隱圖三卷、遺論九事一卷,横渠先生易説三卷)

320000－1615－0001642 經 0723/200396

説文外篇十五卷補遺一卷 (清)雷浚撰 清光緒吴縣雷氏刻雷刻八種本 五册

320000－1615－0001643 經 0723/200397

雷刻八種 (清)雷浚撰 清光緒吴縣雷氏刻本 六册 存三種二十卷(説文引經辨三卷,説文外篇十五卷、補遺一卷,説文辨疑一卷)

320000－1615－0001644　經 0723/200398

班馬字類二卷　（宋）婁機撰　清刻本　二册

320000－1615－0001645　經 0723/200399

經傳釋詞十卷　（清）王引之撰　清道光二十七年（1847）刻本　二册

320000－1615－0001646　經 0723/200400

爾雅翼三十二卷　（宋）羅願撰　清刻本　一册　存六卷（二十一至二十六）

320000－1615－0001647　經 0724/200401

春秋職官考略三卷　（清）程廷作輯　清刻藝海珠塵本　一册

320000－1615－0001648　經 0724/200402

周禮政要二卷　（清）孫詒讓撰　清光緒二十八年（1902）瑞安普通學堂刻本　二册

320000－1615－0001649　經 0724/200403

説文通訓定聲補遺十八卷　（清）朱駿聲撰　朱孔彰補録　清光緒八年（1882）刻本　一册

320000－1615－0001650　經 0724/200404

段氏説文注訂八卷　（清）鈕樹玉撰　清同治五年（1866）碧螺山館補刻本　一册

320000－1615－0001651　經 0724/200405

説文逸字二卷　（清）鄭珍撰　清光緒十一年（1885）李氏畹蘭室刻本　一册

320000－1615－0001652　經 0724/200406

爾雅注疏十一卷　（晉）郭璞注　（宋）邢昺疏　清乾隆四十三年（1778）三樂齋刻本　四册

320000－1615－0001653　經 0724/200407

説文新附考六卷續考一卷　（清）鈕樹玉撰　清嘉慶六年（1801）非石居刻同治七年（1868）碧螺山館補刻本　一册

320000－1615－0001654　經 0724/200408

周易小義二卷　（清）茹敦和撰　清刻本　一册

320000－1615－0001655　經 0724/200409

周易二閭記三卷　（清）茹敦和撰　清刻本　一册

320000－1615－0001656　經 0724/200410

茹遜來所著書十二種　（清）茹敦和撰　清刻本　一册　存五種五卷（易講會籤一卷，兩孚益記一卷，卦方位守傳一卷、大衍守傳一卷，大衍一説一卷）

320000－1615－0001657　經 0724/200411

三易三統辨證二卷　（清）郭籛齡撰　清同治九年（1870）刻本　一册

320000－1615－0001658　經 0724/200412

周易洗心十卷　（清）任啟運撰　清刻本　一册　存二卷（一至二）

320000－1615－0001659　經 0724/200413

增訂漢魏叢書　（清）王謨輯　清刻本　一册　存五種十卷（古三墳一卷、關氏易傳一卷、焦氏易林四卷、略例一卷、易傳三卷）

320000－1615－0001660　經 0724/200414

緯攟十四卷　（清）喬松年輯　清光緒三年（1877）強恕堂刻本　七册

320000－1615－0001661　經 0724/200415

説文提要一卷　（清）陳建侯撰　清同治十二年（1873）湖北崇文書局刻本　一册

320000－1615－0001662　經 0724/200416

説文引經考異十六卷　（清）柳榮宗撰　清咸豐二年（1852）刻本　三册

320000－1615－0001663　經 0724/200417

説文引經考異十六卷　（清）柳榮宗撰　清咸豐二年（1852）刻本　三册

320000－1615－0001664　經 0731/200418

詩韻合璧五卷　（清）湯文潞編　清光緒四年（1878）淞隱閣鉛印本　五册

320000－1615－0001665　經 0731/200419

孔子改制考二十一卷　康有為撰　清末上海大同譯書局石印本　十册

320000－1615－0001666　經 0731/200420

孔子改制考二十一卷　康有為撰　清末上海大同譯書局石印本　十册

320000－1615－0001667　經 0731/200421

左國分國摘要二十卷 (清)史宗恒輯 清嘉慶十七年(1812)維揚二酉堂刻本 四册

320000－1615－0001668 經0731/200422
春秋説三十卷首一卷 (宋)洪咨夔撰 清光緒十年(1884)晦木齋刻本 四册

320000－1615－0001669 經0732/200423
四書圖考十三卷 (清)杜炳撰 清光緒十三年(1887)鴻文書局石印本 二册

320000－1615－0001670 經0732/200424
小學類編六種附一種 (清)李祖望輯 清咸豐、光緒間江都李氏半畝園刻本 一册

320000－1615－0001671 經0732/200425
孟子雜記四卷 (明)陳士元撰 清嘉慶蕭山陳氏刻湖海樓叢書本 一册

320000－1615－0001672 經0732/200426
十三經札記二十二卷 (清)朱亦棟撰 清光緒刻本 一册 存二種三卷(孟工札記二卷、爾雅札記一卷)

320000－1615－0001673 經0732/200427
喪服會通説四卷 (清)吴嘉賓撰 清咸豐刻本 一册

320000－1615－0001674 經0732/200428
洪範五行傳三卷 (清)陳壽祺輯 清刻本 一册

320000－1615－0001675 經0732/200429
澹静齋全集五種 (清)龔景瀚輯 清同治刻本 一册 存二種六卷(澹静齋説課二卷、祭儀考四卷)

320000－1615－0001676 經0732/200430
大誓答問一卷 (清)龔自珍纂 清同治六年(1867)滂喜齋刻本 一册

320000－1615－0001677 經0732/200431
鄂宰四種 (清)王筠撰 清同治刻本 一册 存二種二卷(毛詩重言一卷、毛詩雙聲疊韻説一卷)

320000－1615－0001678 經0732/200432
群經引詩大旨六卷 (清)黄雲鵠撰 清光緒二十年(1894)刻本 一册

320000－1615－0001679 經0732/200433
詩考一卷 (宋)王應麟撰 清刻玉海本 一册

320000－1615－0001680 經0732/200434
詩地理考六卷 (宋)王應麟撰 清刻玉海本 一册

320000－1615－0001681 經0732/200435
邶風説二卷 (清)龔景瀚撰 清澹静齋刻本 一册

320000－1615－0001682 經0732/200436
經學通論五卷 (清)皮錫瑞撰 清光緒刻本 三册

320000－1615－0001683 經0732/200437
經學教科書不分卷 (清)國學保存會編輯 清光緒三十一年(1905)國粹學報館鉛印本 一册

320000－1615－0001684 經0732/200438
文通十卷 (清)馬建忠撰 清光緒三十一年(1905)商務印書館鉛印本 二册

320000－1615－0001685 經0733/200439
四書隨見録四十一卷 (清)鄒鳳池撰 清光緒十九年(1893)點石齋石印本 六册

320000－1615－0001686 經0733/200440
四書人物類典串珠四十卷 (清)臧志仁輯 清光緒二年(1876)刻本 八册

320000－1615－0001687 經0733/200441
四書箋義十二卷補遺一卷續遺一卷 (宋)趙悳撰 清光緒二十七年(1901)石印本 六册

320000－1615－0001688 經0733/200442
四書義問答二十四卷 (清)戴大昌輯 清光緒二十七年(1901)石印本 六册

320000－1615－0001689 經0734/200443
説文釋例二十卷 (清)王筠撰 清光緒十八年(1892)五彩書局石印本 六册

320000－1615－0001690 經0734/200444

周禮政要二卷 (清)孫詒讓撰 清光緒二十九年(1903)上海書局石印本 二冊

320000－1615－0001691 經0734/200445
説文答問疏證六卷 (清)薛傳均撰 清光緒八年(1882)刻本 二冊

320000－1615－0001692 經0734/200446
古經解鉤沈三十卷 (清)余蕭客撰 清光緒二十一年(1895)杭州竹簡齋石印本 十二冊

320000－1615－0001693 經0734/200447
説文通檢十四卷 (清)黎永椿編 清光緒十二年(1886)上海點石齋石印本 一冊

320000－1615－0001694 經0735/200448
毛詩品物圖考七卷 (日本)浪華岡撰 清光緒十二年(1886)積山書局石印本 二冊

320000－1615－0001695 經0735/200449
説文續子彙二卷 (清)鈕樹玉撰 清光緒十二年(1886)積山書局石印本 二冊

320000－1615－0001696 經0735/200450
經解入門八卷 (清)江藩纂 清光緒鴻寶齋石印本 二冊

320000－1615－0001697 經0735/200451
古微書三十六卷 (明)孫穀編 清光緒二十一年(1895)鴻文書局石印本 四冊

320000－1615－0001698 經0735/200452
增註字類標韻六卷 (清)華綱撰 (清)范多珏重訂 清光緒十三年(1887)日升山房刻本 二冊

320000－1615－0001699 經0735/200453
經解入門八卷 (清)江藩纂 清光緒鴻寶齋石印本 二冊

320000－1615－0001700 經0735/200454
增註字類標韻六卷 (清)華綱撰 (清)范多珏重訂 清光緒十九年(1893)寶善書局石印本 一冊

320000－1615－0001701 經0736/200455
經傳釋詞十卷 (清)王引之撰 清道光二十七年(1847)刻本 二冊

320000－1615－0001702 經0736/200456
經詞衍釋十卷 (清)吴昌瑩撰 清同治十二年(1873)富文齋刻本 四冊

320000－1615－0001703 經0736/200457
助字辨略五卷 (清)劉淇撰 清咸豐五年(1855)刻本 五冊

320000－1615－0001704 經0736/200458
書經六卷 (宋)蔡沈集傳 清光緒九年(1883)李光明莊刻本 四冊

320000－1615－0001705 經0736/200459
書經六卷 (宋)蔡沈集傳 清光緒十六年(1890)常郡千秋坊宛委山莊刻本 六冊

320000－1615－0001706 經0736/200460
書集傳六卷 (宋)蔡沈集傳 清鎮江文成堂刻本 四冊

320000－1615－0001707 經0736/200461
周禮精華六卷 (清)陳龍標編輯 清光緒九年(1883)掃葉山房刻本 六冊

320000－1615－0001708 經0736/200462
十三經紀字一卷韻府紀字一卷字典紀字一卷 (清)汪汲撰 清乾隆五十九年(1794)古愚山房刻本 一冊

320000－1615－0001709 經0741/200463
周禮政要二卷 (清)孫詒讓撰 清光緒二十八年(1902)安慶正誼書局木活字印本 一冊

320000－1615－0001710 經0741/200464
易經集注四卷 (宋)朱熹撰 清光緒李光明家刻本 二冊

320000－1615－0001711 經0741/200465
春秋年表一卷附春秋名號歸一圖二卷 (晉)杜預撰 清刻本 一冊

320000－1615－0001712 經0741/200466
禹貢易知編十二卷 (清)李慎儒輯 清光緒二十五年(1899)自刻本 四冊

320000－1615－0001713 經0741/200467
東萊左氏博議二十五卷 (宋)吕祖謙撰 清光緒義秀書屋刻本 六冊

320000－1615－0001714　經 0741/200468

春秋左氏傳賈服註輯述二十卷　(清)李貽德撰　清光緒八年(1882)江蘇書局刻本　六冊

320000－1615－0001715　經 0741/200469

春秋釋例十五卷首一卷　(晉)杜預撰　清光緒二十五年(1899)傅氏集文堂刻本　八冊

320000－1615－0001716　經 0741/200470

全謝山先生經史問答十卷　(清)全祖望撰　清刻本　二冊

320000－1615－0001717　經 0741/200471

全謝山先生經史問答十卷　(清)全祖望撰　清刻本　二冊

320000－1615－0001718　經 0742/200472

易經體註大全合參四卷　(清)李兆賢輯注　清同治五年(1866)裕文堂刻本　四冊

320000－1615－0001719　經 0742/200473

左傳釋地三卷　(清)范士齡撰　清道光刻本　一冊

320000－1615－0001720　經 0742/200474

埤雅二十卷　(宋)陸佃撰　清刻本　四冊

320000－1615－0001721　經 0742/200475

春秋穀梁傳十二卷　(晉)范甯集解　清光緒二十四年(1898)淮南書局刻本　四冊

320000－1615－0001722　經 0742/200476

春秋公羊傳十一卷　(漢)何休撰　清光緒二十四年(1898)淮南書局刻本　四冊

320000－1615－0001723　經 0742/200477

全謝山先生經史問答十卷　(清)全祖望撰　清光緒八年(1882)上海王氏刻本　四冊

320000－1615－0001724　經 0742/200478

全謝山先生經史問答十卷　(清)全祖望撰　清光緒八年(1882)上海王氏刻本　四冊

320000－1615－0001725　經 0742/200479

皇清經解一千四百八卷首一卷　(清)阮元輯　清廣東學海堂刻本　一冊　存一卷(一千二百五十)

320000－1615－0001726　經 0743/200480

通俗編三十八卷　(清)翟灝撰　清乾隆無不宜齋刻本　八冊

320000－1615－0001727　經 0743/200481

欽定清漢對音字式一卷　(清)高宗弘曆編　清刻本　一冊

320000－1615－0001728　經 0743/200482

鄉黨圖考十卷　(清)江永撰　清乾隆五十八年(1793)金閶書業堂刻本　四冊

320000－1615－0001729　經 0743/200483

鄉黨圖考十卷　(清)江永撰　清乾隆五十八年(1793)金閶書業堂刻本　四冊

320000－1615－0001730　經 0743/200484

樂律考二卷　(清)徐灝撰　清光緒十三年(1887)徐紹箕刻本　一冊

320000－1615－0001731　經 0743/200485

復古編二卷　(宋)張有撰　**附録一卷校正一卷曾樂軒稿一卷**　(宋)張維撰　**安陸集一卷**　(宋)張先撰　清光緒八年(1882)淮南書局刻本　三冊

320000－1615－0001732　經 0744/200486

周禮釋注二卷　(清)丁晏撰　清刻本　一冊

320000－1615－0001733　經 0744/200487

夏小正集説四卷　(清)程鴻詔撰　清同治四年(1865)刻本　一冊

320000－1615－0001734　經 0744/200488

肆獻祼饋食禮三卷　(清)任啟運纂　清光緒十一年(1885)浙江書局刻本　一冊

320000－1615－0001735　經 0744/200489

蔡氏月令二卷　(清)蔡雲輯撰　清道光四年(1824)王氏刻本　一冊

320000－1615－0001736　經 0744/200490

夏小正正義一卷　(清)王筠撰　清刻本　一冊

320000－1615－0001737　經 0744/200491

夏小正通釋一卷　(清)梁章鉅輯　清光緒十三年(1887)浙江書局刻本　一冊

320000－1615－0001738　經 0744/200492
續方言二卷　(清)杭世駿纂　**續方言補正二卷**　(清)陳際盛撰　清刻藝海珠塵本　一册

320000－1615－0001739　經 0744/200493
越諺三卷　(清)范寅輯　清光緒八年(1882)谷應山房刻本　一册

320000－1615－0001740　經 0744/200494
倉頡篇三卷　(清)孫星衍學　**續一卷**　(清)任大椿撰　**補二卷**　(清)陶方琦撰　清光緒江蘇書局刻本　一册

320000－1615－0001741　經 0744/200495
倉頡篇三卷　(清)孫星衍學　**續一卷**　(清)任大椿撰　**補二卷**　(清)陶方琦撰　清光緒十六年(1890)江蘇書局刻本　六册

320000－1615－0001742　經 0744/200496
倉頡篇三卷　(清)陳其榮學　清光緒十八年(1892)石埭徐氏觀自得齋刻本　一册

320000－1615－0001743　經 0744/200497
漢儒傳經記二卷　(清)趙繼序編　清嘉慶刻本　二册

320000－1615－0001744　經 0751/200498
春秋繁露十七卷　(漢)董仲舒撰　清光緒八年(1882)淮南書局刻本　二册

320000－1615－0001745　經 0751/200499
春秋大事表五十卷輿圖一卷附録一卷　(清)顧棟高撰　清乾隆十三年(1748)顧氏萬卷樓刻本　二十册

320000－1615－0001746　經 0752/200500
春秋大事表五十卷輿圖一卷附録一卷　(清)顧棟高撰　清乾隆十三年(1748)顧氏萬卷樓刻本　二十册

320000－1615－0001747　經 0753/200501
大學衍義四十三卷　(宋)真德秀撰　清同治十三年(1874)金陵書局刻本　八册

320000－1615－0001748　經 0753/200502
大學衍義四十三卷　(宋)真德秀撰　清同治十三年(1874)金陵書局刻本　九册

320000－1615－0001749　經 0754/200503
四書朱子本義匯參四十三卷首四卷　(清)王步青輯　清乾隆刻本　二十四册

320000－1615－0001750　經 0754/200504
駁呂留良四書講義不分卷　(清)朱軾等撰　清雍正刻本　八册

320000－1615－0001751　經 0811/200505
周禮正義八十六卷　(清)孫詒讓撰　清光緒三十一年(1905)鉛印本　十八册

320000－1615－0001752　經 0811/200506
周禮正義八十六卷　(清)孫詒讓撰　清光緒三十一年(1905)鉛印本　二十册

320000－1615－0001753　經 0812/200507
通藝録二十二種　(清)程瑶田撰　清嘉慶八年(1803)刻本　八册

320000－1615－0001754　經 0812/200508
儀禮正義四十卷　(清)胡培翬撰　清道光二十九年(1849)木犀香館刻本　二十册

320000－1615－0001755　經 0813/200509
段氏説文注訂八卷　(清)鈕樹玉撰　清同治五年(1866)碧螺山館補刻本　二册

320000－1615－0001756　經 0813/200510
説文新附考六卷　(清)鈕樹玉撰　清嘉慶六年(1801)非石居刻同治七年(1868)碧螺山館補刻本　二册

320000－1615－0001757　經 0813/200511
説文校議十五卷　(清)姚文田　(清)嚴可均撰　清同治十三年(1874)歸安姚氏刻本　四册

320000－1615－0001758　經 0813/200512
書經六卷　(宋)蔡沈集傳　清光緒二十一年(1895)淮南書局刻本　四册

320000－1615－0001759　經 0814/200513
讀禮通考一百二十卷　(清)徐乾學纂　清光緒七年(1881)江蘇書局刻本　三十二册

320000－1615－0001760　經 0821/200514
十三經注疏附校勘記四百十六卷　清末袖海

山房石印本　十册

320000－1615－0001761　經 0821/200515
御纂七經二百九十四卷　(清)王鴻緒等編　清光緒十七年(1891)上海鴻寶齋石印本　十九册

320000－1615－0001762　經 0822/200516
四書典故覈不分卷　(清)凌曙輯　清光緒十三年(1887)點石齋影印本　二册

320000－1615－0001763　經 0822/200517
群經字考四卷　(清)曾廷枚輯　清光緒刻本　一册

320000－1615－0001764　經 0822/200518
埤雅二十卷　(宋)陸佃撰　清刻本　六册

320000－1615－0001765　經 0822/200519
郭氏傳家易説十一卷　(宋)郭雍撰　清刻本　十册

320000－1615－0001766　經 0822/200520
李氏音鑑六卷　(清)李汝珍撰　清同治七年(1868)寶善堂刻本　四册

320000－1615－0001767　經 0822/200521
東萊博議四卷　(宋)吕祖謙撰　清光緒十八年(1892)上海古香閣石印本　二册

320000－1615－0001768　經 0823/200522
博雅十卷　(三國魏)張揖纂輯　(隋)曹憲音釋　清刻本　一册

320000－1615－0001769　經 0823/200523
爾雅二卷　(晉)郭璞注　清刻本　一册

320000－1615－0001770　經 0823/200524
增訂漢魏叢書　(清)王謨輯　清刻本　二册　存二種五卷(釋名四卷、爾雅一卷)

320000－1615－0001771　經 0823/200525
許氏説文解字雙聲疊韻譜一卷　(清)鄧廷楨撰　清光緒九年(1883)同文書局影印本　一册

320000－1615－0001772　經 0823/200526
十三經注疏校勘記識語四卷　(清)汪文臺輯　清光緒十三年(1887)點石齋影印本　一册

320000－1615－0001773　經 0823/200527
怡雲堂試帖詩集□□卷　(清)王錫晉撰　清刻本　二册　存二卷(四至五)

320000－1615－0001774　經 0823/200528
詩毛氏傳疏三十卷　(清)陳奂撰　清光緒十一年(1885)點石齋影印本　一册

320000－1615－0001775　經 0824/200529
周易集解十七卷　(唐)李鼎祚集解　清同治十二年(1873)敦怡堂刻本　二册

320000－1615－0001776　經 0824/200530
群經平議三十五卷　(清)俞樾撰　清光緒十九年(1893)味腴書屋石印本　三十一册

320000－1615－0001777　經 0824/200531
茶香室經説十六卷　(清)俞樾撰　清光緒十九年(1893)味腴書屋石印本　一册

320000－1615－0001778　經 0824/200532
爾雅正義二十卷　(清)邵晉涵撰　清乾隆五十三年(1788)刻本　七册

320000－1615－0001779　經 0825/200533
弟子職正音(張刻許音本附)一卷　(清)王筠撰　清光緒五年(1879)福山王氏天壤閣刻本　一册

320000－1615－0001780　經 0825/200534
春秋左氏傳賈服注輯述二十卷　(清)李貽德撰　清刻本　一册

320000－1615－0001781　經 0825/200535
松陽講義十二卷　(清)陸隴其撰　清同治十年(1871)公善堂刻本　四册

320000－1615－0001782　經 0825/200536
文字蒙求四卷　(清)王筠撰　清光緒十三年(1887)刻本　一册

320000－1615－0001783　經 0825/200537
説文逸字二卷　(清)鄭珍撰　**附録一卷**　(清)鄭知同撰　清咸豐八年(1858)福山王氏天壤閣刻本　一册

320000－1615－0001784　經 0825/200538
重刊宋紹熙本春秋公羊經傳解詁十二卷附校記一卷　(漢)何休注　清道光四年(1824)揚州汪氏問禮堂刻同治二年(1863)印本　二册

320000－1615－0001785　經 0825/200539
南江札記三卷　(清)邵晉涵撰　清光緒十五年(1889)徐氏刻紹興先正遺書本　一册

320000－1615－0001786　經 0825/200540
説文解字雙聲疊韻譜不分卷　(清)鄧廷楨撰　清光緒七年(1881)常熟鮑氏後知不足齋刻後知不足齋叢書本　一册

320000－1615－0001787　經 0825/200541
五經文字三卷　(唐)張參撰　清乾隆刻本　三册

320000－1615－0001788　經 0831－45/200542
通志堂經解　(清)成德(性德)輯　清同治十二年(1873)粤東書局刻本　五十九册

320000－1615－0001789　經 0851/200543
日本法規解字一卷　錢恂　董鴻偉輯　清宣統三年(1911)上海商務印書館鉛印本　一册

320000－1615－0001790　經 0851/200544
欽定書經傳説彙纂二十一卷首二卷　(清)王頊齡等纂　清雍正八年(1730)刻本　十三册

320000－1615－0001791　經 0851/200545
周易傳義合訂十二卷　(清)朱軾撰　清乾隆二年(1737)刻本　六册

320000－1615－0001792　經 0852/200546
司馬氏書儀十卷　(宋)司馬光撰　清同治七年(1868)江蘇書局刻本　一册

320000－1615－0001793　經 0852/200547
大學衍義四十三卷　(宋)真德秀撰　清同治十三年(1874)金陵書局刻本　六册

320000－1615－0001794　經 0852/200548
文字蒙求廣義四卷　(清)王筠撰　清光緒二十七年(1901)江楚書局刻本　五册

320000－1615－0001795　經 0852/200549
詩經韵讀四卷　(清)江有誥撰　清嘉慶十九年(1814)刻本　二册

320000－1615－0001796　經 0852/200550
急就篇四卷　(漢)史游撰　(唐)顔師古注　(宋)王應麟補注　清光緒六年(1880)福山王氏刻天壤閣叢書本　二册

320000－1615－0001797　經 0853/200551
殷商貞卜文字考一卷　羅振玉撰　清宣統二年(1910)玉簡齋石印本　一册

320000－1615－0001798　經 0853/200552
四書釋地一卷　(清)閻若璩撰　清乾隆五十二年(1787)吴氏刻本　一册

320000－1615－0001799　經 0853/200553
説文解字斠詮十四卷　(清)錢坫撰　清嘉慶十二年(1807)吉金樂石齋刻本　八册

320000－1615－0001800　經 0911－21/200554
佩文韻府一百六卷　(清)張玉書等編　清刻本　二百册

320000－1615－0001801　經 0922－32/200555
佩文韻府一百六卷　(清)張玉書等編　清刻本　二百册

320000－1615－0001802　經 0933－45/200556
佩文韻府一百六卷韻府拾遺一百六卷　(清)張玉書等編　清刻本　一百十四册　缺一卷(佩文韻府一百五)

320000－1615－0001803　經 0951－4/200557
皇清經解續編二百九種一千四百三十卷　王先謙輯　清光緒十四年(1888)南菁書院刻本　九十一册　存四百四十五卷(詩經稗疏四卷,春秋稗疏二卷,四書稗疏三卷,郊社禘祫問一卷,大小宗通繹一卷,孝經問一卷,禮記偶箋三卷,尚書古文疏證九卷[原缺卷三],易圖明辨十卷,儀禮釋宫增註一卷,儀禮釋例一卷,禮記訓義擇言八卷,天子肆獻祼饋食禮纂二卷,朝廟宫室考竝圖一卷附田賦考,易例二卷,易漢學八卷,明堂大道錄八卷,禘說二卷,晚書盯疑三卷,卦氣解一卷,周官記五卷,周官說二卷,孟子四攷卷一至三,左通補釋卷四至三十二,周易述補五卷,易圖條辨一卷,虞氏易事二卷,虞氏易言二卷,虞氏易候一卷,儀禮圖六卷,尚書今古文集解三十卷附校勘記一卷,尚書大傳輯校三卷,說文聲類十六卷聲類出入表一卷,周易攷異二卷,尚書略說二卷,尚書譜一卷,大學古義說二卷,論語說義十卷,過庭錄五卷,儀禮古今文疏議十七卷,讀書叢錄一卷,春秋左氏傳補註卷一至六,儀禮經注疏正譌一至九,國語發證二十一卷求古錄禮說卷七至十二,說文解字音均表卷二至十七實事求是齋經義二卷,十三經詁答問六卷,詩毛詩傳疏三十卷,釋毛詩音四卷,毛詩說一卷,毛詩傳義類一卷,鄭氏箋攷徵一卷,公羊逸禮攷徵一卷,周禮注疏小箋五卷,癸巳存稿四卷,尚書餘論一卷,禹貢錐指正誤一卷詩譜攷正一卷,春秋繁露注卷一至八,周易姚氏學一至十二,學禮管釋卷八至十二,毛詩鄭箋攷字說四卷,禮記鄭讀攷六卷,爾雅經注集三卷,書古微卷一至四、八至十二,玉佩考一卷,鄭君駁正三禮考一卷,春秋名字解詁補義一卷,論語鄭義一卷,續論語駢枝一卷,羣經平議卷一至十二、三十至三十五,古書疑義舉例七卷禮說額三卷,經說略二卷,漢孳室文鈔二卷,昏禮重別論對駁義二卷,隸經賸義一卷,毛食譜一卷,駁春秋名字解詁一卷,經述三卷)

320000－1615－0001804　經 0954/200558

經義考三百卷　(清)朱彝尊輯　清刻本　二十五冊　缺一卷(佩文韻府一百五)

320000－1615－0001805　經 1011－21/200559

御纂七經　(清)王鴻緒等編　清湖北書局刻本　一百四十四冊

320000－1615－0001806　經 1021－3/200560

永懷堂古注十三經　(明)金蟠輯　清同治八年(1869)浙江書局刻本　四十八冊

320000－1615－0001807　經 1023－4/200561

仿宋相臺五經附考證九十六卷　(宋)岳珂編　清光緒二年(1876)江南書局刻本　三十六冊

320000－1615－0001808　經 1031－3/200562

經策通纂　(清)吴熲炎輯　清光緒十四年(1888)上海點石齋石印本　八十三冊

320000－1615－0001809　經 1034－41/200563

皇清經解一千四百八卷　(清)阮元輯　清道光九年(1829)廣東學海堂刻咸豐十一年(1861)補刻本　八十五冊　存三百二十六卷(三十七至四十四、一百二十六至二百四十六、二百五十二至二百七十六、二百八十八至二百九十六、三百三至三百十八、三百三十五至三百三十九、三百五十一至三百七十四、三百七十八至四百三、四百二十至四百三十三、四百四十三至四百九十、五百四至五百十八、五百二十四至五百二十七、五百三十一至五百三十五、五百六十五至五百六十七、一千三百八十至一千三百八十二)

320000－1615－0001810　經 1042－3/200564

康熙字典十二集補遺一卷備考一卷　(清)張玉書等編　清光緒元年(1875)湖北崇文書局刻本　四十冊

320000－1615－0001811　經 1044－54/200565

皇清經解一千四百八卷　(清)阮元輯　清道光九年(1829)廣東學海堂刻咸豐十一年(1861)補刻本　一百十八冊　存四百八十二卷(二百四十七至二百五十一、二百九十七至三百二、三百九十四至三百九十五、五百三十五至五百五十四、五百五十七至五百六十四、五百六十八至五百八十、五百八十八至五百九十五、六百十至六百四十五、六百四十七至六百五十一、六百五十四至六百六十六、六百八十二至七百十六、七百五十八至七百八十三、八百七至八百六十三、八百六十七至八百七十一、八百七十八至一千三十一、一千三十六至一千三十八、一千二百至一千二百五、一千二百八至一千二百十二、一千二百十八至一千二百二十、一千二百二十九至一千二百四十、一千二百四十八至一千二百五十五、一千三百三十一至一千三百五十四、一千三百六十九至一千三百七十九、一千三百八十三至一千三百八十九、一千三百九十二至一千四百一)

320000－1615－0001812　經 1055/200566
字林經策萃華八卷　(清)墨莊氏撰　清同治元年(1862)刻本　八冊

320000－1615－0001813　經 1055/200567
目耕帖三十一卷　(清)馬國翰撰　清光緒九年(1883)長沙嫏嬛館刻本　十七冊

320000－1615－0001814　經 1055/200568
春秋世族譜不分卷　(清)陳厚耀撰　清光緒邵武徐氏刻本　一冊

320000－1615－0001815　經 1055/200569
東萊博議四卷　(宋)吕祖謙撰　清光緒十八年(1892)上海古香閣石印本　四冊

320000－1615－0001816　經 1111－2/200570
皇清經解一千四百八卷　(清)阮元輯　清光緒十四年(1888)上海書局石印本　四十五冊

320000－1615－0001817　經 1112－3/200571
皇清經解續編二百九種　王先謙輯　清光緒十五年(1889)上海蜚英館石印本　三十一冊

320000－1615－0001818　經 1112/200572
皇清經解續編二百九種　王先謙輯　清光緒二十三年(1897)上海蜚英館石印本　四冊

320000－1615－0001819　經 1113－4/200573
毛詩注疏附校勘記二十卷　(唐)孔穎達疏　清光緒十八年(1892)刻本　二十冊

320000－1615－0001820　經 1114/200574
方言箋疏十三卷　(清)錢繹撰集　清光緒十六年(1890)紅蝠山房刻本　六冊

320000－1615－0001821　經 1114/200575
方言箋疏十三卷　(清)錢繹撰集　清光緒十六年(1890)紅蝠山房刻本　六冊

320000－1615－0001822　經 1114/200576
方言箋疏十三卷　(清)錢繹撰集　清光緒十六年(1890)紅蝠山房刻朱印本　六冊

320000－1615－0001823　經 1114/200577
方言箋疏十三卷　(清)錢繹撰集　清光緒十六年(1890)紅蝠山房刻朱印本　六冊

320000－1615－0001824　經 1115/200578
李氏音鑑六卷　(清)李汝珍撰　清同治七年(1868)寶善堂重修本　四冊

320000－1615－0001825　經 1115/200579
小學彙函十四種　(清)鍾謙鈞等輯　清末石印本　十冊

320000－1615－0001826　經 1121/200580
周官集注十二卷　(清)方苞撰　清刻本　一冊　存二卷(七至八)

320000－1615－0001827　經 1121/200581
周官析疑三十六卷冬官考工記四卷　(清)方苞撰　清雍正抗希堂刻本　四冊　存十五卷(一至十五)

320000－1615－0001828　經 1121/200582
唐韻正二十卷　(清)顧炎武撰　清刻本　一冊　存二卷(十九至二十)

320000－1615－0001829　經 1121/200583
讀四書大全説十卷　(清)王夫之撰　清刻本　一冊　存一卷(十)

320000－1615－0001830　經 1121/200584
四書詮義三十八卷　(清)汪烜纂集　清道光一經堂刻本　一冊　存四卷(二十九至三十二)

320000－1615－0001831　經 1121/200585
古今韻準不分卷　(清)朱駿聲撰　清同治刻本　一冊

320000－1615－0001832　經 1121/200586
禮記章句四十九卷　(清)王夫之撰　清刻本　二冊　存十卷(十三至十四、四十二至四十九)

320000－1615－0001833　經 1121/200587
説文解字十五卷　(漢)許慎撰　(宋)徐鉉校

清嘉慶十二年(1807)刻本　四冊

320000－1615－0001834　經 1121/200588

經典釋文三十卷　(唐)陸德明撰　清通志堂刻本　一冊　存三卷(八至十)

320000－1615－0001835　經 1121/200589

四書大全四十卷　(清)汪份輯　清遄喜齋刻本　八冊

320000－1615－0001836　經 1121/200590

説文解字繫傳校勘記三卷　(清)承培元記　清道光十九年(1839)刻本　一冊

320000－1615－0001837　經 1122/200591

説文繫傳校録三十卷　(清)王筠撰　清咸豐刻本　四冊

320000－1615－0001838　經 1122/200592

半農先生春秋説十五卷　(清)惠士奇撰　清嘉慶刻本　八冊

320000－1615－0001839　經 1122/200593

春秋集傳十六卷首一卷末一卷　(清)汪紱纂　清光緒二十一年(1895)刻本　四冊

320000－1615－0001840　經 1122/200594

禮記或問八卷　(清)汪紱纂　清光緒二十二年(1896)刻本　四冊

320000－1615－0001841　經 1122/200595

説文解字三十卷　(漢)許慎撰　(宋)徐鉉校　清刻本　八冊

320000－1615－0001842　經 1123/200596

九經三傳沿革例不分卷　(宋)岳珂撰　清光緒三年(1877)湖北崇文書局刻本　一冊

320000－1615－0001843　經 1123/200597

説文提要一卷　(清)陳建侯撰　清光緒十年(1884)湖南經濟書局刻本　一冊

320000－1615－0001844　經 1123/200598

説文解字雙聲疊韻譜不分卷　(清)鄧廷楨撰　清光緒七年(1881)後知不足齋刻本　一冊

320000－1615－0001845　經 1123/200599

歷代石經略二卷　(清)桂馥撰　清光緒刻本　一冊

320000－1615－0001846　經 1123/200600

仿唐寫本説文解字木部箋異一卷　(清)莫友芝撰　清同治刻本　一冊

320000－1615－0001847　經 1123/200601

詩本誼一卷　(清)龔橙撰　清光緒刻半厂叢書本　一冊

320000－1615－0001848　經 1123/200602

雲自在龕叢書　繆荃孫輯　清光緒江陰繆氏刻本　一冊　存二種十卷(尚書記七卷、逸二卷,續千字文一卷)

320000－1615－0001849　經 1123/200603

明本排字九經直音前後集二卷　(清)陸心源校　清光緒七年(1881)刻十萬卷樓叢書本　二冊

320000－1615－0001850　經 1123/200604

睡餘偶筆二卷　(清)雷浚撰　清光緒二十年(1894)刻本　一冊

320000－1615－0001851　經 1123/200605

經詞衍釋十卷補遺一卷　(清)吴昌瑩撰　清光緒三年(1877)得一齋吴氏刻本　三冊

320000－1615－0001852　經 1123/200606

春秋大事表五十卷　(清)顧棟高輯　清乾隆十三年(1748)顧氏萬卷樓刻本　六冊

320000－1615－0001853　經 1123/200607

比雅十卷　(清)洪亮吉撰　清光緒五年(1879)授經堂刻本　一冊

320000－1615－0001854　經 1123/200608

春秋董氏學八卷附傳一卷　康有為撰　清光緒上海大同譯書局刻萬木草堂叢書本　六冊

320000－1615－0001855　經 1123/200609

漢隸字源五卷碑目一卷　(宋)婁機撰　清光緒三年(1877)歸安姚氏咫進齋刻本　六冊

320000－1615－0001856　經 1124/200610

説文通訓定聲十八卷　(清)朱駿聲撰　清光緒積山書局石印本　六冊

320000－1615－0001857　經1124/200611
説雅十九卷　(清)朱駿聲撰　清刻本　二册

320000－1615－0001858　經1124/200612
古今韻準一卷　(清)朱駿聲撰　清道光五年(1825)刻本　一册

320000－1615－0001859　經1124/200613
詩毛氏傳疏三十卷　(清)陳奂撰　清光緒點石齋影印本　一册

320000－1615－0001860　經1124/200614
四書圖考十三卷　(清)杜炳撰　清光緒十三年(1887)鴻文書局石印本　四册

320000－1615－0001861　經1124/200615
尚書讀本二卷　(清)吴汝綸校　清光緒鉛印本　一册　存一卷(二)

320000－1615－0001862　經1124/200616
四書古注群義彙解九種　(南朝梁)皇侃等注疏　清光緒十四年(1888)上海點石齋石印本　十六册

320000－1615－0001863　經1131/200617
木犀軒叢書　李盛鐸輯　清光緒德化李氏木犀軒刻本　一册　存二種四卷(爾雅補郭二卷、説文聲類二卷)

320000－1615－0001864　經1131/200618
兒笘録四卷　(清)俞樾撰　清同治十年(1871)刻第一樓叢書本　一册

320000－1615－0001865　經1131/200619
説文通檢十四卷　(清)黎永椿編　清光緒二年(1876)崇文書局刻本　二册

320000－1615－0001866　經1131/200620
鄭氏詩譜考證不分卷　(清)丁晏等撰　清光緒邵武徐氏刻本　一册

320000－1615－0001867　經1131/200621
説文管見三卷　(清)胡秉虔撰　清同治十二年(1873)刻本　一册

320000－1615－0001868　經1131/200622
論語戴氏注二十卷　(清)戴望撰　清刻本　一册

320000－1615－0001869　經1131/200623
小爾雅疏八卷　(清)王煦撰　清光緒十一年(1885)邵武徐氏刻本　二册

320000－1615－0001870　經1131/200624
爾雅正義二十卷附釋文二十卷　(清)邵晉涵撰　清乾隆五十三年(1788)文炳齋刻本　八册

320000－1615－0001871　經1131/200625
説文新附考六卷續考一卷　(清)鈕樹玉撰　清刻本　一册

320000－1615－0001872　經1131/200626
周禮政要二卷　(清)孫詒讓撰　清光緒二十八年(1902)鉛印本　二册

320000－1615－0001873　經1131/200627
説文管見三卷　(清)胡秉虔撰　清刻本　一册

320000－1615－0001874　經1131/200628
隸篇十五卷續十五卷再續十五卷　(清)翟雲升撰　清刻本　四册　存二十一卷(隸篇四至五、八至九、十四至十五,再續十五卷)

320000－1615－0001875　經1132/200629
增補蘇批孟子二卷　(宋)蘇洵批　(清)趙大浣增補　清同治刻本　二册

320000－1615－0001876　經1132/200630
殷商貞卜文字考一卷　羅振玉撰　清宣統二年(1910)玉簡齋石印本　一册

320000－1615－0001877　經1132/200631
段氏説文注訂八卷　(清)鈕樹玉撰　清同治十三年(1874)湖北崇文書局刻本　二册

320000－1615－0001878　經1132/200632
戴氏注論語二十卷　(清)戴望撰　清刻本　一册

320000－1615－0001879　經1132/200633
大戴禮記十三卷　(漢)戴德撰　(北周)盧辯注　清刻本　二册

320000－1615－0001880　經1132/200634
儀禮十七卷　(漢)鄭玄注　清嘉慶二十年

(1815)吴門黄氏刻本　二册

320000－1615－0001881　經 1132/200635
音韻合注四書二卷　(清)鄒岳輯　清同治十年(1871)刻本　一册

320000－1615－0001882　經 1132/200636
易經本义十二卷　(宋)朱熹撰　清同治四年(1865)金陵書局刻本　二册

320000－1615－0001883　經 1132/200637
漢石經殘字考一卷　(清)翁方綱撰　清光緒九年(1883)刻後知不足齋叢書本　一册

320000－1615－0001884　經 1132/200638
尚書約注四卷　(清)任運啟撰　清光緒十二年(1886)刻本　二册

320000－1615－0001885　經 1133/200639
論語集解義疏十卷　(三國魏)何晏集解　(南朝梁)皇侃義疏　清乾隆、道光間長塘鮑氏刻知不足齋叢書本　五册

320000－1615－0001886　經 1133/200640
石經考異二卷諸史然疑一卷　(清)杭世駿撰　清咸豐小嫏環山館刻本　一册

320000－1615－0001887　經 1133/200641
續方言二卷　(清)杭世駿集　清咸豐小嫏環山館刻本　一册

320000－1615－0001888　經 1133/200642
邇言六卷　(清)錢大昕撰　清光緒四年(1878)葛氏嘯園刻本　一册　存三卷(一至三)

320000－1615－0001889　經 1133/200643
韓詩外傳校注十卷附拾遺一卷　(清)周廷寀撰　清乾隆刻本　二册

320000－1615－0001890　經 1133/200644
説文辨字正俗八卷　(清)李富孫撰　清嘉慶刻本　二册　存四卷(一至二、七至八)

320000－1615－0001891　經 1133/200645
中庸直指一卷　(明)史德清述　清光緒十年(1884)金陵刻經處刻本　一册

320000－1615－0001892　經 1133/200646
四書小參一卷附答附一卷　(明)朱斯行撰　清光緒三年(1877)姑蘇刻經處刻本　一册

320000－1615－0001893　經 1133/200647
春秋釋地韻編五卷首一卷　(清)徐壽基輯　清光緒十二年(1886)桓亭官舍刻本　四册

320000－1615－0001894　經 1134/200648
説文管見三卷　(清)胡秉虔撰　清光緒七年(1881)申江望益山房書局刻本　一册

320000－1615－0001895　經 1134/200649
駢雅七卷　(明)朱謀㙔撰　清刻本　十册

320000－1615－0001896　經 1134/200650
欽定詩經傳説彙纂二十一卷首二卷詩序二卷　(清)王鴻緒等編　清末影印本　二册

320000－1615－0001897　經 1134/200651
經學輯要二十四卷　(清)吴潁炎等編　清光緒十四年(1888)上海點石齋石印本　二册　存一卷(十八)

320000－1615－0001898　經 1134/200652
經學輯要二十四卷　(清)吴潁炎等編　清光緒十四年(1888)上海點石齋石印本　十册　存十一卷(一至十、十六)

320000－1615－0001899　經 1134/200653
焦氏易林十六卷　(漢)焦延壽撰　清光緒十三年(1887)上海蜚英館影印本　一册　存八卷(九至十六)

320000－1615－0001900　經 1134/200654
四書合講不分卷　(□)□□撰　清光緒五年(1879)四明茹古齋鉛印本　六册

320000－1615－0001901　經 1141－2/200655
康熙字典十二集三十六卷檢字一卷辨似一卷等韻一類總目一卷備考一卷補遺一卷　(清)張玉書等編　清道光七年(1827)刻本　四十册

320000－1615－0001902　經 1142/200656
皇清經解一千四百八卷　(清)阮元輯　清光緒十三年(1887)袖海山房石印本　三十二册

320000－1615－0001903　經1144/200657
孟子集注七卷　(宋)朱熹集注　清刻本　二冊　存二卷(一、三)

320000－1615－0001904　經1144/200658
經籍籑詁補遺一百六卷　(清)阮元撰　清刻本　十冊　存十三卷(二十二至三十四)

320000－1615－0001905　經1145/200659
説文解字雙聲疊韻譜不分卷　(清)鄧廷楨撰　清光緒九年(1883)同文書局石印本　一冊

320000－1615－0001906　經1145/200660
十三經注疏附校勘記四百十六卷　清光緒十三年(1887)袖海山房石印本　十二冊　存九種二百三十六卷(周易正義一卷、周易兼義上經乾傳九卷、經典釋子一卷、周易注疏校勘記九卷、附釋音毛詩注疏二十卷、毛詩注疏校勘記二十卷、儀禮注疏校勘記五十卷、附釋音禮記注疏六十三卷、禮記注疏校勘記六十三卷)

320000－1615－0001907　經1145/200661
詩韻合璧五卷　(清)湯文潞編　清光緒十一年(1885)上海同文書局石印本　六冊

320000－1615－0001908　經1145/200662
詩韻全璧五卷　(清)湯文潞編　清光緒十九年(1893)上海鴻寶齋石印本　六冊

320000－1615－0001909　經1145/200663
爾雅義疏二十卷　(清)郝懿行撰　清光緒十四年(1888)鴻文書局石印本　四冊

320000－1615－0001910　經1151－4/200664
佩文韻府一百六卷　(清)張玉書等編　清刻本　八十三冊　存七十四卷(一至十二、十六上、十七、十九、二十二至四十九、五十三至五十四、六十四、六十六至七十一、七十八至八十、八十六至九十下、九十二至九十三上、一百上、一百五十至一百六十)

320000－1615－0001911　經1155/200665
五經備旨　(清)鄒聖脈輯　清光緒二十三年(1897)石印本　十冊　缺二種七卷(書經備旨首一至三、詩經備旨一至四)

320000－1615－0001912　經1155/200666
韻府拾遺一百六卷　(清)汪灝等撰　清刻本　六冊　存二十七卷(一至三、十二至十五、二十至二十二、二十六至三十、九十至九十五、一百一至一百六)

320000－1615－0001913　經1155/200667
毛詩要義二十卷　(宋)魏了翁撰　清刻本　八冊　存十三卷(二至六、十二至十九)

320000－1615－0001914　經1155/200668
四書溫故録十一卷　(清)趙佑撰　清刻本　三冊　存六卷(二至三、七至十)

320000－1615－0001915　經1155/200669
韻學蠡言舉要五卷　(清)丁顯輯　清光緒二十六年(1900)刻本　一冊

320000－1615－0001916　經1155/200670
四子書不分卷　(宋)朱熹集注　清道光七年(1827)菜根香館刻本　六冊

320000－1615－0001917　經1211－2/200671
康熙字典四十二卷　(清)張玉書等編　清道光七年(1827)刻本　三十二冊

320000－1615－0001918　經1212/200672
小學紺珠十卷　(宋)王應麟輯　清刻本　二冊　存四卷(一至四)

320000－1615－0001919　經1212/200673
康熙字典□□卷　(清)張玉書等編　清刻本　十一冊　存五種十一卷(寅集下、卯集上中下、辰集上中下、巳集上中下、午集中)

320000－1615－0001920　經1213/200674
四書古注群義彙解九種　(□)□□撰　清光緒石印本　十一冊　存九種六十三卷(論語集解義疏一至五,四書改錯七至十四,論語正義七至十二、十九至二十四,孟子正義一至三十,大學古本説一卷,中庸章段一卷,中庸餘論一卷,論語扎記三卷,孟子扎記二卷)

320000－1615－0001921　經1213/200675
佩文韻府一百六卷　(清)張玉書等編　清光緒八年(1882)上海點石齋石印本　十冊

320000－1615－0001922　經 1214/200676

詩韻全璧五卷　(清)湯文潞編　清光緒十八年(1892)上海鴻寶齋石印本　六冊

320000－1615－0001923　經 1214/200677

汗簡三卷　(宋)郭忠恕撰　清光緒九年(1883)上海點石齋石印本　一冊

320000－1615－0001924　經 1214/200678

經學輯要二十四卷　(清)吴潁炎等編　清光緒十四年(1888)上海點石齋石印本　十七冊　存十八卷(六至二十三)

320000－1615－0001925　經 1214/200679

愚一録十二卷　(清)鄭獻甫撰　清光緒刻嘯園叢書本　五冊

320000－1615－0001926　經 1215/200680

韻府群玉二十卷　(元)陰勁弦等編　清聚錦堂刻本　二十冊

320000－1615－0001927　經 1215/200681

説文解字繫傳四十卷　(宋)徐鍇撰　清道光十九年(1839)刻本　七冊

320000－1615－0001928　經 1215/200682

四書章句集注二十九卷　(宋)朱熹撰　清刻本　五冊

320000－1615－0001929　經 1215/200683

四書集編二十九卷　(宋)真德秀撰　清同治七年(1868)西山詞堂刻本　六冊

320000－1615－0001930　經 1221/200684

增訂二論詳解四卷　(清)劉忠輯　清光緒南京李光明莊刻本　四冊

320000－1615－0001931　經 1221/200685

小學集注六卷　(宋)朱熹編　(明)陳選注　清光緒十年(1884)河南刻本　二冊

320000－1615－0001932　經 1221/200686

字學舉隅四卷　(清)龍啟瑞輯　清咸豐六年(1856)上海槐澤堂刻本　一冊

320000－1615－0001933　經 1221/200687

字學舉隅四卷　(清)龍啟瑞輯　清同治琉璃廠懿文齋刻本　一冊

320000－1615－0001934　經 1221/200688

增訂金壺字考一卷　(清)郝在田輯　清同治十三年(1874)京都琉璃廠東龍云齋刻本　一冊

320000－1615－0001935　經 1221/200689

篆文論語二卷　(清)吴大澂撰　清光緒十一年(1885)同文書局石印本　二冊

320000－1615－0001936　經 1221/200690

爾雅三卷　(晉)郭璞注　**音義二卷**　(唐)陸德明音義　清嘉慶顧氏思適齋刻本　二冊

320000－1615－0001937　經 1221/200691

説文解字句讀三十卷　(清)王筠撰　清道光三十年(1850)刻本　二十冊

320000－1615－0001938　經 1222/200692

經籍籑詁一百五卷　(清)阮元撰　清光緒十四年(1888)上海鴻文書局石印本　十六冊

320000－1615－0001939　經 1223/200693

説文釋例二十卷　(清)王筠撰　清道光十七年(1837)刻本　十冊

320000－1615－0001940　經 1223/200694

古籀拾遺三卷坿宋政和禮器文字考一卷　(清)孫詒讓撰　清光緒十四年(1888)永嘉戴鍾毓刻本　一冊

320000－1615－0001941　經 1223/200695

欽定書經圖説五十卷　(清)孫家鼐等纂　清光緒三十一年(1905)石印本　十六冊

320000－1615－0001942　經 1224/200696

春秋左傳句解六卷　(清)韓菼訂　清善成堂刻本　六冊

320000－1615－0001943　經 1224/200697

公羊穀梁春秋合編附註疏纂十二卷　(漢)何休學　(晉)范甯集解　(唐)楊士勛疏　(明)朱泰禎纂述　清三讓堂刻本　六冊

320000－1615－0001944　經 1224/200698

春秋左傳五十卷　(晉)杜預注　(宋)林堯叟附注　(唐)陸德明音義　(清)馮李驊集解　清漁古山房刻本　十二冊

320000－1615－0001945　經 1224/200699
易經集注二十四卷　（宋）朱熹撰　清光緒二十年（1894）澹雅局刻本　二册

320000－1615－0001946　經 1224/200700
論語拾遺一卷　（宋）蘇轍撰　清光緒十六年（1890）湘鄉單經樹謝氏刻本　一册

320000－1615－0001947　經 1224/200701
春秋史準發凡不分卷　（清）王濩編　清咸豐元年（1851）刻本　一册

320000－1615－0001948　經 1224/200702
論語淺解四卷　（清）喬松年注　清光緒三年（1877）強恕堂刻本　一册

320000－1615－0001949　經 1224/200703
孟子解一卷　（宋）蘇轍撰　清光緒十六年（1890）單經樹刻本　一册

320000－1615－0001950　經 1224/200704
中庸釋不分卷　（清）郭階撰　清光緒刻本　一册

320000－1615－0001951　經 1231－2/200705
十三經注疏并校勘記四百十六卷　清光緒十三年（1887）點石齋石印本　二十五册

320000－1615－0001952　經 1232－3/200706
十三經注疏附校勘記四百十六卷　清光緒十三年（1887）脈望仙館石印本　三十二册　存十四種四百二十九卷（周易十卷附校勘記、尚書二十卷附校勘記、毛詩七十卷附校勘記、周禮四十二卷附校勘記、儀禮五十卷附校勘記、禮記六十三卷附校勘記、春秋左傳六十卷附校勘記、論語二十卷附校勘記、春秋公羊傳二十八卷附校勘記、孝經九卷附校勘記、春秋穀梁傳二十卷附校勘記、爾雅十卷附校勘記、孟子十四卷附校勘記，識語十三卷）

320000－1615－0001953　經 1233/200707
皇清經解分經彙纂十六卷　題（清）船山主人編　清光緒十九年（1893）上海袖海山房石印本　十一册　存六卷（一至四、六至七）

320000－1615－0001954　經 1233－4/200708
宋本十三經注疏附校勘記四百十六卷　清光緒二十九年（1903）點石齋石印本　三十二册

320000－1615－0001955　經 1235/200709
宋本十三經注疏附校勘記四百十六卷　清光緒十三年（1887）點石齋石印本　二十五册

320000－1615－0001956　經 1241/200710
五經體注四十卷　（清）嚴氏家塾訂　清光緒十年（1884）上海點石齋石印本　十六册

320000－1615－0001957　經 1242/200711
國朝漢學師承記八卷　（清）江藩輯　清光緒十九年（1893）上海積山書局石印本　二册

320000－1615－0001958　經 1242/200712
爾雅音圖三卷　（晉）郭璞注　清末石印本　二册

320000－1615－0001959　經 1242/200713
四書五經類典集成三十四卷　（清）戴兆春輯　清光緒二十二年（1896）慎記書莊石印本　二十四册

320000－1615－0001960　經 1243/200714
爾雅音圖三卷　（晉）郭璞注　清嘉慶六年（1801）刻本　三册

320000－1615－0001961　經 1244/200715
五經備旨　（清）鄒聖脈輯　清同治三年（1864）英德堂刻本　二十四册

320000－1615－0001962　經 1244/200716
康熙字典四十二卷　（清）張玉書等編　清光緒十三年（1887）上海積山書局石印本　七册

320000－1615－0001963　經 1245/200717
五經文苑捃華　（清）朱伯倩撰　清光緒二十年（1894）上海書局石印本　二册

320000－1615－0001964　經 1245/200718
五經集句儷典　（清）朱伯倩撰　清光緒二十年（1894）上海書局石印本　二册　存五種七卷（易經一卷、書經一卷、左傳二卷、詩經二卷、禮記一卷）

320000－1615－0001965　經 1245/200719
蕭選韻系二卷　（清）李麟閣輯　清光緒十年

(1884)同文書局石印本　二册

320000－1615－0001966　經 1245/200720
説文古語考補正二卷　(清)傅雲龍撰　清光緒十一年(1885)紅餘籀室刻本　二册

320000－1615－0001967　經 1245/200721
經籍籑詁并補遺一百六卷首一卷　(清)阮元撰　清光緒十四年(1888)上海鴻寶齋石印本　十二册

320000－1615－0001968　經 1245/200722
禹貢會箋十二卷附禹貢山水總目一卷圖一卷　(清)徐文靖箋　清同治十三年(1874)刻本　四册

320000－1615－0001969　經 1245/200723
春秋傳説例一卷　(宋)劉敞撰　清刻本　一册

320000－1615－0001970　經 1245/200724
李氏音鑑六卷　(清)李汝珍撰　清光緒十四年(1888)寶善堂刻本　四册

320000－1615－0001971　經 1245/200725
説文解字注三十二卷　(清)段玉裁撰　**説文通檢十四卷首一卷末一卷**　(清)黎永椿編　清光緒十四年(1888)蜚英館石印本　五册

320000－1615－0001972　經 1251/200726
段氏説文解字註十五卷附六書音韻表一卷　(清)段玉裁注　清光緒七年(1881)木漸齋刻本　二十三册　存一卷(一上)

320000－1615－0001973　經 1251/200727
韻海大全不分卷　(清)仁壽室主人輯　清光緒二十年(1894)上海石印本　六册

320000－1615－0001974　經 1251/200728
釋名疏證八卷釋名補遺一卷　(清)畢沅撰　清光緒十三年(1887)刻融經館叢書本　二册

320000－1615－0001975　經 1251/200729
説文解字雙聲疊韻譜不分卷　(清)鄧廷楨撰　清光緒九年(1883)同文書局石印本　二册

320000－1615－0001976　經 1252/200730
説文釋例二十卷　(清)王筠撰　清光緒十三年(1887)上海積山書局石印本　六册

320000－1615－0001977　經 1252/200731
詩韻合璧五卷　(清)湯文潞編　清經德堂刻本　五册

320000－1615－0001978　經 1252/200732
隸辨八卷　(清)顧藹吉撰　清光緒十三年(1887)上海蜚英館石印本　八册

320000－1615－0001979　經 1252/200733
一切經音義二十五卷　(唐)釋玄應撰　清道光二十五年(1845)刻海山仙館叢書本　六册

320000－1615－0001980　經 1252/200734
夏小正戴氏傳四卷　(宋)傅崧卿注　**夏小正經傳集解四卷**　(清)顧鳳藻撰　清道光刻士禮居黄氏叢書本　一册

320000－1615－0001981　經 1253－5/200735
五禮通考二百六十二卷　(清)秦蕙田編　清光緒六年(1880)江蘇書局刻本　九十八册

320000－1615－0001982　經 1246/200736
爾雅鄭注三卷　(宋)鄭樵注　清刻本　三册

320000－1615－0001983　經 0221/200737
周易本義考十二卷首一卷末一卷　(清)劉世讜輯　清光緒十九年(1893)京口善化書局刻本　四册

320000－1615－0001984　經 1311/w001
皇清經解續編二百九種　王先謙輯　清末至民國間石印本　十九册

320000－1615－0001985　經 1314/w002
方言釋字一卷部首一卷連用字一卷　(清)汪汲撰　清末至民國間抄本　四册

320000－1615－0001986　經 1312/w003
增補蘇批孟子二卷年譜一卷　(宋)蘇洵批　(清)趙大浣增補　清末至民國間上海錦章書局石印本　二册

320000－1615－0001987　經 1312/w004
經學輯要二十四卷　(清)吴潁炎輯　清光緒十三年(1887)點石齋石印本　九册　存一卷(二十四)

320000－1615－0001988　經1312/w005
剔弊廣增分韻五方元音二卷首一卷　(清)樊騰鳳撰　(清)趙培梓重編　清末至民國間會文堂石印本　一冊

320000－1615－0001989　經1313/w006
説文句讀三十卷　(清)王筠撰　清末至民國間涵芬樓影印本　一冊

320000－1615－0001990　經1313/w007
春秋左傳通論四卷　姚永樸撰　清末至民國間安徽高等學堂鉛印本　一冊

320000－1615－0001991　經1313/w008
説文解字篆韻譜十卷　(宋)徐鍇撰　清末至民國間錦州李氏石印本　六冊

320000－1615－0001992　經1313/w009
三字經注解備要不分卷　(宋)王應麟撰　(清)賀興思注解　清末至民國間李光明莊刻本　一冊

320000－1615－0001993　經1314/w010
西域字母表一卷盛世元音一卷遼史國語解一卷　(□)□□撰　清末至民國間抄本　一冊

320000－1615－0001994　經1314/w011
四子經不二字不分卷　(□)□□撰　清咸豐十年(1860)榮卿抄本　一冊

320000－1615－0001995　經1312/w012
漢隸字源六卷　(宋)婁機撰　清末至民國間石印本　六冊

320000－1615－0001996　經1312/w013
韻府拾遺一百六卷　(清)汪灝等編　清末至民國間掃葉山房影印本　十冊

320000－1615－0001997　經1312/w014
詩韻合璧五卷　(清)湯文潞編　**虛字韻藪一卷**　(清)潘維城編　清末至民國間石印本　四冊　存四卷(二至五)

320000－1615－0001998　經1312/w015
戚參軍八音字義便覽四卷　(清)蔡士泮彙輯　**太史林碧山先生珠玉同聲四卷**　(清)陳他輯　(清)林僑校閱　清末至民國間百壽會石印本　一冊

320000－1615－0001999　經1312/w016
古籀拾遺三卷附宋政和禮器文字考一卷　(清)孫詒讓撰　清末至民國間刻本　一冊

320000－1615－0002000　經1313/w017
江氏音學十書十二卷　(清)江有誥撰　清末至民國間石印本　八冊

320000－1615－0002001　經1313/w018
説文通訓定聲□□卷　(清)朱駿聲撰　清末至民國間影印本　五冊　存五卷(十二至十三、十五至十七)

320000－1615－0002002　經1313/w019
漢熹平石經殘字集録一卷　羅振玉撰　清末至民國間石印本　一冊

320000－1615－0002003　經1314/w020
十間樓説文釋義不分卷　清末至民國間抄本　一冊

320000－1615－0002004　經1314/w021
併音連聲韻學集成十三卷　(明)章黼集　清末至民國間抄本　一冊

320000－1615－0002005　史0111－0213/300001
二十四史　清同治、光緒間五省官書局合刻光緒五年(1879)湖北書局匯印本　五百六十八冊

320000－1615－0002006　史0214－0322/300002
二十四史　清同治、光緒間五省官書局合刻光緒五年(1879)湖北書局匯印本　五百三十冊

320000－1615－0002007　史0323－0353/300003
二十四史　清光緒上海圖書集成書局鉛印本　四百八十三冊

320000－1615－0002008　史0354/300004
讀史兵略四十六卷　(清)胡林翼纂　清咸豐十一年(1861)武昌節署刻本　十六冊

320000－1615－0002009　史 0355/300005

金石録三十卷　(宋)趙明誠撰　清道光中湘陰蔣環刻光緒四年(1878)古香書閣印三長物齋叢書本　三册　存二十二卷(一至二十二)

320000－1615－0002010　史 0355/300006

史略八十七卷　(清)朱埜輯　清同治五年(1866)皖南朱氏兗麓山房刻本　二十册

320000－1615－0002011　史 0411－0516/300007

欽定二十四史二十四種三千二百十三卷　清光緒十年(1884)同文書局影印本　七百十一册

320000－1615－0002012　史 0514－5/300008

兩淮鹽法志五十六卷首四卷　(清)單渠等纂　清同治九年(1870)方濬頤補刻淮南書局刻本　三十二册

320000－1615－0002013　史 0515/300009

漁洋山人年譜二卷　(清)王士禛撰　(清)惠棟註補　清刻本　一册

320000－1615－0002014　史 0515/300010

子略四卷目録一卷　(宋)高似孫撰　清嘉慶十年(1805)照曠閣刻本　一册

320000－1615－0002015　史 0515/300011

河海崑崙録四卷　裴景福撰　清宣統元年(1909)上海文明書局鉛印本　四册

320000－1615－0002016　史 0515/300012

泉志十五卷　(宋)洪遵撰　清光緒元年(1875)隸釋齋金陵刻本　一册

320000－1615－0002017　史 0515/300013

洛學編六卷　(清)湯斌輯　清光緒二年(1876)有不為齋刻本　二册

320000－1615－0002018　史 0515/300014

乘槎筆記二卷　(清)斌椿纂　清同治八年(1869)刻本　二册

320000－1615－0002019　史 0521－46/300015

二十四史　清光緒三十四年(1908)上海圖書集成局石印本　四百册

320000－1615－0002020　史 0551/300016

東華録□□卷(天命朝到道光朝)　王先謙編　清光緒十三年(1887)圖書集成書局鉛印本　八册　存五十八卷(天命四卷、天聰十卷、崇德八卷、順治三十六卷)

320000－1615－0002021　史 0551/300017

後漢書一百二十卷　(南朝宋)范曄撰　(唐)李賢注　(晉)司馬彪續志　(南朝梁)劉昭注續志　清光緒十四年(1888)上海鴻文書局石印本　十册

320000－1615－0002022　史 0552/300018

明季南略十八卷　(清)計六奇輯　清光緒十三年(1887)圖書集成印書局鉛印本　四册

320000－1615－0002023　史 0552/300019

前漢書一百二十卷　(漢)班固撰　(唐)顔師古注　清光緒十四年(1888)圖書集成書局鉛印本　二十册

320000－1615－0002024　史 0553/300020

史記評林一百三十卷漢書評林一百卷　(明)凌稚隆輯　清光緒二十七年(1901)天章書局石印本　二十四册

320000－1615－0002025　史 0553/300021

三國志六十五卷　(晉)陳壽撰　(南朝宋)裴松之注　清光緒十四年(1888)蜚英館石印本　八册

320000－1615－0002026　史 0553/300022

前蒙古紀事本末二卷後蒙古紀事本末二卷　(清)韓善徵編　清光緒三十一年(1905)上海春記石印本　四册

320000－1615－0002027　史 0553/300023

平定猺匪述略二卷　(清)周宜亭編　清道光十四年(1834)刻本　二册

320000－1615－0002028　史 0553/300024

紀元編三卷末一卷　(清)六承如編　清光緒十四年(1888)蜚英館石印本　三册

320000－1615－0002029　史 0554/300025

求己録三卷　(清)蘆涇遯士編　清光緒二十七年(1901)志強書舍石印本　三册

320000－1615－0002030　史 0554/300026
咸豐朝東華續録六十九卷　(清)潘頤福編　清光緒十八年(1892)上海圖書集成印書局鉛印本　十六册

320000－1615－0002031　史 0554/300027
御批歷代通鑑輯覽一百二十卷　(清)傅恒等撰　清同治十三年(1874)湖南書局刻本　九册　存二十八卷(一至二十八)

320000－1615－0002032　史 0554/300028
御批歷代資治通鑑綱目二十七卷　(清)高宗弘曆撰　清乾隆四十七年(1782)刻本　二十册

320000－1615－0002033　史 0611/300029
後漢書一百卷　(南朝宋)范曄撰　(唐)李賢注　**續漢書志三十卷**　(晉)司馬彪撰　(南朝梁)劉昭注　清同治八年(1869)金陵書局刻本　十六册

320000－1615－0002034　史 0612－3/300030
漢書一百卷　(漢)班固撰　(唐)顔師古注　清同治八年(1869)金陵書局刻本　十六册

320000－1615－0002035　史 0613－4/300031
漢書一百卷　(漢)班固撰　(唐)顔師古注　清同治八年(1869)金陵書局刻本　十六册

320000－1615－0002036　史 0614/300032
三國志六十五卷　(晉)陳壽撰　(南朝宋)裴松之注　清光緒十三年(1887)金陵書局刻本　十二册

320000－1615－0002037　史 0621/300033
語石十卷　葉昌熾撰　清宣統元年(1909)刻本　四册

320000－1615－0002038　史 0621/300034
綏寇紀略十二卷附補遺三卷　(清)吴偉業撰　清嘉慶十四年(1809)照曠閣刻本　六册

320000－1615－0002039　史 0621/300035
閻潛丘先生[若璩]年譜一卷　(清)張穆撰　清道光二十七年(1847)壽陽祁氏刻本　一册

320000－1615－0002040　史 0621/300036
水經注圖四十卷補一卷　楊守敬撰　清光緒三十一年(1905)觀海堂刻朱墨套印本　八册

320000－1615－0002041　史 0621/300037
瀛環志略十卷　(清)徐繼畬撰　清道光三十年(1850)紅杏山房刻本　五册

320000－1615－0002042　史 0621/300038
顧亭林先生[炎武]年譜一卷　(清)張穆輯　清道光二十四年(1844)刻本　一册

320000－1615－0002043　史 0621/300039
水經注圖一卷附録一卷　(清)汪士鐸撰　清咸豐十一年(1861)刻本　一册

320000－1615－0002044　史 0621/300040
攀古樓彝器款識二卷　(清)潘祖蔭撰　清同治十一年(1872)滂喜齋刻本　二册

320000－1615－0002045　史 0622/300041
歷代輿地圖　楊守敬撰　清光緒三十年至宣統三年(1904－1911)楊守敬觀海堂刻朱墨套印本　七册　存七種(漢書郡國圖、前漢地理圖、隋地理志圖、西晉地理圖、春秋列國地圖、劉宋州郡圖、南齊州郡圖)

320000－1615－0002046　史 2413/300042
瀛環志略續集四卷　(清)徐繼畬撰　清光緒二十四年(1898)埽葉山房石印本　一册

320000－1615－0002047　史 3924－5/300043
大清一統志五百卷　(清)和珅等編　清光緒二十三年(1897)杭州竹簡齋石印本　五十六册

320000－1615－0002048　史 3931－4/300044
[雍正]陝西通志一百卷首一卷　(清)劉于義修　(清)沈青崖纂　清雍正十三年(1735)刻本　八十册

320000－1615－0002049　史 3941－2/300045
[同治]鄞縣志七十五卷　(清)戴枚修　(清)董沛等纂　清光緒三年(1877)楊氏刻本　三十四册

320000－1615－0002050　史3951－2/300046
［同治］湖州府志九十六卷首一卷　（清）宗源瀚等修　（清）周學睿等纂　清同治十三年（1874）刻本　四十七册

320000－1615－0002051　史3953－5/300047
［雍正］浙江通志二百八十卷首三卷　（清）李衛等修　（清）傅王露等纂　清光緒二十五年（1899）浙江書局刻本　一百十八册

320000－1615－0002052　史0622/300048
戰國策三十三卷　（漢）高誘注　**札記三卷**　（清）黄丕烈撰　清嘉慶八年（1803）吴門黄氏讀未見書齋影宋刻本　五册

320000－1615－0002053　史0622/300049
金石存十五卷　（清）吴玉搢撰　清嘉慶二十四年（1819）聞妙香室刻本　四册

320000－1615－0002054　史0622/300050
藏書紀事詩七卷　葉昌熾撰　清宣統二年（1910）刻本　六册

320000－1615－0002055　史0623/300051
古泉匯六十卷續古泉匯十六卷　（清）李佐賢撰　清同治三年（1864）利津李氏刻本　二十册

320000－1615－0002056　史0623/300052
周書斠補四卷　（清）孫詒讓撰　清光緒二十六年（1900）籀廎刻本　一册

320000－1615－0002057　史0623/300053
國語校注本三種二十九卷　（清）汪遠孫輯　清道光二十六年（1846）汪氏振綺堂刻本　一册

320000－1615－0002058　史0623/300054
吉金所見録十六卷首一卷末一卷　（清）初尚齡輯　清道光二十一年（1841）刻本　四册

320000－1615－0002059　史0624/300055
闕里文獻考一百卷首一卷末一卷　（清）孔繼汾輯　清刻本　八册

320000－1615－0002060　史0624/300056
康熙己未詞科録十二卷　（清）秦瀛輯　清光緒十四年（1888）刻本　六册

320000－1615－0002061　史0631/300057
金石索十二卷首一卷　（清）馮雲鵷　（清）馮雲鵬輯　清道光元年（1821）滋陽縣署刻本　十二册

320000－1615－0002062　史0632－42/300058
四史　清光緒四年（1878）金陵書局刻本　五十六册　缺一種二卷（史記六十一至六十二）

320000－1615－0002063　史0643－4/300059
舊唐書二百卷目録一卷　（五代）劉昫等撰　清道光二十八年（1848）甘泉岑建功刻本　四十五册

320000－1615－0002064　史0651/300060
金史一百三十五卷　（元）脱脱等撰　清同治十三年（1874）江蘇書局刻本　二十三册

320000－1615－0002065　史0652/300061
東萊先生音注唐鑑二十四卷　（宋）范祖禹撰　（宋）吕祖謙音注　清同治十三年（1874）蓉城尊經書院刻本　四册

320000－1615－0002066　史0652/300062
新唐書二百二十五卷　（宋）歐陽修撰　清同治十二年（1873）浙江書局刻本　七册　存四十六卷（一至三、九至二十四、三十四至六十）

320000－1615－0002067　史0652/300063
遼史一百十五卷　（元）脱脱等撰　清同治十二年（1873）江蘇書局刻本　十二册

320000－1615－0002068　史0653－4/300064
前漢書一百卷　（漢）班固撰　（唐）顔師古注　**後漢書九十卷**　（南朝宋）范曄撰　（唐）李賢注　**續漢志三十卷**　（晉）司馬彪撰　（南朝梁）劉昭注　清同治十二年（1873）嶺東使署刻本　三十二册

320000－1615－0002069　史0654/300065
新斠注地里志集釋十六卷　（清）錢坫撰　（清）徐松集釋　清同治十三年（1874）會稽章氏刻本　八册

320000－1615－0002070　史 0711－2/300066
九朝東華録一百二十卷　王先謙編　清光緒十年(1884)石印本　五十九册

320000－1615－0002071　史 0713/300067
御撰資治通鑑綱目三編六卷　(清)張廷玉撰　清光緒二十八年(1902)上海富強齋石印本　二册

320000－1615－0002072　史 0713/300068
皇朝政典挈要八卷　(日本)增田貢撰　清光緒二十八年(1902)上海中西譯書會石印本　一册

320000－1615－0002073　史 0713/300069
增評加批歷史綱鑑補三十九卷首一卷　(明)袁黄　(明)王世貞撰　清光緒二十八年(1902)上海富強齋石印本　十册

320000－1615－0002074　史 0713/300070
御批增補了凡綱鑑三十九卷　(明)袁黄撰　清光緒二十八年(1902)華文齋石印本　十二册

320000－1615－0002075　史 0714/300071
欽定隋書八十五卷　(唐)魏徵等撰　清光緒二十九年(1903)同文書局石印本　二十二册　缺七卷(二十二至二十四、二十八至三十一)

320000－1615－0002076　史 0714/300072
隋書八十五卷　(唐)魏徵等撰　清光緒鉛印本　三册　存十六卷(二十至三十五)

320000－1615－0002077　史 0714/300073
湖北官書處書目一卷　(清)湖北官書處編　清光緒刻本　一册

320000－1615－0002078　史 0714－5/300074
御批資治通鑑綱目五十九卷　(宋)朱熹撰　**前編十八卷舉要三卷**　(元)金履祥撰　**外紀一卷**　(明)陳桱撰　**續編二十七卷**　(明)商輅等撰　清光緒十三年(1887)同文書局石印本　二十四册

320000－1615－0002079　史 0721/300075
增兩朝御批正續通鑑類纂二十卷　(清)松椿纂　清光緒二十八年(1902)和記書莊石印本　十二册

320000－1615－0002080　史 0721/300076
六朝東華録三十二卷(天命朝到雍正朝)　(清)蔣良騏撰　清刻本　十四册

320000－1615－0002081　史 0721/300077
御批歷代通鑑輯覽一百二十卷　(清)傅恒等撰　清光緒二十九年(1903)上海書局石印本　二十册

320000－1615－0002082　史 0722/300078
讀通鑑綱目劄記二十卷　(清)章邦元撰　清光緒十六年(1890)石印本　六册

320000－1615－0002083　史 0722/300079
通鑑綱目輯要前編二卷正編十九卷續編八卷明史八卷　(清)姚培謙等録　清光緒二十八年(1902)石印本　八册

320000－1615－0002084　史 0722/300080
御批歷代通鑑輯覽一百二十卷　(清)傅恒等撰　清光緒二十年(1894)上海書局石印本　二十四册

320000－1615－0002085　史 0723/300081
聖武記十四卷　(清)魏源撰　清光緒四年(1878)申報館鉛印本　十册

320000－1615－0002086　史 0723/300082
御批歷代通鑑輯覽一百二十卷　(清)傅恒等撰　清光緒二十年(1894)上海書局石印本　二十四册

320000－1615－0002087　史 0724/300083
綱鑑易知録九十二卷附明鑑易知録十五卷　(清)吴乘權等輯　清光緒二十六年(1900)圖書集成印書局鉛印本　十六册

320000－1615－0002088　史 0724/300084
御批歷代通鑑輯覽一百二十卷　(清)傅恒等撰　清光緒二十八年(1902)文林書局石印本　二十册

320000－1615－0002089　史 0725/300085

綱鑑易知録九十二卷附明鑑易知録十五卷（清）吴乘權等輯　清光緒二十七年（1901）上海鑄史齋鉛印本　十六册

320000－1615－0002090　史 0725/300086
荆駝逸史五十三種　（清）陳湖逸士編　清宣統三年（1911）中國圖書館石印本　十六册

320000－1615－0002091　史 0726/300087
通鑑答問五卷　（宋）王應麟撰　清光緒二十八年（1902）石印本　二册

320000－1615－0002092　史 0726/300088
聖武記十四卷　（清）魏源撰　清末上海和記書莊鉛印本　六册

320000－1615－0002093　史 0726/300089
綱鑑易知録九十二卷附明鑑易知録十五卷（清）吴乘權等輯　清光緒二十六年（1900）圖書集成印書局鉛印本　十六册

320000－1615－0002094　史 0731/300090
分類歷代通鑑輯覽六十四卷　（清）陳善纂　清光緒二十九年（1903）文瀾書局石印本　二十四册

320000－1615－0002095　史 0731－4/300091
東華録□□卷（天命朝到道光朝）　王先謙編　清光緒十三年（1887）圖書集成書局鉛印本　五十二册　缺四卷（乾隆四十六至四十九）

320000－1615－0002096　史 0734－5/300092
歷朝紀事本末九種六百五十八卷　（清）陳如升　（清）朱記榮輯　清光緒二十五年（1899）慎記書莊石印本　四十三册

320000－1615－0002097　史 0735/300093
奏摺譜一卷　（清）饒旬宣撰　清光緒九年（1883）京都松林齋刻本　一册

320000－1615－0002098　史 0735/300094
中東戰記本末八卷首一卷末一卷　蔡爾康纂　清光緒二十三年（1897）圖書集成局鉛印本　十二册

320000－1615－0002099　史 0735/300095
十一朝東華録詳節二十四卷（天命朝至同治朝）（清）鄔樹庭編　清光緒二十六年（1900）石印本　十六册

320000－1615－0002100　史 0736/300096
滿洲名臣傳三十二卷漢名臣傳八卷　（清）國史館編　清京都正陽門琉璃廠榮錦書房刻本　四十册

320000－1615－0002101　史 0741－3/300097
讀史方輿紀要一百三十卷方輿圖總説四卷（清）顧祖禹撰　清嘉慶龍氏敷文閣刻光緒五年（1879）蜀南桐花書屋薛氏家塾補刻本　五十册

320000－1615－0002102　史 0743－5/300098
天下郡國利病書一百二十卷　（清）顧炎武撰　清嘉慶龍氏敷文閣刻光緒五年（1879）蜀南桐花書屋薛氏家塾補刻本　五十册

320000－1615－0002103　史 0751/300099
繹史一百六十卷　（清）馬驌撰　清光緒二十三年（1897）武林尚友齋石印本　二十三册　缺八卷（八十七至九十四）

320000－1615－0002104　史 0751/300100
史通通釋二十卷　（清）浦起龍撰　清光緒二十五年（1899）寶文書局石印本　八册

320000－1615－0002105　史 0751/300101
西巡大事本末記六卷　（日本）吉田良太郎譯　清光緒二十七年（1901）上海書局石印本　六册

320000－1615－0002106　史 0752/300102
欽定四庫全書簡明目録二十卷　（清）紀昀等編　清刻本　十册　缺一卷（四）

320000－1615－0002107　史 0752/300103
欽定四庫全書簡明目録二十卷　（清）紀昀等編　清刻本　十二册

320000－1615－0002108　史 0752/300104
欽定四庫全書簡明目録二十卷　（清）紀昀等編　清刻本　十二册

320000－1615－0002109　史 0753/300105
歷代史論十二卷附宋史論三卷元史論一卷明

史論四卷左傳史論二卷歷代史論一編四卷 （明）張溥撰　清光緒二十四年（1898）祥記書莊石印本　六冊

320000－1615－0002110　史 0753/300106
讀書提要錄十二卷 （清）夏之蓉編　清光緒二十八年（1902）新學書局石印本　四冊

320000－1615－0002111　史 0753/300107
通鑑題解十卷 （清）金之光等訂　清光緒二十八年（1902）上海富強齋石印本　六冊

320000－1615－0002112　史 0753/300108
古今史論大觀前編十五卷後編十七卷 雷瑨編輯　清光緒二十七年（1901）硯耕山莊石印本　十二冊

320000－1615－0002113　史 0753/300109
讀通鑑論十卷宋論五卷末一卷 （清）王夫之撰　清光緒二十八年（1902）上海慎記石印本　八冊

320000－1615－0002114　史 0753/300110
漢書蒙拾三卷 （清）杭世駿撰　清光緒十年（1884）上海同文書局石印本　一冊

320000－1615－0002115　史 0753/300111
歷代史學存精六卷 （清）楊以貞撰　清光緒二十四年（1898）上海書局石印本　二冊

320000－1615－0002116　史 0754/300112
新輯分類史論大成十九卷 行素生輯　清光緒二十八年（1902）上海滬濱醉六堂書林石印本　二十冊

320000－1615－0002117　史 0754/300113
新輯分類史論續編大成十六卷 行素生輯　清光緒二十九年（1903）上海醉六堂石印本　十六冊

320000－1615－0002118　史 0755/300114
二十四史文鈔一百十一卷 （清）常安選評　清光緒二十九年（1903）文來書局石印本　十六冊

320000－1615－0002119　史 0755/300115
二十四史論贊七十八卷 （清）陳闓編　清光緒二十八年（1902）文淵山房石印本　十二冊

320000－1615－0002120　史 0755/300116
史略八十七卷 （清）朱堃輯　清光緒十二年（1886）積山書局石印本　六冊

320000－1615－0002121　史 0755/300117
二十四史約編八卷首一卷 （清）鄭元慶撰　清光緒二十五年（1899）上海書局石印本　八冊

320000－1615－0002122　史 0756/300118
古香齋鑒賞袖珍春明夢餘録七十卷 （清）孫承澤撰　清古香齋刻本　二十四冊

320000－1615－0002123　史 0811－22/300119
資治通鑑二百九十四卷 （宋）司馬光撰　（元）胡三省音注　**釋文辨誤十二卷** （元）胡三省撰　清同治十年（1871）湖北崇文書局刻本　一百四冊

320000－1615－0002124　史 0823/300120
國語二十一卷 （三國吴）韋昭注　（宋）宋庠補音　清刻本　四冊

320000－1615－0002125　史 0823/300121
南史八十卷 （唐）李延壽撰　清同治十一年（1872）金陵書局刻本　十一冊　存七十二卷（一至四十、四十九至八十）

320000－1615－0002126　史 0823/300122
［山西汾陽］汾陽韓氏支譜四卷 （清）韓幼蕓纂修　清光緒二十二年（1896）恭壽堂木活字印本　四冊

320000－1615－0002127　史 0823/300123
［山西汾陽］汾陽韓氏支譜四卷 （清）韓幼蕓纂修　清光緒二十二年（1896）恭壽堂木活字印本　四冊

320000－1615－0002128　史 0824/300124
輿地圖考六卷 （明）程道生輯　清刻本　一冊　存二卷（三至四）

320000－1615－0002129　史 0824/300125
天均巵言一卷 （清）郭階撰　清光緒十五年

(1889)刻本　一册

320000－1615－0002130　史0824/300126
聖武記十四卷　(清)魏源撰　清道光二十二年(1842)古微堂刻本　十二册

320000－1615－0002131　史0824/300127
明史稿三百十卷　(清)王鴻緒撰　清敬慎堂刻本　十册　存四十四卷(本紀六至十九、志一至三十)

320000－1615－0002132　史0831－4/300128
資治通鑑二百九十四卷　(宋)司馬光撰　(元)胡三省音注　**釋文辨誤十二卷**　(元)胡三省撰　清嘉慶二十一年(1816)鄱陽胡克家刻同治八年(1869)江蘇書局補刻本　一百二册

320000－1615－0002133　史0841－4/300129
資治通鑑全書四百一卷　(宋)司馬光撰　(清)胡元常輯　清光緒十七年(1891)長沙胡元常刻本　一百二十册

320000－1615－0002134　史0851－2/300130
續資治通鑑二百二十卷　(清)畢沅輯　清同治八年(1869)江蘇書局刻本　六十册

320000－1615－0002135　史0853/300131
資治通鑑外紀十卷目録五卷　(宋)劉恕編　清同治十年(1871)江蘇書局刻本　十册

320000－1615－0002136　史0853/300132
資治通鑑目録三十卷　(宋)司馬光撰　清同治八年(1869)江蘇書局刻本　十册

320000－1615－0002137　史0854/300133
湘軍記二十卷　(清)王定安撰　清光緒十五年(1889)江南書局刻本　九册　缺二卷(一至二)

320000－1615－0002138　史0854/300134
平閩紀十三卷　(清)楊捷撰　清道光十年(1830)刻本　八册

320000－1615－0002139　史0854/300135
資治通鑑目録三十卷　(宋)司馬光撰　清同治八年(1869)江蘇書局刻本　十册

320000－1615－0002140　史0911/300136
資治通鑑校勘記七卷　(清)張瑛撰　清光緒八年(1882)江蘇書局刻本　二册

320000－1615－0002141　史0911/300137
通鑑地理今釋十六卷　(清)吴熙載撰　清光緒八年(1882)江蘇書局刻本　三册

320000－1615－0002142　史0911/300138
資治通鑑目録三十卷　(宋)司馬光撰　清同治八年(1869)江蘇書局刻本　六册　存十八卷(十三至三十)

320000－1615－0002143　史0911/300139
稽古録二十卷　(宋)司馬光撰　清同治十一年(1872)湖北崇文書局刻本　四册

320000－1615－0002144　史0911/300140
東萊先生音注唐鑑二十四卷　(宋)范祖禹撰　(宋)吕祖謙音注　清光緒十八年(1892)浙江書局影刻本　四册

320000－1615－0002145　史0911/300141
通鑑答問五卷　(宋)王應麟撰　清刻本　一册　存二卷(四至五)

320000－1615－0002146　史0911/300142
通鑑答問五卷　(宋)王應麟撰　清刻本　一册

320000－1615－0002147　史0912－3/300143
明通鑑一百卷前編四卷附編六卷　(清)夏燮編輯　清光緒二十三年(1897)湖北官書處刻本　四十册

320000－1615－0002148　史0914/300144
明紀六十卷　(清)陳鶴撰　清同治十年(1871)江蘇書局刻本　二十册

320000－1615－0002149　史0921－3/300145
御批歷代通鑑輯覽一百二十卷　(清)傅恒等撰　清同治十一年(1872)湖北崇文書局刻本　六十册

320000－1615－0002150　史0924－31/300146
御批歷代通鑑輯覽一百二十卷　(清)傅恒等

撰　清刻本　六十册

320000－1615－0002151　史 0932－4/300147
御批歷代通鑑輯覽一百二十卷　（清）傅恒等撰　清同治十三年（1874）湖南書局刻本　六十四册

320000－1615－0002152　史 0934－5/300148
御批歷代通鑑輯覽一百二十卷　（清）傅恒等撰　清刻本　三十三册　存八十一卷（三十至六十、七十一至一百二十）

320000－1615－0002153　史 0941/300149
清儀閣題跋不分卷　（清）張廷濟撰　清刻本　四册

320000－1615－0002154　史 0941/300150
觀古閣泉説三卷　（清）鮑康撰　清末影印本　一册

320000－1615－0002155　史 0941/300151
復堂日記八卷　（清）譚獻撰　清光緒十三年（1887）刻半廠叢書初編本　三册

320000－1615－0002156　史 0941/300152
鄭學録四卷　（清）鄭珍撰　清同治四年（1865）刻本　一册

320000－1615－0002157　史 0941/300153
雙池先生［汪紱］年譜四卷　（清）余龍光編　清同治五年（1866）刻本　二册

320000－1615－0002158　史 0941/300154
匋齋藏石記四十四卷附藏甎記二卷　（清）端方撰　清宣統二年（1910）上海商務印書館石印本　八册

320000－1615－0002159　史 0942/300155
御撰資治通鑑綱目三編四十卷　（清）朱珪等撰　清同治十一年（1872）江西書局刻本　六册　存十九卷（一至十九）

320000－1615－0002160　史 0942/300156
御撰資治通鑑綱目三編四十卷　（清）朱珪等撰　清同治十一年（1872）江西書局刻本　六册　存十九卷（一至十九）

320000－1615－0002161　史 0942/300157
四庫未收書目提要五卷　（清）阮元撰　清道光二年（1822）刻本　二册

320000－1615－0002162　史 0942/300158
小腆紀年坿考二十卷　（清）徐鼒撰　清咸豐十一年（1861）刻本　十册　缺二卷（九至十）

320000－1615－0002163　史 0942/300159
三國志質疑六卷　徐紹楨撰　清刻本　一册　存三卷（四至六）

320000－1615－0002164　史 0942/300160
歷仕録一卷　（明）王之垣撰　清惺心樓王氏家塾刻本　一册

320000－1615－0002165　史 0942/300161
漢口叢談六卷　（清）范鍇撰　清刻本　一册

320000－1615－0002166　史 0942/300162
國朝謚法考一卷　（清）王士禛輯　清刻本　一册

320000－1615－0002167　史 0943/300163
舊唐書二百卷　（五代）劉昫等撰　清同治十一年（1872）浙江書局刻本　四册　存十四卷（一百七十五至一百七十八、一百九十一至二百）

320000－1615－0002168　史 0943－4/300164
舊唐書二百卷　（五代）劉昫等撰　清同治十一年（1872）浙江書局刻本　四十册

320000－1615－0002169　史 0951/300165
尚史七十卷　（清）李鍇撰　清乾隆三十八年（1773）悦道樓刻本　二十册

320000－1615－0002170　史 0952/300166
北史一百卷　（唐）李延壽撰　清同治十二年（1873）金陵書局刻本　二十册

320000－1615－0002171　史 0953－4/300167
唐書二百二十五卷　（宋）歐陽修等撰　清同治十二年（1873）浙江書局刻本　四十八册

320000－1615－0002172　史 1011－4/300168
全上古三代秦漢三國六朝文七百四十六卷　（清）嚴可均輯　清光緒二十年（1894）黄岡王氏刻本　八十册

320000－1615－0002173　史 1014/300169
水經注釋五十四卷　(清)趙一清撰　清光緒六年(1880)蛟川張氏花雨樓刻本　二十册

320000－1615－0002174　史 3911－4/300170
[雍正]浙江通志二百八十卷首三卷　(清)李衛等修　(清)傅王露等纂　清乾隆元年(1736)刻本　一百十八册

320000－1615－0002175　史 1021/300171
蘇穎濱[轍]年譜不分卷　(宋)孫汝聽編　清宣統刻本　一册

320000－1615－0002176　史 1021/300172
[江蘇常熟]牧齋晚年家乘文一卷　(清)錢謙益撰　清宣統三年(1911)上海國學扶輪社鉛印本　一册

320000－1615－0002177　史 1021/300173
三輔黄圖六卷　鄧傳安校　清刻本　一册

320000－1615－0002178　史 1021/300174
增訂漢魏叢書　(清)王謨輯　清刻本　一册　存四種九卷(西京雜記六卷、漢武帝内傳一卷、飛燕外傳一卷、雜事秘章一卷)

320000－1615－0002179　史 1021/300175
越絶書十五卷　(漢)袁康撰　清末刻本　一册

320000－1615－0002180　史 1021/300176
[宣統]上元江甯鄉土合志六卷　陳作霖編　清宣統二年(1910)刻本　一册

320000－1615－0002181　史 1021/300177
鶴徵録八卷　(清)李集輯　清刻本　一册　存三卷(一至三)

320000－1615－0002182　史 1021/300178
吴越春秋六卷　(漢)趙曄撰　清刻本　一册

320000－1615－0002183　史 1021/300179
平津館鑑藏書籍記三卷補遺一卷續編一卷　(清)孫星衍撰　清刻本　二册　缺一卷(一)

320000－1615－0002184　史 1021/300180
拜經樓藏書題跋記五卷附録一卷　(清)吴壽暘纂　清道光刻本　二册　缺二卷(一至二)

320000－1615－0002185　史 1021/300181
孫氏祠堂書目内編四卷外篇三卷　(清)孫星衍撰　清光緒刻本　二册　缺二卷(内編一至二)

320000－1615－0002186　史 1021/300182
曝書雜記三卷　(清)錢泰吉撰　清同治七年(1868)刻本　三册

320000－1615－0002187　史 1021/300183
藏書紀事詩六卷　葉昌熾撰　清光緒二十三年(1897)刻本　四册　缺二卷(四至五)

320000－1615－0002188　史 1021/300184
前塵夢影録二卷　(清)徐康撰　清刻本　一册

320000－1615－0002189　史 1023/300185
左傳事緯十二卷附前書八卷　(清)馬驌撰　清刻本　十册

320000－1615－0002190　史 1023/300186
明史紀事本末詳節六卷　(清)谷應泰輯　林紓重編　清光緒二十八年(1902)五城學堂鉛印本　六册

320000－1615－0002191　史 1023/300187
左傳事緯十二卷　(清)馬驌撰　清刻本　六册

320000－1615－0002192　史 1023/300188
西夏紀事本末三十六卷　(清)張鑑編　清光緒十年(1884)江蘇書局刻本　四册

320000－1615－0002193　史 1024/300189
開有益齋讀書志六卷附金石記一卷讀書續志一卷　(清)朱緒曾撰　清光緒六年(1880)金陵翁氏茹古閣刻本　四册

320000－1615－0002194　史 1024/300190
國朝事略五卷　(清)金陵江楚編譯官書局編輯　清末刻本　二册

320000－1615－0002195　史 1024/300191
湘軍記二十卷　(清)王定安撰　清光緒十五年(1889)江南書局刻本　八册　缺一卷(九)

320000－1615－0002196　史 1025/300192

聖武記十四卷　(清)魏源撰　清道光二十六年(1846)刻本　十册

320000－1615－0002197　史1025/300193
綱鑑正史約三十六卷　(明)顧錫疇撰　(清)陳宏謀輯　清乾隆二年(1737)刻本　二十册

320000－1615－0002198　史1031/300194
荆駝逸史五十三種　(清)陳湖逸士編　清古槐書屋木活字印本　三十册

320000－1615－0002199　史1032/300195
南疆繹史勘本三十卷首二卷摭遺十八卷卹謚考八卷　(清)溫睿臨撰　清道光十年(1830)古高易氏補刻本　十四册

320000－1615－0002200　史1032/300196
周季編略九卷　(清)黄式三纂　清同治十二年(1873)浙江書局刻本　四册

320000－1615－0002201　史1032/300197
靖逆記六卷　(清)蘭簃外史撰　清嘉慶二十五年(1820)有蓮齋刻本　一册

320000－1615－0002202　史1032/300198
讀通鑑綱目條記二十卷　(清)李述來撰　清刻本　七册　存十七卷(一至十七)

320000－1615－0002203　史1033/300199
野獲編三十卷　(明)沈德符撰　清道光七年(1827)姚氏扶荔山房刻本　十六册

320000－1615－0002204　史1033/300200
皇朝武功紀盛四卷　(清)趙翼撰　清乾隆五十七年(1792)湛貽堂刻本　一册

320000－1615－0002205　史1033/300201
金陵兵事彙略四卷　(清)李圭撰　清光緒十三年(1887)刻本　一册

320000－1615－0002206　史1034/300202
鄂國金陀稡編二十八卷　(宋)岳珂撰　清光緒九年(1883)浙江書局刻本　六册

320000－1615－0002207　史1034/300203
金陀續編三十卷　(宋)岳珂撰　清光緒九年(1883)浙江書局刻本　六册

320000－1615－0002208　史1034/300204
夢粱録二十卷　(宋)吴自牧撰　清刻本　八册

320000－1615－0002209　史1034/300205
貞觀政要十卷　(唐)吴兢撰　清掃葉山房席氏刻本　四册

320000－1615－0002210　史1041－6/300206
二十四史　清光緒二十八年(1902)竢實齋石印本　二百册

320000－1615－0002211　史1051/300207
十國春秋一百十六卷　(清)吴任臣撰　清乾隆五十八年(1793)照文周氏此宜閣刻本　十五册

320000－1615－0002212　史1051/300208
曾文正公奏議十卷首一卷末一卷　(清)曾國藩撰　清同治十三年(1874)上海醉六堂刻本　十册

320000－1615－0002213　史1052/300209
廿二史劄記三十六卷　(清)趙翼撰　清光緒二十六年(1900)湖南新化西會山館刻本　十二册

320000－1615－0002214　史1052/300210
遼金元史語解三種四十六卷　(清)高宗弘曆撰　清光緒四年(1878)江蘇書局刻本　十册

320000－1615－0002215　史1053/300211
十七史商榷一百卷　(清)王鳴盛撰　清光緒六年(1880)太原王氏刻本　二十四册

320000－1615－0002216　史1053/300212
遼金元史語解三種四十六卷　(清)高宗弘曆撰　清光緒四年(1878)江蘇書局刻本　十册

320000－1615－0002217　史1054/300213
遼史拾遺二十四卷　(清)厲鶚撰　清光緒元年(1875)江蘇書局刻本　八册

320000－1615－0002218　史1054/300214
遼史拾遺二十四卷　(清)厲鶚撰　清光緒元年(1875)江蘇書局刻本　八册

320000－1615－0002219　史1054/300215

遼史拾遺補五卷 （清）楊復吉輯 清光緒三年(1877)江蘇書局刻本 二册

320000－1615－0002220 史1054/300216
遼史拾遺補五卷 （清）楊復吉輯 清光緒三年(1877)江蘇書局刻本 二册

320000－1615－0002221 史1054/300217
元史藝文志四卷 （清）錢大昕撰 清嘉慶刻本 一册

320000－1615－0002222 史1054/300218
金史詳校十卷附史論五答一卷 （清）施國祁撰 清光緒六年(1880)會稽章氏刻本 九册 存八卷(一至八)

320000－1615－0002223 史1054/300219
元史藝文志四卷元史氏族表三卷 （清）錢大昕撰 清嘉慶五年至十一年(1800－1806)江蘇書局刻本 三册

320000－1615－0002224 史1111－4/300220
資治通鑑補二百九十四卷 （宋）司馬光撰 （元）胡三省音注 （清）嚴衍補 清光緒二年(1876)思補樓木活字印本 八十册

320000－1615－0002225 史1114/300221
新刊古列女傳八卷 （漢）劉向撰 清道光五年(1825)揚州阮氏刻本 二册

320000－1615－0002226 史1114/300222
逸周書十卷 （晉）孔晁注 **校正補遺一卷附録一卷** （清）盧文弨校 清乾隆五十一年(1786)盧文弨刻抱經堂叢書本 二册

320000－1615－0002227 史1114/300223
竹書紀年二卷 （清）張宗泰補 清道光刻本 一册

320000－1615－0002228 史1115/300224
國語二十一卷 （三國吴）韋昭注 **戰國策三十三卷** （漢）高誘注 清光緒二十二年(1896)鴻寶齋石印本 八册

320000－1615－0002229 史1115/300225
竹書紀年二卷 （南朝梁）沈約注 （明）吴琯校 （清）汪士漢校 **楚史檮杌一卷晉史乘一卷** （清）汪士漢輯 清康熙七年(1668)刻本 一册

320000－1615－0002230 史1115/300226
晉書一卷 （晉）王隱撰 （清）汪中選 清末民國刻黄氏逸書考本 二册

320000－1615－0002231 史1115/300227
竹書紀年二卷 （南朝梁）沈約注 （明）吴琯校 清刻本 一册

320000－1615－0002232 史1115/300228
踐阼篇集解一卷周書王會補注一卷 （宋）王應麟撰 清刻本 一册

320000－1615－0002233 史1115/300229
北史一百卷 （唐）李延壽撰 清光緒十四年(1888)上海圖書集成印書局鉛印本 十六册

320000－1615－0002234 史1115/300230
張忠烈公[煌言]年譜一卷 （清）趙之謙輯 清光緒刻本 一册

320000－1615－0002235 史1115/300231
顧亭林[炎武]年譜四卷 （清）張穆輯 清道光、光緒間南海伍氏刻粤雅堂叢書本 二册

320000－1615－0002236 史1121－2/300232
弘簡録二百五十四卷 （明）邵經邦撰 清刻本 三十六册

320000－1615－0002237 史1122/300233
續弘簡録元史類編四十二卷 （清）邵遠平撰 清刻本 六册 存二十一卷(二十二至四十二)

320000－1615－0002238 史1123－4/300234
明史稿三百十卷目録三卷 （清）王鴻緒編 清敬慎堂刻本 四十七册 缺七十六卷(六十三至九十七、一百二十五至一百六十、一百九十八至二百二)

320000－1615－0002239 史1125/300235
明通鑑九十卷附編六卷 （清）夏燮編輯 清光緒二十六年(1900)掃葉山房石印本 十六册

320000－1615－0002240 史1125/300236

水經注圖一卷附録一卷　(清)汪士鐸撰　清咸豐石印本　二册

320000－1615－0002241　史1125/300237
歸[有光]顧[炎武]朱[柏廬]三先生年譜合刻四種附觀復堂稿略一卷　(清)金吴瀾輯　清光緒刻本　六册

320000－1615－0002242　史1125/300238
王船山讀通鑑論十六卷附宋論十五卷　(清)王夫之撰　清光緒三十年(1904)商務印書館鉛印本　十册

320000－1615－0002243　史1125/300239
四上書記四卷　康有為撰　清光緒二十三年(1897)慎記書莊石印西政叢書本　一册

320000－1615－0002244　史1125/300240
古夫于亭雜録六卷　(清)王士禛撰　清光緒三年(1877)刻本　二册

320000－1615－0002245　史1125/300241
文求堂唐本書目不分卷　(日本)田中慶太郎編　清宣統二年(1910)鉛印本　一册

320000－1615－0002246　史1131/300242
潛研堂金石文跋尾六卷續七卷又續六卷三續六卷　(清)錢大昕撰　清乾隆、嘉慶間刻潛研堂全書本　四册

320000－1615－0002247　史1131/300243
皇朝詞林典故六十四卷　(清)陳希曾等纂　清嘉慶十年(1805)刻本　三十四册

320000－1615－0002248　史1132/300244
吴地記一卷後集一卷　(唐)陸廣微撰　清同治十二年(1873)江蘇書局刻本　一册

320000－1615－0002249　史1132/300245
荆州記三卷　(南朝宋)盛宏之撰　清光緒十九年(1893)刻本　一册

320000－1615－0002250　史1132/300246
語石十卷　葉昌熾撰　清宣統元年(1909)刻本　三册　存三卷(八至十)

320000－1615－0002251　史1132/300247
潛研堂金石文字目録八卷　(清)錢大昕撰　清乾隆、嘉慶間刻潛研堂全書本　二册

320000－1615－0002252　史1132/300248
明史稿三百十卷目録三卷　(清)王鴻緒撰　清敬慎堂刻本　二十一册　存一百四十卷(列傳一至一百四十)

320000－1615－0002253　史1133－4/300249
明史稿三百十卷目録三卷　(清)王鴻緒編　清敬慎堂刻本　七十二册　缺三十一卷(列傳五十七至八十七)

320000－1615－0002254　史1141/300250
大金國志四十卷　(宋)宇文懋昭撰　清掃葉山房刻本　四册

320000－1615－0002255　史1141/300251
契丹國志二十七卷　(宋)葉隆禮撰　清掃葉山房刻本　二册

320000－1615－0002256　史1141－2/300252
明史稿三百十卷目録三卷　(清)王鴻緒編　清敬慎堂刻本　三十二册　存一百五十七卷(列傳一百五至二百五、志三十一至七十七、表一至九)

320000－1615－0002257　史1143/300253
湘軍記二十卷　(清)王定安撰　清光緒十五年(1889)江南書局刻本　八十册

320000－1615－0002258　史1143/300254
續弘簡録元史類編四十二卷　(清)邵遠平撰　清繼善堂刻本　十二册

320000－1615－0002259　史1144/300255
晉略六十五卷序目一卷　(清)周濟撰　清光緒二年(1876)味雋齋刻本　十册

320000－1615－0002260　史1144/300256
明紀六十卷　(清)陳鶴撰　清同治十年(1871)江蘇書局刻本　十册　存三十卷(一至三十)

320000－1615－0002261　史1144/300257
元史譯文證補三十卷　(清)洪鈞撰　清光緒二十六年(1900)廣雅書局刻本　四册

320000－1615－0002262　史1151/300258

[光緒]元和郡縣補志九卷 （清）嚴觀輯 清光緒八年（1882）金陵書局刻本 二冊

320000－1615－0002263 史1151/300259
[光緒]元和郡縣圖志四十卷 （唐）李吉甫撰 闕卷逸文一卷 （清）周夢棠輯 清光緒六年（1880）金陵書局刻本 八冊

320000－1615－0002264 史1151/300260
全校水經注四十卷附録二卷補遺一卷正誤一卷 （北魏）酈道元撰 清光緒十四年（1888）寧波崇實書院刻本 二十冊

320000－1615－0002265 史1152/300261
續漢書八志三十卷 （晉）司馬彪撰 （南朝梁）劉昭注 清金陵書局刻本 二十一冊

320000－1615－0002266 史1152/300262
史外□□卷 （清）汪有典撰 清刻本 六冊 存六卷（三至八）

320000－1615－0002267 史1152/300263
水經注四十卷 （北魏）酈道元撰 清天都黄曉峰槐蔭草堂刻本 六冊

320000－1615－0002268 史1152/300264
文公朱夫子年譜一卷 （清）高愈編 清詩業堂刻本 一冊

320000－1615－0002269 史1152/300265
東坡先生[蘇軾]年譜一卷 （宋）王宗稷編 清刻本 一冊

320000－1615－0002270 史1152/300266
陸清獻公莅嘉遺蹟三卷 （清）黄維玉編 清同治六年（1867）刻本 一冊

320000－1615－0002271 史1152/300267
讀史鏡古編三十二卷 （清）潘世恩輯 清同治十三年（1874）冶城飛霞閣刻本 一冊

320000－1615－0002272 史1152/300268
列女傳八卷 （漢）劉向撰 清道光汪氏振綺堂刻本 二冊

320000－1615－0002273 史1154/300269
太湖備考十六卷 （清）金友理纂述 清刻本 四冊 存七卷（三至九）

320000－1615－0002274 史1153/300270
明史稿三百十卷目録三卷 （清）王鴻緒編 清敬慎堂刻本 四十冊 存一百五十九卷（志十三至七十七、表一至九、列傳一至八十五）

320000－1615－0002275 史1154/300271
金石契不分卷 （清）張燕昌撰 清光緒二十二年（1896）劉氏聚學軒刻本 四冊

320000－1615－0002276 史1154/300272
石鼓文釋存一卷石鼓文釋存補注一卷 （清）張燕昌述 清光緒二十八年（1902）刻本 一冊

320000－1615－0002277 史1154/300273
常山貞石志二十四卷 （清）沈濤撰 清光緒二十年（1894）靈溪精舍刻本 十冊

320000－1615－0002278 史1211/300274
痛史二十種 樂天居士輯 清宣統三年（1911）商務印書館鉛印本 二十八冊 存十八種三十八卷

320000－1615－0002279 史1211/300275
九江城守記二卷 （清）徐世溥撰 清末石印本 一冊

320000－1615－0002280 史1211/300276
東洋史要二卷 （日本）桑原騭藏撰 （清）樊炳清譯 清光緒東文學社石印本 四冊

320000－1615－0002281 史1211/300277
明季稗史正編二十七卷 （清）留雲居士輯 清光緒二十九年（1903）商務印書館鉛印本 四冊 存十九卷（五至二十三）

320000－1615－0002282 史1211/300278
辛巳泣蘄録不分卷 （宋）趙與褒編 清光緒三十二年（1906）國學保存會鉛印本 一冊

320000－1615－0002283 史1212/300279
鄴中記一卷 （晉）陸翽撰 清乾隆武英殿木活字印武英殿聚珍版書本 一冊

320000－1615－0002284 史1212/300280
麟臺故事五卷首一卷末一卷 （宋）程俱撰

清刻本　一册

320000－1615－0002285　史1212/300281
勝國文徵四卷　(清)楊家麟輯　清光緒鉛印本　二册

320000－1615－0002286　史1212/300282
勝國文徵四卷　(清)楊家麟輯　清光緒鉛印本　二册

320000－1615－0002287　史1212/300283
抄報隨聞録十卷　題(清)樗園退叟編　清同治二年(1863)刻本　四册

320000－1615－0002288　史1212/300284
能一編二卷　(清)金安清撰　清光緒二年(1876)鉛印本　一册

320000－1615－0002289　史1212/300285
夢粱録二十卷　(宋)吴自牧撰　清刻本　二册　存七卷(一至七)

320000－1615－0002290　史1212/300286
夢粱録二十卷　(宋)吴自牧撰　清刻本　一册　存二卷(三至四)

320000－1615－0002291　史1212/300287
野記四卷　(明)祝允明撰　清光緒四年(1878)申報館鉛印本　二册

320000－1615－0002292　史1212/300288
軍機故事二卷補遺一卷　(清)姚文棟撰　清光緒七年(1881)謨觴室刻本　一册

320000－1615－0002293　史1212/300289
東征集六卷　(清)藍鼎元撰　清光緒四年(1878)申報館鉛印本　二册

320000－1615－0002294　史1212/300290
嘯亭雜録十卷續録三卷　(清)昭槤撰　清末上海申報館鉛印本　十册

320000－1615－0002295　史1212/300291
熙朝新語十六卷　(清)余金輯　清光緒六年(1880)經綸堂刻本　八册

320000－1615－0002296　史1213/300292
安法戰紀一卷　(□)□□撰　清光緒十年(1884)上海王氏刻本　一册

320000－1615－0002297　史1213/300293
中西紀事二十四卷　(清)夏燮撰　清光緒二十三年(1897)慎記書莊石印本　八册

320000－1615－0002298　史1213/300294
繪圖越法戰書不分卷　(清)□□撰　清光緒十年(1884)上海王氏刻本　四册

320000－1615－0002299　史1213/300295
西事類編十六卷　(清)沈純輯　清光緒十三年(1887)申報館鉛印本　六册

320000－1615－0002300　史1213/300296
各國時事類編十八卷　(清)沈純輯　清光緒二十一年(1895)上海書局石印本　四册

320000－1615－0002301　史1213/300297
俄國新志八卷　(英國)陔勒低撰　(英國)傅蘭雅　(清)潘松同譯　清光緒二十七年(1901)上海書局石印本　四册

320000－1615－0002302　史1213/300298
支那文明史論一卷　(日本)中西牛郎撰　(清)普通學書室譯　清光緒二十七年(1901)普通學書社鉛印本　一册

320000－1615－0002303　史1213/300299
東藩紀要十二卷補録一卷　(清)薛培榕編　清光緒八年(1882)申報館鉛印本　四册

320000－1615－0002304　史1213/300300
國朝遺事紀聞不分卷　湯殿三撰　清宣統二年(1910)民興報館鉛印本　一册

320000－1615－0002305　史1214/300301
史學叢書初集十四種一百六十七卷二集二十九種一百五十卷　(清)□□輯　清光緒二十八年(1902)文瀾書局石印本　三十二册　存四十二種三百十三卷(初集史記志疑三十六卷、史表功比説一卷、史記天官書補目一卷、楚漢諸侯疆域志三卷、史漢駢枝一卷、人表考九卷、漢書辨疑二十二卷、補續漢書藝文志一卷、後漢書辨疑十一卷、後漢郡國令長考一卷、續漢書辨疑九卷、漢書注校補五十六卷、後漢書注補正八卷、後漢書補表八卷，二集補三史藝文志一卷、三國志辨疑三卷、三國志考證八卷、三史拾遺五卷、補三國疆域志二卷、三國志旁證三十卷、三國職官表三卷、三國志補注續一卷、四史朔闰考二卷、晉書校勘記五卷、東晉疆域志四卷、補晉兵志一卷、晉宋書故一卷、補梁疆域四卷、魏書校勘記一卷、新舊南書互證二十卷、諸史考異十八卷、補五代史藝文志一卷、讀史舉正八卷、讀史拾遺五卷、宋州郡志校勘記一卷、宋史藝文志補一卷、補宋書刑法志一卷、補宋書倉貨志一卷、補遼金元藝文志一卷、十六國疆域志十六卷、後漢書注又補一卷、後漢書補注續一卷）

320000－1615－0002306　史 1214/300302
支那新史攬要六卷　（日本）增田貢撰　清光緒二十七年（1901）上海會文堂石印本　三册　存四卷（一至三、六）

320000－1615－0002307　史 1214/300303
支那新史攬要六卷　（日本）增田貢撰　清光緒二十七年（1901）上海會文堂石印本　六册　存三卷（一至二、六）

320000－1615－0002308　史 1214/300304
萬國史記二十卷　（日本）岡本監輔撰　清光緒二十一年（1895）讀有用書齋石印本　十册

320000－1615－0002309　史 1214/300305
支那新史攬要六卷　（日本）增田貢撰　清光緒二十七年（1901）上海會文堂石印本　一册　存一卷（六）

320000－1615－0002310　史 1214/300306
支那新史攬要六卷　（日本）增田貢撰　清光緒二十七年（1901）上海會文堂石印本　一册　存一卷（六）

320000－1615－0002311　史 1215/300307
綱鑑易知録九十二卷附明鑑易知録十五卷（清）吴乘權等輯　清光緒十六年（1890）廣百宋齋鉛印本　十六册

320000－1615－0002312　史 1215/300308
水經注四十卷　（北魏）酈道元撰　清刻本　九册　存三十六卷（五至四十）

320000－1615－0002313　史 1216/300309
南史八十卷　（唐）李延壽撰　清光緒十年（1884）上海同文書局石印本　二十册

320000－1615－0002314　史 1221/300310
興國史談四卷　（日本）内村鑑三撰　清光緒泰東時務譯印局鉛印本　二册

320000－1615－0002315　史 1221/300311
世界諸國名義考一卷　（日本）秋鹿見二撰　清光緒二十九年（1903）廣智書局鉛印本　一册

320000－1615－0002316　史 1221/300312
萬國垂涎中華近事三卷　（法國）畢龍等撰譯　清光緒二十八年（1902）鉛印本　二册

320000－1615－0002317　史 1221/300313
九國志十二卷　（宋）路振撰　（宋）張唐英補　清道光二十七年（1847）刻海山仙館叢書本　二册

320000－1615－0002318　史 1221/300314
猶太史一卷　（日本）北村三郎撰　趙必振譯　清光緒二十九年（1903）廣智書局鉛印本　一册

320000－1615－0002319　史 1221/300315
亞西裡亞巴比倫史一卷　（日本）北村三郎編　趙必振譯　清光緒二十八年（1902）廣智書局鉛印本　一册

320000－1615－0002320　史 1221/300316
日本新史攬要七卷　（日本）石村貞一編（清）游瀛主人譯　清光緒二十五年（1899）石印本　七册

320000－1615－0002321　史 1221/300317
歐洲歷史攬要四卷　（日本）長谷川誠也撰　清光緒二十八年（1902）敬業學社石印本　一册

320000－1615－0002322　史 1221/300318
西史綱目二十卷　（清）周維翰撰　清光緒二十七年（1901）常州經世文社石印本　十册

320000－1615－0002323　史 1221/300319
印度史攬要不分卷　(英國)實星亨德偉良撰　(清)任廷旭譯　清光緒二十七年(1901)上海廣學會鉛印本　一冊

320000－1615－0002324　史 1221/300320
埃及近世史不分卷　(日本)柴四郎撰　出洋學生編輯所編　清光緒二十八年(1902)上海商務印書館鉛印本　一冊

320000－1615－0002325　史 1221/300321
埃及史三篇　(日本)北村三郎撰　趙必振譯　清光緒二十九年(1903)廣智書局鉛印本　一冊

320000－1615－0002326　史 1221/300322
世界萬國歷史問答不分卷　(清)邵百非譯　清光緒二十八年(1902)進化社鉛印本　一冊

320000－1615－0002327　史 1221/300323
亞剌伯史一卷　(日本)北村三郎撰　趙必振譯　清光緒二十九年(1903)廣智書局鉛印本　一冊

320000－1615－0002328　史 1221/300324
波斯史一卷　(日本)北村三郎撰　趙必振譯　清光緒二十九年(1903)廣智書局鉛印本　一冊

320000－1615－0002329　史 1221/300325
腓尼西亞史一卷　(日本)北村三郎撰　趙必振譯　清光緒二十九年(1903)廣智書局鉛印本　一冊

320000－1615－0002330　史 1222/300326
希臘獨立史一卷　(日本)柳井絅齋撰　秦嗣宗譯　清光緒二十八年(1902)上海廣智書局鉛印本　一冊

320000－1615－0002331　史 1222/300327
英法義比志譯略四卷　(清)薛福成撰　吴宗濂譯　清光緒二十五年(1899)上海石印本　二冊

320000－1615－0002332　史 1222/300328
普法戰記輯要四卷　(清)王韜譯　(清)李光廷輯　清同治十二年(1873)刻榕園叢書本　一冊

320000－1615－0002333　史 1222/300329
普奧戰史一卷附録一卷　(日本)羽化生撰　(清)趙天驥譯述　清光緒二十八年(1902)商務印書館鉛印本　一冊

320000－1615－0002334　史 1222/300330
埃及近世史二十六章　(日本)柴四郎撰　麥鼎華譯　清光緒二十八年(1902)廣智書局鉛印本　一冊

320000－1615－0002335　史 1222/300331
意大利獨立史一卷　(日本)松井廣吉撰　(清)張仁普譯　清光緒二十九年(1903)廣智書局鉛印本　一冊

320000－1615－0002336　史 1222/300332
德意志全史二卷　(日本)河上清撰　(清)褚嘉猷譯　清光緒二十九年(1903)上海通雅書局鉛印本　二冊

320000－1615－0002337　史 1222/300333
元朝秘史十五卷　(清)李文田注　清光緒二十九年(1903)上海書局石印本　四冊

320000－1615－0002338　史 1222/300334
元朝秘史十五卷　(清)李文田注　清光緒二十九年(1903)上海書局石印本　四冊

320000－1615－0002339　史 1222/300335
元史譯文證補三十卷　(清)洪鈞撰　清光緒二十三年(1897)石印本　四冊

320000－1615－0002340　史 1222/300336
元史譯文證補三十卷　(清)洪鈞撰　清光緒二十三年(1897)石印本　四冊

320000－1615－0002341　史 1222/300337
元朝秘史十五卷　(清)李文田注　清光緒二十九年(1903)上海書局石印本　四冊

320000－1615－0002342　史 1222/300338
俄史輯譯四卷　(清)徐景羅譯　清光緒二十四年(1898)富強齋石印本　二冊

320000－1615－0002343　史 1222/300339

俄羅斯史二卷　(日本)山本利喜雄撰　麥鼎華譯　清光緒二十九年(1903)廣智書局鉛印本　二册

320000－1615－0002344　史 1223/300340
大英帝王世系表并紀略一卷　(清)郭鍾岳編　清光緒二十五年(1899)溫州刻本　一册

320000－1615－0002345　史 1223/300341
大英國志八卷　(英國)慕維廉譯　清光緒七年(1881)上海益智書社刻本　二册

320000－1615－0002346　史 1223/300342
緬甸國志一卷英領緬甸志一卷緬甸新志一卷暹羅國志一卷布哈爾志一卷　(清)學部圖書館編輯　清光緒三十三年(1907)學部圖書局鉛印本　一册

320000－1615－0002347　史 1223/300343
土耳基志一卷附新志一卷　(清)學部編譯圖書局編　清光緒三十三年(1907)學部編譯圖書局鉛印本　一册

320000－1615－0002348　史 1223/300344
亞拉伯志一卷附新志一卷　(清)學部圖書館編輯　清光緒三十三年(1907)學部圖書局鉛印本　一册

320000－1615－0002349　史 1223/300345
亞斐利加洲志一卷附新志一卷　(清)學部圖書館編輯　清宣統元年(1909)學部圖書局鉛印本　一册

320000－1615－0002350　史 1223/300346
新撰東西年表一卷　(日本)井上賴圀　(日本)大槻如電撰　清光緒二十七年(1901)王氏小方壺齋石印本　一册

320000－1615－0002351　史 1223/300347
印度新志一卷　(清)學部圖書館編輯　清光緒三十三年(1907)圖書局鉛印本　一册

320000－1615－0002352　史 1223/300348
印度國志不分卷　(清)學部圖書館編輯　清光緒三十三年(1907)圖書局鉛印本　一册

320000－1615－0002353　史 1223/300349
俾路芝志一卷紐吉尼亞島志一卷馬留土股志一卷西里伯島志一卷附西里伯島新志一卷　(清)學部圖書館編輯　清光緒三十三年(1907)圖書局鉛印本　一册

320000－1615－0002354　史 1223/300350
日耳曼史二十章　(英國)沙安撰　商務印書館譯述　清光緒二十九年(1903)商務印書館鉛印本　一册

320000－1615－0002355　史 1223/300351
羅馬史二卷十一編　(日本)占部百太郎撰　(清)陳時夏等譯　清光緒二十九年(1903)商務印書館鉛印本　二册

320000－1615－0002356　史 1223/300352
爪哇志一卷爪哇新志一卷蘇門答拉志一卷蘇門答拉新志一卷　(清)學部圖書局編譯　清光緒三十三年(1907)學部圖書局鉛印本　一册

320000－1615－0002357　史 1223/300353
小亞細亞志一卷　(清)學部圖書局編譯　清光緒三十年(1904)學部圖書局鉛印本　一册

320000－1615－0002358　史 1224/300354
通鑑答問五卷　(宋)王應麟撰　清浙江書局刻本　一册　缺二卷(四至五)

320000－1615－0002359　史 1224/300355
東都事略一百三十卷　(宋)王偁撰　清常熟席氏掃葉山房刻本　十二册

320000－1615－0002360　史 1224/300356
法國新志四卷　(英國)陔勒低輯　(英國)傅紹蘭口譯　(清)潘松筆述　清光緒二十四年(1898)上海製造局刻本　二册

320000－1615－0002361　史 1224/300357
俄國新志八卷　(英國)陔勒低撰　(英國)傅蘭雅　(清)潘松同譯　清光緒二十四年(1898)上海製造總局刻本　三册

320000－1615－0002362　史 1224/300358
日本國志四十卷　(清)黃遵憲纂　清光緒二十四年(1898)浙江書局刻本　十册

320000－1615－0002363　史1225/300359
日本國志四十卷　（清）黄遵憲纂　清光緒二十四年（1898）上海圖書集成印書局鉛印本　十册

320000－1615－0002364　史1225/300360
日本國志四十卷　（清）黄遵憲纂　清光緒二十八年（1902）上海書局石印本　十册

320000－1615－0002365　史1225/300361
日本歷史二卷附録一卷　（日本）萩野由之撰（清）劉大猷譯　清光緒二十七年（1901）教育世界社鉛印本　五册

320000－1615－0002366　史1231/300362
同文館題名録一卷　（清）丁將編　清光緒五年（1879）木活字印本　一册

320000－1615－0002367　史1231/300363
經濟特科同徵録一卷　（□）□□撰　清光緒三十年（1904）北洋官報局鉛印本　一册

320000－1615－0002368　史1231/300364
許君年表考不分卷　（清）陶方琦撰　清光緒十二年（1886）元和江氏師範室刻本　一册

320000－1615－0002369　史1231/300365
徐霞客遊記□□卷　（明）徐宏祖撰　清光緒七年（1881）瘦影山房木活字印本　六册　存二册（四至五）

320000－1615－0002370　史1231/300366
王深寧先生［應麟］年譜一卷　（清）張大昌撰　清刻本　一册

320000－1615－0002371　史1231/300367
文獻徵存録十卷　（清）錢林輯　（清）王藻編　清咸豐八年（1858）有嘉樹軒刻本　九册　缺一卷（七）

320000－1615－0002372　史1231/300368
澄懷主人自訂年譜六卷　（清）張廷玉撰　清光緒六年（1880）江寗張氏龐山刻本　二册

320000－1615－0002373　史1231/300369
王先謙自訂年譜三卷　王先謙撰　清光緒三十四年（1908）長沙王氏刻本　三册

320000－1615－0002374　史1231/300370
張文襄公榮哀録十卷　（清）□□輯　清宣統北京集成圖書公司鉛印本　三册　缺二卷（九至十）

320000－1615－0002375　史1232/300371
［河南固始］固始吴氏家乘不分卷文存不分卷　（清）吴晉昌撰　（清）吴子健編　清光緒七年（1881）石印本　二册

320000－1615－0002376　史1232/300372
明懿安皇后外傳一卷　（清）紀昀撰　清宣統三年（1911）新陽趙詒琛刻本　一册

320000－1615－0002377　史1232/300373
水經注西南諸水考三卷附孤三角平視法一卷摹印述一卷　（清）陳澧撰　清刻本　一册

320000－1615－0002378　史1232/300374
西洋史要不分卷　（日本）小川銀次郎撰（清）樊炳清等譯　清光緒二十七年（1901）金粟齋鉛印本　二册

320000－1615－0002379　史1232/300375
西洋史要不分卷　（日本）小川銀次郎撰（清）樊炳清等譯　清光緒二十七年（1901）金粟齋鉛印本　二册

320000－1615－0002380　史1232/300376
西洋史要不分卷　（日本）小川銀次郎撰（清）樊炳清等譯　清光緒二十七年（1901）金粟齋鉛印本　一册

320000－1615－0002381　史1232/300377
西洋史要不分卷　（日本）小川銀次郎撰（清）樊炳清等譯　清光緒二十七年（1901）金粟齋鉛印本　一册

320000－1615－0002382　史1233/300378
周書集訓校釋十卷附逸文一卷　（清）朱右曾撰　清道光二十六年（1846）歸硯齋刻本　二册

320000－1615－0002383　史1233/300379
周書集訓校釋十卷附逸文一卷　（清）朱右曾撰　清道光二十六年（1846）歸硯齋刻本

二册

320000－1615－0002384　史1233/300380

切問齋文鈔三十卷　(清)陸燿輯　清同治八年(1869)金陵錢氏刻本　十册

320000－1615－0002385　史1233/300381

孫文定公南游記不分卷　(清)孫嘉淦撰　清光緒十四年(1888)景山書屋刻本　一册

320000－1615－0002386　史1233/300382

越絶書十五卷　(漢)袁康撰　**札記一卷**　(清)錢培名撰　清刻小萬卷樓叢書本　一册　存八卷(一至八)

320000－1615－0002387　史1233/300383

汲冢紀年存真二卷附週年表一卷　(清)朱右曾輯録　清歸硯齋刻本　一册　存一卷(上)

320000－1615－0002388　史1233/300384

月令粹編二十四卷圖説一卷　(清)秦嘉謨編　清嘉慶十七年(1812)刻本　六册

320000－1615－0002389　史1233/300385

東槎紀略五卷　(清)姚瑩撰　清道光九年(1829)刻本　四册

320000－1615－0002390　史1233/300386

水經注匯校四十卷　(北魏)酈道元撰　清光緒七年(1881)福州刻本　八册　存三十三卷(一至三十三)

320000－1615－0002391　史1234/300387

四裔編年表四卷　(清)李鳳苞編　清光緒二十三年(1897)石印本　四册

320000－1615－0002392　史1234/300388

四裔編年表四卷　(清)李鳳苞編　清光緒二十三年(1897)石印本　三册　存三卷(一至三)

320000－1615－0002393　史1234/300389

古今楹聯彙刻小傳十二卷首集一卷外集一卷　吴隱輯　清光緒三十二年(1906)西泠印社刻本　二册

320000－1615－0002394　史1234/300390

西洋史要不分卷　(日本)小川銀次郎撰　(清)樊炳清等譯　清光緒二十七年(1901)金粟齋鉛印本　二册

320000－1615－0002395　史1234/300391

西洋史要不分卷　(日本)小川銀次郎撰　(清)樊炳清等譯　清光緒二十七年(1901)金粟齋鉛印本　二册

320000－1615－0002396　史1234/300392

二申野録八卷　(清)孫之騄輯　清同治六年(1867)吟香館刻本　四册

320000－1615－0002397　史1234/300393

萬國國力比較二十三卷　(英國)默爾化撰　清光緒二十八年(1902)商務印書館鉛印本　二册

320000－1615－0002398　史1234/300394

歐羅巴通史四部　(日本)箕作元八　(日本)峰岸米造撰　(清)徐有成等譯　清光緒二十六年(1900)東亞譯書會鉛印本　二册

320000－1615－0002399　史1241－2/300395

四史　清刻本　五十二册　存四種二百十七卷(史記二十一至四十、六十九至七十四、八十七至一百三十,前漢書十五下、五十九至六十二、七十四至一百,後漢書二至九、十三至五十三、六十八至九十四,三國志魏志二十七至三十、蜀志一至十五、吴志一至二十)

320000－1615－0002400　史1243/300396

續文獻通考纂二十二卷　(明)王圻撰　清刻本　七册

320000－1615－0002401　史1243/300397

勝朝彤史拾遺記六卷　(清)毛奇齡纂　(清)吴省蘭輯　清刻本　一册

320000－1615－0002402　史1243/300398

行在陽秋二卷　(明)劉湘客撰　清刻本　一册

320000－1615－0002403　史1243/300399

文獻通考纂二十二卷　(元)馬端臨撰　清刻本　十七册

320000－1615－0002404　史1243/300400

文獻通考詳節二十四卷　(元)馬端臨撰　(清)嚴虞惇録　清乾隆刻本　九册　缺一卷(十二)

320000－1615－0002405　史 1244/300401
歷代職官表七十二卷　(清)紀昀等編　清光緒二十二年(1896)廣雅書局刻本　三十四册　缺二卷(十三至十四)

320000－1615－0002406　史 1245/300402
滿洲名臣傳四十八卷　(清)國史館編　清刻本　四十六册　缺二卷(二十六、四十一)

320000－1615－0002407　史 1251－3/300403
西國近事彙編□□卷　(美國)金楷理口譯　(清)姚棻筆述　清末上海機器製造局刻本　九十八册　缺二卷(午壬一、巳辛四)

320000－1615－0002408　史 1254/300404
史外三十二卷　(清)汪有典纂　清乾隆刻本　四册

320000－1615－0002409　史 1254/300405
宋史翼四十卷　(清)陸心源輯　清光緒三十三年(1907)陸化十萬卷樓刻本　六册

320000－1615－0002410　史 1254－5/300406
三公奏議二十卷　(清)林則徐等撰　清光緒二年(1876)思補樓刻本　二十册

320000－1615－0002411　史 1311/300407
泰西政治學者列傳一卷　(日本)杉山藤次郎編纂　清光緒二十八年(1902)廣智書局鉛印本　一册

320000－1615－0002412　史 1311/300408
泰西政治學者列傳一卷　(日本)杉山藤次郎編纂　清光緒二十八年(1902)廣智書局鉛印本　一册

320000－1615－0002413　史 1311/300409
崇正叢書　(清)葉騰驤輯　清道光十九年(1839)品石山房木活字印本　一册　存二種三卷(愍忠録二卷、忠貞軼記一卷)

320000－1615－0002414　史 1311/300410
路德改教紀略一卷　(美國)林樂知譯　清光緒二十九年(1903)上海廣學會鉛印本　一册

320000－1615－0002415　史 1311/300411
威廉振興荷蘭紀略四卷　廣學會編譯　清光緒二十七年(1901)上海廣學會鉛印本　二册

320000－1615－0002416　史 1311/300412
孤忠録二卷誄文一卷　(清)袁祖志編　清光緒十三年(1887)上海文瑞樓刻本　二册

320000－1615－0002417　史 1311/300413
日本近世豪傑小史四卷　商務印書館編輯所譯　清光緒二十九年(1903)商務印書館鉛印本　一册

320000－1615－0002418　史 1311/300414
俄國歷皇紀略二卷附録一卷　(美國)林樂知譯　清光緒二十九年(1903)廣學會鉛印本　一册

320000－1615－0002419　史 1311/300415
曾文正公[國藩]大事記四卷　(清)王定安撰　清同治十三年(1874)錢寶忠齋刻本　二册

320000－1615－0002420　史 1311/300416
黄文貞公忠節紀略四卷　(清)柯自遂輯　清光緒元年(1875)貴池劉瑞芬刻本　一册

320000－1615－0002421　史 1311/300417
陸清獻公莅嘉遺蹟三卷　(清)黄維玉編　清同治六年(1867)上海道署刻本　一册

320000－1615－0002422　史 1311/300418
劉氏傳忠録四卷　(宋)劉學裘輯　清光緒十二年(1886)思陵新安佩三堂刻本　一册

320000－1615－0002423　史 1311/300419
華盛頓傳八卷　(清)黎汝謙等譯　清光緒十二年(1886)鉛印本　八册

320000－1615－0002424　史 1312/300420
李鴻章書後一卷　梁啟超撰　清光緒二十六年(1900)鉛印本　一册

320000－1615－0002425　史 1312/300421
彭剛直行狀一卷　王闓運撰　清光緒十六年(1890)退省盦刻本　一册

320000－1615－0002426　史1312/300422
孔子世家考二卷　(清)鄭環輯　清嘉慶七年(1802)刻本　二册

320000－1615－0002427　史1312/300423
孔子編年四卷孟子編年四卷　(清)狄子奇撰　清光緒十三年(1887)浙江書局刻本　一册

320000－1615－0002428　史1312/300424
孔子編年四卷孟子編年四卷　(清)狄子奇撰　清光緒十三年(1887)浙江書局刻本　二册

320000－1615－0002429　史1312/300425
孔子編年四卷孟子編年四卷　(清)狄子奇撰　清光緒十三年(1887)浙江書局刻本　二册

320000－1615－0002430　史1312/300426
宋名臣言行録前集十卷後集十四卷續集八卷別集二十六卷外集十七卷　(宋)朱熹　(宋)李幼武纂　清道光二十二年(1842)丹徒包氏刻本　十二册

320000－1615－0002431　史1312/300427
四朝名臣言行録二十六卷　(宋)李幼武纂　清刻本　三册　存十三卷(别集下一至十三)

320000－1615－0002432　史1313/300428
越女表微録五卷　(清)汪輝祖纂　清光緒二十一年(1895)浙江學院刻本　一册

320000－1615－0002433　史1313/300429
褚堂閒史考證一卷附録一卷校勘記一卷　(清)趙一清撰　清光緒二十一年(1895)錢唐丁氏刻本　一册

320000－1615－0002434　史1313/300430
外國列女傳八卷　(清)陳壽彭譯　(清)薛紹徽編　清光緒三十二年(1906)金陵江楙編譯官書總局石印本　三册

320000－1615－0002435　史1313/300431
欽旌婺源金氏節孝諭旨暨詩文全集一卷　(□)□□撰　清道光二十七年(1847)亦愛廬刻本　一册

320000－1615－0002436　史1313/300432
周端孝先生血疏題跋二卷　(清)萬福康輯　清光緒二十四年(1898)南昌萬氏刻本　一册

320000－1615－0002437　史1313/300433
歷代名儒傳八卷附歷代名臣傳三十五卷續編五卷歷代循史傳八卷　(清)朱軾撰　(清)蔡世遠合訂　清光緒江蘇官書局刻本　二十四册

320000－1615－0002438　史1314/300434
國朝先正事略六十卷附中興名臣事略八卷　(清)李元度纂　清光緒二十五年(1899)圖書集成印書局鉛印本　十册

320000－1615－0002439　史1314/300435
國朝先正事略六十卷　(清)李元度纂　清同治五年(1866)循陔草堂刻本　二十四册

320000－1615－0002440　史1315/300436
歷代名臣傳續編五卷　(清)朱軾編　(清)蔡世遠合訂　清刻本　一册

320000－1615－0002441　史1315/300437
歷代奸庸殷鑒録三十二卷　(清)董悟編　清光緒三十年(1904)上海開智社石印本　八册

320000－1615－0002442　史1315/300438
歷代奸庸殷鑒録三十二卷　(清)董悟編　清光緒三十年(1904)上海開智社石印本　八册

320000－1615－0002443　史1315/300439
國朝先正事略補編二卷　(清)李元度輯　清光緒十一年(1885)郭懷書屋刻本　二册

320000－1615－0002444　史1315/300440
國朝先正事略六十卷　(清)李元度纂　清光緒二十六年(1900)石印本　七册　存五十四卷(七至六十)

320000－1615－0002445　史1315/300441
國朝名臣言行録三十卷　(清)董壽纂輯　清光緒二十九年(1903)順成書局石印本　八册

320000－1615－0002446　史1315/300442
安危注四卷　(明)吴甡輯　清刻本　一册　存三卷(一至三)

320000－1615－0002447　史1315/300443
安危注四卷　(明)吴甡輯　清刻本　三册

320000－1615－0002448　史 1315/300444
國朝先正事略續編三十卷　朱孔彰撰　清光緒二十六年(1900)石印本　二册

320000－1615－0002449　史 1315/300445
明季稗史彙編二十七卷　(清)留雲居士輯　清光緒鉛印本　一册　存六卷(十八至二十三)

320000－1615－0002450　史 1321/300446
江表忠略二十卷　陳澹然撰　清光緒二十六年(1900)刻本　七册　存十八卷(一至十八)

320000－1615－0002451　史 1321/300447
湖北節義録十二卷　(清)黄昌輔編　(清)陳瑞珍纂　清同治九年(1870)湖北崇文書局刻本　十一册　缺一卷(十)

320000－1615－0002452　史 1322/300448
歷代名人年譜十卷　(清)吴榮光撰　清光緒元年(1875)張蔭恒刻本　十册

320000－1615－0002453　史 1322/300449
李氏五種　(清)李兆洛輯　清光緒十四年(1888)掃葉山房刻本　十二册

320000－1615－0002454　史 1322/300450
欽定勝朝殉節諸臣録十二卷首一卷　(清)紀昀等纂　清嘉慶二年(1797)謝啟昆刻本　四册　缺二卷(十一至十二)

320000－1615－0002455　史 1323/300451
國朝先正事略六十卷　(清)李元度纂　清同治五年(1866)循陔草堂刻本　二十四册

320000－1615－0002456　史 1324/300452
錢塘先賢傳贊一卷附録一卷　(宋)袁韶撰　清乾隆、道光間長塘鮑氏刻知不足齋叢書本　一册

320000－1615－0002457　史 1324/300453
姑蘇名賢小記二卷　(明)文震孟撰　清光緒八年(1882)長洲蔣氏心矩齋刻本　二册

320000－1615－0002458　史 1324/300454
姓氏急就篇二卷　(宋)王應麟撰　清浙江書局刻本　一册

320000－1615－0002459　史 1324/300455
元祐黨人傳十卷　(清)陸心源纂　清光緒十五年(1889)刻本　二册

320000－1615－0002460　史 1324/300456
元祐黨人傳十卷　(清)陸心源纂　清光緒十五年(1889)刻本　三册

320000－1615－0002461　史 1324/300457
江忠源行狀一卷　(清)左宗棠　(清)郭嵩燾撰　清同治元年(1862)刻本　一册

320000－1615－0002462　史 1324/300458
孟忠毅公奏疏二卷附碑銘誌傳一卷　(清)孟喬芳撰　清刻本　一册　存一卷(碑銘誌傳一卷)

320000－1615－0002463　史 1324/300459
涵芬樓古今文鈔小傳四卷首一卷附録一卷　商務印書館編譯所編　清宣統三年(1911)商務印書館鉛印本　一册

320000－1615－0002464　史 1324/300460
貳臣傳十二卷　(清)國史館編　清都城琉璃廠半松居士刻本　六册

320000－1615－0002465　史 1324/300461
京口耆舊傳九卷　(宋)□□撰　清道光丹陽賀氏刻本　一册

320000－1615－0002466　史 1324/300462
逆臣傳四卷　(清)國史館編　清都城琉璃廠半松居士鉛印本　四册

320000－1615－0002467　史 1324/300463
咸豐以來功臣别傳三十卷　朱孔彰撰　清光緒二十四年(1898)漸學廬石印本　三册

320000－1615－0002468　史 1324/300464
崇禎五十宰相傳一卷　(清)曹溶撰　清宣統三年(1911)上海國學扶輪社鉛印張氏適園叢書本　一册

320000－1615－0002469　史 1325/300465
歷代名臣言行録二十四卷　(清)朱桓編輯　清光緒二十六年(1900)宏文閣石印本　八册

320000－1615－0002470　史 1325/300466

歷代名臣言行録二十四卷 （清）朱桓編輯　清光緒二十四年（1898）聚與書局石印本　八册

320000－1615－0002471　史 1325/300467
歷代名臣言行録二十四卷 （清）朱桓編輯　清光緒十七年（1891）廣百宋齋鉛印本　十二册

320000－1615－0002472　史 1331/300468
浙江忠義録十卷 浙江采訪忠義總局編　清同治十二年（1873）浙江采訪忠義總局刻本　三十二册

320000－1615－0002473　史 1332/300469
皇朝經世文續編一百二十卷 （清）葛士濬輯　清光緒十七年（1891）廣百宋齋鉛印本　二十四册

320000－1615－0002474　史 1333/300470
皇朝經世文新編二十一卷 （清）麥仲華輯　清光緒二十四年（1898）上海譯書局石印本　二十四册

320000－1615－0002475　史 1333/300471
皇朝經世文三編八十卷 （清）陳忠倚輯　清光緒二十四年（1898）寶文書局石印本　十六册

320000－1615－0002476　史 1333/300472
皇朝經世文新增時務續編四十卷附事洋務八卷 （□）□□撰　清光緒二十三年（1897）掃葉山房鉛印本　六册

320000－1615－0002477　史 1334/300473
歷代統系圖一卷 （清）祁宗亮編　清咸豐七年（1857）漱六山房刻本　一册

320000－1615－0002478　史 1334/300474
歷代帝王紀年考一卷 （清）王檢心輯　清道光二十三年（1843）慎修堂刻本　一册

320000－1615－0002479　史 1334/300475
歷代定域史綱四卷 （清）張印西撰　**讀書提要録評一卷** （清）郭階撰　清光緒二十九年（1903）蓁碧軒石印本　一册

320000－1615－0002480　史 1334/300476
歷代編年大事表一卷朝代紀元表一卷 （清）施彥士輯　（清）萬廷蘭輯　清道光十四年（1834）求己堂刻本　一册

320000－1615－0002481　史 1334/300477
史目表二卷 （清）洪飴孫撰　清道光李申耆刻本　一册

320000－1615－0002482　史 1334/300478
繹史世系圖一卷附年表一卷 （清）馬驌撰　清刻本　一册

320000－1615－0002483　史 1334/300479
遼史地理志考五卷 （清）李慎儒撰　清光緒二十八年（1902）李氏刻本　一册

320000－1615－0002484　史 1334/300480
四史發伏十卷 （清）洪亮吉撰　清光緒八年（1882）小石山房刻本　二册

320000－1615－0002485　史 1334/300481
漢書地理志二卷附漢西域商榷圖説一卷 （清）汪遠孫校　清同治十年（1871）退補齋刻本　一册

320000－1615－0002486　史 1334/300482
漢書地理志校注二卷 （清）王紹蘭撰　清光緒二十二年（1896）蕭山遺經樓刻本　一册

320000－1615－0002487　史 1334/300483
二十二史劄記三十六卷補遺一卷 （清）趙翼撰　清刻本　四册　存十卷（二十七至三十六）

320000－1615－0002488　史 1334/300484
養吉齋叢録二十六卷餘録十卷 （清）吴振棫纂　清光緒二十二年（1896）刻本　八册

320000－1615－0002489　史 1334/300485
古棠書屋叢書 （清）孫澍纂　（清）孫錤編　清道光鵝溪孫氏刻本　二册

320000－1615－0002490　史 1334/300486
三國志補義十三卷補遺□□卷 （清）康發祥撰　清道光、同治間泰州康氏刻本　一册　存九卷（三國志補義吴一至三、魏一至五，補

遺一)

320000－1615－0002491　史1335/300487
前漢紀校釋三卷　鈕永建撰　**後漢紀校釋三卷**　清光緒十八年(1892)南菁書院刻本　一册

320000－1615－0002492　史1335/300488
平苗紀略一卷　(清)方顯撰　清同治十二年(1873)刻本　一册

320000－1615－0002493　史1335/300489
吴中舊事一卷　(元)陸友仁撰　清刻本　一册

320000－1615－0002494　史1335/300490
鮮虞中山國事表疆域圖説一卷　王先謙撰　清光緒九年(1883)王益吾所刻書長沙刻本　一册

320000－1615－0002495　史1335/300491
見聞隨筆二卷　(清)馮甦撰　清臨海宋氏刻本　二册

320000－1615－0002496　史1335/300492
藤陰雜記十二卷　(清)戴璐撰　清光緒三年(1877)刻本　二册

320000－1615－0002497　史1335/300493
守汴日志一卷　(明)李光壂編　清光緒二十四年(1898)刻本　一册

320000－1615－0002498　史1335/300494
節本泰西新史攬要八卷　(英國)馬懇西撰　(英國)李提摩太譯　周慶雲節録　清光緒二十七年(1901)夢坡室刻本　二册

320000－1615－0002499　史1335/300495
節本泰西新史攬要八卷　(英國)馬懇西撰　(英國)李提摩太譯　周慶雲節録　清光緒二十八年(1902)曠覽軒刻本　二册

320000－1615－0002500　史1335/300496
歐羅巴通史四卷　(日本)箕作元八　(日本)峰岸米造撰　(清)徐有成等譯　清光緒二十六年(1900)東亞譯書會刻本　四册

320000－1615－0002501　史1335/300497
鮮虞中山國事表疆域圖説一卷　王先謙撰　清光緒九年(1883)王益吾所刻書長沙刻本　一册

320000－1615－0002502　史1341/300498
逸周書十卷　(晉)孔晁注　**校正補遺一卷**　(清)盧文弨校　清乾隆五十一年(1786)盧文弨刻抱經堂叢書本　二册

320000－1615－0002503　史1341/300499
諸史然疑一卷　(清)杭世駿撰　清乾隆五十七年(1792)刻本　一册

320000－1615－0002504　史1342/300500
十七史商榷一百卷　(清)王鳴盛撰　清乾隆五十二年(1787)洞涇草堂刻本　二十四册

320000－1615－0002505　史1342/300501
王隱晉書一卷　(晉)王隱撰　(清)汪中輯　清刻本　一册

320000－1615－0002506　史1342/300502
王隱晉書一卷　(晉)王隱撰　(清)汪中輯　清刻本　一册

320000－1615－0002507　史1343/300503
校刊史記集解索隱正義雜記五卷　(清)張文虎撰　清同治十一年(1872)刻本　二册

320000－1615－0002508　史1343/300504
曾太傅毅勇侯傳略一卷　(清)黎庶昌撰　清刻本　一册

320000－1615－0002509　史1343/300505
宋名臣言行録二十四卷别集二十六卷外集十七卷　(宋)朱熹　(宋)李幼武纂　清道光二十二年(1842)刻本　四册

320000－1615－0002510　史1343/300506
晏子春秋七卷　(清)孫星衍校　**音義二卷**　(清)孫星衍撰　清乾隆五十三年(1788)刻本　一册

320000－1615－0002511　史1343/300507
宋名臣言行録前集十卷後集十四卷續集八卷别集二十六卷外集十七卷　(宋)朱熹　(宋)李幼武纂　清刻本　八册　存五十一卷(續

集八卷、别集二十六卷、外集十七卷）

320000－1615－0002512　史1344/300508
海國圖志一百卷　（清）魏源撰　清咸豐二年（1852）古微堂刻本　二十册　缺二十卷

320000－1615－0002513　史1344/300509
歐羅巴通史系圖一卷附年表一卷　（日本）箕作元八　（日本）峰岸米造撰　（清）周維春等譯　清光緒二十九年（1903）海陵學社石印本　一册

320000－1615－0002514　史1345/300510
泰西新史攬要二十四卷　（英國）馬懇西撰　（英國）李提摩太譯　蔡爾康述　清光緒二十四年（1898）廣學會鉛印本　七册

320000－1615－0002515　史1345/300511
漢名臣傳三十二卷　（清）國史館編　清京都琉璃廠榮錦書坊木活字印本　三十册

320000－1615－0002516　史1351－1455/300512
二十四史三千二百五十卷　清光緒上海同文書局影印本　六百九十五册　缺六種五十七卷（史記八至十二、五十八至六十七，隋書七十八至八十五，舊唐書一百九十一至二百，唐書一至二，元史九十九至一百一，明史一百二十二至一百二十五、二百十二至二百十四、二百三十五至二百三十七、二百六十五至二百六十八、二百七十二至二百七十四、三百八至三百九）

320000－1615－0002517　史1511/300513
人壽金鑑二十二卷　（清）程得齡輯　清嘉慶刻本　六册

320000－1615－0002518　史1511/300514
方柏堂先生事實考略五卷　陳澹然等撰　清光緒十五年（1889）皖城刻本　四册

320000－1615－0002519　史1511/300515
四書隨見録□□卷首一卷　（清）鄒鳳池撰　（清）陳作梅輯　清刻本　一册　存一卷（首一卷）

320000－1615－0002520　史1511/300516
孔子年譜輯注一卷　（清）黄定宜輯注　清道光二十七年（1847）刻本　一册

320000－1615－0002521　史1511/300517
補疑年録四卷　（清）錢椒編　清光緒六年（1880）吴興陸氏刻本　一册

320000－1615－0002522　史1511/300518
三續疑年録十卷　（清）陸心源編　清光緒六年（1880）吴興陸氏刻本　二册

320000－1615－0002523　史1511/300519
戴東原先生年譜一卷　（清）段玉裁編　清刻本　一册

320000－1615－0002524　史1511/300520
先聖生卒年月日考二卷　（清）孔廣牧輯　清光緒十九年（1893）浙江書局刻本　一册

320000－1615－0002525　史1512/300521
鑑園主人［林希祖］年譜一卷　（清）林履莊編　清光緒十一年（1885）刻本　一册

320000－1615－0002526　史1512/300522
幸存録二卷　（明）夏允彝撰　清刻本　一册

320000－1615－0002527　史1512/300523
續後漢儒林傳補逸一卷　徐乃昌撰　清光緒二十二年（1896）刻本　一册

320000－1615－0002528　史1512/300524
史記毛本正誤一卷　（清）丁晏撰　清刻本　一册

320000－1615－0002529　史1512/300525
儒林譜一卷　（清）焦袁熹撰　清刻本　一册

320000－1615－0002530　史1512/300526
史論五答一卷　（清）施國祁撰　清刻本　一册

320000－1615－0002531　史1512/300527
歐美政體通覽一卷　（日本）上野貞吉撰　清光緒二十八年（1902）商務印書館鉛印本　一册

320000－1615－0002532　史1512/300528

帝王統系略一卷　(清)狄元任撰　清光緒二十三年(1897)刻本　一册

320000－1615－0002533　史1512/300529
賢母録一卷　(清)黄彭年等撰　清同治二年(1863)刻本　一册

320000－1615－0002534　史1512/300530
宫闈姓氏小録一卷　(清)周壽昌撰　清刻本　一册

320000－1615－0002535　史1512/300531
河東君傳一卷　(清)顧苓撰　清光緒三十三年(1907)影印本　一册

320000－1615－0002536　史1512/300532
唐程夫人塔銘雙句本一卷　(清)趙熙文撰　清光緒五年(1879)石印本　一册

320000－1615－0002537　史1512/300533
毘陵科第考八卷　(清)趙充之編　(清)錢鑄庵　(清)莊南村續編　清同治七年(1868)刻本　一册

320000－1615－0002538　史1512/300534
歸震川先生[有光]年譜一卷　(清)孫岱編　清光緒六年(1880)嘉興金吴瀾刻本　一册

320000－1615－0002539　史1512/300535
國朝歷科館選録一卷　(清)沈廷芳輯　清乾隆十一年(1746)刻本　一册

320000－1615－0002540　史1512/300536
朱文正公[瑾]年譜三卷　(清)朱錫經撰　清刻本　一册

320000－1615－0002541　史1512/300537
姚惜抱先生[鼐]年譜一卷　(清)鄭福照輯　清同治七年(1868)刻本　一册

320000－1615－0002542　史1512/300538
雙池先生[汪紱]年譜四卷　(清)余龍光編　清光緒二十二年(1896)刻本　四册

320000－1615－0002543　史1512/300539
敝帚齋主人年譜一卷補一卷　(清)徐鼒編　(清)徐承禧等補注　清同治十三年(1874)刻本　一册

320000－1615－0002544　史1512/300540
澄懷主人自訂年譜六卷　(清)張廷玉撰　清光緒六年(1880)江寧張氏龐山刻本　二册

320000－1615－0002545　史1512/300541
唐御史臺精舍題名考三卷附録三卷　(清)趙鉞　(清)勞格撰　清光緒苕溪丁氏刻月河精舍叢鈔本　一册

320000－1615－0002546　史1512/300542
曾廟從祀議萫二卷附鄒縣孟廟祀位考一卷　(清)洪恩波編　清光緒二十九年(1903)金陵何陋居刻本　一册

320000－1615－0002547　史1512/300543
澤宫序次舉要二卷附録一卷　(清)洪恩波編　清光緒二十五年(1899)金陵書局刻本　一册

320000－1615－0002548　史1513/300544
忠節吴次尾先生[應箕]年譜一卷附遺事一卷　(清)夏燮編　清同治夏氏刻本　一册　存一卷(年譜一卷)

320000－1615－0002549　史1513/300545
黄梨洲先生[宗羲]年譜三卷　(清)黄炳垕編　清同治十二年(1873)刻本　一册

320000－1615－0002550　史1513/300546
[廣東南海]南海學正黄氏家譜十二卷首一卷末一卷　黄任恒編　清宣統三年(1911)保粹堂刻本　一册　存八卷(一至二、七至十二)

320000－1615－0002551　史1513/300547
三河創業記五卷　(清)范壽金編　清光緒三十三年(1907)石印本　二册

320000－1615－0002552　史1513/300548
忠節吴次尾先生[應箕]年譜一卷附遺事一卷　(清)夏燮編　清同治夏氏刻本　一册

320000－1615－0002553　史1513/300549
顧亭林先生[炎武]年譜一卷　(清)吴映奎輯　清光緒四年(1878)金吴瀾刻本　一册

320000－1615－0002554　史1513/300550
朱文端公[軾]年譜一卷　(清)朱瀚編

(清)朱舲補編　清光緒十年(1884)津河廣仁堂刻本　一册

320000－1615－0002555　史1513/300551
兩當軒集二十二卷附録四卷　(清)黄景仁撰　**考異二卷**　(清)黄志述撰　清刻本　一册　存二卷(附録三至四)

320000－1615－0002556　史1513/300552
黄子[道周]年譜一卷　(明)洪思撰　清道光二十四年(1844)刻本　一册

320000－1615－0002557　史1513/300553
張制軍[亮基]年譜二卷　林紹年輯　清光緒三十一年(1905)刻本　一册　存一卷(上)

320000－1615－0002558　史1513/300554
馬端敏公[新貽]年譜一卷　(清)馬新祐編　清光緒三年(1877)武林任有容齋刻本　一册

320000－1615－0002559　史1514/300555
岑襄勤公[毓英]年譜十卷　(清)趙藩編　清光緒二十五年(1899)河朔使署刻本　一册

320000－1615－0002560　史1514/300556
前任四川總督籥門宫保駱公年譜一卷　(清)駱秉章編　清刻本　一册

320000－1615－0002561　史1514/300557
啖蔗軒自訂年譜一卷附東歸日記一卷　(清)方士淦撰　清同治十一年(1872)刻本　一册

320000－1615－0002562　史1514/300558
雪泥鴻爪前編一卷後編一卷閏編一卷末編一卷　(清)邵亨豫撰　**末編一卷**　邵松年等撰　清常熟邵氏刻本　一册

320000－1615－0002563　史1514/300559
地理學講義一卷　(日本)志賀重昂撰　薩端譯　清光緒二十八年(1902)上海富文書局鉛印本　一册

320000－1615－0002564　史1514/300560
地理學講義一卷　(日本)志賀重昂撰　薩端譯　清光緒二十八年(1902)上海富文書局鉛印本　一册

320000－1615－0002565　史1514/300561
欽定四庫全書簡明目録二十卷　(清)紀昀等編　清刻本　一册　存二卷(五至六)

320000－1615－0002566　史1514/300562
章午峰[邦元]年譜一卷日記一卷　(清)章家祚編　清光緒十八年(1892)刻本　一册

320000－1615－0002567　史1514/300563
彭蘊章年譜一卷　(清)彭蘊章撰　清刻本　一册

320000－1615－0002568　史1514/300564
文史通義八卷校讐通義三卷　(清)章學誠撰　清光緒二十四年(1898)長沙經文書局刻本　十册

320000－1615－0002569　史1514/300565
張文貞公[玉書]年譜一卷　丁傳靖編輯　清光緒二十七年(1901)木活字印本　一册

320000－1615－0002570　史1514/300566
鮚埼亭集三十八卷世譜一卷年譜一卷　(清)全祖望撰　清刻本　一册　存二卷(世譜一卷、年譜一卷)

320000－1615－0002571　史1514/300567
述庵先生[王昶]年譜二卷　(清)嚴榮編　清刻本　一册

320000－1615－0002572　史1514/300568
陳竹山自訂年譜一卷　(清)陳華齡撰　清咸豐五年(1855)刻本　一册

320000－1615－0002573　史1514/300569
啖蔗軒年譜一卷　(清)方士淦自訂　清同治十一年(1872)兩淮運署刻本　一册

320000－1615－0002574　史1514/300570
湯子遺書十卷首一卷　(清)湯斌撰　**附録一卷**　(清)湯沆等撰　清刻本　一册　存一卷(首一卷)

320000－1615－0002575　史1515/300571
王船山經史論八種　(清)王夫之撰　清光緒二十五年(1899)公記書莊石印本　十六册

320000－1615－0002576　史1515/300572
王船山經史論八種　(清)王夫之撰　清光緒

二十五年(1899)公記書莊石印本　十五册　缺一種五卷(詩廣傳五卷)

320000－1615－0002577　史1521/300573
史記菁華録六卷　題(清)芸田氏輯　(清)姚祖恩摘録　清光緒十八年(1892)上海書局石印本　六册

320000－1615－0002578　史1521/300574
前漢書菁華録四卷後漢書菁華録二卷　(清)高塘輯　清光緒二十五年(1899)慎記書莊石印本　六册

320000－1615－0002579　史1521/300575
南北史撏華八卷　(清)周嘉猷輯　清刻本　四册

320000－1615－0002580　史1521/300576
東槎紀略五卷　(清)姚瑩撰　清申報館鉛印本　二册

320000－1615－0002581　史1521/300577
州縣須知四卷　(清)方汝謙撰　清刻本　一册　存二卷(三至四)

320000－1615－0002582　史1522/300578
讀史大略六十卷　(清)沙張白撰　清道光二十五年(1845)刻本　十二册

320000－1615－0002583　史1522/300579
三才略四種四卷　(清)□□輯　清刻本　一册

320000－1615－0002584　史1522/300580
文史通義八卷校讐通義三卷　(清)章學誠撰　清道光十二年(1832)刻本　五册

320000－1615－0002585　史1522/300581
文史通義八卷校讐通義三卷　(清)章學誠撰　清道光十二年(1832)刻本　五册

320000－1615－0002586　史1522/300582
歷朝史案二十卷首一卷　(清)吴裕垂撰　(清)洪亮吉編　清刻本　六册

320000－1615－0002587　史1523/300583
仰視千七百二十九鶴齋叢書　(清)趙之謙輯　清光緒會稽趙氏刻本　一册　存三種六卷(東籬耦談四卷、阮亭詩餘一卷、書嚴勝藁一卷)

320000－1615－0002588　史1523/300584
野記四卷　(明)祝允明纂　清同治十三年(1874)祝氏刻本　二册　存二卷(一至二)

320000－1615－0002589　史1523/300585
明宫史八卷　(明)劉若愚編述　清宣統三年(1911)國學扶輪社鉛印本　一册

320000－1615－0002590　史1523/300586
聖安皇帝本紀二卷　(清)顧炎武撰　清刻本　一册

320000－1615－0002591　史1523/300587
戰國策釋地二卷　(清)張琦撰　清光緒十一年(1885)新陽趙氏刻本　一册

320000－1615－0002592　史1523/300588
金石史二卷　(明)郭宗昌撰　**聞者軒帖考一卷**　(清)孫承澤撰　清乾隆、道光間長塘鮑氏刻知不足齋叢書本　一册

320000－1615－0002593　史1523/300589
石墨鐫華八卷　(明)趙崡撰　清乾隆、道光間長塘鮑氏刻知不足齋叢書本　一册　存五卷(四至八)

320000－1615－0002594　史1523/300590
洛陽搢紳舊聞記五卷　(宋)張齊賢撰　清乾隆、道光間長塘鮑氏刻知不足齋叢書本　一册

320000－1615－0002595　史1523/300591
宋遺民録十五卷　(明)程敏政輯　清乾隆、道光間長塘鮑氏刻知不足齋叢書本　三册

320000－1615－0002596　史1523/300592
四朝聞見録五卷附録一卷　(宋)葉紹翁撰　清乾隆、道光間長塘鮑氏刻知不足齋叢書本　四册

320000－1615－0002597　史1523/300593
石刻鋪敘二卷　(宋)曾宏父撰　清乾隆、道光間長塘鮑氏刻知不足齋叢書本　一册

320000－1615－0002598　史1523/300594

中吴紀聞六卷 （宋）龔明之撰　清道光、光緒間南海伍氏刻粤雅堂叢書本　一册

320000－1615－0002599　史 1523/300595
昭忠録一卷 （宋）□□撰　清道光、光緒間南海伍氏刻粤雅堂叢書本　一册

320000－1615－0002600　史 1524/300596
史通削繁四卷 （清）紀昀撰　清光緒元年（1875）湖北崇文書局刻本　四册

320000－1615－0002601　史 1524/300597
史通削繁四卷 （清）紀昀撰　清光緒二十二年（1896）新化三味堂刻本　四册

320000－1615－0002602　史 1524/300598
史通削繁四卷 （清）紀昀撰　清光緒二十一年（1895）寶慶澹雅書局刻本　四册

320000－1615－0002603　史 1524/300599
閻潛丘先生［若璩］年譜一卷 （清）張穆編　清道光二十七年（1847）壽陽祁氏刻本　一册

320000－1615－0002604　史 1524/300600
文貞公［李光地］年譜二卷 （清）李清植輯　清刻本　一册

320000－1615－0002605　史 1524/300601
方望溪先生［苞］年譜一卷附録一卷 （清）蘇惇元編　清刻本　一册

320000－1615－0002606　史 1524/300602
王船山先生［夫之］年譜二卷 （清）劉毓崧編　清光緒十二年（1886）江南書局刻本　二册

320000－1615－0002607　史 1524/300603
史通削繁四卷 （清）紀昀撰　清光緒二十一年（1895）寶慶澹雅書局刻本　四册

320000－1615－0002608　史 1524/300604
李太白年譜一卷 （清）王琦編　清刻本　一册

320000－1615－0002609　史 1524/300605
崇正叢書 （清）葉騰驤輯　清道光十九年（1839）品石山房木活字印本　一册　存二種二卷（守汴日誌一卷、虎□餘生記一卷）

320000－1615－0002610　史 1525/300606
船山史論四種五十二卷 （清）王夫之撰　清光緒二十六年（1900）湖南益友書局刻本　二十册

320000－1615－0002611　史 1525/300607
歷代諸家評鑑彙纂四卷 （清）沈文蔚編　清光緒二十九年（1903）開智書局石印本　四册

320000－1615－0002612　史 1531/300608
責備餘談二卷附録一卷 （明）方鵬撰　清乾隆、道光間長塘鮑氏刻知不足齋叢書本　二册

320000－1615－0002613　史 1531/300609
北行日録二卷 （宋）樓鑰撰　清乾隆、道光間長塘鮑氏刻知不足齋叢書本　一册

320000－1615－0002614　史 1531/300610
朝野類要五卷 （宋）趙升撰　清乾隆、道光間長塘鮑氏刻知不足齋叢書本　一册

320000－1615－0002615　史 1531/300611
慶元黨禁一卷 （宋）樵川樵叟撰　**北山酒經三卷** （宋）朱肱撰　清乾隆、道光間長塘鮑氏刻知不足齋叢書本　一册

320000－1615－0002616　史 1531/300612
諸史然疑一卷榕城詩話三卷 （清）杭世駿撰　清乾隆、道光間長塘鮑氏刻知不足齋叢書本　一册

320000－1615－0002617　史 1531/300613
江南餘載二卷 （宋）鄭文寶撰　**五國故事二卷**　清乾隆、道光間長塘鮑氏刻知不足齋叢書本　一册

320000－1615－0002618　史 1531/300614
歷代史表五十九卷 （清）萬斯同撰　清光緒十九年（1893）上海古香齋石印本　八册

320000－1615－0002619　史 1531/300615
十七史商榷一百卷 （清）王鳴盛撰　清光緒二十三年（1897）點石齋石印本　四册

320000－1615－0002620　史 1531/300616
二十四史劄記三十六卷 （清）趙翼撰　清光

緒二十八年(1902)文淵山房石印本　六册

320000－1615－0002621　史 1531/300617
十七史商榷一百卷　(清)王鳴盛撰　清光緒二十九年(1903)點石齋石印本　四册

320000－1615－0002622　史 1531/300618
漢西域圖考七卷首一卷　(清)李光廷撰　清光緒二十二年(1896)上海文瑞樓石印本　四册

320000－1615－0002623　史 1531/300619
漢書西域傳補注二卷　(清)徐松撰　清光緒二十九年(1903)上海文瑞樓石印本　二册

320000－1615－0002624　史 1532/300620
古泉匯首集四卷元集十四卷亨集十四卷利集十八卷貞集十四卷續泉匯元集三卷亨集三卷利集三卷貞集五卷補遺二卷　(清)李佐賢輯　清同治三年至光緒元年(1864－1875)刻本　十五册　存五十八卷(古泉匯首集四卷、元集十四卷、亨集一至十、利集六至十八、貞集十四卷、續泉匯元集三卷)

320000－1615－0002625　史 1532/300621
綱鑑總論二卷　(□)□□撰　清三味堂刻本　二册

320000－1615－0002626　史 1532/300622
史論一卷　(清)任見龍撰　清刻本　一册

320000－1615－0002627　史 1532/300623
寰宇分合志八卷增輯一卷　(明)徐樞輯　清光緒二十八年(1902)湘潭楊氏刻本　八册

320000－1615－0002628　史 1532/300624
歷代史論十二卷　(明)張溥撰　清光緒九年(1883)都城蒼松山房刻本　四册　存十卷(一至十)

320000－1615－0002629　史 1532/300625
魯史權二卷　(清)楊兆鋆撰　清光緒二十四年(1898)木活字印本　一册

320000－1615－0002630　史 1532/300626
涉史偶悟五卷　(清)溫啟封纂述　清光緒十年(1884)東甌道署刻本　一册

320000－1615－0002631　史 1532/300627
望雲寄廬讀史記臆説五卷　(清)楊琪光撰　清光緒刻本　一册

320000－1615－0002632　史 1532/300628
史苑擷餘二卷　(明)吴廷謨述　清末刻本　一册

320000－1615－0002633　史 1532/300629
浦陽人物記二卷　(明)宋濂撰　清乾隆、道光間長塘鮑氏刻知不足齋叢書本　一册

320000－1615－0002634　史 1532/300630
東城雜記二卷　(清)厲鶚撰　清道光、光緒間南海伍氏刻粵雅堂叢書本　一册

320000－1615－0002635　史 1532/300631
曲侑舊聞十卷　(宋)朱弁撰　清乾隆、道光間長塘鮑氏刻知不足齋叢書本　二册

320000－1615－0002636　史 1533/300632
史記菁華録六卷　題(清)苎田氏輯　(清)姚祖恩摘録　清道光四年(1824)姚氏扶荔山房朱墨套印本　六册

320000－1615－0002637　史 1533/300633
四洪[洪皓、洪適、洪遵、洪邁]年譜四卷　(清)洪汝奎輯　清宣統元年(1909)晦木齋刻本　三册　存三卷(一至二、四)

320000－1615－0002638　史 1533/300634
史鑑節要便讀六卷　(清)鮑東里編　清同治十三年(1874)江蘇書局刻本　二册

320000－1615－0002639　史 1533/300635
曾文正公[國藩]年譜十二卷　(清)黎庶昌輯　清刻本　五册　缺二卷(一至二)

320000－1615－0002640　史 1533/300636
史鑑節要便讀六卷　(清)鮑東里編　清同治十二年(1873)湖北崇文書局刻本　二册

320000－1615－0002641　史 1533/300637
曾文正公[國藩]年譜十二卷　(清)黎庶昌輯　清光緒二年(1876)傳忠書局刻本　一册　存四卷(一至四)

320000－1615－0002642　史 1533/300638

如皋冒氏叢書 冒廣生輯 清光緒至民國間如皋冒氏刻本 三冊 存三種三卷(昌德庵參議年譜一卷、昌嵩少憲副年譜一卷、昌巢民徵君年譜一卷)

320000－1615－0002643 史 1534/300639

[嘉慶]元和郡縣圖志四十卷 (唐)李吉甫撰 清嘉慶元年(1796)刻岱南閣叢書本 一冊 存七卷(一至七)

320000－1615－0002644 史 1534/300640

三續疑年録十卷 (清)陸心源編 清光緒六年(1880)吴興陸氏刻本 三冊

320000－1615－0002645 史 1534/300641

歷代帝王年表十四卷 (清)齊召南編 清道光小琅嬛仙館刻本 二冊

320000－1615－0002646 史 1534/300642

歷代帝王年表十四卷 (清)齊召南編 清道光小琅嬛仙館刻本 三冊

320000－1615－0002647 史 1534/300643

平定粵匪紀略十八卷附記四卷 (清)杜文瀾撰 清同治十年(1871)京都聚珍齋鉛印本 十冊

320000－1615－0002648 史 1534/300644

書目答問不分卷國朝著述諸家姓名略一卷 (清)張之洞撰 清末刻本 三冊

320000－1615－0002649 史 1534/300645

漢書蒙拾三卷後漢書蒙拾二卷 (清)杭世駿撰 清光緒十年(1884)上海同文書局刻本 一冊

320000－1615－0002650 史 1534/300646

意大利獨立戰史不分卷 東京留學生譯述 清光緒二十八年(1902)上海商務印書館鉛印本 一冊

320000－1615－0002651 史 1534/300647

歷代帝王年表三卷 (清)齊召南編 清光緒二十八年(1902)煥文書局石印本 三冊

320000－1615－0002652 史 1534/300648

九朝野記四卷 (明)祝允明撰 清宣統三年(1911)時中書局鉛印本 一冊

320000－1615－0002653 史 1534/300649

土耳其國志一卷 (清)薛福成鑒定 吴宗濂等述 清光緒二十八年(1902)石印本 一冊

320000－1615－0002654 史 1535/300650

二十一史約編八卷首一卷 (清)鄭元慶述 清魚計亭刻本 八冊

320000－1615－0002655 史 1535/300651

二十一史約編八卷首一卷 (清)鄭元慶述 清上洋江左書林刻本 八冊

320000－1615－0002656 史 1535/300652

二十一史約編八卷首一卷 (清)鄭元慶述 清魚計亭刻本 三冊 缺二卷(土部、革部)

320000－1615－0002657 史 1535/300653

讀史節要十二卷 (清)汪承鏞撰 清同治五年(1866)濟南刻本 六冊

320000－1615－0002658 史 1541/300654

繹史一百六十卷 (清)馬驌撰 清光緒二十三年(1897)武林尚友齋石印本 二十四冊

320000－1615－0002659 史 1541/300655

國朝尚友録八卷 (清)李佩芳 孫鼎纂 清光緒二十八年(1902)上海南洋七日報館石印本 四冊

320000－1615－0002660 史 1542/300656

綱鑑正史約三十六卷 (明)顧錫疇撰 (清)陳宏謀輯 清同治八年(1869)浙江書局刻本 二十冊

320000－1615－0002661 史 1542/300657

讀史大略六十卷 (清)沙張白撰 清光緒二十六年(1900)刻本 十二冊

320000－1615－0002662 史 1543/300658

晉書一百三十卷 (唐)房玄齡等撰 清光緒十八年(1892)武林竹簡齋石印本 八冊

320000－1615－0002663 史 1543/300659

魏書一百十四卷 (北齊)魏收撰 清光緒十八年(1892)武林竹簡齋石印本 八冊

320000－1615－0002664　史 1543/300660
三國志六十五卷　（晉）陳壽撰　（南朝宋）裴松之注　清光緒十八年（1892）竹簡齋石印本　四冊

320000－1615－0002665　史 1543/300661
金史詳校十卷　（清）施國祁撰　清光緒六年（1880）會稽章氏刻本　十冊

320000－1615－0002666　史 1544/300662
南史八十卷　（唐）李延壽撰　清光緒十八年（1892）竹簡齋石印本　六冊

320000－1615－0002667　史 1544/300663
宋書一百卷　（南朝梁）沈約撰　清光緒十八年（1892）竹簡齋石印本　六冊

320000－1615－0002668　史 1544/300664
隋書八十五卷　（唐）魏徵等撰　清光緒十八年（1892）竹簡齋石印本　六冊

320000－1615－0002669　史 1544/300665
梁書五十六卷　（唐）姚思廉撰　清光緒十八年（1892）竹簡齋石印本　二冊

320000－1615－0002670　史 1544/300666
北史一百卷　（唐）李延壽撰　清光緒十八年（1892）竹簡齋石印本　六冊　缺二十三卷（二十三至四十五）

320000－1615－0002671　史 1544/300667
陳書三十六卷　（唐）姚思廉撰　清光緒十八年（1892）竹簡齋石印本　一冊

320000－1615－0002672　史 1545/300668
舊唐書二百卷　（五代）劉昫等撰　清光緒十八年（1892）竹簡齋石印本　十六冊

320000－1615－0002673　史 1545/300669
舊五代史一百五十卷　（宋）薛居正等撰　清光緒十八年（1892）竹簡齋石印本　六冊

320000－1615－0002674　史 1545/300670
南齊書五十九卷　（南朝梁）蕭子顯撰　清光緒十八年（1892）竹簡齋石印本　二冊

320000－1615－0002675　史 1551－3/300671
讀史方輿紀要一百三十卷圖四卷　（清）顧祖禹撰　清敷文閣刻本　五十六冊

320000－1615－0002676　史 1554/300672
皕宋樓藏書志一百二十卷　（清）陸心源編　清光緒八年（1882）歸安陸氏十萬卷樓刻本　三十二冊

320000－1615－0002677　史 1611/300673
皇朝經世文編一百二十卷　（清）賀長齡輯　清光緒十三年（1887）上海廣百宋齋鉛印本　二十四冊

320000－1615－0002678　史 1612/300674
皇朝經世文續編一百二十卷　（清）葛士濬輯　清光緒十四年（1888）圖書集成局鉛印本　三十二冊

320000－1615－0002679　史 1613－5/300675
皇朝經世文編一百二十卷　（清）賀長齡輯　清光緒十七年（1891）邵州經綸書局刻本　八十冊

320000－1615－0002680　史 1615－6/300676
皇朝經世文續編一百二十卷　題（清）管窺居士編　清光緒十四年（1888）邵州經綸書局刻本　三十八冊

320000－1615－0002681　史 1621－3/300677
皇朝經世文編一百二十卷　（清）賀長齡輯　清光緒十二年（1886）思補樓石印本　六十冊

320000－1615－0002682　史 1624－6/300678
皇朝經世文編一百二十卷　（清）賀長齡輯　清光緒十二年（1886）思補樓石印本　六十冊

320000－1615－0002683　史 1631－3/300679
皇朝經世文續編一百二十卷　（清）盛康輯　清光緒二十三年（1897）思補樓刻本　八十冊

320000－1615－0002684　史 1633－1733/300680
九通　（清）□□輯　清光緒浙江書局刻本　九百三十九冊

320000－1615－0002685　史 1734/300681
古誌石華三十卷　（清）黄本驥輯　清道光二十七年（1847）三長物齋刻本　六冊

320000－1615－0002686　史 1734/300682

宋瑣語不分卷　(清)郝懿行撰　清嘉慶至光緒間刻郝氏遺書本　一冊

320000－1615－0002687　史 1734/300683

增訂漢魏叢書　(清)王漠輯　清刻本　一冊

存三種十四卷(高士傳三卷、蓮社高賢傳一卷、神仙傳十卷)

320000－1615－0002688　史 1734/300684

洪北江先生[亮吉]年譜不分卷　(清)吕培等輯　清光緒三年(1877)刻本　一冊

320000－1615－0002689　史 1734/300685

集虚草堂叢書甲集　李國松輯　清光緒三十年至三十二年(1904－1906)合肥李氏刻本　一冊　存二種三卷(中庸篇義一卷、左忠毅公年譜定本二卷)

320000－1615－0002690　史 1734/300686

甬上水利志六卷　(清)周道遵撰　清道光木活字印本　六冊

320000－1615－0002691　史 1734/300687

宋元舊本書經眼録三卷附録二卷　(清)莫友芝撰　清同治十二年(1873)刻本　一冊

320000－1615－0002692　史 1734/300688

四庫全書提要分纂稿一卷　(清)邵晉涵撰　清光緒十六年(1890)會稽徐氏鑄學齋刻本　一冊

320000－1615－0002693　史 1734/300689

書目答問不分卷　(清)張之洞編　清刻本　一冊

320000－1615－0002694　史 1734/300690

戰國策三十三卷　(漢)劉向編　(清)吴汝綸點勘　清光緒十年(1884)鉛印本　二冊

320000　－　1615　－　0002695　　史　1735　－1744/300691

九通　(清)□□輯　清光緒二十八年(1902)上海鴻寶書局石印本　一百九十五冊

320000－1615－0002696　史 1745/300692

支那全史七卷　(日本)藤田久道編次　(日本)增田貢校正　清光緒二十七年(1901)教育世界社石印本　四冊

320000－1615－0002697　史 1745/300693

皇朝政典挈要八卷　(日本)增田貢原撰　(清)毛淦補編　清光緒二十八年(1902)上海書局石印本　四冊

320000－1615－0002698　史 1745/300694

皇朝政典挈要八卷　(日本)增田貢原撰　(清)毛淦補編　清光緒二十八年(1902)上海書局石印本　四冊

320000－1615－0002699　史 1745/300695

支那全史七卷　(日本)滕田久道編次　(日本)增田貢校正　清光緒二十七年(1901)教育世界社石印本　三冊　存六卷(二至七)

320000－1615－0002700　史 1745/300696

續三通目録十四卷　(□)□□撰　清光緒二十九年(1903)圖書集成局石印本　四冊

320000－1615－0002701　史 1745/300697

正三通目録十二卷　席裕福編　清光緒二十九年(1903)圖書集成局石印本　四冊

320000－1615－0002702　史 1745/300698

六通訂誤不分卷　席裕福編　清光緒上海圖書集成局鉛印本　二冊

320000－1615－0002703　史 1745/300699

皇朝三通目録十四卷　(□)□□集　清光緒二十九年(1903)圖書集成局石印本　四冊

320000　－　1615　－　0002704　　史　1746　－1813/300700

九通　(清)□□輯　清光緒二十七年(1901)上海圖書集成局鉛印本　三百一冊

320000－1615－0002705　史 1813/300701

中州人物考八卷　(清)孫奇逢撰　清道光二十四年(1844)刻本　六冊

320000－1615－0002706　史 1813/300702

古史輯要六卷首一卷　(清)□□撰　清道光二十五年(1845)刻海山仙館叢書本　三冊

320000－1615－0002707　史 1813/300703

皇朝經世文編一百卷　(清)賀長齡輯　清光緒六年(1880)上海點石齋石印本　十二册

320000－1615－0002708　史 1813/300704
三國紀年表五代紀年表不分卷　(清)周嘉猷輯　清光緒六年(1880)崇文書局刻本　一册

320000－1615－0002709　史 1813/300705
湖墅小志四卷　(清)高鵬年輯　清光緒二十二年(1896)石印本　一册

320000－1615－0002710　史 1814/300706
正三通目録十二卷　席裕福編　清光緒二十九年(1903)圖書集成局石印本　四册

320000－1615－0002711　史 1814－1821/300707
九通　(清)□□輯　清光緒二十七年(1901)上海圖書集成局鉛印本　一百二十册　存三種八百五十四卷(通志二百卷、附考證三卷,皇朝文獻通考三百卷,文獻通考三百四十八卷、附考證三卷)

320000－1615－0002712　史 1822/300708
通典輯要二十四卷皇朝通典輯要二十六卷欽定續通典輯要二十六卷　(清)蔣麟振輯　清光緒二十八年(1902)上海編譯局石印本　十七册

320000－1615－0002713　史 1822/300709
通志輯要二十二卷續通志輯要二十八卷皇明通志輯要三十一卷　(清)蔣麟振輯　清光緒二十八年(1902)上海編譯局石印本　十五册

320000－1615－0002714　史 1822/300710
九通序三卷　(唐)杜佑等撰　清光緒二十八年(1902)景幡山房鉛印本　三册

320000－1615－0002715　史 1822/300711
正三通目録十二卷　席裕福編　清光緒二十九年(1903)圖書集成局石印本　十二册

320000－1615－0002716　史 1822/300712
六通訂誤不分卷　席裕福編　清光緒上海圖書集成局鉛印本　二册

320000－1615－0002717　史 1823/300713
三通考輯要二十四卷　(清)湯壽潛輯　清光緒通雅堂鉛印本　七册　存十七卷(五至八、十至十二、十五至二十四)

320000－1615－0002718　史 1823/300714
欽定續文獻通考輯要二十六卷　(清)湯壽潛輯　清光緒通雅堂鉛印本　十册

320000－1615－0002719　史 1823/300715
皇朝文獻通考輯要二十六卷　(清)湯壽潛輯　清光緒通雅堂鉛印本　八册　缺四卷(十七至二十)

320000－1615－0002720　史 1824/300716
皇朝正續文獻通考輯要七十六卷　(清)張羅澄輯　清光緒二十八年(1902)石印本　二十册

320000－1615－0002721　史 1824/300717
熙朝紀政六卷　(清)王慶雲述　清光緒二十七年(1901)天章書局石印本　三册

320000－1615－0002722　史 1824/300718
熙朝紀政六卷　(清)王慶雲述　清光緒二十七年(1901)天章書局石印本　三册

320000－1615－0002723　史 1824/300719
吾學録二十四卷　(清)吴榮光述　清光緒二十八年(1902)鴻寶書局石印本　四册

320000－1615－0002724　史 1824/300720
熙朝紀政六卷　(清)王慶雲述　清光緒二十七年(1901)天章書局石印本　三册

320000－1615－0002725　史 1824/300721
熙朝紀政六卷　(清)王慶雲述　清光緒二十四年(1898)石印本　六册

320000－1615－0002726　史 1824/300722
文獻通考紀要四卷　(□)□□輯　清光緒二十七年(1901)石印本　四册

320000－1615－0002727　史 1825/300723
真詮六編　(清)何啟　胡禮垣撰　清光緒二十五年(1899)香港書局石印本　八册

320000－1615－0002728　史 1825/300724
校邠廬抗議二卷　(清)馮桂芬撰　清光緒二

十三年(1897)石印本　二冊

320000－1615－0002729　史 1825/300725
盛世危言五卷　(清)鄭觀應撰　清光緒二十二年(1896)上海書局石印本　五冊

320000－1615－0002730　史 1825/300726
洪經略奏對筆記二卷　(清)洪承疇撰　清光緒十五年(1889)點石齋石印本　一冊

320000－1615－0002731　史 1825/300727
江楚會奏變法三卷　(清)劉坤一　(清)張之洞撰　清光緒二十七年(1901)富強齋石印本　三冊

320000－1615－0002732　史 1825/300728
各國通商始末記二十卷　(清)王之春編　清光緒二十一年(1895)寶善書局石印本　六冊

320000－1615－0002733　史 1825/300729
萬國公法四卷　(美國)丁韙良譯　清光緒石印本　三冊

320000－1615－0002734　史 1825/300730
庸書内篇二卷外篇二卷　(清)陳熾撰　清光緒二十三年(1897)上海書局石印本　八冊

320000－1615－0002735　史 1825/300731
各國通商始末記二十卷　(清)王之春編　清光緒二十七年(1901)日新社石印本　六冊

320000－1615－0002736　史 1825/300732
時事昌言四卷　(清)湯壽潛撰　清光緒二十四年(1898)石印本　四冊

320000－1615－0002737　史 1825/300733
公車上書記不分卷　康有為等撰　清光緒二十一年(1895)上海古香閣石印本　一冊

320000－1615－0002738　史 1825/300734
中國新舊洋款賠款表約全書　(清)孫瑞編　清光緒石印本　四冊

320000－1615－0002739　史 1826/300735
西漢會要七十卷　(宋)徐天麟撰　清光緒十年(1884)江蘇書局刻本　十冊

320000－1615－0002740　史 1826/300736
古今法制表十六卷　(清)孫榮編　清光緒三十二年(1906)瀘州學正署刻本　十冊

320000－1615－0002741　史 1826/300737
三通序三卷　(唐)杜佑等撰　清光緒十四年(1888)蔣氏求實齋刻本　二冊

320000－1615－0002742　史 1826/300738
文獻通考纂要二卷續二卷首一卷　(元)馬端臨撰　(清)彭蘊璨輯　清嘉慶二十四年(1819)畊硯田齋刻本　四冊

320000－1615－0002743　史 1826/300739
文獻通考詳節二十四卷　(元)馬端臨撰　(清)嚴虞惇録　清乾隆二十九年(1764)繩武堂刻本　十冊

320000－1615－0002744　史 1831/300740
浙江沿海圖説一卷附海島表一卷　(清)朱正元撰　清光緒二十五年(1899)上海鉛印本　一冊

320000－1615－0002745　史 1831/300741
東漢會要四十卷　(宋)徐天麟撰　清光緒十年(1884)江蘇書局刻本　八冊

320000－1615－0002746　史 1831/300742
東坡書院志略二卷　(清)崔書黼輯　清道光二十九年(1849)似蜀堂木活字印本　一冊

320000－1615－0002747　史 1831/300743
淮黄策略兼濟運五議一卷　(清)潘慶齡撰　清嘉慶刻本　一冊

320000－1615－0002748　史 1831/300744
復淮故道圖説一卷　(清)丁顯撰　清同治八年(1869)集韻書屋刻本　一冊

320000－1615－0002749　史 1831/300745
浯溪考二卷　(清)王士禛撰　清刻本　一冊

320000－1615－0002750　史 1831/300746
洛陽伽藍記五卷　(北魏)楊衒之撰　清刻本　二冊

320000－1615－0002751　史 1831/300747
浙西水利備考不分卷　(清)王鳳生撰　清光緒四年(1878)浙江書局刻本　四冊

320000－1615－0002752　史 1831/300748
五省溝洫圖説一卷　(清)沈夢蘭撰　清光緒六年(1880)江蘇書局刻本　一册

320000－1615－0002753　史 1831/300749
楚北水利隄防紀要二卷　(清)俞昌烈輯　清同治四年(1865)湖北藩署刻本　一册

320000－1615－0002754　史 1831/300750
荆楚修疏指要三卷首一卷　(清)胡祖翮撰　清刻本　一册

320000－1615－0002755　史 1831/300751
續纂江蘇水利全案圖説二十八卷　(清)李慶雲纂修　清光緒十五年(1889)刻本　一册

320000－1615－0002756　史 1832/300752
潘方伯公遺稿六卷　(清)潘駿文撰　清光緒二十二年(1896)都門刻本　六册

320000－1615－0002757　史 1832/300753
海塘輯要十卷首一卷　(英國)韋更斯撰　(英國)傅蘭雅口譯　(清)趙元益筆述　清光緒江南製造局鉛印本　二册

320000－1615－0002758　史 1832/300754
勒文襄公奏疏八卷　(清)勒輔撰　清乾隆刻本　八册

320000－1615－0002759　史 1832/300755
勒文襄公奏疏八卷　(清)勒輔撰　清乾隆刻本　八册

320000－1615－0002760　史 1832/300756
直隸五道成規五卷　(清)高斌輯　清乾隆刻本　四册

320000－1615－0002761　史 1832/300757
海寧念汛大口門二限三限石塘圖説一卷　(清)李輔耀輯　清光緒七年(1881)刻本　一册

320000－1615－0002762　史 1833/300758
東漢會要四十卷　(宋)徐天麟撰　清光緒十年(1884)江蘇書局刻本　八册

320000－1615－0002763　史 1833/300759
五代會要三十卷　(宋)王溥撰　清光緒十二年(1886)江蘇書局刻本　六册

320000－1615－0002764　史 1833/300760
西漢會要七十卷　(宋)徐天麟撰　清光緒十年(1884)江蘇書局刻本　十册

320000－1615－0002765　史 1833/300761
五代會要三十卷　(宋)王溥撰　清光緒十二年(1886)江蘇書局刻本　六册

320000－1615－0002766　史 1834/300762
唐會要一百卷　(宋)王溥撰　清光緒十年(1884)江蘇書局刻本　二十四册

320000－1615－0002767　史 1841－3/300763
欽定大清會典一百卷事例一千二百二十卷圖二百七十卷　(清)崑岡編　清宣統元年(1909)石印本　一百五十四册　存一千二百五卷(會典一百卷,會典事例一至二十二、三十一至二百五十五、二百六十三至三百八十五、三百九十三至四百十五、四百三十五至七百四十九、八百二十四至一千二百二十)

320000－1615－0002768　史 1844－6/300764
欽定大清會典一百卷事例一千二百二十卷圖二百七十卷　(清)崑岡編　清光緒三十四年(1908)商務印書館石印本　一百六十册

320000－1615－0002769　史 1851/300765
後漢書一百二十卷　(南朝宋)范曄撰　(唐)李賢注　(晉)司馬彪續志　(南朝梁)劉昭注續志　清光緒十四年(1888)上海鴻文書局石印本　十册

320000－1615－0002770　史 1851/300766
皇朝經世文續編一百二十卷　(清)葛士濬輯　清光緒二十二年(1896)寶善書局石印本　二十册

320000－1615－0002771　史 1851/300767
御批歷代通鑑輯覽一百二十卷　(清)傅恒等撰　清光緒元年(1875)美華寶記石印本　九册　存五十七卷(一至二十一、六十八至八十九、一百七至一百二十)

320000－1615－0002772　史 1852/300768

皇朝經世文編一百二十卷 （清）賀長齡輯 清光緒十三年(1887)上海點石齋石印本 十二册

320000－1615－0002773 史 1852/300769
皇朝經世文續編一百二十卷 （清）葛士濬輯 清光緒十四年(1888)圖書集成局石印本 十八册 存七十一卷(一至六十、八十七至九十七)

320000－1615－0002774 史 1853－5/300770
金石萃編一百六十卷 （清）王昶撰 清嘉慶十年(1805)經訓堂刻本 六十四册

320000－1615－0002775 史 1911－2/300771
欽定四庫全書總目二百卷首四卷 （清）紀昀等編 清刻本 三十一册 存七十六卷

320000－1615－0002776 史 1912/300772
南巡盛典一百二十卷 （清）高晉纂輯 清光緒八年(1882)上海點石齋石印本 五册 存七十卷(一至十六、六十六至八十四、八十五至九十二、九十四至一百四、一百五至一百二十)

320000－1615－0002777 史 1913/300773
皇朝諡法考五卷 （清）鮑康輯 清同治三年(1864)刻本 一册

320000－1615－0002778 史 1913/300774
歷代職官表六卷 （清）黄本驥編 清光緒六年(1880)賡詁齋刻本 一册

320000－1615－0002779 史 1913/300775
皇朝諡彙考五卷 （清）劉長華輯 清光緒二十五年(1899)槐雲閣刻本 一册

320000－1615－0002780 史 1913/300776
聖門禮誌一卷樂誌一卷 （清）孔令貽輯 清光緒十三年(1887)刻本 一册

320000－1615－0002781 史 1913/300777
漢官六種十一卷 （清）孫星衍輯 清光緒六年(1880)誦芬閣刻本 一册

320000－1615－0002782 史 1913/300778
皇朝諡法考五卷 （清）鮑康輯 清同治三年(1864)刻本 二册

320000－1615－0002783 史 1913/300779
黌宫敬事録六卷 （清）桂良輯 清同治十一年(1872)河南刻本 四册

320000－1615－0002784 史 1914/300780
大清搢紳全書四卷 (□)□□撰 清光緒七年(1881)京師榮華堂刻本 四册

320000－1615－0002785 史 1914/300781
大清搢紳全書四卷 (□)□□撰 清光緒三十三年(1907)京師榮禄堂刻本 四册

320000－1615－0002786 史 1914/300782
大清搢紳全書四卷 (□)□□撰 清光緒三十三年(1907)京師榮禄堂刻本 六册

320000－1615－0002787 史 1914/300783
大清搢紳全書四卷 (□)□□撰 清京師榮寶齋刻本 四册

320000－1615－0002788 史 1914/300784
大清搢紳全書四卷 (□)□□撰 清光緒三十年(1904)京師榮録堂刻本 四册

320000－1615－0002789 史 1915/300785
安徽袖珍同官録四卷 （清）藩經歷司編 清光緒三十四年(1908)鉛印本 三册

320000－1615－0002790 史 1915/300786
安徽袖珍同官録四卷 （清）藩經歷司編 清光緒三十四年(1908)鉛印本 三册

320000－1615－0002791 史 1915/300787
欽定大清會典一百卷 （清）崑岡編 清光緒二十五年(1899)上海書局石印本 六册

320000－1615－0002792 史 1915/300788
大清搢紳全書四卷 (□)□□撰 清光緒十五年(1889)京師榮録堂刻本 四册

320000－1615－0002793 史 1915/300789
大清搢紳全書四卷 (□)□□撰 清宣統三年(1911)京師榮寶齋刻本 六册

320000－1615－0002794 史 1915/300790
大清搢紳全書四卷 (□)□□撰 清宣統二

年(1910)京師榮寶齋刻本　五册

320000－1615－0002795　史 1921/300791
吾學録二十四卷　(清)吴榮光述　清同治九年(1870)江蘇書局刻本　六册

320000－1615－0002796　史 1921/300792
吾學録二十四卷　(清)吴榮光述　清同治十三年(1874)閩中刻本　八册

320000－1615－0002797　史 1921/300793
欽定康濟録四卷　(清)陸曾禹編　(清)倪國璉輯　清同治八年(1869)崇文書局刻本　四册

320000－1615－0002798　史 1921/300794
吾學録二十四卷　(清)吴榮光述　清道光十二年(1832)南海吴氏筠清館刻本　八册

320000－1615－0002799　史 1921/300795
欽定康濟録四卷　(清)陸曾禹編　(清)倪國璉輯　清同治八年(1869)崇文書局刻本　三册

320000－1615－0002800　史 1922/300796
吏治三書六卷　(清)劉衡撰　清同治七年(1868)江蘇書局刻本　一册

320000－1615－0002801　史 1922/300797
庸吏庸言二卷　(清)劉衡撰　清同治七年(1868)崇文書局刻本　二册

320000－1615－0002802　史 1922/300798
牧令書二十三卷　(清)徐棟輯　清道光二十八年(1848)楚興國李煒刻本　十八册

320000－1615－0002803　史 1922/300799
得一録十六卷　(清)余治編輯　清同治八年(1869)刻本　八册

320000－1615－0002804　史 1922/300800
學仕遺規四卷附補四卷　(清)陳宏謀輯　清光緒五年(1879)江蘇書局刻本　五册

320000－1615－0002805　史 1923/300801
牧令書輯要十卷　(清)徐棟編　(清)丁日昌重編　清同治八年(1869)崇文書局刻本　十册

320000－1615－0002806　史 1923/300802
牧令書輯要十卷　(清)徐棟編　(清)丁日昌選評　清同治七年(1868)江蘇書局刻本　十册

320000－1615－0002807　史 1923/300803
學治一得編不分卷　(清)何耿繩輯　清同治十三年(1874)湖北崇文書局刻本　一册

320000－1615－0002808　史 1923/300804
牧令書輯要十卷　(清)徐棟輯　(清)丁日昌重編　清同治八年(1869)崇文書局刻本　十册

320000－1615－0002809　史 1924/300805
籌濟編三十二卷首一卷　(清)楊景仁輯　清光緒九年(1883)武昌書局刻本　八册

320000－1615－0002810　史 1924/300806
欽頒州縣事宜一卷　(清)田文鏡撰　清同治七年(1868)江蘇書局刻本　一册

320000－1615－0002811　史 1924/300807
牧民忠告二卷　(元)張養浩撰　清同治七年(1868)姑蘇書局刻本　一册

320000－1615－0002812　史 1924/300808
保甲書輯要四卷　(清)徐棟編　(清)丁日昌重校　清刻本　一册

320000－1615－0002813　史 1924/300809
重刊救荒補遺二卷　(宋)董煟撰　(清)朱熊補遺　清同治八年(1869)崇文書局刻本　二册

320000－1615－0002814　史 1924/300810
荒政輯要九卷首一卷　(清)汪志伊纂　清同治八年(1869)崇文書局刻本　二册

320000－1615－0002815　史 1924/300811
籌濟編三十二卷首一卷　(清)楊景仁輯　清光緒五年(1879)江蘇書局刻本　八册

320000－1615－0002816　史 1924/300812
牧民忠告二卷　(元)張養浩撰　清同治七年(1868)姑蘇書局刻本　一册

320000－1615－0002817　史 1924/300813

審看擬式四卷首一卷末各一卷　（清）剛毅編纂　清光緒十八年（1892）浙江書局刻本　二册

320000－1615－0002818　史 1924/300814
清訟章程一卷　（□）□□輯　清刻本　一册

320000－1615－0002819　史 1925/300815
寶政録七卷　（明）吕坤撰　清同治七年（1868）崇文書局刻本　四册

320000－1615－0002820　史 1925/300816
佐治藥言一卷　（清）汪輝祖纂　清同治七年（1868）崇文書局刻本　一册

320000－1615－0002821　史 1925/300817
學治臆説二卷學治續説一卷　（清）汪輝祖纂　清同治七年（1868）湖北崇文書局刻本　二册

320000－1615－0002822　史 1925/300818
政録七卷　（明）吕坤撰　清同治十一年（1872）江蘇書局刻本　六册

320000－1615－0002823　史 1925/300819
學治簡淺歌一卷　（清）楊兆琛編　清光緒刻本　一册

320000－1615－0002824　史 1925/300820
宦遊紀略二卷　（清）高廷瑤撰　清光緒九年（1883）刻本　二册

320000－1615－0002825　史 1925/300821
宦遊紀略二卷　（清）高廷瑤撰　清光緒九年（1883）刻本　二册

320000－1615－0002826　史 1925/300822
增訂教案彙編六卷首一卷　（清）程宗裕輯　清光緒二十八年（1902）寔學書社鉛印本　六册

320000－1615－0002827　史 1931/300823
培遠堂偶存稿四十八卷　（清）陳宏謀撰　清光緒二十二年（1896）鶚藩署刻本　二十四册

320000－1615－0002828　史 1932/300824
續修大清會典四卷　（清）托津等撰　清同治十一年（1872）湖北崇文書局刻本　四册

320000－1615－0002829　史 1932/300825
江蘇省例不分卷　（□）□□撰　清同治八年（1869）江蘇書局刻本　十二册

320000－1615－0002830　史 1932/300826
通行條例四卷　（□）□□撰　清光緒十四年（1888）江蘇書局刻本　四册

320000－1615－0002831　史 1932/300827
通行條例四卷　（□）□□撰　清光緒十四年（1888）江蘇書局刻本　四册

320000－1615－0002832　史 1933/300828
欽定六部處分則例五十二卷　（清）清平等纂修　清光緒十三年（1887）刻本　三十二册

320000－1615－0002833　史 1933/300829
欽定六部處分則例五十二卷　（清）清平等纂修　清光緒十八年（1892）上海圖書集成印書局鉛印本　八册

320000－1615－0002834　史 1934/300830
聖祖仁皇帝庭訓格言一卷　（清）世宗胤禛撰　清刻本　一册

320000－1615－0002835　史 1934/300831
欽定古今儲貳金鑑六卷　（清）高宗弘曆撰　清刻本　四册

320000－1615－0002836　史 1934/300832
安陽縣金石録十二卷　（清）武億撰　清嘉慶二十四年（1819）刻本　六册

320000－1615－0002837　史 1934/300833
偃師金石記四卷　（清）武億撰　清乾隆五十三年（1788）刻本　二册

320000－1615－0002838　史 1934/300834
涇川金石記一卷　（清）趙紹祖輯　清光緒貴池劉氏刻聚學軒叢書本　一册

320000－1615－0002839　史 1934/300835
安徽金石略十卷　（清）趙紹祖輯　清光緒貴池劉氏刻聚學軒叢書本　四册

320000－1615－0002840　史 1934/300836
古泉叢話三卷　（清）戴熙撰　清同治十一年（1872）滂喜齋刻本　一册

320000－1615－0002841　史 1934/300837
粵西得碑記一卷　(清)楊翰撰　清光緒二年(1876)浯上息園刻本　二册

320000－1615－0002842　史 1934/300838
中州金石記五卷　(清)畢沅撰　清乾隆畢氏靈巖山館刻經訓堂叢書本　四册

320000－1615－0002843　史 1941/300839
歷代輿地沿革險要圖不分卷　楊守敬　饒敦秩撰　清光緒五年(1879)東湖饒氏刻本　一册

320000－1615－0002844　史 1941/300840
禹貢全圖考證不分卷　(清)趙庭策輯　清嘉慶二十五年(1820)集益堂刻本　一册

320000－1615－0002845　史 1941/300841
宋書一百卷　(南朝梁)沈約撰　清同治十一年(1872)金陵書局刻本　十六册

320000－1615－0002846　史 1942/300842
魏書一百十四卷　(北齊)魏收撰　清同治十一年(1872)金陵書局刻本　二十册

320000－1615－0002847　史 1943/300843
世宗憲皇帝諭旨一百五十九卷　(清)世宗胤禛撰　清浙江書局刻本　三十二册

320000－1615－0002848　史 1951/300844
普通新歷史十章　(□)□□編　清光緒二十九年(1903)石印本　一册

320000－1615－0002849　史 1951/300845
支那通史七卷　(日本)那珂通世編　清光緒二十五年(1899)東文學社石印本　三册　存三卷(一至三)

320000－1615－0002850　史 1951/300846
支那通史七卷　(日本)那珂通世編　清光緒二十五年(1899)東文學社石印本　四册　存四卷(一至四)

320000－1615－0002851　史 1951/300847
山居新話一卷　(元)楊瑀撰　清乾隆、道光間長塘鮑氏刻知不足齋叢書本　一册

320000－1615－0002852　史 1951/300848
中外時務策問類編大成三十二卷　(清)求是齋主人編　清光緒二十九年(1903)求是齋石印本　十二册

320000－1615－0002853　史 1952/300849
大清律例彙纂大成四十卷　(□)□□編　清光緒二十四年(1898)石印本　二十四册

320000－1615－0002854　史 1953/300850
日本法規大全附解字二十五類　劉崇傑等譯　清光緒三十三年(1907)上海商務印書館鉛印本　八十一册

320000－1615－0002855　史 2011－2/300851
繹史一百六十卷世系圖一卷年表一卷　(清)馬驌編　清刻本　八册

320000－1615－0002856　史 2012/300852
林文忠公政書三集三十七卷　(清)林則徐撰　清刻本　二十册

320000－1615－0002857　史 2013/300853
胡文忠公遺集八十六卷　(清)胡林翼撰　清同治六年(1867)湖北刻本　三十二册

320000－1615－0002858　史 2014/300854
胡文忠公遺集八十六卷　(清)胡林翼撰　清光緒元年(1875)湖北崇文書局刻本　三十二册

320000－1615－0002859　史 2015/300855
胡文忠公遺集八十六卷　(清)胡林翼撰　清光緒元年(1875)湖北崇文書局刻本　三十二册

320000－1615－0002860　史 2021/300856
曾文正公奏議十卷附補編四卷　(清)曾國藩撰　清光緒二十二年(1896)圖書集成印書局鉛印本　四册

320000－1615－0002861　史 2021/300857
曾文正公奏議十卷附補編四卷　(清)曾國藩撰　清光緒二十二年(1896)圖書集成印書局鉛印本　四册

320000－1615－0002862　史 2021/300858
胡文忠公遺集八十六卷　(清)胡林翼撰　清

光緒十四年(1888)上海著易堂鉛印本　八冊

320000－1615－0002863　史 2021/300859
胡文忠公遺集八十六卷　(清)胡林翼撰　清光緒十四年(1888)上海著易堂鉛印本　八冊

320000－1615－0002864　史 2021/300860
彭剛直公奏稿八卷　(清)彭玉麟撰　清光緒十七年(1891)鉛印本　四冊

320000－1615－0002865　史 2021/300861
南皮張宮保政書(奏議初編)十二卷　(清)張之洞撰　清光緒二十七年(1901)圖書集成印書局鉛印本　六冊

320000－1615－0002866　史 2022/300862
史記一百三十卷　(漢)司馬遷撰　(南朝宋)裴駰集解　(唐)司馬貞索隱　(唐)張守節正義　清光緒十四年(1888)上海圖書集成局鉛印本　十六冊

320000－1615－0002867　史 2022/300863
舊五代史一百五十卷目録二卷　(宋)薛居正等撰　清光緒三十三年(1907)上海華商集成圖書公司鉛印欽定二十四史本　十二冊

320000－1615－0002868　史 2023/300864
國朝先正事略六十卷　(清)李元度撰　清光緒十五年(1889)上海廣百宋齋鉛印本　十冊

320000－1615－0002869　史 2023/300865
隸釋二十七卷　(宋)洪適撰　清寫刻本　十冊　存十九卷(四至十九、二十一、二十六至二十七)

320000－1615－0002870　史 2023/300866
隸釋二十七卷　(宋)洪適撰　清刻本　一冊

320000－1615－0002871　史 2023/300867
五代史七十四卷　(宋)歐陽修撰　(宋)徐無黨注　清光緒三十三年(1907)上海華商集成圖書公司鉛印欽定二十四史本　六冊

320000－1615－0002872　史 2024/300868
李肅毅伯奏議二十卷　(清)李鴻章撰　清光緒二十五年(1899)上海鴻文書局石印本　二十冊

320000－1615－0002873　史 2024/300869
左文襄公奏疏初編三十八卷續二三編一百二十卷　(清)左宗棠撰　清光緒十六年(1890)圖書集成局鉛印本　二十冊

320000－1615－0002874　史 2024/300870
公車上書記不分卷　康有為等撰　清光緒二十一年(1895)上海石印書局石印本　一冊

320000－1615－0002875　史 2024/300871
袁太常戊戌條陳一卷　(清)袁旭撰　清光緒二十八年(1902)鉛印本　一冊

320000－1615－0002876　史 2025/300872
道咸同光奏議六十四卷　(清)王延熙等編　清光緒二十八年(1902)久敬齋石印本　二十八冊

320000－1615－0002877　史 2025/300873
法國律例六類不分卷　(□)□□編　清光緒二十四年(1898)石印本　十二冊

320000－1615－0002878　史 2031/300874
日下尊聞録五卷　(□)□□撰　清咸豐二年(1852)刻本　四冊

320000－1615－0002879　史 2031/300875
洛陽名園記一卷　(宋)李格非撰　清道光、咸豐間番禺潘氏刻海山仙館叢書本　一冊

320000－1615－0002880　史 2031/300876
湖山便覽十二卷　(清)翟灝等輯　清光緒元年(1875)槐蔭堂王氏刻本　六冊

320000－1615－0002881　史 2031/300877
蜀水考四卷　(清)陳登龍撰　(清)朱錫穀補註　(清)陳一津分疏　清刻本　三冊

320000－1615－0002882　史 2031/300878
治河方略十卷首一卷圖一卷　(清)勒輔撰　清刻本　八冊

320000－1615－0002883　史 2031/300879
歷下志游正編四卷外編四卷　(清)師史氏撰　清光緒申報館鉛印本　二冊

320000－1615－0002884　史 2031/300880
洗冤録歌訣不分卷　(□)□□撰　清光緒五

年(1879)湖北書局刻本　一册

320000－1615－0002885　史2031/300881
北上備覽不分卷　(清)畢鐘沅輯　清光緒十四年(1888)鴻寶齋石印本　一册

320000－1615－0002886　史2031/300882
朝市叢載八卷　(清)李虹若輯　清光緒二十一年(1895)京都榮寶齋刻本　八册

320000－1615－0002887　史2032/300883
七家後漢書二十一卷　(清)汪文臺輯　清光緒八年(1882)刻本　六册

320000－1615－0002888　史2032/300884
二十二史劄記三十六卷　(清)趙翼撰　清光緒二十五年(1899)湖南書局刻本　十二册

320000－1615－0002889　史2032/300885
陸宣公奏議讀本四卷　(清)汪銘謙編　清宣統元年(1909)石印本　二册

320000－1615－0002890　史2032/300886
明胡端敏公奏議十卷校勘記一卷附録一卷　(明)胡世寧撰　清光緒十九年(1893)浙江書局刻本　四册

320000－1615－0002891　史2032/300887
魏鄭公諫續録二卷　(元)翟思忠輯　清刻本　一册

320000－1615－0002892　史2033/300888
宋名臣言行録前集十卷後集十四卷續集八卷別集二十六卷外集十七卷　(宋)朱熹　(宋)李幼武纂　清道光二十二年(1842)丹徒包氏刻本　十册

320000－1615－0002893　史2033/300889
文獻徵存録十卷　(清)錢林輯　清咸豐八年(1858)有嘉樹軒刻本　十册

320000－1615－0002894　史2033/300890
戰國策三十三卷　(漢)高誘注　**札記三卷**　(清)黄丕烈撰　清同治八年(1869)湖北崇文書局刻本　五册

320000－1615－0002895　史2034/300891
俄國蠶食亞洲史略二卷　題(清)養浩齋主人輯譯　清光緒二十八年(1902)鉛印本　一册

320000－1615－0002896　史2034/300892
李鴻章十二章　梁啟超撰　清光緒二十七年(1901)石印本　一册

320000－1615－0002897　史2034/300893
國粹叢書　(清)國學保存會輯　清光緒三十三年(1907)國學保存會鉛印本　一册　存一種四卷(禁書目録四卷)

320000－1615－0002898　史2034/300894
東洋史要二卷　(日本)桑原騭藏撰　(清)樊炳清譯　清末石印本　四册

320000－1615－0002899　史2034/300895
中國地名韻語新讀本不分卷　陳樹鏞纂　清光緒二十八年(1902)鉛印本　一册

320000－1615－0002900　史2034/300896
新疆賦一卷　(清)徐松撰　清讀有用書齋刻本　一册

320000－1615－0002901　史2034/300897
使東雜詠一卷　(清)何如璋撰　清光緒刻本　一册

320000－1615－0002902　史2034/300898
使東述略一卷　(清)何如璋撰　清光緒刻本　一册

320000－1615－0002903　史2034/300899
潞水客談一卷　(明)徐貞明撰　清道光、光緒間南海伍氏刻粤雅堂叢書本　一册

320000－1615－0002904　史2034/300900
唐摭言十五卷　(五代)王定保撰　清乾隆二十一年(1756)刻本　四册

320000－1615－0002905　史2034/300901
赤雅三卷　(明)鄺露撰　清光緒四年(1878)刻本　一册

320000－1615－0002906　史2034/300902
明史紀事本末八十卷　(清)谷應泰輯　清光緒十四年(1888)上海書叢公所崇德堂鉛印本　八册

320000－1615－0002907　史 2034/300903
瀛環志略十卷　(清)徐繼畬撰　**續集四卷末一卷補遺一卷**　(英國)慕維廉撰　清光緒二十四年(1898)掃葉山房石印本　五冊　存十二卷(瀛環志略十卷、續集一至二)

320000－1615－0002908　史 2034/300904
學古齋金石叢書九種　(清)董金南輯　清光緒八年至三十年(1882－1904)刻本　二冊　存二種二卷(元豐金石跋尾一卷、古刻叢鈔一卷)

320000－1615－0002909　史 2034/300905
金石索十二卷　(清)馮雲鵷　(清)馮雲鵬輯　清光緒石印本　三冊　存二卷(金索六、石索三)

320000－1615－0002910　史 2035/300906
補注洗冤録集證四卷　(清)王又槐集證　(清)阮其新補注　清道光刻三色套印本　二冊

320000－1615－0002911　史 2035/300907
洗冤録詳議四卷　(清)許槤編校　**摭遺二卷**　(清)葛之煦撰　**補一卷**　(清)張開運撰　清光緒十六年(1890)湖北官書處刻本　六冊

320000－1615－0002912　史 2035/300908
洗冤録詳議四卷　(清)許槤編校　**摭遺二卷**　(清)葛之煦撰　**補一卷**　(清)張開運撰　清光緒五年(1879)滬上刻本　五冊

320000－1615－0002913　史 2035/300909
蒿盦奏稿四卷　(清)馮煦撰　清刻本　二冊

320000－1615－0002914　史 2035/300910
洗冤録義證四卷　(清)剛毅編輯　清光緒十七年(1891)江蘇書局刻本　二冊

320000－1615－0002915　史 2035/300911
經世奏牘公式撰要□□卷　劉嘉猷撰　清宣統三年(1911)刻本　一冊　存一卷(上)

320000－1615－0002916　史 2035/300912
英國通典二十卷　(英國)高爾敦撰　許士熊譯　清光緒二十九年(1903)文明書局鉛印本　二冊

320000－1615－0002917　史 2035/300913
補宋書刑法志一卷食貨志一卷　(清)郝懿行撰　清刻本　一冊

320000－1615－0002918　史 2035/300914
洗冤録解一卷　(清)姚德豫撰　**詳義四卷**　(清)許槤編校　**摭遺二卷**　(清)葛之煦撰　**補一卷**　(清)張開運撰　清光緒十三年(1887)京都琉璃廠榮録堂刻本　六冊

320000－1615－0002919　史 2035/300915
漢律類纂一卷　張鵬一撰　清光緒三十三年(1907)鉛印本　一冊

320000－1615－0002920　史 2041/300916
孟忠毅公奏疏二卷　(清)孟喬芳撰　清道光刻本　二冊

320000－1615－0002921　史 2041/300917
岱南閣叢書　(清)孫星衍輯　清乾隆、嘉慶間蘭陵孫氏刻本　八冊　存二種三十七卷(故唐律疏議三十卷、附釋文纂例一卷,宋提刑洗冤集録五卷、附聖頒降新例一卷)

320000－1615－0002922　史 2041/300918
包孝肅公奏議十卷　(宋)包拯撰　清同治二年(1863)省心閣刻本　四冊

320000－1615－0002923　史 2041－2/300919
大清律例彙輯便覽四十卷　(□)□□撰　清同治十一年(1872)湖北讞局刻本　三十二冊

320000－1615－0002924　史 2043/300920
大清律例總類不分卷　(□)□□撰　清光緒十五年(1889)江蘇書局刻本　四冊

320000－1615－0002925　史 2043/300921
讀律一得歌四卷　(清)宗繼增編　清光緒十六年(1890)江蘇書局刻本　二冊

320000－1615－0002926　史 2043/300922
讀律心得三卷蜀僚問答二卷　(清)劉衡纂　清同治七年(1868)崇文書局刻本　一冊

320000－1615－0002927　史 2043/300923
名法指掌四卷　(清)徐灝撰　清同治九年

(1870)崇文書局刻本　四冊

320000－1615－0002928　史2043/300924
律例便覽八卷處分則例圖要六卷　(清)蔡逢年撰　清同治九年(1870)江蘇書局刻本　六冊

320000－1615－0002929　史2044/300925
大清律例新增統纂集成四十卷附督捕則例附纂二卷　(清)姚雨薌輯　(清)王梧巢增修　清咸豐元年(1851)刻本　二十二冊　缺四卷(二至三、六至七)

320000－1615－0002930　史2044/300926
三流道里表不分卷　(清)徐本　(清)唐紹祖等纂修　清同治十一年(1872)江蘇書局刻本　二冊

320000－1615－0002931　史2044/300927
刑部奏定新章四卷　(□)□□撰　清光緒二十四年(1898)京都琉璃廠刻本　四冊

320000－1615－0002932　史2045/300928
列國政要一百三十二卷首一卷譯名對照表一卷　(清)戴鴻慈　(清)端方輯　清光緒三十三年(1907)商務印書館石印本　十一冊　缺二卷(九十三至九十四)

320000－1615－0002933　史2045/300929
五軍道里表十八卷　(清)常泰等修　清同治十二年(1873)江蘇書局刻本　十八冊

320000－1615－0002934　史2051/300930
讀法圖存四卷　(清)邵繩青編　清光緒七年(1881)刻本　四冊

320000－1615－0002935　史2051/300931
秋讞輯要六卷　(清)剛毅輯　清光緒十五年(1889)江書書局刻本　八冊

320000－1615－0002936　史2051/300932
刺字集四卷　(清)沈家本編　清光緒二十四年(1898)江蘇書局刻本　一冊

320000－1615－0002937　史2051－2/300933
讀例存疑五十四卷　(清)薛允升撰　清光緒三十一年(1905)京師刻本　四十冊

320000－1615－0002938　史2053－4/300934
御批歷代通鑑輯覽一百二十卷　(清)傅恒等撰　清刻本　六十三冊　缺三卷(十一至十三)

320000－1615－0002939　史2111/300935
新譯列國歲計政要不分卷　(清)海上譯社編譯　清光緒二十七年(1901)海上譯社鉛印本　六冊

320000－1615－0002940　史2111/300936
列國歲計政要十二卷　(英國)麥丁富得力編　(美國)林樂知譯　清光緒二十四年(1898)小倉山房石印本　二冊

320000－1615－0002941　史2111/300937
新譯列國歲計政要不分卷　(清)海上譯社編譯　清光緒二十七年(1901)海上譯社鉛印本　十二冊

320000－1615－0002942　史2111/300938
財政四綱四卷　錢恂撰　清光緒二十七年(1901)鉛印本　四冊

320000－1615－0002943　史2111/300939
中國財政紀略不分卷　(日本)東邦協會編　(清)吴銘譯　清光緒二十八年(1902)廣智書局鉛印本　一冊

320000－1615－0002944　史2112/300940
列國歲計政要十二卷　(英國)麥丁富得力編　(美國)林樂知譯　(清)鄭昌棪筆述　清光緒江南製造局鉛印本　六冊

320000－1615－0002945　史2112/300941
保富述要不分卷　(英國)布來德撰　(英國)傅蘭雅口譯　(清)徐家寶筆述　清光緒江南製造總局刻本　二冊

320000－1615－0002946　史2112/300942
國朝李侍御奏疏不分卷附録一卷　(清)李時謙撰　清道光耕嵐閣刻本　四冊

320000－1615－0002947　史2112/300943
原富甲部二卷乙部一卷丙部一卷丁部二卷戊部二卷　(英國)斯密亞丹撰　嚴復譯　清光

緒二十九年(1903)南洋公學譯書院鉛印本　八册

320000－1615－0002948　史 2112/300944
原富甲部二卷乙部一卷丙部一卷丁部二卷戊部二卷　(英國)斯密亞丹撰　嚴復譯　清光緒二十八年(1902)南洋公學譯書院鉛印本　八册

320000－1615－0002949　史 2113/300945
鄂省丁漕指掌十卷　(清)潘霨等輯　清光緒元年(1875)湖北藩署刻本　十册

320000－1615－0002950　史 2113/300946
蒙古遊牧記十六卷　(清)張穆撰　清同治壽陽祁氏刻本　四册

320000－1615－0002951　史 2113/300947
皇朝藩部要略十八卷皇朝藩部世系表四卷　(清)祁韻士撰　清光緒十年(1884)浙江書局刻本　八册

320000－1615－0002952　史 2113/300948
大唐西域記十二卷　(唐)釋玄奘譯　(唐)釋辯機撰　清宣統元年(1909)常州天寧寺刻本　四册

320000－1615－0002953　史 2114/300949
皇清開國方略三十二卷　(清)阿桂等撰　清光緒十三年(1887)廣百宋齋鉛印本　六册

320000－1615－0002954　史 2114/300950
讀史兵略十二卷　(清)胡林翼纂　清光緒二十七年(1901)上海紹先書局石印本　十二册

320000－1615－0002955　史 2114/300951
讀史兵略十二卷　(清)胡林翼纂　清光緒二十七年(1901)富文書局石印本　八册

320000－1615－0002956　史 2114/300952
中國六十年戰史不分卷　(英國)愛特華斯撰　史悠明　程旅祥譯校　清光緒二十九年(1903)上海美華書局鉛印本　六册

320000－1615－0002957　史 2114/300953
國朝先正事略六十卷　(清)李元度撰　清光緒十五年(1889)上海廣百宋齋鉛印本　十册

320000－1615－0002958　史 2121/300954
兵書三種　(清)王鑫輯　清光緒二十一年(1895)湖北官書處刻本　一册

320000－1615－0002959　史 2121/300955
兵書三種　(清)王鑫輯　清光緒元年(1875)湖北崇文書局刻本　一册

320000－1615－0002960　史 2121/300956
兵法史略學二卷　陳慶年撰　清光緒二十五年(1899)兩湖書院刻本　二册

320000－1615－0002961　史 2121/300957
東方兵事紀略六卷　姚錫光撰　清光緒二十三年(1897)武昌刻本　五册

320000－1615－0002962　史 2121/300958
鄂省營制驛傳彙編四卷　(清)陳仲衡輯　清光緒十五年(1889)刻本　四册

320000－1615－0002963　史 2121/300959
[同治]焦山志二十六卷首一卷　(清)吴雲輯　清同治四年(1865)刻本　八册

320000－1615－0002964　史 2121/300960
[光緒]焦山續志八卷　(清)陳任暘輯　清光緒刻本　二册

320000－1615－0002965　史 2121/300961
俄國水師考一卷　(英國)百拉西撰　(英國)傅少蘭　(清)　李嶽衡同譯　清光緒江南製造局鉛印本　一册

320000－1615－0002966　史 2121/300962
法國水師考一卷　(美國)杜默能撰　(美國)羅亨利　(清)瞿昂來譯　清光緒江南製造局鉛印本　一册

320000－1615－0002967　史 2122/300963
淮北票鹽志略十五卷　(清)童濂編　清同治七年(1868)刻本　四册

320000－1615－0002968　史 2122/300964
淮北票鹽志略十五卷　(清)童濂編　清同治七年(1868)刻本　六册

320000－1615－0002969　史 2122/300965
歷代循吏傳八卷　(清)朱軾　(清)蔡世遠輯

清雍正刻本　四册

320000－1615－0002970　史2122/300966
宋元舊本書經眼録三卷附録二卷　(清)莫友芝撰　清同治十二年(1873)刻本　一册

320000－1615－0002971　史2122/300967
雍州金石記十卷記餘一卷　(清)朱楓撰　清道光二十六年(1846)宏道書院刻惜陰軒叢書本　二册

320000－1615－0002972　史2122/300968
吴興金石記十六卷　(清)陸心源撰　清光緒十六年(1890)歸安陸氏刻本　四册

320000－1615－0002973　史2123/300969
湖北省驛站四至程途里數限行時刻清册四卷　清刻本　二册

320000－1615－0002974　史2123/300970
泰西教育史二卷　(日本)能勢榮撰　葉翰譯　清光緒二十七年(1901)金粟齋鉛印本　二册

320000－1615－0002975　史2123/300971
淮北票鹽再續略志餘一卷　(清)劉鉞輯　清光緒二十六年(1900)鉛印本　一册

320000－1615－0002976　史2123/300972
摘録科場事例二卷　(清)梅啟照摘録　清同治十二年(1873)刻本　一册

320000－1615－0002977　史2123/300973
史姓韻編二十四卷　(清)汪輝祖輯　清光緒二十九年(1903)上海文瀾書局石印本　八册

320000－1615－0002978　史2123/300974
二十四史姓韻編六十四卷　(清)汪輝祖輯　馮祖憲校　清光緒十年(1884)上海中西書局石印本　四册

320000－1615－0002979　史2123/300975
輶軒語不分卷　(清)張之洞撰　清光緒二十一年(1895)湖北官書局刻本　一册

320000－1615－0002980　史2123/300976
輶軒語不分卷　(清)張之洞撰　清光緒二十一年(1895)湖北官書局刻本　一册

320000－1615－0002981　史2124/300977
海道圖説十五卷　(英國)金約翰輯　(英國)傅蘭雅口譯　(清)王德均筆述　清光緒二十二年(1896)上海書局石印本　八册

320000－1615－0002982　史2124/300978
俄界譯漢考證二卷　(清)許景澄撰　清光緒二十八年(1902)藻文書局石印本　二册

320000－1615－0002983　史2124/300979
閩雜記十二卷　(清)施鴻保輯　清光緒四年(1878)申報館鉛印本　四册

320000－1615－0002984　史2124/300980
滬城備考六卷　(清)褚華撰　清光緒四年(1878)申報館鉛印本　二册

320000－1615－0002985　史2124/300981
宸垣識略十六卷　(清)吴長元輯　清乾隆五十三年(1788)池北草堂刻本　八册

320000－1615－0002986　史2124/300982
[道光]宛陵郡志備要四卷附太平郡志二卷　(清)謝庭氏輯　清道光十年(1830)刻本　二册

320000－1615－0002987　史2124/300983
新疆要略四卷　(清)祁韻士輯　清光緒二十一年(1895)上海鴻寶書局石印本　二册

320000－1615－0002988　史2125/300984
西域水道記五卷　(清)徐松撰　清光緒二十九年(1903)上海文瑞樓石印本　五册

320000－1615－0002989　史2125/300985
中俄界約斠注七卷　錢恂撰　清光緒二十年(1894)謝文翰齋刻本　二册

320000－1615－0002990　史2125/300986
中外交涉類要表不分卷　(清)錢學嘉撰　清光緒二十年(1894)上海醉六堂刻本　二册

320000－1615－0002991　史2125/300987
國政貿易相關書二卷　(英國)法拉撰　(英國)傅蘭雅口譯　(清)徐家寶筆述　清光緒江南製造總局刻本　二册

320000－1615－0002992　史2125/300988

萬國通商史不分卷 （英國）瑣米爾士撰 （日本）古城貞吉譯 清光緒二十七年（1901）南洋公學譯書院鉛印本 一册

320000－1615－0002993 史2125/300989
奏定度量權衡畫一制度圖説總表推行章程一卷 （清）農工商部編 清光緒安慶正誼官書局鉛印本 一册

320000－1615－0002994 史2125/300990
萬國通商史不分卷 （英國）瑣米爾士撰 （日本）古城貞吉譯 清光緒二十七年（1901）南洋公學譯書院鉛印本 一册

320000－1615－0002995 史2125/300991
中國商務志不分卷 （日本）織田一撰 蔣簋方譯 清光緒二十八年（1902）廣智書局鉛印本 一册

320000－1615－0002996 史2125/300992
瀛壖雜誌六卷 （清）王韜撰 清光緒元年（1875）刻本 一册

320000－1615－0002997 史2125/300993
鹽政度支預算奏議 （□）□□編 清宣統鉛印本 一册

320000－1615－0002998 史2131/300994
英國水師律例四卷 （英國）德麟撰 舒高第（清）鄭昌棪譯 清光緒江南製造總局鉛印本 二册

320000－1615－0002999 史2131/300995
防海新論十八卷 （德國）希理哈撰 （英國）傅蘭雅口譯 （清）華蘅芳筆述 清光緒江南製造總局刻本 六册

320000－1615－0003000 史2131/300996
列國陸軍制不分卷 （美國）歐潑登撰 （美國）林樂知 （清）瞿昂來譯 清光緒江南製造總局刻本 三册

320000－1615－0003001 史2131/300997
外國師船表八卷雜説三卷圖一卷 （清）許景澄輯 清光緒二十二年（1896）浙江書局刻本 四册

320000－1615－0003002 史2131/300998
李文忠公海軍函稿四卷 （清）吴汝綸編輯 清光緒二十八年（1902）蓮池書社鉛印本 二册

320000－1615－0003003 史2131/300999
洋防説略二卷 （清）徐家幹撰 清光緒十三年（1887）湖北刻本 二册

320000－1615－0003004 史2131/301000
日本武學兵隊紀略一卷 （清）張大鏞編述 清光緒二十五年（1899）浙江書局刻本 一册

320000－1615－0003005 史2131/301001
史姓韻編二十四卷 （清）汪輝祖輯 清光緒九年（1883）上海文瀾書局石印本 八册

320000－1615－0003006 史2131/301002
史姓韻編二十四卷 （清）汪輝祖輯 清光緒九年（1883）上海文瀾書局石印本 八册

320000－1615－0003007 史2132/301003
水師操練十八卷首一卷附一卷 （英國）戰船部原書 （英國）傅蘭雅口譯 （清）徐建寅筆述 清光緒江南製造總局刻本 三册

320000－1615－0003008 史2132/301004
兵船汽機六卷附一卷 （英國）息尼德撰 （英國）傅蘭雅口譯 （清）華備鈺筆述 清光緒江南製造總局刻本 八册

320000－1615－0003009 史2132/301005
行海要術四卷 （美國）金楷理口譯 （清）李鳳苞筆述 清光緒江南製造總局刻本 三册

320000－1615－0003010 史2132/301006
水師章程十二卷 （英國）水師兵部原書 （美國）林樂知口譯 （清）鄭昌棪筆述 清光緒江南製造總局刻本 十二册

320000－1615－0003011 史2132/301007
水師章程續編六卷 （英國）水師兵部原書 （美國）林樂知口譯 （清）鄭昌棪筆述 清光緒江南製造總局刻本 四册

320000－1615－0003012 史2132/301008
鐵甲叢譚五卷圖一卷 （英國）黎特撰 舒高

第 (清)鄭昌棪譯　清光緒江南製造總局鉛印本　二冊

320000－1615－0003013　史 2132/301009
御風要術三卷　(英國)白爾特撰　(美國)金楷理口譯　(清)華蘅芳筆譯　清同治十二年(1873)江南製造總局刻本　二冊

320000－1615－0003014　史 2132/301010
航海章程一卷　(美國)費蘭克林撰　(清)鳳儀口譯　(清)徐家寶筆述　**航海章程初議紀録一卷**　(美國)航海公會撰　(清)鳳儀口譯　(清)徐家寶筆述　清光緒江南製造總局刻本　一冊

320000－1615－0003015　史 2132/301011
水師保身法一卷　(法國)勒羅阿撰　(英國)伯克雷譯　(清)程鑾　(清)趙元益重譯　清光緒江南製造總局刻本　一冊

320000－1615－0003016　史 2133/301012
礮乘新法三卷圖一卷　(英國)製造官局原書　舒高第譯　(清)鄭昌棪筆述　清光緒江南製造總局鉛印本　六冊

320000－1615－0003017　史 2133/301013
克虜伯礮彈造法二卷圖一卷　(德國)軍政局原書　(美國)金楷理口譯　(清)李鳳苞筆述　清光緒江南製造總局刻本　三冊

320000－1615－0003018　史 2133/301014
江南製造局譯書匯刻十四種　(清)江南製造局編譯　清光緒江南製造總局刻本　一冊　存五種八卷(故守碼交法一卷,黨虜伯腰箍碼交説一卷、附圖一卷,碼交架説一卷、附圖一卷,船碼交操法一卷,螺繩碼交架説一卷、附圖一卷)

320000－1615－0003019　史 2133/301015
行軍鐵路工程二卷　(英國)傅蘭雅　(清)汪振聲譯　清光緒江南製造總局刻本　一冊

320000－1615－0003020　史 2133/301016
行軍測繪十卷首一卷圖一卷　(英國)連提撰　(英國)傅蘭雅口譯　(清)趙元益筆述　清光緒江南製造總局刻本　二冊

320000－1615－0003021　史 2133/301017
營城揭要二卷　(英國)儲意比撰　(英國)傅蘭雅口譯　(清)徐壽筆述　清光緒江南製造總局刻本　二冊

320000－1615－0003022　史 2133/301018
營工要覽四卷　(英國)傅蘭雅　(清)汪振聲譯　清光緒江南製造總局鉛印本　二冊

320000－1615－0003023　史 2133/301019
克虜伯礮説四卷克虜伯礮操法四卷附表一卷　(德國)軍政局原書　(美國)金楷理口譯　(清)李鳳苞等譯　清光緒江南製造總局刻本　二冊

320000－1615－0003024　史 2133/301020
兵船礮法六卷　(美國)水師書院原書　(美國)金楷理口譯　(清)朱恩錫筆述　清光緒江南製造總局刻本　三冊

320000－1615－0003025　史 2133/301021
開地道轟藥法三卷圖一卷　(英國)武備工程學堂編　(英國)傅蘭雅口譯　(清)汪振聲述　清光緒江南製造總局刻本　二冊

320000－1615－0003026　史 2133/301022
克虜伯礮準心法一卷　(德國)軍政局原書　(美國)金楷理口譯　(清)李鳳苞等譯　清光緒江南製造總局刻本　二冊

320000－1615－0003027　史 2133/301023
船塢論略一卷　(英國)傅蘭雅輯譯　(清)鍾天緯筆述　清光緒江南製造總局鉛印本　一冊

320000－1615－0003028　史 2133/301024
行船免撞章程一卷附一卷　(英國)傅蘭雅　(清)鍾天緯譯　清光緒江南製造總局鉛印本　一冊

320000－1615－0003029　史 2133/301025
實學叢書十種　(清)傅雲龍述　清光緒二十一年(1895)業學從書石印本　一冊　存二種二卷(考空氣礮工記一卷、考化白金工記一卷)

320000－1615－0003030　史2134/301026
欽定滿洲源流考二十卷　(清)阿桂等撰　清光緒三十年(1904)中西書局石印本　四册

320000－1615－0003031　史2134/301027
西疆雜述詩四卷　(清)蕭雄撰　清光緒鉛印本　四册

320000－1615－0003032　史2134/301028
西域聞見録八卷首一卷　(清)七十一撰　清乾隆刻本　四册

320000－1615－0003033　史2134/301029
衛藏圖識四卷　(清)馬揭等撰　清乾隆刻本　一册

320000－1615－0003034　史2134/301030
公法便覽四卷總論一卷續一卷　(美國)丁韙良等譯　清光緒三年(1877)石印本　六册

320000－1615－0003035　史2134/301031
滬游雜記四卷　(清)葛元煦撰　清光緒二年(1876)刻本　四册

320000－1615－0003036　史2134/301032
嶺表録異三卷　(唐)劉恂撰　清刻本　一册

320000－1615－0003037　史2134/301033
西疆雜述詩四卷　(清)蕭雄撰　清光緒鉛印本　四册

320000－1615－0003038　史2134/301034
湘城訪古録十七卷　(清)陳運溶撰　清光緒二十年(1894)刻本　六册

320000－1615－0003039　史2134/301035
新增都門紀略七卷　(清)楊靜亭撰　清光緒三十三年(1907)京都榮録堂刻本　七册

320000－1615－0003040　史2141－2/301036
天下郡國利病書一百二十卷　(清)顧炎武撰　清嘉慶龍氏敷文閣刻光緒五年(1879)蜀南桐花書屋薛氏家塾補刻本　五十册

320000－1615－0003041　史2143－4/301037
讀史方輿紀要一百三十卷　(清)顧祖禹撰　清光緒五年(1879)蜀南桐華書屋薛氏家塾刻本　三十一册　缺五十四卷(五十二至五十三、五十七至一百八)

320000－1615－0003042　史2144/301038
秦漢瓦當文字一卷　(清)程敦撰　清乾隆五十二年(1787)横渠書院拓印本　一册

320000－1615－0003043　史2144/301039
長安獲古編二卷補遺一卷　(清)劉喜海撰　清同治刻本　三册

320000－1615－0003044　史2145/301040
星軺指掌三卷續一卷　(清)聯芳　(清)慶常譯　清光緒二年(1876)刻本　四册

320000－1615－0003045　史2145/301041
約章分類輯要三十八卷　蔡乃煌纂　清光緒二十七年(1901)上海緯文閣石印本　三十二册

320000－1615－0003046　史2151/301042
欽定學政全書八十六卷首一卷　(清)童璜　(清)汪梅鼎撰　清刻本　二十四册

320000－1615－0003047　史2152/301043
讀史兵略四十六卷　(清)胡林翼纂　清咸豐十一年(1861)武昌節署刻本　十六册

320000－1615－0003048　史2153/301044
讀史兵略四十六卷　(清)胡林翼纂　清咸豐十一年(1861)武昌節署刻本　十六册

320000－1615－0003049　史2154/301045
讀史兵略四十六卷　(清)胡林翼纂　清咸豐十一年(1861)武昌節署刻本　十六册

320000－1615－0003050　史2155/301046
欽定南齊書五十九卷　(南朝梁)蕭子顯撰　清光緒二十年(1894)同文書局影印本　八册

320000－1615－0003051　史2155/301047
漢藝文志考證十卷　(宋)王應麟撰　清刻本　一册

320000－1615－0003052　史2155/301048
惜抱軒書録四卷　(清)姚鼐撰　清光緒刻本　一册

320000－1615－0003053　史2155/301049

花近樓叢書序跋記二卷 (清)管庭芬撰 清宣統三年(1911)上海國學扶輪社鉛印本 一冊

320000－1615－0003054 史2155/301050
顧亭林先生[炎武]年譜一卷 (清)吴映奎輯 清刻本 一冊

320000－1615－0003055 史2155/301051
歸震川先生[有光]年譜一卷 (清)孫岱編 清光緒四年(1878)嘉興金氏刻本 一冊

320000－1615－0003056 史2155/301052
國朝館選爵里謚法考六卷 (清)吴鼎雯輯 清道光二十八年(1848)刻本 二冊

320000－1615－0003057 史2155/301053
昆陵科第考八卷 (清)趙充之等編 清同治七年(1868)刻本 二冊

320000－1615－0003058 史2211－2/301054
約章分類輯要三十八卷 蔡乃煌纂 清光緒二十六年(1900)湖南商務局刻本 三十冊

320000－1615－0003059 史2212/301055
各國交涉便法論六卷 (英國)費利摩羅巴德撰 (英國)傅蘭雅譯 清光緒江南製造總局鉛印本 六冊

320000－1615－0003060 史2212/301056
歐洲東方交涉記十二卷 (英國)麥高爾輯撰 (美國)林樂知 (清)瞿昂來譯 清光緒江南製造總局刻本 二冊

320000－1615－0003061 史2212/301057
英俄印度交涉書一卷 (英國)馬文撰 (英國)羅亨利 (清)瞿昂來譯 清末江南機器製造總局刻本 一冊

320000－1615－0003062 史2212/301058
十九世紀外交史十七章 (日本)平田久撰 (清)張相譯 清光緒二十八年(1902)史學齋刻本 四冊

320000－1615－0003063 史2212/301059
各國交涉公法論十六卷 (英國)費利摩羅巴德撰 (清)俞世爵筆述 清光緒二十四年(1898)江南製造局鉛印本 十六冊

320000－1615－0003064 史2213/301060
金石史二卷 (明)郭宗昌撰 清道光十五年(1835)刻青照堂叢書本 一冊

320000－1615－0003065 史2213/301061
丹魁堂自訂年譜一卷感遇録一卷 (清)季芝昌編 清崇川文成堂刻本 一冊

320000－1615－0003066 史2213/301062
金石學録補四卷 (清)陸心源編 清刻本 一冊

320000－1615－0003067 史2213/301063
西臺慟哭記一卷 (宋)謝翱撰 **詠梅軒類編二卷** (清)謝蘭生輯 清咸豐元年(1851)武進謝氏刻本 一冊

320000－1615－0003068 史2213/301064
味雋齋史義二卷 (清)周濟撰 清光緒十八年(1892)刻本 一冊

320000－1615－0003069 史2213/301065
如皋冒氏叢書 冒廣生輯 清光緒至民國間如皋冒氏刻本 一冊 存二種二卷(婦人集一卷、婦人集補一卷)

320000－1615－0003070 史2213/301066
越絕書十五卷 (漢)袁康撰 清刻漢魏叢書本 一冊

320000－1615－0003071 史2213/301067
李忠定公別集十卷 (宋)李綱撰 清光緒邵武徐氏刻本 一冊 存七卷(建炎進退志四卷、建炎時政記三卷)

320000－1615－0003072 史2213/301068
曾文正公奏疏文鈔合刊 (清)曾國藩撰 清同治十二年(1873)金陵書局刻本 一冊 存二卷(首二卷)

320000－1615－0003073 史2213/301069
水經注圖説殘稾四卷 (清)董佑誠撰 清刻本 一冊

320000－1615－0003074 史2213/301070
河東君事輯不分卷 題懷圃居士録 清光緒

二十九年(1903)刻本　一冊

320000－1615－0003075　史 2213/301071

漢志水道疏證一卷　(清)洪頤煊撰　清光緒十四年(1888)心矩齋刻本　一冊

320000－1615－0003076　史 2213/301072

漢事會最人物志三卷　(清)惠棟輯　清光緒二十一年(1895)振綺堂刻本　二冊

320000－1615－0003077　史 2213/301073

寰宇訪碑録十二卷　(清)邢澍　(清)孫星衍撰　清光緒九年(1883)江蘇書局刻本　四冊

320000－1615－0003078　史 2214/301074

元豐九域志十卷　(宋)王存撰　清光緒八年(1882)金陵書局刻本　四冊

320000－1615－0003079　史 2214/301075

輿地廣記三十八卷　(宋)歐陽忞撰　**校勘記二卷**　(清)黄丕烈撰　清光緒六年(1880)金陵書局刻本　四冊

320000－1615－0003080　史 2214/301076

元豐九域志十卷　(宋)王存撰　清光緒八年(1882)金陵書局刻本　四冊

320000－1615－0003081　史 2214/301077

儀顧堂題跋十六卷　(清)陸心源撰　清光緒歸安陸氏十萬卷樓刻本　四冊

320000－1615－0003082　史 2214/301078

儀顧堂題跋十六卷續跋十六卷　(清)陸心源撰　清光緒歸安陸氏十萬卷樓刻本　八冊

320000－1615－0003083　史 2215/301079

[嘉慶]元和郡縣圖志四十卷　(唐)李吉甫撰　清嘉慶二年(1797)蘭陵孫氏岱南閣叢書刻本　八冊　缺二卷(三十五至三十六)

320000－1615－0003084　史 2215/301080

[光緒]元和郡縣圖志四十卷　(唐)李吉甫撰　**補志九卷**　(清)嚴觀輯　清光緒八年(1882)金陵書局刻本　八冊

320000－1615－0003085　史 2215/301081

元豐九域志十卷　(宋)王存撰　清光緒八年(1882)金陵書局刻本　四冊

320000－1615－0003086　史 2215/301082

[光緒]元和郡縣圖志四十卷　(唐)李吉甫撰　**補志九卷**　(清)嚴觀輯　清光緒金陵書局刻本　八冊

320000－1615－0003087　史 2221/301083

史通削繁四卷　(清)紀昀撰　清道光十三年(1833)兩廣節署刻本　四冊

320000－1615－0003088　史 2221/301084

語石十卷　葉昌熾撰　清宣統元年(1909)刻本　四冊

320000－1615－0003089　史 2221/301085

國聞備乘四卷　胡思敬撰　清宣統南昌退廬刻本　一冊

320000－1615－0003090　史 2221/301086

藤陰雜記十二卷　(清)戴璐撰　清光緒三年(1877)刻本　六冊

320000－1615－0003091　史 2222/301087

伊犁日記一卷　(清)洪亮吉撰　清光緒三年(1877)鄂垣刻本　二十八冊

320000－1615－0003092　史 2222/301088

隋經籍志考證十三卷　(清)章宗源撰　清光緒元年(1875)湖北崇文書局刻本　四冊

320000－1615－0003093　史 2222/301089

漢藝文志考證十卷　(宋)王應麟撰　清刻本　二冊

320000－1615－0003094　史 2222/301090

松漠紀聞二卷　(宋)洪皓撰　清同治十二年(1873)洪氏三瑞堂刻本　一冊

320000－1615－0003095　史 2222/301091

紅亭日記二卷(清乾隆五十六年九月至十一月)　(清)徐志鼎撰　清刻本　二冊

320000－1615－0003096　史 2222/301092

南省公餘録八卷　(清)梁章鉅撰　清道光刻本　一冊

320000－1615－0003097　史 2222/301093

陸宣公奏議四卷　(唐)陸贄撰　清乾隆江榕刻本　四冊

320000－1615－0003098　史 2223/301094
林文直公奏稿七卷　林紹年撰　清宣統刻本　五册　存六卷(一、三至七)

320000－1615－0003099　史 2223/301095
文廟祀典考五十卷　(清)龐鐘璐編　清光緒四年(1878)刻本　八册

320000－1615－0003100　史 2223/301096
續金山志二卷　(清)釋密藏輯　清光緒刻本　二册

320000－1615－0003101　史 2223/301097
史通削繁四卷　(清)紀昀撰　清道光十三年(1833)兩廣節署刻本　四册

320000－1615－0003102　史 2223/301098
歷代定域史綱四卷　(清)張印西撰　清光緒二十九年(1903)蘘碧軒石印本　一册

320000－1615－0003103　史 2224/301099
陶齋吉金録八卷　(清)端方撰　清光緒三十四年(1908)有正書局石印本　七册　缺一卷(六)

320000－1615－0003104　史 2224/301100
湘軍志十六卷　王闓運撰　清光緒十二年(1886)刻本　二册

320000－1615－0003105　史 2224/301101
兵法史略學八卷　陳慶年撰　清光緒石印本　一册　存一卷(八)

320000－1615－0003106　史 2224/301102
留真譜初編十二卷　楊守敬編　清刻本　一册　存一卷(二)

320000－1615－0003107　史 2224/301103
昭陵碑録三卷　羅振玉校録　清光緒三十四年(1908)上虞羅氏刻本　一册

320000－1615－0003108　史 2231/301104
長蘆鹽法志二十卷附編十卷　(清)顔檢等撰　清嘉慶刻本　十四册　存二十七卷(一至八、十二至二十,附編十卷)

320000－1615－0003109　史 2231/301105
兩浙鹽法志三十卷首一卷　(清)阮元等修　清刻本　十一册

320000－1615－0003110　史 2232/301106
光緒通商綜覈表不分卷　(清)錢學嘉撰　清光緒二十三年(1897)慎記書莊石印本　一册

320000－1615－0003111　史 2232/301107
南史八十卷　(唐)李延壽撰　清光緒十四年(1888)圖書集成局鉛印本　十一册

320000－1615－0003112　史 2232/301108
東漢會要四十卷西漢會要七十卷　(宋)徐天麟撰　清光緒五年(1879)嶺南學海堂刻本　九册

320000－1615－0003113　史 2233/301109
洛學編五卷　(清)湯斌輯　清同治九年(1870)刻本　一册

320000－1615－0003114　史 2233/301110
詞科掌録十七卷餘話七卷　(清)杭世駿輯　清刻本　三册　存十九卷(掌録六至十七、餘話七卷)

320000－1615－0003115　史 2233/301111
湖北崇文書局第一次改訂購書章程一卷　(清)崇文書局編　清末刻本　一册

320000－1615－0003116　史 2233/301112
彙刻書目初編十卷　(清)顧修撰　清嘉慶四年(1799)刻本　十册

320000－1615－0003117　史 2234/301113
讀史方輿紀要節本一百三十卷附地圖總説　(清)顧祖禹撰　清光緒二十八年(1902)湖南書局刻本　六册　存十卷(一至十)

320000－1615－0003118　史 2234/301114
讀史方輿紀要節本一百三十卷附地圖總説　(清)顧祖禹撰　清光緒二十二年(1896)湖南澹雅書局刻本　五册　存五卷(一至五)

320000－1615－0003119　史 2234/301115
方輿紀要形勢論略二卷　(清)顧祖禹撰　(清)杜文瀾録　清同治六年(1867)杜氏曼陀羅華閣刻本　二册

320000－1615－0003120　史 2234/301116

平浙紀略十六卷　(清)秦緗業等纂　清同治十二年(1873)浙江書局刻本　四冊

320000－1615－0003121　史 2234/301117
方輿紀要形勢論略二卷　(清)顧祖禹撰　(清)杜文瀾録　清同治六年(1867)杜氏曼陀羅華閣刻本　一冊

320000－1615－0003122　史 2234/301118
金湯借箸十二籌十二卷　(明)李盤撰　清咸豐五年(1855)淮南李氏刻本　四冊　存四卷(一至四)

320000－1615－0003123　史 2235/301119
天下郡國利病書一百二十卷　(清)顧炎武撰　清光緒二十七年(1901)圖書集成局鉛印本　二十五冊　存一百九卷(一至九十二、一百四至一百二十)

320000－1615－0003124　史 2235/301120
明季三朝野史四卷　(清)顧炎武編　清光緒三十四年(1908)石印本　一冊

320000－1615－0003125　史 2235/301121
皇清開國方略三十二卷首一卷　(清)阿桂等撰　清光緒十三年(1887)廣百宋齋鉛印本　五冊　存二十六卷(一至二十六)

320000－1615－0003126　史 2235/301122
宋遼金元菁華録十卷　(清)常安選評　清光緒二十六年(1900)上海書局石印本　四冊

320000－1615－0003127　史 2235/301123
漁洋書跋二卷　(清)王士禛撰　清光緒四年(1878)仁和葛氏刻本　一冊

320000－1615－0003128　史 2241/301124
元史藝文志四卷元史氏族表三卷　(清)錢大昕撰　清末江蘇書局刻本　三冊

320000－1615－0003129　史 2241/301125
紹興先正遺書四集十五種　(清)徐友蘭輯　清光緒會稽徐氏鑄學齋刻本　一冊　存一集(四)

320000－1615－0003130　史 2241/301126
國語明道本考異四卷　(清)汪遠孫校　清湖北崇文書局刻本　一冊

320000－1615－0003131　史 2241/301127
元史氏族表三卷　(清)錢大昕撰　清光緒二十年(1894)廣雅書局刻本　三冊

320000－1615－0003132　史 2241/301128
大清通禮五十四卷　(清)穆克登額等編　清光緒九年(1883)江蘇書局刻本　十二冊

320000－1615－0003133　史 2241/301129
聚學軒叢書　(清)盧文弨撰　清光緒貴池劉氏刻本　一冊　存二種二卷(讀史雜記一卷、周秦名字解故補一卷)

320000－1615－0003134　史 2242－3/301130
皇朝經世文編一百二十卷　(清)賀長齡輯　清湖南書局刻本　五十五冊　存六十九卷(二十九、三十二至七十一、七十五至八十九、九十五至一百六、一百二十)

320000－1615－0003135　史 2244/301131
讀史方輿紀要一百三十卷方輿全圖總説五卷　(清)顧祖禹撰　清光緒二十七年(1901)圖書集成局鉛印本　三十二冊

320000－1615－0003136　史 2244/301132
天下郡國利病書一百二十卷　(清)顧炎武撰　清光緒二十七年(1901)圖書集成局鉛印本　二十八冊

320000－1615－0003137　史 2251/301133
太平寰宇記二百卷　(宋)樂史撰　清光緒八年(1882)金陵書局刻本　三十六冊

320000－1615－0003138　史 2252－3/301134
太平寰宇記二百卷　(宋)樂史撰　清光緒八年(1882)金陵書局刻本　三十六冊

320000－1615－0003139　史 2253－4/301135
太平寰宇記二百卷　(宋)樂史撰　清刻本　四十冊

320000－1615－0003140　史 2255/301136
方輿紀要簡覽三十四卷　(清)潘鐸編　清咸豐八年(1858)紅杏書屋刻本　十五冊　存二十九卷(一至二、六至三十二)

320000－1615－0003141　史 2255/301137
隨軒金石文字不分卷建昭雁足鐙考二卷　(清)徐渭仁録　清道光十七年(1837)刻本　三冊

320000－1615－0003142　史 2255/301138
鐵琴銅劍樓藏書目録二十四卷　(清)瞿鏞撰　清光緒二十四年(1898)常熟瞿氏刻本　十一冊

320000－1615－0003143　史 2255/301139
東萊先生音注唐鑑二十四卷　(宋)范祖禹撰　(宋)吕祖謙音注　清刻本　四冊　存十七卷(八至二十四)

320000－1615－0003144　史 2255/301140
校邠廬抗議二卷　(清)馮桂芬撰　清光緒十年(1884)刻本　二冊

320000－1615－0003145　史 2255/301141
古今書刻二卷　(明)周弘祖撰　清刻本　一冊　存一卷(下)

320000－1615－0003146　史 2311/301142
清涼山志十卷　(明)釋鎮澄輯　清乾隆刻本　四冊

320000－1615－0003147　史 2311/301143
清涼山志十卷　(明)釋鎮澄輯　清乾隆刻本　八冊

320000－1615－0003148　史 2311/301144
寶華山志十五卷　(清)劉名芳纂　清乾隆刻本　四冊

320000－1615－0003149　史 2311/301145
虎邱山志二十四卷　(清)顧湄撰　清刻本　五冊　存十三卷(十二至二十四)

320000－1615－0003150　史 2311/301146
長白山録一卷補遺一卷　(清)王士禛撰　清刻本　一冊

320000－1615－0003151　史 2312/301147
後湖志一卷　(清)王作棫纂　清宣統二年(1910)鉛印本　一冊

320000－1615－0003152　史 2312/301148
西湖志四十八卷　(清)李衛纂修　清光緒四年(1878)浙江書局刻本　二十冊

320000－1615－0003153　史 2312/301149
南湖水利圖考不分卷　(明)陳善撰　(清)張大昌繪　清光緒五年(1879)浙江書局刻本　一冊

320000－1615－0003154　史 2312/301150
莫愁湖志六卷首一卷　(清)馬士圖輯　清光緒十七年(1891)刻本　一冊　存二卷(五至六)

320000－1615－0003155　史 2313/301151
[同治]焦山志二十六卷首一卷　(清)吴雲輯　清同治四年(1865)刻本　八冊

320000－1615－0003156　史 2313/301152
京口山水志十八卷首一卷末一卷　(清)楊棨撰　清光緒五年(1879)刻本　四冊

320000－1615－0003157　史 2313/301153
[同治]焦山志二十六卷首一卷　(清)吴雲輯　清同治四年(1865)刻本　八冊

320000－1615－0003158　史 2313/301154
盋山志八卷　(清)顧雲編　清光緒九年(1883)盋山精舍刻本　三冊

320000－1615－0003159　史 2314/301155
水道提綱二十八卷　(清)齊召南撰　清光緒十七年(1891)湖南崇德書局刻本　十冊

320000－1615－0003160　史 2314/301156
水道提綱二十八卷　(清)齊召南撰　清刻本　十二冊

320000－1615－0003161　史 2314/301157
水道提綱二十八卷　(清)齊召南撰　清光緒七年(1881)文瑞樓鉛印本　八冊

320000－1615－0003162　史 2314/301158
水道提綱二十八卷　(清)齊召南撰　清光緒二十三年(1897)古香閣書局石印本　四冊

320000－1615－0003163　史 2314/301159
水道提綱二十八卷　(清)齊召南撰　清光緒二十三年(1897)古香閣書局石印本　四冊

320000－1615－0003164　史 2314/301160
今水經注要覽三卷　(清)黄錫齡撰　清嘉慶二年(1797)春暉閣刻本　三册

320000－1615－0003165　史 2315/301161
楹書隅録五卷附續編四卷　(清)楊紹和撰　清光緒二十年(1894)海源閣刻本　八册

320000－1615－0003166　史 2315/301162
[光緒]焦山續志八卷　(清)陳任暘輯　清光緒三十年(1904)刻本　二册

320000－1615－0003167　史 2315/301163
[光緒]焦山續志八卷　(清)陳任暘輯　清光緒三十年(1904)刻本　二册

320000－1615－0003168　史 2321/301164
吴山伍公廟志六卷首一卷　(清)金文淳等纂　清光緒浙江書局刻本　一册

320000－1615－0003169　史 2321/301165
兩浙防護録不分卷　(清)阮元輯　清光緒十五年(1889)浙江書局刻本　二册

320000－1615－0003170　史 2321/301166
寶晉書院志十一卷首一卷　(清)趙貴抒輯　清光緒六年(1880)刻本　一册

320000－1615－0003171　史 2321/301167
文瀾閣志二卷附録一卷　(清)孫樹禮　(清)孫峻撰　清光緒二十四年(1898)丁氏刻本　一册

320000－1615－0003172　史 2321/301168
萬國通典輯要四卷　(日本)岡本監輔撰　清光緒二十八年(1902)四明攻媿軒石印本　四册

320000－1615－0003173　史 2321/301169
萬國通典輯要四卷　(日本)岡本監輔撰　清光緒二十八年(1902)四明攻媿軒石印本　一册

320000－1615－0003174　史 2321/301170
皇朝掌故讀本二卷　(清)竇士鏞編　清光緒三十二年(1906)文明書局鉛印本　二册

320000－1615－0003175　史 2321/301171
皇朝政典挈要八卷　(日本)增田貢原撰　(清)毛淦補編　清光緒二十八年(1902)上海書局石印本　四册

320000－1615－0003176　史 2321/301172
歷代陵寢備考五十卷歷代宗廟附考八卷　(清)朱孔陽輯　清光緒申報館鉛印本　十四册

320000－1615－0003177　史 2322/301173
江蘇沿海圖説不分卷　(清)朱正元撰　清光緒二十五年(1899)上海鉛印本　一册

320000－1615－0003178　史 2322/301174
邊事彙鈔十二卷　(清)朱克敬編　清光緒六年(1880)長沙刻本　六册

320000－1615－0003179　史 2322/301175
邊事續鈔八卷　(清)朱克敬編　清光緒六年(1880)長沙刻本　四册

320000－1615－0003180　史 2322/301176
中俄界記二卷　(清)鄒代鈞撰　清宣統三年(1911)湖北武昌亞新地學社鉛印本　二册

320000－1615－0003181　史 2322/301177
新譯中國江海險要圖志二十二卷補編五卷　(英國)海軍海圖局編　(清)陳壽彭譯　清光緒經世文社石印本　十册

320000－1615－0003182　史 2322/301178
新譯中國江海險要圖志二十二卷補編五卷　(英國)海軍海圖局編　(清)陳壽彭譯　清光緒經世文社石印本　一册

320000－1615－0003183　史 2322/301179
邊疆簡覽三卷　(清)李慎儒編　清光緒二十八年(1902)退思軒石印本　一册

320000－1615－0003184　史 2322/301180
邊疆簡覽三卷　(清)李慎儒編　清光緒二十八年(1902)退思軒石印本　一册

320000－1615－0003185　史 2323/301181
西史綱目二十卷　(清)周維翰撰　清光緒二十七年(1901)常州經世文社石印本　十册

320000－1615－0003186　史 2323/301182

中等教育日本歷史五卷諸國封建沿革略一卷 （日本）萩野由之撰 （清）劉大猷譯 清光緒二十七年（1901）教育世界社石印本 五册

320000－1615－0003187 史 2323/301183
中等教育日本歷史五卷諸國封建沿革略一卷 （日本）萩野由之撰 （清）劉大猷譯 清光緒二十七年（1901）教育世界社石印本 五册

320000－1615－0003188 史 2323/301184
南皮張宫保政書（奏議初編）十二卷 （清）張之洞撰 清光緒二十七年（1901）圖書集成印書局鉛印本 六册

320000－1615－0003189 史 2323/301185
新疆賦一卷 （清）徐松撰 清刻本 一册

320000－1615－0003190 史 2324/301186
泰西新史攬要二十四卷 （英國）馬懇西撰 （英國）李提摩太譯 蔡爾康述 清光緒二十四年（1898）廣學會刻本 八册

320000－1615－0003191 史 2324/301187
彭剛直公奏稿八卷 （清）彭玉麟撰 清光緒十七年（1891）圖書集成局鉛印本 四册

320000－1615－0003192 史 2324/301188
湖山便覽十二卷 （清）翟灝等輯 清光緒元年（1875）槐蔭堂王氏刻本 六册

320000－1615－0003193 史 2324/301189
南海先生四上書記四卷 康有為撰 清光緒二十三年（1897）慎記書莊石印本 一册

320000－1615－0003194 史 2324/301190
曾文正公奏議十卷附補編四卷 （清）曾國藩撰 清光緒二十二年（1896）圖書集成印書局鉛印本 四册

320000－1615－0003195 史 2324/301191
洞霄圖志六卷詩集十四卷 （宋）鄧牧撰 （元）孟宗寶輯 清乾隆知不足齋刻本 五册

320000－1615－0003196 史 2325/301192
雲郎小史一卷 冒廣生撰 清光緒至民國間如皋冒氏刻冒氏叢書本 一册

320000－1615－0003197 史 2325/301193
滇軺紀程一卷 （清）林則徐撰 清光緒三年（1877）宣南寓齋刻本 一册

320000－1615－0003198 史 2325/301194
竹居先德録一卷 張士珩撰 清光緒二十一年（1895）刻本 一册

320000－1615－0003199 史 2325/301195
永嘉郡記一卷 （南朝宋）鄭緝之撰 （清）孫詒讓輯 清光緒四年（1878）刻本 一册

320000－1615－0003200 史 2325/301196
滄浪小志二卷 （清）宋犖撰 清光緒刻本 一册

320000－1615－0003201 史 2325/301197
藕香零拾三十九種 繆荃孫輯 清光緒至宣統間刻本 一册 存二種二卷（游城南紀一卷、據鞍録一卷）

320000－1615－0003202 史 2325/301198
藕香零拾三十九種 繆荃孫輯 清光緒至宣統間刻本 一册 存二種二卷（棲霞小志一卷、唐兩京城坊考補記一卷）

320000－1615－0003203 史 2325/301199
吴郡圖經續記三卷 （宋）朱長文撰 清同治十二年（1873）江蘇書局刻本 一册

320000－1615－0003204 史 2325/301200
漢書蒙拾三卷後漢書蒙拾二卷 （清）杭世駿撰 清刻本 一册

320000－1615－0003205 史 2325/301201
文史通義八卷校讎通義三卷 （清）章學誠撰 清光緒刻本 五册

320000－1615－0003206 史 2325/301202
松漠紀聞二卷 （宋）洪皓撰 清同治十二年（1873）洪氏三瑞堂刻本 一册

320000－1615－0003207 史 2325/301203
古今僞書考一卷 （清）姚際恒撰 清光緒十五年（1889）經濟書堂刻本 一册

320000－1615－0003208 史 2325/301204
湖北通志凡例不分卷 （清）章學誠纂 清光緒八年（1882）武昌官書處木活字印本 一册

320000－1615－0003209　史2325/301205
孔子編年五卷　(宋)胡仔撰　清刻本　一册

320000－1615－0003210　史2325/301206
李忠武公奏疏一卷書牘二卷褒節録一卷　(清)李續賓撰　(清)李光久輯　清光緒十七年(1891)甌江巡署刻本　四册

320000－1615－0003211　史2331/301207
今水經一卷　(清)黄宗羲撰　清光緒元年(1875)湖北崇文書局刻本　一册

320000－1615－0003212　史2331/301208
今水經一卷　(清)黄宗羲撰　清光緒三年(1877)湖北崇文書局刻本　一册

320000－1615－0003213　史2331/301209
讀水經注小識四卷　(清)龐鴻書訂　清光緒三十年(1904)石印本　二册

320000－1615－0003214　史2331/301210
曝書雜記三卷　(清)錢泰吉撰　清同治七年(1868)刻本　三册

320000－1615－0003215　史2331/301211
仰視千七百二十九鶴齋叢書　(清)趙之謙輯　清刻本　一册　存三種三卷(汰存録一卷、偁陽雜録一卷、英吉利廣東入城始末一卷)

320000－1615－0003216　史2331/301212
[光緒]皖志便覽三卷　(清)李應玨撰　清光緒安徽鏤雲閣刻本　二册

320000－1615－0003217　史2331/301213
拿破崙本紀四十二章　(英國)洛加德撰　林紓　魏易譯　清光緒三十三年(1907)京師學務處官書局鉛印本　四册

320000－1615－0003218　史2331/301214
[光緒]元河南志四卷　(宋)宋敏求修　清光緒三十四年(1908)刻本　二册

320000－1615－0003219　史2331/301215
宋中興百官題名四卷附公年表一卷　(宋)何異撰　清刻本　一册

320000－1615－0003220　史2331/301216
洛陽伽藍記五卷　(北魏)楊衒之撰　清光緒二年(1876)西華禪院刻本　一册

320000－1615－0003221　史2331/301217
金稷山段氏二妙[成己、克己]年譜二卷　孫德謙編纂　清宣統求恕齋刻本　一册

320000－1615－0003222　史2331/301218
儀顧堂題跋十六卷　(清)陆心源撰　清光緒十六年(1890)刻本　一册　存四卷(一至四)

320000－1615－0003223　史2331/301219
愛日精廬藏書志三十六卷　(清)張金吾編　清光緒十三年(1887)刻本　二册　存十三卷(一至六、二十三至二十九)

320000－1615－0003224　史2331/301220
木犀軒叢書　李盛鐸輯　清光緒德化李氏木犀軒刻本　一册　存二種十卷(漢書音義三卷、孫氏祠堂書目内外編七卷)

320000－1615－0003225　史2331/301221
曾公遺録三卷　(宋)曾布撰　清光緒、宣統間刻藕香零拾本　三册

320000－1615－0003226　史2332/301222
水經注圖一卷附録一卷　(清)汪士鐸撰　清咸豐十一年(1861)刻本　一册

320000－1615－0003227　史2332/301223
水經注圖一卷附録一卷　(清)汪士鐸撰　清咸豐十一年(1861)刻本　一册

320000－1615－0003228　史2332/301224
水經注箋刊誤十二卷　(清)趙一清撰　清乾隆五十九年(1794)仁和趙氏小山堂刻本　六册

320000－1615－0003229　史2332/301225
水經注四十卷　(北魏)酈道元撰　清乾隆張惟馨勵志書屋刻本　十二册

320000－1615－0003230　史2332/301226
水道提綱二十八卷　(清)齊召南撰　清乾隆刻本　十册

320000－1615－0003231　史2333/301227
河防一覽十四卷　(明)潘季馴撰　清刻本　十二册

320000－1615－0003232　史 2333/301228
河防志十二卷　(清)張鵬翮纂　清雍正刻本　十二册

320000－1615－0003233　史 2333/301229
河防紀略四卷　(清)孫鼎臣撰　清咸豐刻本　一册

320000－1615－0003234　史 2334/301230
河防一覽十四卷　(明)潘季馴撰　清乾隆十三年(1748)刻本　十册

320000－1615－0003235　史 2334/301231
安瀾紀要二卷　(清)徐端撰　清道光刻本　二册

320000－1615－0003236　史 2334/301232
迴瀾紀要二卷　(清)徐端撰　清道光刻本　二册

320000－1615－0003237　史 2334/301233
河工簡要四卷　(清)邱步洲輯　清光緒十三年(1887)刻本　二册

320000－1615－0003238　史 2341/301234
南史八十卷　(唐)李延壽撰　清光緒二十九年(1903)五洲同文局石印本　五册

320000－1615－0003239　史 2341/301235
漢書引經異文録證六卷　(清)繆祐孫撰　清光緒十一年(1885)刻本　二册

320000－1615－0003240　史 2341/301236
漢書引經異文録證六卷　(清)繆祐孫撰　清光緒十一年(1885)刻本　二册

320000－1615－0003241　史 2342/301237
元史二百十卷　(明)宋濂等撰　清光緒二十九年(1903)上海點石齋石印本　十四册

320000－1615－0003242　史 2342/301238
遼史一百十五卷　(元)脱脱等撰　清光緒二十九年(1903)上海點石齋石印本　六册

320000－1615－0003243　史 2342/301239
金史一百三十五卷　(元)脱脱等撰　清光緒二十九年(1903)上海點石齋石印本　八册

320000－1615－0003244　史 2342/301240
陳書三十六卷　(唐)姚思廉撰　清光緒十年(1884)同文書局影印本　六册

320000－1615－0003245　史 2343/301241
昭慶寺志十卷　(清)吴穎芳纂　清光緒八年(1882)丁氏刻本　二册

320000－1615－0003246　史 2343/301242
西湖遊覽志二十四卷附志餘二十六卷　(明)田汝成撰　清光緒二十二年(1896)錢塘丁氏嘉惠堂刻本　九册　存十二卷(十五至二十六)

320000－1615－0003247　史 2343/301243
西湖遊覽志二十四卷附志餘二十六卷　(明)田汝成撰　清光緒二十二年(1896)錢塘丁氏嘉惠堂刻本　十二册

320000－1615－0003248　史 2343/301244
滄浪小志二卷　(清)宋犖撰　清光緒江蘇書局刻本　一册

320000－1615－0003249　史 2344/301245
梁書五十六卷　(唐)姚思廉撰　清光緒十四年(1888)上海圖書集成印書局鉛印本　四册

320000－1615－0003250　史 2344/301246
南齊書五十九卷　(南朝梁)蕭子顯撰　清光緒十四年(1888)圖書集成印書局鉛印本　六册

320000－1615－0003251　史 2344/301247
周書五十卷　(唐)令狐德棻等撰　清光緒十四年(1888)圖書集成印書局鉛印本　四册

320000－1615－0003252　史 2344/301248
四庫書目略二十卷附録一卷　(清)費莫文良編　清同治刻本　十一册　存十八卷(一至二、五至二十)

320000－1615－0003253　史 2344/301249
南齊書五十九卷　(南朝梁)蕭子顯撰　清光緒十四年(1888)圖書集成印書局鉛印本　六册

320000－1615－0003254　史 2345/301250

李文忠公全集六種一百六十六卷 （清）李鴻章撰 （清）吴汝綸編録 清刻本 七册 存五種四十二卷（稿奏四十九至六十九、譯署函稿十五至二十、海集函稿一至三、電稿四至十四、遷移羉池□教堂角稿一卷）

320000－1615－0003255 史2351/301251
皇朝通典一百卷 （清）嵇璜等撰 清刻本 三十八册 存一卷（五十九）

320000－1615－0003256 史2352/301252
五代史七十四卷 （宋）歐陽修撰 （宋）徐無黨注 清同治十一年（1872）崇文書局刻本 八册

320000－1615－0003257 史2352/301253
山左碑目四卷 （清）段松苓輯 清光緒三十四年（1908）李氏聖譯樓刻本 二册

320000－1615－0003258 史2352/301254
三通序不分卷 （唐）杜佑 （宋）鄭樵撰 清道光十三年（1833）刻本 四册

320000－1615－0003259 史2352/301255
香南精舍金石契一卷 （清）崇恩撰 清光緒二十六年（1900）石印本 一册

320000－1615－0003260 史2352/301256
國朝未刊遺書志略不分卷 （清）朱記榮輯 清光緒十八年（1892）徐氏觀自得齋刻本 一册

320000－1615－0003261 史2352/301257
輿地廣記三十八卷 （宋）歐陽忞撰 **校勘記二卷** （清）黄丕烈撰 清光緒六年（1880）金陵書局刻本 四册

320000－1615－0003262 史2352/301258
金石文字記六卷 （清）顧炎武撰 清刻本 二册 存四卷（一至四）

320000－1615－0003263 史2352/301259
金石學録補二卷 （清）陸心源編 清光緒五年（1879）刻本 一册

320000－1615－0003264 史2353/301260
三公奏議二十卷曾文正公奏議補選一卷 （清）林則徐等撰 清光緒二年（1876）思補樓刻本 二十册

320000－1615－0003265 史2353/301261
欽定大清會典一百卷 （清）崑岡編 清刻本 十六册

320000－1615－0003266 史2354/301262
三省邊防備覽十八卷 （清）嚴如熤輯 清道光十年（1830）來鹿堂刻本 十册

320000－1615－0003267 史2354/301263
洋防輯要二十四卷 （清）嚴如熤輯 清道光刻本 十二册

320000－1615－0003268 史2354/301264
苗防備覽二十二卷 （清）嚴如熤輯 清道光二十三年（1843）刻本 八册

320000－1615－0003269 史2355/301265
海道圖説十五卷 （英國）金約翰輯 （英國）傅蘭雅口譯 （清）王德均筆述 清光緒江南製造局刻本 十册

320000－1615－0003270 史2355/301266
海道圖説十五卷 （英國）金約翰輯 （英國）傅蘭雅口譯 （清）王德均筆述 清光緒江南製造局刻本 十册

320000－1615－0003271 史2411/301267
海國圖志一百卷 （清）魏源撰 清光緒六年（1880）邵陽急當務齋刻本 二十四册

320000－1615－0003272 史2412/301268
海國圖志一百卷 （清）魏源撰 **續集二十五卷** （英國）麥高爾輯 清光緒二十四年（1898）文賢閣石印本 十六册

320000－1615－0003273 史2412/301269
海國圖志一百卷 （清）魏源撰 **續集二十五卷** （英國）麥高爾輯 清光緒二十一年（1895）上海積山書局石印本 十六册

320000－1615－0003274 史2413/301270
瀛環志略十卷 （清）徐繼畬撰 清光緒六年（1880）郃州刻本 六册

320000－1615－0003275 史2413/301271

瀛環志略十卷　(清)徐繼畬撰　清道光二十八年(1848)刻本　六冊

320000－1615－0003276　史 2413/301272
瀛環志略十卷　(清)徐繼畬撰　清同治十二年(1873)掞雲樓刻本　六冊

320000－1615－0003277　史 2413/301273
瀛環志略十卷　(清)徐繼畬撰　**續集四卷末一卷補遺一卷**　(英國)慕維廉撰　清光緒二十四年(1898)埽葉山房石印本　五冊

320000－1615－0003278　史 3831－54/301274
[同治]畿輔通志三百卷首一卷　(清)李鴻章等修　(清)黄彭年等纂　清宣統二年(1910)北洋官書局石印本　二百四十冊

320000－1615－0003279　史 2413/301275
新釋地理備考全書十卷　(葡萄牙)瑪吉士輯譯　清道光二十七年(1847)刻海山仙館叢書本　六冊

320000－1615－0003280　史 2414/301276
遊歷日本圖經三十卷　(清)傅雲龍撰　清光緒十五年(1889)鉛印本　十四冊　存二十九卷(一至二十九)

320000－1615－0003281　史 2414/301277
遊歷美利加國圖經三十二卷　(清)傅雲龍述　清光緒十五年(1889)鉛印本　十二冊

320000－1615－0003282　史 2414/301278
遊歷圖經餘紀十五卷　(清)傅雲龍撰　清光緒十五年(1889)鉛印本　四冊

320000－1615－0003283　史 2414/301279
世界地理志不分卷　(日本)中村五六編　(日本)頓野廣太郎修補　(日本)樋田保熙譯　清光緒三十一年(1905)金粟齋鉛印本　一冊

320000－1615－0003284　史 2414/301280
萬國地理志不分卷　(日本)中村五六編　(日本)頓野廣太郎修訂　(清)周起鳳譯　清光緒二十八年(1902)廣智書局鉛印本　一冊

320000－1615－0003285　史 2414/301281
萬國地理統紀不分卷　(日本)若原撰　(清)馬汝賢　(清)顧培基輯譯　清光緒二十七年(1901)勵學譯社鉛印本　一冊

320000－1615－0003286　史 2414/301282
萬國地理統紀不分卷　(日本)若原撰　(清)馬汝賢　(清)顧培基輯譯　清光緒二十八年(1902)勵學譯社鉛印本　一冊

320000－1615－0003287　史 2415/301283
談瀛録六卷　(清)袁祖志撰　清光緒十年(1884)同文書局石印本　二冊

320000－1615－0003288　史 2415/301284
使東述略一卷附雜詠一卷　(清)何如璋撰　清刻本　一冊

320000－1615－0003289　史 2415/301285
瀛環志略十卷　(清)徐繼畬撰　清光緒二十年(1894)鴻寶齋石印本　四冊

320000－1615－0003290　史 2415/301286
瀛環志略十卷　(清)徐繼畬撰　清光緒二十一年(1895)上海寶文局石印本　四冊

320000－1615－0003291　史 2415/301287
瀛寰志略續集四卷　(英國)慕維廉纂輯　清光緒二十三年(1897)新學會堂石印本　四冊

320000－1615－0003292　史 2415/301288
出洋須知六卷　(清)唐廷樞撰　清光緒二十三年(1897)石印本　四冊

320000－1615－0003293　史 2415/301289
朔方備乘劄記二卷　(清)李文田撰　清光緒二十三年(1897)石印本　一冊

320000－1615－0003294　史 2415/301290
順德李氏叢書四種四卷　(清)李文田撰　清光緒二十三年(1897)鉛印本　一冊

320000－1615－0003295　史 2415/301291
道西齋日記二卷　(清)王詠霓撰　清光緒二十二年(1896)石印本　一冊

320000－1615－0003296　史 2415/301292
長春真人西遊記二卷　(元)李志常述　清道

光二十七年(1847)石印本　二冊

320000－1615－0003297　史2421/301293

古今僞書考一卷　(清)姚際恒撰　清光緒十八年(1892)刻本　一冊

320000－1615－0003298　史2421/301294

粤行三志三卷　(清)王士禛撰　清刻本　一冊

320000－1615－0003299　史2421/301295

秦蜀驛程後記二卷　(清)王士禛撰　清刻本　一冊

320000－1615－0003300　史2421/301296

皇華紀聞四卷　(清)王士禛撰　清刻本　二冊

320000－1615－0003301　史2421/301297

隴蜀餘聞一卷　(清)王士禛撰　清刻本　一冊

320000－1615－0003302　史2421/301298

蜀道驛程記二卷　(清)王士禛撰　清刻本　一冊

320000－1615－0003303　史2421/301299

滇軺荷戈紀程二卷　(清)林則徐撰　清光緒刻本　一冊

320000－1615－0003304　史2421/301300

漢書西域傳補注二卷　(清)徐松撰　清同治九年(1870)刻本　一冊

320000－1615－0003305　史2421/301301

五代史纂誤三卷　(宋)吴縝撰　清刻本　一冊

320000－1615－0003306　史2421/301302

晉書地理志新補正五卷　(清)畢沅撰　清會稽章氏刻本　一冊

320000－1615－0003307　史2421/301303

元號略四卷補遺一卷　(清)梁玉繩撰　清嘉慶刻清白士集本　一冊

320000－1615－0003308　史2421/301304

方氏雜著四種　(清)方濬頤撰　清光緒刻本　一冊　存二種二卷(北行日記一卷、征途隨筆一卷)

320000－1615－0003309　史2421/301305

四庫全書表文箋釋四卷　(清)林鶴年撰　清宣統元年(1909)求恕齋刻本　四冊

320000－1615－0003310　史2421/301306

補宋書刑法志一卷補宋書食貨志一卷晉宋書故一卷　(清)郝懿行撰　清嘉慶至光緒間刻郝氏遺書本　一冊

320000－1615－0003311　史2421/301307

鄧鐵香奏稿六卷　(清)鄧承修撰　清光緒二十八年(1902)安雅書局鉛印本　一冊

320000－1615－0003312　史2421/301308

晉書校文五卷　丁國鈞撰　清光緒二十年(1894)木活字印常熟丁氏叢書本　二冊

320000－1615－0003313　史2422/301309

東甌百詠不分卷　(清)郭鍾岳撰　清同治十一年(1872)和天倪齋刻本　一冊

320000－1615－0003314　史2422/301310

河海崑崙録四卷　裴景福撰　清宣統元年(1909)上海文明書局鉛印本　四冊

320000－1615－0003315　史2422/301311

河海崑崙録四卷　裴景福撰　清宣統元年(1909)上海文明書局鉛印本　四冊

320000－1615－0003316　史2422/301312

環遊地球新録四卷　(清)李圭撰　清刻本　四冊

320000－1615－0003317　史2422/301313

異域風謠一卷　(清)寥園主人撰　清末刻本　一冊

320000－1615－0003318　史2422/301314

環遊地球新録四卷　(清)李圭撰　清刻本　一冊

320000－1615－0003319　史2422/301315

東瀛遊記不分卷　(清)周錫璋撰　清光緒三十一年(1905)鉛印本　一冊

320000－1615－0003320　史 2422/301316
海南雜箸二卷　(清)蔡廷蘭撰　清道光刻本　一冊　存一卷(上)

320000－1615－0003321　史 2422/301317
出使英法義比四國日記六卷(清光緒十六年至十七年)　(清)薛福成撰　清光緒石印本　三冊

320000－1615－0003322　史 2422/301318
西征紀程四卷　(清)鄒代鈞撰　清光緒二十三年(1897)湖南新學書局刻本　二冊

320000－1615－0003323　史 2422/301319
癸卯東遊日記一卷　張謇撰　清光緒二十九年(1903)通州翰墨林鉛印本　一冊

320000－1615－0003324　史 2423/301320
徐霞客遊記十卷　(明)徐宏祖撰　清光緒三十四年(1908)集成圖書公司鉛印本　八冊

320000－1615－0003325　史 2423/301321
古今算學書録七卷　(清)劉鐸編　清光緒二十四年(1898)算學書局石印本　四冊

320000－1615－0003326　史 2423/301322
二十二史劄記三十六卷　(清)趙翼撰　清光緒二十六年(1900)上海書局石印本　四冊

320000－1615－0003327　史 2423/301323
觀光紀遊十卷　(日本)岡千仞撰　清光緒十二年(1886)鉛印本　三冊

320000－1615－0003328　史 2423/301324
粤遊小志八卷　(清)張心泰撰　清光緒二十六年(1900)鉛印本　二冊

320000－1615－0003329　史 2423/301325
五代春秋志疑一卷　(清)華湛恩撰　清末鉛印本　一冊

320000－1615－0003330　史 2423/301326
使琉球記六卷　(清)李鼎元撰　清末申報館鉛印本　二冊

320000－1615－0003331　史 2423/301327
適可齋記行六卷　(清)馬建忠撰　清光緒鉛印本　二冊

320000－1615－0003332　史 2423/301328
春融堂雜記八卷　(清)王昶撰　清光緒申報館鉛印本　四冊

320000－1615－0003333　史 2423/301329
使西紀程二卷　(清)郭嵩燾撰　清刻本　二冊

320000－1615－0003334　史 2424/301330
史學叢書四十六種　(清)□□輯　清光緒二十八年(1902)文瀾書局石印本　三十二冊

320000－1615－0003335　史 2424/301331
中外輿地彙鈔十四卷　(清)馬冠群輯　清光緒二十年(1894)蘇州文瑞樓石印本　四冊

320000－1615－0003336　史 2424/301332
中外輿地彙鈔十四卷　(清)馬冠群輯　清光緒二十年(1894)蘇州文瑞樓石印本　四冊

320000－1615－0003337　史 2425/301333
史學叢書四十六種　(清)□□輯　清光緒二十八年(1902)文瀾書局石印本　三十一冊　缺一種六卷(史記志疑一至六)

320000－1615－0003338　史 2425－6/301334
直齋書録解題二十二卷　(宋)陳振孫撰　清刻本　二十冊

320000－1615－0003339　史 2426/301335
史學叢書四十六種　(清)□□輯　清光緒二十八年(1902)文瀾書局石印本　三十二冊

320000－1615－0003340　史 2431/301336
測候叢談四卷　(美國)金楷理口譯　(清)華蘅芳筆述　清光緒江南製造局刻本　二冊

320000－1615－0003341　史 2431/301337
地理學講義一卷　(日本)志賀重昂撰　薩端譯　清光緒二十七年(1901)金粟齋譯書社鉛印本　一冊

320000－1615－0003342　史 2431/301338
京師大學堂中國地理講義一卷經濟學講義一卷　(清)鄒代鈞撰　清光緒鉛印本　一冊

320000－1615－0003343　史 2431/301339
皇朝内府輿地圖縮摹本一卷　(清)六承如編

（清）六嚴繪　**皇朝輿地韻編一卷**　（清）李兆洛撰　清光緒十年（1884）湖北省官書處刻本　一册

320000－1615－0003344　史2431/301340
皇朝内府輿地圖縮摹本一卷　（清）六承如編　（清）六嚴繪　**皇朝輿地韻編一卷**　（清）李兆洛撰　清光緒十年（1884）湖北省官書處刻本　一册

320000－1615－0003345　史2431/301341
古今輿地考一卷續編一卷　（清）顧善慶撰　清光緒三十年（1904）雄雉齋刻本　二册

320000－1615－0003346　史2431/301342
皇朝内府輿地圖縮摹本一卷　（清）六承如編　（清）六嚴繪　**皇朝輿地韻編一卷**　（清）李兆洛撰　清同治四知堂刻本　一册

320000－1615－0003347　史2431/301343
皇朝輿地略不分卷　（□）□□撰　清刻本　一册

320000－1615－0003348　史2431/301344
皇朝直省輿圖説六卷　（清）馬晉羲輯　清光緒二十八年（1902）蒙學報館石印本　六册

320000－1615－0003349　史2431/301345
李氏五種　（清）李兆洛輯　清光緒二十四年（1898）掃葉山房石印李氏五種本　四册

320000－1615－0003350　史2431/301346
水經注四十卷　（北魏）酈道元撰　清刻本　十二册

320000－1615－0003351　史2431/301347
知不足齋叢書　（清）鮑廷博輯　清乾隆、道光間長塘鮑氏刻本　一册　存三種三卷（虎□餘生記一卷、澹生堂藏書約一卷、苦瓜和尚畫語録一卷）

320000－1615－0003352　史2432/301348
皇朝輿地通考二十三卷　（清）通文書局輯　清光緒二十九年（1903）通文書局石印本　四十册

320000－1615－0003353　史2433/301349
中外地輿圖説集成一百三十卷首三卷　（清）同康廬輯　清光緒二十年（1894）上海積山書局石印本　二十三册

320000－1615－0003354　史2433/301350
讀史兵略續編十卷　（清）胡林翼纂　清光緒二十六年（1900）圖書集成局鉛印本　十册

320000－1615－0003355　史2434/301351
歷代輿地沿革險要圖不分卷　楊守敬　饒敦秩撰　清光緒五年（1879）東湖饒氏刻本　一册

320000－1615－0003356　史2434/301352
宋元舊本書經眼録三卷附録二卷　（清）莫友芝撰　清同治十二年（1873）刻本　一册

320000－1615－0003357　史2434/301353
皇朝一統輿地全圖不分卷　（清）欸乃軒主人輯　清光緒二十四年（1898）順成書局石印本　三册

320000－1615－0003358　史2434/301354
皇朝一統輿地全圖不分卷　（清）欸乃軒主人輯　清光緒二十年（1894）鴻寶齋石印本　二册

320000－1615－0003359　史2434/301355
五洲圖考不分卷　（清）龔柴　（清）許彬譯　清光緒二十四年（1898）徐家匯印書館鉛印本　四册

320000－1615－0003360　史2434/301356
安徽輿圖表説十卷　（□）□□撰　清光緒二十二年（1896）石印本　二册

320000－1615－0003361　史2434/301357
歐洲族類源流略五卷　王樹枏撰　清光緒三十二年（1906）灌文編譯書社鉛印本　一册

320000－1615－0003362　史2434/301358
西輶日記四種八卷　（清）黄楙材撰　清光緒揚州益智書社鉛印本　四册

320000－1615－0003363　史2434/301359
成都通覽不分卷　傅崇矩輯　清宣統元年（1909）成都通俗報社石印本　七册

320000－1615－0003364　史 2434/301360
西俗雜誌一卷　(清)袁祖志撰　清光緒上海文藝齋刻本　一册

320000－1615－0003365　史 2435/301361
大清一統輿圖三十一卷首一卷　(清)胡林翼等編　清同治二年(1863)湖北撫署刻本　十二册　缺一卷(首一卷)

320000－1615－0003366　史 2435/301362
大清一統輿圖三十一卷首一卷　(清)胡林翼等編　清同治二年(1863)湖北撫署刻本　十一册

320000－1615－0003367　史 2435/301363
大清一統輿圖三十一卷首一卷　(清)胡林翼等編　清同治二年(1863)湖北撫署刻本　十二册

320000－1615－0003368　史 2435/301364
遊歷圖記不分卷　(清)李丹麟撰　清光緒福州鼓樓陳良輔刻本　一册

320000－1615－0003369　史 2441/301365
兩淮鹽法志一百六十卷首一卷　(清)王定安等編　清光緒三十一年(1905)金陵刻本　十四册　存二十八卷(一至二十四、六十五至六十八)

320000－1615－0003370　史 2441/301366
小腆紀年二十卷　(清)徐鼒撰　清光緒四年(1878)京都龍威閣刻本　十二册

320000－1615－0003371　史 2441－3/301367
碑傳集一百六十卷首二卷末二卷續集八十六卷　(清)錢儀吉纂　清光緒十九年(1893)江蘇書局刻本　六十六册　存一百八十四卷(碑傳集一至三、十至二十三、四十至一百六十,附一卷;續碑傳集一至三、二十三至三十六、四十至四十七、五十七至六十七、七十二至八十)

320000－1615－0003372　史 2444/301368
皕宋樓藏書志一百二十卷　(清)陸心源撰　清光緒八年(1882)歸安陸氏十萬卷樓刻本　三十八册

320000－1615－0003373　史 2445－51/301369
碑傳集一百六十卷　(清)錢儀吉纂　清光緒十九年(1893)江蘇書局刻本　六十册

320000－1615－0003374　史 2452/301370
陶齋藏石記四十四卷藏甎記二卷　(清)端方輯　清宣統二年(1910)石印本　二册　存三十一卷(陶齋藏石記十六至四十四、藏甎記二卷)

320000－1615－0003375　史 2452/301371
金石文鈔八卷續鈔二卷　(清)趙紹祖撰　清刻本　十册

320000－1615－0003376　史 2452/301372
陸宣公奏議十五卷制誥十卷附録一卷　(唐)陸贄撰　清光緒十二年(1886)淮南書局刻本　四册

320000－1615－0003377　史 2452/301373
楹書隅録五卷附續編四卷　(清)楊紹和撰　清光緒二十年(1894)海源閣刻本　十册

320000－1615－0003378　史 2453－4/301374
碑傳集一百六十卷首二卷末二卷　(清)錢儀吉纂　清光緒十九年(1893)江蘇書局刻本　六十册

320000－1615－0003379　史 2511－2/301375
金石萃編一百六十卷　(清)王昶輯　清刻本　四十八册　存一百十四卷(一至二十三、六十八至一百二十、一百二十三至一百六十)

320000－1615－0003380　史 2512/301376
金石萃編一百六十卷　(清)王昶輯　清刻本　七册

320000－1615－0003381　史 2513/301377
天一閣見存書目四卷首一卷末一卷　(清)薛福成編　清光緒十五年(1889)薛氏刻本　四册

320000－1615－0003382　史 2513/301378
績溪金紫胡氏所著書目二卷　(清)胡培系編　清光緒十年(1884)世澤樓刻本　一册

320000－1615－0003383　史 2513/301379
傳是樓宋元板書目不分卷　（清）徐乾學撰　清光緒十一年（1885）孱守山莊刻本　一册

320000－1615－0003384　史 2513/301380
文瀾閣志二卷附録一卷首一卷　（清）孫樹禮　（清）孫峻撰　清光緒二十四年（1898）丁氏刻本　三册

320000－1615－0003385　史 2513/301381
南天痕二十六卷　（清）凌雪纂　清宣統二年（1910）復古社鉛印本　六册

320000－1615－0003386　史 2513/301382
補三國疆域志二卷　（清）洪亮吉撰　清乾隆四十六年（1781）西安刻本　一册

320000－1615－0003387　史 2513/301383
補三國疆域志二卷　（清）洪亮吉撰　清乾隆四十六年（1781）西安刻本　一册

320000－1615－0003388　史 2513/301384
讀書敏求記四卷　（清）錢遵王（曾）撰　清乾隆六十年（1795）錢塘胡氏刻本　二册

320000－1615－0003389　史 2514/301385
行素草堂金石叢書二十種　（清）朱記榮輯　清光緒十三年（1887）槐廬朱氏刻本　三十六册

320000－1615－0003390　史 2515/301386
行素草堂金石叢書二十種　（清）朱記榮輯　清光緒十四年（1888）槐廬朱氏刻本　三十六册

320000－1615－0003391　史 2521/301387
石鼓文纂釋一卷　（清）趙烈文釋　清光緒刻本　一册

320000－1615－0003392　史 2521/301388
關中金石記六卷　（清）畢沅撰　清乾隆四十六年（1781）畢氏靈巖山館刻經訓堂叢書本　三册

320000－1615－0003393　史 2521/301389
泉志十五卷　（宋）洪遵撰　清同治十三年（1874）隸釋齋刻本　一册

320000－1615－0003394　史 2521/301390
泉志十五卷　（宋）洪遵撰　清同治十三年（1874）隸釋齋刻本　一册

320000－1615－0003395　史 2521/301391
寰宇訪碑録十二卷　（清）邢澍　（清）孫星衍撰　清光緒九年（1883）江蘇書局刻本　四册

320000－1615－0003396　史 2521/301392
吴地記二卷　（唐）陸廣微撰　清同治十二年（1873）江蘇書局刻本　一册

320000－1615－0003397　史 2521/301393
巽齋所藏錢録十二卷　（清）費錫申編　清光緒十六年（1890）刻本　四册

320000－1615－0003398　史 2521/301394
吉金所見録十六卷首一卷末一卷　（清）初尚齡輯　清刻本　一册　存三卷（十三至十五）

320000－1615－0003399　史 2521/301395
吴郡圖經續記三卷　（宋）朱長文撰　清同治十二年（1873）江蘇書局刻本　一册

320000－1615－0003400　史 2522/301396
古玉圖考不分卷　（清）吴大澂撰　清光緒十五年（1889）上海同文書局石印本　四册

320000－1615－0003401　史 2522/301397
古玉圖考不分卷　（清）吴大澂撰　清光緒十五年（1889）上海同文書局石印本　四册

320000－1615－0003402　史 2522/301398
欽定四庫全書系總目提要二百卷　（清）紀昀等編　清宣統二年（1910）存古齋石印本　三十二册

320000－1615－0003403　史 2522/301399
東洋史要二卷　（日本）桑原騭藏撰　（清）樊炳清譯　清光緒東文學社石印本　四册

320000－1615－0003404　史 2522/301400
東洋史要二卷　（日本）桑原騭藏撰　（清）樊炳清譯　清光緒東文學社石印本　四十册

320000－1615－0003405　史 2523/301401
藝風藏書記八卷續記八卷　繆荃孫撰　清光緒二十六年（1900）刻民國二年（1913）續刻本

五冊

320000－1615－0003406　史 2523/301402
墨妙亭碑目考二卷　(清)張鑑撰　清光緒十年(1884)江蘇書局刻本　一冊　存一卷(上)

320000－1615－0003407　史 2523/301403
藝風藏書記八卷續記八卷　繆荃孫撰　清光緒二十六年(1900)刻民國二年(1913)續刻本　五冊

320000－1615－0003408　史 2523/301404
藝風藏書記八卷　繆荃孫撰　清光緒二十六年(1900)刻本　二冊

320000－1615－0003409　史 2523/301405
金石録三十卷　(宋)趙明誠撰　清乾隆二十七年(1762)雅雨堂刻本　十二冊

320000－1615－0003410　史 2523/301406
蜀典十二卷　(清)張澍撰　清光緒二年(1876)尊經書院刻本　四冊

320000－1615－0003411　史 2523/301407
蜀典十二卷　(清)張澍撰　清光緒二年(1876)尊經書院刻本　四冊

320000－1615－0003412　史 2524/301408
金石苑不分卷　(清)劉喜海撰　清道光石印本　五冊　存五種(北周、隋、蜀、宋、後唐)

320000－1615－0003413　史 3825/301409
[光緒]鳳陽府志二十一卷　(清)馮煦修　(清)魏家驊纂輯　清光緒三十四年(1908)木活字印本　二十四冊

320000－1615－0003414　史 2524/301410
楊氏海源閣藏書目不分卷　(清)楊紹和撰　清光緒十四年(1888)江氏靈鶼閣刻本　一冊

320000－1615－0003415　史 2524/301411
欽定天禄琳琅書目十卷　(清)于敏中等編　**後編二十卷**　(清)彭元瑞等編　清光緒十年(1884)長沙王氏刻本　二冊　存六卷(一至二、後編一至四)

320000－1615－0003416　史 2524/301412
郘亭先生行述不分卷　(清)莫祥芝撰　清末刻本　一冊

320000－1615－0003417　史 2524/301413
續碑傳集八十六卷首二卷　繆荃孫纂録　清宣統刻本　一冊

320000－1615－0003418　史 2524/301414
退庵題跋二卷　(清)梁章鉅撰　清道光福州梁氏刻本　一冊

320000－1615－0003419　史 2524/301415
豐順丁氏持靜齋書目不分卷　(清)丁日昌藏并編　清光緒二十一年(1895)刻本　三冊

320000－1615－0003420　史 2524/301416
續漢書八志三十卷　(晉)司馬彪撰　(南朝梁)劉昭注　清刻本　二冊

320000－1615－0003421　史 2524/301417
支那新史攬要六卷　(日本)增田貢撰　清光緒二十七年(1901)上海會文堂石印本　二冊

320000－1615－0003422　史 2524/301418
隨園先生[袁枚]年譜一卷　(清)方濬師編　清同治十年(1871)肇羅道署刻本　一冊

320000－1615－0003423　史 2524/301419
顧亭林先生遺書　(清)顧炎武撰　清光緒刻本　一冊　存三種四卷(九經誤字一卷、石經考一卷、金石文字記一至二)

320000－1615－0003424　史 2524/301420
伽藍記五卷　(北魏)楊衒之撰　清刻本　一冊

320000－1615－0003425　史 2524/301421
績語堂題跋一卷　(清)魏錫曾撰　清光緒九年(1883)刻本　一冊

320000－1615－0003426　史 2531－54/301422
國朝耆獻類徵初編七百二十卷　(清)李桓輯　清光緒十六年(1890)湘陰李氏刻本　三百冊

320000－1615－0003427　史 2555/301423
國語二十一卷附國語考異四卷　(三國吴)韋昭注　清同治八年(1869)湖北崇文書局刻本

五册

320000－1615－0003428　史2555/301424
國語明道本考異四卷　（清）汪遠孫輯　清道光二十六年(1846)振綺堂刻本　一册

320000－1615－0003429　史2555/301425
國語二十一卷　（三國吴）韋昭注　清嘉慶五年(1800)吴門黄氏讀未見書齋刻本　三册　存十八卷(四至二十一)

320000－1615－0003430　史2555/301426
楹書偶録五卷　（清）楊紹和撰　清光緒二十年(1894)海源閣刻本　二册

320000－1615－0003431　史2555/301427
兩漢金石記二十二卷　（清）翁方綱撰　清乾隆五十四年(1789)南昌使院刻本　十一册

320000－1615－0003432　史2611－4/301428
欽定四庫全書總目二百卷簡明目録二十卷　(清)紀昀等編　清同治七年(1868)廣東書局刻本　九十九册　缺二卷(一百六至一百七)

320000－1615－0003433　史2615－22/301429
欽定四庫全書總目二百卷簡明目録二十卷　(清)紀昀等編　清同治七年(1868)廣東書局刻本　一百十八册　存四卷(七十七至八十)

320000－1615－0003434　史2623－31/301430
欽定四庫全書總目二百卷簡明目録二十卷　(清)紀昀等編　清同治七年(1868)廣東書局刻本　一百三十六册

320000－1615－0003435　史2632－5/301431
九通　（唐）杜佑等撰　清光緒二十七年(1901)貫吾齋石印本　一百二十八册

320000－1615－0003436　史2641/301432
欽定新疆識略十二卷首一卷　（清）祝慶蕃等纂　清光緒二十年(1894)上海積山書局石印本　十六册

320000－1615－0003437　史2641－2/301433
前漢書一百二十卷　（漢）班固撰　（唐）顔師古注　清光緒八年(1882)桐城方氏刻本　三十二册

320000－1615－0003438　史2643/301434
畿輔叢書已刻書目一卷　（清）王灝編　清刻本　一册

320000－1615－0003439　史2643/301435
四庫全書書目表四卷附四庫未收書目録一卷　（清）李滋然編　清宣統三年(1911)京華印書局鉛印本　四册

320000－1615－0003440　史2643/301436
書目答問四卷　（清）張之洞編　清光緒十四年(1888)蜚英館石印本　二册

320000－1615－0003441　史2643/301437
藝芸書舍宋元本書目二卷　（清）汪士鍾編　清滂喜齋刻本　一册

320000－1615－0003442　史2643/301438
江蘇官書坊書目不分卷　清刻本　一册

320000－1615－0003443　史3824/301439
[光緒]廬江縣志十六卷首一卷　（清）錢鑅修　（清）盧鈺等纂　清光緒十一年(1885)木活字印本　十六册

320000－1615－0003444　史2643/301440
皇清經解檢目八卷　（清）蔡啟盛編　清光緒十二年(1886)武林刻本　一册

320000－1615－0003445　史2643/301441
白鹿堂藏書目録一卷　（清）田舜年編　清刻本　一册

320000－1615－0003446　史2643/301442
湖海樓全集五十卷目録一卷　（清）陳淮編　清乾隆六十年(1795)浩然堂刻本　一册　存一卷(目録一卷)

320000－1615－0003447　史2643/301443
東西學書録二卷　（清）沈桐生撰　清光緒二十三年(1897)讀有用書齋刻本　一册

320000－1615－0003448　史2643/301444
古謠諺一百卷　（清）杜文瀾輯　清咸豐十一年(1861)曼陀羅華閣刻本　一册　存目録

320000－1615－0003449　史 2644/301445
廣雅書局書目不分卷　(清)廣雅書局編　清宣統元年(1909)廣雅書局刻本　一冊

320000－1615－0003450　史 2644/301446
漸學廬叢書第一集　(清)胡祥鑅輯　清光緒元和胡氏石印本　一冊　存四種四卷(塞北紀行一卷、西行域記一卷、甯古塔紀略一卷、西遊記金山以東釋一卷)

320000－1615－0003451　史 2644/301447
林文忠公政書三集三十七卷　(清)林則徐撰　清刻本　六冊

320000－1615－0003452　史 2644/301448
同治中興京外奏議約編八卷　(清)陳弢輯　清光緒元年(1875)刻本　八冊

320000－1615－0003453　史 2644/301449
昭德先生郡齋讀書志二十卷　(宋)晁公武撰　清刻本　四冊　存十卷(五、十至十八)

320000－1615－0003454　史 2644/301450
金石文字記六卷　(清)顧炎武撰　清刻本　一冊　存三卷(一至三)

320000－1615－0003455　史 2644/301451
東西學書録二卷　(清)徐以愻編　清光緒二十五年(1899)石印本　二冊

320000－1615－0003456　史 2645/301452
五洲各國政治考八卷　錢恂輯　清光緒二十七年(1901)石印本　六十冊

320000－1615－0003457　史 2645/301453
書目答問四卷　(清)張之洞編　清光緒二十三年(1897)新化三味堂刻本　二冊

320000－1615－0003458　史 2645/301454
彙刻書目二十卷　(清)朱記榮訂　清光緒十二年(1886)福瀛書局刻本　二十冊

320000－1615－0003459　史 2651－4/301455
新舊唐書合鈔二百六十卷　(清)沈炳震纂　清雍正海寧查氏刻本　六十四冊

320000－1615－0003460　史 2711/301456
晉書一百三十卷　(唐)房玄齡等撰　清光緒二十九年(1903)五洲同文局石印本　三十冊

320000－1615－0003461　史 2712－3/301457
欽定四庫全書總目二百卷　(清)紀昀等編　清刻本　十三冊　存七十卷(十一至六十五、七十一至七十五、八十一至九十)

320000－1615－0003462　史 2714/301458
前漢書一百卷　(漢)班固撰　(唐)顔師古注　清光緒十八年(1892)武林竹簡齋石印本　十二冊

320000－1615－0003463　史 2714/301459
後漢書一百二十卷　(南朝宋)范曄撰　(唐)李賢注　(晉)司馬彪續志　(南朝梁)劉昭注續志　清光緒十八年(1892)武林竹簡齋石印本　八冊

320000－1615－0003464　史 2714/301460
史記一百三十卷　(漢)司馬遷撰　(南朝宋)裴駰集解　(唐)司馬貞索隱　(唐)張守節正義　清光緒十八年(1892)武林竹簡齋石印本　八冊

320000－1615－0003465　史 2715/301461
三公奏議二十卷　盛宣懷編　清光緒二年(1876)思補樓刻本　二十冊

320000－1615－0003466　史 2715/301462
廣雁蕩山志二十八卷首一卷末一卷書後一卷　(清)曾唯撰　清乾隆二十五年(1760)刻本　十二冊

320000－1615－0003467　史 2715/301463
廣雁蕩山志二十八卷首一卷末一卷書後一卷　(清)曾唯撰　清乾隆二十五年(1760)刻本　八冊

320000－1615－0003468　史 2721/301464
申報館書目續集一卷　(清)縷馨仙史輯　清光緒五年(1879)鉛印本　一冊

320000－1615－0003469　史 2721/301465
仙源書院藏書書目初編六卷首一卷　(清)馬徵慶編　清刻本　一冊　存四卷(一至三、首一卷)

320000－1615－0003470　史 2721/301466

守山閣叢書四集一百十二種　(清)錢熙祚輯　清光緒十四年(1888)石印本　一册　存一卷(總目一卷)

320000－1615－0003471　史 2721/301467

四庫未收書目提要五卷　(清)阮元撰　清光緒四年(1878)淞隱閣鉛印本　一册

320000－1615－0003472　史 2721/301468

後漢書蒙拾二卷　(清)杭世駿輯　清末石印本　一册

320000－1615－0003473　史 2722/301469

天一閣見存書目四卷首一卷末一卷　(清)薛福成編　清光緒十五年(1889)薛氏刻本　四册

320000－1615－0003474　史 2722/301470

惜抱軒書録四卷　(清)姚鼐撰　清刻本　一册

320000－1615－0003475　史 2722/301471

直齋書録解題二十二卷　(宋)陳振孫撰　清光緒九年(1883)江蘇書局刻本　六册

320000－1615－0003476　史 2722/301472

廉石居藏書記二卷　(清)孫星衍撰　清光緒十二年(1886)刻本　一册

320000－1615－0003477　史 2722/301473

拜經樓藏書題跋記五卷附録一卷　(清)吴壽暘纂　清刻本　一册　存二卷(四至五)

320000－1615－0003478　史 2722/301474

孫氏祠堂書目内篇四卷外篇三卷　(清)孫星衍撰　清光緒九年(1883)李氏木犀軒刻本　一册

320000－1615－0003479　史 2722/301475

史記一百三十卷　(漢)司馬遷撰　(明)歸有光評點　清光緒二年(1876)武昌張氏刻本　七册　存一百十四卷(一至三十、四十七至一百三十)

320000－1615－0003480　史 2723/301476

書目答問四卷附國朝著述諸家姓名略一卷　(清)張之洞編　清光緒刻本　一册　存一卷(附國朝著述諸家姓名略一卷)

320000－1615－0003481　史 2723/301477

海源閣藏書目一卷　(清)楊紹和撰　清光緒十四年(1888)元和江氏師室刻本　一册

320000－1615－0003482　史 2723/301478

三國志證聞三卷　(清)錢儀吉撰　清光緒十一年(1885)江蘇書局刻本　二册

320000－1615－0003483　史 2723/301479

唐書釋音二卷　(宋)董衝撰　清刻本　一册

320000－1615－0003484　史 2723/301480

三國志證聞三卷　(清)錢儀吉撰　清光緒十一年(1885)江蘇書局刻本　二册

320000－1615－0003485　史 2723/301481

元史氏族表三卷　(清)錢大昕撰　清江蘇書局刻本　二册

320000－1615－0003486　史 2723/301482

隋經籍志考證十三卷　(清)章宗源撰　清光緒三年(1877)湖北崇文書局刻本　四册

320000－1615－0003487　史 2723/301483

佐治芻言一卷　(英國)傅蘭雅口譯　應祖錫筆述　清光緒江南製造局鉛印本　三册

320000－1615－0003488　史 2723/301484

竹汀先生日記鈔三卷　(清)錢大昕撰　(清)何元錫編　清嘉慶刻本　一册

320000－1615－0003489　史 2723/301485

莫愁湖志二卷　醉吟館主人續纂　清光緒十四年(1888)金陵刻本　一册

320000－1615－0003490　史 2723/301486

莫愁湖志六卷首一卷　(清)馬士圖輯　清光緒八年(1882)刻本　二册

320000－1615－0003491　史 2723/301487

日本訪書志十六卷　楊守敬撰　清刻本　四册　存八卷(九至十六)

320000－1615－0003492　史 2724/301488

直齋書録解題二十二卷　(宋)陳振孫撰　清

乾隆武英殿木活字印武英殿聚珍版書本　六册

320000－1615－0003493　史 2724/301489
兩漢刊誤補遺十卷　（宋）吴仁傑撰　清同治七年（1868）金陵木活字印本　二册

320000－1615－0003494　史 2724/301490
宋史藝文志補一卷　（清）倪燦撰　（清）傅春官校　清光緒二十四年（1898）刻本　一册

320000－1615－0003495　史 2724/301491
直齋書録解題二十二卷　（宋）陳振孫撰　清光緒九年（1883）江蘇書局刻本　六册

320000－1615－0003496　史 2724/301492
東亞各港志不分卷　廣智書局譯　清光緒二十八年（1902）廣智書局鉛印本　一册

320000－1615－0003497　史 2724/301493
十九世紀歐洲政治史論四章　華文祺譯　清光緒二十八年（1902）教育世界出版所鉛印本　一册

320000－1615－0003498　史 2724/301494
東亞各港志不分卷　廣智書局譯　清光緒二十八年（1902）廣智書局鉛印本　一册

320000－1615－0003499　史 2724/301495
日本帝國憲法義解一卷　（日本）伊藤博文纂　沈紘譯　清光緒二十八年（1902）金粟齋石印本　一册

320000－1615－0003500　史 2725/301496
士禮居藏書題跋記六卷　（清）黄丕烈撰　（清）潘祖蔭輯　清刻本　四册

320000－1615－0003501　史 2725/301497
士禮居藏書題跋記六卷　（清）黄丕烈撰　（清）潘祖蔭輯　清光緒十年（1884）吴縣潘祖蔭滂喜齋刻朱印本　二册

320000－1615－0003502　史 2725/301498
士禮居藏書題跋記續二卷　（清）黄丕烈撰　清刻本　一册　存一卷（二）

320000－1615－0003503　史 2725/301499
埃及近世史二十六章　（日本）柴四郎撰　麥鼎華譯　清光緒二十八年（1902）廣智書局鉛印本　一册

320000－1615－0003504　史 2725/301500
法國革命戰史八章　（日本）澀江保撰　中國國民叢書社譯　清光緒二十九年（1903）商務印書館鉛印本　一册

320000－1615－0003505　史 2725/301501
埃及近世史不分卷　（日本）柴四郎撰　出洋學生編輯所編　清光緒二十八年（1902）上海商務印書館鉛印本　一册

320000－1615－0003506　史 2725/301502
古墨齋金石跋六卷　（清）趙紹祖輯　清刻本　二册　存四卷（三至六）

320000－1615－0003507　史 2731－41/301503
資治通鑑二百九十四卷　（宋）司馬光撰　（元）胡三省音注　清嘉慶二十一年（1816）鄱陽胡克家刻同治八年（1869）江蘇書局補刻本　九十九册

320000－1615－0003508　史 2742/301504
原富甲部二卷乙部一卷丙部一卷丁部二卷戊部二卷　（英國）斯密亞丹撰　嚴復譯　清光緒二十七年（1901）南洋公學譯書院鉛印本　三册　存四卷（甲部二卷、乙部一卷、丙部一卷）

320000－1615－0003509　史 2742/301505
原富甲部二卷乙部一卷丙部一卷丁部二卷戊部二卷　（英國）斯密亞丹撰　嚴復譯　清光緒二十七年（1901）南洋公學譯書院鉛印本　七册　存七卷（甲部二卷、乙部一卷、丁部二卷、戊部二卷）

320000－1615－0003510　史 2742/301506
歐美政體通覽一卷　（日本）上野貞吉撰　出洋學生編輯所譯　清光緒二十八年（1902）商務印書館鉛印本　一册

320000－1615－0003511　史 2742/301507
元寇紀略二卷　（日本）大橋順　周道甫撰
黑韃事略一卷　（宋）徐霆輯　清光緒二十九

年(1903)通州翰墨林編譯印書局鉛印本　一册

320000－1615－0003512　史2742/301508
原富甲部二卷乙部一卷丙部一卷丁部二卷戊部二卷　(英國)斯密亞丹撰　嚴復譯　清光緒二十八年(1902)南洋公學譯書院鉛印本　三册

320000－1615－0003513　史2742/301509
萬國憲法比較不分卷　(日本)士辰巳小二郎撰　(清)出洋學生編輯所譯　清光緒二十八年(1902)商務印書館鉛印本　一册

320000－1615－0003514　史2742/301510
危言四卷　(清)湯壽潛撰　清光緒二十一年(1895)石印本　二册

320000－1615－0003515　史2743/301511
原富甲部二卷乙部一卷丙部一卷丁部二卷戊部二卷　(英國)斯密亞丹撰　嚴復譯　清光緒二十七年(1901)南洋公學譯書院鉛印本　二册

320000－1615－0003516　史2743/301512
[光緒]焦山續志八卷　(清)陳任暘輯　清光緒三十年(1904)刻本　二册

320000－1615－0003517　史2743/301513
[光緒]焦山續志八卷　(清)陳任暘輯　清光緒三十年(1904)刻本　二册

320000－1615－0003518　史2743/301514
原富甲部二卷乙部一卷丙部一卷丁部二卷戊部二卷　(英國)斯密亞丹撰　嚴復譯　清光緒二十八年(1902)南洋公學譯書院鉛印本　七册　存七卷(甲部二卷、乙部一卷、丁部二卷、戊部二卷)

320000－1615－0003519　史2743/301515
[光緒]焦山續志八卷　(清)陳任暘輯　清光緒三十年(1904)刻本　二册

320000－1615－0003520　史2744/301516
東洋史要二卷　(日本)桑原騭藏撰　(清)樊炳清譯　清光緒東文學社石印本　九册

320000－1615－0003521　史2744/301517
東洋史要二卷　(日本)桑原騭藏撰　(清)樊炳清譯　清光緒二十五年(1899)東文學社石印本　一册

320000－1615－0003522　史2744/301518
東洋史要二卷　(日本)桑原騭藏撰　(清)樊炳清譯　清光緒東文學社石印本　一册

320000－1615－0003523　史2744/301519
東洋史要二卷　(日本)桑原騭藏撰　(清)樊炳清譯　清光緒東文學社石印本　四册

320000－1615－0003524　史2744/301520
東洋史要二卷　(日本)桑原騭藏撰　(清)樊炳清譯　清光緒東文學社石印本　一册

320000－1615－0003525　史2744/301521
日本國志四十卷　(清)黄遵憲纂　清光緒二十四年(1898)圖書集成印書局鉛印本　九册　缺二卷(一至二)

320000－1615－0003526　史2744/301522
日本國志四十卷首一卷　(清)黄遵憲纂　清光緒二十四年(1898)圖書集成印書局鉛印本　九册　缺四卷(二、三十二至三十四)

320000－1615－0003527　史2744/301523
新譯列國歲計政要不分卷　(清)海上譯社編譯　清光緒二十七年(1901)海上譯社鉛印本　六册

320000－1615－0003528　史2751－3/301524
皇朝經世文續編一百二十卷　(清)葛士濬輯　清光緒二十三年(1897)思補樓刻本　八十册

320000－1615－0003529　史2754－6/301525
皇朝經世文續編一百二十卷　(清)葛士濬輯　清光緒二十三年(1897)思補樓刻本　八十册

320000－1615－0003530　史2811/301526
導學淵源録一百卷　(清)黄嗣東輯　清光緒三十四年(1908)鳳山學舍鉛印本　一册　存八卷(江漢淵源録五十五至六十二)

320000－1615－0003531　史2811/301527
聖清淵源録三十卷　(清)黄嗣東輯　清光緒三十四年(1908)鳳山學舍鉛印本　三册　存四卷(一至二、六至七)

320000－1615－0003532　史2812/301528
欽定戶部漕運全書　清刻本　五册　存十卷(三十九至四十八)

320000－1615－0003533　史2812/301529
滇軺紀程一卷荷戈紀程一卷附國史本傳　(清)林則徐撰　清光緒三年(1877)宣南寓齋刻本　一册

320000－1615－0003534　史2812/301530
籌濟編三十二卷首一卷　(清)楊景仁輯　清道光六年(1826)刻本　六册

320000－1615－0003535　史2812/301531
籌洋芻議不分卷　(清)薛福成撰　清光緒十三年(1887)醉六堂刻本　一册

320000－1615－0003536　史2812/301532
歸震川先生[有光]年譜一卷　(清)孫岱編　清光緒刻本　一册

320000－1615－0003537　史2812/301533
顧亭林先生[炎武]年譜一卷　(清)吴映奎輯　清光緒刻本　一册

320000－1615－0003538　史2812/301534
李恕谷[塨]年譜五卷　(清)馮辰纂　清光緒三十四年(1908)國學保存會鉛印本　一册

320000－1615－0003539　史2812/301535
[光緒]丹徒縣志六十卷　(清)何紹章等修　(清)吕耀斗纂　清光緒刻本　十一册　存二十二卷(一至十二、四十九至五十六、五十九至六十)

320000－1615－0003540　史2812/301536
齊侯罍銘通釋二卷　(清)陳慶鏞撰　清道光六年(1826)一證書舍刻本　一册

320000－1615－0003541　史2812/301537
平津讀碑記八卷讀記一卷再讀一卷　(清)洪頤煊撰　清刻本　五册

320000－1615－0003542　史2812/301538
香南精舍金石契一卷　(清)崇恩撰　清光緒二十六年(1900)石印本　二册

320000－1615－0003543　史2812/301539
金石學録補三卷　(清)陸心源編　清刻本　一册

320000－1615－0003544　史2812/301540
東觀餘論二卷　(宋)黄伯思撰　清邵武徐氏刻本　二册

320000－1615－0003545　史2813/301541
通鑑擥要前編二卷正編十九卷續編八卷　(清)姚培謙　(清)張景星録　清乾隆五十六年(1791)飛鴻堂刻本　十七册　存十八卷(正編一至六、八至十九)

320000－1615－0003546　史2813/301542
明史擥要八卷　(清)姚培謙　(清)張景星録　清刻本　六册

320000－1615－0003547　史2814/301543
讀史方輿紀要一百三十卷方輿全圖總説五卷　(清)顧祖禹撰　清光緒二十七年(1901)圖書集成局鉛印本　三十二册

320000－1615－0003548　史2815/301544
曲園襍纂五十卷　(清)俞樾撰　清光緒二十五年(1899)刻春在堂全書本　一册　存二卷(十八至十九)

320000－1615－0003549　史2815/301545
重修宣和博古圖録三十卷　(宋)王黼等撰　明嘉靖七年(1528)蔣暘刻本　七册　存十卷(六至十、二十六至三十)

320000－1615－0003550　史2815/301546
欽定錢録十六卷　(清)梁詩正等纂輯　清乾隆刻本　一册　存七卷(一至七)

320000－1615－0003551　史2815/301547
拜經樓藏書題跋記五卷附録一卷　(清)吴壽暘纂　清刻本　一册　存三卷(四至五、附録一卷)

320000－1615－0003552　史2815/301548

書目答問不分卷　(清)張之洞撰　清光緒元年(1875)刻本　二冊

320000－1615－0003553　史 2815/301549
學古堂藏書目不分卷　(清)學古堂編　清光緒刻本　一冊

320000－1615－0003554　史 2815/301550
平津館鑑藏書籍記三卷補遺一卷續編一卷　(清)孫星衍撰　清光緒十一年(1885)木犀軒刻本　一冊

320000－1615－0003555　史 2815/301551
漸西村舍彙刊　(清)袁昶輯　清光緒刻本　一冊　存五種七卷(經籍舉要一卷、附録一卷,家塾課程一卷,尊經閣募捐藏書章程一卷、祀典録一卷,中江尊經閣藏書目一卷,中江講院建立經誼治事兩齋章程一卷)

320000－1615－0003556　史 2815/301552
廉石居藏書記二卷　(清)孫星衍撰　清道光刻本　一冊

320000－1615－0003557　史 2815/301553
征剿紀略四卷　尹樂亭撰　清光緒刻本　四冊

320000－1615－0003558　史 2815/301554
先文端公自訂年譜一卷　(清)湯金釗編　清咸豐六年(1856)刻本　一冊

320000－1615－0003559　史 2815/301555
潘文恭公自訂年譜不分卷　(清)潘世恩自訂　清刻本　一冊

320000－1615－0003560　史 2815/301556
栗恭勤公[毓美]年譜二卷　(清)張壬林輯　清光緒十六年(1890)刻本　一冊

320000－1615－0003561　史 2815/301557
先聖生卒年月日考二卷　(清)孔廣牧述　清光緒十九年(1893)浙江書局刻本　一冊

320000－1615－0003562　史 2821－4/301558
資治通鑑補二百九十四卷　(宋)司馬光撰　(元)胡三省音注　(清)嚴衍補　清光緒二年(1876)思補樓木活字印本　八十冊

320000－1615－0003563　史 2831/301559
李恕谷[塨]年譜五卷　(清)馮辰纂　清光緒三十四年(1908)國學保存會鉛印本　一冊

320000－1615－0003564　史 2831/301560
揚子江流域現勢論一卷　(日本)林繁撰　(清)汪國屏譯　清光緒二十八年(1902)廣智書局鉛印本　一冊

320000－1615－0003565　史 2831/301561
王安石新法論三編　(日本)高橋撰　陳超譯　清光緒二十八年(1902)鉛印本　一冊

320000－1615－0003566　史 2831/301562
皇朝政典挈要八卷　(日本)增田貢原撰　(清)毛淦補編　清光緒二十八年(1902)上海書局石印本　四冊

320000－1615－0003567　史 2831/301563
地理學講義一卷　(日本)志賀重昂撰　薩端譯　清光緒二十八年(1902)金粟齋鉛印本　一冊

320000－1615－0003568　史 2831/301564
地理學講義一卷　(日本)志賀重昂撰　薩端譯　清光緒二十八年(1902)金粟齋鉛印本　一冊

320000－1615－0003569　史 2831/301565
地理學講義一卷　(日本)志賀重昂撰　薩端譯　清光緒二十八年(1902)金粟齋鉛印本　一冊

320000－1615－0003570　史 2831/301566
揚子江流域現勢論四編　(日本)林繁撰　(清)汪國屏譯　清光緒二十八年(1902)廣智書局鉛印本　一冊

320000－1615－0003571　史 2831/301567
揚子江流域現勢論四編　(日本)林繁撰　(清)汪國屏譯　清光緒二十八年(1902)廣智書局鉛印本　一冊

320000－1615－0003572　史 2831/301568
彙刻書目不分卷　(清)顧修撰　清光緒刻本　九冊

320000－1615－0003573　史 2831/301569
彙刻書目不分卷　（清）顧修撰　清刻本　一冊

320000－1615－0003574　史 2831/301570
行素草堂目睹書録十編　（清）朱記榮輯　清光緒十年（1884）槐廬刻本　四冊　存四編（甲編、乙編、戊編、庚編）

320000－1615－0003575　史 2832/301571
歷代史表五十九卷　（清）萬斯同撰　清廣雅書局刻本　十一冊

320000－1615－0003576　史 2832/301572
十六國疆域志十六卷　（清）洪亮吉撰　清嘉慶京師刻本　四冊

320000－1615－0003577　史 2832/301573
補三國疆域志二卷　（清）洪亮吉撰　清乾隆四十六年（1781）西安刻本　一冊

320000－1615－0003578　史 2833/301574
十六國疆域志十六卷　（清）洪亮吉撰　清嘉慶三年（1798）京師刻本　四冊

320000－1615－0003579　史 2833/301575
東晉疆域志四卷　（清）洪亮吉撰　清嘉慶元年（1796）京師刻本　一冊　存二卷（一至二）

320000－1615－0003580　史 2833/301576
東晉疆域志四卷　（清）洪亮吉撰　清嘉慶元年（1796）京師刻本　二冊

320000－1615－0003581　史 2833/301577
省軒考古類編十二卷　（清）柴紹炳撰　清刻本　六冊

320000－1615－0003582　史 2833/301578
文史通義補編一卷　（清）章學誠編　清光緒二十三年（1897）元和江標湖南使院刻本　一冊

320000－1615－0003583　史 2834/301579
皇朝掌故讀本二卷　（清）竇士鏞編　清末上海文明編譯書局鉛印本　二冊

320000－1615－0003584　史 2834/301580
李氏五種　（清）李兆洛輯　清光緒二十四年（1898）掃葉山房石印本　四冊　存三種二十三卷（歷代地理韻編一至二十、輿地圖一、皇朝輿地韻編二卷）

320000－1615－0003585　史 2834/301581
虞初新志二十卷　（清）張潮輯　清小嫏嬛山館刻本　七冊　缺一卷（十七）

320000－1615－0003586　史 2834/301582
欽定四庫簡明目録二十卷首一卷　（清）紀昀等編　清光緒五年（1879）點石齋石印本　十二冊

320000－1615－0003587　史 2834/301583
策學備纂三十二卷　（清）吴熲炎輯　清光緒十三年（1887）點石齋石印本　七冊　存五卷（一至二、二十七至二十九）

320000－1615－0003588　史 2835/301584
書目答問不分卷　（清）張之洞撰　清光緒四年（1878）淞隱閣鉛印本　四冊

320000－1615－0003589　史 2835/301585
書目答問不分卷國朝著述諸家姓名略一卷　（清）張之洞撰　清光緒四年（1878）淞隱閣刻本　四冊

320000－1615－0003590　史 2835/301593
輶軒語一卷　（清）張之洞撰　清光緒篤慶堂刻本　二冊

320000－1615－0003591　史 2835/301586
書目答問不分卷　（清）張之洞撰　清光緒二十二年（1896）寶善書局石印本　二冊

320000－1615－0003592　史 2835/301587
使西紀程二卷　（清）郭嵩燾撰　清刻本　一冊

320000－1615－0003593　史 2835/301588
史學叢書初集十四種二集二十八種　（清）□□輯　清光緒二十八年（1902）上海文瀾書局石印本　十二冊

320000－1615－0003594　史 2835/301589
水經注圖一卷附録一卷　（清）汪士鐸撰　清末石印本　二冊

320000－1615－0003595　史 2835/301590
漢西域圖考七卷　(清)李光廷撰　清光緒二十二年(1896)上海文瑞樓石印本　三冊

320000－1615－0003596　史 2835/301591
西域水道記五卷　(清)徐松撰　清光緒上海文瑞樓石印本　三冊

320000－1615－0003597　史 2835/301592
廿二史考異二十三卷　(清)錢大昕撰　清末上海鴻寶齋石印本　四冊

320000－1615－0003598　史 2841－44/301594
續資治通鑑長編五百二十卷　(宋)李燾撰　清光緒七年(1881)浙江書局刻本　一百二十冊

320000－1615－0003599　史 2851/301595
北史一百卷　(唐)李延壽撰　清同治十一年(1872)金陵書局刻本　十三冊　存六十四卷(一至三、二十三至六十四、七十一至八十三、九十五至一百)

320000－1615－0003600　史 2852/301596
北史一百卷　(唐)李延壽撰　清同治十一年(1872)金陵書局刻本　八冊　存四十卷(四至二十六、六十五至七十、八十四至九十四)

320000－1615－0003601　史 2852/301597
南史八十卷　(唐)李延壽撰　清同治十一年(1872)金陵書局刻本　十二冊

320000－1615－0003602　史 2853/301598
宋書一百卷　(南朝梁)沈約撰　清同治十一年(1872)金陵書局刻本　十六冊

320000－1615－0003603　史 2853/301599
浙江全省輿圖並水陸道里記不分卷　(清)輿圖總局編　清光緒二十年(1894)石印本　一冊

320000－1615－0003604　史 2854/301600
三國志六十五卷　(晉)陳壽撰　(南朝宋)裴松之注　清同治九年(1870)金陵書局刻本　八冊

320000－1615－0003605　史 2854/301601
北周書五十卷　(唐)令狐德棻撰　清同治十三年(1874)金陵書局刻本　四冊

320000－1615－0003606　史 2854/301602
三國志六十五卷　(晉)陳壽撰　(南朝宋)裴松之注　清刻本　七冊　缺十九卷(五至十、十五至二十一、二十八至三十三)

320000－1615－0003607　史 2911－2/301603
前漢書一百二十卷　(漢)班固撰　(唐)顏師古注　**後漢書一百卷**　(南朝宋)范曄撰　(唐)李賢注　清同治八年(1869)金陵書局刻本　三十二冊

320000－1615－0003608　史 2913/301604
隋書八十五卷　(唐)魏徵等撰　清同治十年(1871)淮南書局刻本　十六冊

320000－1615－0003609　史 2914/301605
隋書八十五卷　(唐)魏徵等撰　清同治十年(1871)淮南書局刻本　十一冊　缺三十四卷(三十二至六十五)

320000－1615－0003610　史 2914/301606
隋書八十五卷　(唐)魏徵等撰　清同治十年(1871)淮南書局刻本　四冊　缺三十七卷(三十一至六十七)

320000－1615－0003611　史 2921/301607
舊五代史一百五十卷　(宋)薛居正等撰　清同治十一年(1872)湖北崇文書局刻本　十六冊

320000－1615－0003612　史 2922－3/301608
日本法規大全二十五類　劉崇傑等譯　清光緒三十三年(1907)上海商務印書館鉛印本　八十一冊

320000－1615－0003613　史 2924/301609
讀史方輿紀要一百三十卷圖四卷　(清)顧祖禹撰　清道光敷文閣刻本　十九冊　存五十四卷(五十二至五十三、五十七至一百八)

320000－1615－0003614　史 2931/301610
唐會要一百卷　(宋)王溥撰　清光緒十年

(1884)江蘇書局刻本　二十三冊　存九十五卷(一至四十五、五十一至一百)

320000－1615－0003615　史2932/301611
史記一百三十卷　(漢)司馬遷撰　(南朝宋)裴駰集解　清光緒二十四年(1898)點石齋石印本　六冊

320000－1615－0003616　史2932/301612
漢書一百卷　(漢)班固撰　(唐)顔師古注　清光緒二十四年(1898)點石齋石印本　八冊

320000－1615－0003617　史2932/301613
後漢書九十卷　(南朝宋)范曄撰　(唐)李賢注　**續漢書志三十卷**　(晉)司馬彪撰　(南朝梁)劉昭注　清光緒二十四年(1898)點石齋石印本　六冊

320000－1615－0003618　史2932/301614
三國志六十五卷　(晉)陳壽撰　(南朝宋)裴松之注　清光緒二十四年(1898)點石齋石印本　四冊

320000－1615－0003619　史2932/301615
歷朝紀事本末九種六百五十八卷　(清)陳如升　(清)朱記榮輯　清光緒二十一年(1895)上海積山書局石印本　十二冊

320000－1615－0003620　史2933/301616
元史二百十卷　(明)宋濂等撰　清光緒二十九年(1903)上海點石齋石印本　十四冊

320000－1615－0003621　史2933/301617
金史一百三十五卷　(元)脱脱等撰　清光緒二十九年(1903)上海點石齋石印本　八冊

320000－1615－0003622　史2933/301618
遼史一百十五卷　(元)脱脱等撰　清光緒二十九年(1903)上海點石齋石印本　六冊

320000－1615－0003623　史2933/301619
兩朝評鑑彙録十二卷　(清)陸紹源纂　清光緒二十八年(1902)通志學社石印本　八冊

320000－1615－0003624　史2934/301620
御批歷代通鑑輯覽一百二十卷　(清)傅恒等撰　清光緒十一年(1885)同文書局石印本　二冊

320000－1615－0003625　史2935/301621
歷朝紀事本末九種六百五十八卷　(清)陳如升　(清)朱記榮輯　清光緒二十八年(1902)捷記書局石印本　二十一冊　存七種三百八十三卷

320000－1615－0003626　史2935/301622
歷朝紀事本末九種六百五十八卷　(清)陳如升　(清)朱記榮輯　清光緒二十一年(1895)上海積山書局石印本　十五冊　存四種一百九十九卷(西夏紀事本末三十六卷、首二卷,金史紀事本末五十二卷、首一卷、末一卷,元史紀事本末二十七卷,明史紀事本末八十卷)

320000－1615－0003627　史2935/301623
綱目志疑一卷　(清)華湛恩撰　清末鉛印本　一冊

320000－1615－0003628　史2941/301624
曾文正公[國藩]年譜十二卷　(清)黎庶昌輯　清光緒二年(1876)傳忠書局刻本　一冊　存二卷(一至二)

320000－1615－0003629　史2941/301625
林文忠公政書三集三十七卷　(清)林則徐撰　清刻本　二冊　存六卷(甲集二至四、丙集五至七)

320000－1615－0003630　史2941/301626
原富甲部二卷乙部一卷丙部一卷丁部二卷戊部二卷　(英國)斯密亞丹撰　嚴復譯　清末南洋公學譯書院鉛印本　八冊

320000－1615－0003631　史2941/301627
話雨樓碑帖目録四卷　(清)王鯤編　清道光刻本　一冊　存二卷(三至四)

320000－1615－0003632　史2941/301628
補寰宇訪碑録五卷　(清)趙之謙撰　清同治三年(1864)刻本　二冊

320000－1615－0003633　史2941/301629
續泉匯十四卷補遺二卷　(清)李佐賢編　清光緒元年(1875)利津李氏刻本　八冊

320000－1615－0003634　史 2941/301630
石索六卷　(清)馮雲鵷　(清)馮雲鵬輯　清末石印本　二冊

320000－1615－0003635　史 2941/301631
讀史鏡古編三十二卷　(清)潘世恩輯　清道光刻本　五冊　存二十六卷(七至三十二)

320000－1615－0003636　史 2942/301632
天下郡國利病書一百二十卷　(清)顧炎武撰　清光緒二十九年(1903)益吾齋石印本　二十四冊　存二卷(一至二)

320000－1615－0003637　史 2942/301633
方輿全圖總説四卷　(清)顧祖禹輯　清光緒二十九年(1903)益吾齋石印本　六冊

320000－1615－0003638　史 2942/301634
元朝秘史十五卷　(清)李文田注　清光緒二十九年(1903)石印本　四冊

320000－1615－0003639　史 2942/301635
國朝先正事略六十卷　(清)李元度纂　清光緒二十五年(1899)石印本　八冊

320000－1615－0003640　史 2942/301636
國朝先正事略續編三十卷　朱孔彰撰　清光緒二十六年(1900)石印本　二冊　存四卷(一至四)

320000－1615－0003641　史 2942/301637
泰西新史攬要二十四卷　(英國)馬懇西撰　(英國)李提摩太譯　蔡爾康述　清光緒美華書館鉛印本　八冊

320000－1615－0003642　史 2943/301638
考訂朱子世家一卷　(清)江永撰　清同治十三年(1874)朱氏刻本　一冊

320000－1615－0003643　史 3823/301639
[乾隆]潁州府志十卷　(清)王斂福纂修　清乾隆十七年(1752)刻本　二十冊

320000－1615－0003644　史 2943/301640
春秋釋地韻編五卷　(清)徐壽基輯　清光緒十二年(1886)傳經堂刻本　三冊

320000－1615－0003645　史 2943/301641
漢書引經異文録證六卷　(清)繆祐孫撰　清光緒十一年(1885)刻本　二冊

320000－1615－0003646　史 2943/301642
日本國志四十卷　(清)黄遵憲纂　清光緒二十七年(1901)上海書局石印本　十冊

320000－1615－0003647　史 2943/301643
元史譯文證補三十卷　(清)洪鈞撰　清光緒石印本　一冊　存五卷(二十六至三十)

320000－1615－0003648　史 2943/301644
國朝遺事紀聞不分卷　湯殿三撰　清宣統二年(1910)民與報館鉛印本　一冊

320000－1615－0003649　史 2943/301645
歷代地理志韻編今釋二十卷皇朝輿地韻編二卷皇朝輿地圖一卷　(清)李兆洛撰　清光緒上海蜚英館石印本　六冊

320000－1615－0003650　史 2943/301646
國語□□卷　(三國吴)韋昭注　(明)郭子章等校　清刻本　一冊　存七卷(九至十五)

320000－1615－0003651　史 2943/301647
戰國策十卷　(宋)鮑彪校注　(元)吴師道重校　清刻本　二冊　存二卷(一、八)

320000－1615－0003652　史 2944/301648
尚友録二十二卷　(明)廖用賢編纂　清光緒十六年(1890)上海廣百宋齋鉛印本　六冊

320000－1615－0003653　史 2944/301649
水道提綱二十八卷　(清)齊召南撰　清光緒二十三年(1897)古香閣書局石印本　四冊

320000－1615－0003654　史 2944/301650
蒙古游牧記十六卷　(清)張穆撰　清光緒二十六年(1900)掃葉山房石印本　六冊

320000－1615－0003655　史 2944/301651
欽定四庫全書簡明目録二十卷　(清)紀昀等編　清光緒十四年(1888)暢懷書屋鉛印本　四冊

320000－1615－0003656　史 2944/301652
海道圖説十五卷　(英國)金約翰輯　(英國)傅蘭雅口譯　(清)王德均筆述　清光緒二十

二年(1896)上海書局石印本　八册

320000－1615－0003657　史2944/301653
蒙古游牧記十六卷　(清)張穆撰　清光緒上海書局石印本　六册

320000－1615－0003658　史2945/301654
史記菁華録六卷　題(清)芸田氏輯　(清)姚祖恩摘録　清道光四年(1824)吴興姚氏扶荔山房刻本　六册

320000－1615－0003659　史2945/301655
湘軍志十六卷　王闓運撰　清刻本　六册

320000－1615－0003660　史2945/301656
南史八十卷　(唐)李延壽撰　清金陵書局刻毛氏汲古閣本　一册　存八卷(四十一至四十八)

320000－1615－0003661　史2945/301657
進京水陸輿圖不分卷　(清)邱振西繪　清繪本　二册

320000－1615－0003662　史2945/301658
明季北略二十四卷　(清)計六奇輯　清木活字印本　十一册

320000－1615－0003663　史2945/301659
明季南略十八卷　(清)計六奇輯　清木活字印本　九册

320000－1615－0003664　史2951/301660
梁書五十六卷　(唐)姚思廉撰　清同治十三年(1874)金陵書局刻本　六册

320000－1615－0003665　史2951/301661
後漢書一百二十卷　(南朝宋)范曄撰　(唐)李賢注　(晉)司馬彪續志　(南朝梁)劉昭注續志　清同治八年(1869)金陵書局刻本　十四册　存九十卷(一至九十)

320000－1615－0003666　史2952/301662
北齊書五十卷　(唐)李百藥撰　清同治十三年(1874)金陵書局刻本　四册

320000－1615－0003667　史2952/301663
陳書三十六卷　(唐)姚思廉撰　清同治十二年(1873)金陵書局刻本　四册

320000－1615－0003668　史2952/301664
大清一統輿圖三十一卷　(清)胡林翼等編　清同治二年(1863)湖北撫署刻本　十二册

320000－1615－0003669　史2952/301665
遼史拾遺二十四卷　(清)厲鶚撰　清乾隆振綺堂刻本　八册

320000－1615－0003670　史2953/301666
歷代輿地沿革險要圖不分卷　楊守敬　饒敦秩撰　清光緒五年(1879)東湖饒氏刻本　一册

320000－1615－0003671　史2953/301667
石林奏議十五卷　(宋)葉夢得撰　清刻本　四册

320000－1615－0003672　史2953/301668
續漢書八志三十卷　(晉)司馬彪撰　(南朝梁)劉昭注　清刻本　二册

320000－1615－0003673　史2953/301669
水經注四十卷　(北魏)酈道元撰　清刻本　十三册　存三十四卷

320000－1615－0003674　史2954/301670
御批歷代通鑑輯覽一百二十卷　(清)傅恒等撰　清光緒鉛印本　七册　存二十三卷(一至十一、十八至二十、二十七至二十九、三十六至三十八、七十六至七十八)

320000－1615－0003675　史2954/301671
讀史方輿紀要一百三十卷　(清)顧祖禹輯　清光緒二十九年(1903)上海益吾齋石印本　十八册

320000－1615－0003676　史2954/301672
印度史四篇　(日本)北村三郎撰　清光緒二十九年(1903)中原鉛印本　一册

320000－1615－0003677　史3011－3056/301673
二十四史三千二百五十卷　清光緒上海同文書局影印本　六百六十册　缺五種二百四十一卷(魏書一至四十八,北齊書五十卷,周書五十卷,隋書八十五卷,南史四十八至五十

一、五十六至五十九）

320000－1615－0003678　史3111/301674
前漢書一百二十卷　（漢）班固撰　（唐）顔師古注　清同治八年（1869）金陵書局刻本　十六册

320000－1615－0003679　史3112/301675
後漢書九十卷　（南朝宋）范曄撰　（唐）李賢注　**續漢書志三十卷**　（晉）司馬彪撰　（南朝梁）劉昭注　清同治八年（1869）金陵書局刻本　十六册

320000－1615－0003680　史3113－4/301676
前漢書一百卷　（漢）班固撰　（唐）顔師古注　**後漢書九十卷**　（南朝宋）范曄撰　（唐）李賢注　**續漢志三十卷**　（晉）司馬彪撰　（南朝梁）劉昭注　清同治十二年（1873）嶺東使署刻本　三十二册

320000－1615－0003681　史3114/301677
歷代史論十二卷　（明）張溥撰　清光緒五年（1879）刻本　八册

320000－1615－0003682　史3114/301678
百家姓考略不分卷　（清）徐士業校　清李光明莊刻本　一册

320000－1615－0003683　史3123/301679
國朝歷科館選録一卷　（清）沈廷芳輯　清乾隆十一年（1746）刻本　二册

320000－1615－0003684　史3123/301680
京師坊巷志攷正一卷　（清）劉承幹撰　清求恕齋刻本　一册

320000－1615－0003685　史3123/301681
臺灣雜記一卷　（清）黄逢昶輯　清光緒十一年（1885）刻本　一册

320000－1615－0003686　史3121/301682
嘉定屠城紀略一卷　（清）朱子素撰　清末石印本　一册

320000－1615－0003687　史3121/301683
古泉叢話三卷　（清）戴熙撰　清同治十一年（1872）刻本　一册

320000－1615－0003688　史3121/301684
國朝先正事略續編三十卷　朱孔彰撰　清光緒二十六年（1900）石印本　四册

320000－1615－0003689　史3121/301685
國朝先正事略六十卷　（清）李元度纂　清光緒十三年（1887）點石齋石印本　八册

320000－1615－0003690　史3121/301686
湘軍志十六卷　王闓運撰　清末鉛印述廬叢書本　二册

320000－1615－0003691　史3121/301687
金石略三卷　（宋）鄭樵輯　清光緒學古齋刻學古齋金石叢書本　三册

320000－1615－0003692　史3121/301688
通志二百卷　（宋）鄭樵撰　清末石印本　九册　存五十三卷（二十五至七十七）

320000－1615－0003693　史3122/301689
鶴林寺志一卷　（明）釋明賢纂　清宣統元年（1909）刻本　一册

320000－1615－0003694　史3122/301690
江刻書目三種　（清）江標輯　清光緒元和江氏靈鶼閣刻本　四册

320000－1615－0003695　史3122/301691
古金待問録五卷　（清）朱楓輯　清乾隆十年（1745）刻本　二册

320000－1615－0003696　史3122/301692
昭代名人尺牘小傳二十四卷　（清）吴修輯　清道光六年（1826）刻本　四册

320000－1615－0003697　史3122/301693
明清巍科姓氏録二卷　（清）張惟驤輯　清刻小雙寂庵叢書本　一册

320000－1615－0003698　史3122/301694
黄梨洲先生[宗羲]年譜三卷　（清）黄炳垕編輯　清同治十二年（1873）刻本　一册

320000－1615－0003699　史3122/301695
文廟丁祭譜不分卷附祭祀圖　（□）□□編　清同治七年（1868）江蘇書局刻本　一册

320000－1615－0003700　史 3123/301696
皕宋樓藏書源流考不分卷　（日本）島田翰撰　清光緒三十三年（1907）北京董康刻朱印本　一冊

320000－1615－0003701　史 3123/301697
勞氏碎金三卷　（清）勞經原撰　吴昌綬輯　清宣統元年（1909）仁和吴昌綬雙照樓鉛印本　一冊

320000－1615－0003702　史 3123/301698
吴梅村先生［偉業］年譜四卷　（清）顧師軾編（清）顧思義訂　清光緒三年（1877）刻本　一冊

320000－1615－0003703　史 3123/301699
授堂金石文字續跋十四卷　（清）武億撰　清刻本　一冊　存四卷（一至四）

320000－1615－0003704　史 3123/301700
鐵橋金石跋四卷　劉世珩輯　清光緒中貴池劉氏刻聚學軒叢書本　一冊

320000－1615－0003705　史 3124/301701
西魏書二十四卷　（清）謝啟昆撰　清乾隆六十年（1795）刻本　四冊　存十一卷（二至四、十一至十五、二十二至二十四）

320000－1615－0003706　史 3124/301702
吴中舊事一卷　（元）陸友仁撰　清刻本　一冊

320000－1615－0003707　史 3124/301703
中州金石記五卷　（清）畢沅撰　清光緒八年（1882）蛟州望三益齋邵氏刻本　二冊

320000－1615－0003708　史 3124/301704
漢魏六朝志墓金石例不分卷　（清）吴鎬撰　清光緒十年（1884）後知不足齋刻本　一冊

320000－1615－0003709　史 3124/301705
續泉説一卷　（清）李佐賢撰　**續叢稿一卷**（清）鮑康撰　清同治十三年（1874）刻本　一冊

320000－1615－0003710　史 3124/301706
皇朝武功紀盛四卷　（清）趙翼撰　清乾隆五十七年（1792）湛貽堂刻本　一冊

320000－1615－0003711　史 3124/301707
漢西域圖考七卷首一卷　（清）李光廷撰　清光緒刻本　一冊　存一卷（一）

320000－1615－0003712　史 3124/301708
方輿紀要簡覽三十四卷　（清）潘鐸編　清咸豐八年（1858）紅杏書屋刻本　一冊　存三卷（三至五）

320000－1615－0003713　史 3124/301709
清秘述聞十六卷　（清）法式善原編　錢維福重校　清光緒刻本　一冊　存四卷（一至四）

320000－1615－0003714　史 3124/301710
潛菴先生擬明史稿二十卷　（清）湯斌撰　清刻本　一冊　存二卷（十六至十七）

320000－1615－0003715　史 3124/301711
全校水經注四十卷　（北魏）酈道元注　（清）全祖望校　清光緒十四年（1888）寧波崇實書院刻本　二冊　存六卷（一至六）

320000－1615－0003716　史 3124/301712
進士題名碑録不分卷（清雍正元年至乾隆六十年）　清刻本　二冊

320000－1615－0003717　史 3124/301713
槐廳載筆二十卷　（清）法式善編　清刻本　三冊　存十五卷（六至二十）

320000－1615－0003718　史 3124/301714
可儀堂一百二十名家制儀四十八卷　（清）俞長城評點　清可儀堂刻本　一冊　存二卷（吴越春秋一卷、越絕書一卷）

320000－1615－0003719　史 3131/301715
漢書地理志校本二卷　（清）汪遠孫撰　清道光二十八年（1848）振綺堂刻本　二冊

320000－1615－0003720　史 3131－2/301716
晉書一百三十卷　（唐）房玄齡等撰　清同治十年（1871）金陵書局刻本　二十冊

320000－1615－0003721　史 3132/301717
三國志六十五卷　（晉）陳壽撰　（南朝宋）裴松之注　清光緒十三年（1887）江南書局刻本

八冊

320000－1615－0003722　史 3132/301718
皇朝道學名臣言行外録十七卷　(宋)李幼武纂　清道光二十二年(1842)丹徒包氏刻本　三冊

320000－1615－0003723　史 3133/301719
南史八十卷　(唐)李延壽撰　清同治十二年(1873)金陵書局刻本　十二冊

320000－1615－0003724　史 3134/301720
金石聚十六卷　(清)張德容撰　清同治十二年(1873)二銘草堂刻本　十五冊　存一卷(一)

320000－1615－0003725　史 3134－42/301721
國朝耆獻類徵初編四百八十四卷首二百四卷目録二十卷通檢十卷　(清)李桓輯　清刻本　四十四冊　存八十八卷(一百十五至一百三十二、三百九十五至四百四十、四百六十一至四百八十四)

320000－1615－0003726　史 3143/301722
南史八十卷　(唐)李延壽撰　清光緒十四年(1888)圖書集成局鉛印本　十二冊

320000－1615－0003727　史 3143/301723
北史一百卷　(唐)李延壽撰　清光緒十四年(1888)圖書集成局鉛印本　十六冊

320000－1615－0003728　史 3143－4/301724
宋書一百卷　(南朝梁)沈約撰　清光緒十四年(1888)圖書集成局鉛印本　十二冊

320000－1615－0003729　史 3144/301725
前漢書一百二十卷　(漢)班固撰　(唐)顔師古注　清光緒十四年(1888)圖書集成局鉛印本　二十冊

320000－1615－0003730　史 3145/301726
舊唐書二百卷　(五代)劉昫等撰　清光緒十四年(1888)圖書集成局鉛印本　二十七冊　缺十八卷(一百三十五至一百五十二)

320000－1615－0003731　史 3145/301727
梁書五十六卷　(唐)姚思廉撰　清光緒十四年(1888)上海圖書集成印書局鉛印本　四冊

320000－1615－0003732　史 3151/301728
曝書雜記三卷　(清)錢泰吉撰　清同治七年(1868)刻本　一冊

320000－1615－0003733　史 3151/301729
莫愁湖志六卷　(清)馬士圖輯　清光緒刻本　一冊　存二卷(五至六)

320000－1615－0003734　史 3151/301730
補漢兵志一卷　(宋)錢文子撰　清乾隆、道光間長塘鮑氏刻知不足齋叢書本　一冊

320000－1615－0003735　史 3151/301731
責備餘談二卷　(明)方鵬撰　清乾隆、道光間長塘鮑氏刻知不足齋叢書本　一冊　存一卷(上)

320000－1615－0003736　史 3151/301732
翰苑羣書二卷　(宋)洪遵輯　清乾隆、道光間長塘鮑氏刻知不足齋叢書本　一冊　存一卷(上)

320000－1615－0003737　史 3151/301733
俄羅斯史二卷　(日本)山本利喜雄撰　麥鼎華譯　清光緒二十九年(1903)廣智書局鉛印本　二冊

320000－1615－0003738　史 3151/301734
續支那通史二卷　(日本)山峯畯藏撰　清光緒石印本　八冊

320000－1615－0003739　史 3151/301735
東洋史要二卷附圖二卷　(日本)桑原騭藏撰　(清)樊炳清譯　清光緒東文學社石印本　四冊

320000－1615－0003740　史 3151/301736
支那通史四卷　(日本)那珂通世編　清光緒二十五年(1899)東文學社石印本　五冊

320000－1615－0003741　史 3151/301737
希臘獨立史一卷　(日本)柳井絅齋撰　秦嗣宗譯　清光緒二十八年(1902)上海廣智書局鉛印本　一冊

320000－1615－0003742　史 3151/301738

波斯史一卷　（日本）北村三郎撰　趙必振譯　清光緒二十九年（1903）廣智書局鉛印本　一册

320000－1615－0003743　史 3151/301739

猶太史十七章　（日本）北村三郎撰　趙必振譯　清光緒二十九年（1903）廣智書局鉛印本　一册

320000－1615－0003744　史 3151/301740

明季稗史彙編二十七卷　（清）留雲居士輯　清光緒二十二年（1896）上海圖書集成印書局鉛印本　五册

320000－1615－0003745　史 3152－3231/301741

二十四史三千二百五十卷　中華書局訂　清光緒上海圖書集成印書局鉛印本　三百七十六册　缺一種一百三十卷（史記一百三十卷）

320000－1615－0003746　史 3232/301742

姑蘇名賢小記二卷　（明）文震孟撰　清光緒八年（1882）長洲蔣氏心矩齋刻本　一册

320000－1615－0003747　史 3232－53/301743

欽定大清會典一百卷　（清）崑岡編　清刻本　二百八十七册

320000－1615－0003748　史 3254/301744

欽定大清會典圖二百七十卷　（清）崑岡編　清刻本　三十五册

320000－1615－0003749　史 3311－42/301745

欽定大清會典一百卷事例一千二百二十卷圖二百七十卷　（清）崑岡編　清光緒二十五年（1899）石印本　四百二十八册　缺三百三十卷（大清會典事例一百七至一百九、一百九十九至二百八十六、二百九十七至四百五十二、六百五十五至六百五十九、九百四十九至九百五十二、九百五十五至九百五十七、九百六十三至一千十三、一千三十九至一千五十七，大清會典圖一百六十四）

320000－1615－0003750　史 3343/301746

畢斯麥十二章　侯官林編　清光緒三十四年（1908）商務印書館鉛印本　一册

320000－1615－0003751　史 3921－2/301747

［光緒］嘉興府志八十八卷首二卷　（清）許瑶光修　（清）吴仰賢纂　清光緒三年（1877）刻本　四十八册

320000－1615－0003752　史 3923－4/301748

大清一統志五百卷　（清）和珅等修　清光緒二十八年（1902）上海寶善齋石印本　五十六册

320000－1615－0003753　史 3343/301749

瀛寰全志七篇　謝洪賚編　清光緒二十九年（1903）商務印書館鉛印本　一册

320000－1615－0003754　史 3343/301750

皇朝直省府廳州縣全圖不分卷　（□）□□撰　清刻本　一幅

320000－1615－0003755　史 3343/301751

東遊叢録不分卷　（清）吴汝綸撰　清光緒鉛印本　一册

320000－1615－0003756　史 3343/301752

京師十八省簡明地圖不分卷　（清）陳澧原本　清光緒二十三年（1897）兩湖書院刻本　一册

320000－1615－0003757　史 3343/301753

丹陽陵□鎮圖不分卷　（□）□□繪　清宣統元年（1909）石印本　一册

320000－1615－0003758　史 3343/301754

常州城圖一卷　（□）□□繪　清宣統元年（1909）石印本　一册

320000－1615－0003759　史 3343/301755

光緒三十四年秋季大操一覽圖不分卷　（清）南洋實地測量司繪　清末石印本　一册

320000－1615－0003760　史 3343/301756

出使九國日記十二卷（清光緒三十一年十一月至三十二年六月）　（清）戴鴻慈撰　清光緒三十二年（1906）鉛印本　一册

320000－1615－0003761　史 3343/301757
新疆大記六卷　(清)闞鐸撰　清光緒三十三年(1907)鉛印本　一冊

320000－1615－0003762　史 3343/301758
西洋史要圖十七部　(□)□□撰　清末金粟齋石印本　十七冊

320000－1615－0003763　史 3343/301759
中外輿地全圖　(清)鄒代鈞撰　清光緒三十一年(1905)武昌輿地學會銅版印本　一冊

320000－1615－0003764　史 3343/301760
李恕谷[塨]年譜五卷　(清)馮辰纂　清光緒三十四年(1908)國學保存會鉛印本　一冊

320000－1615－0003765　史 3343/301761
中國之武士道一卷　梁啟超編　清光緒三十年(1904)廣智書局鉛印本　一冊

320000－1615－0003766　史 3343/301762
近世中國秘史不分卷　韓文舉編　清宣統二年(1910)廣智書局鉛印本　一冊

320000－1615－0003767　史 3343/301763
中國民族志十八章　劉師培撰　清光緒二十九年(1903)中國青年會鉛印本　一冊

320000－1615－0003768　史 3343/301764
社會通詮十四篇　(英國)甄克思撰　嚴復譯　清光緒三十年(1904)商務印書館鉛印本　一冊

320000－1615－0003769　史 3343/301765
國恥小史不分卷　沈文濬編　清宣統元年(1909)中國圖書公司鉛印本　一冊

320000－1615－0003770　史 3343/301766
黄梨洲行朝録六卷　(清)黄宗羲撰　清光緒三十四年(1908)國學保存會鉛印本　一冊

320000－1615－0003771　史 3343/301767
嶺上紀行二卷　(清)彭孫貽撰　清光緒三十二年(1906)國學保存會鉛印本　一冊

320000－1615－0003772　史 3343/301768
靖康孤臣泣血録二卷　(宋)丁特起撰　清光緒三十二年(1906)國學保存會鉛印本　一冊

320000－1615－0003773　史 3343/301769
孑遺録一卷　(清)戴名世撰　清光緒三十二年(1906)國學保存會鉛印本　一冊

320000－1615－0003774　史 3343/301770
湖西遺事一卷　(明)彭孫貽撰　清光緒三十二年(1906)國學保存會鉛印本　一冊

320000－1615－0003775　史 3343/301771
刼灰録一卷　鄧實校録　清光緒三十二年(1906)國學保存會鉛印本　一冊

320000－1615－0003776　史 3343/301772
東江始末一卷　(明)柏起宗述　清光緒三十二年(1906)國學保存會鉛印本　一冊

320000－1615－0003777　史 3343/301773
餘生録一卷　(明)張茂滋撰　清光緒三十二年(1906)國學保存會鉛印國粹叢書本　一冊

320000－1615－0003778　史 3343/301774
明季南北遺聞四卷　(清)鄒漪撰　清光緒三十四年(1908)均益圖書公司鉛印本　一冊

320000－1615－0003779　史 3343/301775
美國獨立戰史九編不分卷　上海作新社圖書局譯　清光緒二十九年(1903)作新社鉛印本　一冊

320000－1615－0003780　史 3411/301776
[同治]武功縣志三卷首一卷　(明)康海撰　清同治十二年(1873)崇文書局刻本　一冊

320000－1615－0003781　史 3411/301777
[乾隆]西甯府新志四十卷　(清)楊應琚纂修　清乾隆十二年(1747)刻本　十二冊

320000－1615－0003782　史 3411/301778
[道光]重修膠州志四十卷　(清)張同聲修　(清)李圖纂　清道光二十五年(1845)刻本　八冊

320000－1615－0003783　史 3411/301779
[道光]東平州志三十卷首二卷　(清)周雲鳳修　(清)唐鑒　(清)周兆棠纂　清道光五年(1825)刻本　十六冊

320000－1615－0003784　史 3412/301780

[乾隆]即墨縣志十二卷首一卷　(清)尤淑孝修　(清)李元正纂　清乾隆二十九年(1764)刻本　六册

320000－1615－0003785　史 3412/301781
[乾隆]即墨縣志十二卷首一卷　(清)尤淑孝修　(清)李元正纂　清乾隆二十九年(1764)刻本　六册

320000－1615－0003786　史 3412/301782
[同治]即墨縣志十二卷首一卷　(清)林溥纂修　清同治十二年(1873)刻本　八册

320000－1615－0003787　史 3412/301783
[乾隆]高密縣志十卷首一卷末一卷　(清)錢廷熊纂　清乾隆十九年(1754)刻本　四册

320000－1615－0003788　史 3413/301784
[嘉慶]重刊江甯府志五十六卷　(清)吕燕昭修　(清)姚鼐纂　清光緒六年(1880)刻本　十二册

320000－1615－0003789　史 3413/301785
[嘉慶]新修江甯府志五十六卷　(清)吕燕昭修　(清)姚鼐纂　清嘉慶十六年(1811)刻本　十二册

320000－1615－0003790　史 3414/301786
[同治]上江兩縣志二十九卷首一卷　(清)甘紹盤等修　(清)汪士鐸等纂　清同治十三年(1874)刻本　十二册

320000－1615－0003791　史 3415/301787
[同治]續纂江寧府志十五卷首一卷　(清)趙佑宸等修　(清)汪士鐸纂　清光緒七年(1881)刻本　十二册

320000－1615－0003792　史 3415/301788
[光緒]六合縣志八卷圖説一卷附録一卷　(清)謝延庚等修　(清)賀延壽等纂　清光緒十年(1884)刻本　十册

320000－1615－0003793　史 3421/301789
[乾隆]句容縣志十卷首一卷末一卷　(清)曹襲先纂修　清光緒二十六年(1900)楊世沅刻本　六册

320000－1615－0003794　史 3421/301790
[光緒]溧水縣志二十二卷首一卷　(清)傅觀光等修　(清)丁維誠纂　清光緒九年(1883)刻本　十六册

320000－1615－0003795　史 3422/301791
[嘉慶]溧陽縣志十六卷　(清)陳鴻壽等修　(清)史炳等纂　清光緒二十二年(1896)刻本　二十册

320000－1615－0003796　史 3422/301792
[光緒]溧陽縣續志十六卷末一卷　(清)朱峻等修　(清)馮煦纂　清光緒二十五年(1899)刻本　九册

320000－1615－0003797　史 3423/301793
[光緒]丹徒縣志六十卷首四卷　(清)何紹章等修　(清)吕耀斗纂　清光緒五年(1879)刻本　三十二册

320000－1615－0003798　史 3424/301794
[光緒]滁州志十卷首一卷末一卷　(清)熊祖詒纂修　清宣統元年(1909)木活字印本　十册

320000－1615－0003799　史 3424/301795
[光緒]泗虹合志十九卷　(清)方瑞蘭修　(清)江殿颺等纂　清光緒十四年(1888)刻本　八册

320000－1615－0003800　史 3425/301796
[光緒]崑新兩縣續修合志五十二卷首一卷末一卷　(清)金吴瀾等修　(清)汪堃等纂　清光緒六年(1880)刻本　二十四册

320000－1615－0003801　史 3431/301797
[光緒]寶山縣志十四卷首一卷　(清)梁蒲貴等修　(清)朱延射等纂　清光緒八年(1882)學海書院刻本　八册

320000－1615－0003802　史 3431/301798
[淳熙]新安志十卷　(宋)羅願撰　清光緒十四年(1888)李氏刻本　四册

320000－1615－0003803　史 3431/301799
[光緒]皖志便覽六卷　(清)李應玨撰　清光

緒二十八年(1902)刻本　四册

320000－1615－0003804　史 3431/301800
[同治]續蕭縣志十八卷首一卷　(清)顧景濂等修　(清)段廣瀛等纂　清光緒元年(1875)刻本　六册

320000－1615－0003805　史 3432/301801
[光緒]嘉定縣志三十二卷首一卷補遺一卷　(清)程其珏等修　(清)楊震福等纂　清光緒八年(1882)刻本　十六册

320000－1615－0003806　史 3433/301802
[同治]德安縣志十五卷　(清)沈建勳輯　清同治十年(1871)刻本　二册

320000－1615－0003807　史 3433/301803
[乾隆]德安縣志十五卷首一卷　(清)曹師聖纂修　清乾隆二十一年(1756)刻本　四册

320000－1615－0003808　史 3433/301804
[光緒]光化縣志八卷首一卷　(清)鍾桐山修　(清)段映斗纂　清光緒十年(1884)刻本　一册

320000－1615－0003809　史 3433/301805
[光緒]浙志便覽十卷　(清)李應玨撰　清光緒十七年(1891)吏隱齋杭州刻二十二年(1896)增修本　六册

320000－1615－0003810　史 3434/301806
[光緒]崇明縣志十八卷　(清)林達泉修　(清)李聯琇撰　清光緒七年(1881)刻本　十二册

320000－1615－0003811　史 3435/301807
[嘉慶]松江府志八十四卷首二卷圖一卷　(清)宋如林修　(清)孫星衍纂　清嘉慶二十三年(1818)松江府學明倫堂刻本　三十册　存六十二卷(一至四、十一至十二、十六至十七、二十四至六十四、七十二至八十四)

320000－1615－0003812　史 3441/301808
[光緒]松江府續志四十卷　(清)博潤修　(清)姚光發纂　清光緒十年(1884)刻本　二十四册

320000－1615－0003813　史 3442/301809
[光緒]宜興荆溪縣新志十卷首一卷末一卷　(清)施惠等修　(清)吴景墻等纂　清光緒八年(1882)刻本　八册

320000－1615－0003814　史 3442/301810
[光緒]亳州志二十卷首一卷　(清)鍾泰　(清)陳晉纂修　清光緒二十年(1894)木活字印本　十四册

320000－1615－0003815　史 3443/301811
[光緒]金山縣志三十卷首一卷　(清)龔寶琦修　(清)黄厚本纂　清光緒四年(1878)刻本　八册

320000－1615－0003816　史 3443/301812
[光緒]重修華亭縣志二十四卷首一卷末一卷　(清)楊開第修　(清)姚光發纂　清光緒五年(1879)刻本　十册

320000－1615－0003817　史 3444/301813
[光緒]奉賢縣志二十卷首一卷末一卷　(清)韓佩金修　(清)張文虎等纂　清光緒四年(1878)刻本　六册

320000－1615－0003818　史 3444/301814
[光緒]川沙廳志十四卷首一卷末一卷　(清)陳方瀛修　(清)俞樾纂　清光緒五年(1879)刻本　六册

320000－1615－0003819　史 3445/301815
[同治]上海縣志三十二卷首一卷末一卷附補遺敘録　(清)應寶時修　(清)俞樾等纂　清同治十年(1871)刻本　十六册

320000－1615－0003820　史 3451/301816
[光緒]南匯縣志二十二卷首一卷末一卷　(清)金福增修　(清)張文虎纂　清光緒五年(1879)刻本　十二册

320000－1615－0003821　史 3451/301817
[光緒]青浦縣志三十卷首二卷末一卷　(清)汪祖綬等修　(清)熊其英纂　清光緒五年(1879)尊經閣刻本　十二册

320000－1615－0003822　史 3452/301818

[光緒]**武進陽湖縣志三十卷首一卷**　(清)王其淦等修　(清)湯成烈纂　清光緒五年(1879)刻本　二十册

320000－1615－0003823　史3453/301819
[道光]**武進陽湖縣合志三十六卷首一卷**　(清)孫琬等修　(清)李兆洛等纂　清光緒十二年(1886)木活字印本　二十九册

320000－1615－0003824　史3454/301820
[光緒]**無錫金匱縣志四十卷首一卷**　(清)裴大中等修　(清)秦緗業纂　清光緒七年(1881)刻本　二十册

320000－1615－0003825　史3454/301821
[光緒]**安東縣志十五卷首一卷**　(清)金元烺修　(清)吴昆田纂　清光緒元年(1875)刻本　四册

320000－1615－0003826　史3454/301822
錫金志補五卷　(清)沐雲叟補　清道光二十三年(1843)刻本　四册

320000－1615－0003827　史3455/301823
[光緒]**淮安府志四十卷首一卷**　(清)孫雲錦(清)吴昆田纂修　清光緒十年(1884)刻本　八册

320000－1615－0003828　史3455/301824
[光緒]**淮安府志四十卷首一卷**　(清)孫雲錦(清)吴昆田纂修　清光緒十年(1884)刻本　十六册

320000－1615－0003829　史3455/301825
淮安藝文志十卷　(清)王琛輯　清同治十二年(1873)刻本　八册

320000－1615－0003830　史3511－3/301826
[同治]**蘇州府志一百五十卷首三卷**　(清)李銘皖等修　(清)馮桂芬纂　清光緒八年(1882)江蘇書局刻本　七十九册

320000－1615－0003831　史3514－21/301827
[同治]**蘇州府志一百五十卷首三卷**　(清)李銘皖等修　(清)馮桂芬纂　清光緒八年(1882)江蘇書局刻本　十二册　存九十一卷(五至二十一、二十八至三十、六十一至七十五、八十六至一百二十五、一百三十四至一百三十九、一百四十一至一百五十)

320000－1615－0003832　史3521－4/301828
[同治]**蘇州府志一百五十卷首三卷**　(清)李銘皖等修　(清)馮桂芬纂　清光緒八年(1882)江蘇書局刻本　八十册

320000－1615－0003833　史3531－2/301829
[光緒]**順天府志一百三十卷附録一卷**　(清)萬青藜等修　繆荃孫等纂　清光緒十二年(1886)刻本　六十四册

320000－1615－0003834　史3533/301830
[光緒]**常昭合志稿四十八卷首一卷末一卷**　(清)鄭鍾祥修　(清)龐鴻文纂　清光緒三十年(1904)木活字印本　十六册

320000－1615－0003835　史3534/301831
[同治]**重修山陽縣志二十一卷圖一卷**　(清)孫雲等修　(清)何紹基等纂　清同治十二年(1873)刻本　八册

320000－1615－0003836　史3534/301832
[同治]**重修山陽縣志二十一卷圖一卷**　(清)孫雲等修　(清)何紹基等纂　清同治十二年(1873)刻本　八册

320000－1615－0003837　史3534/301833
[光緒]**明州繫年録七卷**　(清)董沛述　清光緒四年(1878)刻本　三册

320000－1615－0003838　史3534/301834
杭州八旗駐防營志略二十五卷　(清)張大昌輯　清光緒浙江書局刻本　六册

320000－1615－0003839　史3541/301835
光緒丙子清河縣志二十六卷　(清)吴昆田等纂修　清光緒五年(1879)刻本　六册

320000－1615－0003840　史3541/301836
光緒丙子清河縣志二十六卷　(清)吴昆田等纂修　清光緒五年(1879)刻本　六册

320000－1615－0003841　史3541/301837

[光緒]鹽城縣志十七卷首一卷　(清)劉崇照修　(清)龍繼棟等纂　清光緒二十一年(1895)刻本　十册

320000－1615－0003842　史 3542/301838
[乾隆]鹽城縣志十六卷　(清)沈儼編　清乾隆十二年(1747)刻本　四册

320000－1615－0003843　史 3542/301839
[光緒]平湖縣志二十五卷首一卷末一卷　(清)彭潤章修　(清)葉廉鍔纂　清光緒十二年(1886)刻本　十六册

320000－1615－0003844　史 3543/301840
[光緒]鹽城縣志十七卷首一卷　(清)劉崇照修　(清)龍繼棟等纂　清光緒二十一年(1895)刻本　十册

320000－1615－0003845　史 3544/301841
[同治]徐州府志二十五卷　(清)朱忻等修　(清)劉庠纂　清同治十三年(1874)刻本　十二册

320000－1615－0003846　史 3551/301842
[咸豐]邳州志二十卷首一卷　(清)董用威修　(清)魯一同纂　清咸豐元年(1851)刻光緒十八年(1892)善化楊激雲印本　四册

320000－1615－0003847　史 3551/301843
[咸豐]邳州志二十卷首一卷　(清)董用威修　(清)魯一同纂　清咸豐元年(1851)刻光緒十八年(1892)善化楊激雲印本　四册

320000－1615－0003848　史 3551/301844
[同治]宿遷縣志十九卷　(清)李德溥修　(清)方駿謨纂　清同治十三年(1874)刻本　六册

320000－1615－0003849　史 3552/301845
[同治]宿遷縣志十九卷　(清)李德溥修　(清)方駿謨纂　清同治十三年(1874)刻本　六册

320000－1615－0003850　史 3552/301846
[光緒]睢寧縣志稿十八卷　(清)侯紹瀛修　(清)丁顯纂　清光緒十三年(1887)刻本　六册

320000－1615－0003851　史 3553/301847
[光緒]海門廳圖志二十卷首一卷　(清)劉文徵修　(清)周家禄等纂　清光緒二十六年(1900)刻本　四册

320000－1615－0003852　史 3553/301848
海州文獻録十六卷　(清)許喬林輯　清道光二十五年(1845)刻本　三册

320000－1615－0003853　史 3553/301849
[嘉慶]海州直隸州志三十二卷首一卷　(清)唐仲冕等修　(清)汪梅鼎等纂　清嘉慶十六年(1811)刻本　十册

320000－1615－0003854　史 3553/301850
[光緒]贛榆縣志十八卷　(清)王豫熙等修　張謇等纂　清光緒十四年(1888)刻本　四册

320000－1615－0003855　史 3554/301851
[同治]盱眙縣志六卷　(清)方家藩等修　(清)傅紹曾纂　清同治十二年(1873)刻本　四册

320000－1615－0003856　史 3554/301852
[光緒]豐縣志十六卷首一卷　(清)姚鴻杰纂修　清光緒二十年(1894)刻本　二册

320000－1615－0003857　史 3554/301853
[宣統]開沙志二卷　王錫極纂　清宣統三年(1911)鉛印本　二册

320000－1615－0003858　史 3611－22/301854
[道光]廣東通志三百三十四卷首一卷　(清)阮元修　(清)江藩纂　清同治三年(1864)刻本　一百二十册

320000－1615－0003859　史 3623－4/301855
[道光]遵義府志四十八卷首一卷　(清)平翰修　(清)鄭珍纂　清道光二十一年(1841)刻本　二十册

320000－1615－0003860　史 3624/301856
[乾隆]溫州府志三十卷首一卷　(清)李琬修　(清)齊召南等纂　清同治五年(1866)刻本

十六册

320000－1615－0003861　史3631－2/301857
滇繫四十卷　(清)師範撰　清光緒十三年(1887)刻本　四十册

320000－1615－0003862　史3633－42/301858
[嘉慶]四川通志二百四卷首二十二卷　(清)常明修　(清)楊芳燦纂　清嘉慶二十一年(1816)刻本　一百七十册

320000－1615－0003863　史3643/301859
[乾隆]續修台灣府志二十六卷首一卷　(清)余文儀修　(清)黄佾纂　清乾隆三十九年(1774)刻本　十三册

320000－1615－0003864　史3643/301860
[光緒]澎湖廳志十五卷首一卷　(清)蔡麟祥等修　(清)林豪纂　清光緒二十年(1894)鉛印本　六册

320000－1615－0003865　史3643/301861
[光緒]餘姚縣志二十七卷首一卷末一卷　(清)周炳麟修　(清)邵友濂　(清)孫德祖纂　清光緒二十五年(1899)刻本　十六册

320000－1615－0003866　史3644/301862
[光緒]嘉興府志八十八卷首二卷　(清)許瑤光修　(清)吴仰賢纂　清光緒五年(1879)刻本　八册　存四十一卷(一至五、四十二至五十九、六十四至八十一)

320000－1615－0003867　史3651－3/301863
[光緒]江西通志一百八十卷首五卷　(清)劉坤一修　(清)趙之謙纂　清光緒七年(1881)刻本　一百二十册

320000－1615－0003868　史3654/301864
[光緒]荆州府志八十卷首一卷　(清)倪文蔚修　(清)顧嘉蘅纂　清光緒六年(1880)刻本　三十二册

320000－1615－0003869　史3711－2/301865
[宣統]新疆圖志一百十六卷首一卷　袁大化修　王學會等纂　清宣統三年(1911)木活字印本　一百册

320000－1615－0003870　史3713/301866
[乾隆]紹興府志八十卷首一卷　(清)李亨特修　(清)徐嵩等纂　清乾隆五十七年(1792)刻本　三十八册

320000－1615－0003871　史3714/301867
[乾隆]河南府志一百十六卷首四卷　(清)施誠等修纂　清同治六年(1867)刻本　二十四册

320000－1615－0003872　史3721－2/301868
[雍正]河南通志八十卷　(清)田文鏡修　(清)孫灝纂　清光緒二十八年(1902)刻本　四十四册

320000－1615－0003873　史3723/301869
[乾隆]彰德府志三十二卷首一卷　(清)盧崧修　(清)江大鍵纂　清乾隆五十二年(1787)刻本　二十册

320000－1615－0003874　史3724/301870
[乾隆]新修懷慶府志三十二卷首一卷圖經一卷　(清)唐侍陛修　(清)洪亮吉纂　清乾隆五十四年(1789)刻本　十六册

320000－1615－0003875　史3731/301871
衛藏通志十六卷首一卷　(清)和琳纂輯　清光緒二十二年(1896)石印本　八册

320000－1615－0003876　史3731/301872
[乾隆]欽定皇輿西域圖志四十八卷首四卷　(清)傅恒等修　(清)褚廷璋等纂　清光緒十九年(1893)杭州便益書店石印本　十二册

320000－1615－0003877　史3731/301873
[光緒]百色廳志八卷首一卷　(清)陳如金修　(清)華本松纂　清光緒十七年(1891)刻本　四册

320000－1615－0003878　史3731/301874
[光緒]蔚州志二十卷首一卷　(清)慶之金修　(清)楊篤纂　清光緒三年(1877)刻本　八册

320000－1615－0003879　史3732/301875

大清一統志輯要五十卷 (清)洪亮吉撰 清光緒二十八年(1902)石印本 十二册

320000－1615－0003880 史3732/301876
大清一統志表不分卷附紀元表一卷 (清)萬廷蘭輯 清刻本 十册

320000－1615－0003881 史3732/301877
[乾隆]府廳州縣圖志五十卷 (清)洪亮吉輯 清乾隆刻本 十册

320000－1615－0003882 史3733/301878
[光緒]山西通志一百八十四卷首一卷 (清)曾國荃等修 (清)王軒纂 清光緒十八年(1892)刻本 三册 存三卷(一至三)

320000－1615－0003883 史3733/301879
[乾隆]汾陽縣志十四卷首一卷 (清)李文起修 (清)戴震纂 清乾隆三十七年(1772)刻本 六册

320000－1615－0003884 史3734/301880
[乾隆]盛京通志四十八卷首一卷 (清)吕耀曾等修 (清)魏樞纂 清咸豐二年(1852)補刻本 二十册

320000－1615－0003885 史3741－2/301881
[光緒]順天府志一百三十卷附録一卷 (清)萬青藜等修 繆荃孫等纂 清光緒十二年(1886)刻本 四十册

320000－1615－0003886 史3742/301882
[道光]萬全縣志十卷首一卷 (清)左承業 (清)施彦士纂修 清道光十四年(1834)刻本 六册

320000－1615－0003887 史3743－4/301883
[光緒]吉林通志一百二十二卷圖一卷 (清)長順修 (清)李桂林等纂 清光緒十七年(1891)刻本 四十七册

320000－1615－0003888 史3744/301884
[康熙]宣化縣志三十卷 (清)陳坦纂修 清康熙五十年(1711)刻本 六册

320000－1615－0003889 史3744/301885
[乾隆]□北三廳志十六卷首一卷 (清)黄可潤纂修 清乾隆二十三年(1758)刻本 八册

320000－1615－0003890 史3751－2/301886
[道光]承德府志六十卷首二十六卷 (清)海忠纂修 清光緒十三年(1887)刻本 二十四册

320000－1615－0003891 史3753－4/301887
大清一統志五百卷 (清)和珅等修 清光緒二十八年(1902)上海寶善齋石印本 六十册

320000－1615－0003892 史3811－4/301888
[光緒]重修安徽通志三百五十卷補遺十卷 (清)何紹基 (清)楊沂孫 (清)程鴻詔纂 清光緒三年(1877)刻本 一百二十册

320000－1615－0003893 史3821－2/301889
[光緒]續修廬州府志一百卷首一卷末一卷 (清)黄雲修 (清)林之望 (清)汪宗沂纂 清光緒十一年(1885)刻本 四十八册

320000－1615－0003894 史4011/w001
李傅相歷聘歐美記二卷 (美國)林樂知彙譯 蔡爾康纂輯 清末至民國間商務印書館鉛印本 一册 存一卷(上)

320000－1615－0003895 史4011/w002
食舊廛書目不分卷 食舊廛書坊撰 清末至民國間鉛印本 一册

320000－1615－0003896 史4011/w003
三國志考證二卷 (清)潘眉撰 清末至民國間石印本 四册

320000－1615－0003897 史4011/w004
皇朝輿地沿革考一卷 (清)遁天撰 清末鉛印本 一册

320000－1615－0003898 史4011/w005
黑蠻風土記一卷 (英國)立溫斯敦撰 史錦鏞譯 清末至民國間鉛印本 一册

320000－1615－0003899 史4011/w006
歷陽竹枝詞一卷 (清)鄭泩選訂 清末至民國間上海華洋印書館鉛印本 一册

320000－1615－0003900 史4011/w007
清儀閣題跋不分卷 (清)張廷濟撰 清末至

民國間蘇州振新書社石印本　六册

320000－1615－0003901　史 4011/w008
文石堂重刊曹氏吉金圖一卷　(清)曹秋舫撰　清末至民國間石印本　一册

320000－1615－0003902　史 4011/w009
御批歷代通鑑輯覽一百二十卷　(清)傅恒等撰　清末至民國間石印本　十一册　存六十三卷(二十二至六十七、九十至一百六)

320000－1615－0003903　史 4011/w010
唐書二百二十五卷　(宋)歐陽修等撰　清末至民國間鉛印本　二册

320000－1615－0003904　史 4011/w011
李氏五種　(清)李兆洛輯　清末至民國間上海蜚英館石印本　四册　存二種二十一卷(歷代地理志韻編今釋二十卷、皇明與地圖一卷)

320000－1615－0003905　史 4011/w012
清儀閣題跋不分卷　(清)張廷濟撰　清末至民國間蘇州振新書社石印本　六册

320000－1615－0003906　史 4011/w013
金石文字記六卷　(清)顧炎武撰　清末至民國間石印本　一册　存四卷(三至六)

320000－1615－0003907　史 4012/w014
文獻通考三百四十八卷首一卷　(元)馬端臨撰　清末至民國間石印本　十九册　存二十卷(五至二十四)

320000－1615－0003908　史 4013/w015
歷代名臣言行録二十四卷　(清)朱桓編輯　清末至民國間錦章書局石印本　七册　存二十一卷(一至二十一)

320000－1615－0003909　史 4013/w016
中東戰史二卷　(日本)田村維則編　清末至民國間鉛印本　一册

320000－1615－0003910　史 4013/w017
新鐫工師雕斵正式魯班木經匠家鏡四卷首一卷　(明)午榮彙編　清末至民國間上海錦章圖書局石印本　一册

320000－1615－0003911　史 4013/w018
新鐫工師雕斵正式魯班木經匠家鏡四卷首一卷　(明)午榮彙編　清末至民國間上海錦章圖書局石印本　一册

320000－1615－0003912　史 4013/w019
繪圖百家姓不分卷　(□)□□編　清末至民國間石印本　一册

320000－1615－0003913　史 4013/w020
繪圖百家姓不分卷　(□)□□編　清末至民國間上海槐蔭山房石印本　一册

320000－1615－0003914　史 4013/w021
增百家姓不分卷　(□)□□編　清末至民國間三松堂刻本　一册

320000－1615－0003915　史 4013/w022
增百家姓不分卷　(□)□□編　清末至民國間三松堂刻本　一册

320000－1615－0003916　史 4013/w023
士禮居藏書題跋六卷　(清)黄丕烈撰　清末至民國間上海文寶公司石印本　一册　存一卷(六)

320000－1615－0003917　史 4013/w024
四千年史論驚奇十二卷　(□)□□輯　清末至民國間鉛印本　二册

320000－1615－0003918　史 4013/w025
東三省輿地圖説一卷附録一卷　曹廷杰撰　清末至民國間著易堂鉛印本　一册

320000－1615－0003919　史 4013/w026
東北邊防輯要二卷　曹廷杰撰　清末至民國間著易堂鉛印本　一册

320000－1615－0003920　史 4013/w027
曾惠敏公使西日記二卷(清光緒四年七月至十二年十一月)　(清)曾紀澤撰　清末至民國間鉛印本　一册

320000－1615－0003921　史 4013/w028
輿地略一卷　(清)馮竣光撰　**括地略一卷**　清末至民國間掃葉山房鉛印本　一册

320000－1615－0003922　史 4013/w029

元朝秘史十五卷　(清)李文田注　清末至民國間上海書局石印本　四册

320000－1615－0003923　史 4013/w030
顔習齋先生[元]年譜二卷　(清)李塨纂　(清)王源訂　清光緒、宣統間國學保存會鉛印國粹叢書本　一册

320000－1615－0003924　史 4013/w031
明清交替紀事六卷　(清)顧炎武撰　清末至民國間思昔社石印本　二册

320000－1615－0003925　史 4013/w032
最近支那史二卷　(日本)河野通之　(日本)石村貞一同輯　清末至民國間上海振東室學社影印本　四册

320000－1615－0003926　史 4013/w033
守山閣叢書　(清)錢熙祚輯　清末至民國間影印本　一册　存二種四卷(北道刊誤誌一卷、河朔訪古記三卷)

320000－1615－0003927　史 4013/w034
戊壬録二卷　宋玉卿編　清末至民國間上海廣益書局鉛印本　一册

320000－1615－0003928　史 4013/w035
通志二百卷　(宋)鄭樵撰　清末至民國間影印本　三册　存五十二卷(二十六至七十七)

320000－1615－0003929　史 4014/w036
蜀碧四卷附記一卷　(清)彭遵泗編　清末至民國間申報館鉛印本　二册

320000－1615－0003930　史 4014/w037
漢西域圖考七卷首一卷　(清)李光廷撰　清末至民國間石印本　四册

320000－1615－0003931　史 4014/w038
漢西域圖考七卷首一卷　(清)李光廷撰　清末至民國間石印本　四册

320000－1615－0003932　史 4014/w039
尚友録二十二卷補遺一卷　(明)廖用賢編纂　(清)張伯琮補輯　清末至民國間上海著易堂鉛印本　六册

320000－1615－0003933　史 4014/w040
水道提綱二十八卷　(清)齊召南撰　清末至民國間鉛印本　三册　存九卷(四至六、十二至十四、十九至二十一)

320000－1615－0003934　史 4014/w041
滇南雜誌二十四卷　(清)曹樹翹撰　清末至民國間鉛印本　八册

320000－1615－0003935　史 4014/w042
籌海初集三卷　(清)關天培撰　清末至民國間申報館鉛印本　三册　缺一卷(二)

320000－1615－0003936　史 4014/w043
雲間劇目抄五卷　(明)范濂撰　清末至民國間申報館鉛印本　二册

320000－1615－0003937　史 4014/w044
廿二史考異二十三卷　(清)錢大昕撰　清末至民國間上海鴻寶齋石印本　六册

320000－1615－0003938　史 4015/w045
新疆賦一卷　(清)徐松撰　清末至民國間石印本　一册

320000－1615－0003939　史 4015/w046
權制八卷　陳澹然撰　清末至民國間石印本　四册

320000－1615－0003940　史 4015/w047
西北地理五種　(清)施世傑輯　清末至民國間影印本　四册　缺一種(元祕史山川地名圖)

320000－1615－0003941　史 4015/w048
長春真人西遊記二卷　(元)李志常述　清末至民國間石印本　一册

320000－1615－0003942　史 4015/w049
千頃堂書目三十二卷　(清)黄虞稷撰　清末至民國間石印本　十一册　存二十一卷(三至二十三)

320000－1615－0003943　史 4015/w050
廿二史考異二十三卷　(清)錢大昕撰　清末至民國間上海鴻寶齋石印本　四册

320000－1615－0003944　史 4015/w051
尚友録二十二卷　(明)廖用賢編纂　清末至

民國間石印本　六册

320000－1615－0003945　史 4021/w052
鹽法通志一百卷　周慶雲撰　清末民國鉛印本　五册　存六十卷(十三至二十四、四十一至八十八)

320000－1615－0003946　史 4022/w053
續編綏寇紀略五卷　(清)葉夢珠輯　清末至民國間申報館鉛印本　二册

320000－1615－0003947　史 4022/w054
甲申傳信録十卷　(明)錢輙撰　清末申報館鉛印本　二册

320000－1615－0003948　史 4022/w055
最近支那史二卷　(日本)河野通之　(日本)石村貞一同輯　清末至民國間上海振東室學社影印本　四册

320000－1615－0003949　史 4022/w056
最近支那史二卷　(日本)河野通之　(日本)石村貞一同輯　清末至民國間上海振東室學社影印本　四册

320000－1615－0003950　史 4022/w057
戰國策三十三卷　(漢)高誘注　清末至民國間石印本　二册　存十五卷(十九至三十三)

320000－1615－0003951　史 4022/w058
明季稗史彙編二十七卷　(清)留雲居士編　清末至民國間鉛印本　四册　存十七卷(一至十七)

320000－1615－0003952　史 4022/w059
明季稗史彙編二十七卷　(清)留雲居士編　清末至民國間鉛印本　二册　存十卷(五至八、十三至十八)

320000－1615－0003953　史 4022/w060
二百蘭亭齋收藏金石記不分卷　(清)吴雲撰　清末至民國間影印本　四册

320000－1615－0003954　史 4022/w061
金石苑六卷　(清)劉喜海撰　清末至民國間影印本　一册　存三卷(一至三)

320000－1615－0003955　史 4022/w062
林文忠公政書甲集九卷乙集十七卷丙集十卷　(清)林則徐撰　清末至民國間鉛印本　八册

320000－1615－0003956　史 4022/w063
戊戌政變記九卷　梁啟超撰　清末至民國間鉛印本　一册　存四卷(二至五)

320000－1615－0003957　史 4023/w064
秦漢瓦當文字二卷　(清)程敦撰　清末至民國間石印本　二册

320000－1615－0003958　史 4023/w065
萬國輿圖不分卷　(□)□□繪　清末至民國間石印本　一册

320000－1615－0003959　史 4023/w066
治閩公牘二卷　許世英撰　清末至民國間鉛印本　二册

320000－1615－0003960　史 4023/w067
司法統計表式解説二卷　(□)□□輯　清末至民國間鉛印本　一册

320000－1615－0003961　史 4023/w068
長江砲臺芻議一卷　姚錫光撰　清末至民國間安徽官報鉛印本　一册

320000－1615－0003962　史 4023/w069
蘇松財賦考一卷　(清)周夢顔輯　清末至民國間昆山縣參事會鉛印本　一册

320000－1615－0003963　史 4023/w070
度量權衡圖説不分卷　(□)□□撰　清末至民國間鉛印本　一册

320000－1615－0003964　史 4023/w071
西戌途中日記不分卷　劉雨沛撰　清末至民國間鉛印本　一册

320000－1615－0003965　史 4023/w072
西泠懷古詩二卷　丁立中撰　清末至民國間留雲賓月館鉛印本　一册

320000－1615－0003966　史 4023/w073
陶風樓藏名人手札目不分卷　江蘇國學圖書館編　清末民國鉛印本　一册

320000－1615－0003967　史4023/w074
郘亭知見傳本書目十六卷　(清)莫友芝撰　清末至民國間西泠印社鉛印本　六冊

320000－1615－0003968　史4023/w075
地理學初編一卷　萬蓉青撰　清末至民國間安徽高等學堂鉛印本　一冊

320000－1615－0003969　史4023/w076
大清一統志三百五十六卷　(清)高宗弘曆撰　清末至民國間石印本　三冊　存二十一卷(一百五十六至一百七十六)

320000－1615－0003970　史4023/w077
林文忠公禁煙奏稿不分卷　(清)林則徐撰　清末至民國間鉛印本　一冊

320000－1615－0003971　史4023/w078
京師通各省會城道里記一卷　繆九疇校　清末至民國間江楚書局刻本　一冊

320000－1615－0003972　史4023/w079
校勘學一卷　劉紀澤撰　清末至民國間安徽大學石印本　一冊

320000－1615－0003973　史4023/w080
戊戌履霜録四卷　胡思敬撰　清末至民國間問影樓刻本　二冊

320000－1615－0003974　史4023/w081
歸玄恭先生[莊]年譜一卷　趙經達編輯　清末至民國間又滿樓刻本　一冊

320000－1615－0003975　史4023/w082
汪堯峯先生年譜一卷　趙經達編輯　清末民國又滿樓刻本　一冊

320000－1615－0003976　史4023/w083
華嶽圖經二卷　(清)蔣湘南撰　清末至民國間陝西教育圖書社鉛印本　一冊

320000－1615－0003977　史4023/w084
癖好堂收藏金石書目一卷　(清)凌瑕編　清末民國刻本　一冊

320000－1615－0003978　史4023/w085
宋校勘五經正義奏請雕板表一卷　(宋)孔維等撰　清末至民國間刻本　一冊

320000－1615－0003979　史4023/w086
壬子文瀾閣所存書目五卷　錢恂編　清末民國刻本　四冊

320000－1615－0003980　史4024/w087
嘉慶四年吴令擅責員諸生馬頭喧鬧案不分卷　(□)□□撰　清抄本　一冊

320000－1615－0003981　史4024/w088
億董學堂生員雜録一卷　(□)□□撰　清末至民國間抄本　一冊

320000－1615－0003982　史4024/w089
節烈婦女名録不分卷　清末至民國間抄本　一冊

320000－1615－0003983　史4024/w090
欽定文廟樂譜不分卷　(□)□□撰　清抄本　一冊

320000－1615－0003984　史4024/w091
續輯明刑圖説一卷　(清)胡鴻澤撰　清抄本　一冊

320000－1615－0003985　史4024/w092
大清律纂修條例不分卷　(清)刑部纂修　清抄本　一冊

320000－1615－0003986　史4024/w093
金石史二卷　(明)郭宗昌撰　清抄本　一冊

320000－1615－0003987　史4024/w094
鐵硯齋雙鈎金石文字　(清)張寶德撰　(清)淩霞抄　清抄本　一冊

320000－1615－0003988　史4024/w095
山右金石録一卷　(清)夏寶晉撰　(清)丁晏校録　清末抄本　一冊

320000－1615－0003989　史4024/w096
崇川金石志一卷　(清)馮雲鵬撰　清末抄本　一冊

320000－1615－0003990　史4024/w097
道藏目録詳註四卷續道藏經目録一卷　(清)李杰譯注　清抄本　一冊

320000－1615－0003991　史4024/w098

彙刻書目續編二卷　清末至民國間抄本　二册

320000－1615－0003992　史4024/w099
金石所見録不分卷　(清)凌霞輯　清抄本　一册

320000－1615－0003993　史4024/w100
東都事略一百三十卷　(宋)王偁編　清末抄本　一册

320000－1615－0003994　史4024/w101
淮軍營制附録不分卷　(清)□□輯　清抄本　一册

320000－1615－0003995　史4024/w102
西徼水道考一卷　(清)黄楙材撰　清末抄本　一册

320000－1615－0003996　史4024/w103
説雲詩鈔五卷首一卷　(清)袁守定撰　(清)袁㮚補　清刻本　一册　存一卷(首一卷)

320000－1615－0003997　史4024/w104
粤匪始末紀略不分卷　(清)杏花樵子輯　清抄本　二册

320000－1615－0003998　史4024/w105
御批分類歷代通鑑輯覽總目三卷　(□)□□輯　清末抄本　三册

320000－1615－0003999　子0111－23/400001
淵鑑類函四百五十卷　(清)張英等編　清康熙刻本　一百三十八册

320000－1615－0004000　子0124－0346/400002
欽定古今圖書集成一萬卷目録四十卷　(清)蔣廷錫編　清光緒十年(1884)上海圖書集成印書局鉛印本　一千五百十二册

320000－1615－0004001　子0351－0546/400003
欽定古今圖書集成一萬卷目録四十卷　(清)蔣廷錫編　清光緒十年(1884)上海圖書集成印書局鉛印本　一千四百二十四册

320000－1615－0004002　子0551－0733/400004
欽定古今圖書集成一萬卷目録四十卷　(清)蔣廷錫編　清光緒十年(1884)上海圖書集成印書局鉛印本　一千二百六十一册

320000－1615－0004003　子0734－0751/400005
欽定古今圖書集成一萬卷目録四十卷　(清)蔣廷錫編　清光緒十年(1884)上海圖書集成印書局鉛印本　二百四十二册

320000－1615－0004004　子0751/400006
欽定古今圖書集成一萬卷目録四十卷　(清)蔣廷錫編　清光緒十年(1884)上海圖書集成印書局鉛印本　十一册

320000－1615－0004005　子0752－0814/400007
道藏輯要二十八卷　(清)彭定求輯　清刻本　二百二十七册

320000－1615－0004006　子0821/400008
重訂宣和譜牙牌彙集二卷　(清)金杏園輯　清宏文齋刻本　一册

320000－1615－0004007　子0821/400009
枯木禪琴譜八卷　(清)釋空塵撰　清刻本　二册　存四卷(三至六)

320000－1615－0004008　子0821/400010
冶梅石譜二卷　(清)王寅繪　清光緒六年(1880)影印本　二册

320000－1615－0004009　子0821/400011
御製耕織圖二卷　(清)焦秉貞繪　清光緒五年(1879)點石齋影印本　二册

320000－1615－0004010　子0821/400012
與古齋琴譜補義一卷　(清)祝鳳喈撰　清刻本　一册

320000－1615－0004011　子0821/400013
與古齋琴譜四卷　(清)祝鳳喈撰　清刻本　二册　存二卷(一至二)

320000－1615－0004012　子0821/400014

吴筱莊墨竹冊　（清）吴克讓繪　清繪本　一冊　存四張

320000－1615－0004013　子 0821/400015
經餘必讀八卷續編八卷　（清）雷琳等輯　清嘉慶十一年(1806)刻本　十冊

320000－1615－0004014　子 0821/400016
葉氏印譜存目二卷　葉銘輯　清西泠印社木活字印本　一冊

320000－1615－0004015　子 0821/400017
篆刻鍼度八卷　（清）陳克恕撰　清存幾希齋篆學刻本　二冊

320000－1615－0004016　子 0821/400018
百壽圖守如印存不分卷　（清）吴傑篆刻　清光緒十五年(1889)鈐印本　二冊

320000－1615－0004017　子 0821/400019
大意尊聞三卷附録一卷　（清）方東樹撰　清同治五年(1866)刻本　一冊

320000－1615－0004018　子 0821/400020
莊子釋意三卷　（清）曹同春論正　清刻本　二冊

320000－1615－0004019　子 0822/400021
古香齋鑒賞袖珍初學記三十卷　（唐）徐堅撰　清古香齋刻本　九冊　存二十七卷(一至九、十三至三十)

320000－1615－0004020　子 0822/400022
善成堂韜略元機全書　（清）二樂居士編　清刻本　四冊　存一種八卷(陳博百局八卷)

320000－1615－0004021　子 0822/400023
橘中秘四卷　（明）朱晉楨輯　清刻本　四冊

320000－1615－0004022　子 0822/400024
橘中秘四卷　（明）朱晉楨輯　清江左書林刻本　四冊

320000－1615－0004023　子 0822/400025
寶研堂硯辨一卷　（清）何傳瑤撰　清道光十七年(1837)肇城馮積儒堂刻本　一冊

320000－1615－0004024　子 0822/400026
寶研堂硯辨一卷　（清）何傳瑤撰　清道光十七年(1837)肇城馮積儒堂刻本　一冊

320000－1615－0004025　子 0822/400027
今文房四譜一卷　（清）謝崧梁撰　清光緒十六年(1890)湘鄉挈經榭刻本　一冊

320000－1615－0004026　子 0822/400028
南學製墨劄記一卷　（清）謝崧岱撰　清光緒十年(1884)湘鄉研經榭刻本　一冊

320000－1615－0004027　子 0822/400029
端溪硯史三卷　（清）吴蘭修編　清道光十四年(1834)刻本　一冊

320000－1615－0004028　子 0823－4/400030
淵鑑類函四百五十卷　（清）張英等編　清光緒十三年(1887)同文書局石印本　四十八冊

320000－1615－0004029　子 0825/400031
淵鑑類函四百五十卷　（清）張英等編　清光緒二十三年(1897)上海點石齋石印本　十三冊

320000－1615－0004030　子 0831/400032
廣博物志五十卷　（明）董斯張纂　清刻本　二十三冊　缺二卷(一至二)

320000－1615－0004031　子 0831－4/400033
玉海二百四卷　（宋）王應麟撰　清光緒九年(1883)浙江書局刻本　一百冊

320000－1615－0004032　子 0841/400034
點石齋叢畫十卷　題(清)尊聞閣主人輯　清光緒十一年(1885)點石齋石印本　八冊

320000－1615－0004033　子 0841/400035
詩畫舫六卷　（清）點石齋輯　清光緒點石齋石印本　五冊　缺一卷(一)

320000－1615－0004034　子 0841/400036
格致鏡原一百卷　（清）陳元龍撰　清光緒十四年(1888)上海大同書局石印本　十六冊

320000－1615－0004035　子 0842/400037
養一齋劄記九卷　（清）潘德輿撰　清同治十一年(1872)刻本　一冊　存三卷(一至三)

320000－1615－0004036　子 0842/400038
十萬卷樓叢書　(清)陸心源輯　清光緒歸安陸氏刻本　一册　存二種二卷(師友雜誌一卷、尒微雜説一卷)

320000－1615－0004037　子 0842/400039
天演論二卷　(英國)赫胥黎撰　嚴復譯　清光緒上海斌記書莊石印本　一册

320000－1615－0004038　子 0842/400040
淮南鴻烈解二十一卷　(漢)劉安撰　(漢)高誘注　清光緒元年(1875)湖北崇文書局刻本　四册

320000－1615－0004039　子 0842/400041
曉讀書齋雜録八卷　(清)洪亮吉撰　清光緒三年(1877)授經堂刻本　二册

320000－1615－0004040　子 0842/400042
南華經解三十三卷　(清)宣穎撰　清同治五年(1866)半畝園刻本　五册　缺四卷(四至七)

320000－1615－0004041　子 0842/400043
太公兵法逸文一卷武侯八陣兵法輯略一卷　(清)汪宗沂輯　清光緒三十年(1904)漸西村舍本　一册

320000－1615－0004042　子 0842/400044
惜抱軒遺書三種　(清)姚鼐撰　清光緒五年(1879)桐城徐氏刻本　二册　存一種五卷(莊子章義五卷)

320000－1615－0004043　子 0842/400045
南華簡鈔四卷　(清)徐廷槐撰　清乾隆六年(1741)徐氏刻本　一册　存一卷(一)

320000－1615－0004044　子 0842/400046
河南程氏粹言二卷　(宋)楊時訂定　(宋)張栻編次　清刻本　一册

320000－1615－0004045　子 0842/400047
漢學商兑三卷　(清)方東樹撰　清光緒八年(1882)花雨樓刻本　一册

320000－1615－0004046　子 0842/400048
鄭廣所藏泥封一卷　羅振玉編　清光緒二十九年(1903)石印本　一册

320000－1615－0004047　子 0842/400049
美術叢書　鄧實輯　清宣統三年(1911)上海神州國光社鉛印本　一册

320000－1615－0004048　子 0842/400050
桐陰論畫二卷首一續一卷畫訣一卷　(清)秦祖永撰　清光緒五年(1879)撫州鏡寶成雙峰書屋刻本　二册

320000－1615－0004049　子 0842/400051
美術叢書　鄧實輯　清宣統三年(1911)上海神州國光社鉛印本　五册

320000－1615－0004050　子 0842/400052
説儲一卷　(清)包世臣撰　清宣統國學保存會鉛印本　一册

320000－1615－0004051　子 0842/400053
畫禪室隨筆四卷　(明)董其昌撰　清宣統元年(1909)掃葉山房石印本　一册

320000－1615－0004052　子 0843/400054
大佛頂經玄義二卷　(明)釋智旭撰　清刻本　一册

320000－1615－0004053　子 0843/400055
老子道德經解二卷首一卷　(明)釋德清撰　清光緒十二年(1886)金陵刻經處刻本　一册　存一卷(下)

320000－1615－0004054　子 0843/400056
般若波羅蜜多心經註解一卷　(唐)釋玄奘譯　**金剛般若波羅蜜經註解一卷**　(後秦)鳩摩羅什譯　清光緒二年(1876)長沙刻經處刻本　一册

320000－1615－0004055　子 0843/400057
羣學肄言十六卷　(英國)斯賓塞爾撰　嚴復譯　清光緒二十九年(1903)上海文明書局鉛印本　四册

320000－1615－0004056　子 0843/400058
端溪硯史三卷　(清)吴蘭修編　清光緒十五年(1889)刻本　一册

320000－1615－0004057　子 0843/400059

王湘綺先生全集　王闓運注　清同治八年(1869)刻本　一册　存一卷(道遥游第一内篇上)

320000－1615－0004058　子0843/400060
浮邱子十二卷　(清)湯鵬撰　清同治四年(1865)刻本　四册

320000－1615－0004059　子0843/400061
太玄十卷　(漢)揚雄撰　清宣統二年(1910)鉛印本　一册

320000－1615－0004060　子0843/400062
二十五子彙函　(清)鴻文書局輯　清光緒十九年(1893)鴻文書局石印本　十三册

320000－1615－0004061　子0844－5/400063
百子全書一百種　(清)崇文書局輯　清光緒元年(1875)湖北崇文書局刻本　七十一册　存六十四種三百十六卷(孔子家語十卷,道德真經註四卷,淮南子二十一卷,神異經一卷,海内廣洲記一卷,洞冥記四卷,穆天子傳六卷,孔叢子二卷,鹽鐵論二卷,新書十卷,潛夫論十卷,新序十卷,文中子中説一卷,薛子道論三卷,海樵子一卷,風后握奇經一卷,六韜三卷,何博士備論二卷,管子二十四卷,宋丞相李忠定公輔政本末一卷,商子五卷,鄧子一卷,尸子二卷,韓非子二十卷,太玄經十卷,鬻子一卷、補一卷,計倪子一卷,於陵子一卷,子華子二卷,墨子十六卷,尹文子一卷,慎子一卷,公孫龍子一卷,鬼谷子一卷,鶡冠子三卷,晏子春秋八卷,金樓子六卷,老子道德經二卷,荀子三卷,白虎通德論四卷,劉子二卷,獨斷一卷,論衡三十卷,風俗通義十卷,聱隅子歔欷瑣微論二卷,孄真子五卷,廣成子解一卷,鬱離子一卷,空同子一卷,海沂子五卷,拾遺記十卷,搜神記二十卷,蔭符經一卷,關尹子一卷,莊子三卷,莊子闕誤一卷,列子二卷,抱朴子内篇四卷,亢倉子一卷,玄真子一卷,天隱子一卷,無能子三卷,胎息經一卷,至游子二卷)

320000－1615－0004062　子0851－4/400064
子書百家一百種五百二卷　(清)崇文書局輯　清光緒元年(1875)湖北崇文書局刻本　一百九册　缺二種二卷(陰符經注一卷、關尹子一卷)

320000－1615－0004063　子0855/400065
廣治平略三十六卷續集八卷　(清)蔡方炳撰　清光緒十四年(1888)點石齋石印本　六册

320000－1615－0004064　子0855/400066
無邪堂答問五卷　(清)朱一新撰　清光緒二十二年(1896)上海鴻寶齋石印本　五册

320000－1615－0004065　子0855/400067
無邪堂答問五卷　(清)朱一新撰　清光緒二十二年(1896)上海鴻寶齋石印本　五册

320000－1615－0004066　子0855/400068
東塾讀書記十五卷　(清)陳澧撰　清光緒二十四年(1898)上海江左書林石印本　四册

320000－1615－0004067　子0855/400069
東塾讀書記十五卷　(清)陳澧撰　清光緒二十四年(1898)上海江左書林石印本　四册

320000－1615－0004068　子0855/400070
漢儒通義七卷　(清)陳澧撰　清光緒十五年(1889)怡敬齋刻本　二册

320000－1615－0004069　子0855/400071
翼教叢編七卷　(清)蘇輿編　清光緒二十五年(1899)上海書局石印本　四册

320000－1615－0004070　子0855/400072
勸學篇二卷　(清)張之洞撰　清光緒二十四年(1898)上海扶輪書局鉛印本　二册

320000－1615－0004071　子0911/400073
高僧傳二集四十卷　(唐)釋道宣撰　**三集三十卷**　(宋)釋贊寧撰　**四集六卷**　(明)釋如惺撰　清光緒江北刻經處刻本　二十册

320000－1615－0004072　子0911/400074
大佛頂如來密因修證了義諸菩薩萬行首楞嚴經十卷　(唐)釋般剌密帝譯　清光緒揚州藏經院刻本　三册

320000－1615－0004073　子0911/400075
修習止觀坐禪法要二卷　(隋)釋智顗撰　六

妙法門一卷　(隋)智者大師撰　清光緒金陵刻經處刻本　一册

320000－1615－0004074　子0911/400076
南華真經正義内篇七卷外篇十五卷雜篇十一卷　(清)陳壽昌輯　清光緒十九年(1893)怡顔齋刻本　三册

320000－1615－0004075　子0911/400077
大乘起信論裂綱疏六卷　(明)釋智旭述　清末金陵書局刻本　二册

320000－1615－0004076　子0912/400078
蔗餘偶筆一卷　(清)方士淦撰　清同治十一年(1872)兩淮運署刻本　一册

320000－1615－0004077　子0912/400079
荀子補注二卷　(清)郝懿行撰　清刻齊魯先喆遺書本　一册

320000－1615－0004078　子0912/400080
一班録五卷　(清)鄭光祖撰　清道光二十三年(1843)青玉山房刻本　十册

320000－1615－0004079　子0912/400081
援鶉堂筆記五十卷　(清)姚範撰　清道光十五年(1835)淮南監製官署刻本　十六册

320000－1615－0004080　子0912/400082
孫子十三篇直講一卷　(清)陳任暘注　清光緒三十一年(1905)月圓人壽室刻本　一册

320000－1615－0004081　子0912/400083
羣學肄言十六卷　(英國)斯賓塞爾撰　嚴復譯　清光緒二十九年(1903)上海文明書局鉛印本　四册

320000－1615－0004082　子0912/400084
子史粹言二卷　(清)丁晏輯　清道光二十六年(1846)刻頤志齋叢書本　一册

320000－1615－0004083　子0912/400085
尉繚子二卷素書一卷心書一卷　(□)□□撰　清光緒元年(1875)湖北崇文書局刻本　一册

320000－1615－0004084　子0913－4/400086
子書二十二種　(清)浙江書局輯　清光緒浙江書局刻本　六十三册

320000－1615－0004085　子0914/400087
六子全書　(明)顧春編　清刻本　八册

320000－1615－0004086　子0915/400088
十子全書　(清)王子興輯　清嘉慶九年(1804)姑蘇聚文堂刻本　三十二册

320000－1615－0004087　子0921/400089
翻譯名義集選一卷　(宋)釋法雲編　清同治十二年(1873)江北刻經處刻本　一册

320000－1615－0004088　子0921/400090
一乘決疑論一卷　(清)彭紹升撰　清同治八年(1869)如皋刻經處刻本　一册

320000－1615－0004089　子0921/400091
金剛經句解一卷　(清)臧志仁注　清光緒二年(1876)刻本　一册

320000－1615－0004090　子0921/400092
阿彌陀經疏鈔四卷　(明)釋袾宏述　清光緒二十九年(1903)浙甯天後宫後街寶康齋刻本　四册

320000－1615－0004091　子0921/400093
諸子考略二卷　姚永樸纂　清光緒三十一年(1905)正誼書局鉛印本　二册

320000－1615－0004092　子0921/400094
諸子平議三十五卷　(清)俞樾撰　清刻曲園叢書本　九册

320000－1615－0004093　子0921/400095
鹽鐵論十卷　(漢)桓寬撰　清光緒十七年(1891)思賢講舍刻本　二册

320000－1615－0004094　子0921/400096
周秦諸子敘録不分卷　王仁俊纂　清光緒三十四年(1908)存古學堂鉛印本　一册

320000－1615－0004095　子0921/400097
佛宗平議不分卷　黄嗣艾撰　清光緒三十二年(1906)刻本　二册

320000－1615－0004096　子0921/400098
般若心經三家注不分卷　(唐)釋玄奘譯

(唐)釋靖邁撰疏　清光緒金陵刻經處刻本　一册

320000－1615－0004097　子 0921/400099
札迻十二卷　(清)孫詒讓撰　清光緒二十年(1894)刻本　四册

320000－1615－0004098　子 0922/400100
管子二十四卷　(唐)房玄齡注　**管子平議六卷**　(清)俞樾撰　清光緒三十年(1904)上海時新公記書局石印本　四册

320000－1615－0004099　子 0922/400101
管子二十四卷　(唐)房玄齡注　清光緒五年(1879)刻本　四册

320000－1615－0004100　子 0922/400102
管子二十四卷　(唐)房玄齡注　**管子平議六卷**　(清)俞樾撰　清光緒三十年(1904)上海時新公記書局石印本　四册

320000－1615－0004101　子 0922/400103
管子校正二十四卷　(清)戴望纂　清同治十一年(1872)刻本　六册

320000－1615－0004102　子 0922/400104
莊子十卷　(晉)郭象注　(唐)陸德明音義　清光緒三年(1877)浙江書局刻本　二册

320000－1615－0004103　子 0922/400105
管子二十四卷　(唐)房玄齡注　清光緒五年(1879)刻本　四册

320000－1615－0004104　子 0922/400106
子史精華三十卷　(清)聖祖玄燁編　清光緒九年(1883)上海點石齋石印本　二册

320000－1615－0004105　子 0923/400107
鬼谷子三卷篇目考附録一卷　(南朝梁)陶宏景注　清乾隆二十四年(1759)秦氏石研齋刻本　三册

320000－1615－0004106　子 0923/400108
農政全書六十卷　(明)徐光啟撰　清光緒二十六年(1900)上海文海書局石印本　四册　存二十九卷(一至十五、四十七至六十)

320000－1615－0004107　子 0923/400109
子書二十二種　(清)浙江書局輯　清光緒二十三年(1897)圖書集成局鉛印本　十册　存六種七十六卷(老子道德經二卷、莊子十卷、荀子二十卷、列子八卷、墨子十五卷、淮南子二十一卷)

320000－1615－0004108　子 0923/400110
孫子十家注十三卷　(宋)吉天保輯　(清)孫星衍　(清)吴人驥校　**孫子遺説一卷**　(宋)鄭友賢輯　**敘録一卷**　(清)畢以珣撰　清咸豐五年(1855)淡香齋刻本　二册

320000－1615－0004109　子 0923/400111
漢學商兑三卷　(清)方東樹撰　清刻本　二册　存二卷(上、下)

320000－1615－0004110　子 0923/400112
墨子閒詁十五卷目録一卷附録一卷後語二卷　(清)孫詒讓撰　清宣統二年(1910)刻本　八册

320000－1615－0004111　子 0923/400113
墨子十五卷目録一卷　(清)畢沅校注　清光緒二年(1876)浙江書局刻本　四册

320000－1615－0004112　子 0924/400114
讀老札記二卷補遺一卷淮南許注鉤沈一卷　(清)易順鼎撰　(清)易碩學　清光緒刻本　一册

320000－1615－0004113　子 0924/400115
癸巳類稿十五卷　(清)俞正燮撰　清光緒五年(1879)會稽章氏刻本　八册

320000－1615－0004114　子 0924/400116
老子道德經解并影響論二篇　(明)釋德清撰　清光緒十二年(1886)金陵刻經處刻本　二册

320000－1615－0004115　子 0924/400117
東塾讀書記二十五卷　(清)陳澧撰　清光緒二十七年(1901)邵州勸學書舍刻本　六册

320000－1615－0004116　子 0924/400118
東坡題跋二卷　(宋)蘇軾撰　**山谷題跋三卷**　(宋)黄庭堅撰　清乾隆五十年(1785)又賞

齋刻本　五冊

320000－1615－0004117　子 0924/400119
清河書畫舫十二卷　(明)張丑撰　清乾隆二十八年(1763)池北草堂刻本　十二冊

320000－1615－0004118　子 0925/400120
莊子內篇註四卷　(明)釋德清注　清光緒十四年(1888)金陵刻經處刻本　二冊

320000－1615－0004119　子 0925/400121
莊子故八卷　馬其昶注　清光緒二十七年(1901)刻本　三冊　缺二卷(一至二)

320000－1615－0004120　子 0925/400122
南華經解三十三卷　(清)宣穎撰　清同治五年(1866)半畝園刻本　六冊

320000－1615－0004121　子 0925/400123
南華經解三卷　(清)宣穎撰　清經綸堂刻本　六冊

320000－1615－0004122　子 0925/400124
南華經解三卷　(清)宣穎撰　清經綸堂刻本　六冊

320000－1615－0004123　子 0925/400125
御纂朱子全書六十六卷　(宋)朱熹撰　(清)李光地等輯　清古香齋刻本　六冊　存十卷(五十二至五十三、五十五至六十、六十三至六十四)

320000－1615－0004124　子 0925/400126
古事比五十二卷　(清)方中德輯　清光緒十三年(1887)上海點石齋石印本　六冊

320000－1615－0004125　子 0931/400127
百子全書一百種　(清)崇文書局輯　清光緒元年(1875)湖北崇文書局刻本　一冊

320000－1615－0004126　子 0931/400128
百子全書一百種　(清)崇文書局輯　清光緒元年(1875)湖北崇文書局刻本　一冊

320000－1615－0004127　子 0931/400129
莊子因六卷　(清)林雲銘評述　清挹奎樓刻本　四冊

320000－1615－0004128　子 0931/400130
莊子集釋十卷　(清)郭慶藩輯　清光緒思賢講舍刻本　八冊

320000－1615－0004129　子 0931/400131
鶡冠子三卷　(宋)陸佃解　(明)王宇評　清刻本　一冊

320000－1615－0004130　子 0931/400132
百子全書一百種　(清)崇文書局輯　清光緒元年(1875)湖北崇文書局刻本　一冊

320000－1615－0004131　子 0931/400133
吕氏春秋考異二十六卷　黄嗣艾輯　清漢陽黄氏刻本　一冊

320000－1615－0004132　子 0931/400134
潛書二卷　(清)唐甄撰　清光緒三十二年(1906)山東官印書局鉛印本　二冊

320000－1615－0004133　子 0931/400135
老子翼評點一卷莊子翼評點八卷　(明)董懋策撰　清光緒三十二年(1906)會稽董氏取斯家塾刻本　一冊

320000－1615－0004134　子 0931/400136
道德經解二卷首一卷觀老莊影響論一卷　(明)釋德清撰　清光緒十二年(1886)金陵刻經處刻本　二冊

320000－1615－0004135　子 0931/400137
莊子內篇註四卷　(明)釋德清注　清光緒十四年(1888)金陵刻經處刻本　二冊

320000－1615－0004136　子 0931/400138
諸子考略二卷首一卷　姚永樸纂　清光緒三十一年(1905)正誼書局鉛印本　一冊

320000－1615－0004137　子 0931/400139
獨斷一卷　(漢)蔡邕撰　清光緒元年(1875)湖北崇文書局刻本　一冊

320000－1615－0004138　子 0931/400140
傅子二卷　錢保塘輯　清光緒清風室刻本　一冊

320000－1615－0004139　子 0931/400141
楊仁山居遺著十二種　(清)楊文會注　清刻

本　一册　存四種四卷(陰符經發隱一卷、道德經發隱一卷、沖虚經發隱一卷、南華經發隱一卷)

320000－1615－0004140　子0931/400142
楊仁山居遺著十二種　(清)楊文會注　清刻本　一册

320000－1615－0004141　子0932/400143
揚子法言十卷　(漢)揚雄撰　清嘉慶九年(1804)姑蘇聚文堂刻本　二册

320000－1615－0004142　子0932/400144
淮南子二十一卷　(漢)劉安撰　(漢)高誘注　清光緒二年(1876)浙江書局刻本　六册

320000－1615－0004143　子0932/400145
淮南天文訓補注二卷　(清)錢塘述　清道光嘉定縣署刻本　二册

320000－1615－0004144　子0932/400146
賈子新書十卷　(漢)賈誼撰　清刻本　一册

320000－1615－0004145　子0932/400147
賈子新書十卷　(漢)賈誼撰　清抱經堂刻本　二册

320000－1615－0004146　子0932/400148
漢儒通義七卷　(清)陳澧撰　清光緒二十五年(1899)刻蔭立堂叢書本　三册

320000－1615－0004147　子0932/400149
揚子法言十卷　(漢)揚雄撰　清嘉慶九年(1804)姑蘇聚文堂刻本　一册

320000－1615－0004148　子0932/400150
顔氏家訓二卷　(北齊)顔之推撰　清光緒元年(1875)湖北崇文書局刻本　一册

320000－1615－0004149　子0932/400151
顔氏家訓七卷　(北齊)顔之推撰　清刻本　一册

320000－1615－0004150　子0932/400152
勸學篇二卷　(清)張之洞撰　清光緒二十四年(1898)河南書局刻本　一册

320000－1615－0004151　子0932/400153
勸學篇二卷　(清)張之洞撰　清光緒二十四年(1898)皖省敬敷書院刻本　一册

320000－1615－0004152　子0932/400154
繹志十九卷　(清)胡承諾撰　清同治十一年(1872)浙江書局刻本　八册

320000－1615－0004153　子0932/400155
浮邱子十二卷　(清)湯鵬撰　清同治湖南刻本　六册

320000－1615－0004154　子0932/400156
潛書二卷　(清)唐甄撰　清光緒九年(1883)中江李氏刻本　四册

320000－1615－0004155　子0932/400157
潛書二卷　(清)唐甄撰　清光緒九年(1883)中江李氏刻本　四册

320000－1615－0004156　子0932/400158
文中子中説十卷　(隋)王通撰　清嘉慶九年(1804)姑蘇聚文堂刻本　一册

320000－1615－0004157　子0932/400159
及將子一卷　(清)許雨田撰　清宣統元年(1909)石印本　一册

320000－1615－0004158　子0932/400160
聰訓齋語不分卷　(清)張英撰　清光緒二十九年(1903)上海商務印書館鉛印本　四册

320000－1615－0004159　子0932/400161
夢園叢説内篇八卷外篇八卷　(清)方濬頤撰　清同治十三年(1874)揚州刻本　三册

320000－1615－0004160　子0932/400162
日省録三卷補遺一卷　(清)梁文科輯　清光緒十七年(1891)江南榷署強恕齋刻本　一册

320000－1615－0004161　子0932/400163
夢園子不分卷　(清)方濬頤撰　清光緒十年(1884)揚州刻本　一册

320000－1615－0004162　子0933/400164
翼教叢編六卷　(清)蘇輿編　清光緒二十四年(1898)武昌刻本　一册　存三卷(一至三)

320000－1615－0004163　子0934/400165

困學紀聞注二十卷 （宋）王應麟撰 （清）翁元圻輯 清道光五年(1825)刻本 十二册

320000-1615-0004164 子0934/400166
顔氏家訓二卷 （北齊）顔之推撰 清刻本 一册

320000-1615-0004165 子0934/400167
退庵隨筆二十二卷 （清）梁章鉅編 清廣東南海刻本 五册 存十四卷(一至三、十二至二十二)

320000-1615-0004166 子0934/400168
漢儒通義七卷 （清）陳澧撰 清咸豐六年(1856)番禺陳氏刻東塾叢書本 二册

320000-1615-0004167 子0934/400169
古格言十二卷 （清）梁章鉅輯 清刻本 一册

320000-1615-0004168 子0935/400170
河南二程全書六十七卷 （宋）程頤 （宋）程顥撰 清光緒三十四年(1908)湖南澹雅書局刻本 二十册

320000-1615-0004169 子0935/400171
九數通考十一卷首一卷末一卷 （清）屈曾發輯 清刻本 一册 存二卷(十一、末一卷)

320000-1615-0004170 子0935/400172
代數術二十五卷首一卷 （英國）華里司輯 （英國）傅蘭雅口譯 （清）華蘅芳筆述 清刻本 三册 存八卷(十八至二十五)

320000-1615-0004171 子0935/400173
河南二程全書 （宋）程頤 （宋）程顥撰 清刻本 十三册 存七種四十一卷(河南程氏外書十二卷、附録一卷,明道先生文集五卷,伊川先生文集八卷,河南程氏遺文附録一卷,伊川易傳四卷,伊川經説八卷,二程粹言二卷)

320000-1615-0004172 子0941-2/400174
朱子語類一百四十卷 （宋）朱熹撰 （宋）黎靖德輯 清同治十一年(1872)應元書院刻本 四十册

320000-1615-0004173 子0943/400175
慈溪黄氏日抄分類九十七卷古今紀要十九卷 （宋）黄震撰 清乾隆三十二年(1767)新安汪氏刻本 十六册

320000-1615-0004174 子0944/400176
趙子言行録二卷 （元）趙復撰 （清）陳廷鈞輯 清同治九年(1870)湖北崇文書局刻本 二册

320000-1615-0004175 子0944/400177
王陽明先生全集十六卷年譜二卷 （明）王守仁撰 清道光六年(1826)文德刻本 十六册

320000-1615-0004176 子0944/400178
王陽明先生書疏證四卷 （清）胡泉撰 清咸豐八年(1858)刻本 四册

320000-1615-0004177 子0944/400179
上蔡語録三卷 （宋）謝良佐撰 清光緒十八年(1892)江夏陳氏刻本 二册

320000-1615-0004178 子0944/400180
薛子條貫續編十三卷 （明）薛瑄 （清）戴楫撰 清道光二十八年(1848)刻本 一册

320000-1615-0004179 子0944/400181
媿林漫録二卷 （明）瞿式耜撰 清光緒十六年(1890)江蘇書局刻本 二册

320000-1615-0004180 子0944/400182
人譜一卷 （明）劉宗周撰 清光緒三年(1877)湖北崇文書局刻本 一册

320000-1615-0004181 子0944/400183
人譜類記輯要二卷 （明）劉宗周撰 清光緒三十年(1904)安慶正誼學堂鉛印本 一册

320000-1615-0004182 子0945/400184
呻吟語約鈔二卷 （清）郭式昌校訂 清光緒三十年(1904)衢州刻本 二册

320000-1615-0004183 子0945/400185
呻吟語選二卷 （明）吕坤撰 （清）阮承信選 清道光揚州刻本 一册

320000-1615-0004184 子0945/400186
吕子遺書四種三十二卷 （明）吕坤撰 清道

光七年(1827)河南開封府署刻本　二十四册

320000－1615－0004185　子 0945/400187
呻吟語六卷　(明)吕坤撰　清道光十七年(1837)雅雨堂刻本　二册　存二卷(一至二)

320000－1615－0004186　子 0951/400188
支那教案論四篇一卷　(英國)宓克撰　嚴復譯　清末南洋公學譯書院鉛印本　一册

320000－1615－0004187　子 0951/400189
書畫鑑影二十四卷　(清)李佐賢編　清刻本　三册　存十卷(三至九、十三至十五)

320000－1615－0004188　子 0951/400190
穆勒名學三卷　(英國)穆勒撰　嚴復譯　清光緒二十八年(1902)金粟齋鉛印本　二册

320000－1615－0004189　子 0951/400191
畫禪室隨筆四卷　(明)董其昌撰　清大魁堂刻本　一册

320000－1615－0004190　子 0951/400192
孫吴司馬法三種八卷　(清)孫星衍輯　清光緒十年(1884)刻本　一册

320000－1615－0004191　子 0951/400193
日知録之餘四卷　(清)顧炎武撰　清宣統神州國光社鉛印本　二册

320000－1615－0004192　子 0951/400194
思辨録輯要前集二十二卷後集十三卷　(清)陸世儀撰　清光緒三年(1877)江蘇書局刻本　八册

320000－1615－0004193　子 0951/400195
沈端恪公遺書二卷　(清)沈近思撰　清同治十二年(1873)浙江書局刻本　二册

320000－1615－0004194　子 0951/400196
沈余遺書三種　(清)趙舒翹輯　清光緒二十二年(1896)江蘇書局刻本　四册

320000－1615－0004195　子 0951/400197
思辨録輯要前集二十二卷後集十三卷　(清)陸世儀撰　清光緒三年(1877)江蘇書局刻本　七册　缺三卷(後集一至三)

320000－1615－0004196　子 0952/400198
張楊園先生全集六卷　(清)張履祥撰　清嘉慶刻本　六册

320000－1615－0004197　子 0952/400199
無邪堂答問五卷　(清)朱一新撰　清光緒二十一年(1895)廣雅書局刻本　五册

320000－1615－0004198　子 0952/400200
讀書分年日程三卷　(元)程端禮編　清同治七年(1868)湖北崇文書局刻本　二册

320000－1615－0004199　子 0952/400201
讀書分年日程三卷　(元)程端禮編　清同治八年(1869)江蘇書局刻本　二册

320000－1615－0004200　子 0952/400202
讀書分年日程三卷　(元)程端禮編　清同治八年(1869)江蘇書局刻本　一册

320000－1615－0004201　子 0952/400203
讀書記疑十六卷　(清)王懋竑撰　清同治十一年(1872)福建撫署刻本　八册

320000－1615－0004202　子 0953/400204
四語彙編不分卷　(清)彭定求原編　清光緒十八年(1892)揚州府學刻本　四册

320000－1615－0004203　子 0953/400205
毋不敬齋全書三十一卷　(清)方濬撰　清光緒十五年(1889)濟南刻本　十五册

320000－1615－0004204　子 0953/400206
雙節堂庸訓六卷　(清)汪輝祖撰　清同治七年(1868)湖北崇文書局刻本　二册

320000－1615－0004205　子 0953/400207
儒門法語一卷　(清)彭定求原編　清光緒元年(1875)江蘇學政署刻本　一册

320000－1615－0004206　子 0953/400208
澄懷園語四卷　(清)張廷玉編　清光緒六年(1880)刻本　一册

320000－1615－0004207　子 0953/400209
小醉經室日省録二卷　(清)徐廷珍撰　清光緒六年(1880)揚州刻本　一册

320000－1615－0004208　子 0954/400210
草子彙十二卷　(清)石梁集　清刻本　六册

320000－1615－0004209　子 0954/400211
莊子南華真經十卷　(晉)郭象注　(唐)陸德明音義　清光緒十一年(1885)傳忠書局刻本　十册

320000－1615－0004210　子 0954/400212
十竹齋書畫譜不分卷　(明)胡正言編　清光緒五年(1879)元和邱氏刻多色套印本　八册

320000－1615－0004211　子 0954/400213
近思録十四卷　(宋)朱熹輯　(清)江永集註　清道光三年(1823)刻本　一册

320000－1615－0004212　子 0954/400214
近思録十四卷校勘記一卷附考訂朱子世家一卷　(宋)朱熹輯　(清)江永集註　清光緒三十年(1904)蜀東善成堂刻本　四册

320000－1615－0004213　子 0954/400215
天演論二卷　(英國)赫胥黎著　嚴復譯　清光緒刻本　一册

320000－1615－0004214　子 0954/400216
訓蒙千字文一卷　(清)何桂珍編　清道光刻本　一册

320000－1615－0004215　子 0954/400217
健餘先生講習録二卷　(清)尹會一撰　清乾隆刻本　一册

320000－1615－0004216　子 0955/400218
踵息廬稿一卷踵息廬粹語一卷　(清)謝珍撰　清光緒刻本　一册

320000－1615－0004217　子 0955/400219
體道集不分卷　(清)陳錫麟撰　清同治十二年(1873)新淦陳嘉福堂刻本　一册

320000－1615－0004218　子 0955/400220
勸戒近録六卷續録六卷三録六卷四録六卷　(清)梁恭辰撰　清同治五年(1866)蘇州瑪瑙經房刻本　八册

320000－1615－0004219　子 0955/400221
勸戒近録六卷　(清)梁恭辰撰　清同治五年(1866)蘇州瑪瑙經房刻本　八册

320000－1615－0004220　子 0955/400222
林氏家訓不分卷　(清)林良銓撰　清光緒刻本　一册

320000－1615－0004221　子 0955/400223
慎言集訓二卷　(明)敖英撰　清同治四年(1865)當歸草堂刻本　一册

320000－1615－0004222　子 0955/400224
庭訓十義不分卷　(清)何陛撰　清同治四年(1865)刻本　一册

320000－1615－0004223　子 0955/400225
元穆日記三卷　杜俞撰　清光緒十二年(1886)成都刻本　一册

320000－1615－0004224　子 0955/400226
小醉經室日省録二卷　(清)徐廷珍撰　清光緒六年(1880)揚州刻本　一册

320000－1615－0004225　子 0955/400227
蕉軒隨録十二卷　(清)方濬師撰　清同治十一年(1872)退一步齋刻本　一册　存一卷(一)

320000－1615－0004226　子 0955/400228
讀書做人譜十卷　(清)龍炳垣輯　清同治十一年(1872)張燮承刻本　一册

320000－1615－0004227　子 0955/400229
倭文端公遺書□□卷　(清)倭仁撰　清刻本　一册　存二卷(九至十)

320000－1615－0004228　子 0955/400230
表異録二十卷　(明)王志堅輯　清光緒二年(1876)陳氏庸閑齋刻本　二册

320000－1615－0004229　子 0955/400231
清異録二卷　(宋)陶穀撰　清光緒元年(1875)陳氏庸閑齋刻本　二册

320000－1615－0004230　子 0955/400232
潛菴先生志學會約一卷附困學録一卷　(清)湯斌撰　清光緒四年(1878)蘇北書局刻本　一册

320000－1615－0004231　子 0955/400233
心鏡一卷　（明）范銘撰　清同治十三年(1874)保易官舍刻本　一册

320000－1615－0004232　子 0955/400234
秀才樣子一卷　（清）尹會一撰　清刻本　一册

320000－1615－0004233　子 0955/400235
求己筆記一卷　（清）宋其沅撰　清道光刻本　一册

320000－1615－0004234　子 0955/400236
儒門舉要不分卷　（明）吕坤撰　清光緒八年(1882)寄癡書屋刻本　一册

320000－1615－0004235　子 1011/400237
大儒要言鈔一卷　（清）陶秉禮纂輯　清道光三年(1823)立本齋刻本　一册

320000－1615－0004236　子 1011/400238
養蒙金鑑二卷　（清）林之望編　清光緒元年(1875)湖北藩署刻本　二册

320000－1615－0004237　子 1011/400239
譚誤四卷　（明）馬樸撰　清同治九年(1870)敦倫堂刻本　二册

320000－1615－0004238　子 1011/400240
弟子職集解一卷　（清）莊述祖　（清）黄彭年輯　清光緒十四年(1888)江蘇書局刻本　一册

320000－1615－0004239　子 1011/400241
書林揚觶二卷　（清）方東樹撰　清同治十年(1871)望三益齋刻本　二册

320000－1615－0004240　子 1011/400242
漢學商兑三卷　（清）方東樹撰　清光緒二十六年(1900)浙江書局刻本　四册

320000－1615－0004241　子 1011/400243
漢學商兑三卷　（清）方東樹撰　清同治十年(1871)望三益齋刻本　四册

320000－1615－0004242　子 1011/400244
小學集解六卷　（宋）朱熹編　（清）張伯行輯註　清同治十一年(1872)江西撫署刻本　三册

320000－1615－0004243　子 1011/400245
小學纂注六卷　（清）高愈纂注　清同治十一年(1872)浙江書局刻本　二册

320000－1615－0004244　子 1011/400246
小學纂注六卷　（清）高愈纂注　清同治十一年(1872)浙江書局刻本　二册

320000－1615－0004245　子 1011/400247
小學集注六卷　（宋）朱熹編　（明）陳選注　清末南京李光明莊刻本　二册

320000－1615－0004246　子 1011/400248
小學纂注六卷　（清）高愈纂注　清同治十一年(1872)浙江書局刻本　二册

320000－1615－0004247　子 1011/400249
小學韻語一卷　（清）羅澤南撰　清末浙江書局刻本　一册

320000－1615－0004248　子 1011/400250
小學韻語一卷　（清）羅澤南撰　清光緒五年(1879)江蘇書局刻本　一册

320000－1615－0004249　子 1011/400251
小學韻語一卷　（清）羅澤南撰　清光緒五年(1879)江蘇書局刻本　一册

320000－1615－0004250　子 1012/400252
古香齋鑒賞袖珍初學記三十卷　（唐）徐堅撰　清古香齋刻本　六册　存十一卷(一至四、十一至十六、三十)

320000－1615－0004251　子 1012/400253
子史精華一百六十卷　（清）聖祖玄燁編　清光緒十三年(1887)上海蜚英館石印本　八册

320000－1615－0004252　子 1012/400254
墨林今話十八卷續編一卷　（清）蔣寶齡撰　清宣統三年(1911)掃葉山房石印本　六册

320000－1615－0004253　子 1012/400255
子史精華一百六十卷　（清）聖祖玄燁編　清光緒二十二年(1896)上海寶文書局石印本　八册

320000－1615－0004254　子1013－4/400256
宋元學案一百卷　(清)黄宗羲撰　清光緒五年(1879)長沙刻本　三十六册

320000－1615－0004255　子1015－6/400257
明儒學案六十二卷　(清)黄宗羲撰　清光緒十四年(1888)南昌縣學刻本　四十册

320000－1615－0004256　子1021/400258
明儒學案十六卷　(清)黄宗羲撰　清光緒二十八年(1902)上海文瀾書局石印本　八册

320000－1615－0004257　子1021/400259
子書二十八種　(清)育文書局輯　清光緒三十三年(1907)文瑞樓鉛印本　十一册

320000－1615－0004258　子1021/400260
理學宗傳二十六卷　(清)孫奇逢輯　清光緒六年(1880)浙江書局刻本　十二册

320000－1615－0004259　子1022－5/400261
正誼堂全書　(清)張伯行輯　清同治五年(1866)福州正誼書院刻八年至九年(1869－1870)續刻本　一百七册

320000－1615－0004260　子1031/400262
國朝宋學淵源記二卷　(清)江藩撰　清光緒十九年(1893)上海積山書局石印本　一册

320000－1615－0004261　子1031/400263
容齋隨筆十六卷續筆十六卷三筆十六卷四筆十六卷　(宋)洪邁撰　清光緒元年(1875)刻本　十四册

320000－1615－0004262　子1031/400264
能改齋漫録十八卷　(宋)吴曾撰　清刻本　十册

320000－1615－0004263　子1031/400265
翁注困學紀聞二十卷　(宋)王應麟撰　(清)翁元圻輯　清光緒點石齋石印本　六册

320000－1615－0004264　子1032/400266
困學紀聞二十卷　(宋)王應麟撰　清乾隆刻本　四册　缺五卷(一至二、十至十二)

320000－1615－0004265　子1032/400267
學林十卷　(宋)王觀國撰　清乾隆武英殿木活字印本　四册

320000－1615－0004266　子1032/400268
潛邱劄記六卷　(清)閻若璩撰　**左汾近稿一卷**　(清)閻詠撰　清大成齋刻本　六册

320000－1615－0004267　子1032/400269
少室山房筆叢四十八卷　(明)胡應麟撰　清光緒二十二年(1896)廣雅書局刻本　八册

320000－1615－0004268　子1033/400270
重刻歐陽外翰點勘記二卷附省堂筆記一卷　(清)歐陽泉撰　清光緒四年(1878)江蘇書局刻本　二册

320000－1615－0004269　子1033/400271
寄傲軒讀書隨筆十卷　(清)沈赤然撰　清嘉慶十年(1805)刻本　四册

320000－1615－0004270　子1033/400272
考古質疑六卷　(宋)葉大慶撰　清刻本　二册

320000－1615－0004271　子1033/400273
甕牖閒評八卷　(宋)袁文撰　清刻本　二册

320000－1615－0004272　子1033/400274
銅熨斗齋隨筆八卷　(清)沈濤撰　清道光刻本　二册

320000－1615－0004273　子1033/400275
睡餘偶筆二卷　(清)雷浚撰　清光緒刻本　一册

320000－1615－0004274　子1033/400276
彊識編四卷　(清)朱士端撰　清同治元年(1862)寶應朱氏刻春雨樓叢書本　二册

320000－1615－0004275　子1033/400277
嫻藝軒雜著不分卷　(清)黄家岱撰　清光緒二十一年(1895)刻本　一册

320000－1615－0004276　子1033/400278
賓存四卷　(清)胡式鈺撰　清道光二十一年(1841)刻本　一册

320000－1615－0004277　子1033/400279
賓存四卷　(清)胡式鈺撰　清道光二十一年

(1841)刻本　二册

320000－1615－0004278　子1033/400280
交翠軒筆記四卷　(清)沈濤撰　清道光二十八年(1848)刻本　二册

320000－1615－0004279　子1033/400281
有不為齋隨筆不分卷　(清)光聰諧撰　清光緒十四年(1888)蘇州刻本　二册

320000－1615－0004280　子1033/400282
長短經九卷　(唐)趙蕤撰　(清)周廣業校　清嘉慶四年(1799)桐川顧氏刻讀畫齋叢書本　二册　存五卷(一至二、五至七)

320000－1615－0004281　子1033/400283
血證論八卷　(清)唐宗海撰　清光緒二十年(1894)申江褒海山房書局石印本　二册

320000－1615－0004282　子1034/400284
增補類腋六十七卷　(清)姚培謙撰　(清)趙克宜增輯　清角山樓刻本　十一册

320000－1615－0004283　子1034/400285
驗方新編十六卷　(清)鮑相璈編輯　清光緒九年(1883)味古齋刻本　十册

320000－1615－0004284　子1034/400286
古事比五十二卷　(清)方中德輯　清光緒十三年(1887)上海點石齋石印本　五册

320000－1615－0004285　子1035/400287
增廣試帖玉芙蓉四卷　(清)願學廬主人選編　清光緒二十二年(1896)積山書局石印本　七册

320000－1615－0004286　子1035/400288
翁注困學紀聞二十卷　(宋)王應麟撰　(清)翁元圻輯　清末石印本　三册　存十三卷(八至二十)

320000－1615－0004287　子1035/400289
日知録集釋三十二卷　(清)顧炎武撰　(清)黄汝成集釋　清光緒二十九年(1903)石印本　六册

320000－1615－0004288　子1035/400290
日知録之餘四卷　(清)顧炎武撰　清刻本　二册

320000－1615－0004289　子1035/400291
日知録三十二卷　(清)顧炎武撰　清乾隆五十八年(1793)刻本　十二册

320000－1615－0004290　子1035/400292
小學六卷　(宋)朱熹編　(清)尹嘉銓疏　清乾隆刻本　二册

320000－1615－0004291　子1041/400293
日知録集釋三十二卷　(清)顧炎武撰　(清)黄汝成集釋　清同治十一年(1872)湖北崇文書局刻本　十六册

320000－1615－0004292　子1042/400294
管城碩記三十卷　(清)徐文靖撰　清乾隆志寧堂刻本　十册

320000－1615－0004293　子1042/400295
義門讀書記五十八卷　(清)何焯撰　清光緒六年(1880)苕溪吴氏刻本　十二册

320000－1615－0004294　子1042/400296
東塾讀書記二十五卷　(清)陳澧撰　清光緒二十四年(1898)刻本　五册　存十五卷(一至十二、十五至十六、二十一)

320000－1615－0004295　子1043/400297
陔餘叢考四十三卷　(清)趙翼撰　清乾隆五十五年(1790)湛貽堂刻本　十二册

320000－1615－0004296　子1043/400298
陔餘叢考四十三卷　(清)趙翼撰　清乾隆五十五年(1790)湛貽堂刻本　十二册

320000－1615－0004297　子1043/400299
東塾讀書記二十五卷　(清)陳澧撰　清刻本　六册　存十五卷(一至十二、十五至十六、二十一)

320000－1615－0004298　子1044/400300
蛾術編八十二卷　(清)王鳴盛撰　清道光二十一年(1841)世楷堂刻本　二十四册

320000－1615－0004299　子1044/400301
讀書脞録七卷續編四卷　(清)孫志祖撰　清嘉慶四年至七年(1799－1802)北平翁氏刻本

六冊

320000－1615－0004300　子 1044/400302
顔氏學記十卷　(清)戴望撰　清光緒二十年(1894)刻本　四冊

320000－1615－0004301　子 1045/400303
致福豊祥二卷　(清)黄樹縠輯　清刻本　一冊

320000－1615－0004302　子 1045/400304
百孝圖一卷　(清)萬選撰　清光緒九年(1883)碧珊瑚齋刻本　一冊

320000－1615－0004303　子 1045/400305
江邨銷夏録三卷　(清)高士奇輯　清宣統二年(1910)順德鄧氏刻本　三冊

320000－1615－0004304　子 1045/400306
翁松禪手札不分卷　(清)翁同龢撰　清宣統三年(1911)石印本　十冊

320000－1615－0004305　子 1045/400307
穰梨館過眼録四十卷　(清)陸心源撰　清光緒十七年(1891)吴興陸氏刻本　十冊

320000－1615－0004306　子 1051/400308
草聖彙辯不分卷　(清)白芬彙編　(清)朱宗文摹辯　清乾隆四十八年(1783)刻本　四冊

320000－1615－0004307　子 1051/400309
退庵隨筆二十二卷　(清)梁章鉅撰　清道光十七年(1837)刻本　八冊

320000－1615－0004308　子 1051/400310
退庵隨筆二十二卷　(清)梁章鉅撰　清道光十七年(1837)刻本　八冊

320000－1615－0004309　子 1051/400311
退庵金石書畫題跋二十卷　(清)梁章鉅撰　清道光長樂梁氏刻本　八冊

320000－1615－0004310　子 1052/400312
御刻三希石渠寶笈法帖三十二冊三希堂續刻法帖四冊　(清)梁詩正編　清宣統元年(1909)文盛書局石印本　三十六冊

320000－1615－0004311　子 1053/400313
釋禪波羅蜜次第法門十卷　(隋)釋智者撰　清光緒三十四年(1908)揚州藏經院刻本　一冊　存三卷(八至十)

320000－1615－0004312　子 1053/400314
莊子南華真經十卷　(晉)郭象注　(唐)陸德明音義　清刻本　三冊　存四卷(四至七)

320000－1615－0004313　子 1053/400315
列子八卷　(唐)盧重元解　清嘉慶八年(1803)江都秦氏石研齋刻本　二冊

320000－1615－0004314　子 1053/400316
國朝院畫録二卷　(清)胡敬輯　清道光二十三年(1843)崇雅堂刻本　二冊

320000－1615－0004315　子 1053/400317
幾何原本十五卷　(英國)偉烈亞力續譯　(清)海甯　李善蘭筆受　清刻本　四冊　存九卷(七至十五)

320000－1615－0004316　子 1053/400318
廣事類賦四十卷　(清)華希閔撰　清刻本　十冊　存二十六卷(五至二十七、三十六至三十八)

320000－1615－0004317　子 1054－5/400319
子史精華一百六十卷　(清)聖祖玄燁編　清刻本　四十八冊

320000－1615－0004318　子 1055/400320
神授保產經驗簡便良方一卷　(清)□□編　清真州詒穀山莊刻本　一冊

320000－1615－0004319　子 1055/400321
驗方新編十六卷　(清)鮑相璈編輯　清同治五年(1866)江西崇仁謝氏刻本　八冊

320000－1615－0004320　子 1055/400322
救呑生煙筆記一卷　(清)沈俊卿撰　清光緒二十三年(1897)刻本　一冊

320000－1615－0004321　子 1055/400323
集驗良方拔萃二卷　(清)邱式金編　清同治刻本　一冊

320000－1615－0004322　子 1055/400324
千金不易簡便良方　(漢)華佗等傳　清同治

十年(1871)刻本　一册

320000－1615－0004323　子1111/400325

賞奇軒合編　(清)□□輯　清光緒十二年(1886)上海同文書局石印本　一册　存三種三卷(無雙譜一卷、官子譜一卷、東坡遺意一卷)

320000－1615－0004324　子1111/400326

泛槎圖六集　(清)張寶撰　清光緒六年(1880)上海點石齋石印本　四册

320000－1615－0004325　子1111/400327

賞奇軒合編　(清)□□輯　清光緒十二年(1886)上海同文書局石印本　一册　存一種一卷(無雙譜一卷)

320000－1615－0004326　子1111/400328

甌鉢羅室書畫過目考四卷首一卷附録一卷　(清)李玉棻編輯　清光緒二十三年(1897)上海江南圖書館石印本　四册

320000－1615－0004327　子1111/400329

本草醫方合編二十一卷　(清)汪昂輯　清乾隆四十三年(1778)刻本　八册

320000－1615－0004328　子1111/400330

驗方新編八卷首一卷　(清)鮑相璈撰　**痧症全書三卷**　(明)林森撰　**咽喉秘集□□卷**　(清)海山仙館編　清同治元年(1862)海山仙館刻本　十册

320000－1615－0004329　子1111/400331

中國漁業歷史一卷　沈同芳撰　清宣統三年(1911)中國圖書公司鉛印本　一册

320000－1615－0004330　子1112/400332

馬鏡江人物仕女畫譜不分卷　(清)馬濤繪　清光緒上海錦文堂石印本　二册

320000－1615－0004331　子1112/400333

墨子十六卷附篇目考一卷　(清)畢沅校注　清乾隆四十九年(1784)畢氏靈巖山館刻經訓堂叢書本　四册

320000－1615－0004332　子1112/400334

墨子十六卷附篇目考一卷　(清)畢沅校注　清光緒二年(1876)浙江書局刻本　四册

320000－1615－0004333　子1112/400335

札迻十二卷　(清)孫詒讓撰　清光緒二十年(1894)刻本　二册

320000－1615－0004334　子1112/400336

庭聞憶略二卷　(清)寶庭撰　清光緒刻本　一册

320000－1615－0004335　子1112/400337

中論二卷附札記二卷　(漢)徐幹撰　清刻小萬卷樓叢書本　一册

320000－1615－0004336　子1112/400338

賓存四卷　(清)胡式鈺撰　清道光二十一年(1841)刻本　一册

320000－1615－0004337　子1112/400339

漢學商兑三卷　(清)方東樹撰　清同治十年(1871)望三益齋刻本　二册

320000－1615－0004338　子1112/400340

北溪先生字義二卷補遺一卷傳略嚴陵講義一卷　(宋)陳淳撰　清康熙五十三年(1714)戴嘉禧愛荆堂刻本　一册

320000－1615－0004339　子1112/400341

蘿藦亭札記八卷　(清)喬松年撰　清同治十二年(1873)刻本　一册

320000－1615－0004340　子1112/400342

呻吟語節録六卷　(明)吕坤撰　清嘉慶十四年(1809)刻本　一册

320000－1615－0004341　子1113/400343

湯頭歌訣一卷經絡歌訣一卷　(清)汪昂撰　清刻本　一册

320000－1615－0004342　子1113/400344

湯頭歌訣一卷經絡歌訣一卷　(清)汪昂撰　清刻本　一册

320000－1615－0004343　子1113/400345

金匱玉函經二註二十二卷　(元)趙以德衍義　(清)周揚俊補註　清同治二年(1863)養恬齋刻本　六册

320000－1615－0004344　子1113/400346
金匱玉函經二註二十二卷　（元）趙以德衍義（清）周揚俊補註　清同治二年（1863）養恬齋刻本　六册

320000－1615－0004345　子1113/400347
金匱要略方論本義二十二卷　（清）魏荔彤釋　清金閶綠蔭堂刻本　四册

320000－1615－0004346　子1113/400348
廣瘟疫論四卷　（清）戴天章撰　清乾隆四十八年（1783）戴氏刻本　二册

320000－1615－0004347　子1113/400349
傷寒明理論四卷　（金）成無己撰　清常州陸氏雙白燕堂刻本　二册

320000－1615－0004348　子1113/400350
清河書畫舫十二卷　（明）張丑撰　清乾隆二十八年（1763）池北草堂刻本　十二册

320000－1615－0004349　子1114/400351
增補事類統編九十三卷　（清）黄葆真增輯　清光緒十四年（1888）上海積山書局石印本　十二册

320000－1615－0004350　子1114/400352
潛邱劄記六卷　（清）閻若璩撰　**左汾近稿一卷**　（清）閻詠撰　清光緒十四年（1888）同文書局石印本　四册

320000－1615－0004351　子1114/400353
格致鏡原一百卷　（清）陳元龍撰　清光緒上海大同書局石印本　十六册

320000－1615－0004352　子1115/400354
丹溪先生金匱鉤玄三卷　（明）戴元禮輯　清尚德堂刻本　一册

320000－1615－0004353　子1115/400355
注解傷寒論十卷　（漢）張機撰　（晉）王叔和編　（金）成無己注　清光緒六年（1880）掃葉山房刻本　四册

320000－1615－0004354　子1115/400356
傷寒論類方四卷　（清）潘霨輯　清同治五年（1866）古吴潘氏刻本　四册

320000－1615－0004355　子1115/400357
丹溪心法五卷附一卷　（元）朱震亨撰　清刻本　八册

320000－1615－0004356　子1115/400358
傷寒論後條辨十五卷　（清）程應旄撰　清乾隆九年（1744）致和堂刻本　八册

320000－1615－0004357　子1115/400359
黄帝内經素問九卷　（清）張志聰集　清光緒十九年（1893）浙江書局刻本　十册

320000－1615－0004358　子1121/400360
增注類證活人書二十二卷　（宋）朱肱撰　清光緒上海江南機器製造總局刻本　四册

320000－1615－0004359　子1121/400361
溫熱暑疫全書四卷　（清）周揚俊輯　清光緒刻本　二册

320000－1615－0004360　子1121/400362
醫林改錯二卷　（清）王清任撰　清道光二十九年（1849）金陵文英堂刻本　二册

320000－1615－0004361　子1121/400363
脈經十卷　（晉）王叔和撰　清光緒十七年（1891）池陽周氏刻本　六册

320000－1615－0004362　子1121/400364
傷寒論直解六卷　（清）張錫駒注　清光緒十一年（1885）福州醉金閣刻本　六册

320000－1615－0004363　子1121/400365
傷寒審症表一卷　（清）包誠輯　清同治十年（1871）崇文書局刻本　一册

320000－1615－0004364　子1121/400366
王洪緒先生外科證治全生不分卷　（清）王維德撰　清咸豐十一年（1861）武昌節署刻本　一册

320000－1615－0004365　子1121/400367
王氏醫案二卷續編八卷霍亂論二卷　（清）王士雄撰　清咸豐元年（1851）吟香書屋刻本　四册　有蟲蛀

320000－1615－0004366　子1121/400368
本草經解要四卷　（清）葉桂撰　清雍正金閶

書業堂刻本　四册　有蟲蛀

320000－1615－0004367　子 1121/400369

國朝書人輯略十一卷　震鈞輯　清光緒三十四年(1908)刻本　八册

320000－1615－0004368　子 1121/400370

續知不足齋叢書　(清)高承勳輯　清刻本　一册　存四種四卷(聽雨紀談一卷、三餘贅筆一卷、物原一卷、山水忠肝集摘要一卷)

320000－1615－0004369　子 1121/400371

無益有益齋論畫詩二卷　李葆恂撰　清宣統元年(1909)刻本　二册

320000－1615－0004370　子 1121/400372

竹葉亭雜記四卷　(清)姚元之撰　清光緒掃葉山房石印本　二册

320000－1615－0004371　子 1121/400373

消暑隨筆四卷　(清)潘世恩撰　清宣統三年(1911)上海海左書局石印本　三册

320000－1615－0004372　子 1121/400374

范施十局一卷范梁七局一卷　(清)鄧元鏸編　清光緒弈潛齋刻本　一册

320000－1615－0004373　子 1122/400375

神農本草經百種録一卷　(清)徐大椿撰　清刻本　一册

320000－1615－0004374　子 1122/400376

三家醫案合刻三卷　(清)葉桂等撰　清光緒二十年(1894)上海圖書集成印書局鉛印本　一册

320000－1615－0004375　子 1122/400377

吴醫彙講十一卷　(清)唐大烈輯　清刻本　三册　缺四卷(五至六、十至十一)

320000－1615－0004376　子 1122/400378

傷寒全生集四卷　(明)陶華撰　清古越尺木堂刻本　六册

320000－1615－0004377　子 1122/400379

難經經釋二卷　(清)徐大椿撰　清光緒四年(1878)掃葉山房徐氏醫書八種刻本　一册

320000－1615－0004378　子 1122/400380

黄氏醫書八種十卷　(清)黄元御撰　清咸豐燮和精舍刻本　十五册

320000－1615－0004379　子 1122/400381

俞樾文牘不分卷　(清)俞樾撰　清光緒石印本　一册

320000－1615－0004380　子 1122/400382

劉文清公手書謝摺一卷　(清)劉墉書　清光緒石印本　一册

320000－1615－0004381　子 1122/400383

寶繪録二十卷　(明)張泰階輯　清鮑氏知不足齋刻本　六册

320000－1615－0004382　子 1122/400384

述古叢鈔四集　(清)劉晚榮輯　清同治、光緒間刻本　一册　存五種六卷(清秘藏二卷、南陽法書表一卷、南陽名畫表一卷、法書名畫見聞表一卷、清河秘篋書畫表一卷)

320000－1615－0004383　子 1122/400385

國朝畫徵録三卷　(清)張庚撰　清乾隆四年(1739)刻本　一册

320000－1615－0004384　子 1123/400386

西藥略釋四卷　(清)林湘東等譯　清光緒十二年(1886)刻本　四册

320000－1615－0004385　子 1123/400387

達生編三卷　題(清)函齋居士撰　清光緒十四年(1888)刻本　一册

320000－1615－0004386　子 1123/400388

雙研齋筆記五卷　(清)鄧廷楨撰　清光緒二十二年(1896)刻本　二册　存二卷(一、四)

320000－1615－0004387　子 1123/400389

近思録十四卷校勘記一卷附考訂朱子世家一卷　(宋)朱熹輯　(清)江永集註　清同治八年(1869)江蘇書局刻本　四册

320000－1615－0004388　子 1123/400390

書畫傳習録四卷　(明)王紱輯　**續録一卷附梁谿書畫徵一卷**　(清)嵇承咸輯　清嘉慶刻本　八册　缺一卷(二)

320000－1615－0004389　子 1123/400391
援鶉堂筆記五十卷　(清)姚範撰　清道光十五年(1835)刻本　十冊　缺二十一卷(十二至十七、二十八至四十二)

320000－1615－0004390　子 1124/400392
蠶桑備要一卷　盛宣懷輯　清光緒二年(1876)思補樓刻本　一冊

320000－1615－0004391　子 1124/400393
蠶桑備要一卷　盛宣懷輯　清光緒二年(1876)思補樓刻本　一冊

320000－1615－0004392　子 1124/400394
醫學心悟五卷附外科十法一卷　(清)程國彭撰　清書粟軒刻本　五冊

320000－1615－0004393　子 1124/400395
古今醫統正脈全書　(明)王肯堂輯　清文奎堂刻本　七冊

320000－1615－0004394　子 1124/400396
傷寒集註□□卷　(清)張志聰註釋　清光緒二十五年(1899)石印本　四冊

320000－1615－0004395　子 1124/400397
校正圖註八十一難經四卷　(清)張世賢註　清光緒石印本　二冊

320000－1615－0004396　子 1124/400398
校正圖註八十一難經四卷　(清)張世賢註　清光緒石印本　二冊

320000－1615－0004397　子 1124/400399
張氏醫通十六卷　(清)張璐撰　清光緒上海書局石印本　十六冊

320000－1615－0004398　子 1125/400400
歷代畫史彙傳七十二卷　(清)邱步洲重輯　清同治十三年(1874)三楚畊餘堂邱氏刻本　三十二冊

320000－1615－0004399　子 1131/400401
東垣十種醫書　(金)李杲等撰　清光緒三十三年(1907)上海書局石印本　六冊

320000－1615－0004400　子 1131/400402
明夷待訪録一卷　(清)黄宗羲撰　清刻本　一冊

320000－1615－0004401　子 1131/400403
徐氏醫書八種　(清)徐大椿撰　清光緒珍藝書局鉛印本　十二冊

320000－1615－0004402　子 1131/400404
四書典林三十卷　(清)江永編　清光緒十年(1884)上海同文書局石印本　三冊

320000－1615－0004403　子 1131/400405
書法正傳不分卷　(清)蔣和撰　清宣統二年(1910)上海掃葉山房石印本　一冊

320000－1615－0004404　子 1131/400406
日知録集釋三十二卷　(清)顧炎武撰　(清)黄汝成集釋　**刊誤二卷續刊誤二卷**　(清)黄汝成撰　清光緒三年(1877)刻本　十九冊

320000－1615－0004405　子 1132/400407
佩文齋書畫譜一百卷　(清)孫岳頒等纂　清光緒九年(1883)上海同文書局石印本　四冊　存二十七卷(一至六、十六至二十三、八十一至八十七、九十五至一百)

320000－1615－0004406　子 1132/400408
佩文齋書畫譜一百卷　(清)孫岳頒等纂　清光緒九年(1883)上海同文書局石印本　十四冊

320000－1615－0004407　子 1133/400409
莊子郭注十卷　(晉)郭象注　清光緒十一年(1885)傳忠書局刻本　六冊

320000－1615－0004408　子 1133/400410
莊子内篇註四卷　(明)釋德清注　清光緒十四年(1888)金陵刻經處刻本　二冊

320000－1615－0004409　子 1133/400411
莊子因六卷　(清)林雲銘評述　清刻本　三冊

320000－1615－0004410　子 1133/400412
莊子章義五卷　(清)姚鼐撰　清光緒五年(1879)桐城徐氏刻本　二冊

320000－1615－0004411　子 1133/400413
大學衍義四十三卷　(宋)真德秀撰　清同治

十三年(1874)金陵書局刻本　八冊

320000－1615－0004412　子1134/400414
奇經八脈考一卷瀕湖脈學一卷脈訣考証一卷　(明)李時珍撰　清刻本　一冊

320000－1615－0004413　子1134－5/400415
朱子語類一百四十卷　(宋)朱熹撰　(宋)黎靖德輯　清同治十一年(1872)應元書院刻本　四十四冊

320000－1615－0004414　子1141/400416
本草綱目五十二卷圖三卷　(明)李時珍撰　清刻本　三十八冊　缺一卷(圖上)

320000－1615－0004415　子1142/400417
新義録一百卷　(清)孫璧文撰　清光緒二十七年(1901)兩湖譯書學堂刻本　四十四冊

320000－1615－0004416　子1143/400418
意大利蠶書一卷　(清)趙元益譯　清光緒二十四年(1898)江南製造局刻本　一冊

320000－1615－0004417　子1143/400419
蠶桑彙編不分卷　(清)沙石安輯　清同治八年(1869)沙瑟菴刻本　一冊

320000－1615－0004418　子1143/400420
泰西水法六卷　(意大利)熊三拔撰　(明)徐光啟筆記　清嘉慶五年(1800)掃葉山房刻本　一冊

320000－1615－0004419　子1143/400421
秘傳花鏡不分卷　(清)陳淏子輯　清乾隆金閶書業堂刻本　四冊

320000－1615－0004420　子1143/400422
農務化學問答二卷　(英國)仲斯敦撰　(英國)秀耀春口譯　范熙庸筆述　清光緒二十五年(1899)江南製造局刻本　二冊

320000－1615－0004421　子1143/400423
農學初級一卷　(英國)旦爾恆里撰　(英國)秀耀春口譯　范熙庸筆述　清光緒二十四年(1898)江南製造局刻本　一冊

320000－1615－0004422　子1143/400424
農務土質論三卷　(美國)金福蘭格令希蘭撰　(美國)衛理口譯　范熙庸筆述　清光緒二十六年(1900)江南製造局刻本　三冊

320000－1615－0004423　子1143/400425
區種五種五卷附録一卷　(清)趙夢齡輯　清光緒四年(1878)蓮花池刻本　一冊

320000－1615－0004424　子1143/400426
區種五種五卷附録一卷　(清)趙夢齡輯　清光緒二十四年(1898)鉛印述廬叢書本　一冊

320000－1615－0004425　子1143/400427
蠶桑簡明輯説不分卷　(清)黄世本輯　清光緒十四年(1888)刻本　一冊

320000－1615－0004426　子1143/400428
蠶桑説略一卷　(清)宗景藩撰　清同治七年(1868)刻本　一冊

320000－1615－0004427　子1143/400429
蠶桑備覽一卷　(清)惲畹香編　清刻本　一冊

320000－1615－0004428　子1143/400430
蠶桑簡明輯説不分卷　(清)黄世本輯　清光緒十四年(1888)刻本　一冊

320000－1615－0004429　子1143/400431
蠶桑萃編十五卷　(清)衛傑編　清光緒二十五年(1899)浙江書局刻本　八冊

320000－1615－0004430　子1143/400432
庚子銷夏記八卷　(清)孫承澤撰　清乾隆二十六年(1761)常熟鮑氏刻本　四冊

320000－1615－0004431　子1143/400433
須靜齋雲煙過眼録一卷　(清)潘曾祁輯　清宣統三年(1911)吴縣潘氏刻本　一冊

320000－1615－0004432　子1143/400434
過雲樓書類四卷畫類六卷　(清)顧文彬撰　清光緒八年(1882)元和顧氏刻本　四冊

320000－1615－0004433　子1144/400435
金石表一卷　(美國)代那撰　(英國)瑪高溫譯　清光緒九年(1883)江南製造局鉛印本　一冊

320000－1615－0004434　子1144/400436
開煤要法十二卷　（英國）士密德輯　（英國）傅蘭雅口譯　（清）王德均筆述　清光緒江南機器製造總局刻本　二册

320000－1615－0004435　子1144/400437
井礦工程三卷　（英國）白爾捺輯　（英國）傅蘭雅口譯　（清）趙元益筆述　清光緒江南機器製造總局刻本　二册

320000－1615－0004436　子1144/400438
電氣鍍鎳一卷　（英國）傅蘭雅口譯　徐華封筆述　清光緒江南製造局刻本　一册

320000－1615－0004437　子1144/400439
鐵路彙考十三卷　（美國）柯理集　（英國）傅蘭雅口譯　（清）潘松筆述　清光緒二十五年(1899)江南製造局刻本　二册

320000－1615－0004438　子1144/400440
電氣鍍金略法一卷　（英國）華特纂　（英國）傅蘭雅口譯　周郇筆述　清江南製造局刻本　一册

320000－1615－0004439　子1144/400441
鍊金新語一卷　（英國）奥斯吞撰　舒高第　（清）鄭昌棪譯　清光緒十七年(1891)江南製造局刻本　三册

320000－1615－0004440　子1144/400442
銀礦指南一卷　（美國）亞倫撰　（英國）傅蘭雅口譯　應祖錫筆述　清光緒十七年(1891)江南製造局刻本　一册

320000－1615－0004441　子1144/400443
求礦指南十卷　（英國）安德孫撰　（英國）傅蘭雅　潘松譯　清光緒二十五年(1899)江南製造局刻本　二册

320000－1615－0004442　子1144/400444
冶金録三卷　（美國）阿發滿撰　（英國）傅蘭雅口譯　（清）趙元益筆述　清江南製造局刻本　二册

320000－1615－0004443　子1144/400445
鑄錢工藝三卷　（英國）傅蘭雅　（清）鍾天緯譯　清江南製造局鉛印本　二册

320000－1615－0004444　子1144/400446
鍊鋼要言一卷　（清）徐家寶譯述　清光緒二十年(1894)江南製造局刻本　一册

320000－1615－0004445　子1144/400447
鍊石編三卷　（英國）亨利黎特撰　舒高第　（清）鄭昌棪譯　清江南製造局鉛印本　二册

320000－1615－0004446　子1144/400448
寶藏興焉十二卷　（英國）費而奔撰　（英國）傅蘭雅口譯　（清）徐壽筆述　清江南製造局刻本　十六册

320000－1615－0004447　子1145/400449
汽機必以十二卷首一卷附録一卷　（英國）蒲而捺撰　（英國）傅蘭雅口譯　（清）徐建寅筆述　清江南製造局刻本　六册

320000－1615－0004448　子1145/400450
汽機新制八卷　（英國）白爾格撰　（英國）傅蘭雅口譯　（清）徐建寅筆述　清江南製造局刻本　二册

320000－1615－0004449　子1145/400451
製機理法八卷附圖一卷　（英國）覺顯禄斯撰　（英國）傅蘭雅口譯　（清）華備鈺筆述　清光緒二十五年(1899)江南製造局刻本　四册

320000－1615－0004450　子1145/400452
西藝知新初續集二十二卷　（英國）諾格德撰　（英國）傅蘭雅口譯　（清）徐壽筆述　清末江南製造局刻本　十四册

320000－1615－0004451　子1145/400453
汽機發軔九卷　（英國）美以納　白勞那撰　（英國）偉烈口譯　（清）徐壽筆述　清江南製造局刻本　四册

320000－1615－0004452　子1151/400454
化學工藝初集四卷二集四卷三集二卷　（英國）能智撰　（英國）傅蘭雅　（清）汪振聲譯　清光緒二十四年(1898)江南製造局鉛印本　十三册

320000－1615－0004453　子1151/400455

考工記要十七卷 （英國）瑪體生撰 （英國）傅蘭雅 （清）鍾天緯譯 （清）汪振聲校訂 清江南製造局刻本 八册

320000－1615－0004454 子1151/400456
工程致富論略十三卷 （英國）瑪體生撰 （英國）傅蘭雅 （清）鍾天緯譯 清江南製造局鉛印本 八册

320000－1615－0004455 子1152/400457
雙清堂撫臨石刻不分卷 （清）劉樹堂書 清光緒二十年（1894）杭州石印本 二册

320000－1615－0004456 子1152/400458
石鼓集聯不分卷 （清）王同伯集 清光緒二十六年（1900）石印本 二册

320000－1615－0004457 子1152/400459
山靜居詩論一卷書論一卷畫論一卷 （清）方薰撰 清刻本 一册

320000－1615－0004458 子1152/400460
供冀小言一卷 （清）林伯桐撰 清光緒刻本 一册

320000－1615－0004459 子1152/400461
山志六卷 （清）王弘撰 清刻本 二册

320000－1615－0004460 子1152/400462
夏承碑不分卷 （□）□□撰 清光緒十九年（1893）上海蜚英館石印本 一册

320000－1615－0004461 子1152/400463
開礦器法圖説十卷附圖一卷 （美國）俺特累撰 （英國）傅蘭雅口譯 （清）王樹善筆述 清光緒二十五年（1899）江南製造局石印本 二册 存一卷（圖一卷）

320000－1615－0004462 子1152/400464
筆算數學三卷二十四章 （美國）狄考文輯 （清）鄒立文述 清光緒二十八年（1902）上海美華書館鉛印本 一册

320000－1615－0004463 子1152/400465
海昌二妙集三卷首一卷 題（清）浮曇末齋主人輯 清光緒二十三年（1897）浮曇末齋刻本 六册

320000－1615－0004464 子1152/400466
庚子銷夏記八卷 （清）孫承澤撰 清宣統三年（1911）鄧氏風雨樓鉛印本 三册

320000－1615－0004465 子1152/400467
國朝畫徵録三卷附續録二卷 （清）張庚撰 清萃文書局刻本 三册

320000－1615－0004466 子1152/400468
老子章義二卷 （清）姚鼎撰 清同治九年（1870）刻本 一册

320000－1615－0004467 子1153/400469
秘傳花鏡六卷 （清）陳淏子輯 清刻本 六册

320000－1615－0004468 子1153/400470
竹譜詳録七卷 （元）李衎撰 清乾隆、道光間鮑氏刻知不足齋叢書本 三册

320000－1615－0004469 子1153/400471
秘傳花鏡六卷 （清）陳淏子輯 清刻本 三册

320000－1615－0004470 子1153/400472
問秋館菊録一卷霜圃識餘一卷 （清）臧穀撰 清末刻本 一册

320000－1615－0004471 子1153/400473
海天秋色譜九卷 （清）閔貢甫撰 清道光刻本 一册

320000－1615－0004472 子1153/400474
火攻挈要三卷 （德國）湯若望撰 （明）焦勗述 清道光番禺潘氏刻海山仙館叢書本 一册

320000－1615－0004473 子1153/400475
芥子園畫傳二十一卷 （清）王槩摹 （清）李渔論定 清光緒十四年（1888）鴻寶齋石印本 四册

320000－1615－0004474 子1153/400476
星輶考轍四卷 （清）劉啟彤譯述 清光緒十五年（1889）同文書局石印本 四册

320000－1615－0004475 子1153/400477
山居瑣言一卷 （清）王晉之撰 清光緒十年

(1884)津河廣仁堂刻本　一册

320000－1615－0004476　子1153/400478
考試司機二卷　(英國)拖爾那撰　(英國)傅蘭雅口譯　徐華封筆述　清江南製造局鉛印本　六册

320000－1615－0004477　子1154/400479
傷寒貫珠集八卷　(清)尤怡注　清蘇州來青閣刻本　四册

320000－1615－0004478　子1154/400480
傷寒論註四卷傷寒論翼二卷　(漢)張機撰　(清)柯琴編注　(清)馬中驊校　清務本堂刻本　四册

320000－1615－0004479　子1154/400481
内經知要二卷　(清)李念莪輯　清光緒九年(1883)崇德堂刻本　二册

320000－1615－0004480　子1154/400482
刪註脈訣规正二卷　(清)沈鏡撰　清經綸堂刻本　二册

320000－1615－0004481　子1154/400483
注解傷寒論十卷　(漢)張機撰　(晉)王叔和編　(金)成無己注　清光緒六年(1880)掃葉山房刻本　六册

320000－1615－0004482　子1154/400484
紅樓夢圖詠不分卷　(清)改琦繪　清光緒五年(1879)刻本　四册

320000－1615－0004483　子1154/400485
芥子園畫傳五卷　(清)王槩輯　清光緒十年(1884)影印本　五册

320000－1615－0004484　子1155/400486
策學備纂三十二卷首一卷　(清)吴頴炎輯　清光緒十三年(1887)點石齋石印本　十六册　存六卷(二、二十八至三十二)

320000－1615－0004485　子1211/400487
囊秘喉書一卷　(清)楊龍九撰　清光緒二十八年(1902)刻本　一册

320000－1615－0004486　子1211/400488
本草綱目五十二卷圖三卷附奇經八脈考一卷瀕湖脈學一卷脈訣考證一卷　(明)李時珍撰　**本草萬方鍼線八卷**　(清)蔡烈先輯　**本草綱目拾遺十卷**　(清)趙學敏輯　清光緒十九年(1893)鴻寶齋石印本　十六册

320000－1615－0004487　子1211/400489
種痘新書十二卷　(清)張琰編輯　清道光刻本　四册

320000－1615－0004488　子1211/400490
中西匯通醫書五種　(清)唐宗海撰　清光緒三十四年(1908)千頃堂石印本　十二册

320000－1615－0004489　子1212/400491
西藥大成表一卷　(英國)來拉海得蘭撰　(清)趙元益譯　清光緒江南製造總局鉛印本　一册

320000－1615－0004490　子1212/400492
西藥大成十卷　(英國)來拉海得蘭撰　(清)趙元益譯　清光緒江南機器製造總局刻本　十六册　存八卷(三至十)

320000－1615－0004491　子1212/400493
吴王二温合刻二卷　(清)吴瑭等撰　清光緒二十八年(1902)文來書局石印本　二册

320000－1615－0004492　子1212/400494
集驗簡易良方四卷　(清)德豐輯　清道光七年(1827)刻本　一册　存二卷(三至四)

320000－1615－0004493　子1212/400495
醫醇賸義四卷　(清)費伯雄撰　清光緒三十四年(1908)上海廣益書局石印本　一册

320000－1615－0004494　子1212/400496
醫學心悟六卷　(清)程國彭撰　清光緒二十年(1894)上海圖書集成印書局鉛印本　三册

320000－1615－0004495　子1212/400497
傷寒集註十卷　(清)張志聰註釋　清光緒二十五年(1899)石印本　四册

320000－1615－0004496　子1213－4/400498
沈氏尊生書　(清)沈金鰲輯　清同治十二年(1873)湖北崇文書局刻本　二十六册

320000－1615－0004497　子1214/400499

醫方集解不分卷　(清)汪昂撰　清光緒五年(1879)掃葉山房刻本　六册

320000－1615－0004498　子1214/400500
素問靈樞類纂約注三卷　(清)汪昂撰　清嘉慶二十二年(1817)刻本　三册

320000－1615－0004499　子1214/400501
靈樞經九卷　(清)張志聰注　清光緒十六年(1890)浙江書局刻本　八册

320000－1615－0004500　子1215/400502
傅青主女科二卷附產後編二卷　(清)傅山撰　清同治八年(1869)崇文書局刻本　二册

320000－1615－0004501　子1215/400503
尚論篇二卷首一卷後四卷　(清)喻昌撰　清刻本　四册

320000－1615－0004502　子1215/400504
内科理法前編六卷後編六卷又後編十卷附一卷　(英國)虎伯撰　舒高第口譯　(清)趙元益筆述　清光緒江南製造總局刻本　八册

320000－1615－0004503　子1215/400505
傅青主男科二卷　(清)傅山撰　清光緒十三年(1887)湖北官書處刻本　二册

320000－1615－0004504　子1221/400506
驚風辨證必讀書二卷　(清)劉德馨輯　清光緒十八年(1892)漢川劉氏刻本　一册

320000－1615－0004505　子1221/400507
痘疹奇書三卷　(清)高如山傳　清雍正刻本　一册

320000－1615－0004506　子1221/400508
醫方集解三卷　(清)汪昂輯　清刻本　六册

320000－1615－0004507　子1221/400509
醫方集解三卷　(清)汪昂輯　清光緒十二年(1886)鎮江文成堂殷氏刻本　六册

320000－1615－0004508　子1221/400510
女科指掌五卷　(清)葉其蓁輯　清光緒十五年(1889)來清閣刻本　四册

320000－1615－0004509　子1221/400511
女科切要八卷　(清)吴道源纂　清乾隆常熟梅里刻本　一册

320000－1615－0004510　子1221/400512
痘症傳心録十九卷　(明)朱惠明撰　清乾隆修敬堂刻本　六册

320000－1615－0004511　子1221/400513
痘疹心法歌訣一卷　(清)鍾承訓校　清道光十年(1830)刻本　一册

320000－1615－0004512　子1221/400514
產孕集二卷　(清)張曜孫撰　清同治七年(1868)蘊璞齋刻本　一册

320000－1615－0004513　子1222/400515
軒轅碑記醫學祝由十三科二卷　(□)□□撰　清刻朱墨套印本　二册

320000－1615－0004514　子1222/400516
過庭録存一卷　(清)曹存心撰　清咸豐九年(1859)刻本　一册

320000－1615－0004515　子1222/400517
葉天士先生眼科不分卷　(清)葉桂撰　清光緒三十三年(1907)揚州趙賢齋刻本　一册

320000－1615－0004516　子1222/400518
時疫白喉治法經驗書一卷　(清)耐修子録　清光緒二十七年(1901)商務印書館鉛印本　一册

320000－1615－0004517　子1222/400519
白喉忌表抉微一卷　(清)耐修子録　清光緒三十四年(1908)刻本　一册

320000－1615－0004518　子1222/400520
白喉忌表抉微一卷　(清)耐修子録　清光緒十九年(1893)湖北官刷印局鉛印本　一册

320000－1615－0004519　子1222/400521
外科症治全生集四卷　(清)王維德撰　清光緒四年(1878)潘敏生堂刻本　二册

320000－1615－0004520　子1222/400522
外科證治全生集四卷　(清)王維德撰　清咸豐十一年(1861)武昌節署刻本　一册

320000－1615－0004521　子 1222/400523
洄溪醫案一卷　(清)徐大椿撰　清光緒十五年(1889)江左書林刻本　一册

320000－1615－0004522　子 1222/400524
溫熱經緯五卷　(清)王士雄纂　清同治十三年(1874)湖北崇文書局刻本　四册

320000－1615－0004523　子 1222/400525
衛生學問答不分卷　丁福保纂　清光緒二十七年(1901)石印本　一册

320000－1615－0004524　子 1222/400526
醫學心悟五卷附外科十法一卷外科症治方藥一卷　(清)程國彭撰　清刻本　六册

320000－1615－0004525　子 1222/400527
婦嬰至寶六卷　題(清)亟齋居士原編　題(清)三農老人附註　(清)拜松居士增訂　清同治十年(1871)刻本　一册

320000－1615－0004526　子 1222/400528
十藥神書注解一卷　(元)葛可久編　清咸豐味根齋刻本　一册

320000－1615－0004527　子 1222/400529
神農本草經百種録一卷　(清)徐大椿撰　清刻本　一册

320000－1615－0004528　子 1222/400530
女科產後編四卷　(清)傅山撰　清光緒元年(1875)維發堂坊刻本　四册

320000－1615－0004529　子 1222/400531
疫痧草三卷　(清)陳耕道撰　清光緒六年(1880)宏文齋刻本　一册

320000－1615－0004530　子 1222/400532
松峯説疫七卷　(清)劉奎撰　清刻本　一册　存二卷(一至二)

320000－1615－0004531　子 1222/400533
增訂本草備要四卷　(清)汪昂撰　清江左書林刻本　四册

320000－1615－0004532　子 1223/400534
管氏兒女至寶不分卷　(清)管斯駿輯　清光緒十九年(1893)上海管可壽齋鉛印本　一册

320000－1615－0004533　子 1223/400535
新刊外科正宗四卷　(明)王象晉訂　清三讓堂刻本　四册

320000－1615－0004534　子 1223/400536
洞主仙師白喉治法忌表抉微一卷　題(清)耐修子撰録　清刻本　一册

320000－1615－0004535　子 1223/400537
驗方新編十六卷增補方一卷　(清)鮑相璈編輯　清同治揚彩玉齋刻本　十册

320000－1615－0004536　子 1223/400538
黄帝内經素問二十四卷　(唐)王冰注　清光緒十九年(1893)鴻文書局石印本　一册

320000－1615－0004537　子 1223/400539
黄帝内經靈樞十二卷　(唐)王冰注　清光緒十九年(1893)鴻文書局石印本　一册

320000－1615－0004538　子 1223/400540
時疫白喉捷要一卷　(清)張紹修撰　清光緒十一年(1885)維揚汪集文齋刻本　一册

320000－1615－0004539　子 1223/400541
傅氏女科二卷　(清)傅山撰　清光緒七年(1881)新建吴氏刻本　二册

320000－1615－0004540　子 1223/400542
血證論八卷　(清)唐宗海撰　清光緒二十年(1894)石印本　二册

320000－1615－0004541　子 1223/400543
内經摘要類編一卷　周偉呈撰　清光緒三十一年(1905)瑞記石印本　一册

320000－1615－0004542　子 1323/400544
東醫寶鑑五類二十三卷　(朝鮮)許浚撰　清乾隆二十八年(1763)刻本　二十五册

320000－1615－0004543　子 1224/400545
理瀹駢文一卷　(清)吴師機撰　清同治二年(1863)刻本　二册

320000－1615－0004544　子 1224/400546
理瀹駢文摘要不分卷　(清)任本照摘　清光緒二十五年(1899)江蘇書局刻本　二册

320000－1615－0004545　子 1224/400547
湯頭歌訣一卷　(清)汪昂撰　清刻本　一冊

320000－1615－0004546　子 1224/400548
湯頭歌訣一卷經絡歌訣一卷　(清)汪昂撰　清刻本　一冊

320000－1615－0004547　子 1224/400549
湯頭歌訣一卷經絡歌訣一卷　(清)汪昂撰　清光緒二十三年(1897)鴻潤書林刻本　一冊

320000－1615－0004548　子 1224/400550
十藥神書一卷　(元)葛可久編　(清)程永培校　清修敬堂刻本　一冊

320000－1615－0004549　子 1224/400551
本事方釋義十卷　(清)葉桂釋義　清嘉慶掃葉山房刻本　六冊

320000－1615－0004550　子 1224/400552
成方切用十二卷　(清)吴儀洛撰　清乾隆二十六年(1761)硤石利濟堂刻本　六冊

320000－1615－0004551　子 1224/400553
蘭臺軌範八卷　(清)徐大椿撰　清光緒十五年(1889)江左書林刻本　五冊

320000－1615－0004552　子 1224/400554
六醴齋醫書十種　(清)程永培輯　清修敬堂刻本　三冊　存二種九卷(褚氏遺書一卷、葛仙翁肘後備急方八卷)

320000－1615－0004553　子 1225/400555
產寶不分卷　(清)潘霨增輯　清光緒三年(1877)湖北藩署刻本　一冊

320000－1615－0004554　子 1225/400556
普濟應驗良方十一卷　(清)德軒氏纂輯　清光緒十九年(1893)李光明書坊刻本　一冊

320000－1615－0004555　子 1225/400557
女科要略一卷　(清)潘霨輯　清光緒三年(1877)湖北藩署刻本　一冊

320000－1615－0004556　子 1225/400558
女科要旨四卷　(清)陳念祖撰　清光緒十五年(1889)江左書林刻本　二冊

320000－1615－0004557　子 1225/400559
本草問答二卷　(清)唐宗海撰　清光緒二十年(1894)順成書局石印本　一冊

320000－1615－0004558　子 1225/400560
王洪緒先生外科證治全生不分卷　(清)王維德撰　清同治十一年(1872)滬上鉛印本　二冊

320000－1615－0004559　子 1225/400561
冷廬醫話五卷　(清)陸以湉撰　清光緒二十三年(1897)烏程龐氏刻本　四冊

320000－1615－0004560　子 1225/400562
驗方新編十八卷　(清)蔡鈞編撰　清光緒二十三年(1897)石印本　二冊

320000－1615－0004561　子 1225/400563
慎柔五書五卷　(明)胡慎柔(釋住想)撰　(清)周學海評注　清乾隆修敬堂刻本　一冊

320000－1615－0004562　子 1225/400564
醫學一貫一卷　(清)王莘農撰　清同治十二年(1873)倚云軒刻本　一冊

320000－1615－0004563　子 1225/400565
醫貫六卷　(明)趙獻可撰　清三多齋刻本　四冊

320000－1615－0004564　子 1225/400566
醫林改錯二卷　(清)王清任撰　清光緒十七年(1891)常熟三峰寺刻本　二冊

320000－1615－0004565　子 1225/400567
醫學指歸二卷　(清)趙術堂撰　清咸豐元年(1851)刻本　二冊

320000－1615－0004566　子 1225/400568
訂正東醫寶鑑二十三卷　(朝鮮)許浚撰　清光緒十六年(1890)上海校經山房石印本　六冊

320000－1615－0004567　子 1225/400569
女科二卷　(清)傅山撰　清同治十一年(1872)刻本　二冊

320000－1615－0004568　子 1231/400570
痧痘集解六卷　(清)俞茂鯤集解　清光緒二

年(1876)李松壽號刻本　八册

320000－1615－0004569　子1231/400571
証治彙補八卷　(清)李用粹撰　清光緒九年(1883)萬卷樓刻本　八册

320000－1615－0004570　子1231/400572
問齋醫案六卷　(清)蔣寶素撰　清道光三十年(1850)鎮江快志堂刻本　八册

320000－1615－0004571　子1231/400573
傷寒論本旨九卷　(漢)張機撰　(清)章楠補編　清道光刻醫門棒喝三集本　六册

320000－1615－0004572　子1231/400574
醫林改錯二卷　(清)王清任撰　清光緒五年(1879)掃葉山房刻本　二册

320000－1615－0004573　子1231/400575
慈航集四卷　(清)王於聖撰　清光緒刻本　四册

320000－1615－0004574　子1232/400576
易簡方便醫書六卷　(清)周茂五纂輯　清咸豐十一年(1861)石陽周日新堂刻本　六册

320000－1615－0004575　子1232/400577
金鏡録三卷　(明)翁仲仁撰　清同治刻本　二册

320000－1615－0004576　子1232/400578
回生集二卷　(清)陳杰輯　清道光二十五年(1845)刻本　二册

320000－1615－0004577　子1232/400579
醫原二卷　(清)石壽堂撰　清咸豐留耕書屋刻本　四册

320000－1615－0004578　子1232/400580
麻科活人全書四卷　(清)謝玉瓊纂輯　清咸豐八年(1858)刻本　四册

320000－1615－0004579　子1232/400581
巢氏病源五十卷　(清)巢元方等撰　清光緒十二年(1886)湖北崇文書局刻本　八册

320000－1615－0004580　子1233/400582
救偏瑣言十卷備用良方一卷　(清)費啟泰撰　清文盛堂刻本　六册

320000－1615－0004581　子1233/400583
增注類證活人書二十二卷釋音一卷藥性一卷　(宋)朱肱撰　清光緒十年(1884)江南製造總局刻本　四册

320000－1615－0004582　子1233/400584
儒門醫學三卷附一卷　(英國)海得蘭撰　(英國)傅蘭雅口譯　(清)趙元益筆述　清光緒江南製造總局刻本　四册

320000－1615－0004583　子1233/400585
臨陣傷科捷要四卷圖一卷　(英國)帕脱編　舒高第　(清)鄭昌棪譯　清光緒江南製造總局鉛印本　四册

320000－1615－0004584　子1233/400586
醫宗備要三卷　(清)曾鼎撰　清同治八年(1869)湖北崇文書局刻本　一册

320000－1615－0004585　子1233/400587
儒門醫學三卷附一卷　(英國)海得蘭撰　(英國)傅蘭雅口譯　(清)趙元益筆述　清光緒江南製造總局刻本　四册

320000－1615－0004586　子1233/400588
醫林纂要探原十卷　(清)汪紱纂　清光緒二十三年(1897)江蘇書局刻本　十册

320000－1615－0004587　子1234/400589
法律醫學二十四卷　(清)趙元益譯　清光緒二十五年(1899)江南製造總局刻本　十册

320000－1615－0004588　子1234/400590
奇經考脈學二卷　(明)李時珍撰　清光緒二十九年(1903)合肥張氏刻本　一册

320000－1615－0004589　子1234/400591
重廣補注黄帝内經素問十四卷　(唐)王冰注　清同治九年(1870)影宋刻本　四册

320000－1615－0004590　子1234/400592
談異九卷　(清)伊園撰　清朱印木活字印本　一册　存一卷(九)

320000－1615－0004591　子1234/400593
鍼灸大成十卷　(明)楊繼洲撰　(清)章廷珪

重訂　清道光十三年(1833)崇德書院刻本　十册

320000－1615－0004592　子1235/400594
引種牛痘新書不分卷　(清)王惇甫輯　清光緒十四年(1888)京江劉氏刻本　一册

320000－1615－0004593　子1235/400595
傷寒舌鑑二卷　(清)張登彙纂　清光緒二十一年(1895)維揚聚盛堂刻本　二册

320000－1615－0004594　子1235/400596
痘證慈航一卷　(明)歐陽調律撰　清同治四年(1865)資陽刻本　一册

320000－1615－0004595　子1235/400597
古方彙精□□卷　趙氏彙編　清光緒十三年(1887)文德堂刻本　一册

320000－1615－0004596　子1235/400598
良方集要不分卷　(清)周位西纂輯　清同治九年(1870)刻本　一册

320000－1615－0004597　子1235/400599
馮氏錦囊秘録八種五十卷　(清)馮兆張纂輯　清大文堂刻本　三十二册

320000－1615－0004598　子1241－3/400600
圖書集成醫部全録五百二十卷　清光緒二十年至二十三年(1894－1897)石印本　六十册

320000－1615－0004599　子1243/400601
本草綱目五十二卷圖三卷附奇經八脈考一卷瀕湖脈學一卷脈訣考證一卷　(明)李時珍撰　**本草萬方鍼線八卷**　(清)蔡烈先輯　**本草綱目拾遺十卷**　(清)趙學敏輯　清宣統元年(1909)鴻寶齋石印本　二十四册

320000－1615－0004600　子1244/400602
本草綱目五十二卷圖三卷附奇經八脈考一卷瀕湖脈學一卷脈訣考證一卷　(明)李時珍撰　**本草萬方鍼線八卷**　(清)蔡烈先輯　**本草綱目拾遺十卷**　(清)趙學敏輯　清光緒三十四年(1908)廣益書局石印本　二十四册

320000－1615－0004601　子1244/400603
本草綱目五十二卷　(明)李時珍撰　清光緒十八年(1892)鴻寶齋石印本　十六册

320000－1615－0004602　子1245/400604
慎疾芻言一卷　(清)徐大椿撰　清刻本　一册

320000－1615－0004603　子1245/400605
普濟應驗良方十卷　(清)德軒氏纂輯　清咸豐九年(1859)刻本　一册

320000－1615－0004604　子1245/400606
傷寒論翼二卷　(清)柯琴撰　清刻本　二册

320000－1615－0004605　子1245/400607
黄氏醫書八種七十七卷　(清)黄元御撰　清刻本　二十册

320000－1615－0004606　子1246/400608
社會學二卷　(日本)岸本能武太撰　章炳麟譯　清光緒廣智書局鉛印本　二册

320000－1615－0004607　子1246/400609
子史精華一百六十卷　(清)聖祖玄燁編　清光緒十三年(1887)上海積山書局石印本　十册

320000－1615－0004608　子1246/400610
山海經十八卷　(晉)郭璞傳　(清)郝懿行箋疏　清光緒二十三年(1897)梧岡精舍石印本　五册

320000－1615－0004609　子1246/400611
策學備纂三十二卷　(清)吴熲炎輯　清光緒十三年(1887)點石齋石印本　七册

320000－1615－0004610　子1251/400612
徐氏醫書八種　(清)徐大椿撰　清光緒四年(1878)掃葉山房刻本　十二册

320000－1615－0004611　子1251/400613
徐氏醫書八種　(清)徐大椿撰　清光緒十八年(1892)湖北官書局刻本　十二册

320000－1615－0004612　子1251/400614
金匱要略淺註方論合編十卷　(清)陳念祖撰　清宣統元年(1909)渭南嚴氏刻醫學初階本　四册

320000－1615－0004613　子1252/400615
張氏醫通十六卷　(清)張璐撰　清光緒二十五年(1899)浙江官書局刻本　二十六冊

320000－1615－0004614　子1253/400616
黄帝内經素問直解九卷　(清)高世栻註解　清光緒十三年(1887)浙江書局刻本　八冊

320000－1615－0004615　子1253/400617
黄帝内經靈樞十二卷　(唐)王冰注　清刻本　二冊

320000－1615－0004616　子1253/400618
黄帝内經素問二十四卷　(唐)王冰注　清光緒三年(1877)浙江官書局刻本　八冊

320000－1615－0004617　子1253/400619
古本難經闡注二卷　(清)丁錦注　清同治三年(1864)高郵趙春普刻本　二冊

320000－1615－0004618　子1253/400620
素問集註九卷　(清)張志聰注　清光緒三年(1877)浙江書局刻本　六冊

320000－1615－0004619　子1254/400621
本草述三十二卷　(清)劉若金撰　清嘉慶十五年(1810)還讀山房刻本　二十冊

320000－1615－0004620　子1255/400622
傷寒論後條辨十五卷附辨傷寒論一卷王叔和傷寒序例貶僞一卷　(清)程應旄撰　清乾隆九年(1744)文茂堂刻本　八冊

320000－1615－0004621　子1255/400623
傷寒明理論四卷　(金)成無己撰　清刻本　二冊

320000－1615－0004622　子1255/400624
陶節庵傷寒全生集四卷　(明)陶華撰　清乾隆四十七年(1782)山陰劉氏嫏嬛書屋刻本　四冊

320000－1615－0004623　子1255/400625
傷寒緒論二卷　(清)張璐纂　清刻本　四冊

320000－1615－0004624　子1255/400626
張仲景傷寒論貫珠集八卷　(清)尤怡注　清嘉慶十五年(1810)蘇州绿潤堂刻本　四冊

320000－1615－0004625　子1255/400627
注解傷寒論十卷傷寒明理論四卷　(漢)張機撰　(晉)王叔和編　(金)成無己注　清同治九年(1870)常州陸氏雙白燕堂刻本　三冊

320000－1615－0004626　子1255/400628
傷寒審症表一卷　(清)包誠輯　清同治十一年(1872)湖北崇文書局刻本　一冊

320000－1615－0004627　子1255/400629
傷寒明理論三卷論方一卷　(金)成無己撰　清同治九年(1870)常州陸氏雙白燕堂刻本　一冊

320000－1615－0004628　子1255/400630
傷寒類方不分卷　(清)徐大椿編　清同治五年(1866)古吴潘氏刻本　四冊

320000－1615－0004629　子1255/400631
傷寒論註四卷　(漢)張機撰　(清)柯琴編注　清刻本　一冊　存二卷(一至二)

320000－1615－0004630　子1311/400632
傷寒補天石二卷續二卷　(明)戈維城撰　清嘉慶十六年(1811)木活字印本　四冊

320000－1615－0004631　子1311/400633
東垣十書十種　(金)李杲等撰　清光緒七年(1881)上海文盛書局石印本　六冊

320000－1615－0004632　子1311/400634
王叔和脈經十卷　(晉)王叔和撰　**脈訣刊誤集解二卷附録一卷**　(元)戴起宗撰　(明)汪機補訂　清光緒二十年(1894)上海圖書集成印書局鉛印本　四冊

320000－1615－0004633　子1311/400635
奇經八脈考不分卷　(明)李時珍撰　清漁古山房刻本　一冊

320000－1615－0004634　子1311/400636
傷寒來蘇集六卷　(清)柯琴編　清光緒三十二年(1906)上海玉麟局石印本　六冊

320000－1615－0004635　子1311/400637
傷寒集註四卷　(清)張志聰註釋　清光緒三十四年(1908)石印本　一冊

320000－1615－0004636　子 1311/400638
傷寒醫訣串解六卷　(清)陳念祖撰　清光緒十八年(1892)圖書集成局鉛印本　一冊

320000－1615－0004637　子 1311/400639
葉選醫衡二卷　(明)沈時譽撰　(清)葉桂選　清光緒二十四年(1898)圖書集成印書局鉛印本　二冊

320000－1615－0004638　子 1311/400640
醫門法律六卷　(清)喻昌撰　清光緒三十三年(1907)石印本　五冊

320000－1615－0004639　子 1311/400641
溫病條辨六卷　(清)吳瑭撰　清光緒十九年(1893)圖書集成印書局鉛印本　四冊

320000－1615－0004640　子 1312/400642
繪圖比例尺圖説一卷　(清)傅雲龍述　清光緒石印本　一冊

320000－1615－0004641　子 1312/400643
植物學八卷　(英國)韋廉臣譯　(清)李善蘭筆述　清咸豐八年(1858)益智會刻本　一冊

320000－1615－0004642　子 1312/400644
南華真經副墨八卷　(明)陸西星述　清刻本　四冊

320000－1615－0004643　子 1312/400645
二十四孝圖讚不分卷　(□)□□撰　清同治十二年(1873)刻本　一冊

320000－1615－0004644　子 1312/400646
地學始教授本三章　陳修琦撰　清光緒二十八年(1902)上海泰東時務譯印局鉛印本　一冊

320000－1615－0004645　子 1312/400647
倫理學前後編五十章　(日本)元良勇次郎撰　麥鼎華譯　清光緒二十八年(1902)廣智書局鉛印本　一冊

320000－1615－0004646　子 1312/400648
農事論略一卷蠶務圖説一卷　梁啟超輯　清光緒二十三年(1897)慎記書莊石印本　一冊

320000－1615－0004647　子 1312/400649
格致須知二十一種　(英國)傅蘭雅輯　清光緒二十三年(1897)刻本　七冊　存十四種十四卷(代數一卷、三角一卷、化學一卷、電學一卷、量法一卷、曲線一卷、礦學一卷、氣學一卷、聲學一卷、光學一卷、重學一卷、算法一卷、水學一卷、力學一卷)

320000－1615－0004648　子 1312/400650
四裔製作權輿三卷　歸曾祁編　清光緒二十七年(1901)石印本　一冊

320000－1615－0004649　子 1312/400651
四裔製作權輿三卷　歸曾祁編　清光緒二十七年(1901)石印本　一冊

320000－1615－0004650　子 1312/400652
六壬經緯六卷　毛志道撰　清英秀堂刻本　三冊

320000－1615－0004651　子 1312/400653
一切經音義二十五卷　(唐)釋玄應撰　**補訂新譯大方廣佛華嚴經音義二卷**　(唐)釋慧苑撰　清同治八年(1869)刻本　四冊

320000－1615－0004652　子 1312/400654
算書廿一種二十一卷　(清)吳嘉善撰　清上海文淵山房石印本　四冊

320000－1615－0004653　子 1312/400655
新編算學啟蒙三卷總括一卷　(元)朱世傑撰　**識誤二卷**　(清)羅士琳撰　清光緒二十一年(1895)上海著易堂石印本　二冊

320000－1615－0004654　子 1312/400656
數學啟蒙二卷　(英國)偉烈亞力撰　清光緒二十二年(1896)上海石印本　四冊

320000－1615－0004655　子 1313/400657
醫學心悟六卷　(清)程國彭著　清光緒二十年(1894)上海圖書集成印書局石印本　三冊

320000－1615－0004656　子 1313/400658
產後編二卷　(清)傅山撰　清刻本　二冊

320000－1615－0004657　子 1313/400659
白喉忌表抉微一卷　(清)耐修子録　清光緒上海石印本　一冊

320000－1615－0004658　子1313/400660
白喉忌表抉微一卷　（清）耐修子録　清光緒石印本　一册

320000－1615－0004659　子1313/400661
校正瀕湖脈學一卷奇經八脈考一卷　（明）李時珍撰　清光緒石印本　一册

320000－1615－0004660　子1313/400662
中西匯通醫書五種　（清）唐宗海撰　清光緒二十年（1894）上海順成書局石印本　十二册

320000－1615－0004661　子1313/400663
扁鵲心書三卷首一卷附神方一卷　（宋）竇材輯　（清）胡玨注　清上洋江左書林刻本　二册

320000－1615－0004662　子1313/400664
靈樞經十卷　（清）張志聰注　清光緒刻本　十册

320000－1615－0004663　子1313/400665
温疫論不分卷　（明）吴有性撰　清同治三年（1864）文成堂刻本　二册

320000－1615－0004664　子1313/400666
傷寒附翼二卷　（清）柯琴編　清刻本　二册

320000－1615－0004665　子1313/400667
引痘略一卷　（清）邱熺輯　清道光刻本　一册

320000－1615－0004666　子1314－5/400668
御纂醫宗金鑑九十卷首一卷　（清）吴謙等纂修　清刻本　三十九册

320000－1615－0004667　子1315/400669
幼科鐵鏡六卷　（清）夏鼎撰　清三多齋刻本　二册

320000－1615－0004668　子1315/400670
家語疏証六卷　（清）孫志祖撰　清刻本　一册

320000－1615－0004669　子1315/400671
幼幼集成六卷　（清）陳復正輯　清吴三讓信記刻本　六册

320000－1615－0004670　子1315/400672
王氏潛齋醫書五種　（清）王士雄撰　清光緒二十二年（1896）上海圖書集成印書局鉛印本　八册

320000－1615－0004671　子1315/400673
醫林改錯二卷　（清）王清任撰　清光緒二十年（1894）飛鴻閣石印本　一册

320000－1615－0004672　子1321/400674
理瀹駢文一卷　（清）吴師機撰　清同治四年（1865）刻本　一册

320000－1615－0004673　子1321/400675
全體新論不分卷　（英國）合信　（清）陳修堂撰　清咸豐三年（1853）惠愛醫館刻本　一册

320000－1615－0004674　子1321/400676
婦嬰新説不分卷　（英國）合信　（清）管茂材撰　清咸豐八年（1858）上海仁濟醫館刻本　一册

320000－1615－0004675　子1321/400677
遂生福幼合編二種二卷　（清）莊一夔撰　清光緒十年（1884）刻本　一册

320000－1615－0004676　子1321/400678
遂生福幼合編二種二卷　（清）莊一夔撰　清光緒十年（1884）刻本　一册

320000－1615－0004677　子1321/400679
活幼心法九卷　（明）聶尚恒撰　清乾隆刻本　一册

320000－1615－0004678　子1321/400680
理虚元鑑二卷　（明）汪綺石撰　清光緒三十二年（1906）遂邑雙江鎮刻本　一册

320000－1615－0004679　子1321/400681
素問靈樞類纂約注三卷　（清）汪昂纂輯　清光緒二十一年（1895）文富堂刻本　三册

320000－1615－0004680　子1321/400682
醫方集解三卷　（清）汪昂撰　清刻本　四册

320000－1615－0004681　子1321/400683
萬氏婦人科三卷　（明）萬全等撰　清刻本　二册

320000－1615－0004682　子1321/400684
圖注八十一難經辨真四卷　(明)張世賢注　清光緒二十三年(1897)湖南經綸堂刻本　四册

320000－1615－0004683　子1321/400685
吴醫彙講十一卷　(清)唐大烈輯　清嘉慶十九年(1814)校經山房刻本　四册

320000－1615－0004684　子1321/400686
疫痧草辯論章一卷　(清)陳耕道撰　清光緒十二年(1886)刻本　一册

320000－1615－0004685　子1321/400687
絳雪園古方選註不分卷　(清)王子接注　(清)葉桂校　清掃葉山房刻本　三册

320000－1615－0004686　子1321/400688
痘訣餘義一卷　(清)許豫和撰　清嘉慶刻本　一册

320000－1615－0004687　子1321/400689
絳雪園古方選註不分卷　(清)王子接注　(清)葉桂校　清刻本　一册

320000－1615－0004688　子1321/400690
周氏醫學叢書　(清)周學海輯　清光緒、宣統間池陽周氏刻宣統三年(1911)彙印本　二册　存三種六卷(小兒藥證直訣三卷、附方一卷,閻氏小兒方論一卷,小兒斑疹備急方論一卷)

320000－1615－0004689　子1321/400691
熱辨一卷　(清)許豫和撰　清顧行堂刻本　一册

320000－1615－0004690　子1321/400692
痘訣一卷　(清)許豫和撰　清乾隆顧行堂刻本　二册

320000－1615－0004691　子1321/400693
治驗一卷　(清)許豫和撰　清乾隆刻本　一册

320000－1615－0004692　子1322/400694
欽定授時通考七十八卷　(清)高宗弘曆撰　清道光六年(1826)刻本　二十四册

320000－1615－0004693　子1322/400695
洪北江全集　(清)洪亮吉撰　清光緒三年(1877)洪用懃授經堂刻本　一册　存二種三卷(弟子職箋釋一卷、史目表二卷)

320000－1615－0004694　子1322/400696
捕蝗要訣除蝻八要二卷圖説一卷　(清)錢炘和撰　清同治八年(1869)崇文書局刻本　一册

320000－1615－0004695　子1322/400697
經術公理學四卷　宋育仁撰　清光緒三十年(1904)上海同文社鉛印本　二册

320000－1615－0004696　子1324/400698
御纂醫宗金鑑九十卷首一卷　(清)吴謙等纂修　清刻本　四十一册

320000－1615－0004697　子1325/400699
南雅堂醫書全集二十八種　(清)陳念祖撰　清光緒三十年(1904)上海日新書局石印本　二十册

320000－1615－0004698　子1325/400700
喻氏醫書三種　(清)喻昌撰　清光緒二十年(1894)圖書集成印書局鉛印本　八册

320000－1615－0004699　子1331－4/400701
正誼堂全書　(清)張伯行輯　(清)楊濬重輯　清同治五年(1866)福州正誼書院刻八年至九年(1869－1870)續刻本　一百三十八册

320000－1615－0004700　子1341/400702
道藏續編　守一子編纂　清道光十四年(1834)鉛印本　四册

320000－1615－0004701　子1341/400703
道藏續編　守一子編纂　清道光十四年(1834)鉛印本　四册

320000－1615－0004702　子1342/400704
十子全書　(清)王子興輯　清嘉慶刻本　三十三册　缺三種十六卷(南華真經十卷、淮南子十九至二十一、鶡冠子三卷)

320000－1615－0004703　子1342/400705
大佛頂首楞嚴咒不分卷　沈維樹校録　清刻

本　一冊

320000－1615－0004704　子1343/400706
止觀輔行傳弘決十卷　（唐）釋湛然撰　清光緒十年（1884）刻本　二十冊

320000－1615－0004705　子1343/400707
無量壽經優婆提舍願生偈一卷　（北魏）釋菩提留支譯　**無量壽經優婆提舍願生偈注二卷略論安樂淨土義一卷贊阿彌陀佛偈一卷**（北魏）釋曇鸞撰　清光緒十九年（1893）金陵刻經處刻本　一冊

320000－1615－0004706　子1343/400708
中論六卷　（後秦）釋鳩摩羅什譯　清刻本　二冊

320000－1615－0004707　子1344/400709
御選語録十九卷　（清）世宗胤禛輯　清光緒四年（1878）金陵刻經處刻本　二冊　存二卷（十八至十九）

320000－1615－0004708　子1344/400710
大佛頂首楞嚴經通議十卷補遺一卷　（明）釋德清述　清光緒二十年（1894）金陵刻經處刻本　六冊

320000－1615－0004709　子1344/400711
宗鏡録一百卷　（宋）釋廷壽撰　清刻本　七冊

320000－1615－0004710　子1344/400712
大方廣佛新華嚴經合論一百二十卷首一卷（唐）李通玄造論　（唐）釋志寧釐經合論　清刻本　一冊

320000－1615－0004711　子1345/400713
大乘止觀釋要四卷　（明）釋智旭述　清刻本　二冊

320000－1615－0004712　子1345/400714
紫柏老人集二十九卷首一卷　（明）釋真可撰　清刻本　八冊

320000－1615－0004713　子1345/400715
唯識開蒙二卷　（元）釋雲峰集　清宣統三年（1911）揚州藏經禪院刻本　二冊

320000－1615－0004714　子1345/400716
重治毘尼事義集要十七卷　（明）釋智旭撰　清光緒十九年（1893）江北刻經處刻本　七冊

320000－1615－0004715　子1345/400717
居士傳五十六卷　（清）彭紹升撰　清乾隆四十年（1775）養空居士王廷言刻本　四冊

320000－1615－0004716　子1351/400718
金剛經註解一卷金剛經道場後儀一卷般若波羅蜜多心經一卷諸咒一卷　（明）成祖朱棣撰　清同治十三年（1874）刻本　四冊

320000－1615－0004717　子1351/400719
大佛頂如來密因修證了義諸菩薩萬行首楞嚴經十卷　（唐）釋般刺密諦譯　（明）釋智旭文句　清刻本　五冊

320000－1615－0004718　子1351/400720
相宗八要直解八卷　（明）釋智旭述　清同治九年（1870）金陵刻經處刻本　二冊

320000－1615－0004719　子1351/400721
靈峰藕益大師宗論十卷首一卷　（明）釋智旭撰　（清）釋成時輯　清光緒元年（1875）江北刻經處刻本　十冊

320000－1615－0004720　子1351/400722
臨陣心法一卷　（清）劉連捷撰　清光緒十六年（1890）刻本　一冊

320000－1615－0004721　子1351/400723
臨陣心法一卷　（清）劉連捷撰　清光緒十六年（1890）刻本　一冊

320000－1615－0004722　子1351/400724
臨陣心法一卷　（清）劉連捷撰　清光緒十六年（1890）刻本　一冊

320000－1615－0004723　子1351/400725
墨子經説解二卷　（清）張惠言述　清宣統元年（1909）石印本　一冊

320000－1615－0004724　子1351/400726
訂譌雜録十卷　（清）胡鳴遷述　清嘉慶十八年（1813）湖海樓刻本　二冊

320000－1615－0004725　子1351/400727

穆天子傳六卷　(晉)郭璞註　清刻本　一册

320000－1615－0004726　子1352/400728
莊子集釋十卷　(清)郭慶藩輯　清光緒思賢講舍刻本　三册　存五卷(六下,七上、下,十上、下)

320000－1615－0004727　子1352/400729
莊子集釋十卷　(清)郭慶藩輯　清光緒思賢講舍刻本　一册　存二卷(四至五)

320000－1615－0004728　子1352/400730
莊子集釋十卷　(清)郭慶藩輯　清光緒思賢講舍刻本　一册　存二卷(九下、十上)

320000－1615－0004729　子1352/400731
吕氏春秋二十六卷　(漢)高誘注　(清)畢沅輯校　清江寧劉文奎刻本　十册　存二十三卷(一至二十三)

320000－1615－0004730　子1352/400732
正教奉褒不分卷　(清)黄伯禄編　清光緒十年(1884)上海慈母堂鉛印本　二册

320000－1615－0004731　子1352/400733
文昌帝君孝經一卷　(明)丘濬注　清光緒三年(1877)趙衡平刻半部堂印本　二册

320000－1615－0004732　子1352/400734
周易參同契發揮三卷附釋疑一卷　(元)俞琰撰　清同治十年(1871)錢江王詒燕堂刻本　二册

320000－1615－0004733　子1352/400735
溉亭述古録二卷　(清)錢塘撰　(清)阮元敘録　清刻本　一册

320000－1615－0004734　子1352/400736
群書札記十六卷　(清)朱亦棟撰　清刻本　三册　存七卷(七至十三)

320000－1615－0004735　子1352/400737
老子翼評點一卷莊子翼評點八卷　(明)董懋策撰　清光緒三十二年(1906)會稽董氏取斯家塾刻本　一册

320000－1615－0004736　子1352/400738
繪事約旨一卷　黄報廷撰　清光緒三十三年(1907)時中書局石印本　一册

320000－1615－0004737　子1353/400739
讀書雜志餘編二卷　(清)王念孫撰　清道光十二年(1832)刻本　二册

320000－1615－0004738　子1353/400740
讀書雜志十種　(清)王念孫撰　清嘉慶二十二年(1817)刻本　十八册

320000－1615－0004739　子1354/400741
困學紀聞二十卷　(宋)王應麟撰　清乾隆三年(1738)馬氏叢書樓刻本　八册

320000－1615－0004740　子1354/400742
通藝録二十二種　(清)程瑶田撰　清刻本　五册

320000－1615－0004741　子1354/400743
校訂困學紀聞集證二十卷　(宋)王應麟撰　(清)閻若璩等箋　(清)屠繼序補　清嘉慶十八年(1813)掃葉山房刻本　十一册　缺二卷(十九至二十)

320000－1615－0004742　子1354/400744
諸子平議三十五卷　(清)俞樾撰　清同治十年(1871)刻本　八册

320000－1615－0004743　子1355/400745
札迻十二卷　(清)孫詒讓撰　清光緒十九年(1893)刻本　六册

320000－1615－0004744　子1355/400746
札樸十卷　(清)桂馥撰　清小李山房刻會稽徐氏補刻本　八册

320000－1615－0004745　子1355/400747
十駕齋養新録二十卷餘録三卷　(清)錢大昕撰　清光緒二年(1876)浙江書局刻本　八册

320000－1615－0004746　子1355/400748
子史精華一百六十卷　(清)聖祖玄燁編　清光緒十二年(1886)上海同文書局石印本　八册

320000－1615－0004747　子1411/400749
山海經存九卷　(清)汪紱釋　清光緒二十一年(1895)石印本　三册

320000－1615－0004748　子1411/400750
山海經箋疏十八卷圖讚一卷　(晉)郭璞傳(清)郝懿行箋疏　清光緒上海還讀樓刻本　六冊

320000－1615－0004749　子1411/400751
山海經存九卷　(清)汪紱釋　清光緒二十一年(1895)石印本　五冊

320000－1615－0004750　子1411/400752
山海經圖讚一卷補注一卷　(晉)郭璞纂　清光緒元年(1875)湖北崇文書局刻本　一冊

320000－1615－0004751　子1411/400753
山海經廣注十八卷　(清)吴任臣注　清乾隆五十一年(1786)金閶書業堂刻本　六冊　存七卷(一至七)

320000－1615－0004752　子1411/400754
山海經箋疏十八卷圖讚一卷訂譌一卷敘録一卷　(晉)郭璞傳　(清)郝懿行箋疏　清嘉慶十四年(1809)阮元琅嬛僊館刻本　四冊

320000－1615－0004753　子1411/400755
桃花泉弈譜二卷　(清)范世勳撰　清蒲氏靜寄東軒刻本　二冊

320000－1615－0004754　子1411/400756
天演論二卷　(英國)赫胥黎撰　嚴復譯　清光緒二十七年(1901)富文書局石印本　一冊

320000－1615－0004755　子1411/400757
統合教授法二卷　(日本)樋口勘次郎撰　董瑞椿譯　清光緒二十七年(1901)商務印書館鉛印本　一冊

320000－1615－0004756　子1411/400758
書學捷要二卷　(清)朱履貞纂述　清乾隆、道光間長塘鮑氏刻知不足齋叢書本　一冊

320000－1615－0004757　子1412/400759
退庵隨筆二十二卷自訂年譜一卷　(清)梁章鉅撰　清光緒元年(1875)浙江書局刻二思堂叢書本　八冊

320000－1615－0004758　子1412/400760
山海經十八卷　(晉)郭璞傳　(清)畢沅校正　清光緒十四年(1888)掃葉山房刻本　六冊

320000－1615－0004759　子1412/400761
容齋續筆十六卷三筆十六卷四筆十六卷五筆十卷　(宋)洪邁撰　清刻本　十冊

320000－1615－0004760　子1412/400762
正蒙山海經講義類聚敘存四卷　(□)□□撰　清刻本　一冊

320000－1615－0004761　子1412/400763
山海經廣注十八卷圖五卷雜述一卷　(清)吴任臣注　清經綸堂刻本　四冊　存六卷(圖五卷、雜述一卷)

320000－1615－0004762　子1412/400764
山海經十八卷　(晉)郭璞傳　(明)吴中珩校　清刻本　二冊

320000－1615－0004763　子1413/400765
訓練操法詳晰圖説二十二卷　袁世凱撰　清光緒二十八年(1902)昌言報館石印本　十二冊

320000－1615－0004764　子1413/400766
湖北武學十六種　湖北武備學堂編纂　清光緒二十八年(1902)掃葉山房石印本　二十四冊

320000－1615－0004765　子1414/400767
五種遺規十六卷　(清)陳宏謀編輯　清光緒十九年(1893)上海洋布公所振華堂刻本　二十冊

320000－1615－0004766　子1414/400768
中西四千年紀曆一卷　(清)孔昭焱編　清光緒二十三年(1897)曼木草堂刻本　一冊

320000－1615－0004767　子1415/400769
御製曆象考成上編十六卷下編十卷　(清)聖祖玄燁撰　清光緒二十一年(1895)湖北官書處刻本　十五冊

320000－1615－0004768　子1415/400770
農學報三卷　(清)上海農學會編輯　清光緒二十三年(1897)上海石印本　十七冊

320000－1615－0004769　子1415/400771

居士傳五十六卷附二林居唱和詩一卷體仁要術一卷　(清)彭紹升編　清光緒四年(1878)刻本　六册

320000－1615－0004770　子 1421/400772
新序十卷　(漢)劉向撰　清光緒元年(1875)湖北崇文書局刻本　二册

320000－1615－0004771　子 1421/400773
聖諭廣訓不分卷　(清)聖祖玄燁撰　(清)世宗胤禛廣訓　(清)宣宗旻寧直解　清刻本　二册

320000－1615－0004772　子 1421/400774
聖諭像解二十卷　(清)梁延年繪編　清光緒二十八年(1902)江蘇撫署石印本　十册

320000－1615－0004773　子 1421/400775
聖諭像解二十卷　(清)梁延年繪編　清光緒二十八年(1902)江蘇撫署石印本　十册

320000－1615－0004774　子 1421/400776
聖諭像解二十卷　(清)梁延年繪編　清光緒二十八年(1902)江蘇撫署石印本　九册　缺一卷(三)

320000－1615－0004775　子 1422/400777
説苑考異十卷　(清)胡鳳丹校補　清同治十年(1871)漢陽黄嗣艾刻本　一册

320000－1615－0004776　子 1422/400778
説苑二十卷　(漢)劉向撰　清光緒元年(1875)湖北崇文書局刻本　四册

320000－1615－0004777　子 1422/400779
聖諭像解二十卷　(清)梁延年繪編　清光緒二十八年(1902)江蘇撫署石印本　十册

320000－1615－0004778　子 1422/400780
孔氏家語十卷　(三國魏)王肅注　清聚盛堂刻本　二册

320000－1615－0004779　子 1422/400781
圖民録四卷　(清)袁守定撰　清道光四年(1824)刻本　二册

320000－1615－0004780　子 1422/400782
孔氏家語十卷　(三國魏)王肅注　清上海同文書局石印本　五册

320000－1615－0004781　子 1422/400783
天後聖蹟不分卷　(□)□□撰　清嘉慶二十一年(1816)刻本　一册

320000－1615－0004782　子 1423/400784
釋氏稽古略四卷　(元)釋覺岸撰　續集三卷　(明)釋大聞輯　清光緒十二年(1886)刻本　五册

320000－1615－0004783　子 1423/400785
寄廬雜記四卷　(清)錢國珍撰　清光緒刻本　二册

320000－1615－0004784　子 1423/400786
山房隨筆一卷　(元)蔣子正撰　澹餘筆記一卷　(清)曹申吉撰　清刻本　一册

320000－1615－0004785　子 1423/400787
漢官儀三卷　(宋)劉攽撰　清道光四年(1824)鮑氏刻本　一册

320000－1615－0004786　子 1423/400788
漢官儀三卷　(宋)劉攽撰　清道光四年(1824)鮑氏刻本　一册

320000－1615－0004787　子 1423/400789
世界宗教一斑六卷　(日本)南山正如等撰　賀濟之編譯　清光緒二十九年(1903)鉛印本　一册

320000－1615－0004788　子 1423/400790
骨董十三説一卷　(明)董其昌撰　玉紀一卷　(清)陳性撰　清光緒二十三年(1897)香海閣刻本　一册

320000－1615－0004789　子 1423/400791
考古質疑六卷　(宋)葉大慶撰　清光緒九年(1883)仁和葛元煦嘯園刻本　二册

320000－1615－0004790　子 1423/400792
輿地經緯合表一卷　(清)朱德蕃輯　清刻本　一册

320000－1615－0004791　子 1423/400793
虚齋名書録十六卷續録四卷　龐元濟撰　清宣統元年(1909)龐氏申江刻本　二十册

320000－1615－0004792　子 1423/400794

竹書穆天子傳六卷　(晉)郭璞注　(清)洪頤煊校　清嘉慶九年(1804)鄂不館刻本　一册

320000－1615－0004793　子 1424/400795

小學韻語一卷　(清)羅澤南撰　清光緒五年(1879)江蘇書局刻本　七册

320000－1615－0004794　子 1424/400796

顏氏學記十卷　(清)戴望撰　清同治十年(1871)冶城山館刻本　四册

320000－1615－0004795　子 1424/400797

瓊琚譜三卷　(清)姜紹書輯　清宣統元年(1909)南陵徐乃昌刻本　一册

320000－1615－0004796　子 1424/400798

陽羨名陶録二卷　(清)吴騫撰　清乾隆、嘉慶間海昌吴氏刻拜經樓叢書本　一册

320000－1615－0004797　子 1424/400799

先正讀書訣一卷　(清)周永年輯　清光緒元和江氏刻本　一册

320000－1615－0004798　子 1424/400800

天演論二卷　(英國)赫胥黎撰　嚴復譯　清光緒鉛印本　一册

320000－1615－0004799　子 1424/400801

天演論二卷　(英國)赫胥黎撰　嚴復譯　清光緒鉛印本　一册

320000－1615－0004800　子 1424/400802

種樹書一卷　(元)俞宗本撰　**蠶桑説一卷**　(清)趙敬如撰　**蠶桑説輯補**　(清)沈清渠撰　清光緒二十三年(1897)漸西村舍刻本　一册

320000－1615－0004801　子 1424/400803

桐陰論畫三編六卷　(清)秦祖永撰　清同治三年(1864)刻朱墨套印本　三册

320000－1615－0004802　子 1424/400804

無聲詩史七卷　(清)姜紹書輯　清宣統二年(1910)上海瑞紀書局影印本　六册

320000－1615－0004803　子 1424/400805

子書二十八種　(清)浙江書局輯　清光緒二十三年(1897)上海圖書集成局鉛印本　十册

320000－1615－0004804　子 1425/400806

倘湖樵書十二卷　(明)來集之輯　清乾隆慎儉堂刻本　二十四册

320000－1615－0004805　子 1425/400807

清福秘函十三卷　(清)高士彦撰　清道光二十四年(1844)刻本　四册

320000－1615－0004806　子 1431/400808

困學紀聞注二十卷　(宋)王應麟撰　(清)翁元圻輯　清道光刻本　十二册

320000－1615－0004807　子 1431/400809

老子道德經解二卷首一卷　(明)釋德清撰　清光緒十二年(1886)金陵刻經處刻本　二册

320000－1615－0004808　子 1431/400810

李恕谷遺書　(清)李塨撰　清光緒五年(1879)定州王氏謙德堂刻畿輔叢書本　十三册

320000－1615－0004809　子 1431/400811

九數通考十一卷首一卷末一卷　(清)屈曾發輯　清刻本　四册

320000－1615－0004810　子 1432/400812

廣學類編十二卷　(英國)唐納蘭輯　(清)任廷旭譯　清光緒鉛印本　六册

320000－1615－0004811　子 1432/400813

天演論二卷　(英國)赫胥黎撰　嚴復譯　清光緒二十七年(1901)富文書局石印本　一册

320000－1615－0004812　子 1432/400814

顏習齋遺書　(清)顏元撰　清光緒五年(1879)定州王氏謙德堂刻畿輔叢書本　七册

320000－1615－0004813　子 1432/400815

益古演段三卷　(元)李冶撰　清同治刻本　一册

320000－1615－0004814　子 1432/400816

綴術釋明二卷　(清)明安圖撰　清光緒元年(1875)刻本　一册

320000－1615－0004815　子 1432/400817

格術補一卷　（清）鄒伯奇撰　清光緒三年(1877)刻本　一冊

320000－1615－0004816　子1432/400818

御製曆象考成後編十卷　（清）顧琮等編　清光緒刻本　十冊

320000－1615－0004817　子1432/400819

新書十卷　（漢）賈誼撰　清光緒湖北崇文書局刻本　二冊

320000－1615－0004818　子1433－4/400820

御定駢字類編二百四十卷　（清）聖祖玄燁撰　清光緒十三年(1887)上海同文書局石印本　四十九冊

320000－1615－0004819　子1435/400821

困學紀聞注二十卷　（宋）王應麟撰　清道光五年(1825)餘姚守福堂刻本　十六冊

320000－1615－0004820　子1435/400822

維摩詰所説經注八卷　（後秦）釋鳩摩羅什譯　（後秦）釋僧肇注　清光緒十三年(1887)金陵刻經處刻本　二冊

320000－1615－0004821　子1435/400823

維摩詰所説經注八卷　（後秦）釋鳩摩羅什譯　（後秦）釋僧肇注　清光緒十三年(1887)金陵刻經處刻本　二冊

320000－1615－0004822　子1435/400824

維摩詰所説經注八卷　（後秦）釋鳩摩羅什譯　（後秦）釋僧肇注　清光緒十三年(1887)金陵刻經處刻本　二冊

320000－1615－0004823　子1435/400825

維摩詰所説經三卷　（後秦）釋鳩摩羅什譯　清光緒七年(1881)金陵刻經處刻本　一冊

320000－1615－0004824　子1435/400826

維摩詰所説經三卷　（後秦）釋鳩摩羅什譯　清光緒七年(1881)金陵刻經處刻本　一冊

320000－1615－0004825　子1435/400827

梵網直解經四卷　（明）釋寂光解　清寶華山慧居寺刻本　四冊

320000－1615－0004826　子1435/400828

成唯識論十卷　（唐）釋玄奘譯　清光緒二十二年(1896)金陵刻經處刻本　二冊

320000－1615－0004827　子1441/400829

郎潛紀聞十四卷　（清）陳康祺撰　清光緒六年(1880)琴川刻本　六冊

320000－1615－0004828　子1441/400830

郎潛紀聞十四卷　（清）陳康祺撰　清光緒六年(1880)琴川刻本　六冊

320000－1615－0004829　子1441/400831

荀子二十卷　（唐）楊倞注　**校勘補遺一卷**　（清）謝墉輯補　清乾隆五十一年(1786)嘉善謝墉刻本　六冊

320000－1615－0004830　子1441/400832

重訂教乘法數十二卷　（清）釋起海等輯　清光緒三十四年(1908)常州天寧寺刻本　六冊

320000－1615－0004831　子1442/400833

近思續録十四卷　（清）劉源淥編　清同治八年(1869)刻本　十六冊

320000－1615－0004832　子1443/400834

閲藏知津四十四卷　（明）釋智旭編　清光緒十八年(1892)金經刻經處刻本　十冊

320000－1615－0004833　子1443/400835

大清重刻龍藏彙記不分卷　（清）藏經館編　清同治九年(1870)金陵刻經處刻本　一冊

320000－1615－0004834　子1443/400836

大清重刻龍藏彙記不分卷　（清）藏經館編　清同治九年(1870)金陵刻經處刻本　二冊

320000－1615－0004835　子1443/400837

翻譯名義集二十卷　（宋）釋法雲編　清光緒四年(1878)金陵刻經處刻本　六冊

320000－1615－0004836　子1443/400838

大乘阿毗達磨雜集論十六卷　（唐）釋玄奘譯　清宣統三年(1911)揚州張肇昌刻本　三冊

320000－1615－0004837　子1443/400839

老子翼八卷首一卷　（明）焦竑輯　清光緒二十一年(1895)漸西村舍刻本　四冊

320000－1615－0004838　子 1443/400840
四分比丘尼戒本一卷　(唐)釋道宣撰　清光緒二十一年(1895)金陵刻經處刻本　一册

320000－1615－0004839　子 1444－5/400841
華嚴疏鈔一百二十卷　(明)釋澄觀撰　清金陵刻經處刻本　六十册

320000－1615－0004840　子 1451/400842
華嚴懸談會玄記四十卷　(元)釋普瑞集　清光緒常熟刻經處刻本　十册

320000－1615－0004841　子 1451/400843
金剛般若波羅蜜經一卷　(後秦)釋鳩摩羅什譯　清揚州衆香庵刻本　一册

320000－1615－0004842　子 1451/400844
金剛經心印疏二卷　(清)溥畹述　清宣統元年(1909)揚州藏經院刻本　二册

320000－1615－0004843　子 1451/400845
金剛經解義二卷　徐槐廷解　清咸豐七年(1857)世界佛教居士林鉛印本　一册

320000－1615－0004844　子 1451/400846
金剛般若經六譯本六卷　(後秦)釋鳩摩羅什譯　清同治十一年(1872)金陵刻經處刻本　二册

320000－1615－0004845　子 1451/400847
勝鬘經寶窟十五卷　(唐)釋吉藏撰　清光緒二十六年(1900)金陵刻經處刻本　四册

320000－1615－0004846　子 1451/400848
解深密經疏十五卷　(唐)釋圓測疏　清金陵刻經處刻本　五册

320000－1615－0004847　子 1451/400849
菩薩戒本經箋要一卷　(印度)釋曇無讖譯　(明)釋智旭注　清光緒六年(1880)金陵刻經處刻本　一册

320000－1615－0004848　子 1451/400850
阿彌陀經疏鈔二卷　(明)釋袾宏述　清光緒二十五年(1899)姚秦三藏法師鳩摩羅什譯明古杭雲樓寺刻本　二册

320000－1615－0004849　子 1452/400851
歸元鏡二卷　(清)釋智達撰　清光緒二十三年(1897)揚州藏經院刻本　一册

320000－1615－0004850　子 1452/400852
老學庵筆記十卷　(宋)陸游撰　清光緒湖北崇文書局刻本　二册

320000－1615－0004851　子 1452/400853
大藏經樣本不分卷　釋宗仰等敘述　清宣統二年(1910)頻伽精舍校經室鉛印本　一册

320000－1615－0004852　子 1452/400854
大藏經樣本不分卷　釋宗仰等敘述　清宣統二年(1910)頻伽精舍校經室鉛印本　一册

320000－1615－0004853　子 1452/400855
釋迦譜十卷　(南朝齊)釋僧祐撰　清光緒三十四年(1908)刻本　四册

320000－1615－0004854　子 1452/400856
宋高僧傳三集三十卷首一卷　(宋)釋贊寧等撰　清光緒十三年(1887)金陵刻經處刻本　八册

320000－1615－0004855　子 1452/400857
明高僧傳四集六卷　(明)釋如惺撰　清光緒十八年(1892)金陵刻經處刻本　二册

320000－1615－0004856　子 1452/400858
高僧傳初集十五卷首一卷　(南朝梁)釋慧皎撰　清光緒十年(1884)金陵刻經處刻本　四册

320000－1615－0004857　子 1453/400859
華嚴經普賢行願品別行疏鈔十五卷　(唐)釋宗密疏　清光緒三十二年(1906)金陵刻經處刻本　五册

320000－1615－0004858　子 1453/400860
佛説無量壽經二卷　(三國魏)康僧鎧譯　清同治十三年(1874)金陵刻經處刻本　一册

320000－1615－0004859　子 1453/400861
大乘阿毗達磨雜集論十六卷　(唐)釋玄奘譯　清宣統三年(1911)常州天寧寺刻本　三册

320000－1615－0004860　子 1453/400862
般若波羅蜜多心經註解一卷心經直説一卷

(唐)釋玄奘譯　(明)釋宗泐等注　清光緒二年(1876)長沙刻經處刻本　一册

320000－1615－0004861　子1453/400863
藥師經直解二卷　(清)釋靈耀解　清宣統二年(1910)常州天寧寺刻本　一册

320000－1615－0004862　子1453/400864
藥師七佛本願經一卷　(隋)達摩笈多等譯　清宣統元年(1909)常州天寧寺刻本　一册

320000－1615－0004863　子1453/400865
佛爾雅八卷　(清)周春撰　清嘉慶刻本　一册

320000－1615－0004864　子1453/400866
楞伽阿跋多羅寶經四卷　(南朝宋)釋求那跋陀羅譯　清同治九年(1870)金陵刻經處刻本　二册

320000－1615－0004865　子1453/400867
教觀綱宗一卷附釋義一卷　(明)釋智旭撰　清刻本　一册

320000－1615－0004866　子1453/400868
教觀綱宗一卷附釋義一卷　(明)釋智旭撰　清刻本　一册

320000－1615－0004867　子1453/400869
禪關策進一卷　(明)釋蓮池撰　清同治十三年(1874)錢塘許氏刻本　一册

320000－1615－0004868　子1453/400870
紫柏老人集二十九卷首一卷　(明)釋真可撰　清刻本　十册

320000－1615－0004869　子1454/400871
入楞伽心玄義一卷　(唐)釋法藏撰　清光緒十八年(1892)金陵刻經處刻本　一册

320000－1615－0004870　子1454/400872
大方廣圓覺修多羅了義經二卷　(唐)釋佛陀多羅譯　清同治八年(1869)金陵刻經處刻本　一册

320000－1615－0004871　子1454/400873
樂邦定課一卷　(後秦)釋鳩摩羅什譯　清揚州眾香庵刻本　一册

320000－1615－0004872　子1454/400874
拾遺集不分卷　(清)釋性海覺源撰　清刻本　一册

320000－1615－0004873　子1454/400875
東林十八高賢傳不分卷　(□)□□撰　清刻本　一册

320000－1615－0004874　子1454/400876
勝鬘師子吼經不分卷　(南朝宋)釋求那跋陀羅譯　清光緒二十二年(1896)金陵刻經處刻本　一册

320000－1615－0004875　子1454/400877
瑜伽燄口不分卷　(清)釋德基輯　清刻本　一册

320000－1615－0004876　子1454/400878
教觀綱宗釋義記三卷　(明)釋智旭撰　**三千有門頌一卷三千有門頌略解一卷**　(宋)陳瓘撰　**始終心要一卷**　(唐)釋湛然撰　清光緒二十七年(1901)刻本　三册

320000－1615－0004877　子1454/400879
揞黑豆集八卷首一卷　(清)心圓居士撰　清刻本　四册

320000－1615－0004878　子1454/400880
大乘起信論一卷　(南朝梁)釋真諦譯　清光緒二十四年(1898)金陵刻經處刻本　一册

320000－1615－0004879　子1454/400881
札樸十卷　(清)桂馥撰　清光緒長洲蔣氏心矩齋刻本　三册

320000－1615－0004880　子1454/400882
高僧傳初集十五卷首一卷　(南朝梁)釋慧皎撰　清光緒十年(1884)金陵刻經處刻本　四册

320000－1615－0004881　子1454/400883
梵網經菩薩戒一卷無量壽經一卷華嚴經行願品一卷　(後秦)釋鳩摩羅什　(唐)釋般若譯　清光緒元年(1875)杭州雲棲寺刻本　一册

320000－1615－0004882　子1454/400884
縈絕老人天奇直註雪竇顯和尚頌古二卷

（明）釋道霖編集　**鶖絕老人天奇直註天童覺和尚頌古二卷**　**鶖絕老人天奇直註投子青和尚頌古二卷**　（明）釋性福編集　**鶖絕老人天奇直註丹霞淳和尚頌古二卷**　（明）釋真玉編集　清道光二十九年（1849）古杭菩曇禪寺刻本　二册

320000－1615－0004883　子 1454/400885
閱藏隨筆二卷續一卷　（清）釋元度撰　清光緒九年（1883）揚州集賢堂刻本　二册

320000－1615－0004884　子 1454/400886
閱藏隨筆二卷續一卷　（清）釋元度撰　清光緒九年（1883）揚州集賢堂刻本　二册

320000－1615－0004885　子 1454/400887
閱藏隨筆二卷續一卷　（清）釋元度撰　清光緒九年（1883）揚州集賢堂刻本　二册

320000－1615－0004886　子 1455/400888
元和姓纂十卷　（唐）林寶撰　清光緒六年（1880）金陵書局刻本　四册

320000－1615－0004887　子 1455/400889
元和姓纂十卷　（唐）林寶撰　清光緒六年（1880）金陵書局刻本　四册

320000－1615－0004888　子 1455/400890
元和姓纂十卷　（唐）林寶撰　清光緒六年（1880）金陵書局刻本　四册

320000－1615－0004889　子 1455/400891
龍筋鳳髓判四卷　（唐）張鷟撰　（明）劉允鵬註　（清）陳春補正　清道光二十六年（1846）海山仙館刻本　二册

320000－1615－0004890　子 1455/400892
龍筋鳳髓判註二卷　（唐）張鷟撰　（明）劉允鵬註　清光緒八年（1882）毅齋家刻本　二册

320000－1615－0004891　子 1455/400893
蘭亭考十二卷附羣公帖跋一卷　（宋）桑世昌撰　清乾隆、道光間長塘鮑氏刻知不足齋叢書本　三册

320000－1615－0004892　子 1455/400894
蘭亭續考二卷　（宋）俞松撰　清乾隆、道光間長塘鮑氏刻知不足齋叢書本　一册

320000－1615－0004893　子 1455/400895
蘭亭續考二卷　（宋）俞松撰　清乾隆、道光間長塘鮑氏刻知不足齋叢書本　一册

320000－1615－0004894　子 1511/400896
管子二十四卷　（唐）房玄齡注　清光緒五年（1879）刻本　八册

320000－1615－0004895　子 1511/400897
北堂書鈔一百六十卷　（隋）虞世南撰　清光緒十四年（1888）南海孔氏刻本　二十册

320000－1615－0004896　子 1511/400898
篆學瑣撰二十八種四十卷　（清）顧湘輯　清道光二十年（1840）海虞顧氏刻本　八册

320000－1615－0004897　子 1512/400899
大佛頂首楞嚴經十卷　（唐）釋般剌密帝譯　清光緒三十三年（1907）釋浩浄華山律堂刻本　十册

320000－1615－0004898　子 1513/400900
法苑珠林一百卷　（唐）釋道世撰　清道光七年（1827）燕園蔣氏刻本　三十二册

320000－1615－0004899　子 1514/400901
五燈會元二十卷　（宋）釋慧明撰集　清光緒三十二年（1906）貴池劉氏玉海堂景宋寶祐刻本　十六册

320000－1615－0004900　子 1514/400902
白芙堂算學叢書二十三種　（清）丁取忠輯　清同治十三年（1874）長沙荷池精舍刻本　十一册

320000－1615－0004901　子 1515/400903
指南針十二卷　（清）劉一明撰　清嘉慶二十四年（1819）常德護國庵刻本　一册

320000－1615－0004902　子 1515/400904
三命通會十二卷　（明）萬民英撰　清刻本　十二册

320000－1615－0004903　子 1515/400905
金光斗臨經一卷　清道光二十六年（1846）錢塘陳春橋刻本　一册

320000－1615－0004904　子 1515/400906
晨鐘録一卷　(清)閔裕堂等輯　清道光二十年(1840)錢塘項氏刻本　一冊

320000－1615－0004905　子 1515/400907
神仙傳十卷　(晉)葛洪撰　清刻本　一冊

320000－1615－0004906　子 1515/400908
參同契注釋三卷　(清)徐景休等注　清道光三年(1823)謙豫齋刻本　一冊

320000－1615－0004907　子 1515/400909
渡人舟四卷　(清)□□選　清光緒十五年(1889)杏光堂刻本　四冊

320000－1615－0004908　子 1515/400910
通關文二卷　(清)劉一明撰　清道光二年(1822)常郡護國庵刻本　二冊

320000－1615－0004909　子 1515/400911
金蓋心燈八卷前附道譜源流圖一卷龍門正宗流傳支派圖一卷　(清)閔苕旉撰　(清)鮑廷博註　(清)鮑錕評　清道光元年(1821)刻本　六冊

320000－1615－0004910　子 1521－2/400912
朱子文集大全類編一百十卷　(宋)朱熹撰　清雍正八年(1730)采芝山房刻本　四十八冊

320000－1615－0004911　子 1522/400913
漢儒通義七卷　(清)陳澧撰　清咸豐八年(1858)粤東省城富文齋刻本　二冊

320000－1615－0004912　子 1522/400914
倭文端公遺書八卷首一卷末一卷　(清)倭仁輯　清光緒元年(1875)六安求我齋刻本　四冊

320000－1615－0004913　子 1522/400915
榕村講授三卷　(清)李光地輯　清刻本　三冊

320000－1615－0004914　子 1522/400916
國朝學案小識十四卷首一卷末一卷　(清)唐鑑撰　清光緒十年(1884)刻本　十二冊

320000－1615－0004915　子 1523/400917
葬經内篇一卷黄帝宅經二卷　(晉)郭璞撰　清光緒元年(1875)湖北崇文書局刻本　一冊

320000－1615－0004916　子 1523/400918
地理辨正溫氏續解四卷　(清)蔣平階補注題(清)無心道人直解　清刻本　三冊　存三卷(二至四)

320000－1615－0004917　子 1523/400919
董公選要覽不分卷　(明)董德彰撰　清光緒二十四年(1898)浙江書局刻本　一冊

320000－1615－0004918　子 1523/400920
河洛精蘊九卷　(清)江永撰　清乾隆三十九年(1774)小西山房刻本　四冊

320000－1615－0004919　子 1523/400921
疑龍經三卷　(唐)楊益撰　(清)高其倬批　清道光刻本　一冊

320000－1615－0004920　子 1523/400922
撼龍經不分卷　(唐)楊益撰　(清)高其倬批　清道光寶慶務本山房刻本　二冊

320000－1615－0004921　子 1523/400923
演繁露十六卷續集六卷　(宋)程大昌撰　清嘉慶照曠閣刻本　四冊

320000－1615－0004922　子 1523/400924
萬年曆合刻星命須知一卷　(清)鍾之模訂　清咸豐七年(1857)玉池山房刻本　一冊

320000－1615－0004923　子 1523/400925
太上感應篇圖説四卷　(□)□□撰　清道光二十九年(1849)廣東合成齋刻本　四冊

320000－1615－0004924　子 1523/400926
象言破疑二卷　(清)劉一明撰　清嘉慶二十二年(1817)常德護國庵刻本　一冊

320000－1615－0004925　子 1523/400927
雪心賦正解四卷辯訛一卷　(唐)卜應天(清)孟浩撰　清體元堂刻本　四冊

320000－1615－0004926　子 1523/400928
清心語録六卷　(清)劉學官輯　清光緒五年(1879)刻本　六冊

320000－1615－0004927　子 1523/400929

列仙傳二卷　(漢)劉向撰　清刻本　一冊

320000－1615－0004928　子 1523/400930
欽定萬年書一卷　(清)鍾之模訂　清刻本　二冊

320000－1615－0004929　子 1524/400931
六壬類聚四卷　(清)紀大奎輯　清刻本　四冊

320000－1615－0004930　子 1524/400932
新刻合併紫微斗數全集六卷　(宋)陳摶撰　清裕元堂刻本　六冊

320000－1615－0004931　子 1524/400933
紫微斗數全書四卷　(宋)陳摶撰　清文盛堂坊刻本　四冊

320000－1615－0004932　子 1524/400934
六壬粹言六卷首一卷　(清)劉赤江輯　清道光六年(1826)知止齋刻本　六冊

320000－1615－0004933　子 1524/400935
大六壬大全十三卷　(清)郭載騋輯　清懷慶府刻本　十三冊

320000－1615－0004934　子 1524/400936
卜筮正宗十四卷　(清)王維德輯　清刻本　一冊

320000－1615－0004935　子 1524/400937
卜筮正宗十四卷　(清)王維德輯　清同治四年(1865)東昌三益堂刻本　二冊

320000－1615－0004936　子 1525/400938
陽宅三要四卷　(清)趙廷棟撰　清萃精英閣刻本　二冊

320000－1615－0004937　子 1525/400939
天元五歌闡義五卷元空秘旨一卷　(清)蔣大鴻撰　(清)章仲山注　清道光三年(1823)可久堂刻本　一冊

320000－1615－0004938　子 1525/400940
山洋指迷四卷　(明)周景一撰　清刻本　三冊

320000－1615－0004939　子 1525/400941
心眼指要四卷　(清)章甫輯　清可久堂刻本　二冊

320000－1615－0004940　子 1525/400942
相宅新編二卷　(清)焦循輯　清嘉慶四年(1799)刻本　一冊

320000－1615－0004941　子 1525/400943
地理辨正直解五卷　(明)蔣平階補傳　題(清)無心道人輯　清道光可久堂刻本　三冊

320000－1615－0004942　子 1525/400944
地理五訣八卷　(清)趙廷棟撰　清萃精英閣刻本　四冊

320000－1615－0004943　子 1525/400945
地理正宗十二卷集前三卷　(清)蔣國訂　清嘉慶十九年(1814)刻本　六冊

320000－1615－0004944　子 1525/400946
高批山法全書十九卷　(清)葉泰輯　(清)高其倬批註　清來鹿堂刻本　二冊

320000－1615－0004945　子 1525/400947
青田劉伯溫先生燒餅歌一卷　(明)劉基撰　清光緒二十八年(1902)鉛印本　一冊

320000－1615－0004946　子 1525/400948
詳解袁先生秘傳相法全編四卷　(明)袁忠徹撰　清書業德記刻本　一冊

320000－1615－0004947　子 1525/400949
子平管見集解二卷　(明)雷鳴夏撰　清同治五年(1866)六吉堂刻本　一冊

320000－1615－0004948　子 1525/400950
新編評注通玄先生張果老星宗大全十卷　(明)陸位輯　清大文堂刻本　十冊

320000－1615－0004949　子 1531/400951
欽定協紀辨方書三十六卷　(清)允祿等撰　清乾隆六年(1741)武英殿刻朱墨套印本　十五冊

320000－1615－0004950　子 1531/400952
三才神數一卷　(明)姚廣孝撰　清同治七年(1868)刻本　一冊

320000－1615－0004951　子 1531/400953
代數術二十五卷首一卷　(英國)華里司輯　(英國)傅蘭雅口譯　(清)華蘅芳筆述　清同治十二年(1873)刻本　三冊

320000－1615－0004952　子 1531/400954
衡齋算學七卷　(清)汪萊撰　清鄱易縣署刻本　一冊

320000－1615－0004953　子 1531/400955
衡齋遺書九卷　(清)汪萊撰　清鄱易縣署刻本　一冊

320000－1615－0004954　子 1531/400956
測候叢談四卷　(美國)金楷理口譯　(清)華蘅芳筆述　清刻本　二冊

320000－1615－0004955　子 1532/400957
清真釋疑一卷　(清)金天柱撰　清光緒二年(1876)刻本　一冊

320000－1615－0004956　子 1532/400958
教務輯要四卷　(清)徐家幹輯　清光緒二十四年(1898)湖北官書局刻本　四冊

320000－1615－0004957　子 1532/400959
古教彙參三卷　(英國)韋廉臣撰　清光緒二十五年(1899)上海廣學會刻本　三冊

320000－1615－0004958　子 1532/400960
天方三字經注解淺説一卷　(清)劉智介撰　(清)袁國祚註　清同治九年(1870)刻本　一冊

320000－1615－0004959　子 1532/400961
天方典禮擇要解二十卷後編一卷　(清)劉智撰　清刻本　一冊

320000－1615－0004960　子 1532/400962
浪跡續談八卷　(清)梁章鉅撰　清刻本　四冊

320000－1615－0004961　子 1532/400963
西學啟蒙十六種　(英國)艾約瑟輯　清光緒二十四年(1898)上海圖書集成印書局鉛印本　十六冊

320000－1615－0004962　子 1533/400964
兼濟堂纂刻梅勿菴先生曆算全書二十八種　(清)梅文鼎撰　清刻本　二十冊

320000－1615－0004963　子 1533/400965
吕子節録補遺二卷　(明)吕坤撰　(清)陳宏謀評輯　清乾隆三年(1738)刻本　二冊

320000－1615－0004964　子 1533/400966
諸子通考三卷　孫德謙撰　清宣統二年(1910)江蘇存古學堂鉛印本　三冊

320000－1615－0004965　子 1533/400967
朱子語類一百四十卷　(宋)朱熹撰　(宋)黎靖德輯　清同治刻本　四冊　存十九卷(五十三至五十七、一百二至一百十五)

320000－1615－0004966　子 1533/400968
增注莊子因六卷　(清)林雲銘評述　清嘉慶二年(1797)敦化堂刻本　六冊

320000－1615－0004967　子 1534/400969
格致鏡原一百卷　(清)陳元龍撰　清雍正刻本　二十五冊　存七十九卷(一至十八、三十二至八十二、八十七至九十六)

320000－1615－0004968　子 1534/400970
增補記事珠十卷　(清)張以謙撰　(清)王剛重訂　清嘉慶二十一年(1816)知不足軒刻本　九冊　存九卷(一至四、六至十)

320000－1615－0004969　子 1535/400971
陔餘叢考四十三卷　(清)趙翼撰　清刻本　六冊

320000－1615－0004970　子 1535/400972
述記三十四種　(清)任兆麟述　清嘉慶十五年(1810)遂古堂刻本　六冊

320000－1615－0004971　子 1535/400973
莊屈合詁不分卷　(清)錢澄之撰　清刻本　九冊

320000－1615－0004972　子 1541/400974
分類字錦六十一卷　(清)何焯等編　清刻本　二十八冊　存二十八卷(二十五至二十六、三十二至五十七)

320000－1615－0004973　子 1541/400975

化學鑑原六卷　(英國)韋爾司撰　(英國)傅蘭雅口譯　(清)徐壽筆譯　**續編二十四卷補編六卷**　(英國)蒲陸山撰　(英國)傅蘭雅口譯　(清)徐壽筆譯　清光緒二十三年(1897)小倉山房石印富強齋叢書全集本　八冊

320000－1615－0004974　子1542/400976
朱子經濟文衡類編前集二十五卷後集二十五卷續集二十二卷　(宋)滕珙撰　清乾隆四年(1739)楊雲服刻本　十二冊

320000－1615－0004975　子1542/400977
五子近思録發明十四卷　(清)施璜纂註　清刻本　五冊　存十三卷(二至十四)

320000－1615－0004976　子1542/400978
困知記二卷續二卷附録二卷續補一卷　(明)羅欽順撰　**外編一卷**　清咸豐四年(1854)補刻本　四冊

320000－1615－0004977　子1542/400979
近思録十四卷附考訂朱子世家一卷　(宋)朱熹輯　(清)江永集註　清咸豐三年(1853)刻本　四冊

320000－1615－0004978　子1542/400980
呻吟語節録六卷　(明)吕坤撰　清同治八年(1869)刻本　二冊

320000－1615－0004979　子1542/400981
酉陽雜俎二十卷續集十卷　(唐)段成式撰　清光緒三年(1877)湖北崇文書局刻本　六冊

320000－1615－0004980　子1543－4/400982
子史精華一百六十卷　(清)聖祖玄燁編　清雍正五年(1727)刻本　四十九冊

320000－1615－0004981　子1545/400983
子史精華一百六十卷　(清)聖祖玄燁編　清刻本　四十六冊　存一百五十一卷(一至七、十至三十二、三十四至五十五、五十九至一百五十三、一百五十七至一百六十)

320000－1615－0004982　子1551－2/400984
御製數理精蘊上編五卷下編四十卷表八卷　(清)聖祖玄燁撰　清光緒八年(1882)江寧藩署刻本　四十冊

320000－1615－0004983　子1553/400985
莊子十卷　(晉)郭象注　(唐)陸德明音義　清光緒二年(1876)浙江書局刻本　四冊

320000－1615－0004984　子1553/400986
遺像集錦不分卷　(清)□□繪　清繪本　一冊

320000－1615－0004985　子1553/400987
吴友如畫寶十三集　(清)吴嘉猷繪　清宣統元年(1909)上海璧園石印本　十六冊　存三集(十一集、十二集上、十三集上下)

320000－1615－0004986　子1553/400988
吴友如畫寶十三集　(清)吴嘉猷繪　清宣統元年(1909)上海璧園石印本　一冊　存一集(十三集上)

320000－1615－0004987　子1553/400989
集古官印攷証十七卷　(清)瞿中溶輯　清同治十二年(1873)東方學會鉛印本　四冊

320000－1615－0004988　子1553/400990
庚子銷夏記八卷　(清)孫承澤撰　清乾隆二十六年(1761)刻本　四冊

320000－1615－0004989　子1744/400991
中等教育倫理學不分卷　(日本)元良勇次郎撰　麥鼎華譯　清光緒二十八年(1902)上海廣智書局鉛印本　一冊

320000－1615－0004990　子1553/400992
平津館藏書畫記一卷　(清)孫星衍撰　清末民國鉛印本　一冊

320000－1615－0004991　子1553/400993
寄傲山房塾課新增幼學故事瓊林四卷首一卷　(清)程允升撰　(清)鄒聖脈增補　清光緒二十八年(1902)揚州李光明莊刻本　四冊

320000－1615－0004992　子1553/400994
名畫集錦不分卷　古齋主人集　清光緒二十三年(1897)上海順成書局石印本　一冊

320000－1615－0004993　子1554/400995
孫吴司馬法三種八卷　(清)孫星衍輯　清同

治十年(1871)淮南書局刻本　一冊

320000－1615－0004994　子1554/400996
三品彙刊三卷　(唐)司空圖　(南朝齊)謝赫　(南朝梁)庾肩吾撰　清光緒五年(1879)滋本堂刻本　一冊

320000－1615－0004995　子1554/400997
無弦琴譜二卷　(元)仇遠撰　清道光九年(1829)刻本　一冊

320000－1615－0004996　子1554/400998
墨子閒詁十五卷目録一卷附録一卷後語二卷　(清)孫詒讓撰　清宣統二年(1910)刻本　一冊

320000－1615－0004997　子1554/400999
秘傳花鏡六卷　(清)陳淏子輯　清藻文堂刻本　三冊

320000－1615－0004998　子1554/401000
莊子内篇註四卷　(明)釋德清注　清光緒十四年(1888)金陵刻經處刻本　二冊

320000－1615－0004999　子1554/401001
夷堅志二十卷　(宋)洪邁撰　清刻本　三冊　存六卷(丙集上、下,己集上、下,辛集上、下)

320000－1615－0005000　子1554/401002
醫師秘笈二卷附薛生白濕熱條辨一卷　(清)薛雪撰　清光緒七年(1881)浙甯簡香齋刻本　一冊

320000－1615－0005001　子1554/401003
天演論二卷　(英國)赫胥黎撰　嚴復譯　清光緒二十九年(1903)上海通雅石印本　二冊

320000－1615－0005002　子1554/401004
七修類稿五十一卷　(明)郎瑛撰　清光緒六年(1880)廣州翰墨園刻本　十六冊

320000－1615－0005003　子1611－2/401005
御定駢字類編二百四十卷　(清)張廷玉編　清光緒十三年(1887)上海同文書局石印本　四十八冊

320000－1615－0005004　子1613－4/401006
御定駢字類編二百四十卷　(清)張廷玉編　清光緒十三年(1887)上海同文書局石印本　四十八冊

320000－1615－0005005　子1615/401007
黄眉故事十卷　(明)鄧百拙編　清光緒三年(1877)經濟堂刻本　六冊

320000－1615－0005006　子1615/401008
白眉故事十卷　(明)許以忠集　清光緒二年(1876)經濟堂刻本　六冊

320000－1615－0005007　子1615/401009
擇言尤雅録不分卷　(清)袁祖志撰　清光緒二年(1876)刻本　一冊

320000－1615－0005008　子1615/401010
經餘秘書必讀八卷　(清)雷琳輯　清嘉慶十一年(1806)文畬堂刻本　四冊

320000－1615－0005009　子1615/401011
對類便讀六卷首一卷　(清)程錫類輯　(清)汪熙　(清)項廷試音注　(清)葉良儀刪訂　清刻本　四冊

320000－1615－0005010　子1615/401012
記事珠十卷　(清)張以謙撰　清嘉慶二十年(1815)刻本　十冊

320000－1615－0005011　子1616/401013
事類賦三十卷　(宋)吴淑撰註　清刻本　四冊

320000－1615－0005012　子1616/401014
廣事類賦四十卷　(清)華希閔撰　清刻本　六冊

320000－1615－0005013　子1616/401015
讀書紀數略五十四卷　(清)宫夢仁撰　清刻本　十六冊

320000－1615－0005014　子1616/401016
讀書紀數略五十四卷　(清)宫夢仁撰　清刻本　一冊　存三卷(五十二至五十四)

320000－1615－0005015　子1616/401017
古今紀始通考四卷　(清)魏崧撰　清光緒二十八年(1902)佑廉樞記石印本　一冊

320000－1615－0005016　子 1616/401018
御纂醫宗金鑑九十卷首一卷　(清)吴謙等纂修　清刻本　一册　存一卷(八十五)

320000－1615－0005017　子 1621－4/401019
太平御覽一千卷目録十五卷　(宋)李昉等輯　清嘉慶十二年至十七年(1807－1812)鮑崇城刻本　一百二十册

320000－1615－0005018　子 1625/401020
小學韻語一卷　(清)羅澤南撰　清光緒二十一年(1895)刻本　一册

320000－1615－0005019　子 1625/401021
婁東雜著五十六種　(清)邵廷烈編撰　清道光十三年(1833)太倉東陵刻本　一册

320000－1615－0005020　子 1625/401022
蠶桑萃編十五卷首一卷　(清)衛傑編　清光緒二十六年(1900)浙江書局刻本　八册

320000－1615－0005021　子 1625/401023
前塵夢影録二卷　(清)徐康撰　清光緒刻本　二册

320000－1615－0005022　子 1625/401024
兵法史略學答問不分卷　陳慶年撰　清刻本　一册

320000－1615－0005023　子 1625/401025
婁東雜著十二種　(清)邵廷烈編撰　清道光二十五年(1845)竹西金助蓿館刻本　一册

320000－1615－0005024　子 1625/401026
經驗良方三卷　(清)陸成本輯　清刻本　一册　存一卷(中)

320000－1615－0005025　子 1625/401027
救吞生煙奇效方附戒煙方不分卷　(清)魏綸先撰　清光緒十一年(1885)維揚翰雅齋刻本　一册

320000－1615－0005026　子 1625/401028
菰中隨筆一卷　(清)顧炎武撰　清末上海文瑞樓石印本　一册

320000－1615－0005027　子 1625/401029
孔子家語十卷　(三國魏)王肅注　清光緒刻本　四册

320000－1615－0005028　子 1631/401030
重訂事類賦四十卷　(宋)吴淑撰注　**廣事類賦四十卷**　(清)華希閔撰　清同治七年(1868)經堂刻本　十册

320000－1615－0005029　子 1631/401031
宫閨聯名譜二十二卷　(清)董恂輯　清光緒申報館鉛印本　八册

320000－1615－0005030　子 1631/401032
文選錦字二十一卷　(明)淩迪知輯　清光緒十一年(1885)融經館刻本　六册

320000－1615－0005031　子 1632/401033
分類百子金丹十卷　(明)郭偉選注　清光緒二十年(1894)上海袖海山房石印本　六册

320000－1615－0005032　子 1632/401034
文林綺繡五種　(明)淩迪知等輯　清光緒鴻寶齋石印本　六册

320000－1615－0005033　子 1632/401035
事類統編三十五卷　(清)黄葆真增輯　清光緒十四年(1888)點石齋石印本　十二册

320000－1615－0005034　子 1633/401036
新增策學總纂大全四十六卷　(清)張寶琪輯　清光緒五年(1879)長沙守墨齋刻本　二十二册

320000－1615－0005035　子 1633/401037
鑄史駢言十二卷　(清)孫玉田編　清光緒二年(1876)申報館鉛印本　四册

320000－1615－0005036　子 1633/401038
五經類駢五卷　(清)陳桂蔭輯　清光緒二年(1876)刻本　五册

320000－1615－0005037　子 1634/401039
近科策鵠四卷　(清)陳雲程輯　清嘉慶刻本　一册

320000－1615－0005038　子 1634/401040
廣治平略三十六卷　(清)蔡方炳纂　清同治九年(1870)漁古山房刻本　六册

320000－1615－0005039　子 1634/401041

錦字牋四卷　(清)黄澐纂　清維揚名山堂刻本　二冊

320000－1615－0005040　子 1634/401042

廣治平略三十六卷　(清)蔡方炳纂　清同治九年(1870)漁古山房刻本　二冊　存九卷(二十四至三十二)

320000－1615－0005041　子 1634/401043

古今治平彙要十四卷　(清)楊潮觀纂　清光緒五年(1879)鉛印本　二冊

320000－1615－0005042　子 1634/401044

試策補要八卷　竹隱主人纂　清光緒二年(1876)鉛印本　二冊

320000－1615－0005043　子 1634/401045

古事比五十二卷　(清)方中德輯　清光緒三十一年(1905)寶善書局石印本　六冊

320000－1615－0005044　子 1635/401046

西學大成十二卷　王西清等輯　清光緒二十一年(1895)上海醉六堂石印本　十二冊

320000－1615－0005045　子 1635/401047

西學大成十二卷　王西清等輯　清光緒十四年(1888)上海大同書局石印本　十二冊

320000－1615－0005046　子 1635/401048

重訂達生編一卷　(清)亟齋居士撰　(清)段正笏訂　清道光刻本　一冊

320000－1615－0005047　子 1636/401049

時務通考三十一卷　(清)杞廬主人輯　清光緒二十三年(1897)點石齋石印本　四冊　存四卷(一至四)

320000－1615－0005048　子 1636/401050

本草綱目五十二卷圖三卷附奇經八脈考一卷瀕湖脈學一卷脈訣考證一卷　(明)李時珍撰　**本草萬方鍼線八卷**　(清)蔡烈先輯　**本草綱目拾遺十卷**　(清)趙學敏輯　清光緒十四年(1888)鴻寶齋石印本　十六冊

320000－1615－0005049　子 1637/401051

金樓子六卷　(南朝梁)元帝蕭繹撰　清乾隆、道光間鮑氏刻知不足齋叢書本　二冊

320000－1615－0005050　子 1637/401052

蘭亭考十二卷　(宋)桑世昌撰　清乾隆、道光間長塘鮑氏刻知不足齋叢書本　三冊

320000－1615－0005051　子 1637/401053

蘭亭續考二卷　(宋)俞松撰　清乾隆、道光間長塘鮑氏刻知不足齋叢書本　一冊

320000－1615－0005052　子 1637/401054

清波雜志十二卷清波别志三卷　(宋)周煇撰　清乾隆、道光間長塘鮑氏刻知不足齋叢書本　四冊

320000－1615－0005053　子 1637/401055

格致鏡原一百卷　(清)陳元龍撰　清末石印本　八冊　缺五十四卷(一至五十四)

320000－1615－0005054　子 1637/401056

農務土質論三卷　(美國)金福蘭格令希蘭撰　(美國)衛理口譯　范熙庸筆述　清光緒二十七年(1901)石印本　三冊

320000－1615－0005055　子 1637/401057

農務土質論三卷　(美國)金福蘭格令希蘭撰　(美國)衛理口譯　范熙庸筆述　清光緒二十七年(1901)石印本　三冊

320000－1615－0005056　子 1641/401058

農政全書六十卷　(明)徐光啟撰　清宣統元年(1909)求學齋石印本　八冊

320000－1615－0005057　子 1641/401059

農政全書六十卷　(明)徐光啟撰　清光緒二十六年(1900)上海文海書局石印本　八冊

320000－1615－0005058　子 1641/401060

農話不分卷　(清)陳啟謙述　清光緒二十八年(1902)商務印書館鉛印本　一冊

320000－1615－0005059　子 1641/401061

吹劍録外集一卷　(宋)俞文豹撰　清乾隆、道光間長塘鮑氏刻知不足齋叢書本　一冊

320000－1615－0005060　子 1641/401062

緒言三卷　(清)戴震撰　清道光、光緒間南海伍氏刻粤雅堂叢書本　一冊

320000－1615－0005061　子1641/401063
焦氏筆乘六卷續乘八卷　(明)焦竑輯　清道光三十年(1850)南海伍氏刻粤雅堂叢書本　六册

320000－1615－0005062　子1641/401064
釣磯立談不分卷　(五代)史虚白撰　清乾隆、道光間長塘鮑氏刻知不足齋叢書本　一册

320000－1615－0005063　子1641/401065
天演論二卷　(英國)赫胥黎撰　嚴復譯　清光緒二十四年(1898)侯官石印本　一册

320000－1615－0005064　子1641/401066
京師大學堂心理學講義不分卷　(□)□□撰　清光緒京師大學堂鉛印本　一册

320000－1615－0005065　子1641/401067
羣學肄言十六卷　(英國)斯賓塞爾撰　嚴復譯　清光緒二十九年(1903)上海文明書局鉛印本　四册

320000－1615－0005066　子1641/401068
天演論二卷　(英國)赫胥黎撰　嚴復譯　清光緒二十七年(1901)富文書局石印本　一册

320000－1615－0005067　子1641/401069
天演論二卷　(英國)赫胥黎撰　嚴復譯　清光緒二十七年(1901)富文書局石印本　一册

320000－1615－0005068　子1641/401070
理學鉤玄三卷　(日本)中江篤介撰　(清)陳鵬譯　清光緒二十八年(1902)上海廣智書局鉛印本　一册

320000－1615－0005069　子1641/401071
中國魂二卷　梁啟超撰　清光緒二十八年(1902)廣智書局鉛印本　二册

320000－1615－0005070　子1642/401072
白芙堂算學叢書八十九卷　(清)丁取忠輯　清同治十三年(1874)長沙刻本　三十二册

320000－1615－0005071　子1643/401073
穆勒名學三卷　(英國)穆勒撰　嚴復譯　清金粟齋鉛印本　二册

320000－1615－0005072　子1643/401074
穆勒名學三卷　(英國)穆勒撰　嚴復譯　清光緒八年(1882)金粟齋刻本　六册

320000－1615－0005073　子1643/401075
算學啟蒙三卷　(元)朱世傑編　清道光羅士琳刻本　三册

320000－1615－0005074　子1643/401076
算學啟蒙述義三卷　(元)朱世傑編　清光緒十年(1884)揚州刻本　三册

320000－1615－0005075　子1643/401077
算學啟蒙述義三卷　(元)朱世傑編　清光緒十年(1884)揚州刻本　三册

320000－1615－0005076　子1643/401078
算法大成二十卷　(清)陳傑撰　清光緒二十四年(1898)浙江書局刻本　十册

320000－1615－0005077　子1643/401079
算學啟蒙三卷　(元)朱世傑編　清道光羅士琳刻本　二册

320000－1615－0005078　子1644/401080
衍元筆算今式二卷　(清)汪香祖撰　清光緒二十三年(1897)江蘇書局刻本　十八册

320000－1615－0005079　子1644/401081
增删算法統宗十一卷　(明)程大位撰　(清)梅瑴成增删　清刻本　四册

320000－1615－0005080　子1644/401082
衍元筆算今式二卷　(清)汪香祖撰　清光緒二十三年(1897)江蘇書局刻本　二册

320000－1615－0005081　子1644/401083
增删算法統宗十一卷首一卷　(明)程大位撰　(清)梅瑴成增删　清光緒二十四年(1898)江蘇書局刻本　四册

320000－1615－0005082　子1644/401084
代形合參三卷　謝洪賚譯　清光緒二十七年(1901)美華書館鉛印本　一册

320000－1615－0005083　子1644/401085
萬象一原九卷首一卷　(清)夏鸞翔撰　清光緒二十四年(1898)江蘇書局刻本　二册

320000－1615－0005084　子 1644/401086
萬象一原九卷首一卷　(清)夏鸞翔撰　清光緒二十四年(1898)江蘇書局刻本　二冊

320000－1615－0005085　子 1645/401087
九數存古九卷　(清)顧觀光撰　清光緒十八年(1892)江蘇書局刻本　四冊

320000－1615－0005086　子 1645/401088
割圜密率捷法四卷　(清)明安國撰　清道光江都岑紹周刻本　三冊

320000－1615－0005087　子 1645/401089
天元開方補表不分卷　(清)周豐榦撰　清末石印本　一冊

320000－1615－0005088　子 1645/401090
算迪八卷　(清)何夢瑤撰　清光緒劉氏刻本　九冊

320000－1615－0005089　子 1645/401091
躔離引蒙不分卷　(清)賈步緯撰　清江南製造局鉛印本　二冊

320000－1615－0005090　子 1645/401092
行素軒算稿八種　(清)華蘅芳撰　清光緒梁谿華氏刻本　一冊

320000－1615－0005091　子 1645/401093
交食引蒙一卷　(清)賈步緯撰　清江南製造局鉛印本　一冊

320000－1615－0005092　子 1651/401094
學古堂算書叢刻　(清)汪香祖撰　清光緒二十三年(1897)江蘇書局刻本　六冊

320000－1615－0005093　子 1651/401095
簡易庵算稿四卷　(清)劉彝程撰　清光緒二十六年(1900)江南製造局刻本　四冊

320000－1615－0005094　子 1651/401096
則古昔齋算學　(清)李善蘭撰　清同治六年(1867)獨山莫友芝刻本　六冊

320000－1615－0005095　子 1651/401097
九數外録一卷　(清)顧觀光撰　清光緒十八年(1892)江蘇書局刻本　一冊

320000－1615－0005096　子 1651/401098
董方立算書不分卷　(清)董佑誠撰　清刻本　一冊

320000－1615－0005097　子 1651/401099
謝穀堂算學三種　(清)謝家禾撰　清道光十七年(1837)刻本　一冊

320000－1615－0005098　子 1651/401100
李氏算學遺書　(清)李鋭撰　清光緒十六年(1890)上海醉六堂刻本　八冊

320000－1615－0005099　子 1652/401101
三角數理十二卷　(英國)海麻士輯　(英國)傅蘭雅口譯　(清)華蘅芳筆述　清江南製造總局刻本　六冊

320000－1615－0005100　子 1652/401102
三角數理十二卷　(英國)海麻士輯　(英國)傅蘭雅口譯　(清)華蘅芳筆述　清江南製造總局刻本　六冊

320000－1615－0005101　子 1652/401103
三角數理十二卷　(英國)海麻士輯　(英國)傅蘭雅口譯　(清)華蘅芳筆述　清江南製造總局刻本　六冊

320000－1615－0005102　子 1652/401104
三角數理十二卷　(英國)海麻士輯　(英國)傅蘭雅口譯　(清)華蘅芳筆述　清江南製造總局刻本　六冊

320000－1615－0005103　子 1652/401105
運規約指三卷　(英國)白起德輯　(英國)傅蘭雅口譯　(清)徐建寅筆述　清末江南製造總局刻本　一冊

320000－1615－0005104　子 1652/401106
三角數理十二卷　(英國)海麻士輯　(英國)傅蘭雅口譯　(清)華蘅芳筆述　清江南製造總局刻本　六冊

320000－1615－0005105　子 1653/401107
數學理九卷附卷一卷　(英國)棣麼甘撰　(英國)傅蘭雅口譯　(清)趙元益筆述　清江南製造總局刻本　四冊

320000－1615－0005106　子 1653/401108
代數術二十五卷　(英國)華里司輯　(英國)傅蘭雅口譯　(清)華蘅芳筆述　清江南製造總局刻本　六册

320000－1615－0005107　子 1653/401109
代數難題十六卷　(英國)倫德輯　(英國)傅蘭雅口譯　(清)華蘅芳筆述　清江南製造總局刻本　六册

320000－1615－0005108　子 1653/401110
割圜通解一卷代數術詳解一卷　(清)吴誠撰　清光緒二十四年(1898)江蘇書局刻本　一册

320000－1615－0005109　子 1653/401111
微積溯源八卷　(英國)華里司輯　(英國)傅蘭雅口譯　(清)華蘅芳筆述　清江南機器製造總局刻本　六册

320000－1615－0005110　子 1653/401112
代數啟蒙四卷　(清)馮澂演　清光緒二十三年(1897)江蘇書局刻本　四册

320000－1615－0005111　子 1653/401113
代數啟蒙四卷　(清)馮澂演　清光緒二十三年(1897)江蘇書局刻本　四册

320000－1615－0005112　子 1654/401114
測繪海圖全法八卷附一卷　(英國)華爾敦撰　(英國)傅蘭雅口譯　清光緒江南製造局刻本　六册

320000－1615－0005113　子 1654/401115
幾何原本十二卷　(希臘)歐幾裡得原撰　(明)徐光啟譯　清光緒十九年(1893)江南製造局鉛印本　三册

320000－1615－0005114　子 1654/401116
算式解法十四卷　(英國)好敦司　(英國)開奈利撰　(英國)傅蘭雅口譯　(清)華蘅芳筆述　清光緒江南製造局刻本　二册

320000－1615－0005115　子 1654/401117
算式集要四卷　(英國)哈司韋輯　(英國)傅蘭雅口譯　(清)江衡筆述　清江南製造局刻本　二册

320000－1615－0005116　子 1654/401118
繪地法原一卷　(美國)金楷理口譯　(清)王德均筆述　清江南機器製造局刻本　一册

320000－1615－0005117　子 1654/401119
器象顯真附圖四卷　(英國)白力蓋輯　(英國)傅蘭雅口譯　(清)徐建寅删述　清江南製造局刻本　三册

320000－1615－0005118　子 1654/401120
測地繪圖十一卷附一卷　(英國)富路麻撰　(英國)傅蘭雅口譯　(清)徐壽筆述　清江南製造局刻本　四册

320000－1615－0005119　子 1654/401121
談天十八卷　(英國)侯失勒撰　(英國)偉烈亞力　(清)李善蘭譯　清江南製造局刻本　四册

320000－1615－0005120　子 1654/401122
星經二卷　(漢)甘公　(漢)石申撰　清刻本　二册

320000－1615－0005121　子 1654/401123
談天十八卷　(英國)侯失勒撰　(英國)偉烈亞力　(清)李善蘭譯　清光緒二十二年(1896)著易堂石印本　四册

320000－1615－0005122　子 1655/401124
中西測量輿圖全編一卷　(清)吴嘉善述　清光緒二十四年(1898)製造局刻本　一册

320000－1615－0005123　子 1655/401125
學計一得二卷　(清)鄒伯奇撰　清同治十二年(1873)刻鄒徵君遺書本　一册

320000－1615－0005124　子 1655/401126
務民義齋算學　(清)徐有壬撰　清光緒九年(1883)歸安姚氏刻咫進齋叢書本　一册

320000－1615－0005125　子 1655/401127
算學不分卷　(清)賈步緯校　清江南製造局鉛印本　六册

320000－1615－0005126　子 1655/401128
數書九章札記十八卷　(清)宋景昌撰　清道

光二十二年(1842)宜稼堂刻本　一册

320000－1615－0005127　子1655/401129
三角數理十二卷　(英國)海麻士輯　(英國)傅蘭雅口譯　(清)華蘅芳筆述　清光緒二十二年(1896)璣衡堂石印本　一册

320000－1615－0005128　子1655/401130
三角數理十二卷　(英國)海麻士輯　(英國)傅蘭雅口譯　(清)華蘅芳筆述　清光緒二十二年(1896)璣衡堂石印本　四册

320000－1615－0005129　子1655/401131
三角數理十二卷　(英國)海麻士輯　(英國)傅蘭雅口譯　(清)華蘅芳筆述　清光緒二十二年(1896)璣衡堂石印本　一册

320000－1615－0005130　子1655/401132
兩湖書院課程二卷附一卷附表一卷　(清)兩湖書院編　清光緒二十四年(1898)兩湖書院刻本　四册

320000－1615－0005131　子1655/401133
上虞算學堂課藝二卷　(清)支雯甫選　清光緒二十七年(1901)刻本　一册

320000－1615－0005132　子1655/401134
翠微山房數學十六種三十八卷　(清)張作楠撰　清光緒二十三年(1897)鴻寶齋石印本　八册

320000－1615－0005133　子1655/401135
筆算教科書不分卷　師範院譯述　清光緒二十七年(1901)南洋公學石印本　二册

320000－1615－0005134　子1655/401136
合數術二卷　(清)林紹清撰　清光緒十四年(1888)石印本　二册

320000－1615－0005135　子1655/401137
中西天文算學問答十卷　(清)江衡輯　清光緒十四年(1888)積山書局石印本　四册

320000－1615－0005136　子1711/401138
格致彙編二十八卷　(英國)傅蘭雅輯　清光緒上海格致書室鉛印本　二十八册

320000－1615－0005137　子1711/401139
化學考質八卷　(英國)傅蘭雅譯　(清)徐壽筆述　清末江南製造局刻本　六册

320000－1615－0005138　子1712/401140
化學求數十五卷　(英國)傅蘭雅譯　(清)徐壽筆述　清末江南製造局刻本　十四册

320000－1615－0005139　子1712/401141
化學鑑原六卷　(英國)韋爾司撰　(英國)傅蘭雅口譯　(清)徐壽筆譯　**續編二十四卷補編六卷**　(英國)蒲陸山撰　(英國)傅蘭雅口譯　(清)徐壽筆譯　清末江南製造局刻本　十六册

320000－1615－0005140　子1712/401142
化學分原八卷　(英國)蒲陸山撰　(英國)傅蘭雅口譯　(清)徐建寅筆述　清末江南製造局刻本　二册

320000－1615－0005141　子1712/401143
化學表一卷　(清)上海製造局繙譯館譯　清光緒十年(1884)江南製造局鉛印本　一册

320000－1615－0005142　子1712/401144
化學源流論四卷　(英國)方尼司輯　(清)王汝駒譯　清光緒江南製造局鉛印本　二册

320000－1615－0005143　子1713/401145
四書典林三十卷　(清)江永編　清末石印本　一册　存十卷(九至十八)

320000－1615－0005144　子1713/401146
羣書校補不分卷　(清)陸心源輯　清千頃堂書局刻本　二十三册

320000－1615－0005145　子1713/401147
羣書拾補三十九卷　(清)盧文弨輯　清光緒十三年(1887)蜚英館石印本　八册

320000－1615－0005146　子1714/401148
十竹齋畫譜不分卷　(明)胡正言編　清刻多色套印本　八册

320000－1615－0005147　子1714/401149
李氏蒙求補注六卷　(清)金三俊輯　清道光九年(1829)京口敦經堂刻本　四册

320000－1615－0005148　子1714/401150

幾何原本十五卷　(意大利)利瑪竇口譯　(明)徐光啟筆受　清同治四年(1865)金陵書局刻本　八册

320000－1615－0005149　子1714/401151
物體遇熱改易記四卷　(英國)瓦特斯輯　(英國)傅蘭雅口譯　(清)徐壽筆述　(清)趙元益校録　清光緒二十五年(1899)江南製造局鉛印本　二册

320000－1615－0005150　子1714/401152
物理學上編四卷　(日本)飯盛挺造編纂　(日本)藤田豐八譯　王季烈潤辭　清光緒二十六年(1900)江南製造局鉛印本　四册

320000－1615－0005151　子1714/401153
重學二十卷附曲線説三卷　(英國)艾約瑟口譯　(清)李善蘭筆述　清同治五年(1866)刻本　六册

320000－1615－0005152　子1715/401154
通物電光四卷　(美國)莫耳登撰　(英國)傅蘭雅譯　王季烈筆述　清光緒江南製造局刻本　一册

320000－1615－0005153　子1715/401155
電學十卷首一卷　(清)徐建寅筆述　清光緒江南製造局鉛印本　六册

320000－1615－0005154　子1715/401156
格致古微六卷　王仁俊述　清光緒吴縣王氏籀許簃刻本　二册

320000－1615－0005155　子1715/401157
格致啟蒙四卷　(清)鄭昌棪譯　清光緒江南製造局鉛印本　四册

320000－1615－0005156　子1715/401158
廣學類編十二卷　(英國)唐納蘭輯　(清)任廷旭譯　清光緒鉛印本　六册

320000－1615－0005157　子1715/401159
重訂格物入門七卷　(美國)丁韙良撰　清光緒二十二年(1896)邁園徐氏刻本　七册

320000－1615－0005158　子1715/401160
西學關鍵八卷　滙報館教士譯　清光緒鴻寶齋石印本　四册

320000－1615－0005159　子1721－2/401161
策學備纂三十二卷目録一卷　(清)吴潁炎輯　清光緒十九年(1893)上海點石齋石印本　四十八册

320000－1615－0005160　子1723－4/401162
武備志二百四十卷　(明)茅元儀輯　清刻本　五十九册　缺五十六卷(三十五至三十八、四十三至四十六、五十一五十二、六十六至六十七、八十九至九十一、九十五至一百三、一百九至一百十、一百十三至一百十四、一百二十一至一百二十三、一百三十一至一百三十四、一百四十五至一百四十七、一百五十四至一百五十五、一百七十五至一百七十六、一百九十三至一百九十六、二百三至二百五、二百二十六至二百三十二)

320000－1615－0005161　子1725/401163
宋稗類鈔三十六卷　(清)潘永因輯　清宣統石印本　十二册

320000－1615－0005162　子1725/401164
澠水燕談録十卷　(宋)王闢之撰　清乾隆、道光間長塘鮑氏刻知不足齋叢書本　二册

320000－1615－0005163　子1725/401165
耆舊續聞十卷　(宋)陳鵠撰　清乾隆、道光間長塘鮑氏刻知不足齋叢書本　二册

320000－1615－0005164　子1725/401166
顔氏家訓七卷　(北齊)顔之推撰　清乾隆、道光間長塘鮑氏刻知不足齋叢書本　二册

320000－1615－0005165　子1725/401167
默記一卷　(宋)王銍撰　清乾隆、道光間鮑氏刻知不足齋叢書本　一册

320000－1615－0005166　子1725/401168
清虚雜著三卷補缺一卷　(宋)王鞏撰　清乾隆、道光間長塘鮑氏刻知不足齋叢書本　一册

320000－1615－0005167　子1725/401169
侯鯖録八卷　(宋)趙德麟撰　清乾隆、道光

間長塘鮑氏刻知不足齋叢書本　二册

320000－1615－0005168　子1725/401170
寓簡十卷　(宋)沈作喆撰　清乾隆、道光間長塘鮑氏刻知不足齋叢書本　一册

320000－1615－0005169　子1725/401171
蟲鳴漫録二卷　題(清)采蘅子撰　清光緒三年(1877)申報館鉛印本　二册

320000－1615－0005170　子1725/401172
思益堂日札十卷　(清)周壽昌撰　清末鉛印本　一册　存三卷(三至五)

320000－1615－0005171　子1725/401173
鐵圍山叢談六卷　(宋)蔡絛撰　清乾隆、嘉慶間鮑廷博刻知不足齋叢書本　二册

320000－1615－0005172　子1725/401174
庸閒齋筆記十二卷　(清)陳其元撰　清檢古齋石印本　五册

320000－1615－0005173　子1725/401175
無邪堂問答五卷　(清)朱一新撰　清光緒上海書局石印本　五册

320000－1615－0005174　子1726/401176
意林五卷　(唐)馬總撰　清光緒三年(1877)湖北崇文書局刻本　二册

320000－1615－0005175　子1726/401177
困學紀聞注二十卷　(宋)王應麟撰　(清)翁元圻輯　清道光五年(1825)刻本　十六册

320000－1615－0005176　子1726/401178
癸巳類稿十五卷　(清)俞正燮輯　清光緒十四年(1888)刻本　九册

320000－1615－0005177　子1726/401179
鄭堂札記五卷　(清)周中孚撰　清光緒六年(1880)刻本　二册

320000－1615－0005178　子1726/401180
南江札記四卷　(清)邵晉涵撰　清刻本　二册

320000－1615－0005179　子1726/401181
敬齋古今黈八卷　(元)李治撰　清道光二十九年(1849)刻本　二册

320000－1615－0005180　子1731/401182
改訂心理學教科書不分卷　(日本)大瀨甚太郎等撰　清光緒二十九年(1903)直隸學務處鉛印本　一册

320000－1615－0005181　子1731/401183
雲谷雜紀四卷首一卷末一卷　(宋)張淏撰　清刻本　四册

320000－1615－0005182　子1731/401184
佩韋齋輯聞四卷　(宋)俞德鄰撰　清刻本　一册

320000－1615－0005183　子1731/401185
泊宅編十卷　(宋)方勺撰　清光緒三年(1877)刻本　一册

320000－1615－0005184　子1731/401186
吴京卿節本天演論一卷　(英國)赫胥黎撰　嚴復譯　(清)吴汝綸删節　清光緒二十四年(1898)鉛印本　一册

320000－1615－0005185　子1731/401187
吹劍録外集一卷　(宋)俞文豹撰　清乾隆、道光間長塘鮑氏刻知不足齋叢書本　一册

320000－1615－0005186　子1731/401188
兵法百言釋義不分卷　(清)侯榮釋義　清光緒三十四年(1908)鉛印本　一册

320000－1615－0005187　子1731/401189
莊子十卷　(晉)郭象注　(唐)陸德明音義　清刻本　二册

320000－1615－0005188　子1731/401190
御選語録十九卷　(清)世宗胤禛輯　清刻本　一册　存一卷(十三)

320000－1615－0005189　子1731/401191
肇論略注六卷　(明)釋德清述　清光緒十四年(1888)金陵刻經處刻本　二册

320000－1615－0005190　子1731/401192
吴京卿節本天演論一卷　(英國)赫胥黎撰　嚴復譯　(清)吴汝綸删節　清光緒二十九年(1903)上海文明書局鉛印本　一册

320000－1615－0005191　子 1731/401193

宏明集十四卷　（南朝梁）釋僧祐集　清刻本　四册

320000－1615－0005192　子 1731/401194

太上老子道德經集解二卷　（宋）董思靖集解　清光緒刻本　一册

320000－1615－0005193　子 1731/401195

猗覺寮雜記二卷　（宋）朱翌撰　清刻本　二册

320000－1615－0005194　子 1731/401196

隱居通議三十一卷　（元）劉壎撰　清嘉慶四年(1799)桐川顧氏刻讀畫齋叢書本　七册

320000－1615－0005195　子 1732/401197

吕氏春秋二十六卷　（漢）高誘注　清光緒崇文書局刻本　四册

320000－1615－0005196　子 1732/401198

説苑二十卷　（漢）劉向撰　清光緒崇文書局刻本　四册

320000－1615－0005197　子 1732/401199

新序十卷　（漢）劉向撰　清光緒崇文書局刻本　二册

320000－1615－0005198　子 1732/401200

山海經新校正十八卷　（晉）郭璞傳　（清）畢沅校正　清光緒二十三年(1897)文瑞樓石印本　一册

320000－1615－0005199　子 1732/401201

譚子化書六卷　（五代）譚峭撰　清刻本　一册

320000－1615－0005200　子 1732/401202

子史精華一百六十卷　（清）聖祖玄燁編　清光緒十五年(1889)石印本　八册

320000－1615－0005201　子 1732/401203

玉臺畫史五卷書史一卷別録一卷　（清）厲鶚輯　清嘉慶八年(1803)藏修書屋刻本　二册　缺一卷(別録一卷)

320000－1615－0005202　子 1732/401204

金華子雜編二卷　（五代）劉崇遠撰　（清）周廣業校注　清嘉慶四年(1799)桐川顧氏刻讀畫齋叢書本　一册

320000－1615－0005203　子 1732/401205

老子道德經二卷　（三國魏）王弼注　清刻本　二册

320000－1615－0005204　子 1732/401206

兵法史略學二卷　陳慶年撰　清光緒二十九年(1903)揚州益智書社鉛印本　一册

320000－1615－0005205　子 1733/401207

吴越所見書畫録六卷附書畫説鈴一卷　（清）陸時化輯　清光緒二十二年(1896)懷煙閣木活字印本　一册　缺五卷(書畫録二至六)

320000－1615－0005206　子 1733/401208

賣畫問答不分卷　（清）張世準撰　清刻本　一册

320000－1615－0005207　子 1733/401209

吴郡名賢圖傳贊二十卷　（清）顧沅輯　清刻本　六册

320000－1615－0005208　子 1733/401210

讀書雜志餘編二卷　（清）王念孫撰　清道光十二年(1832)刻本　二册

320000－1615－0005209　子 1733/401211

淳化閣帖釋文十卷　（清）徐朝弼撰　清西安會古堂刻本　一册

320000－1615－0005210　子 1733/401212

淳化閣帖釋文十卷　（清）徐朝弼撰　清西安會古堂刻本　一册

320000－1615－0005211　子 1733/401213

陰騭文圖證不分卷　（清）費丹旭繪　（清）許光清集證　清末民國石印本　一册

320000－1615－0005212　子 1733/401214

先正讀書訣一卷　（清）周永年輯　清光緒元和江氏刻本　一册

320000－1615－0005213　子 1733/401215

墨子閒詁十五卷目錄一卷附錄一卷後語二卷　（清）孫詒讓撰　清上海涵芬樓影印本　八册

320000－1615－0005214　子1734/401216

佩文齋書畫譜一百卷　(清)孫岳頒等纂　清刻本　二册　存四卷(五至八)

320000－1615－0005215　子1734/401217

飛影閣畫報不分卷　(清)吴友如繪　清光緒石印本　二册

320000－1615－0005216　子1734/401218

寫貼款式二卷　(清)王相撰　清刻本　一册

320000－1615－0005217　子1734/401219

孔子家語十卷　(三國魏)王肅注　清光緒十八年(1892)上海掃葉山房影宋刻本　五册

320000－1615－0005218　子1734/401220

點石齋畫報不分卷　(清)吴友如等繪　清光緒上海申報館石印本　七册

320000－1615－0005219　子1734/401221

古夫于亭雜録六卷　(清)王士禛撰　清刻本　一册

320000－1615－0005220　子1734/401222

讀史兵略續編十卷　(清)胡林翼撰　清刻本　十册

320000－1615－0005221　子1734/401223

古夫于亭雜録六卷　(清)王士禛撰　清刻本　二册

320000－1615－0005222　子1735/401224

聖祖仁皇帝庭訓格言一卷　(清)聖祖玄燁撰　(清)世宗胤禛筆述　清同治十年(1871)刻本　一册

320000－1615－0005223　子1735/401225

角山樓增補類腋六十七卷　(清)姚培謙撰　(清)趙克宜增輯　清咸豐刻本　二册

320000－1615－0005224　子1735/401226

唐代叢書　(清)王文誥輯　清嘉慶十一年(1806)刻本　一册　存三種五卷(中朝故事一卷、金鑾密記一卷、杜陽雜編三卷)

320000－1615－0005225　子1735/401227

履齋示兒編二十三卷　(宋)孫奕撰　清嘉慶十六年(1811)長塘鮑氏刻知不足齋叢書本　六册

320000－1615－0005226　子1735/401228

俄事新書二卷籌鄂龜鑑七卷首一卷　(清)陳俠君輯　清光緒二十二年(1896)石印本　八册

320000－1615－0005227　子1741/401229

地學淺釋三十八卷　(英國)雷俠兒撰　(美國)瑪高溫口譯　(清)華蘅芳筆述　清江南製造局鉛印本　八册

320000－1615－0005228　子1741/401230

臨陣管見九卷　(德國)斯拉弗司撰　(美國)金楷理口譯　(清)趙元益譯　清末江南製造局刻本　四册

320000－1615－0005229　子1741/401231

營壘圖説一卷圖一卷　(比利時)伯里牙芒撰　(清)李鳳苞筆述　清光緒江南製造局刻本　一册

320000－1615－0005230　子1741/401232

行軍指要六卷地圖與陣法一卷　(英國)哈密撰　(清)趙元益筆述　清光緒二十七年(1901)江南製造局刻本　六册

320000－1615－0005231　子1741/401233

輪船布陣十二卷首一卷圖一卷　(英國)賈密倫等撰　(清)徐建寅筆述　清末江南製造局刻本　二册

320000－1615－0005232　子1741/401234

製火藥法三卷　(英國)利稼孫輯　(英國)華得斯輯　(英國)傅蘭雅口譯　(清)丁樹棠筆述　清江南製造總局刻本　一册

320000－1615－0005233　子1741/401235

爆藥記要六卷　(英國)利稼孫　(英國)華得斯輯　(英國)傅蘭雅口譯　丁樹棠筆述　清光緒元年(1875)江南製造局刻本　一册

320000－1615－0005234　子1741/401236

地球韻言四卷　(清)張士瀛編　清光緒二十四年(1898)鄂垣務急書局刻本　二册

320000－1615－0005235　子1741/401237

地球圖説一卷　（清）蔣友仁譯　清刻本　一册

320000－1615－0005236　子1741/401238
地球圖説一卷　（清）蔣友仁譯　清嘉慶刻本　一册

320000－1615－0005237　子1742/401239
紀效新書十八卷首一卷　（明）戚繼光撰　清嘉慶九年（1804）常熟照曠閣刻本　六册

320000－1615－0005238　子1742/401240
武備新書十種　（清）廖壽豐輯　清光緒二十三年（1897）浙江書局刻本　五册

320000－1615－0005239　子1742/401241
前敵須知四卷　（英國）克利賴撰　舒高第等譯　清末江南製造局鉛印本　四册

320000－1615－0005240　子1742/401242
紀效新書十八卷首一卷　（明）戚繼光撰　清刻本　四册

320000－1615－0005241　子1742/401243
紀效新書十八卷首一卷　（明）戚繼光撰　清咸豐三年（1853）慎德堂刻本　六册

320000－1615－0005242　子1742/401244
臨陣心法一卷　（清）劉連捷撰　清光緒十六年（1890）金陵刻本　一册

320000－1615－0005243　子1742/401245
紀效新書十八卷首一卷　（明）戚繼光撰　清嘉慶十年（1805）虞山照曠閣刻本　七册

320000－1615－0005244　子1743/401246
洴澼百金方十四卷　（清）惠麓酒民（袁宫桂）輯　清道光二十年（1840）陳階平刻本　五册

320000－1615－0005245　子1743/401247
海軍調度要言三卷圖一卷　（英國）拏核甫撰　舒高第　（清）鄭昌棪譯　清光緒十六年（1890）江南製造局鉛印本　二册

320000－1615－0005246　子1743/401248
子藥準則一卷　（清）丁友雲撰　清光緒十四年（1888）江南製造局鉛印本　一册

320000－1615－0005247　子1743/401249
水雷秘要五卷　（英國）史理孟纂　舒高第等譯　清光緒江南製造局刻本　二册　存二卷（二、五）

320000－1615－0005248　子1743/401250
訓練操法詳晰圖説二十二卷　袁世凱撰　清光緒二十五年（1899）石印本　十二册

320000－1615－0005249　子1743/401251
礮法畫譜一卷　（清）丁乃文撰　清光緒十三年（1887）江南製造局鉛印本　一册

320000－1615－0005250　子1743/401252
火器略説一卷　（清）王韜等撰　清光緒鉛印弢園叢書本　一册

320000－1615－0005251　子1743/401253
練兵實紀九卷雜集六卷　（明）戚繼光撰　清光緒二十一年（1895）上海醉經廔石印本　四册

320000－1615－0005252　子1743/401254
德國武備體操學五卷　（清）蕭誦芬筆述　清光緒二十六年（1900）石印本　一册

320000－1615－0005253　子1744/401255
宗教學術初編不分卷　梁啟超撰　清光緒二十八年（1902）上海育材書塾鉛印本　一册

320000－1615－0005254　子1744/401256
隨園食單一卷　（清）袁枚編　清光緒十八年（1892）著易堂鉛印本　一册

320000－1615－0005255　子1744/401257
軍國民衛生學二章　海東主人編　清光緒三十一年（1905）新民譯印書局鉛印本　一册

320000－1615－0005256　子1744/401258
飲冰室自由書不分卷　梁啟超撰　清宣統三年（1911）廣智書局鉛印本　一册

320000－1615－0005257　子1744/401259
内科學綱要不分卷　（日本）安藤重次郎　（日本）村尾達彌　（日本）瀨尾雄三撰　丁福保譯　清光緒三十四年（1908）文明書局鉛印本　一册

320000－1615－0005258　子 1744/401260
藥物學綱要十六章　丁福保譯述　清宣統元年(1909)上海文明書局鉛印本　一冊

320000－1615－0005259　子 1744/401261
化學實驗新本草十六章　丁福保編纂　清宣統元年(1909)鉛印丁氏醫學叢書本　一冊

320000－1615－0005260　子 1744/401262
霍亂新論疟疾新論合編不分卷　丁福保譯述　清宣統元年(1909)上海文明書局鉛印本　一冊

320000－1615－0005261　子 1744/401263
醫學綱要三篇　丁福保譯述　清宣統元年(1909)丁氏醫學叢書鉛印本　三冊

320000－1615－0005262　子 1744/401264
赤痢實驗談六章　丁福保譯述　清宣統二年(1910)鉛印丁氏醫學叢書本　一冊

320000－1615－0005263　子 1744/401265
群己權界論不分卷　(英國)穆勒約翰撰　嚴復譯　清光緒二十九年(1903)上海商務印書館鉛印本　一冊

320000－1615－0005264　子 1744/401266
中等教育倫理學不分卷　(日本)元良勇次郎撰　麥鼎華譯　清光緒二十八年(1902)上海廣智書局鉛印本　一冊

320000－1615－0005265　子 1744/401267
中等教育倫理學不分卷　(日本)元良勇次郎撰　麥鼎華譯　清光緒二十八年(1902)上海廣智書局鉛印本　一冊

320000－1615－0005266　子 1744/401268
中等教育倫理學不分卷　(日本)元良勇次郎撰　麥鼎華譯　清光緒二十八年(1902)上海廣智書局鉛印本　一冊

320000－1615－0005267　子 1811/w001
御製耕織圖不分卷　(清)焦秉貞繪　清末至民國間石印本　一冊

320000－1615－0005268　子 1811/w002
正續三希堂法帖不分卷　(清)梁詩正編　清末至民國間交通圖書館石印本　三十五冊　缺一冊(一)

320000－1615－0005269　子 1811/w003
連環畫集繪不分卷　□□編　清末至民國間石印本　一冊

320000－1615－0005270　子 1811/w004
清故光禄大夫涇縣朱君墓志銘一卷　(清)俞樾撰　(清)黄葆鉞書　清末至民國間影印本　一冊

320000－1615－0005271　子 1811/w005
茜牕水品□□卷　(元)趙孟頫繪　清末至民國間同文書局石印本　二冊

320000－1615－0005272　子 1811/w006
格致小引一卷　(清)瞿昂來譯　清末江南製造局鉛印本　一冊

320000－1615－0005273　子 1812/w007
西軒印譜不分卷　黄家積編　清末至民國間大樹堂刻本　一冊

320000－1615－0005274　子 1812/w008
坡山印譜不分卷　(清)謝坡山刻　清末至民國間鈐印本　一冊

320000－1615－0005275　子 1812/w009
八柱樓孝弟忠信禮義廉恥篆文不分卷　子莊箋註　清末至民國間刻朱印本　一冊

320000－1615－0005276　子 1812/w010
鄭谷□隸書柳敬亭傳墨蹟　(清)鄭簠書　清末至民國間有正書局石印本　一冊

320000－1615－0005277　子 1812/w011
翁覃溪手札一卷　(清)翁方綱書　清末至民國間有正書局石印本　一冊

320000－1615－0005278　子 1812/w012
宋拓十七帖一卷　(晉)王羲之書　清末至民國間有正書局石印本　一冊

320000－1615－0005279　子 1831/w013
舊扇面一卷　(□)□□撰　稿本　一冊　存九張

320000－1615－0005280　子 1812/w014
鄧石如篆書不分卷　(清)鄧石如書　清末民國文明書局石印本　二册

320000－1615－0005281　子 1812/w015
黄山谷發願文墨蹟一卷　(□)□□撰　清末民國有正書局石印本　一册

320000－1615－0005282　子 1812/w016
錢南園正氣歌真蹟一卷　(清)錢灃書　清末至民國間中華書局石印本　一册

320000－1615－0005283　子 1812/w017
話山草堂續帖不分卷　(清)沈道寬撰　清末至民國間石印本　一册

320000－1615－0005284　子 1812/w018
女科仙方四卷　(清)傅山撰　清末至民國間刻本　一册

320000－1615－0005285　子 1812/w019
山海經十八卷　(晉)郭璞傳　(清)畢沅校正　清末至民國間鉛印本　一册　存十四卷(五至十八)

320000－1615－0005286　子 1812/w020
孫文正公詩稿手蹟不分卷　(明)孫承宗書　清末至民國間北京廠西門有正書局石印本　一册

320000－1615－0005287　子 1812/w021
農學叢刻二十三種　農學會編　清光緒二十三年(1897)農學會鉛印本　四册

320000－1615－0005288　子 1812/w022
天演論二卷　(英國)赫胥黎撰　嚴復譯　清末至民國間鉛印本　二册

320000－1615－0005289　子 1812/w023
硯雲甲編八種九卷　(清)金忠淳編　清末至民國間鉛印本　三册　存六種六卷(北窗瑣語一卷、顧曲雜言一卷、南中紀聞一卷、耳新一卷、屏居十二課一卷、夢憶一卷)

320000－1615－0005290　子 1812/w024
列子八卷　(□)□□撰　清末至民國間影印本　一册

320000－1615－0005291　子 1812/w025
西溪叢語二卷　(宋)姚寬撰　清末至民國間刻本　二册

320000－1615－0005292　子 1812/w026
日知録集釋三十二卷　(清)顧炎武撰　(清)黄汝成集釋　**刊誤二卷續刊誤二卷**　(清)黄汝成撰　清末至民國間石印本　三册　存二十四卷(九至三十二)

320000－1615－0005293　子 1812/w027
博物志十卷　(晉)張華撰　清末至民國間影印本　一册

320000－1615－0005294　子 1812/w028
明夷待訪録一卷　(清)黄宗羲撰　清末至民國間影印本　一册

320000－1615－0005295　子 1812/w029
張之洞輓聯一卷　(□)□□輯　清末至民國間鉛印本　一册

320000－1615－0005296　子 1813/w030
小松隱閣藏印一卷　(□)□□撰　清末至民國間鈐印本　一册

320000－1615－0005297　子 1813/w031
小槐安室印存不分卷　董逸滄集　清末至民國間鈐印本　一册

320000－1615－0005298　子 1813/w032
求志齋印集不分卷　(清)徐中立篆刻　清末至民國間鈐印本　八册

320000－1615－0005299　子 1813/w033
印拓雜集不分卷　(□)□□纂　清末至民國間鈐印本　一册

320000－1615－0005300　子 1813/w034
不忍雜誌彙編初集六卷　康有為撰　清末至民國間石印本　一册　存一卷(三)

320000－1615－0005301　子 1813/w035
薛氏醫案　(明)薛己撰　清末至民國間石印本　一册　存七卷(外科心法一至七)

320000－1615－0005302　子 1813/w036
墨子間詁十五卷目録一卷附録一卷後語二卷

（清）孫詒讓注輯　清末民國掃葉山房石印本　八册

320000－1615－0005303　子1813/w037
顔氏家訓七卷　（北齊）顔之推撰　**考證一卷**　（宋）沈揆撰　清末至民國間上海文瑞樓石印本　二册

320000－1615－0005304　子1813/w038
三家醫案合刻三卷　（清）葉桂撰　（清）吴金壽輯　**温熱贅言一卷**　（清）寄瓢子撰　**醫效秘傳三卷**　（清）葉桂撰　（清）吴金壽校　清末至民國間石印本　二册

320000－1615－0005305　子1813/w039
醫方論四卷　（清）費伯雄撰　清末至民國間石印本　一册

320000－1615－0005306　子1813/w040
臨証指南醫案十卷　（清）葉桂撰　（清）華岫雲集　清末至民國間石印本　十二册

320000－1615－0005307　子1813/w041
金匱要略淺註十卷　（清）陳念祖集注　清末至民國間石印本　二册

320000－1615－0005308　子1813/w042
醫方彙録不分卷　（□）□□撰　清末至民國間揚州大成印刷局鉛印本　一册

320000－1615－0005309　子1813/w043
爛喉丹痧輯要一卷　（清）金德鑒撰　清末至民國間鉛印本　一册

320000－1615－0005310　子1814/w044
集驗拔萃良方二卷續卷一卷　（清）恬素氏原輯　清末至民國間鉛印本　一册

320000－1615－0005311　子1814/w045
醫效秘傳三卷三家醫案合刻三卷　（清）葉桂撰　（清）吴金壽輯　**温熱贅言一卷**　（清）寄瓢子撰　**醫效秘傳三卷**　（清）葉桂撰　（清）吴金壽校　清末至民國間石印本　一册　存四卷（三家醫案合刻三卷、醫校秘傳三）

320000－1615－0005312　子1814/w046
醫學心悟六卷　（清）程國彭撰　清末至民國間上海鑄記書局石印本　一册

320000－1615－0005313　子1814/w047
張仲景傷寒論原文淺註六卷　（清）陳念祖集註　清末至民國間石印本　一册

320000－1615－0005314　子1814/w048
傷寒明理論四卷　（金）成無己撰　清末至民國間石印本　一册

320000－1615－0005315　子1814/w049
醫學從衆録八卷　（清）陳念祖撰　清末至民國間石印本　一册　存四卷（一至四）

320000－1615－0005316　子1814/w050
醫效秘傳三卷　（清）葉桂撰　（清）吴金壽校　**温熱贅言一卷**　（清）寄瓢子撰　清末至民國間鉛印本　一册

320000－1615－0005317　子1814/w051
紅樓夢印譜不分卷　（□）□□纂　清末至民國間鈐印本　二册

320000－1615－0005318　子1814/w052
曾文正公家訓二卷　（清）曾國藩撰　清末至民國間著易堂鉛印本　一册

320000－1615－0005319　子1814/w053
梅氏中西筆算合解十卷　（清）梅啟照輯　清末至民國間石印本　二册

320000－1615－0005320　子1814/w054
御製數理精藴表八卷　（清）聖祖玄燁撰　清末至民國間石印本　九册

320000－1615－0005321　子1814/w055
詳解袁柳莊秘傳相法全編不分卷　（明）袁忠徹撰　清末至民國間石印本　一册

320000－1615－0005322　子1814/w056
謝華啟秀四卷　（明）楊慎輯　清末至民國間石印本　一册

320000－1615－0005323　子1814/w057
爾雅貫珠四種　朱銓編輯　清末至民國間石印本　一册

320000－1615－0005324　子1814/w058

漢書蒙拾類摘四卷　（清）杭世駿輯　清末至民國間刻本　一册

320000－1615－0005325　子 1821/w059
寶賢堂集古法帖不分卷　（明）朱奇源編　清末至民國間拓本　十二册

320000－1615－0005326　子 1822/w060
外科症治全生集四卷　（清）王維德撰　清末至民國間石印本　一册

320000－1615－0005327　子 1822/w061
百論二卷　（後秦）釋鳩摩羅什譯　清末至民國間鉛印本　一册

320000－1615－0005328　子 1822/w062
國朝名人政績圖不分卷　（清）□□撰　清末至民國間石印本　四册

320000－1615－0005329　子 1822/w063
游藝録二卷别録一卷　（清）蔣湘南撰　清末至民國間資益館鉛印本　二册

320000－1615－0005330　子 1822/w064
大般涅槃經玄義發源機要六卷　（宋）釋智圓述　清末至民國間金陵刻經處刻本　二册

320000－1615－0005331　子 1822/w065
般若心經解二卷　（清）釋續法撰　清末至民國間北京刻經處刻本　一册

320000－1615－0005332　子 1822/w066
浪跡叢談八卷　（清）梁章鉅撰　清末至民國間鉛印本　二册

320000－1615－0005333　子 1822/w067
實用相法吉凶日雜録不分卷　（□）□□撰　清末至民國間石印本　一册

320000－1615－0005334　子 1822/w068
遠鏡説一卷　（德國）湯若望撰　**天問略一卷**　（葡萄牙）陽瑪諾撰　清刻藝海珠塵本　一册

320000－1615－0005335　子 1823/w069
醫學捷訣不分卷　（□）□□撰　清末至民國間抄本　一册

320000－1615－0005336　子 1823/w070
醫學心悟□□卷　（清）程國彭撰　清末至民國間抄本　二册　存二卷（二、五）

320000－1615－0005337　子 1823/w071
湯頭歌一卷　（□）□□撰　清末抄本　一册

320000－1615－0005338　子 1823/w072
長沙方歌括一卷金匱方歌括一卷　（□）□□撰　清末抄本　一册

320000－1615－0005339　子 1823/w073
醫方不分卷　（□）□□撰　清末至民國間抄本　三册

320000－1615－0005340　子 1823/w074
文章摘録不分卷　（□）□□撰　清末至民國間抄本　一册

320000－1615－0005341　子 1823/w075
大六壬陳軌内外篇不分卷　（□）□□撰　清末至民國間抄本　一册

320000－1615－0005342　子 1823/w076
大六壬神書一卷　管公明撰　清末至民國間抄本　一册

320000－1615－0005343　子 1823/w077
兩漢飣餖集　（清）慶孫輯　清末至民國間抄本　八册

320000－1615－0005344　子 1824/w078
［劄記］不分卷　（清）慶孫輯　清末至民國間抄本　七册

320000－1615－0005345　子 1824/w079
茗香齋類書　（清）慶孫輯　清末至民國間抄本　十二册

320000－1615－0005346　子 1831/w080
隱居雜記不分卷　（清）程恭壽撰　清末至民國間抄本　一册

320000－1615－0005347　子 1831/w081
福禄壽喜百字篆一卷　（□）□□撰　清末至民國間抄本　一册

320000－1615－0005348　子 1831/w082

難經二卷 （□）□□撰 清末至民國間抄本 一冊

320000－1615－0005349 子 1831/w083
繪事微言二卷 （明）唐志契撰 清末至民國間抄本 一冊

320000－1615－0005350 子 1831/w084
菊譜數種叢抄不分卷 （□）□□撰 清末至民國間抄本 一冊

320000－1615－0005351 子 1831/w085
王九峰先生醫案不分卷 （清）王九峰撰 清末至民國間宣之主人抄本 三冊

320000－1615－0005352 子 1831/w086
薛氏醫案癘瘍機要三卷 （明）薛己撰 清抄本 一冊 存二卷（上、中）

320000－1615－0005353 子 1831/w087
新編醫方歌括不分卷 天徒編 稿本 二冊

320000－1615－0005354 子 1831/w088
救生集□□卷 （清）虛白主人編 清末至民國間抄本 二冊 存二卷（二、四）

320000－1615－0005355 子 1831/w089
金剛經石註附大事目録一卷 （清）石成金撰 清末至民國間抄本 一冊

320000－1615－0005356 子 1831/w090
昭德新編三卷 （宋）晁迥撰 清抄本 一冊

320000－1615－0005357 子 1831/w091
禪闕集要不分卷 （□）□□撰 清末至民國間抄本 一冊

320000－1615－0005358 子 1831/w092
董其昌前赤壁賦一卷 （清）□□臨 清抄本 一冊

320000－1615－0005359 子 1831/w093
水龍經五卷 （清）蔣平階撰 清末至民國間抄本 二冊

320000－1615－0005360 集 0111/500001
陶淵明集十卷 （晉）陶潛撰 清咸豐十一年（1861）刻本 二冊

320000－1615－0005361 集 0111/500002
屈子正音三卷 （清）方績正音 清光緒六年（1880）網舊聞齋刻本 二冊

320000－1615－0005362 集 0111/500003
陸宣公集二十二卷 （唐）陸贄撰 清光緒二十年（1894）上海書局影印本 四冊

320000－1615－0005363 集 0111/500004
陸宣公集二十二卷 （唐）陸贄撰 清光緒十三年（1887）積山書局石印本 四冊

320000－1615－0005364 集 0111/500005
陸宣公集二十二卷 （唐）陸贄撰 清光緒二十年（1894）上海鴻寶齋石印本 十冊

320000－1615－0005365 集 0111/500006
海上竹枝詞一卷 （清）袁翔甫撰 清光緒二年（1876）刻本 一冊

320000－1615－0005366 集 0112/500007
靖節先生集十卷附年譜考異二卷 （晉）陶潛撰 （清）陶澍集注 清光緒九年（1883）江蘇書局刻本 四冊

320000－1615－0005367 集 0112/500008
楚辭集注八卷辯證二卷後語六卷 （宋）朱熹集注 清光緒八年（1882）江蘇書局刻本 四冊

320000－1615－0005368 集 0112/500009
楚辭集注八卷辯證二卷後語六卷 （宋）朱熹集注 清光緒八年（1882）江蘇書局刻本 四冊

320000－1615－0005369 集 0112/500010
靖節先生集十卷首一卷末一卷 （晉）陶潛撰 （清）陶澍集注 清光緒九年（1883）江蘇書局刻本 四冊

320000－1615－0005370 集 0112/500011
山帶閣注楚辭六卷首一卷餘論二卷説韻一卷 （清）蔣驥注 清雍正山帶閣刻本 四冊

320000－1615－0005371 集 0112/500012
曹集銓評十卷 （三國魏）曹植撰 （清）丁晏評 清同治十一年（1872）金陵書局刻本

二冊

320000－1615－0005372　集0112/500013
離騷集傳一卷　（宋）錢杲之集撰　清光緒元年（1875）湖北崇文書局刻本　一冊

320000－1615－0005373　集0112/500014
崇文書局彙刻書　（清）崇文書局輯　清光緒元年（1875）湖北崇文書局刻本　六冊　存五種十七卷（楚辭集注八卷、辨證二卷、離騷集傳一卷、離騷草木疏四卷、離騷箋二卷）

320000－1615－0005374　集0113/500015
陶淵明詩不分卷　（晉）陶潛撰　清光緒元年（1875）影宋刻本　一冊

320000－1615－0005375　集0113/500016
屈原賦戴氏注七卷通釋二卷音義三卷　（清）戴震注　清刻本　三冊

320000－1615－0005376　集0113/500017
庾子山全集十卷　（北周）庾信撰　（清）吴兆宜注　清吴郡寶翰樓刻本　十一冊

320000－1615－0005377　集0113/500018
屈宋古音義三卷　（明）陳第撰　清光緒六年（1880）武昌張裕釗刻本　一冊　存二卷（二至三）

320000－1615－0005378　集0113/500019
屈原賦戴氏注七卷通釋二卷音義三卷　（清）戴震注　清刻本　一冊　缺四卷（一至四）

320000－1615－0005379　集0113/500020
曹集銓評十卷　（三國魏）曹植撰　（清）丁晏評　清同治十一年（1872）金陵書局刻本　二冊

320000－1615－0005380　集0113/500021
離騷箋二卷　（清）龔景瀚撰　清光緒元年（1875）湖北崇文書局刻本　一冊

320000－1615－0005381　集0113/500022
離騷草木疏四卷　（宋）吴仁傑撰　清光緒元年（1875）湖北崇文書局刻本　一冊

320000－1615－0005382　集0113/500023
離騷九歌釋一卷　（清）畢大琛釋　清光緒十七年（1891）刻本　一冊

320000－1615－0005383　集0113/500024
離騷注一卷　王樹枏注　清光緒文莫室刻本　一冊

320000－1615－0005384　集0113/500025
杜工部集二十卷　（清）盧坤輯　清光緒二年（1876）廣東翰墨園刻本　八冊　存十六卷（一至二、五至十、十三至二十）

320000－1615－0005385　集0113/500026
諸家詠杜附録二卷　（清）仇兆鰲輯　清刻本　二冊

320000－1615－0005386　集0114/500027
李太白全集十六卷　（唐）李白撰　（清）李調元　（清）鄧在珩編訂　清乾隆二十九年（1764）清廉書院刻本　八冊

320000－1615－0005387　集0114/500028
陳伯玉文集三卷詩集二卷　（唐）陳子昂撰　清道光十七年（1837）刻本　六冊

320000－1615－0005388　集0114/500029
王子安集註二十卷首一卷末一卷　（唐）王勃撰　（清）蔣清翊註　清光緒九年（1883）蔣氏雙唐碑館刻本　六冊

320000－1615－0005389　集0114/500030
王子安集註二十卷首一卷末一卷　（唐）王勃撰　（清）蔣清翊註　清光緒九年（1883）蔣氏雙唐碑館刻本　二冊

320000－1615－0005390　集0115/500031
李青蓮全集輯註三十六卷　（唐）李白撰　（清）王琦輯注　清刻本　十六冊

320000－1615－0005391　集0115/500032
李青蓮全集輯註三十六卷　（唐）李白撰　（清）王琦輯注　清寶笏樓刻本　十六冊

320000－1615－0005392　集0121/500033
韋蘇州集十卷　（唐）韋應物撰　清宣統三年（1911）文寶書局石印本　六冊

320000－1615－0005393　集0121/500034
錢牧齋箋註杜詩二十卷　（唐）杜甫撰　（清）

錢謙益箋註　清宣統三年(1911)時中書局石印本　八冊

320000－1615－0005394　集 0121/500035
錢牧齋箋註杜詩二十卷　(唐)杜甫撰　(清)錢謙益箋註　清宣統三年(1911)時中書局石印本　八冊

320000－1615－0005395　集 0121/500036
壯悔堂文集十卷　(清)侯方域撰　清嘉慶十九年(1814)刻本　四冊

320000－1615－0005396　集 0121/500037
校訂定盦全集十卷附録一卷　(清)龔自珍撰　清宣統元年(1909)時中書局鉛印本　八冊

320000－1615－0005397　集 0121/500038
校訂定盦全集十卷附録一卷　(清)龔自珍撰　清宣統元年(1909)時中書局鉛印本　八冊

320000－1615－0005398　集 0121/500039
校訂定盦全集十卷附録一卷　(清)龔自珍撰　清宣統二年(1910)時中書局鉛印本　六冊　缺二卷(三至四)

320000－1615－0005399　集 0122/500040
杜詩鏡銓二十卷　(唐)杜甫撰　(清)楊倫撰　**讀書堂杜工部文集註解二卷**　(清)張溍註　清同治十一年(1872)望三益齋刻本　八冊

320000－1615－0005400　集 0122/500041
杜詩鏡銓十六卷　(唐)杜甫撰　(清)楊倫輯　清乾隆五十七年(1792)九柏山房刻本　十六冊

320000－1615－0005401　集 0123/500042
杜工部詩選初學讀本八卷　(唐)杜甫撰　(清)孫人龍輯評　清乾隆十二年(1747)五華書屋刻本　四冊

320000－1615－0005402　集 0123/500043
杜詩偶評四卷　(唐)杜甫撰　(清)沈德潛纂　清賦閒草堂刻本　二冊

320000－1615－0005403　集 0123/500044
杜律淺説二卷　(清)莊詠撰　清道光二十四年(1844)清和堂刻本　二冊

320000－1615－0005404　集 0123/500045
讀杜小箋三卷讀杜二箋二卷　(清)錢謙益撰　清宣統三年(1911)國學扶輪社石印本　一冊

320000－1615－0005405　集 0123/500046
讀杜心解六卷首二卷　(唐)杜甫撰　(清)浦起龍解　清雍正二年(1724)寧我齋刻本　八冊

320000－1615－0005406　集 0123/500047
陶山詩録二十八卷　(清)唐仲冕撰　清嘉慶十六年(1811)刻本　十冊

320000－1615－0005407　集 0124/500048
杜詩鏡銓二十卷　(唐)杜甫撰　(清)楊倫撰　**讀書堂杜工部文集註解二卷**　(清)張溍註　清同治十一年(1872)成都志古堂刻本　十二冊

320000－1615－0005408　集 0124/500049
斜川集六卷　(宋)蘇過撰　清道光七年(1827)眉州三蘇祠刻本　三冊

320000－1615－0005409　集 0124/500050
角山樓蘇詩評註彙鈔二十卷附録三卷　(清)趙克宜輯訂　清光緒七年(1881)維揚運司王永元刻本　八冊

320000－1615－0005410　集 0131/500051
陸宣公集二十二卷　(唐)陸贄撰　清光緒二年(1876)江蘇書局刻本　六冊

320000－1615－0005411　集 0131/500052
唐陸宣公集二十二卷　(唐)陸贄撰　清刻本　六冊

320000－1615－0005412　集 0131/500053
唐陸宣公奏議讀本四卷首一卷　(唐)陸贄撰　(清)汪銘謙編　(清)馬傳庚評點　清光緒二十六年(1900)會稽馬氏石印本　一冊

320000－1615－0005413　集 0131/500054
顏魯公文集三十卷　(唐)顏真卿撰　清道光二十五年(1845)三長物齋刻本　十四冊

320000－1615－0005414　集 0132/500055

昌黎先生集四十卷外集十卷韓集點勘四卷 (唐)韓愈撰　清宣統三年(1911)石印本　十冊

320000－1615－0005415　集 0132/500056
韓昌黎詩集編年箋注十二卷 (清)方世舉訂　(清)朱彝尊　(清)何焯批評　清宣統二年(1910)海寧陳氏石印本　十二冊

320000－1615－0005416　集 0132/500057
韓文百篇編年三卷 (清)劉成忠撰　清光緒二十六年(1900)食舊堂刻本　三冊

320000－1615－0005417　集 0132/500058
兩當軒集二十二卷附録四卷 (清)黄景仁撰　**考異二卷** (清)黄志述撰　清宣統二年(1910)掃葉山房石印本　六冊

320000－1615－0005418　集 0132/500059
碧城僊館詩鈔十卷附一卷 (清)陳文述撰　清宣統二年(1910)國學扶輪社鉛印本　五冊

320000－1615－0005419　集 0132/500060
籀膏述林十卷 (清)孫詒讓撰　清上海千頃堂書局影印本　六冊

320000－1615－0005420　集 0133/500061
昌黎先生集四十卷外集十卷韓集點勘四卷 (唐)韓愈撰　清同治八年(1869)江蘇書局刻本　十一冊

320000－1615－0005421　集 0133/500062
韓昌黎集四十卷外集十卷 (唐)韓愈撰　清光緒二年(1876)初日樓刻本　六冊

320000－1615－0005422　集 0133/500063
韓昌黎集四十卷外集十卷 (唐)韓愈撰　清光緒二年(1876)初日樓刻本　六冊

320000－1615－0005423　集 0133/500064
昌黎先生詩增注證訛十一卷 (唐)韓愈撰　清二客軒刻本　一冊　存四卷(八至十一)

320000－1615－0005424　集 0134/500065
皇甫持正文集六卷補遺一卷 (唐)皇甫湜撰　清光緒二年(1876)讀有用書齋刻本　一冊

320000－1615－0005425　集 0134/500066
香山詩選六卷 (唐)白居易撰　清道光江西督學使署刻本　二冊

320000－1615－0005426　集 0134/500067
新雕校證大字白氏諷諫一卷 (唐)白居易撰　清光緒十九年(1893)影宋刻本　一冊

320000－1615－0005427　集 0134/500068
新雕校證大字白氏諷諫一卷 (唐)白居易撰　清光緒十九年(1893)影宋刻本　一冊

320000－1615－0005428　集 0134/500069
石湖居士詩集三十四卷 (宋)范成大撰　清刻本　五冊　存二十二卷(十至十七、二十一至三十四)

320000－1615－0005429　集 0134/500070
劍南詩鈔不分卷 (宋)陸游撰　(清)楊大鶴選　清愛日堂刻本　八冊

320000－1615－0005430　集 0134/500071
張南軒先生文集七卷 (宋)張栻撰　清同治五年(1866)正誼堂刻本　一冊

320000－1615－0005431　集 0134/500072
苕溪集五十五卷 (宋)劉行簡撰　清宣統三年(1911)朱祖謀刻本　四冊

320000－1615－0005432　集 0134/500073
句溪雜箸二卷 (清)陳立撰　清道光二十三年(1843)刻本　一冊

320000－1615－0005433　集 0141/500074
李義山詩集三卷 (唐)李商隱撰　(清)朱鶴齡箋注　清金陵葉永茹刻本　五冊

320000－1615－0005434　集 0141/500075
樊南文集補編十二卷附録一卷 (清)錢振倫箋　(清)錢振常注　清同治五年(1866)望三益齋刻本　四冊

320000－1615－0005435　集 0141/500076
樊南文集詳註八卷 (唐)李商隱撰　(清)馮浩注　清同治七年(1868)德聚堂刻本　四冊

320000－1615－0005436　集 0141/500077
玉谿生詩詳註三卷詩話一卷樊南文集詳註八卷 (唐)李商隱撰　(清)馮浩注　**年譜一卷**

（清）馮浩撰　清同治七年（1868）德聚堂刻本　八冊

320000－1615－0005437　集0141/500078
敦艮吉齋詩存二卷　（清）徐子苓撰　清同治刻本　二冊

320000－1615－0005438　集0141/500079
餐芍華館詩集八卷附詞一卷　（清）周騰虎撰　清光緒十九年（1893）木活字印本　二冊

320000－1615－0005439　集0142/500080
李長吉歌詩四卷首一卷外集一卷　（唐）李賀撰　（清）王琦彙解　清寶笏樓刻本　四冊

320000－1615－0005440　集0142/500081
李長吉歌詩四卷首一卷外集一卷　（唐）李賀撰　（清）王琦彙解　清光緒四年（1878）宏達堂刻宏達堂叢書本　四冊

320000－1615－0005441　集0142/500082
李長吉歌詩四卷首一卷外集一卷　（唐）李賀撰　（清）王琦彙解　清光緒四年（1878）宏達堂刻宏達堂叢書本　四冊

320000－1615－0005442　集0142/500083
唐李長吉詩集四卷首一卷外集一卷　（唐）李賀撰　清光緒三十二年（1906）董氏取斯家塾刻本　一冊

320000－1615－0005443　集0142/500084
玉谿生詩詳註三卷首一卷　（唐）李商隱撰　（清）馮浩注　清德聚堂刻本　四冊

320000－1615－0005444　集0142/500085
經緯集三卷　（唐）孫樵撰　清光緒八年（1882）山陽平氏安越堂刻葛園叢書本　一冊

320000－1615－0005445　集0142/500086
讒書五卷附校記一卷　（唐）羅隱撰　清嘉慶十二年（1807）刻拜經樓叢書本　一冊

320000－1615－0005446　集0142/500087
杜樊川詩集注四卷補遺一卷外集一卷　（唐）杜牧撰　（清）馮集梧注　清光緒十六年（1890）湘南書局刻本　六冊

320000－1615－0005447　集0142/500088
杜樊川詩集注四卷　（唐）杜牧撰　（清）馮集梧注　清光緒十六年（1890）湘南書局刻本　五冊

320000－1615－0005448　集0142/500089
溫飛卿詩集七卷別集一卷集外詩一卷　（唐）溫庭筠撰　（明）曾益注　（清）顧予咸補注　（清）顧嗣立續注　清光緒八年（1882）萬軸山房刻本　一冊

320000－1615－0005449　集0142/500090
王貞白詩一卷　（唐）王貞白撰　清宣統元年（1909）刻本　一冊

320000－1615－0005450　集0143/500091
陸士衡集十卷　（晉）陸機撰　清宣統三年（1911）上海文明書局鉛印本　一冊

320000－1615－0005451　集0143/500092
陶淵明集十卷　（晉）陶潛撰　清宣統二年（1910）著易堂書局石印本　四冊

320000－1615－0005452　集0143/500093
稽叔夜集七卷　（晉）嵇康撰　清宣統三年（1911）鉛印本　一冊

320000－1615－0005453　集0143/500094
昌黎先生集四十卷外集十卷韓集點勘四卷　（唐）韓愈撰　清宣統三年（1911）鴻文書局石印本　十冊

320000－1615－0005454　集0143/500095
昌黎先生全集四十卷外集十卷遺文一卷韓集點勘四卷　（唐）韓愈撰　**朱子校昌黎先生集傳一卷**　清宣統三年（1911）鴻文書局石印本　十冊

320000－1615－0005455　集0143/500096
唐丞相曲江張文獻公集十二卷附録一卷　（唐）張九齡撰　清光緒十八年（1892）刻本　五冊

320000－1615－0005456　集0143/500097
桂苑筆耕集二十卷　（朝鮮）崔致遠撰　清道光二十七年（1847）刻海山仙館叢書本　一冊　存五卷（一至五）

320000－1615－0005457　集 0143/500098
香篍集發微一卷　震鈞撰　清宣統三年(1911)刻本　一冊

320000－1615－0005458　集 0143/500099
林蕙堂文集十二卷　(清)吴綺撰　清刻本　二冊　存四卷(五至六、十一至十二)

320000－1615－0005459　集 0143/500100
石頭記論贊一卷　(清)王雪香撰　清光緒二年(1876)刻本　一冊

320000－1615－0005460　集 0144/500101
范文正范忠宣二公全集七十三卷　(宋)范仲淹　(宋)范純仁撰　清宣統三年(1911)刻本　十六冊

320000－1615－0005461　集 0144/500102
范文正范忠宣二公全集七十三卷　(宋)范仲淹　(宋)范純仁撰　清宣統三年(1911)刻本　十四冊　缺五卷(范文正公集十六至二十)

320000－1615－0005462　集 0151/500103
乖崖集六卷　(宋)張詠撰　清宣統二年(1910)鉛印本　一冊

320000－1615－0005463　集 0151/500104
王臨川文集四卷　(宋)王安石撰　清宣統二年(1910)會文堂石印本　四冊

320000－1615－0005464　集 0151/500105
林和靖詩集四卷　(宋)林逋撰　清宣統二年(1910)文瑞樓石印本　二冊

320000－1615－0005465　集 0151/500106
王臨川全集二十四卷　(宋)王安石撰　清宣統三年(1911)掃葉山房石印本　十二冊

320000－1615－0005466　集 0151/500107
王臨川全集一百卷　(宋)王安石撰　清光緒九年(1883)聽香館刻本　二十冊

320000－1615－0005467　集 0152－3/500108
蘇東坡全集　(宋)蘇軾撰　清末影印本　四十六冊　存一百十二卷(東坡集四十卷、東坡後集二十卷、東坡内制集十卷、東坡應詔集十卷、東坡外制集三卷、東坡奏議十五卷、東坡續集十二卷、東坡集校記二卷)

320000－1615－0005468　集 0153－4/500109
蘇東坡全集　(宋)蘇軾撰　清光緒三十四年至宣統元年(1908－1909)影印本　四十八冊

320000－1615－0005469　集 0155/500110
蘇文忠公詩編註集成四十六卷總案四十五卷韻山堂詩集七卷諸家雜綴酌存一卷蘇海識餘四卷　(宋)蘇軾撰　(清)王文誥輯　清光緒十四年(1888)浙江書局刻本　二十四冊

320000－1615－0005470　集 0155/500111
蘇詩補注八卷　(宋)蘇軾撰　(清)翁方綱補注　清乾隆四十七年(1782)翁方綱刻蘇齋叢書本　四冊

320000－1615－0005471　集 0211/500112
吴詩集覽二十卷補註二十卷　(清)吴偉業撰　(清)靳榮藩注　**吴詩譚藪二卷**　(清)靳榮藩輯　清嘉慶七年(1802)淩云亭刻本　二十冊　缺十九卷(吴詩補註一至十九)

320000－1615－0005472　集 0211/500113
劉禮部集十二卷　(清)劉逢禄撰　清道光十年(1830)思誤齋刻本　三冊　存六卷(一至二、五至八)

320000－1615－0005473　集 0212/500114
蘇文忠公詩集五十卷　(宋)蘇軾撰　(清)紀昀評點　清同治八年(1869)韞玉山房刻朱墨套印本　十二冊

320000－1615－0005474　集 0212/500115
陸象山先生文集三十六卷附録一卷　(宋)陸九淵撰　清同治十年(1871)大儒家廟刻本　十二冊

320000－1615－0005475　集 0212/500116
仁山先生金文安公文集五卷　(元)金履祥撰　清雍正九年(1731)刻本　六冊

320000－1615－0005476　集 0212/500117
文山别集四種　(宋)文天祥撰　清宣統二年(1910)東雅社鉛印本　四冊

320000－1615－0005477　集 0214/500118

山谷全書　(宋)黄庭堅撰　清光緒二十年(1894)義甯州署刻本　二十八册

320000－1615－0005478　集 0215/500119
山谷詩集註二十卷　(宋)黄庭堅撰　(宋)任淵注　**外集詩註十七卷**　(宋)史容注　**别集詩註二卷**　(宋)史季温注　清光緒二十一年(1895)義寧陳氏刻本　十七册　缺四卷(山谷詩集註十七至十八、外集詩註一至二)

320000－1615－0005479　集 0215/500120
養正書屋全集定本四十卷　(清)宣宗旻寧撰　清道光二年(1822)刻本　二十二册

320000－1615－0005480　集 0221/500121
水心文集二十九卷　(宋)葉適撰　清乾隆二十年(1755)刻本　二十册

320000－1615－0005481　集 0222/500122
山谷詩内集注二十卷　(宋)黄庭堅撰　(宋)任淵注　**詩外集注十七卷**　(宋)史容注　**别集注二卷**　(宋)史季温注　**别集補一卷外集補四卷**　(清)謝啟昆輯　**重刻山谷先生年譜十四卷**　(宋)黄㽦撰　清光緒二年(1876)敘郡山谷祠刻本　二十四册

320000－1615－0005482　集 0223/500123
山谷詩集注二十卷　(宋)黄庭堅撰　(宋)任淵注　**外集詩注十七卷**　(宋)史容注　**别集詩注二卷**　(宋)史季温注　**别集補一卷外集補四卷**　(清)謝啟昆輯　清光緒二十年(1894)刻本　十六册

320000－1615－0005483　集 0223/500124
後山先生集二十四卷　(宋)陳師道撰　清光緒十一年(1885)廣州刻本　六册

320000－1615－0005484　集 0223/500125
昆陵集十六卷　(宋)張守撰　清刻本　四册

320000－1615－0005485　集 0224/500126
後山詩註十二卷　(宋)陳師道撰　(宋)任淵注　清刻本　四册

320000－1615－0005486　集 0224/500127
沈氏三先生文集六十二卷　(宋)沈遘撰　清光緒二十二年(1896)浙江書局刻本　十册

320000－1615－0005487　集 0224/500128
沈氏三先生文集六十二卷　(宋)沈遘撰　清光緒二十二年(1896)浙江書局刻本　十册

320000－1615－0005488　集 0224/500129
東萊詩集二十卷　(宋)吕本中撰　清咸豐刻本　三册

320000－1615－0005489　集 0231/500130
周益國文忠公集二百卷首一卷附録五卷　(宋)周必大撰　清道光二十八年(1848)瀛塘别墅刻本　四十四册

320000－1615－0005490　集 0232/500131
遺山集四十卷　(金)元好問撰　清道光二十七年(1847)京都貴文堂刻本　十二册

320000－1615－0005491　集 0232/500132
雁門集十四卷附録一卷　(元)薩都剌撰　(清)薩龍光編注　**雁門集倡和録一卷雁門集别録一卷**　(清)薩龍光輯　清嘉慶十二年(1807)刻本　八册

320000－1615－0005492　集 0232/500133
西山先生真文忠公文集五十五卷　(宋)真德秀撰　清拱極堂刻本　十一册　缺三十四卷(十六至十七、二十四至五十五)

320000－1615－0005493　集 0233/500134
梧溪集七卷　(元)王逢撰　清同治十三年(1874)思補樓木活字印本　八册

320000－1615－0005494　集 0233/500135
梧溪集七卷　(元)王逢撰　清同治十三年(1874)思補樓木活字印本　八册

320000－1615－0005495　集 0233/500136
水心先生文集二十九卷　(宋)葉適撰　清光緒八年(1882)瑞安孫氏刻本　九册　缺三卷(五至七)

320000－1615－0005496　集 0233/500137
校訂定盦全集十卷附録一卷　(清)龔自珍撰　清宣統元年(1909)時中書局鉛印本　八册

320000－1615－0005497　集 0234/500138

艮齋先生薛常州浪語集三十五卷　(宋)薛季宣撰　清同治十年(1871)金陵書局刻本　六册

320000－1615－0005498　集 0234/500139
艮齋先生薛常州浪語集三十五卷　(宋)薛季宣撰　清同治十年(1871)金陵書局刻本　五册　缺七卷(二十二至二十八)

320000－1615－0005499　集 0234/500140
敬業堂詩集五十卷　(清)查慎行撰　清刻本　十四册

320000－1615－0005500　集 0234/500141
式古訓齋外集一卷　(清)閔萃祥撰　清光緒刻本　一册

320000－1615－0005501　集 0241/500142
歐陽文忠公全集　(宋)歐陽修撰　清焉文堂刻本　二十册

320000－1615－0005502　集 0241/500143
范文正公文集九卷　(宋)范仲淹撰　(清)張伯行重訂　清同治八年(1869)福州正誼書館刻本　一册

320000－1615－0005503　集 0242/500144
白石道人四種　(宋)姜夔撰　清同治十年(1871)廣東刻本　四册

320000－1615－0005504　集 0242/500145
南湖集十卷附録三卷　(宋)張鎡撰　清乾隆、道光間長塘鮑氏刻知不足齋叢書本　三册　缺四卷(十、附録三卷)

320000－1615－0005505　集 0242/500146
元遺山詩集箋注十四卷　(金)元好問撰　清宣統三年(1911)掃葉山房石印本　八册

320000－1615－0005506　集 0242/500147
史忠正公集四卷　(明)史可法撰　清宣統三年(1911)文盛書局石印本　一册

320000－1615－0005507　集 0242/500148
漁洋精華録箋注十二卷年譜一卷　(清)王士禛撰　(清)金榮箋注　清光緒二十年(1894)上海寶文書局影印本　十册

320000－1615－0005508　集 0242/500149
定盦全集八種十八卷　(清)龔自珍撰　清光緒二十四年(1898)浙省寶晉齋石印本　三册　存三種十一卷(文集三卷、續集四卷、補編四卷)

320000－1615－0005509　集 0242/500150
定盦文集三卷續集四卷　(清)龔自珍撰　清光緒二十九年(1903)文瑞樓石印本　三册

320000－1615－0005510　集 0242/500151
都門竹枝詞一卷　(清)楊靜亭撰　清光緒三年(1877)刻本　一册

320000－1615－0005511　集 0242/500152
曾惠敏公奏疏六卷文集五卷詩集四卷日記二卷(清光緒四年七月至十二年十一月)　(清)曾紀澤撰　清光緒二十年(1894)上海鉛印本　二册　存十一卷(奏疏六卷、文集五卷)

320000－1615－0005512　集 0242/500153
未來戰國策十九回　東洋奇人撰　清光緒二十九年(1903)廣智書局鉛印本　一册

320000－1615－0005513　集 0243/500154
鄂州小集六卷附録一卷　(宋)羅願撰　清光緒十九年(1893)黟縣李氏刻本　二册

320000－1615－0005514　集 0243/500155
鄱陽集四卷首一卷末一卷　(宋)洪皓撰　清同治九年(1870)三瑞堂刻本　二册

320000－1615－0005515　集 0243/500156
止齋文集十九卷首一卷末一卷　(宋)陳傅良撰　清道光十四年(1834)刻本　六册

320000－1615－0005516　集 0243/500157
蒙齋集二卷　(宋)袁甫撰　清刻本　二册

320000－1615－0005517　集 0243/500158
鄱陽集四卷首一卷末一卷　(宋)洪皓撰　清同治九年(1870)三瑞堂刻本　一册

320000－1615－0005518　集 0243/500159
龍川文集三十卷辨僞考異二卷附録二卷　(宋)陳亮撰　清光緒元年(1875)湖北崇文書局刻本　十册

320000－1615－0005519　集 0243/500160
鄂州小集六卷附録一卷　(宋)羅願撰　清光緒十九年(1893)黟縣李氏刻本　二册

320000－1615－0005520　集 0244/500161
莆陽知稼翁集二卷　(宋)黄公度撰　清道光九年(1829)刻本　二册

320000－1615－0005521　集 0244/500162
廬陵文丞相全集十六卷　(宋)文天祥撰　清雍正三年(1725)五桂堂刻本　八册

320000－1615－0005522　集 0244/500163
萃錦吟八卷　(清)奕訢集　清光緒十一年(1885)刻本　五册

320000－1615－0005523　集 0244/500164
歸盦文稿八卷　(清)葉裕仁撰　清光緒八年(1882)刻本　四册

320000－1615－0005524　集 0244/500165
碧琅玕館詩鈔四卷續鈔四卷　(清)楊光儀撰　清光緒元年至九年(1875－1883)刻本　四册

320000－1615－0005525　集 0244/500166
濂亭遺文五卷遺詩二卷　(清)張裕釗撰　清光緒二十一年(1895)遵義黎氏刻本　二册

320000－1615－0005526　集 0244/500167
天真閣集□□卷　(清)孫原湘撰　清刻本　三册　存十二卷(一至八、十三至十六)

320000－1615－0005527　集 0251/500168
水雲邨吟稿十二卷首一卷末一卷　(元)劉壎撰　清道光四年(1824)愛餘堂刻本　四册

320000－1615－0005528　集 0251/500169
方正學先生遜志齋集二十四卷拾補一卷外紀一卷校勘記一卷　(明)方孝孺撰　(明)張紹謙纂定　清同治十二年(1873)浙江刻本　十二册

320000－1615－0005529　集 0251/500170
剡源集三十卷　(元)戴表元撰　**重刻札記一卷**　清道光二十年(1840)上海郁氏刻宜稼堂叢書本　八册

320000－1615－0005530　集 0251/500171
楊孟載手録眉庵集二卷　(明)楊基撰　清光緒三十四年(1908)有正書局影印本　二册

320000－1615－0005531　集 0252/500172
太師誠意伯劉文成公集十八卷　(明)劉基撰　清刻本　十册

320000－1615－0005532　集 0252/500173
太師誠意伯劉文成公集十八卷　(明)劉基撰　清刻本　十册

320000－1615－0005533　集 0252/500174
敦夙好齋詩初編十二卷續編十一卷首一卷　(清)葉名澧撰　清光緒十六年(1890)刻本　八册

320000－1615－0005534　集 0252/500175
校經廎文稿十八卷　(清)李富孫撰　清道光刻本　六册

320000－1615－0005535　集 0253/500176
離騷補注一卷　(清)朱駿聲補注　**離騷經章句義疏一卷**　(清)張象津撰　清刻本　一册

320000－1615－0005536　集 0253/500177
誠意伯文集二十卷　(明)劉基撰　清光緒二十六年(1900)浙江書局刻本　十册

320000－1615－0005537　集 0253/500178
甌香館集十二卷補遺詩一卷補遺畫跋一卷附録一卷　(清)惲格撰　(清)蔣光煦輯　清刻本　二册

320000－1615－0005538　集 0253/500179
西崑酬唱集二卷　(宋)楊億編　清邵武徐氏刻本　一册

320000－1615－0005539　集 0254/500180
新刻張太岳文集四十七卷　(明)張居正撰　清刻本　十六册

320000－1615－0005540　集 0254/500181
重刻張太岳先生文集四十八卷　(明)張居正撰　清道光八年(1828)刻本　十六册

320000－1615－0005541　集 0311/500182
岳忠武王文集八卷首一卷末一卷　(宋)岳飛

撰　清嘉慶刻本　四册

320000－1615－0005542　集0311/500183
岳忠武王文集八卷首一卷末一卷　(宋)岳飛撰　清光緒二年(1876)上海怡墨堂刻本　一册

320000－1615－0005543　集0311/500184
史忠正公集四卷首一卷末一卷　(明)史可法撰　清教忠堂刻本　二册

320000－1615－0005544　集0311/500185
史忠正公集四卷首一卷末一卷　(明)史可法撰　清同治十年(1871)谷麗譯書屋刻本　四册

320000－1615－0005545　集0311/500186
滄溟先生集三十卷附録一卷　(明)李攀龍撰　清道光二十年(1840)景福堂刻本　八册

320000－1615－0005546　集0311/500187
秦郵竹枝詞一卷菱川百咏一卷拱極臺詩編一卷　(清)韋柏森撰　清刻本　一册

320000－1615－0005547　集0312/500188
劉文安公十科策略十卷　(明)劉定之撰　(清)劉作樑釋　(清)劉廷琨注　**年譜一卷**　(清)劉作樑撰　清乾隆二十一年(1756)古吴三樂齋刻本　二册

320000－1615－0005548　集0312/500189
鈐山堂集四十卷　(明)嚴嵩撰　清嘉慶十一年(1806)刻本　十册

320000－1615－0005549　集0312/500190
重刊校正唐荆川先生文集十二卷補遺五卷　(明)唐順之撰　清光緒三十年(1904)江南書局刻本　十册

320000－1615－0005550　集0312/500191
蠛蠓集五卷　(明)盧柟撰　清光緒二十年(1894)刻本　五册

320000－1615－0005551　集0313/500192
張忠敏公遺集十卷附録六卷　(明)張國維撰　清光緒五年(1879)江蘇書局刻本　六册

320000－1615－0005552　集0313/500193
太史升庵全集八十一卷目録二卷　(明)楊慎撰　清乾隆六十年(1795)養拙山房刻本　二十册　存七十七卷(一至七十七)

320000－1615－0005553　集0313/500194
毅齋查先生闡道集十卷末一卷　(明)查鐸撰　清光緒十六年(1890)經川查氏刻本　一册

320000－1615－0005554　集0315/500195
楊忠愍公全集五卷首一卷末一卷　(明)楊繼盛撰　清同治十一年(1872)刻本　三册

320000－1615－0005555　集0315/500196
倪文貞公文集十七卷首一卷　(明)倪元璐撰　清乾隆三十七年(1772)刻本　四册

320000－1615－0005556　集0315/500197
萬忠貞公遺集三卷首一卷　(明)萬燝撰　清道光十七年(1837)春暉堂刻本　二册

320000－1615－0005557　集0315/500198
楊忠愍公集五卷首一卷　(明)楊繼盛撰　**史忠正公集四卷首一卷末一卷**　(明)史可法撰　**附録一卷**　清道光二十九年(1849)木活字印本　六册

320000－1615－0005558　集0315/500199
楊忠愍公集四卷　(明)楊繼盛撰　清光緒九年(1883)甘肅藩署刻本　四册

320000－1615－0005559　集0315/500200
經遼疏牘十卷　(明)熊廷弼撰　清末湖北通志局刻本　八册

320000－1615－0005560　集0321/500201
羅鄂州小集六卷　(宋)羅願撰　**羅郢州遺文一卷**　(宋)羅頌撰　清光緒十九年(1893)黟縣李氏刻本　一册

320000－1615－0005561　集0321/500202
震川先生集三十卷别集十卷　(明)歸有光撰　**補編一卷**　清光緒六年(1880)常熟歸氏刻本　四册

320000－1615－0005562　集0321/500203
濂亭文集八卷　(清)張裕釗撰　清光緒八年(1882)查氏木漸齋刻本　二册

320000－1615－0005563　集 0321/500204
讁麐堂遺集文二卷詩二卷　(清)戴望撰　清宣統三年(1911)風雨樓鉛印本　一册

320000－1615－0005564　集 0321/500205
受恒受漸齋集十二卷　(清)沈曰富撰　清咸豐九年(1859)刻本　四册

320000－1615－0005565　集 0321/500206
菊花百詠一卷　(清)丁顯撰　清光緒十二年(1886)刻本　一册

320000－1615－0005566　集 0322/500207
龍谿王先生全集二十二卷　(明)王畿撰　(明)丁賓編　清光緒八年(1882)刻本　十册

320000－1615－0005567　集 0322/500208
甂甄洞稿五十四卷　(明)吴國倫撰　清道光十年(1830)桂芬齋木活字印本　二十册

320000－1615－0005568　集 0323/500209
黄漳浦集五十卷　(明)黄道周撰　清乾隆刻本　二十四册

320000－1615－0005569　集 0324/500210
徧行堂集十六卷　(明)釋澹歸撰　清宣統三年(1911)國學扶輪社鉛印本　八册

320000－1615－0005570　集 0324/500211
嶧桐文集十卷詩集十卷附録四卷　(明)劉城撰　清光緒二十六年(1900)刻本　一册　缺二卷(文集一至二)

320000－1615－0005571　集 0325/500212
霜猨集一卷　(明)周同谷撰　**鶴年海巢集四卷**　(元)丁鶴年撰　(元)戴稷編　清木活字印本　一册

320000－1615－0005572　集 0325/500213
緑蘿山莊文集二十四卷　(清)胡浚撰　清乾隆八年(1743)胡氏刻本　十二册

320000－1615－0005573　集 0331/500214
春酒堂文集不分卷　(清)周容撰　清宣統二年(1910)國學扶輪社鉛印本　一册

320000－1615－0005574　集 0331/500215
翁山文外十六卷　(明)屈大均撰　清宣統二年(1910)國學扶輪社鉛印本　五册

320000－1615－0005575　集 0331/500216
陳忠裕全集三十卷　(明)陳子龍撰　清嘉慶八年(1803)簳山草堂刻本　十册

320000－1615－0005576　集 0331/500217
瞿忠宣公集十卷　(明)瞿式耜撰　清光緒十三年(1887)刻本　四册

320000－1615－0005577　集 0332/500218
夏節愍全集十卷　(明)夏完淳撰　清嘉慶十二年(1807)刻本　二册

320000－1615－0005578　集 0332/500219
陳忠裕全集三十卷首一卷末一卷年譜三卷附兵垣奏議不分卷　(明)陳子龍撰　(清)王昶輯　(清)王鴻逵等編　清同治八年(1869)簳山草堂刻本　十一册　存三十三卷(陳忠裕全集三十卷,年譜中、下,兵垣奏議不分卷)

320000－1615－0005579　集 0332/500220
陳忠裕全集三十卷　(明)陳子龍撰　清嘉慶八年(1803)簳山草堂刻本　十二册

320000－1615－0005580　集 0333－4/500221
寧都三魏全集　(清)林時益輯　清易堂刻本　三十册　存八十卷(魏伯子文集一至十,魏興士文集一至六,魏敬士文集四至八,魏昭士文集一至十,魏季子文集一至十六,魏叔子文集外篇一至二十二、目録一至三、詩集一至八)

320000－1615－0005581　集 0334/500222
寧都三魏全集　(清)林時益輯　清易堂刻本　八册　存二十五卷(魏伯子文集一至六、九至十,魏敬士文集一至八,魏昭士文集一至三,魏興士文集一至六)

320000－1615－0005582　集 0334/500223
陸陳二先生詩文鈔二十八卷　(清)陸世儀　(清)陳瑚撰　清光緒二年(1876)安道書院刻本　八册

320000－1615－0005583　集 0341/500224
陸陳二先生詩文鈔十二卷　(清)陸世儀

(清)陳湖撰　清同治九年(1870)安道書院刻本　四冊

320000－1615－0005584　集0341/500225
吳詩集覽二十卷　(清)吴偉業撰　(清)靳榮藩注　清刻本　一冊　存二卷(吳詩談藪上、目録一)

320000－1615－0005585　集0341/500226
棗林詩集一卷　(明)談遷撰　清宣統三年(1911)國學扶輪社鉛印本　一冊

320000－1615－0005586　集0341/500227
初學集二十卷　(清)錢謙益撰　清宣統元年(1909)國學扶輪社石印本　五冊　存十一卷(四至九、十五至十九)

320000－1615－0005587　集0341/500228
定山堂詩集四十三卷詩餘四卷　(清)龔鼎孳撰　清光緒九年(1883)聖彝書屋刻本　十六冊

320000－1615－0005588　集0342/500229
牧齋初學集一百十卷　(清)錢謙益撰　清刻本(序,目録,卷一至三、十二、十八至三十一、九十九配抄本)　二十二冊　缺十一卷(六、一百一至一百十)

320000－1615－0005589　集0342/500230
牧齋有學集五十一卷　(清)錢謙益撰　清金匱山房刻本　六冊　存三十卷(二十二至五十一)

320000－1615－0005590　集0343/500231
初學集一百十卷　(清)錢謙益撰　清宣統二年(1910)邃漢齋鉛印牧齋全集本　二十四冊

320000－1615－0005591　集0343/500232
錢牧齋文鈔不分卷　(清)錢謙益撰　清宣統元年(1909)國學扶輪社鉛印本　四冊

320000－1615－0005592　集0343/500233
[江蘇常熟]牧齋晚年家乘文一卷　(清)錢謙益撰　**牧齋年譜一卷**　(清)彭城退士編　清宣統三年(1911)上海國學扶輪社鉛印本　一冊

320000－1615－0005593　集0343/500234
牧齋有學集詩注十四卷　(清)錢謙益撰　(清)錢曾箋註　清春暉堂刻本　六冊

320000－1615－0005594　集0344/500235
錢牧齋文鈔不分卷　(清)錢謙益撰　清宣統元年(1909)國學扶輪社鉛印本　三冊

320000－1615－0005595　集0344/500236
吳詩集覽二十卷　(清)吴偉業撰　(清)靳榮藩注　清乾隆四十年(1775)凌云亭刻本　十冊　缺二卷(十五至十六)

320000－1615－0005596　集0344/500237
梅村詩集箋注十八卷　(清)吴偉業撰　(清)吴翌鳳注　清嘉慶十九年(1814)滄浪吟榭刻本　十一冊

320000－1615－0005597　集0351/500238
壯悔堂文集十卷　(清)侯方域撰　清宣統元年(1909)掃葉山房石印本　四冊

320000－1615－0005598　集0351/500239
亭林詩集五卷文集六卷　(清)顧炎武撰　清刻本　四冊

320000－1615－0005599　集0351/500240
顧亭林先生詩箋注十七卷　(清)徐嘉輯　清光緒二十三年(1897)徐氏味靜齋刻本　六冊

320000－1615－0005600　集0351/500241
壯悔堂文集十卷遺稿一卷四憶堂詩集六卷遺稿一卷　(清)侯方域撰　清光緒四年(1878)刻本　八冊

320000－1615－0005601　集0352/500242
白雲山房文集六卷　(清)張象津撰　清道光十六年(1836)張繩武等拜經堂刻本　三冊

320000－1615－0005602　集0352/500243
御覽集六卷蘭韻堂詩集十二卷　(清)沈初撰　清乾隆刻本　八冊

320000－1615－0005603　集0352/500244
寄圃詩稿二十五卷　(清)錢時雍撰　清嘉慶刻本　八冊

320000－1615－0005604　集0352/500245

在陸草堂文集六卷 （清）儲欣撰 清光緒十七年（1891）刻本 五冊 存五卷（一至五）

320000－1615－0005605 集 0353/500246
蘇文忠公詩編註集成四十六卷總案四十五卷諸家雜綴酌存一卷蘇海識餘四卷 （宋）蘇軾撰 （清）王文誥輯 清光緒十四年（1888）浙江書局刻本 二十二冊

320000－1615－0005606 集 0353/500247
葦間詩集五卷 （清）姜宸英撰 清道光四年（1824）木活字印本 二冊

320000－1615－0005607 集 0353/500248
師友集十卷 （清）梁章鉅撰 清道光二十五年（1845）刻本 二冊

320000－1615－0005608 集 0354/500249
穆堂初稿五十卷 （清）李紱撰 清乾隆無怒軒刻本 十六冊

320000－1615－0005609 集 0354/500250
憺園全集三十六卷 （清）徐乾學撰 清光緒九年（1883）鉏月唫館刻本 十六冊

320000－1615－0005610 集 0411/500251
道援堂詩集十三卷 （明）屈大均撰 清刻本 八冊

320000－1615－0005611 集 0411/500252
漁洋山人精華録箋注十二卷年譜一卷補一卷 （清）王士禛撰 （清）金榮箋注 清鳳翽堂刻本 六冊

320000－1615－0005612 集 0411/500253
曝書亭詩箋注十二卷 （清）朱彝尊撰 （清）江浩然注 清乾隆惇裕堂刻本 六冊

320000－1615－0005613 集 0411/500254
漁洋山人精華録箋注十二卷年譜一卷補一卷 （清）王士禛撰 （清）金榮箋注 清鳳翽堂刻本 十冊

320000－1615－0005614 集 0412/500255
寧都三魏全集 （清）林時益輯 清易堂刻本 三十一冊 存五十八卷（魏敬士文集一至八，魏季子文集三至十六，魏昭士文集一至十，魏興士文集一至六，魏叔子詩集一至八、魏叔子目録一、魏叔子外篇十二至二十二）

320000－1615－0005615 集 0413/500256
曝書亭集八十卷附録一卷 （清）朱彝尊撰
笛漁小稿十卷 （清）朱昆田撰 清刻本 十六冊

320000－1615－0005616 集 0413/500257
曝書亭集箋注二十三卷 （清）朱彝尊撰 （清）孫銀槎注 清嘉慶五年（1800）三有堂刻本 八冊

320000－1615－0005617 集 0413/500258
曝書亭集詩注二十二卷 （清）朱彝尊撰 （清）楊謙注 **年譜一卷** （清）楊謙撰 清木山閣刻本 八冊

320000－1615－0005618 集 0414/500259
曝書亭集詩注二十二卷 （清）朱彝尊撰 （清）楊謙注 **年譜一卷** （清）楊謙撰 清木山閣刻本 九冊 存二十二卷（曝書亭集詩注二十二卷）

320000－1615－0005619 集 0414/500260
曝書亭集箋注二十三卷 （清）朱彝尊撰 （清）孫銀槎注 清嘉慶九年（1804）三有堂刻本 六冊

320000－1615－0005620 集 0414/500261
曝書亭詩箋注十二卷 （清）朱彝尊撰 （清）江浩然注 清乾隆三十年（1765）刻本 六冊

320000－1615－0005621 集 0414/500262
曝書亭集外稿八卷 （清）朱彝尊撰 （清）馮登府輯 清道光刻本 一冊 存四卷（一至四）

320000－1615－0005622 集 0414/500263
曝書亭集箋注二十三卷 （清）朱彝尊撰 （清）孫銀槎注 清嘉慶五年（1800）三有堂刻本 八冊

320000－1615－0005623 集 0415/500264
曝書亭集八十卷附録一卷 （清）朱彝尊撰 清刻本 十二冊

320000－1615－0005624　集 0421/500265
錢南園先生遺集五卷　（清）錢灃撰　清同治十一年（1872）浙江書局刻本　二冊

320000－1615－0005625　集 0421/500266
句餘土音三卷全謝山先生遺詩一卷　（清）全祖望撰　清宣統三年（1911）國學扶輪社鉛印本　一冊

320000－1615－0005626　集 0421/500267
錢南園先生遺集五卷　（清）錢灃撰　清光緒十九年（1893）浙江書局刻本　二冊

320000－1615－0005627　集 0421/500268
鮚埼亭集三十八卷　（清）全祖望撰　清嘉慶九年（1804）餘姚史夢蛟借樹山房刻本　三冊　存十卷（二十九至三十八）

320000－1615－0005628　集 0421/500269
全謝山文鈔十六卷　（清）全祖望撰　清宣統二年（1910）國學扶輪社鉛印本　八冊

320000－1615－0005629　集 0421/500270
篔谷詩文鈔十二卷詩鈔二十卷　（清）查揆撰　清道光十五年（1835）菽原堂刻本　十冊

320000－1615－0005630　集 0422/500271
秋笳集八卷補遺一卷　（清）吴兆騫撰　清宣統三年（1911）鄧氏風雨樓鉛印風雨樓叢書本　三冊

320000－1615－0005631　集 0422/500272
聊齋文集二卷　（清）蒲松齡撰　清宣統元年（1909）國學扶輪社鉛印本　二冊

320000－1615－0005632　集 0422/500273
湛園未定稿六卷　（清）姜宸英撰　清二老閣刻本　十二冊

320000－1615－0005633　集 0422/500274
貫華堂才子書彙稿　（清）金聖嘆撰　清宣統二年（1910）順德鄧氏風雨樓鉛印本　三冊　存八種十一卷（唱經堂杜詩解四卷、唱經堂古詩解一卷、唱經堂左傳釋一卷、唱經堂釋小雅一卷、唱經堂釋孟子四章一卷、唱經堂批歐陽永叔詞十二首一卷、唱經堂通宗易論一卷、唱經堂聖人千案一卷）

320000－1615－0005634　集 0422/500275
陋軒詩十二卷續二卷　（清）吴嘉紀撰　清道光二十年（1840）泰州夏氏刻本　三冊　存十卷（一至十）

320000－1615－0005635　集 0422/500276
南江文鈔□□卷　（清）邵晉涵撰　清刻本　四冊　存四卷（一至四）

320000－1615－0005636　集 0423/500277
石笥山房詩集十一卷詩餘一卷補遺二卷續補遺二卷　（清）胡天游撰　清咸豐二年（1852）刻本　四冊　缺五卷（一至五）

320000－1615－0005637　集 0423/500278
東潛文稿二卷　（清）趙一清撰　清乾隆刻本　二冊

320000－1615－0005638　集 0423/500279
纑塘集一卷　（清）顧貞觀撰　清光緒七年（1881）枕經史葄齋刻本　一冊

320000－1615－0005639　集 0423/500280
洞庭文集不分卷　（清）張光明撰　清乾隆刻本　四冊

320000－1615－0005640　集 0423/500281
笥河文集十六卷首一卷　（清）朱筠撰　清嘉慶二十年（1815）刻本　六冊

320000－1615－0005641　集 0423/500282
寶綸堂詩鈔六卷文鈔八卷　（清）齊召南撰　清光緒十三年（1887）金峨山館刻本　三冊

320000－1615－0005642　集 0423/500283
石笥山房文集六卷詩集四卷附胡稚威先生傳一卷　（清）胡天游撰　清刻本　二冊

320000－1615－0005643　集 0424/500284
樊榭山房集外詞四卷曲二卷　（清）厲鶚撰　清光緒十一年（1885）刻本　二冊

320000－1615－0005644　集 0424/500285
飴山詩集二十卷　（清）趙執信撰　清乾隆刻本　六冊

320000－1615－0005645　集 0424/500286
道古堂詩集二十六卷文集四十八卷　(清)杭世駿撰　清乾隆四十一年(1776)刻本　十二冊　缺二十三卷(二十六至四十八)

320000－1615－0005646　集 0424/500287
儀顧堂集二十卷　(清)陸心源撰　清光緒二十四年(1898)刻本　六冊

320000－1615－0005647　集 0431/500288
忠雅堂集三十卷　(清)蔣士銓撰　清刻本　八冊

320000－1615－0005648　集 0431/500289
忠雅堂集三十卷　(清)蔣士銓撰　清刻本　十二冊

320000－1615－0005649　集 0431/500290
海峰先生詩集八卷文集六卷　(清)劉大櫆撰　清光緒十四年(1888)桐城刻本　四冊　缺四卷(文集一至四)

320000－1615－0005650　集 0431/500291
南湖集十卷附録三卷　(宋)張鎡撰　清乾隆、道光間長塘鮑氏刻知不足齋叢書本　一冊　存三卷(七至九)

320000－1615－0005651　集 0432/500292
述菴詩鈔十二卷　(清)王昶撰　清乾隆五十五年(1790)刻本　四冊

320000－1615－0005652　集 0432/500293
思適齋集十八卷　(清)顧廣圻撰　清道光二十九年(1849)上海徐氏刻本　二冊　缺二卷(十七至十八)

320000－1615－0005653　集 0432/500294
春融堂集六十八卷年譜二卷春融堂襍記八種八卷　(清)王昶撰　清嘉慶十二年(1807)塾南書舍刻本　八冊

320000－1615－0005654　集 0433/500295
海門詩鈔八卷外集四卷末一卷　(清)鮑皋撰　清宣統三年(1911)刻本　四冊

320000－1615－0005655　集 0433/500296
茶聲館詩集十六卷　(清)朱爲弼撰　清道光二十八年(1848)刻本　四冊

320000－1615－0005656　集 0433/500297
簡松草堂文集十二卷　(清)張雲璈撰　清道光、嘉慶間刻本　四冊

320000－1615－0005657　集 0433/500298
媕雅堂詩集八卷　(清)趙文喆撰　清宣統三年(1911)江浦陳氏房山山房刻本　一冊

320000－1615－0005658　集 0433/500299
媕雅堂詩續集四卷　(清)趙文喆撰　清乾隆五十六年(1791)趙氏刻本　一冊

320000－1615－0005659　集 0433/500300
娵隅集十卷　(清)趙文哲撰　清乾隆五十四年(1789)刻本　二冊

320000－1615－0005660　集 0433/500301
玉山草堂詩集十二卷　(清)錢林撰　清道光十七年(1837)刻本　四冊

320000－1615－0005661　集 0433/500302
順安詩草八卷　(清)張廷濟撰　清道光刻本　四冊　存四卷(二、四至五、七)

320000－1615－0005662　集 0433/500303
順安詩草八卷　(清)張廷濟撰　清道光刻本　二冊

320000－1615－0005663　集 0433/500304
柳南文鈔六卷柳南詩鈔十卷　(清)王應奎撰　清刻本　四冊

320000－1615－0005664　集 0434/500305
潛研堂文集五十卷　(清)錢大昕撰　清嘉慶十一年(1806)刻本　十二冊

320000－1615－0005665　集 0434/500306
潛研堂詩集十卷潛研堂詩續集十卷　(清)錢大昕撰　清嘉慶十一年(1806)刻本　六冊

320000－1615－0005666　集 0434/500307
潛研堂詩集十卷　(清)錢大昕撰　清嘉慶十一年(1806)刻本　六冊

320000－1615－0005667　集 0441/500308
甌北詩鈔二十卷　(清)趙翼撰　清乾隆湛貽

堂刻本　八册　存十九卷(五言古一至四、七言古一至五、五言律一至二、七言律一至六、絕句一至二)

320000－1615－0005668　集0441/500309
甌北詩鈔二十卷　(清)趙翼撰　清嘉慶十七年(1812)湛貽堂刻本　八册

320000－1615－0005669　集0441/500310
甌北集五十三卷年譜一卷　(清)趙翼撰　清嘉慶十七年(1812)湛貽堂刻本　十三册

320000－1615－0005670　集0441/500311
甌北集五十三卷　(清)趙翼撰　清嘉慶十七年(1812)湛貽堂刻本　六册　缺二十三卷(三十一至五十三)

320000－1615－0005671　集0442/500312
思復堂文集十卷附録一卷末一卷　(清)邵廷采撰　清光緒十九年(1893)越中徐氏鑄學齋刻本　三册　存六卷(四至九)

320000－1615－0005672　集0442/500313
紀文達公遺集文十六卷詩十六卷　(清)紀昀撰　(清)孫樹馨編校　清嘉慶刻本　十五册　缺七卷(文一、三至五,詩四至六)

320000－1615－0005673　集0442/500314
紀文達公遺集文十六卷詩十六卷　(清)紀昀撰　(清)孫樹馨編校　清刻本　八册　缺七卷(文一至七)

320000－1615－0005674　集0444/500315
兩當軒詩鈔□□卷　(清)黄景仁撰　清道光二十六年(1846)留丹書屋刻本　四册　存十一卷(一至十一)

320000－1615－0005675　集0444/500316
兩當軒詩鈔十四卷悔存詞鈔二卷　(清)黄景仁撰　清兩儀堂刻本　六册

320000－1615－0005676　集0444/500317
隱拙齋集二十二卷　(清)沈廷芳撰　清乾隆二十二年(1757)則經堂刻本　十册

320000－1615－0005677　集0444/500318
遜學齋詩鈔十卷　(清)孫衣言撰　清同治三年(1864)刻本　二册　缺一卷(六)

320000－1615－0005678　集0444/500319
遜學齋詩鈔十卷　(清)孫衣言撰　清同治三年(1864)刻本　二册

320000－1615－0005679　集0444/500320
遜學齋文鈔十二卷首一卷末一卷　(清)孫衣言撰　清同治十二年(1873)刻本　三册　存九卷(一至二、四至五、十至十二,首一卷,末一卷)

320000－1615－0005680　集0444－5/500321
香樹齋詩集十八卷續詩集三十六卷　(清)錢陳群撰　清乾隆刻本　三十册

320000－1615－0005681　集0451/500322
曝書亭集箋注二十三卷　(清)朱彝尊撰　(清)孫銀槎注　清嘉慶九年(1804)三有堂刻本　五册　存十六卷(一至八、十三至二十)

320000－1615－0005682　集0451/500323
心鐵齋存稿三十卷　(清)宋鳴珂撰　清道光十二年(1832)誦梅堂刻本　七册

320000－1615－0005683　集0451/500324
凝齋先生遺集十卷　(清)陳道撰　清嘉慶四年(1799)善餘堂刻本　四册

320000－1615－0005684　集0451/500325
竹庵詩鈔六卷此君園詩二卷學詩臆説一卷　(清)吴名鳳撰　清道光十五年(1835)衣德堂刻本　四册

320000－1615－0005685　集0451/500326
簣山堂詩鈔十二卷　(清)王賡言撰　清嘉慶刻本　四册

320000－1615－0005686　集0451/500327
椒園居士集六卷　(清)王定柱撰　清光緒三十二年(1906)王氏龍樓精舍刻本　二册

320000－1615－0005687　集0452/500328
望溪先生文偶鈔不分卷　(清)方苞撰　清乾隆十一年(1746)刻本　八册

320000－1615－0005688　集0452/500329
望溪先生文集十八卷集外文十卷　(清)方苞

撰　**補遺二卷**　（清）戴鈞衡輯　**年譜二卷**　（清）蘇惇元輯　清咸豐元年（1851）刻本　十一冊　缺二卷（年譜二卷）

320000－1615－0005689　集 0453/500330
歸愚文鈔十二卷文續十二卷　（清）沈德潛撰　清乾隆三年（1738）刻本　十冊

320000－1615－0005690　集 0453/500331
裘文達公集文集六卷詩集十二卷補遺一卷奏議一卷　（清）裘日修撰　清同治十一年（1872）刻本　五冊

320000－1615－0005691　集 0453/500332
培遠堂手札節存三卷　（清）陳宏謀撰　清同治十一年（1872）江蘇書局刻本　一冊

320000－1615－0005692　集 0453/500333
培遠堂手札節存三卷　（清）陳宏謀撰　清同治七年（1868）崇文書局刻本　一冊

320000－1615－0005693　集 0453/500334
培遠堂手札節存三卷　（清）陳宏謀撰　清光緒二十五年（1899）浙江書局刻朱墨套印本　三冊

320000－1615－0005694　集 0454/500335
切問齋集十六卷　（清）陸燿撰　清乾隆五十七年（1792）暉告堂刻本　八冊

320000－1615－0005695　集 0454/500336
切問齋集十二卷　（清）陸燿撰　清光緒十八年（1892）江蘇書局刻本　四冊

320000－1615－0005696　集 0454/500337
切問齋集十二卷　（清）陸燿撰　清光緒十八年（1892）江蘇書局刻本　四冊

320000－1615－0005697　集 0454/500338
天鑒堂一集二卷　（清）沈近思撰　清光緒二十五年（1899）刻本　一冊

320000－1615－0005698　集 0454/500339
柈湖文集十二卷　（清）吴敏樹撰　清光緒十九年（1893）思賢講舍刻本　四冊

320000－1615－0005699　集 0454/500340
郘亭詩鈔六卷　（清）莫友芝撰　清咸豐二年（1852）遵義湘川講舍刻同治五年（1866）江寧三山客舍重修本　一冊

320000－1615－0005700　集 0454/500341
貞定先生遺集四卷附録一卷　（清）莫與儔撰　清獨山莫氏刻本　一冊

320000－1615－0005701　集 0511/500342
劉孟塗集四十四卷　（清）劉開撰　清道光六年（1826）姚氏檗山草堂刻本　八冊

320000－1615－0005702　集 0511/500343
劉孟塗集四十四卷　（清）劉開撰　清道光六年（1826）姚氏檗山草堂刻本　八冊

320000－1615－0005703　集 0511/500344
大雲山房文稿初集四卷二集四卷　（清）惲敬撰　清光緒十四年（1888）湖北官書處刻本　八冊

320000－1615－0005704　集 0511/500345
茗柯文初編一卷二編二卷三編一卷四編一卷　（清）張惠言撰　清光緒七年（1881）湖北書局刻本　二冊

320000－1615－0005705　集 0511/500346
茗柯文初編一卷二編二卷三編一卷四編一卷　（清）張惠言撰　清光緒七年（1881）湖北書局刻本　二冊

320000－1615－0005706　集 0511/500347
通甫類稿四卷續編二卷附仲實類稿一卷　（清）魯一同撰　清咸豐九年（1859）刻本　四冊

320000－1615－0005707　集 0512/500348
養一齋全集五十卷　（清）潘德輿撰　清道光二十九年（1849）刻本　二十冊

320000－1615－0005708　集 0512/500349
通甫詩存四卷詩存之餘二卷　（清）魯一同撰　清咸豐九年（1859）刻本　二冊

320000－1615－0005709　集 0512/500350
通甫類稿四卷　（清）魯一同撰　清咸豐九年（1859）刻本　一冊

320000－1615－0005710　集 0512/500351

初月樓文鈔十卷詩鈔四卷 （清）吴德旋撰 清光緒十年(1884)刻本 四册

320000－1615－0005711 集 0512/500352
紫硯山房詩稿初集一卷續集一卷抱經堂文稿二卷 （清）張瀷撰 清道光三十年(1850)刻本 四册

320000－1615－0005712 集 0513/500353
養一齋文集二十卷補遺一卷續編六卷詩集八卷 （清）李兆洛撰 清道光刻本 十二册

320000－1615－0005713 集 0513/500354
李養一先生詩集四卷附一卷文集二十卷 （清）李兆洛撰 清光緒八年(1882)江陰刻本 十册

320000－1615－0005714 集 0513/500355
李養一先生詩集四卷附一卷文集二十卷 （清）李兆洛撰 清光緒八年(1882)江陰刻本 九册 缺三卷(詩集三至四、附一卷)

320000－1615－0005715 集 0513/500356
無聞集五卷 （清）崔述撰 清道光四年(1824)東陽縣署刻本 一册

320000－1615－0005716 集 0514/500357
儀衛軒詩集五卷附録一卷文集十二卷附外集一卷附録一卷遺書一卷大意尊聞三十卷 （清）方東樹撰 清同治七年(1868)刻本 十二册

320000－1615－0005717 集 0514/500358
儀衛軒詩集五卷附録一卷文集十二卷附外集一卷附録一卷 （清）方東樹撰 清同治七年(1868)刻本 五册

320000－1615－0005718 集 0514/500359
遜學齋文鈔十二卷首一卷末一卷續鈔五卷詩鈔十卷 （清）孫衣言撰 清同治十二年(1873)刻本 十二册

320000－1615－0005719 集 0521/500360
碧城僊館詩鈔八卷 （清）陳文述撰 清光緒二十二年(1896)刻靈鶼閣叢書本 二册

320000－1615－0005720 集 0521/500361
靈芬館全集 （清）郭麐撰 清嘉慶刻本 十二册

320000－1615－0005721 集 0522/500362
池上草堂筆記二卷 （清）梁恭辰撰 清道光二十三年(1843)刻本 二册

320000－1615－0005722 集 0522/500363
江忠烈公遺集二卷首一卷附録一卷 （清）江忠源撰 清同治十二年(1873)刻本 三册

320000－1615－0005723 集 0522/500364
春在堂詩編七卷詞録二卷 （清）俞樾撰 清同治十年(1871)刻本 三册

320000－1615－0005724 集 0522/500365
賓萌集五卷外集四卷 （清）俞樾撰 清刻本 三册

320000－1615－0005725 集 0522/500366
芳茂山人詩録九卷附長離閣集一卷 （清）孫星衍撰 清光緒十一年(1885)朱氏槐廬刻本 三册 存八卷(一至八)

320000－1615－0005726 集 0522/500367
芳茂山人文集十二卷附贈言一卷 （清）孫星衍撰 清光緒十一年(1885)朱氏槐廬刻本 三册 存八卷(問學堂集一至六、平津館文稿上,贈言一卷)

320000－1615－0005727 集 0522/500368
禮䣊亭集三十二卷後集十二卷 （清）祁寯藻撰 清咸豐六年(1856)刻本 六册

320000－1615－0005728 集 0522/500369
禮䣊亭集三十二卷後集十二卷 （清）祁寯藻撰 清咸豐六年(1856)刻本 六册

320000－1615－0005729 集 0523/500370
頤道堂全集五種七十八卷 （清）陳文述撰 清道光八年(1828)刻本 二十册

320000－1615－0005730 集 0524/500371
習苦齋詩集八卷古文四卷 （清）戴熙撰 清同治五年(1866)刻本 三册 存十卷(詩集八卷、古文一至二)

320000－1615－0005731 集 0524/500372

知足齋詩集二十卷續集四卷 (清)朱珪撰 清嘉慶刻本 七册 缺八卷(詩集五至九、十六至十八)

320000－1615－0005732 集 0524/500373
知足齋詩集二十卷 (清)朱珪撰 清嘉慶十年(1805)刻本 八册

320000－1615－0005733 集 0524/500374
知足齋詩集二十卷續集四卷文集六卷進呈文稿二卷 (清)朱珪撰 清嘉慶十年(1805)刻本 十四册

320000－1615－0005734 集 0531/500375
五百四峰堂詩鈔二十五卷 (清)黎簡撰 清嘉慶衆香亭刻本 四册

320000－1615－0005735 集 0531/500376
退庵詩存二十五卷 (清)梁章鉅撰 清道光刻本 八册

320000－1615－0005736 集 0531/500377
香蘇山館古體詩鈔十七卷今體詩鈔十九卷 (清)吴嵩梁撰 清光緒二十三年(1897)三益文社刻本 八册

320000－1615－0005737 集 0531/500378
黄勤敏公全集 (清)黄鉞撰 清咸豐九年(1859)蕪湖許文深刻本 十册 缺二種三卷(奏御集二卷、兩朝恩赉記一卷)

320000－1615－0005738 集 0532/500379
簡學齋詩存四卷詩删四卷簡學齋館課賦存一卷課試律存一卷試律續鈔一卷簡學齋館課賦續鈔一卷 (清)陳沆撰 清咸豐二年(1852)刻本 六册

320000－1615－0005739 集 0532/500380
亨甫詩選八卷 (清)張際亮撰 清光緒八年(1882)刻本 八册

320000－1615－0005740 集 0532/500381
思伯子堂詩集三十二卷 (清)張際亮撰 清道光刻本 十册

320000－1615－0005741 集 0532/500382
瓶水齋詩集十七卷瓶水齋詩別集二卷瓶水齋詩話一卷 (清)舒位撰 清光緒十二年(1886)刻本 八册

320000－1615－0005742 集 0532/500383
瓶水齋詩集十七卷瓶水齋詩別集二卷瓶水齋詩話一卷 (清)舒位撰 清光緒十二年(1886)刻本 八册

320000－1615－0005743 集 0533/500384
古微堂内集三卷外集七卷 (清)魏源撰 清光緒四年(1878)淮南書局刻本 四册

320000－1615－0005744 集 0533/500385
古微堂内集三卷外集七卷 (清)魏源撰 清光緒四年(1878)淮南書局刻本 四册

320000－1615－0005745 集 0533/500386
玉井山館詩十五卷詩餘一卷 (清)許宗衡撰 清同治九年(1870)刻本 二册

320000－1615－0005746 集 0533/500387
玉井山館文略五卷 (清)許宗衡撰 清同治四年(1865)刻本 二册

320000－1615－0005747 集 0533/500388
玉井山館詩十五卷詩餘一卷 (清)許宗衡撰 清同治九年(1870)刻本 一册

320000－1615－0005748 集 0533/500389
玉井山館文續二卷 (清)許宗衡撰 清同治九年(1870)刻本 一册

320000－1615－0005749 集 0533/500390
抱潤軒文集十卷 馬其昶撰 清宣統元年(1909)石印本 一册

320000－1615－0005750 集 0534/500391
月齋文集八卷詩集四卷 (清)張穆撰 清咸豐八年(1858)刻本 四册

320000－1615－0005751 集 0534/500392
東洲草堂詩鈔二十七卷詩餘一卷 (清)何紹基撰 清同治六年(1867)長沙無園刻本 六册

320000－1615－0005752 集 0534/500393
敬孚類稿十六卷 (清)蕭穆撰 清光緒三十二年(1906)刻本 四册

320000－1615－0005753　集0534/500394
雲左山房詩鈔八卷附一卷　(清)林則徐撰　清光緒十二年(1886)刻本　四冊

320000－1615－0005754　集0534/500395
澤雅堂文集十卷　(清)施補華撰　清光緒十九年(1893)刻本　一冊　存五卷(一至五)

320000－1615－0005755　集0534/500396
雲左山房詩鈔八卷附一卷　(清)林則徐撰　清光緒十二年(1886)福州林氏刻本　二冊

320000－1615－0005756　集0534/500397
巢經巢遺文五卷　(清)鄭珍撰　清光緒十九年(1893)貴筑萬氏資州刻本　四冊

320000－1615－0005757　集0541/500398
大梅山館集四種五十五卷　(清)姚燮撰　清道光、咸豐間鎮海姚氏刻同治十一年(1872)印本　十冊　存二種四十二卷(復莊駢儷文榷八卷、復莊詩問三十四卷)

320000－1615－0005758　集0541/500399
鑑止水齋集二十卷　(清)許宗彥撰　清道光刻本　六冊

320000－1615－0005759　集0541/500400
附鮚軒詩八卷　(清)洪亮吉撰　清乾隆刻本　二冊

320000－1615－0005760　集0541/500401
伏敔堂詩録十五卷續録四卷　(清)江湜撰　清同治元年(1862)刻本　四冊

320000－1615－0005761　集0541/500402
辟疆園遺集十卷　(清)顧敏恒撰　清光緒十八年(1892)刻本　四冊

320000－1615－0005762　集0542/500403
拙尊園叢稿六卷　(清)黎庶昌撰　清光緒十九年(1893)上海醉六堂刻本　四冊

320000－1615－0005763　集0542/500404
拙尊園叢稿六卷　(清)黎庶昌撰　清刻本　四冊

320000－1615－0005764　集0542/500405
桐城吴先生詩一卷文集四卷　(清)吴汝綸撰　清光緒三十年(1904)吴氏家刻本　五冊

320000－1615－0005765　集0542/500406
邃雅堂學古録七卷　(清)姚文田撰　清道光七年(1827)刻本　四冊

320000－1615－0005766　集0542/500407
拙尊園叢稿六卷　(清)黎庶昌撰　清光緒十九年(1893)上海醉六堂刻本　一冊

320000－1615－0005767　集0543/500408
賭棋山莊集八種　(清)謝章鋌撰　清光緒十年至民國十四年(1884－1925)刻匯印本　三十三冊

320000－1615－0005768　集0544/500409
儆居集十四卷　(清)黄式三撰　清光緒二年(1876)刻本　四冊

320000－1615－0005769　集0544/500410
顯志堂稿十二卷　(清)馮桂芬撰　清光緒二年(1876)校邠廬刻本　六冊

320000－1615－0005770　集0544/500411
顯志堂稿十二卷附夢柰詩稿一卷　(清)馮桂芬撰　清光緒二年(1876)校邠廬刻本　六冊

320000－1615－0005771　集0544/500412
更生齋文甲集四卷乙集二卷詩集八卷詩餘二卷　(清)洪亮吉撰　**洪北江先生年譜一卷**　清嘉慶七年(1802)洋川書院刻本　四冊

320000－1615－0005772　集0544/500413
晚學集八卷　(清)桂馥撰　清道光刻本　二冊

320000－1615－0005773　集0544/500414
退補齋詩存十六卷首一卷　(清)胡鳳丹撰　清同治十二年(1873)鄂州寓廬刻本　四冊

320000－1615－0005774　集0551/500415
卷施閣詩二十卷文甲集十卷乙集八卷　(清)洪亮吉撰　清刻本　七冊

320000－1615－0005775　集0551/500416
附鮚軒詩八卷　(清)洪亮吉撰　清乾隆六十年(1795)刻本　二冊

320000－1615－0005776　集 0551/500417
卷施閣文甲集十卷補遺一卷乙集八卷續編一卷　(清)洪亮吉撰　清光緒三年(1877)鄂垣刻本　九册

320000－1615－0005777　集 0551/500418
更生齋文甲集四卷乙集二卷詩集八卷詩餘二卷　(清)洪亮吉撰　清嘉慶七年(1802)洋川書院刻本　四册

320000－1615－0005778　集 0551/500419
更生齋詩續集十卷　(清)洪亮吉撰　清光緒四年(1878)授經堂刻本　五册

320000－1615－0005779　集 0552/500420
小倉山房詩集三十六卷補遺二卷文集三十五卷外集八卷　(清)袁枚撰　清刻本　二十八册　存六十八卷(詩集三十六卷,補遺二卷,文集一至七、二十一至三十五,外集八卷)

320000－1615－0005780　集 0553/500421
甘泉鄉人稿二十四卷餘稿二卷　(清)錢泰吉撰　清同治十一年(1872)刻本　七册

320000－1615－0005781　集 0553/500422
儆季文鈔六卷　(清)黄以周撰　清光緒二十年(1894)江蘇南菁講舍刻儆季雜著本　二册

320000－1615－0005782　集 0553/500423
衎石齋記事稿十卷續稿十卷　(清)錢儀吉撰　清咸豐四年(1854)刻本　十册

320000－1615－0005783　集 0553/500424
補學軒文集四卷　(清)鄭獻甫撰　清光緒二年(1876)刻本　三册　存三卷(二至四)

320000－1615－0005784　集 0554/500425
躬恥齋文鈔十九卷後編六卷詩鈔十四卷後編七卷　(清)宗稷辰撰　清咸豐元年(1851)都下刻本　二十四册

320000－1615－0005785　集 0554/500426
兩般秋雨盦詩選一卷　(清)梁紹壬撰　清宣統二年(1910)南陵徐乃昌刻本　一册

320000－1615－0005786　集 0611－2/500427
庸庵全集十種四十七卷　(清)薛福成撰　清光緒十三年(1887)刻本　三十六册

320000－1615－0005787　集 0612/500428
曾惠敏公全集奏疏六卷文集五卷詩鈔四卷日記二卷(清光緒四年七月至十二年十一月)　(清)曾紀澤撰　清光緒十九年(1893)江南製造總局鉛印本　八册

320000－1615－0005788　集 0612/500429
復堂類集文四卷詩九卷詞二卷日記六卷　(清)譚獻撰　清光緒刻本　三册　缺六卷(日記六卷)

320000－1615－0005789　集 0612/500430
恪靖侯盾鼻餘瀋一卷　(清)左宗棠撰　清光緒七年(1881)刻本　一册

320000－1615－0005790　集 0612/500431
漸西村人初集十三卷　(清)袁昶撰　清光緒二十年(1894)刻本　二册　存八卷(六至十三)

320000－1615－0005791　集 0612/500432
安般簃詩續鈔十卷　(清)袁昶撰　清光緒十六年(1890)刻本　三册

320000－1615－0005792　集 0612/500433
漸西村人初集十三卷　(清)袁昶撰　清光緒刻本　三册

320000－1615－0005793　集 0612/500434
袁忠節公遺詩三卷　(清)袁昶撰　清宣統元年(1909)上海時中書局鉛印本　一册

320000－1615－0005794　集 0613/500435
復堂類集十五卷　(清)譚獻撰　清光緒刻本　四册

320000－1615－0005795　集 0613/500436
曾文正公文鈔四卷　(清)曾國藩撰　清同治十二年(1873)刻本　三册

320000－1615－0005796　集 0613/500437
曾文正公文鈔四卷　(清)張瑛編　清同治十一年(1872)傳忠書局刻本　四册

320000－1615－0005797　集 0613/500438
曾文正公文集四卷　(清)李瀚章編　清同治

十三年(1874)傳忠書局刻本　四册

320000－1615－0005798　集 0613/500439
曾文正公文集四卷　(清)張瑛編　清同治十一年(1872)刻本　四册

320000－1615－0005799　集 0613/500440
養晦堂詩集二卷文集十卷　(清)劉蓉撰　清光緒三年(1877)思賢講舍刻本　六册

320000－1615－0005800　集 0613/500441
復堂詩詞五卷　(清)譚獻撰　清咸豐九年(1859)刻本　一册

320000－1615－0005801　集 0613/500442
曾文正公詩集四卷　(清)李瀚章編　清同治十三年(1874)傳忠書局刻本　一册

320000－1615－0005802　集 0614/500443
可園詩存二卷續存一卷詞存一卷　陳作霖撰　清光緒十七年(1891)刻本　二册

320000－1615－0005803　集 0614/500444
盋山文録八卷　(清)顧雲撰　清光緒十五年(1889)刻本　二册

320000－1615－0005804　集 0614/500445
扁善齋文存二卷詩存一卷　(清)鄧嘉緝撰　清光緒二十七年(1901)刻本　三册

320000－1615－0005805　集 0614/500446
琴隱園詩集三十六卷詞集四卷　(清)湯貽汾撰　清光緒元年(1875)刻本　八册

320000－1615－0005806　集 0614/500447
琴隱園詩集三十六卷　(清)湯貽汾撰　清光緒元年(1875)刻本　五册　缺十一卷(十六至二十二、二十九至三十二)

320000－1615－0005807　集 0614/500448
琴隱園詩集三十六卷　(清)湯貽汾撰　清光緒元年(1875)上元宗氏刻本　七册

320000－1615－0005808　集 0621/500449
湘綺樓文集八卷詩集十四卷箋啟八卷　王闓運撰　清光緒三十三年(1907)長沙刻本　二册

320000－1615－0005809　集 0621/500450
篁韻盦詩鈔六卷　(清)顧森撰　清光緒三十二年(1906)刻本　二册

320000－1615－0005810　集 0621/500451
奉使車臣汗記程詩三卷　(清)延清撰　清宣統元年(1909)鉛印本　一册

320000－1615－0005811　集 0621/500452
吴淵穎先生集十二卷　(元)吴萊撰　(清)王邦采箋　清刻本　一册　存一卷(七)

320000－1615－0005812　集 0621/500453
金粱夢月詞二卷懷夢詞一卷　(清)周之琦撰　清咸豐十一年(1861)小春江西南野官廨刻本　一册

320000－1615－0005813　集 0621/500454
樊榭山房集十卷續集十卷　(清)厲鶚撰　清刻本　一册　存四卷(樊榭山房集九至十、續集九至十)

320000－1615－0005814　集 0622/500455
鐵畫樓詩續鈔二卷　(清)張蔭桓撰　清光緒二十八年(1902)觀復齋刻本　一册

320000－1615－0005815　集 0622/500456
小三吾亭詩四卷　冒廣生撰　清光緒至民國間如皋冒氏刻冒氏叢書本　一册

320000－1615－0005816　集 0622/500457
于湖小集六卷金陵襍事詩附録一卷區簃擬墨一卷　(清)袁昶撰　清光緒十六年(1890)刻本　三册

320000－1615－0005817　集 0622/500458
漸西邨人初集十三卷安般簃集詩續十卷附録一卷于湖小集五卷　(清)袁昶撰　清光緒刻本　八册

320000－1615－0005818　集 0622/500459
復堂文續五卷　(清)譚獻撰　清光緒二十七年(1901)刻鵠齋刻本　三册　缺一卷(四)

320000－1615－0005819　集 0623/500460
越縵堂駢體文四卷散體文一卷　(清)李慈銘撰　清光緒二十三年(1897)常熟刻本　四册

320000－1615－0005820　集 0623/500461
越縵堂駢體文四卷散體文一卷　(清)李慈銘撰　清光緒二十三年(1897)刻本　四冊

320000－1615－0005821　集 0623/500462
越縵堂駢體文四卷散體文一卷　(清)李慈銘撰　清光緒二十三年(1897)刻本　四冊

320000－1615－0005822　集 0623/500463
越縵堂駢體文四卷散體文一卷　(清)李慈銘撰　清光緒二十三年(1897)刻本　四冊

320000－1615－0005823　集 0623/500464
越縵堂駢體文四卷散體文一卷　(清)李慈銘撰　清光緒二十三年(1897)刻本　四冊

320000－1615－0005824　集 0623/500465
惜抱先生尺牘八卷　(清)姚鼐撰　清宣統元年(1909)小萬柳堂刻本　三冊　存六卷(一至二、五至八)

320000－1615－0005825　集 0623/500466
文昌雜録六卷補遺一卷　(宋)龐元英撰　清乾隆二十一年(1756)盧見曾刻雅雨堂叢書本　二冊　存四卷(一至三、補遺一卷)

320000－1615－0005826　集 0623/500467
文昌雜録六卷　(宋)龐元英撰　清乾隆二十一年(1756)盧見曾刻雅雨堂叢書本　一冊　存三卷(一至三)

320000－1615－0005827　集 0623/500468
桃溪客語五卷　(清)吴騫撰　清光緒十一年(1885)刻拜經樓叢書本　二冊

320000－1615－0005828　集 0623/500469
横山草堂叢書　陳慶年輯　清宣統至民國間丹徒陳氏刻本　一冊　存三種三卷(芸窗詞一卷、芸隱勸游稿一卷、横舟稿一卷)

320000－1615－0005829　集 0623/500470
納蘭詞五卷補遺一卷　(清)性德撰　清光緒六年(1880)娱園刻本　一冊　存三卷(一至三)

320000－1615－0005830　集 0624/500471
白華絳柎閣詩集十卷　(清)李慈銘撰　清光緒十六年(1890)刻本　二冊

320000－1615－0005831　集 0624/500472
可園詩存二十八卷詞存四卷　陳作霖撰　清宣統刻本　三冊　存二十三卷(詩存十至二十八、詞存四卷)

320000－1615－0005832　集 0624/500473
寥天一閣文二卷石鞠影廬筆識二卷莽蒼蒼齋詩二卷遠遺堂集外文初編二卷　(清)譚嗣同撰　清光緒二十八年(1902)石印本　一冊

320000－1615－0005833　集 0624/500474
八指頭陀詩集十卷補遺一卷　釋敬安撰　清光緒刻本　二冊

320000－1615－0005834　集 0624/500475
天瘦閣詩半六卷天補樓行記一卷　(清)李士棻撰　清光緒十一年(1885)木活字印本　四冊

320000－1615－0005835　集 0624/500476
畏廬文集一卷　林紓撰　清宣統二年(1910)鉛印本　一冊

320000－1615－0005836　集 0624/500477
白華絳柎閣詩集十卷　(清)李慈銘撰　清光緒十六年(1890)刻本　二冊

320000－1615－0005837　集 0624/500478
張文襄公詩集四卷　(清)張之洞撰　清宣統二年(1910)校補鉛印本　二冊

320000－1615－0005838　集 0624/500479
銅梁山人詩集二十五卷詞四卷芸簏偶存二卷　(清)王汝璧撰　清光緒二十年(1894)刻本　四冊　存五卷(一至五)

320000－1615－0005839　集 0631/500480
容菴文鈔一卷詩鈔一卷　(明)許令瑜　**止谿文鈔一卷詩鈔一卷**　(清)朱嘉徵撰　清光緒十三年(1887)海昌羊氏傳卷樓刻本　一冊

320000－1615－0005840　集 0631/500481
老學後菴自訂詩六卷詞二卷　(清)何兆瀛撰　清光緒十三年(1887)刻本　四冊

320000－1615－0005841　集 0631/500482

魏稼孫先生全集四種　(清)魏錫曾撰　清光緒九年(1883)刻本　六冊

320000－1615－0005842　集 0631/500483
悔餘詩稿八集三十一卷　(清)何栻撰　清刻本　三冊　存十三卷(文波集六卷、劍光集四卷、寒灰集三至五)

320000－1615－0005843　集 0631/500484
唐三體詩六卷　(宋)周弼編　(元)釋圓至注　(清)高士奇補正　(清)何焯評　清光緒十二年(1886)瀘州鹽局刻朱墨套印本　一冊

320000－1615－0005844　集 0631/500485
碎金續譜六卷　(清)謝元淮輯　清道光二十八年(1848)刻朱墨套印本　二冊

320000－1615－0005845　集 0631/500486
碎金詞韻四卷　(清)謝元淮輯　清道光二十八年(1848)刻本　二冊

320000－1615－0005846　集 0631/500487
養默山房詩餘三卷　(清)謝元淮撰　清道光二十八年(1848)朱墨套印本　一冊

320000－1615－0005847　集 0631/500488
張説之文集二十五卷補遺五卷　(唐)張説撰　清光緒三十一年(1905)仁和朱氏刻結一廬朱氏賸餘叢書本　四冊

320000－1615－0005848　集 0632/500489
仰蕭樓文集一卷　(清)張星鑑撰　清光緒六年(1880)刻本　一冊

320000－1615－0005849　集 0632/500490
新增繡像玉蓮環四卷　(清)樵雲山人訂　清光緒上海書局石印本　一冊

320000－1615－0005850　集 0632/500491
退一步齋詩集十六卷　(清)方濬師撰　清光緒十七年(1891)刻本　六冊

320000－1615－0005851　集 0632/500492
五瑞齋詩續鈔九卷　(清)姚濬昌撰　清光緒刻本　三冊

320000－1615－0005852　集 0632/500493
幸餘求定稿十二卷　(清)姚濬昌撰　清光緒十七年(1891)刻本　四冊

320000－1615－0005853　集 0632/500494
湘綺樓詩十卷　王闓運撰　清光緒三十三年(1907)東洲講舍刻本　三冊

320000－1615－0005854　集 0632/500495
畏廬文集一卷　林紓撰　清宣統二年(1910)商務印書館鉛印本　一冊

320000－1615－0005855　集 0632/500496
李舍人遺集一卷　(清)李結撰　清光緒二十二年(1896)宗鄴堂刻本　一冊

320000－1615－0005856　集 0632/500497
喬園詩餘存稿一卷　(清)鄧裕聰撰　清宣統二年(1910)刻本　一冊

320000－1615－0005857　集 0633/500498
樊山集二十四卷續集二十八卷　樊增祥撰　清光緒二十年(1894)渭南縣署刻本　十四冊

320000－1615－0005858　集 0633/500499
樊山集二十四卷續集二十八卷　樊增祥撰　清光緒二十年(1894)渭南縣署刻本　十三冊

320000－1615－0005859　集 0634/500500
柏梘山房詩集十卷文集十六卷續集二卷駢體文二卷　(清)梅曾亮撰　清咸豐六年(1856)刻本　八冊

320000－1615－0005860　集 0634/500501
觀河集四卷　(清)彭紹升撰　清光緒四年(1878)刻本　一冊

320000－1615－0005861　集 0634/500502
觀河集四卷　(清)彭紹升撰　清光緒刻本　一冊

320000－1615－0005862　集 0634/500503
邃雅堂學古録七卷　(清)姚文田撰　清道光七年(1827)刻本　六冊

320000－1615－0005863　集 0634/500504
漢詩音注十卷　(清)李因篤評　清光緒六年(1880)今雨樓刻本　四冊

320000－1615－0005864　集 0634/500505

漢詩音注十卷　(清)李因篤評　清光緒六年(1880)今雨樓刻本　二冊

320000－1615－0005865　集 0641/500506
曇雲閣詩集八卷補遺一卷附録一卷外集一卷詞鈔一卷詞續刻一卷音匏隨筆一卷　(清)曹楙堅撰　清同治十二年(1873)刻本　六冊

320000－1615－0005866　集 0641/500507
攜雪堂文集四卷附一卷　(清)吴可讀撰　清光緒二十六年(1900)浙江書局刻本　四冊

320000－1615－0005867　集 0641/500508
何子清先生遺文二卷附録一卷　(清)何忠萬撰　清光緒八年(1882)金陵翁氏茹古閣刻本　一冊

320000－1615－0005868　集 0641/500509
養雲山莊遺稿文集不分卷詩集四卷　(清)劉瑞芬撰　清光緒十九年(1893)刻本　三冊

320000－1615－0005869　集 0641/500510
半溪草堂詩稿四卷文稿二卷青陔遺稿一卷　(清)傅卓然撰　清光緒十三年(1887)官書局刻本　三冊　存六卷(半溪草堂詩稿四卷、文稿下、青陔遺稿一卷)

320000－1615－0005870　集 0641/500511
淮南襍箸二卷　曹允源撰　清光緒十七年(1891)刻本　二冊

320000－1615－0005871　集 0641/500512
擊鉢吟偶存二卷二集二卷三集二卷四集二卷五集二卷六集二卷七集二卷　(清)曾元海等輯　清刻本　十冊

320000－1615－0005872　集 0642/500513
退補齋文存十二卷　(清)胡鳳丹撰　清同治十二年(1873)鄂州寓廬刻本　四冊

320000－1615－0005873　集 0642/500514
湘谷初稿八卷續稿六卷　(清)謝庭蘭撰　清刻本　四冊　存五卷(初稿一至二、續稿一至三)

320000－1615－0005874　集 0642/500515
拙修集十卷　(清)吴廷楝撰　清同治十年(1871)求我齋刻本　四冊

320000－1615－0005875　集 0642/500516
好雲樓初集二十八卷　(清)李聯琇撰　清咸豐刻本　八冊

320000－1615－0005876　集 0642/500517
壎篪集十卷　(清)劉芳舉　(清)劉止唐撰　清咸豐二年(1852)豫誠堂刻本　四冊

320000－1615－0005877　集 0642/500518
南園吏隱詩存一卷　(清)蒲忭撰　清道光三年(1823)吴郡張金彪局刻本　一冊

320000－1615－0005878　集 0642/500519
梅隱詩鈔三卷梅隱詠史詩鈔二卷　(清)車林撰　清咸豐元年(1851)刻本　一冊

320000－1615－0005879　集 0643/500520
庸庵海外文編四卷　(清)薛福成撰　清光緒二十年(1894)新學書局刻本　四冊

320000－1615－0005880　集 0643/500521
庸庵文續編二卷外編四卷海外文編四卷　(清)薛福成撰　清光緒二十三年(1897)上海醉六堂石印本　六冊

320000－1615－0005881　集 0643/500522
曾惠敏公全集奏疏六卷文集五卷詩鈔四卷日記二卷(清光緒四年七月至十二年十一月)　(清)曾紀澤撰　清光緒二十年(1894)上海石印本　一冊

320000－1615－0005882　集 0643/500523
曾惠敏公全集十七卷　(清)曾紀澤撰　清光緒二十年(1894)上海書局石印本　二冊

320000－1615－0005883　集 0643/500524
曾惠敏公全集奏疏六卷文集五卷詩鈔四卷日記二卷(清光緒四年七月至十二年十一月)　(清)曾紀澤撰　清光緒二十年(1894)上海石印本　四冊

320000－1615－0005884　集 0643/500525
湘谷賦草一卷　(清)謝庭蘭撰　清興化寶盛堂刻本　二冊

320000－1615－0005885　集 0643/500526

遠遺堂集外文初編一卷續編一卷 （清）譚嗣同撰 清光緒二十八年(1902)石印本 一冊

320000－1615－0005886 集0643/500527
瀏陽二傑文二卷 （清）譚嗣同 （清）唐才常撰 清光緒鉛印本 二冊

320000－1615－0005887 集0643/500528
唐詩三百首注疏六卷 （清）孫洙輯 （清）章燮注 清咸豐七年(1857)文會堂刻本 二冊

320000－1615－0005888 集0644/500529
明賢尺牘藏真三卷 （清）李經畬編 清光緒七年(1881)刻本 一冊

320000－1615－0005889 集0644/500530
翰海十二卷 （明）陳繼儒輯 清光緒二年(1876)上海申報館鉛印本 八冊

320000－1615－0005890 集0644/500531
新刊彭公案六卷一百回 (□)□□撰 清光緒三十一年(1905)龍文書局石印本 五冊

320000－1615－0005891 集0644/500532
新刊再續彭公案四卷八十回 (□)□□撰 清光緒三十一年(1905)龍文書局石印本 三冊

320000－1615－0005892 集0644/500533
藏園九種曲 （清）蔣士銓撰 清乾隆經綸堂刻本 十三冊 缺二種二卷(第二碑一卷、四絃秋一卷)

320000－1615－0005893 集0644/500534
樂府雅詞六卷拾遺二卷 （宋）曾慥輯 清道光、光緒間南海伍氏刻粵雅堂叢書本 二冊 存四卷(樂府雅詞五至六、拾遺二卷)

320000－1615－0005894 集0644/500535
江西詩社宗派圖録一卷 （清）張泰來撰 **江西詩派小序一卷** （宋）劉克莊撰 **萬柳溪邊舊話一卷** （元）尤玘撰 清道光二十四年(1844)刻知不足齋叢書本 一冊

320000－1615－0005895 集0644/500536
藏海詩話一卷 （宋）吴可撰 **吴禮部詩話一卷** （元）吴師道撰 清乾隆、道光間長塘鮑氏刻知不足齋叢書本 一冊

320000－1615－0005896 集0644/500537
碧溪詩話十卷 （宋）黄徹撰 清乾隆四十一年(1776)刻知不足齋叢書本 一冊

320000－1615－0005897 集0644/500538
碧雞漫志五卷 （宋）王灼撰 清乾隆、道光間長塘鮑氏刻知不足齋叢書本 一冊

320000－1615－0005898 集0644/500539
陽春集一卷 （宋）米友仁撰 **草窗詞二卷補二卷** （宋）周密撰 清乾隆、道光間長塘鮑氏刻知不足齋叢書本 一冊

320000－1615－0005899 集0644/500540
陽春集一卷 （宋）米友仁撰 **草窗詞二卷補二卷** （宋）周密撰 清乾隆、道光間長塘鮑氏刻知不足齋叢書本 一冊

320000－1615－0005900 集0644/500541
蘋洲漁笛譜二卷 （宋）周密撰 清乾隆、道光間長塘鮑氏刻知不足齋叢書本 一冊

320000－1615－0005901 集0645/500542
尊聞居士集八卷 （清）羅有高撰 清光緒八年(1882)刻本 四冊

320000－1615－0005902 集0645/500543
二林居集二十四卷 （清）彭紹升撰 清光緒七年(1881)刻本 六冊

320000－1615－0005903 集0645/500544
測海集六卷 （清）彭紹升撰 清同治四年(1865)刻本 二冊

320000－1615－0005904 集0645/500545
汪子文録十卷 （清）汪縉撰 清光緒七年(1881)刻本 四冊

320000－1615－0005905 集0645/500546
仲瞿詩録一卷 （清）王曇撰 **雙樹生詩草一卷** （清）林鎬撰 清咸豐元年(1851)刻本 一冊

320000－1615－0005906 集0645/500547
也是園詩鈔五卷 （清）吴毓芬撰 清光緒二十四年(1898)刻本 二冊

320000－1615－0005907　集 0645/500548
佩弦齋駢文存一卷佩弦齋詩存一卷佩弦齋律賦存一卷　（清）朱一新撰　清光緒葆真堂刻本　一册

320000－1615－0005908　集 0645/500549
澂潭山房詩集十七卷古文存稿四卷附刻一卷　（清）程襄龍撰　清刻本　五册　缺二卷（古文存稿一至二）

320000－1615－0005909　集 0645/500550
聊復軒詩存一卷聊復軒詩餘附存一卷　施贇唐撰　清宣統三年（1911）木活字印本　一册

320000－1615－0005910　集 0645/500551
佩弦齋文存二卷首一卷佩弦齋駢文存一卷詩存一卷試帖存一卷雜存二卷　（清）朱一新撰　清光緒二十二年（1896）葆真堂刻本　四册

320000－1615－0005911　集 0651/500552
萬善花室文稿六卷附録一卷　（清）方履籛撰　清光緒十二年（1886）小岯山館刻本　三册

320000－1615－0005912　集 0651/500553
明賢尺牘四卷　（清）王元勳撰　清光緒二十六年（1900）刻本　二册

320000－1615－0005913　集 0651/500554
余忠宣青陽山房集五卷　（元）余闕撰　清光緒元年（1875）合肥張氏毓秀堂刻本　一册

320000－1615－0005914　集 0651/500555
涌翠山房詩集四卷文集四卷　（清）高延第撰　清光緒十四年（1888）刻本　四册

320000－1615－0005915　集 0651/500556
金文雅十六卷　（清）莊仲方編　清光緒十七年（1891）江蘇書局刻本　四册

320000－1615－0005916　集 0651/500557
金文雅十六卷　（清）莊仲方編　清光緒十七年（1891）江蘇書局刻本　四册

320000－1615－0005917　集 0651/500558
文章軌範七卷　（宋）謝枋得輯　清光緒二十一年（1895）湖北官書處刻三色套印本　二册

320000－1615－0005918　集 0651/500559
東萊先生古文關鍵二卷　（宋）吕祖謙撰　清光緒二十四年（1898）江蘇書局刻本　二册

320000－1615－0005919　集 0651/500560
古文辭類纂七十五卷　（清）姚鼐輯　清光緒二十七年（1901）滁州李氏求要堂刻本　六册

320000－1615－0005920　集 0652/500561
萬卷書屋詩存一卷　（清）朱棆撰　清光緒九年（1883）吴縣潘氏刻本　一册

320000－1615－0005921　集 0652/500562
萃堂詩録一卷詞録一卷　（清）潘鴻撰　清光緒三十三年（1907）刻本　一册

320000－1615－0005922　集 0652/500563
頤綵堂文集十六卷劍舟律賦二卷經進文藁一卷駢體文鈔二卷詩鈔十卷　（清）沈叔埏撰　**聖禾鄉農詩鈔四卷**　（清）沈珏撰　清光緒九年（1883）刻本　十册

320000－1615－0005923　集 0652/500564
嶺南雜事詩鈔八卷　（清）陳坤撰　清光緒刻本　二册　存三卷（二至四）

320000－1615－0005924　集 0652/500565
薄游草八卷　（清）侯雲松撰　清道光二十四年（1844）刻本　四册

320000－1615－0005925　集 0652/500566
養餘齋初集四卷二集四卷三集六卷　（清）柳樹芳撰　清道光二十七年（1847）勝谿草堂刻本　四册

320000－1615－0005926　集 0652/500567
覺生詩鈔十卷詠物詩鈔四卷詠史詩鈔三卷感舊詩鈔二卷　（清）鮑桂星撰　清嘉慶刻本　四册　存十二卷（覺生詩鈔十卷、感舊詩鈔二卷）

320000－1615－0005927　集 0652/500568
賦則四卷　（清）鮑桂星評選　清道光二年（1822）刻本　二册

320000－1615－0005928　集 0652/500569
覺生詩鈔十卷詠物詩鈔四卷詠史詩鈔三卷感舊詩鈔二卷　（清）鮑桂星撰　清嘉慶刻本

六冊

320000－1615－0005929　集 0653/500570
小謨觴館全集二十五卷　(清)彭兆蓀撰　(清)孫培元　(清)孫長熙注　清光緒繆氏東倉書庫刻本　十二冊　存十四卷(文集一至四、續集一至二、懺摩録一、潘瀾筆記一至二、附録一至四、補遺一)

320000－1615－0005930　集 0653/500571
岑華居士蘭鯨録八卷　(清)吴慈鶴撰　清刻本　四冊

320000－1615－0005931　集 0653/500572
有正味齋駢體文二十四卷　(清)吴錫麒撰　清刻本　六冊

320000－1615－0005932　集 0653/500573
小檀欒室彙刻閨秀詞　徐乃昌輯　清光緒南陵徐氏刻本　十五冊　缺二集(九至十)

320000－1615－0005933　集 0654/500574
巢經巢詩鈔後集四卷　(清)鄭珍撰　清刻本　一冊

320000－1615－0005934　集 0654/500575
湖海樓詞集三十卷　(清)陳維崧撰　清刻本　二冊　存五卷(十四至十八)

320000－1615－0005935　集 0654/500576
麝塵蓮寸集四卷　(清)汪淵撰　清光緒十六年(1890)染翰齋刻本　二冊

320000－1615－0005936　集 0654/500577
海風蕭詞一卷　(清)顧復初撰　清同治四年(1865)刻本　一冊

320000－1615－0005937　集 0654/500578
梅苑十卷　(宋)黄大輿撰　清光緒刻本　二冊

320000－1615－0005938　集 0654/500579
竹石居詞草一卷川雲集一卷　(清)童華撰　清刻本　一冊

320000－1615－0005939　集 0654/500580
草堂詩餘新集五卷　(明)沈際飛評選　清刻本　一冊　存一卷(一)

320000－1615－0005940　集 0654/500581
紅蕉詞一卷　(清)江標撰　清光緒元和江氏師鄦室刻本　一冊

320000－1615－0005941　集 0654/500582
蓮子居詞話四卷　(清)吴衡照輯　清道光十二年(1832)錢唐汪氏振綺堂刻本　四冊

320000－1615－0005942　集 0654/500583
小檀欒室彙刻閨秀詞　徐乃昌編　清光緒南陵徐氏刻本　二冊　存二集(七至八)

320000－1615－0005943　集 0654/500584
西泠詞萃　(清)丁丙輯　清光緒錢塘丁氏刻本　一冊

320000－1615－0005944　集 0654/500585
粤西詞見二卷　況周儀撰　清光緒二十三年(1897)揚州聚文齋刻本　一冊

320000－1615－0005945　集 0654/500586
步姜詞二卷　(清)胡元儀撰　清光緒二十年(1894)刻本　一冊　存一卷(上)

320000－1615－0005946　集 0654/500587
國朝常州詞録三十一卷　繆荃孫輯　清光緒刻本　一冊　存三卷(二十八至三十)

320000－1615－0005947　集 0654/500588
曝書亭集詞注七卷　(清)朱彝尊撰　(清)李富孫注　清嘉慶十九年(1814)刻本　三冊　存五卷(一至三、六至七)

320000－1615－0005948　集 0654/500589
瑶華集不分卷　(清)張邁輯　清光緒二十八年(1902)傳是樓木活字印本　一冊

320000－1615－0005949　集 0711/500590
杜工部集二十卷首一卷　(唐)杜甫撰　清光緒二年(1876)粤東翰墨園刻五色套印本　八冊

320000－1615－0005950　集 0711/500591
杜工部集二十卷首一卷　(唐)杜甫撰　清道光十四年(1834)刻五色套印本　十冊

320000－1615－0005951　集 0711/500592
牧齋初學集詩注二十卷牧齋有學集詩注十四

卷　（清）錢謙益撰　（清）錢曾箋注　清乾隆春暉堂刻本　十二册

320000－1615－0005952　集0712/500593
吴學士文集四卷詩集五卷　（清）吴鼒撰　清光緒八年（1882）江寧藩署刻本　六册　缺二卷（詩集一至二）

320000－1615－0005953　集0712/500594
綠雪堂遺集二十卷　（清）王衍梅撰　清道光刻本　五册　存十二卷（一至三、八至九、十四至二十）

320000－1615－0005954　集0712/500595
金峨山館文集不分卷　（清）郭傳璞撰　清光緒刻本　三册

320000－1615－0005955　集0712/500596
可齋經進文存一卷　（清）朱文翰撰　清同治十一年（1872）刻本　一册

320000－1615－0005956　集0712/500597
重訂文選集評十五卷首一卷末一卷　（南朝梁）蕭統輯　（清）于光華編　清刻本　八册

320000－1615－0005957　集0713/500598
陳檢討四六二十卷　（清）陳維崧撰　清乾隆三十五年（1770）漁古山房刻本　八册

320000－1615－0005958　集0713/500599
陳檢討集二十卷　（清）陳維崧撰　清有善堂刻本　八册

320000－1615－0005959　集0713/500600
陳檢討集二十卷　（清）陳維崧撰　清道光二年（1822）金閶步月樓刻本　六册

320000－1615－0005960　集0713/500601
陳檢討集二十卷　（清）陳維崧撰　清刻本　六册

320000－1615－0005961　集0713/500602
陳檢討集二十卷　（清）陳維崧撰　清刻本　六册

320000－1615－0005962　集0713/500603
善卷堂四六十卷　（清）陸繁弨撰　清道光二年（1822）金閶步月樓刻本　四册

320000－1615－0005963　集0714/500604
有正味齋駢體文二十四卷詞集八卷詩集十六卷外集五卷　（清）吴錫麒撰　清嘉慶十三年（1808）刻本　十二册

320000－1615－0005964　集0714/500605
有正味齋駢體文箋二十四卷首一卷　（清）吴錫麒撰　（清）王廣業箋　清咸豐九年（1859）青箱塾刻本　八册

320000－1615－0005965　集0714/500606
有正味齋詩集十六卷外集五卷詞集八卷駢體文二十四卷　（清）吴錫麒撰　清刻本（駢體文卷十七至十八配鈔本）　十册　存三十八卷（詩集五至十六、外集五卷、駢體文四至二十四）

320000－1615－0005966　集0721/500607
吴學士文集九卷　（清）吴鼒撰　清光緒八年（1882）江寧藩署刻本　六册

320000－1615－0005967　集0721/500608
師鄭堂駢體文存二卷　（清）孫同康撰　清光緒二十一年（1895）刻師鄭叢書本　一册

320000－1615－0005968　集0721/500609
劉葆真太史遺稿二卷　（清）劉可毅撰　清宣統二年（1910）刻本　一册

320000－1615－0005969　集0721/500610
萬善花室文稿六卷續集一卷　（清）方履籛撰　清光緒九年（1883）雲自在龕刻本　三册

320000－1615－0005970　集0721/500611
藝風堂文集七卷外篇一卷　繆荃孫撰　清繆氏刻本　四册

320000－1615－0005971　集0721/500612
蒲桔山房詩集不分卷　（清）黄國培撰　清咸豐十年（1860）刻本　二册

320000－1615－0005972　集0721/500613
濠州去思集不分卷　（清）趙贊元撰　清光緒三十二年（1906）鉛印本　二册

320000－1615－0005973　集0721/500614
六朝文絜四卷　（清）許槤評選　清光緒三年

(1877)讀有用書齋刻本　二册

320000－1615－0005974　集0721/500615
唐駢體文鈔十七卷　(清)陳均輯　清同治十二年(1873)刻本　四册

320000－1615－0005975　集0721/500616
句餘土音三卷全謝山先生遺詩一卷　(清)全祖望撰　清宣統三年(1911)國學扶輪社鉛印本　一册

320000－1615－0005976　集0722/500617
雙白燕堂文集二卷外集八卷　(清)陸耀遹撰　清光緒四年(1878)興國州署刻本　四册

320000－1615－0005977　集0722/500618
芙蓉山館詩鈔八卷補鈔一卷詞二卷附鈔一卷文鈔八卷　(清)楊芳燦撰　清光緒五年(1879)木活字印本　八册

320000－1615－0005978　集0722/500619
玉芝堂詩集三卷文集六卷　(清)邵齊燾撰　清光緒五年(1879)湘南節署刻本　三册

320000－1615－0005979　集0722/500620
轉蕙軒駢文稿一卷　(清)謝質卿撰　清同治十一年(1872)刻本　一册

320000－1615－0005980　集0722/500621
賓萌外集四卷　(清)俞樾撰　清同治五年(1866)刻本　一册

320000－1615－0005981　集0722/500622
尺雲軒詩集四卷文集二卷外集一卷續編一卷秋窗疊韻詩一卷　(清)朱實發撰　清道光十四年(1834)刻本　四册

320000－1615－0005982　集0722/500623
思補齋文集四卷　(清)劉星煒撰　清五福堂刻本　四册

320000－1615－0005983　集0722/500624
可齋經進文存一卷　(清)朱文翰撰　清同治十一年(1872)刻本　一册

320000－1615－0005984　集0723－4/500625
漢魏六朝百三名家集　(明)張溥輯　清光緒三年(1877)壽考堂刻本　四十一册

320000－1615－0005985　集0724/500626
紫滄詩稿一卷　(清)段廣瀛撰　清宣統二年(1910)鉛印本　一册

320000－1615－0005986　集0724/500627
雪鴻堂詩集二卷　(清)彭嘉寅撰　清同治十年(1871)刻本　二册

320000－1615－0005987　集0724/500628
有正味齋詩集十六卷　(清)吴錫麒撰　清嘉慶十三年(1808)刻本　四册

320000－1615－0005988　集0724/500629
秋吟山館集選句詩一卷　(清)張灝撰　清道光刻本　一册

320000－1615－0005989　集0724/500630
桐華舸明季詠史詩鈔一卷　(清)鮑瑞駿撰　清同治三年(1864)刻本　一册

320000－1615－0005990　集0724/500631
除夕吟蘇詩一卷金縷酬春詞一卷　(清)羅汝懷撰　**天啓宫一卷**　(清)周絜撰　清咸豐十一年(1861)湘潭羅氏刻本　一册

320000－1615－0005991　集0724/500632
三家宫詞三卷二家宫詞二卷　(清)毛晉輯　清同治十二年(1873)淮南書局刻本　一册

320000－1615－0005992　集0731/500633
吴詩集覽二十卷　(清)吴偉業撰　(清)靳榮藩注　**吴詩譚藪二卷**　(清)靳榮藩輯　清刻本　十六册

320000－1615－0005993　集0731/500634
定盦文集三卷續集四卷文集補四卷　(清)龔自珍撰　清同治七年(1868)刻本　四册

320000－1615－0005994　集0731/500635
定盦續集四卷文集補三卷　(清)龔自珍撰　清刻本　一册

320000－1615－0005995　集0731/500636
定盦文集補編四卷　(清)龔自珍撰　清光緒十二年(1886)平湖朱氏刻本　一册　存二卷(一至二)

320000－1615－0005996　集0731/500637

定盦文集三卷續集四卷　(清)龔自珍撰　清同治七年(1868)杭州吴煦刻本　三册

320000－1615－0005997　集0732/500638
中復堂全集十種九十卷　(清)姚瑩撰　清同治六年(1867)刻本　二十四册

320000－1615－0005998　集0733/500639
袁文箋正十六卷補注一卷　(清)袁枚撰　(清)石韞玉箋　清嘉慶十七年(1812)刻本　五册

320000－1615－0005999　集0733/500640
茗柯文初編一卷二編二卷三編一卷四編一卷　(清)張惠言撰　清蛟川張氏花雨樓刻本　四册

320000－1615－0006000　集0733/500641
通甫類稿四卷　(清)魯一同撰　清光緒三年(1877)酉腴仙館鉛印本　二册

320000－1615－0006001　集0733/500642
刻鵠集三卷　沈同芳撰　清宣統三年(1911)鉛印本　一册

320000－1615－0006002　集0733/500643
蘅華館詩録五卷　(清)王韜撰　清光緒六年(1880)天南遯窟鉛印本　二册

320000－1615－0006003　集0733/500644
忍齋和陶詩二卷　(清)方濬頤撰　清光緒七年(1881)刻本　一册

320000－1615－0006004　集0733/500645
寶綸堂外集十二卷　(清)齊召南撰　清宣統三年(1911)石印本　一册

320000－1615－0006005　集0733/500646
疑雨集四卷　(明)王彦泓撰　清刻本　二册

320000－1615－0006006　集0733/500647
嘯古堂詩集八卷　(清)蔣敦復撰　清宣統三年(1911)廣益書局石印本　二册

320000－1615－0006007　集0733/500648
試帖未能免俗集分類註略二卷　(清)徐辰撰　清同治元年(1862)刻本　一册　存一卷(上)

320000－1615－0006008　集0733/500649
金陵抱愧翁百一詩一卷　題(清)金陵抱愧翁撰　清光緒鉛印本　一册

320000－1615－0006009　集0733/500650
駢枝生踏歌二卷　(清)卜曙編　(清)何頌花評　(清)陳蝶訂　清光緒聯理枝館刻本　二册

320000－1615－0006010　集0733/500651
試帖未能免俗集分類註略二卷　(清)徐辰撰　清同治元年(1862)刻本　二册

320000－1615－0006011　集0733/500652
後樂堂文鈔九卷後樂堂詩存一卷　(清)陳玉樹撰　清光緒二十五年(1899)鹽城陳氏鉛印本　五册

320000－1615－0006012　集0734/500653
拱宸橋竹枝詞二卷　陳栩撰　清光緒二十六年(1900)刻本　二册

320000－1615－0006013　集0734/500654
文選六十卷　(南朝梁)蕭統輯　(唐)李善注　清光緒十八年(1892)廣百宋齋鉛印本　十册

320000－1615－0006014　集0734/500655
唐才子詩集八卷　(清)金聖嘆批　清宣統三年(1911)國學扶輪社石印本　八册

320000－1615－0006015　集0734/500656
唐宋八家文讀本三十卷　(清)沈德潛選　清光緒二十四年(1898)江左書林石印本　六册

320000－1615－0006016　集0735/500657
咒筍園賸稿一卷　(清)傅霖撰　清咸豐九年(1859)文華堂刻本　一册

320000－1615－0006017　集0735/500658
養心光室詩稿八卷　(清)顧福仁撰　清光緒十四年(1888)刻本　二册

320000－1615－0006018　集0735/500659
鷹引集二卷　(清)朱淮集　清道光四年(1824)山光塔影樓刻本　一册

320000－1615－0006019　集0735/500660

二談女史詩詞合刊　(清)孫錫祉輯　清光緒十六年(1890)歸安孫氏刻本　二冊

320000－1615－0006020　集0735/500661
全史宫詞二十卷　(清)史夢蘭撰　清刻本　一冊　存四卷(十三至十六)

320000－1615－0006021　集0735/500662
擬明史樂府一卷　(清)尤侗撰　**讀史吟評一卷**　(清)黄鵬揚撰　清刻本　一冊

320000－1615－0006022　集0735/500663
吉林紀事詩四卷首一卷末一卷　(清)沈兆禔撰并注　清宣統三年(1911)鉛印本　一冊

320000－1615－0006023　集0735/500664
十國雜事詩十七卷敘目二卷　(清)饒智元撰　清光緒十七年(1891)刻竹素齋叢書本　四冊

320000－1615－0006024　集0735/500665
咒筍園賸稿一卷　(清)傅霖撰　清咸豐九年(1859)文華堂刻本　一冊

320000－1615－0006025　集0735/500666
頤園題詠四卷　(清)陳其毅等撰　清道光二年(1822)刻本　一冊

320000－1615－0006026　集0735/500667
甲午大吉詩編一卷續編一卷　(清)許郊編　清光緒二十年(1894)刻本　一冊

320000－1615－0006027　集0735/500668
湘綺樓文集八卷詩集十四卷箋啟八卷　王闓運撰　清宣統二年(1910)國學扶輪社石印本　十二冊

320000－1615－0006028　集0736/500669
七家詩選七卷　(清)張熙宇輯評　清末李光明莊刻朱墨套印本　四冊

320000－1615－0006029　集0741/500670
唐陸宣公翰苑集二十二卷　(唐)陸贄撰　清刻本　六冊

320000－1615－0006030　集0741/500671
亭林詩集五卷文集六卷　(清)顧炎武撰　清刻本　二冊　存六卷(詩集一至三、文集一至三)

320000－1615－0006031　集0741/500672
歷朝詩約選九十二卷　(清)劉大櫆輯　清光緒刻本　五冊　存二十七卷(五至十、三十九至四十三、四十八至五十二、七十八至八十三、八十八至九十二)

320000－1615－0006032　集0741/500673
扁善齋詩存一卷　(清)鄧嘉緝撰　清光緒二十七年(1901)刻本　一冊

320000－1615－0006033　集0741/500674
存悔齋集二十八卷　(清)劉鳳誥撰　清刻本　一冊　存七卷(二十二至二十八)

320000－1615－0006034　集0741/500675
師竹軒詩集四卷　(清)劉樹堂撰　**韻香閣詩草一卷**　(清)孔祥淑撰　清光緒十四年(1888)刻本　一冊

320000－1615－0006035　集0741－2/500676
東坡七集一百十卷　(宋)蘇軾撰　清光緒三十四年至宣統元年(1908－1909)刻本　四十冊

320000－1615－0006036　集0743/500677
程侍郎遺集十卷附録一卷　(清)程恩澤撰　清咸豐五年(1855)粤雅堂刻本　三冊

320000－1615－0006037　集0743/500678
船山詩草二十卷　(清)張問陶撰　清道光元年(1821)刻本　四冊

320000－1615－0006038　集0743/500679
飣餖吟十二卷　(清)石贇清撰　清咸豐刻本　八冊

320000－1615－0006039　集0743/500680
兩般秋雨盦隨筆八卷　(清)梁紹壬撰　清道光十七年(1837)刻本　八冊

320000－1615－0006040　集0744/500681
敦艮齋詩存三卷　(清)秦茂林撰　清光緒十三年(1887)刻本　一冊

320000－1615－0006041　集0744/500682
春巢詩鈔七卷　(清)何承燕撰　清嘉慶二年

(1797)刻本　二冊

320000－1615－0006042　集0744/500683

味雪樓詩集一卷　(清)慶鳳亭撰　清宣統二年(1910)鉛印本　一冊

320000－1615－0006043　集0744/500684

劫火紀焚一卷　(清)何鏞撰　清光緒十一年(1885)木活字印本　一冊

320000－1615－0006044　集0744/500685

拙修吟館詩存四卷　(清)朱穀昌撰　清刻本　一冊　存二卷(三至四)

320000－1615－0006045　集0744/500686

蔭園詩鈔補遺二卷　(清)江觀濤撰　清刻本　一冊

320000－1615－0006046　集0744/500687

鴛央湖櫂歌不分卷　(清)朱彝尊　(清)譚吉璁撰　清刻本　一冊

320000－1615－0006047　集0744/500688

雨十詩鈔四卷　(清)居瑾撰　清光緒七年(1881)刻本　一冊

320000－1615－0006048　集0744/500689

詠史百律一卷　(清)朱宮桂撰　清嘉慶十九年(1814)刻本　一冊

320000－1615－0006049　集0744/500690

新刻批評繡像後西遊記四十回　(清)天花才子評點　清金閶書業堂刻本　十二冊

320000－1615－0006050　集0751－2/500691

寧都三魏全集　(清)林時益輯　清刻本　四十七冊

320000－1615－0006051　集0753/500692

王次回疑雨集四卷　(明)王彥泓撰　清刻本　四冊

320000－1615－0006052　集0753/500693

陶詩彙評四卷東坡和陶合箋四卷　(清)溫汝能纂訂　清光緒十八年(1892)上海五彩公司石印本　四冊

320000－1615－0006053　集0753/500694

紀載彙編十種　(明)馮夢龍編　題(清)莫釐山人增補　清光緒申報館鉛印本　二冊

320000－1615－0006054　集0753/500695

煙霞萬古樓文集六卷　(清)王曇撰　清道光二十年(1840)刻本　二冊

320000－1615－0006055　集0753/500696

唐詩金粉十卷　(清)沈炳震輯　清光緒十四年(1888)蜚英館石印本　二冊

320000－1615－0006056　集0753/500697

屈子正音三卷　(清)方績正音　清光緒六年(1880)網舊聞齋刻本　二冊

320000－1615－0006057　集0753/500698

御定歷代賦彙一百四十卷外集二十卷逸句二卷補遺二十二卷　(清)陳元龍纂輯　清光緒十二年(1886)石印本　十冊

320000－1615－0006058　集0753/500699

新增全圖文武香毬三十六卷七十二回　(清)三樂軒主人編　清光緒十六年(1890)四明三樂軒鉛印本　五冊　缺六卷(十九至二十四)

320000－1615－0006059　集0754/500700

胡文忠公書牘節鈔五卷　(清)李庚乾纂　清光緒刻本　一冊　存二卷(一至二)

320000－1615－0006060　集0754/500701

漸西村人詩十三卷　(清)袁昶撰　清光緒十六年(1890)鉛印本　二冊　存八卷(一至八)

320000－1615－0006061　集0754/500702

二李唱和集一卷　(宋)李昉　(宋)李至撰　清光緒十五年(1889)陳氏影宋刻本　一冊

320000－1615－0006062　集0754/500703

擬兩晉南北史樂府二卷　(清)洪禮吉撰　**唐宋小樂府一卷**　(清)洪亮吉撰　清光緒三年至四年(1877－1878)授經堂刻本　一冊

320000－1615－0006063　集0754/500704

虞東先生文録八卷　(清)顧鎮撰　清刻本　二冊

320000－1615－0006064　集0754/500705

駢文類纂四十六卷　王先謙編　清刻本　十

冊　存二十五卷(四至二十八)

320000－1615－0006065　集0754/500706
明詩別裁集十二卷　(清)沈德潛　(清)周準輯　清乾隆四年(1739)刻本　四冊

320000－1615－0006066　集0754/500707
明詩別裁集十二卷　(清)沈德潛　(清)周準輯　清刻本　四冊

320000－1615－0006067　集0755/500708
國朝名家詩鈔小傳四卷　(清)鄭方坤撰　(清)李登雲校　清刻本　一冊　存二卷(三至四)

320000－1615－0006068　集0755/500709
胡文忠公遺集十卷首一卷　(清)胡林翼撰　清同治三年(1864)武昌節署刻本　八冊

320000－1615－0006069　集0755/500710
閩川閨秀詩話四卷　(清)梁章鉅撰　清道光二十九年(1849)刻本　一冊

320000－1615－0006070　集0755/500711
六逝集存　(清)梁荧輯　清光緒二十九年(1903)刻本　一冊

320000－1615－0006071　集0755/500712
詩鐘鴻雪集初編一卷　著涒吟社輯　清宣統元年(1909)豐源印書局鉛印本　一冊

320000－1615－0006072　集0755/500713
列朝詩集　(清)錢謙益輯　清宣統二年(1910)鉛印本　二冊

320000－1615－0006073　集0755/500714
列朝詩集乾集二卷甲集前編十一卷甲集二十二卷乙集八卷丙集十六卷丁集十六卷閏集六卷　(清)錢謙益編　清宣統二年(1910)鉛印本　十一冊　存二十九卷(乾集二卷,甲集前編一至三、九至十一,甲集一至十、十六至十八,乙集一至四、八,丁集三、十三,閏集四)

320000－1615－0006074　集0755/500715
欽定國朝詩別裁集三十二卷　(清)沈德潛輯　清乾隆二十六年(1761)刻本　十六冊

320000－1615－0006075　集0811/500716
楚中文筆二卷附録一卷　(清)阮元撰　清同治四年(1865)鄂渚刻本　一冊

320000－1615－0006076　集0811/500717
揅經室訓子文筆二卷　(清)阮福輯　清光緒元年(1875)刻本　一冊

320000－1615－0006077　集0811/500718
揅經室訓子文筆二卷　(清)阮福輯　清光緒元年(1875)刻本　一冊

320000－1615－0006078　集0811/500719
揅經室集一集十四卷二集八卷三集五卷四集二卷四集詩十一卷續集十一卷外集五卷再續集八卷　(清)阮元撰　清道光揚州阮氏文選樓刻本　十九冊　存四十八卷(一集十四卷、二集八卷、三集五卷、四集二卷、續集十一卷、再續集八卷)

320000－1615－0006079　集0811/500720
揅經室續集十一卷　(清)阮元撰　清道光揚州文選樓刻本　一冊　缺一卷(一)

320000－1615－0006080　集0812/500721
揅經室集一集十四卷二集八卷三集五卷四集二卷四集詩十一卷續集十一卷再續集六卷外集五卷　(清)阮元撰　清道光揚州阮氏文選樓刻本　二十冊　存四十七卷(一集十四卷、二集八卷、三集五卷、續集一至九、再續集六卷、外集五卷)

320000－1615－0006081　集0813/500722
石蓮盦彙刻九金人集一百五十五卷　(清)吴重憙輯　清光緒海豐吴氏刻本　三十二冊

320000－1615－0006082　集0814/500723
梧竹軒詩鈔十卷　(清)徐兆英撰　清光緒二十七年(1901)愛虞堂刻本　四冊

320000－1615－0006083　集0814/500724
淩次仲集八種　(清)淩廷堪撰　清道光刻本　十二冊

320000－1615－0006084　集0821/500725
小硯山房詩稿六卷　(清)周掄文撰　清咸豐刻本　二冊

320000－1615－0006085　集 0821/500726

小言集十二卷　（清）王敬之撰　清道光刻本　一册　存四卷（愛日堂詩一卷、虚室詩一卷、小書巢詩一卷、所宜軒詩一卷）

320000－1615－0006086　集 0821/500727

小言集詩賸四卷附鴻蹟偶存一卷　（清）王敬之撰　清道光刻本　一册

320000－1615－0006087　集 0821/500728

小紅薇館拾餘詩鈔四卷　（清）毛永柏撰　清咸豐七年（1857）刻本　一册

320000－1615－0006088　集 0821/500729

枯生松齋集詩存二卷　倪在田撰　清宣統二年（1910）刻本　二册　存二卷（上之下、下之上）

320000－1615－0006089　集 0821/500730

半村草堂遺集賦鈔二卷　（清）陳浩恩撰　清光緒二十三年（1897）刻本　一册　存一卷（二）

320000－1615－0006090　集 0821/500731

壬癸詩存一卷　（清）張丙瑩撰　清光緒二十一年（1895）張氏清暉草堂刻本　一册

320000－1615－0006091　集 0821/500732

雨窗吟存一卷　（清）周叙撰　清道光十七年（1837）刻本　一册

320000－1615－0006092　集 0821/500733

除夕吟蘇詩一卷金縷酬春詞一卷金縷酬春詞續一卷　（清）羅汝懷撰　清咸豐十一年（1861）湘潭羅氏刻本　一册

320000－1615－0006093　集 0821/500734

未灰齋文集八卷　（清）徐鼒撰　清咸豐十一年（1861）福寧郡齋刻本　三册

320000－1615－0006094　集 0821/500735

未灰齋文集八卷　（清）徐鼒撰　清刻本　二册　存二卷（四至五）

320000－1615－0006095　集 0821/500736

餘辛集三卷　（清）何栻撰　清同治元年（1862）刻本　一册

320000－1615－0006096　集 0821/500737

西溪百詠二卷　（明）釋大善撰　清光緒八年（1882）八千卷樓刻本　二册

320000－1615－0006097　集 0821/500738

西湖雜詠一卷　（清）陳若蓮撰　清嘉慶十三年（1808）錢塘丁氏刻本　一册

320000－1615－0006098　集 0821/500739

西湖百詠二卷　（宋）董嗣杲撰　清光緒七年（1881）刻本　一册

320000－1615－0006099　集 0821/500740

恪靖侯盾鼻餘瀋一卷　（清）左宗棠撰　清光緒七年（1881）刻本　一册

320000－1615－0006100　集 0821/500741

雪莊西湖漁唱七卷　（清）許承祖撰　清錢塘丁氏八千卷樓刻本　一册　存三卷（一至三）

320000－1615－0006101　集 0821/500742

清河集七卷附録一卷　（元）元明善撰　繆荃孫輯　清光緒二十一年（1895）刻藕香零拾本　二册

320000－1615－0006102　集 0822/500743

述學内篇三卷補遺一卷外篇一卷别録一卷　（清）汪中撰　清同治八年（1869）揚州書局刻本　二册

320000－1615－0006103　集 0822/500744

述學内篇三卷補遺一卷外篇一卷别録一卷　（清）汪中撰　清同治八年（1869）揚州書局刻本　二册

320000－1615－0006104　集 0822/500745

述學内篇三卷補遺一卷外篇一卷别録一卷　（清）汪中撰　清同治八年（1869）揚州書局刻本　二册

320000－1615－0006105　集 0822/500746

述學二卷　（清）汪中撰　清嘉慶三年（1798）阮氏刻本　二册

320000－1615－0006106　集 0822/500747

述學内篇三卷補遺一卷外篇一卷别録一卷　（清）汪中撰　清同治八年（1869）揚州書局刻

本　一册

320000－1615－0006107　集0822/500748
板橋詩鈔三卷　(清)鄭燮撰　清刻本　一册

320000－1615－0006108　集0822/500749
板橋詩鈔三卷詞鈔一卷題畫一卷家書一卷小唱一卷　(清)鄭燮撰　清刻本　四册　缺二卷(詩鈔二至三)

320000－1615－0006109　集0822/500750
通義堂文集十六卷　(清)劉毓崧撰　清光緒十四年(1888)青谿舊屋刻本　三册　存五卷(一至五)

320000－1615－0006110　集0822/500751
程可山先生壽序一卷　(清)劉毓崧撰　清同治五年(1866)刻本　一册

320000－1615－0006111　集0822/500752
枯生松齋集詩存二卷　倪在田撰　清宣統二年(1910)刻本　三册　缺一卷(下之下)

320000－1615－0006112　集0823/500753
飲冰室文集十六卷補遺二卷　梁啟超撰　清光緒二十九年(1903)廣智書局鉛印本　十五册　存十五卷(文集一、三、五至十五,補遺二卷)

320000－1615－0006113　集0823/500754
聊齋志異十六卷　(清)蒲松齡撰　(清)何垠注釋　清刻本　十六册

320000－1615－0006114　集0824/500755
煙雨樓詩集十八卷　(清)徐時棟稿　清同治六年(1867)虎胛山房葉氏刻本　四册

320000－1615－0006115　集0824/500756
海峰文集八卷　(清)劉大櫆撰　清同治十三年(1874)刻本　三册

320000－1615－0006116　集0824/500757
正續通甫類稿四卷續編二卷　(清)魯一同撰　清咸豐九年(1859)刻本　二册

320000－1615－0006117　集0824/500758
寒松閣詩八卷駢體文一卷續一卷　(清)張鳴珂撰　清光緒十九年(1893)刻本　一册　缺一卷(七)

320000－1615－0006118　集0824/500759
小謨觴館文注四卷續注二卷　(清)彭兆蓀撰　(清)孫元培　(清)孫長熙注　清光緒十六年(1890)刻本　三册

320000－1615－0006119　集0824/500760
兩當軒集二十二卷　(清)黄景仁撰　清光緒二年(1876)刻本　四册　存十六卷(一至三、五至十七)

320000－1615－0006120　集0824/500761
萬善花室遺集文藁七卷詩集四卷詞藁一卷　(清)方履籛撰　清道光十二年(1832)閩中寓館刻本　一册　存六卷(文藁下、詩集四卷、詞藁一卷)

320000－1615－0006121　集0831－2/500762
御製詩初集四十八卷目録□卷二集六十四卷三集六十四卷餘集六卷　(清)仁宗顒琰撰　清嘉慶八年(1803)刻本　五十三册　存一百四卷(初集一至三十四、三十七至三十八、四十一至四十四,初集目録一、五,二集一至三十二、三十五至六十四)

320000－1615－0006122　集0832－3/500763
張南山全集　(清)張維屏撰　清道光、咸豐間刻本　九册　缺二十一卷(松心詩集已集、庚集、辛集、壬集,國朝詩人徵略三至十九)

320000－1615－0006123　集0834/500764
石帆詩鈔八卷　(清)張曾撰　清乾隆十四年(1749)起鴻堂刻本　一册

320000－1615－0006124　集0834/500765
悔餘庵樂府四卷　(清)何栻撰　清同治四年(1865)鳩江戎幄刻本　二册

320000－1615－0006125　集0834/500766
悔餘庵文稿七卷　(清)何栻撰　清同治四年(1865)鳩江戎幄刻增刻本　二册

320000－1615－0006126　集0834/500767
悔餘庵詩稿十二卷　(清)何栻撰　清同治四年(1865)鳩江戎幄刻增刻本　四册

320000－1615－0006127　集 0834/500768
吟紅閣詩鈔五卷　(清)夏伊蘭撰　清道光刻本　三册

320000－1615－0006128　集 0834/500769
圍爐集一卷　(清)陳宗濂撰　清光緒十四年(1888)金陵文斗齋刻本　一册

320000－1615－0006129　集 0834/500770
擊鉢吟偶存二卷二集二卷三集二卷四集二卷五集二卷六集二卷七集二卷　(清)曾元海等輯　清刻本　三册　存四卷(偶存上、五集二卷、六集上)

320000－1615－0006130　集 0834/500771
駱丞集四卷坿考異二卷　(唐)駱賓王撰　清同治八年(1869)退補齋刻本　二册

320000－1615－0006131　集 0834/500772
遼文萃七卷藝文志補證一卷西夏文綴二卷藝文志一卷　王仁俊輯　清光緒三十年(1904)刻本　一册

320000－1615－0006132　集 0834/500773
花影吹笙詞鈔二卷小遊僊詞一卷　(清)葉英華撰　清光緒三年(1877)刻本　一册

320000－1615－0006133　集 0834/500774
昌黎先生詩集注十一卷　(唐)韓愈撰　(清)顧嗣立删補　清康熙三十八年(1699)秀野草堂刻本　六册

320000－1615－0006134　集 0835/500775
小醉經堂詩集六卷　(清)徐廷珍撰　清光緒十年(1884)徐氏刻本　二册

320000－1615－0006135　集 0835/500776
小醉經堂詩集六卷　(清)徐廷珍撰　清光緒十年(1884)徐氏刻本　二册

320000－1615－0006136　集 0835/500777
小醉經堂詩集六卷　(清)徐廷珍撰　清光緒十年(1884)徐氏刻本　二册

320000－1615－0006137　集 0835/500778
江南春雜體文四卷　(清)江璧撰　清刻本　二册

320000－1615－0006138　集 0835/500779
月舫詩鈔五卷　(清)蕭鍾偉撰　清乾隆三十七年(1772)刻本　一册　存二卷(一至二)

320000－1615－0006139　集 0835/500780
愚溪詩稿一卷　(清)張肇烘撰　清嘉慶十三年(1808)刻本　一册

320000－1615－0006140　集 0835/500781
遂初堂集一卷　(清)何青撰　清嘉慶刻本　一册

320000－1615－0006141　集 0835/500782
蘿華山館遺集五卷　(清)郭崙燾撰　清光緒十年(1884)刻本　一册

320000－1615－0006142　集 0835/500783
有恆心齋駢體文六卷　(清)程鴻詔撰　清同治十一年(1872)刻本　二册

320000－1615－0006143　集 0835/500784
衎石齋記事稿十卷　(清)錢儀吉撰　清刻本　三册　存六卷(三至六、九至十)

320000－1615－0006144　集 0835/500785
佩秋閣詩稿二卷駢文稿一卷詞稿一卷　(清)吴茝撰　清光緒元年(1875)刻本　一册

320000－1615－0006145　集 0841/500786
慎宜軒文五卷　姚永概撰　清光緒三十四年(1908)靈護室鉛印本　一册

320000－1615－0006146　集 0841/500787
苾芻館詞集六卷　(清)胡延撰　清光緒二十九年(1903)金陵糧儲道廨刻本　一册　存二卷(一至二)

320000－1615－0006147　集 0841/500788
懺慧詞一卷度鍼樓遺稿一卷　徐自華撰　清光緒三十四年(1908)鉛印百尺樓叢書本　一册

320000－1615－0006148　集 0841/500789
侯鯖詞五種五卷　(清)吴唐林撰　清光緒十一年(1885)杭州刻本　二册　存四卷(瓊華室詞一卷、寫生鐵齋詞一卷、劒虹盦詞一卷、横山草堂詞一卷)

320000－1615－0006149　集 0841/500790
微波詞一卷　（清）錢枚撰　清光緒十五年(1889)榆園刻本　一冊

320000－1615－0006150　集 0841/500791
質園尺牘二卷　（清）商盤撰　清道光二十二年(1842)刻本　二冊

320000－1615－0006151　集 0841/500792
蘇詩查注補正四卷　（清）沈欽韓撰　清光緒八年(1882)心矩齋刻本　二冊

320000－1615－0006152　集 0841/500793
汪文摘謬一卷　（清）葉燮撰　清宣統三年(1911)長沙葉氏刻本　一冊

320000－1615－0006153　集 0841/500794
白石詩集一卷詞集一卷　（宋）姜夔撰　清乾隆三十六年(1771)刻本　二冊

320000－1615－0006154　集 0841/500795
白石詩集一卷詞集一卷　（宋）姜夔撰　清乾隆三十六年(1771)刻本　一冊

320000－1615－0006155　集 0841/500796
尊前集二卷　（明）顧梧芳輯　清刻朱印本　一冊　存一卷(下)

320000－1615－0006156　集 0841/500797
海峰文集八卷　（清）劉大櫆撰　清刻本　五冊　存七卷(二至八)

320000－1615－0006157　集 0841/500798
義烏朱氏論學遺札一卷　（清）朱一新撰　清光緒二十四年(1898)刻本　一冊

320000－1615－0006158　集 0841/500799
巢民詩集六卷　（清）冒襄撰　清光緒至民國間如皋冒氏刻冒氏叢書本　二冊

320000－1615－0006159　集 0841/500800
香銷酒醒詞一卷　（清）趙慶熺撰　清同治七年(1868)西泠王氏刻本　二冊

320000－1615－0006160　集 0841/500801
古香書屋詩鈔十二卷文鈔二卷　（清）趙輝壁撰　清光緒十八年(1892)刻本　四冊　缺五卷(詩鈔四至七、文鈔下)

320000－1615－0006161　集 0842/500802
樹經堂詠史詩八卷　（清）謝啟昆撰　清嘉慶刻本　一冊

320000－1615－0006162　集 0842/500803
十國宫詞一卷　（清）吴省蘭撰　清同治十二年(1873)淮南書局刻本　一冊

320000－1615－0006163　集 0842/500804
十國宫詞一卷　（清）吴省蘭撰　清同治十二年(1873)淮南書局刻本　一冊

320000－1615－0006164　集 0842/500805
初唐四傑文集二十一卷　（清）□□輯　清光緒五年(1879)淮南書局刻本　三冊

320000－1615－0006165　集 0842/500806
板橋雜記二卷　（清）余懷撰　**吴門畫舫録一卷**　（清）西溪山人編　清光緒三十四年(1908)長沙葉氏刻本　一冊

320000－1615－0006166　集 0842/500807
縵雅堂駢體文八卷附笙月詞一卷花影詞一卷　（清）王詒壽撰　清光緒六年(1880)娱園刻本　二冊

320000－1615－0006167　集 0842/500808
七十家賦鈔六卷　（清）張惠言輯　清光緒四年(1878)宏達堂刻本　四冊

320000－1615－0006168　集 0842/500809
通雅齋叢稿八卷　成本璞撰　清宣統元年(1909)刻本　一冊　存一卷(澹盦文存二)

320000－1615－0006169　集 0842/500810
金陵賦一卷　程先甲撰　清光緒二十八年至民國二十一年(1902－1932)江寧程氏千一齋刻千一齋叢書本　一冊

320000－1615－0006170　集 0842/500811
枕經堂駢體文三卷　（清）方朔撰　清刻本　一冊　存一卷(一)

320000－1615－0006171　集 0842/500812
李翰林集十卷　（唐）李白撰　清光緒二十五年(1899)刻本　一冊

320000－1615－0006172　集 0842/500813

楓南山館遺集七卷末一卷　(清)莊受祺撰　清同治十三年(1874)浙江書局刻本　二册

320000－1615－0006173　集0842/500814
國朝常州駢體文録三十一卷　(清)屠寄輯　清光緒十六年(1890)刻本　三册　存十一卷(四至十一、二十至二十二)

320000－1615－0006174　集0842/500815
國朝駢體正宗續編八卷　(清)張鳴珂輯　清光緒十四年(1888)寒松閣刻本　一册　存二卷(一至二)

320000－1615－0006175　集0842/500816
會稽三賦不分卷　(宋)王十朋撰　清嘉慶蕭山陳氏湖海樓刻湖海樓叢書本　一册

320000－1615－0006176　集0843/500817
北湖酬唱詩略二卷　(清)鄧顯鶴編　清刻本　一册

320000－1615－0006177　集0843/500818
曼陀羅花室詞一卷曼陀羅花室文三卷　(清)吴翊寅撰　清光緒十九年(1893)廣雅書局刻本　一册

320000－1615－0006178　集0843/500819
樊山集二十四卷續集二十八卷　樊增祥撰　清刻本　六册　存二十一卷(樊山集八至二十四、續集二十五至二十八)

320000－1615－0006179　集0843/500820
覺華龕詩存一卷　(清)王蔭祜撰　清光緒二十年(1894)刻本　一册

320000－1615－0006180　集0843/500821
徐元歎先生殘稿一卷　(明)徐波撰　**劉氏遺箸一卷**　(清)劉禧延撰　清光緒九年(1883)吴縣潘氏滂喜齋刻本　一册

320000－1615－0006181　集0843/500822
香草箋一卷　(清)黄任撰　清宣統二年(1910)鉛印本　一册

320000－1615－0006182　集0843/500823
然松閣存稿三卷　(清)顧櫰三撰　清光緒二十二年(1896)鉛印本　一册

320000－1615－0006183　集0843/500824
樊山時文不分卷　樊增祥撰　清光緒二十年(1894)刻本　一册

320000－1615－0006184　集0843/500825
宋元明詩三百首箋不分卷　(清)朱梓　(清)冷昌言編　(清)李松壽等箋　清光緒二十一年(1895)湖南鹺署刻本　四册

320000－1615－0006185　集0843/500826
聲調三譜　(清)王祖源輯　清光緒八年(1882)福山王氏刻天壤閣叢書本　一册　存三種五卷(小石帆亭著録五,聲調前譜一卷、後譜一卷、續譜一卷,談龍録一卷)

320000－1615－0006186　集0843/500827
山谷老人刀筆二十卷　(宋)黄庭堅撰　清刻本　二册　存九卷(一至九)

320000－1615－0006187　集0843/500828
妙吉祥室附録二卷　(清)朱葵之撰　清光緒刻本　一册

320000－1615－0006188　集0843/500829
施愚山先生別集二卷　(清)施閏章撰　清刻本　一册

320000－1615－0006189　集0844/500830
錢牧齋尺牘三卷補遺一卷　(清)錢謙益撰　清宣統二年(1910)風雨樓鉛印本　三册

320000－1615－0006190　集0844/500831
復堂類集十五卷　(清)譚獻撰　清光緒刻本　四册

320000－1615－0006191　集0844/500832
曼陀羅花室文三卷　(清)吴翊寅撰　清光緒廣雅書局刻本　一册　存一卷(一)

320000－1615－0006192　集0844/500833
希古堂文乙集不分卷　(清)譚宗浚撰　清光緒六年(1880)刻本　一册

320000－1615－0006193　集0844/500834
綺秋閣文選四卷　夏紹笙撰　清宣統三年(1911)刻本　一册

320000－1615－0006194　集0844/500835

可之先生全集録二卷　(唐)孫樵撰　(清)儲欣録　清光緒八年(1882)江蘇書局刻本　一册

320000－1615－0006195　集0844/500836
駢體文略二十九卷　(清)楊鍾廣撰　清光緒四年(1878)刻本　二册

320000－1615－0006196　集0844/500837
緩雅堂駢體文八卷　(清)王詒壽撰　清光緒六年(1880)娱園刻本　二册

320000－1615－0006197　集0844/500838
竹居小牘十二卷　張士珩撰　清光緒竹居刻本　二册

320000－1615－0006198　集0844/500839
孟塗駢體文二卷　(清)劉開撰　清道光六年(1826)同里姚氏檗山草堂刻本　一册

320000－1615－0006199　集0844/500840
菉友肊説一卷附教童子法一卷　(清)王筠撰　清光緒二十一年(1895)元和江氏師鄦室刻本　一册

320000－1615－0006200　集0844/500841
西海紀行一卷天外歸槎録一卷　潘飛聲撰　清光緒刻本　一册

320000－1615－0006201　集0844/500842
説鈴鈔八卷　(清)王崇簡撰　清乾隆十八年(1753)刻本　一册　存二卷(一至二)

320000－1615－0006202　集0844/500843
聲調譜説三卷　(清)吴紹澯訂　清光緒十八年(1892)刻本　一册

320000－1615－0006203　集0844/500844
賴古堂藏書十種不分卷　(清)周亮工編　(清)周在都輯　清刻本　一册　存二種二卷(漁談一卷、客座贅語一卷)

320000－1615－0006204　集0844/500845
因樹屋書影五卷　(清)周亮工撰　清雍正樹屋刻本　一册　存一卷(二)

320000－1615－0006205　集0844/500846
稿庵遺集十二卷　(清)莊棫撰　清光緒十二年(1886)刻本　一册　存六卷(一至六)

320000－1615－0006206　集08443/500847
養一齋文集二十卷　(清)李兆洛撰　清光緒四年(1878)刻本　八册

320000－1615－0006207　集0851/500848
門存倡和詩鈔十卷續刻三卷　陳鋭等撰　清光緒刻本　二册

320000－1615－0006208　集0851/500849
宋四名家詩不分卷　(清)周之鱗　(清)柴升同選　清刻本　六册

320000－1615－0006209　集0851/500850
奉使車臣汗記程詩三卷　(清)延清撰　清光緒三十四年(1908)鉛印本　二册　缺一卷(一)

320000－1615－0006210　集0851/500851
鈍吟集三卷　(清)馮班撰　清光緒三十四年(1908)問影樓鉛印本　一册

320000－1615－0006211　集0851/500852
盋山詩録二卷　(清)顧雲撰　清刻本　一册

320000－1615－0006212　集0851/500853
兩當軒集二十卷　(清)黄景仁撰　清同治十二年(1873)木活字印本　一册　存三卷(一至三)

320000－1615－0006213　集0851/500854
慎宜軒詩八卷　姚永概撰　清宣統二年(1910)安徽官紙印刷局鉛印本　一册

320000－1615－0006214　集0851/500855
小睡足寮詩録四卷　(清)秦敏樹撰　清光緒十三年(1887)刻本　一册

320000－1615－0006215　集0851/500856
齊太史移居倡詶集四卷首一卷末一卷　(清)齊召南撰　(清)齊毓川輯　清宣統二年(1910)上海國學扶輪社石印本　一册

320000－1615－0006216　集0851/500857
于湖題襟集詩一卷文三卷　(清)袁昶輯　清光緒二十一年(1895)小漚巢刻本　二册

320000－1615－0006217　集 0851/500858
馮舍人遺詩六卷　(清)馮廷櫆撰　清光緒三十四年(1908)問影樓鉛印本　一冊

320000－1615－0006218　集 0851/500859
句餘土音三卷全謝山先生遺詩一卷　(清)全祖望撰　清宣統三年(1911)國學扶輪社鉛印本　一冊

320000－1615－0006219　集 0851/500860
李養一先生詩集四卷　(清)李兆洛撰　清光緒八年(1882)刻本　二冊

320000－1615－0006220　集 0851/500861
大小雅堂詩集四卷　(清)承齡撰　清光緒十八年(1892)刻本　一冊

320000－1615－0006221　集 0851/500862
篤素堂文集四卷　(清)張英撰　清光緒五年(1879)善化章經濟堂刻本　一冊

320000－1615－0006222　集 0851/500863
篤素堂文集四卷　(清)張英撰　清光緒六年(1880)張紹文龐山刻本　一冊

320000－1615－0006223　集 0851/500864
東山寓聲樂府一卷　(宋)賀鑄撰　清光緒四印齋刻本　一冊

320000－1615－0006224　集 0851/500865
娱老詞一卷　(清)孫衣言撰　清光緒二十年(1894)冶山竹居石印本　一冊

320000－1615－0006225　集 0851/500866
兩當軒詩集十六卷　(清)黄景仁撰　清刻本　二冊　存十一卷(六至十六)

320000－1615－0006226　集 0851/500867
兩當軒集二十卷附録六卷　(清)黄景仁撰　**考異二卷**　(清)黄志述撰　清咸豐八年(1858)刻本　二冊　存十一卷(十三至十七、附録一至四、考異二卷)

320000－1615－0006227　集 0852/500868
惜抱先生尺牘補編二卷　(清)姚鼐撰　清光緒刻本　一冊

320000－1615－0006228　集 0852/500869
嶺南三大家詩選二十四卷　(清)王隼選　清刻本　一冊　存八卷(九至十六)

320000－1615－0006229　集 0852/500870
陳太僕批選八家文鈔不分卷　(清)陳兆崙批選　清光緒二十六年(1900)天津文美齋石印本　六冊

320000－1615－0006230　集 0852/500871
陳太僕批選八家文鈔不分卷　(清)陳兆崙批選　清光緒二十六年(1900)天津文美齋石印本　六冊

320000－1615－0006231　集 0852/500872
續古文苑二十卷　(清)孫星衍撰　清光緒九年(1883)江蘇書局刻本　六冊

320000－1615－0006232　集 0852/500873
邵子湘全集三十卷　(清)邵長蘅撰　清青門草堂刻本　十冊

320000－1615－0006233　集 0853/500874
王子安集註二十卷首一卷末一卷　(唐)王勃撰　(清)蔣清翊註　清光緒九年(1883)蔣氏雙唐碑館刻本　六冊

320000－1615－0006234　集 0853/500875
樊南文集詳註八卷　(唐)李商隱撰　(清)馮浩注　清咸豐刻本　四冊

320000－1615－0006235　集 0853/500876
國朝十家四六文鈔不分卷　王先謙輯　清光緒十五年(1889)長沙王氏刻本　四冊

320000－1615－0006236　集 0853/500877
欽定國朝詩别裁集三十二卷　(清)沈德潛輯　清乾隆刻本　九冊　缺三卷(一至三)

320000－1615－0006237　集 0853/500878
師鄭堂駢體文存二卷　(清)孫同康撰　清光緒二十一年(1895)刻本　一冊

320000－1615－0006238　集 0853/500879
樊南文集補編十二卷附録一卷　(清)錢振倫箋　(清)錢振常注　清同治五年(1866)望三益齋刻本　一冊

320000－1615－0006239　集 0854/500880

東坡後集二十卷　(宋)蘇軾撰　清刻本　二冊　存五卷(七至十一)

320000－1615－0006240　集0854/500881
山谷詩集注二十卷　(宋)黄庭堅撰　(宋)任淵注　**外集詩注十七卷**　(宋)史容注　**别集詩註二卷**　(宋)史季溫注　清光緒二十六年(1900)義甯陳氏四覺草堂刻本　二十冊

320000－1615－0006241　集0854/500882
文選六十卷　(南朝梁)蕭統輯　(唐)李善注　清同治八年(1869)金陵書局刻本　十冊

320000－1615－0006242　集0911/500883
楊園先生全集五十四卷　(清)張履祥撰　**張楊園先生年譜一卷附録一卷**　(清)蘇淳元纂　清同治十年(1871)江蘇書局刻本　十六冊

320000－1615－0006243　集0912/500884
文選六十卷　(南朝梁)蕭統輯　(唐)李善注　清同治八年(1869)金陵書局刻本　十冊

320000－1615－0006244　集0912/500885
文選六十卷　(南朝梁)蕭統輯　(唐)李善注　清乾隆三十七年(1772)葉氏海録軒刻朱墨套印本　十二冊

320000－1615－0006245　集0913/500886
宋十五家詩選　(清)陳訏輯　清刻本　七冊

320000－1615－0006246　集0913/500887
國朝常州駢體文録三十一卷附結一宧駢體文一卷　(清)屠寄輯　清光緒十六年(1890)刻本　八冊

320000－1615－0006247　集0913/500888
漢魏六朝百三名家集　(明)張溥輯　清光緒三年(1877)滇南唐氏壽考堂刻本　十二冊　存二十一種二十一卷(張河間集一卷、漢蘭臺全李伯仁集一卷、盧武陽集一卷、李懷州集一卷、傅中丞集一卷、潘太常集一卷、孫馮翊集一卷、晉摯太常集一卷、晉東廣微集一卷、夏侯學侍集一卷、東漢馬季長集一卷、東漢荀侍中集一卷、牛奇章集一卷、薛司隸集一卷、王交憲集一卷、南齊竟陵王集一卷、庾度支集一卷、何記室集一卷、邢特進集一卷、魏特進集一卷、王甯朔集一卷)

320000－1615－0006248　集0914/500889
文選六十卷　(南朝梁)蕭統輯　(唐)李善注　清乾隆二十五年(1760)珠樹堂刻本　二十冊

320000－1615－0006249　集0920/500890
文選六十卷　(南朝梁)蕭統輯　(唐)李善注　清乾隆三十七年(1772)葉氏海録軒刻朱墨套印本　十六冊

320000－1615－0006250　集0921/500891
文選六十卷　(南朝梁)蕭統輯　(唐)李善注　清乾隆三十七年(1772)葉氏海録軒刻朱墨套印本　十六冊

320000－1615－0006251　集0921/500892
全上古三代秦漢三國六朝文七百四十六卷　(清)嚴可均輯　清光緒二十年(1894)黄岡王氏刻本　一冊　存一種一卷(全秦文二)

320000－1615－0006252　集0922/500893
再生緣全傳二十卷　(清)陳端生撰　清光緒十七年(1891)學庫山房刻本　二十冊

320000－1615－0006253　集0923/500894
曲園尺牘五卷　(清)俞樾撰　清光緒刻本　一冊　存二卷(四至五)

320000－1615－0006254　集0923/500895
新刊鳳雙飛全傳五十二回　(清)程惠英撰　清光緒二十五年(1899)上海書局石印本　七冊　存十四回(三至四、七至八、十一至十二、二十三至二十四、二十七至二十八、三十九至四十、四十三至四十四)

320000－1615－0006255　集0923/500896
新刊鳳雙飛全傳五十二回　(清)程惠英撰　清光緒二十五年(1899)上海書局石印本　二十二冊　缺八回(十七至十八、二十九至三十、四十一至四十二、四十五至四十六)

320000－1615－0006256　集0924/500897
重訂文選集評十五卷首一卷末一卷　(南朝梁)蕭統輯　(清)于光華編　清嘉慶十二年

(1807)懷德堂刻本　十六冊

320000－1615－0006257　集0925/500898
文選古字通疏證六卷　(清)薛傳均撰　清道光二十年(1840)刻本　一冊

320000－1615－0006258　集0925/500899
選雅二十卷　程先甲撰　清光緒二十八年(1902)千一齋刻本　八冊

320000－1615－0006259　集0925/500900
文選集釋二十四卷　(清)朱珔撰　清光緒元年(1875)小萬卷齋刻本　十二冊

320000－1615－0006260　集0925/500901
文選古字通補訓四卷拾遺一卷　(清)吕錦文撰　清光緒二十七年(1901)懷硯齋刻本　四冊

320000－1615－0006261　集0931－3/500902
全上古三代秦漢三國六朝文七百四十六卷　(清)嚴可均輯　清光緒二十年(1894)黄岡王氏刻本　八十九冊　存十五種六百六十五卷(全上古三代文十六卷,全秦文一卷,後全漢文一百六卷,全漢文一至七、十五至六十三,全三國文一至七、十五至二十二、三十一至三十六、四十四至七十五,全晉文一至五十九、六十七至一百十七、一百三十三至一百三十九、一百四十七至一百六十七,全後魏文六十卷,全宋文六十四卷,全齊文二十六卷,全梁文一至四十九、六十二至六十八,全北齊文十卷,全陳文十八卷,全隋文三十六卷,先唐文一卷,全後周文二十四卷)

320000－1615－0006262　集0934/500903
文選旁證四十六卷　(清)梁章鉅撰　清光緒八年(1882)吴下刻本　十二冊

320000－1615－0006263　集0934/500904
古詩箋三十二卷　(清)王士禛選　(清)聞人倓箋　清芷蘭堂刻本　九冊　存十二卷(七言詩歌行鈔四至十五)

320000－1615－0006264　集0934/500905
旗亭記二卷　(清)盧見曾撰　清乾隆二十四年(1759)盧氏雅雨堂刻本　二冊

320000－1615－0006265　集0934/500906
晦庵先生朱文公文集一百卷　(宋)朱熹撰　清刻本　四冊　存四卷(三十八、五十九至六十、七十三)

320000－1615－0006266　集0941/500907
煮藥漫抄二卷　(清)葉煒撰　清光緒十七年(1891)金陵刻本　一冊

320000－1615－0006267　集0941/500908
啖蔗軒詩存三卷　(清)方士淦撰　清同治十一年(1872)兩淮運署刻本　一冊

320000－1615－0006268　集0941/500909
蛾術堂集十四種　(清)沈豫撰　清道光十八年(1838)蕭山沈氏漢讀齋刻本　一冊　存四種四卷(袁浦札記一卷、讀史雜記一卷、秋陰雜記一卷、傷今言一卷)

320000－1615－0006269　集0941/500910
煮藥漫抄二卷　(清)葉煒撰　清光緒十七年(1891)金陵刻本　一冊

320000－1615－0006270　集0941/500911
遲鴻軒文棄二卷詩棄四卷詩續一卷文續一卷　(清)楊峴撰　清光緒十三年(1887)刻本　三冊

320000－1615－0006271　集0941/500912
歷代詞腴二卷　(清)黄承勳輯　清道光刻本　一冊

320000－1615－0006272　集0941/500913
吴摯甫詩集一卷　(清)吴汝綸撰　清宣統元年(1909)國學扶輪社石印本　一冊

320000－1615－0006273　集0941/500914
二波軒詞選四卷　(清)王嘉福撰　清道光十四年(1834)刻本　一冊

320000－1615－0006274　集0941/500915
夢影詞六卷　(清)王錫元撰　清刻本　一冊

320000－1615－0006275　集0941/500916
古香凹詩餘一卷　(清)方濬頤撰　清光緒十年(1884)維揚刻本　一冊

320000－1615－0006276　集0941/500917

光緒庚辰科會試硃卷一卷光緒己卯科順天鄉試硃卷一卷　（清）黄紹萁撰　清刻本　一册

320000－1615－0006277　集 0941/500918
眠鷗館遺詞一卷　（清）黄承勳撰　清光緒十一年（1885）刻本　一册

320000－1615－0006278　集 0941/500919
蘉棱詞一卷　（清）劉恩黻撰　清光緒三十四年（1908）吴氏雙照樓刻本　一册

320000－1615－0006279　集 0941/500920
五湖游一卷　（清）余懷撰　清宣統元年（1909）刻本　一册

320000－1615－0006280　集 0941/500921
白石道人歌曲四卷别集一卷詩集二卷附録一卷集外詩一卷　（宋）姜夔撰　清刻本　二册

320000－1615－0006281　集 0941/500922
樂府雅詞三卷拾遺二卷　（宋）曾慥輯　清光緒六年（1880）刻本　二册

320000－1615－0006282　集 0941/500923
玉藤仙館詞存一卷　（清）余焜撰　清光緒刻本　一册

320000－1615－0006283　集 0941/500924
醉經齋詞鈔不分卷　（清）張兆蘭撰　清光緒二十一年（1895）鉛印本　一册

320000－1615－0006284　集 0941/500925
昭昧詹言十卷續八卷續録二卷附考一卷　（清）副墨子閣解　清宣統元年（1909）安徽官紙印刷局鉛印本　二册

320000－1615－0006285　集 0941/500926
彊邨詞四卷前集一卷别集一卷　朱祖謀撰　清刻本　一册　存二卷（一至二）

320000－1615－0006286　集 0941/500927
兩當軒集二十二卷附録四卷　（清）黄景仁撰　**考異二卷**　（清）黄志述撰　清刻本　一册　存六卷（附録四卷、考異二卷）

320000－1615－0006287　集 0942/500928
今世説八卷　（清）王晫撰　清刻本　四册

320000－1615－0006288　集 0942/500929
離騷集傳一卷　（宋）錢杲之集撰　清光緒三十年（1904）徐乃昌影宋刻本　一册

320000－1615－0006289　集 0942/500930
鐵血宰相十八章　（日本）吉川潤二郎撰　錢應清　丁疇隱合譯　清光緒二十九年（1903）上海文明書局鉛印本　二册

320000－1615－0006290　集 0942/500931
牡丹亭還魂記二卷　（明）湯顯祖撰　清光緒二十年（1894）同文書局石印本　四册

320000－1615－0006291　集 0942/500932
湘綺樓文集八卷詩集十四卷箋啟八卷　王闓運撰　清宣統二年（1910）國學扶輪社石印本　十二册

320000－1615－0006292　集 0942/500933
曾文正公詩集四卷文集四卷　（清）曾國藩撰　清光緒十四年（1888）鴻文書局鉛印本　二册

320000－1615－0006293　集 0942/500934
碧春詞一卷　徐鋆撰　清光緒三十一年（1905）鉛印本　一册

320000－1615－0006294　集 0942/500935
兩罍軒尺牘十二卷　（清）吴雲撰　清宣統二年（1910）上海時中書局石印本　一册

320000－1615－0006295　集 0942/500936
亭林文集六卷亭林餘集一卷　（清）顧炎武撰　清光緒三十年（1904）山隱居刻本　四册

320000－1615－0006296　集 0942/500937
香豔叢書　國學扶輪社編　清宣統國學扶輪社鉛印本　六册　存六卷（二集二，三集二、四，四集三至四，七集三）

320000－1615－0006297　集 0942/500938
瓜廬詩一卷附録一卷　（宋）薛師石撰　**野谷詩稿六卷**　（宋）趙汝鐩撰　清讀畫齋刻本　一册　存二卷（野谷詩稿一至二）

320000－1615－0006298　集 0942/500939
南宋群賢小集　（宋）陳起編　（清）顧修輯

清嘉慶石門顧氏讀畫齋刻本　一册　存四卷(采芝集一卷、續集一卷,雲泉詩集一卷,雲居乙稿一卷)

320000－1615－0006299　集 0942/500940
鳴原堂論文二卷　(清)曾國荃審訂　清光緒十四年(1888)鴻文書局鉛印本　一册

320000－1615－0006300　集 0942/500941
張子野詞二卷補遺二卷　(宋)張先撰　**貞居詞一卷補遺一卷**　(元)張天雨撰　清乾隆、道光間長塘鮑氏刻知不足齋叢書本　一册

320000－1615－0006301　集 0943－5/500942
漢魏六朝百三名家集　(明)張溥編　清光緒十八年(1892)善化章經濟堂刻本　八十六册

320000－1615－0006302　集 0951－3/500943
漢魏六朝百三名家集　(明)張溥編　清光緒五年(1879)信述堂刻本　一百册

320000－1615－0006303　集 0954/500944
漢魏六朝百三名家集　(明)張溥編　清宣統三年(1911)無錫丁氏鉛印本　三十册

320000－1615－0006304　集 0955/500945
明詞綜十二卷　(清)王昶撰　清嘉慶七年(1802)三泖漁莊刻本　一册

320000－1615－0006305　集 0955/500946
鮚埼亭集三十八卷　(清)全祖望撰　清嘉慶九年(1804)餘姚史夢蛟借樹山房刻本　五册

320000－1615－0006306　集 0955/500947
西河文選十一卷　(清)毛奇齡撰　清萬卷樓刻本　六册

320000－1615－0006307　集 0955/500948
登岱詩記一卷　(清)金安清撰　清同治十三年(1874)刻本　一册

320000－1615－0006308　集 0955/500949
長安宫詞一卷　(清)胡延撰　清光緒二十八年(1902)刻本　一册

320000－1615－0006309　集 0955/500950
半嚴廬遺集二卷　(清)邵懿辰撰　清光緒三十四年(1908)刻本　一册　存一卷(遺卷)

320000－1615－0006310　集 0955/500951
遠遺堂集外文初編一卷續編一卷　(清)譚嗣同撰　清光緒二十八年(1902)石印本　一册

320000－1615－0006311　集 0955/500952
方泉先生詩集三卷　周太璞撰　清宣統元年(1909)國光社石印本　一册

320000－1615－0006312　集 1011－2/500953
古今説部叢書　王文濡編　清宣統二年(1910)國學扶輪社鉛印本　五十八册

320000－1615－0006313　集 1013/500954
唐文粹一百卷　(宋)姚鉉編　清光緒九年(1883)江蘇書局刻本　十六册

320000－1615－0006314　集 1013/500955
唐文粹一百卷　(宋)姚鉉編　清光緒九年(1883)江蘇書局刻本　十二册　存七十卷(一至四十七、五十七至七十九)

320000－1615－0006315　集 1014/500956
南宋文範七十卷外編四卷　(清)莊仲方編　清光緒十四年(1888)江蘇書局刻本　十三册　缺十三卷(四至十六)

320000－1615－0006316　集 1014/500957
宋文鑑一百五十卷　(宋)吕祖謙編　清光緒十二年(1886)江蘇書局刻本　二十册　缺二十卷(一至十四、七十九至八十四)

320000－1615－0006317　集 1015/500958
金文最六十卷　(清)張金吾輯　清光緒二十一年(1895)蘇州書局刻本　十六册

320000－1615－0006318　集 1015/500959
南宋文範七十卷外編四卷　(清)莊仲方編　清光緒十四年(1888)江蘇書局刻本　十六册

320000－1615－0006319　集 1021/500960
元文類七十卷　(元)蘇天爵編　清光緒十五年(1889)江蘇書局刻本　十册

320000－1615－0006320　集 1021/500961
明文在一百卷　(清)薛熙編　清光緒十五年(1889)江蘇書局刻本　十册

320000－1615－0006321　集 1021/500962

元文類七十卷　(元)蘇天爵編　清光緒十五年(1889)江蘇書局刻本　十冊

320000－1615－0006322　集1022/500963
國朝文録續編四十九種六十三卷附邁堂文略四卷　(清)李祖陶評　清江西刻本　三十冊　缺一種四卷(邁堂文略四卷)

320000－1615－0006323　集1023/500964
御選古文淵鑒六十四卷　(清)徐乾學編　清同治十二年(1873)浙江書局刻本　三十二冊

320000－1615－0006324　集1024/500965
御選古文淵鑒六十四卷　(清)徐乾學編　清同治十二年(1873)浙江書局刻本　三十二冊

320000－1615－0006325　集1025/500966
煙霞萬古樓文集六卷　(清)王曇撰　清道光湖北刻本　二冊　存五卷(二至六)

320000－1615－0006326　集1025/500967
煙霞萬古樓文集六卷　(清)王曇撰　清道光湖北刻本　二冊

320000－1615－0006327　集1025/500968
煙霞萬古樓文集六卷詩選二卷　(清)王曇撰　清光緒二十一年(1895)刻粤雅堂叢書本　八冊

320000－1615－0006328　集1025/500969
蒙香室賦録二卷　(清)馮煦撰　清光緒十一年(1885)刻本　二冊

320000－1615－0006329　集1025/500970
悼紅吟一卷　(清)管斯駿撰　清光緒十年(1884)管可壽齋刻本　一冊

320000－1615－0006330　集1025/500971
鳴原堂論文二卷　(清)曾國荃審訂　清光緒四年(1878)松隱閣鉛印本　二冊

320000－1615－0006331　集1025/500972
國朝名人著述叢編十三種　(清)□□輯　清光緒五年(1879)上海淞隱閣鉛印本　二冊　存六種六卷(聲調譜一卷、談龍録一卷、漫堂説詩一卷、論學三説一卷、詞統源流一卷、然燈記聞一卷)

320000－1615－0006332　集1025/500973
國朝名人著述叢編十三種　(清)□□輯　清光緒五年(1879)上海淞隱閣鉛印本　六冊

320000－1615－0006333　集1025/500974
隨園詩話十六卷　(清)袁枚撰　清同治八年(1869)刻本　八冊

320000－1615－0006334　集1025/500975
點勘記二卷附省堂筆記一卷　(清)歐陽泉撰　清光緒四年(1878)鉛印本　一冊

320000－1615－0006335　集1031/500976
御選唐宋文醇五十八卷　(清)高宗弘曆選　清光緒三年(1877)浙江書局刻本　二十冊

320000－1615－0006336　集1031/500977
續古文辭類纂三十四卷　王先謙纂　清光緒席氏掃葉山房刻本　八冊

320000－1615－0006337　集1032/500978
古文辭類纂七十五卷　(清)姚鼐輯　清光緒二十七年(1901)滁州李氏求要堂刻本　十二冊

320000－1615－0006338　集1954/500979
迦因小傳　題蟠溪子譯　清光緒二十九年(1903)文明書局鉛印本　一冊

320000－1615－0006339　集1033/500980
古文辭類纂七十四卷　(清)姚鼐纂　清同治八年(1869)江蘇書局刻本　十二冊

320000－1615－0006340　集1033/500981
古文辭類纂七十四卷　(清)姚鼐編　**續古文辭類纂三十四卷**　王先謙撰　清光緒十年(1884)行素草堂刻本　十六冊

320000－1615－0006341　集1034/500982
古文辭類纂七十四卷　(清)姚鼐纂　清光緒十年(1884)刻本　六冊

320000－1615－0006342　集1034/500983
古文辭類纂七十五卷　(清)姚鼐輯　清光緒二十七年(1901)滁州李氏求要堂刻本　十二冊

320000－1615－0006343　集1034/500984

續古文辭類纂三十四卷　王先謙纂　清光緒八年(1882)長沙王氏刻本　八冊

320000－1615－0006344　集1035/500985

古文辭類纂七十四卷　(清)姚鼐撰　續古文辭類纂三十四卷　王先謙纂　清光緒三十三年(1907)商務印書館鉛印本　十二冊

320000－1615－0006345　集1035/500986

國朝名人小簡二卷　吴曾祺編　清宣統元年(1909)商務印書館鉛印本　二冊

320000－1615－0006346　集1035/500987

國朝名人書札二卷　吴曾祺編　清光緒三十四年(1908)商務印書館鉛印本　二冊

320000－1615－0006347　集1035/500988

板橋襍記一卷附録一卷　(清)余懷撰　影梅庵悼亡題詠一卷附録一卷　(清)顔光祚撰　清光緒二十六年(1900)拜鴛樓刻本　一冊

320000－1615－0006348　集1035/500989

浮湘訪學集□□卷　(清)楊翰撰　清刻本　一冊　存五卷(褒遺草堂詩鈔一卷、移芝室一卷、堅白齋一卷、白香亭詩一卷、湘綺樓詩一卷)

320000－1615－0006349　集1035/500990

國朝名人書札二卷　吴曾祺編　清宣統元年(1909)商務印書館鉛印本　四冊

320000－1615－0006350　集1035/500991

楹聯叢話十二卷　(清)梁章鉅輯　清道光二十二年(1842)刻本　三冊

320000－1615－0006351　集104/500992

夢白新編白獺傳八卷　(清)徐品南纂　清嘉慶十三年(1808)刻本　四冊

320000－1615－0006352　集1041/500993

古文辭類纂七十四卷　(清)姚鼐撰　續古文辭類纂三十四卷　王先謙纂　清光緒二十年(1894)圖書集成印書局鉛印本　十冊

320000－1615－0006353　集1041/500994

古文辭類纂七十四卷　(清)姚鼐撰　續古文辭類纂三十四卷　王先謙纂　清光緒二十四年(1898)慎記書莊石印本　八冊　存二十五卷(古文辭類纂一至十五、續古文辭類纂一至十)

320000－1615－0006354　集1041/500995

黎選續古文辭類纂二十八卷　(清)黎庶昌纂　清光緒十五年(1889)商務印書館鉛印本　十冊　缺四卷(八至九、二十四至二十五)

320000－1615－0006355　集1042/500996

御訂全金詩增補中州集七十二卷首二卷　(金)元好問輯　(清)郭元釪補輯　清乾隆五十四年(1789)刻本　二十四冊

320000－1615－0006356　集1043/500997

玉臺新詠箋註十卷　(南朝陳)徐陵撰　(清)吴兆宜箋注　清光緒五年(1879)宏達堂刻本　六冊

320000－1615－0006357　集1043/500998

古唐詩合解十二卷　(清)王堯衢註　清嘉慶九年(1804)金閶函三堂刻本　四冊

320000－1615－0006358　集1043/500999

蠶尾詩二卷文八卷續詩十卷續文二十卷　(清)王士禛撰　清刻本　六冊　存四卷(蠶尾文一至四)

320000－1615－0006359　集1044/501000

咏物詩選注釋八卷　(清)孫洊鳴　(清)易開縉註　清道光元年(1821)昭德堂刻本　二冊

320000－1615－0006360　集1044/501001

養一齋詩話十卷　(清)潘德輿撰　清刻本　一冊　存三卷(四至六)

320000－1615－0006361　集1044/501002

隨園詩話補遺十卷　(清)袁枚撰　清刻本　四冊

320000－1615－0006362　集1044/501003

雙鳳奇緣傳八十回　(清)雪樵主人撰　清刻本　十冊

320000－1615－0006363　集1044/501004

青樓夢六十四回　(清)慕真山人撰　(清)瀟湘館侍者評　清光緒四年(1878)上海申報館

鉛印本　四冊　存四十五回(一至四十五)

320000－1615－0006364　集1044/501005

青樓夢六十四回　(清)慕真山人撰　清光緒鉛印本　九冊　存五十九回(六至六十四)

320000－1615－0006365　集1044/501006

繡像落金扇全傳八卷五十回　(清)吹竽先生撰　清同治十二年(1873)刻本　四冊　存四卷(五至八)

320000－1615－0006366　集1044/501007

霽山先生集五卷首一卷拾遺一卷　(宋)林景熙撰　(元)章祖程注　清光緒八年(1882)嶺南芸林仙館刻本　二冊

320000－1615－0006367　集1044/501008

國朝六家詩鈔八卷　(清)劉執玉輯　清刻本　一冊

320000－1615－0006368　集1045/501009

御選唐宋文醇五十八卷　(清)高宗弘曆選　清光緒三年(1877)浙江書局刻本　十一冊　存三十三卷(二至七、十一至二十七、四十一至四十三、四十七至五十三)

320000－1615－0006369　集1045/501010

古文分編集評四集二十二卷　(清)于光華編　清務本堂刻本　八冊

320000－1615－0006370　集1051/501011

唐宋文醇五十八卷　(清)高宗弘曆編　清浙江書局刻本　二十冊

320000－1615－0006371　集1051/501012

本事詩前後集十二卷　(清)徐釚輯　清光緒邵武徐氏刻本　四冊

320000－1615－0006372　集1051/501013

蒿庵遺集十二卷　(清)莊棫撰　清光緒十二年(1886)錢唐鄦氏刻本　一冊　存九卷(一至九)

320000－1615－0006373　集1051/501014

夢窗甲乙丙丁稿四卷補遺一卷劄記一卷　(宋)吴文英撰　清光緒二十五年(1899)四印齋刻本　二冊

320000－1615－0006374　集1051/501015

倚雲樓詩餘不分卷　(清)金其恕撰　清末金瀾刻本　一冊

320000－1615－0006375　集1051/501016

有恆心齋詩餘二卷　(清)程鴻詔撰　清末刻本　一冊

320000－1615－0006376　集1052/501017

香隱盦詞二卷　(清)潘遵璈撰　清咸豐八年(1858)刻本　一冊

320000－1615－0006377　集1052/501018

紅豆樹館詞八卷　(清)陶樑撰　清道光十三年(1833)刻本　一冊　存四卷(一至四)

320000－1615－0006378　集1052/501019

藤香館詞一卷　(清)薛時雨撰　清同治刻本　一冊

320000－1615－0006379　集1052/501020

夢窗詞四卷札記一卷補遺一卷　(宋)吴文英撰　清光緒三十四年(1908)歸安朱氏刻本　一冊

320000－1615－0006380　集1052/501021

蘊蘭吟館詩餘三卷　(清)恩錫撰　清光緒元年(1875)刻本　一冊

320000－1615－0006381　集1052/501022

橫經堂詩餘二卷　(清)張泰初撰　清光緒二年(1876)刻本　一冊

320000－1615－0006382　集1052/501023

説劍堂集不分卷　潘飛聲撰　清光緒刻本　一冊

320000－1615－0006383　集1052/501024

綠梅影樓詩存一卷詞存一卷　(清)顧翎撰　清光緒十四年(1888)刻本　一冊

320000－1615－0006384　集1052/501025

恪靖侯盾鼻餘瀋一卷　(清)左宗棠撰　清光緒七年(1881)刻本　一冊

320000－1615－0006385　集1052/501026

裒碧齋詩五卷詞一卷襍文一卷　陳鋭撰　清光緒三十一年(1905)揚州刻本　二冊

320000－1615－0006386　集 1052/501027

小三吾亭文甲集一卷詩八卷詞三卷附一卷　冒廣生輯　清光緒至民國間刻冒氏叢書本　二冊

320000－1615－0006387　集 1052/501028

律賦類纂十四卷　(清)蘇與輯　清光緒刻本　一冊　存二卷(十三至十四)

320000－1615－0006388　集 1052/501029

夑雅堂全集六卷　(清)杜濬撰　清道光二十三年(1843)刻本　一冊　存一卷(一)

320000－1615－0006389　集 1052/501030

吳摯甫文集四卷附鈔深州風土記四篇一卷　(清)吳汝綸撰　清宣統國學扶輪社石印本　一冊

320000－1615－0006390　集 1052/501031

遊歷日本圖經三十卷　(清)傅雲龍撰　清光緒十五年(1889)鉛印本　一冊　存一卷(二十八)

320000－1615－0006391　集 1052/501032

如臯冒氏叢書　冒廣生輯　清光緒至民國間如臯冒氏刻本　一冊　存七種七卷(影梅庵憶語一卷、蘭言一卷、岕茶彙鈔一卷、宣爐歌注一卷、外家紀聞一卷、莽鏡釋文一卷、冠柳集一卷)

320000－1615－0006392　集 1052/501033

曝書亭刪餘詞一卷曝書亭詞手稿原目一卷　(清)朱彝尊撰　**校勘記一卷**　葉德輝撰　清光緒二十九年(1903)刻觀古堂彙刻書本　一冊　存二卷(曝書亭詞手稿原目一卷、校勘記一卷)

320000－1615－0006393　集 1052/501034

介白堂詩集二卷　(清)劉光第撰　清光緒二十九年(1903)鉛印本　一冊

320000－1615－0006394　集 1052/501035

吾炙集一卷　(清)錢謙益撰　清光緒三十三年(1907)刻本　一冊

320000－1615－0006395　集 1052/501036

蘇鄰遺詩續集一卷　(清)李鴻裔撰　清光緒十七年(1891)石印本　一冊

320000－1615－0006396　集 1052/501037

心盦詩存十二卷　(清)何兆瀛撰　清光緒五年(1879)刻本　五冊

320000－1615－0006397　集 1052/501038

廣雅堂詩集一卷　(清)張之洞撰　清刻本　一冊

320000－1615－0006398　集 1052/501039

李翰林集三十卷　(唐)李白撰　清刻本　一冊　存五卷(一至五)

320000－1615－0006399　集 1052/501040

蕉鹿吟一卷夢餘草一卷　(清)勒深之撰　清光緒刻本　二冊

320000－1615－0006400　集 1052/501041

觀古堂彙刻書　葉德輝輯　清光緒長沙葉氏刻本　一冊　存三種三卷(金陵百詠一卷、嘉氏百詠一卷、曝書亭刪餘詞一卷)

320000－1615－0006401　集 1052/501042

疑雨集四卷　(明)王彥泓撰　清光緒三十一年(1905)郎園葉氏刻本　二冊

320000－1615－0006402　集 1053/501043

兩般秋雨盦隨筆八卷　(清)梁紹壬撰　清道光十七年(1837)刻本　七冊　缺一卷(一)

320000－1615－0006403　集 1053/501044

奈何天傳奇二卷　(清)李漁撰　清刻本　一冊

320000－1615－0006404　集 1053/501045

歷代名賢手札八卷　(清)蕭士珂輯　清光緒二十二年(1896)學古齋石印本　四冊

320000－1615－0006405　集 1053/501046

文章遊戲初編八卷二編八卷三編八卷四編八卷　(清)繆艮輯　清道光五年(1825)文聚堂刻本　三十二冊

320000－1615－0006406　集 1054/501047

香豔叢書　國學扶輪社編　清宣統二年(1910)國學扶輪社鉛印本　二十冊　存二十

卷(二集四,三集一、三,四集一至二,五集一、三至四,七集一、四,十一集一、三,十七集二至四,十八集一至二,十九集一、三至四)

320000-1615-0006407　集1054/501048
鯨華社鐘選二卷　吕景端輯　清光緒三十一年(1905)上海通元書局石印本　一册

320000-1615-0006408　集1054/501049
皇朝駢文類苑十四卷首一卷　(清)姚燮選　清刻本　二十一册　缺一卷(十四)

320000-1615-0006409　集1055/501050
國朝駢體正宗續編八卷　(清)張鳴珂輯　清光緒二十一年(1895)刻本　四册

320000-1615-0006410　集1055/501051
皇朝駢文類苑十四卷　(清)姚燮選　清光緒刻本　十八册

320000-1615-0006411　集1055/501052
宋四六話十二卷　(清)彭元瑞輯　清道光二十六年(1846)刻海山仙館叢書本　四册

320000-1615-0006412　集1055/501053
雨窗消意録甲部四卷　(清)牛應之編　清刻本　二册

320000-1615-0006413　集1111/501054
何大復先生集三十八卷附録一卷　(明)何景明撰　清乾隆十五年(1750)刻本　八册

320000-1615-0006414　集1111/501055
剡源佚詩六卷佚文二卷　(元)戴表元撰　清光緒二十一年(1895)刻本　一册

320000-1615-0006415　集1111/501056
韞山堂詩集十六卷文集八卷　(清)管世明撰　清嘉慶六年(1801)讀雪山房刻本　三册

320000-1615-0006416　集1111/501057
香蘇山館古體詩鈔十七卷今體詩鈔十九卷　(清)吴嵩梁撰　清刻本　三册　存十四卷(一至九、十五至十九)

320000-1615-0006417　集1111/501058
亨甫詩選八卷　(清)張際亮撰　(清)徐榦選　清光緒八年(1882)邵武徐氏刻邵武徐氏叢書本　六册

320000-1615-0006418　集1111/501059
說文佚字考四卷寒松閣駢體文一卷續一卷　(清)張鳴珂撰　清光緒十三年(1887)豫章刻本　二册

320000-1615-0006419　集1111/501060
寒松閣詩八卷　(清)張鳴珂撰　清光緒十九年(1893)刻本　二册

320000-1615-0006420　集1112/501061
續古文苑二十卷　(清)孫星衍輯　清光緒九年(1883)江蘇書局刻本　六册

320000-1615-0006421　集1112/501062
續古文苑二十卷　(清)孫星衍輯　清光緒九年(1883)江蘇書局刻本　六册

320000-1615-0006422　集1112/501063
續古文苑二十卷　(清)孫星衍輯　清光緒十一年(1885)朱氏槐廬刻本　六册

320000-1615-0006423　集1113/501064
陳太僕批選八家文鈔不分卷　(清)陳兆崙批選　清光緒二十六年(1900)天津文美齋石印本　六册

320000-1615-0006424　集1113/501065
陳太僕批選八家文鈔不分卷　(清)陳兆崙批選　清光緒二十六年(1900)天津文美齋石印本　六册

320000-1615-0006425　集1113/501066
曝書亭集八十卷　(清)朱彝尊撰　清刻本　一册　存七卷(二十四至三十)

320000-1615-0006426　集1113/501067
曝書亭集詞注七卷　(清)朱彝尊撰　(清)李富孫注　清嘉慶十九年(1814)刻本　三册　缺二卷(二至三)

320000-1615-0006427　集1113/501068
曝書亭集詞注七卷　(清)朱彝尊撰　(清)李富孫注　清嘉慶十九年(1814)刻本　三册　缺二卷(二至三)

320000-1615-0006428　集1113/501069

曝書亭集外稿八卷　(清)朱彝尊撰　(清)馮登府輯　清刻本　二冊

320000－1615－0006429　集1113/501070
宋七家詞選七卷　(清)戈載輯　(清)杜文瀾注　清光緒十一年(1885)曼陀羅華閣刻本　四冊

320000－1615－0006430　集1113/501071
眉綠樓詞一卷　(清)顧文彬撰　清光緒六年(1880)刻本　一冊

320000－1615－0006431　集1113/501072
續詞選二卷附録一卷　(清)董毅録　清道光刻本　一冊

320000－1615－0006432　集1113/501073
映盦詞一卷　夏敬觀撰　清光緒刻本　一冊

320000－1615－0006433　集1113/501074
梡鞠録二卷　朱祖謀編　清宣統元年(1909)徐乃昌刻本　二冊

320000－1615－0006434　集1113/501075
有正味齋詞集八卷續集二卷外集二卷　(清)吴錫麒撰　清刻本　三冊

320000－1615－0006435　集1113/501076
宋元三十一家詞三十一卷　(清)王鵬運輯　清光緒十九年(1893)四印齋刻本　二冊　存十五種十五卷(逍遙詞一卷、筠谿詞一卷、栟櫚拾遺一卷、樵歌拾遺一卷、梅詞一卷、綺川詞一卷、東溪詞一卷、文定公詞一卷、雙溪詞餘一卷、龍川詞補一卷、峯詞一卷、梅屋詩餘一卷、秋崖詞一卷、碎錦詞一卷、潛齋詞一卷)

320000－1615－0006436　集1114/501077
鐵厓三種二十六卷　(元)楊維禎撰　清宣統二年(1910)掃葉山房石印本　十冊

320000－1615－0006437　集1114/501078
伊索寓言不分卷　林紓　嚴培南等評　清光緒二十九年(1903)上海商務印書館鉛印本　一冊

320000－1615－0006438　集1114/501079
小匡説詩八卷　(清)梁邦俊撰　清道光二十八年(1848)刻本　二冊

320000－1615－0006439　集1114/501080
船山詩草選六卷　(清)張問陶撰　清嘉慶二十二年(1817)吴門學耕堂刻本　一冊

320000－1615－0006440　集1114/501081
古文淵鑑六十四卷　(清)徐乾學等編　清光緒二十九年(1903)蜚英分局石印本　八冊

320000－1615－0006441　集1114/501082
涵芬樓古今文鈔一百卷　吴曾祺編　清宣統二年(1910)商務印書館鉛印本　一冊　存一卷(文體芻言)

320000－1615－0006442　集1114/501083
日本雜事詩二卷　(清)黄遵憲撰　清光緒二十三年(1897)慎記書莊石印本　一冊

320000－1615－0006443　集1114/501084
國朝文匯一卷　黄九煙輯　清宣統元年(1909)國學扶輪社石印本　一冊

320000－1615－0006444　集1114/501085
增訂袁文箋正四卷　(清)魏大縉增訂　清同治刻本　二冊

320000－1615－0006445　集1114/501086
隨園詩話十六卷　(清)袁枚撰　清光緒十八年(1892)著易堂鉛印本　四冊

320000－1615－0006446　集1114/501087
袁文箋正十六卷　(清)袁枚撰　(清)石韞玉箋　清光緒十四年(1888)上海蜚英館石印本　二冊

320000－1615－0006447　集1114/501088
沈休文集九卷　(南朝梁)沈約撰　清宣統三年(1911)上海文明書局鉛印本　一冊

320000－1615－0006448　集1114/501089
榕城詩話三卷　(清)杭世駿撰　清刻本　一冊

320000－1615－0006449　集1115/501090
映盦詞一卷　夏敬觀輯　清光緒三十三年(1907)刻本　一冊

320000－1615－0006450　集1115/501091
佩蘅詞一卷補遺一卷　(清)金泰撰　清光緒十一年(1885)刻本　一册

320000－1615－0006451　集1115/501092
香研居詞塵五卷　(清)方成培撰　清光緒二年(1876)刻本　一册　存二卷(一至二)

320000－1615－0006452　集1115/501093
七家詞鈔　(清)汪世泰輯　清光緒十八年(1892)上海圖書集成印書局鉛印隨園三十六種本　一册　存三種五卷(飲水詞鈔二卷、箏船詞一卷、捧月樓詞二卷)

320000－1615－0006453　集1115/501094
王右丞集箋注二十八卷首一卷末一卷　(唐)王維撰　(清)趙殿成箋註　清刻本　六册

320000－1615－0006454　集1115/501095
欸乃餘曲二卷三隧劇談一卷　(清)黄家驤撰　清光緒二十三年(1897)上海紹文書局石印本　一册

320000－1615－0006455　集1115/501096
蘭蕙同心録一卷　(清)許鼐龢編　清光緒十七年(1891)石印本　一册

320000－1615－0006456　集1121－4/501097
涵芬樓古今文鈔一百卷　吴曾祺編　清宣統三年(1911)商務印書館鉛印本　一百册

320000－1615－0006457　集1125/501098
山曉閣唐宋八大家選二十四卷　(清)孫琮評　清石經樓刻本　十六册

320000－1615－0006458　集1125/501099
古文雅正十四卷　(清)蔡世遠評　清光緒二十二年(1896)上海圖書集成印書局鉛印本　四册

320000－1615－0006459　集1125/501100
國朝駢體正宗十二卷　(清)曾燠輯　清光緒十三年(1887)上海蜚英館石印本　六册

320000－1615－0006460　集1125/501101
六朝唐賦約編一卷　(清)華文模等輯　清嘉慶二十一年(1816)小綠天刻本　一册

320000－1615－0006461　集1125/501102
國朝駢體正宗續編八卷　(清)張鳴珂輯　清光緒二十一年(1895)善化章氏刻本　八册

320000－1615－0006462　集1131/501103
國朝文粹二卷　錢祥保編　清宣統元年(1909)鉛印本　一册

320000－1615－0006463　集1131/501104
經史百家簡編二卷　(清)曾國藩編　清同治十三年(1874)傳忠書局刻本　二册

320000－1615－0006464　集1131/501105
經史百家簡編二卷　(清)曾國藩編　清同治十三年(1874)傳忠書局刻本　一册　存一卷(下)

320000－1615－0006465　集1131/501106
國朝二十四家文鈔二十四卷　(清)徐斐然輯　清乾隆六十年(1795)刻本　六册　存十六卷(一至十三、二十至二十二)

320000－1615－0006466　集1131/501107
湖海文傳七十五卷　(清)王昶輯　清道光十七年(1837)刻本　十六册

320000－1615－0006467　集1132/501108
湖海文傳七十五卷　(清)王昶輯　清道光十七年(1837)刻本　十六册

320000－1615－0006468　集1132/501109
湖海文傳七十五卷　(清)王昶輯　清道光十七年(1837)刻本　八册

320000－1615－0006469　集1133/501110
詁經精舍文集十四卷　(清)阮元訂　清嘉慶揚州阮氏琅嬛僊館刻本　四册

320000－1615－0006470　集1133/501111
詁經精舍文集十四卷　(清)阮元訂　清嘉慶揚州阮氏琅嬛僊館刻本　七册

320000－1615－0006471　集1133/501112
十種唐詩選十七卷　(清)王士禛編　清刻本　五册

320000－1615－0006472　集1133/501113
唐賢三昧集三卷　(清)王士禛編　清刻本

一册

320000－1615－0006473　集1133/501114
唐才子傳十卷　（元）辛文房撰　**考異一卷**　（清）陸芝榮撰　清嘉慶十年（1805）三間草堂刻本　四册　存六卷（一至六）

320000－1615－0006474　集1134/501115
尊經書院文鈔□□卷　（□）□□撰　清刻本　四册　存五卷（二集二至六）

320000－1615－0006475　集1134/501116
南菁文鈔六卷　（清）黄以周選　清光緒二十年（1894）南菁書院刻本　四册

320000－1615－0006476　集1134/501117
國朝中州文徵五十四卷　（清）蘇源生編　清道光刻本　十六册　存三十卷（二十五至五十四）

320000－1615－0006477　集1134/501118
項城袁氏家集　丁振鐸輯　清宣統三年（1911）清芬閣鉛印本　六册　存四種十卷（袁氏家書六卷、母德録一卷、自乂瑣言二卷、事實紀略一卷）

320000－1615－0006478　集1135/501119
古文辭類纂七十五卷　（清）姚鼐輯　清光緒二十七年（1901）滁州李氏求要堂刻本　十二册

320000－1615－0006479　集1135/501120
三魚堂文集十二卷外集六卷附録一卷賸言十二卷日記十卷　（清）陸隴其撰　清同治七年至九年（1868－1870）武林薇署刻本　十册

320000－1615－0006480　集1141/501121
國朝常州駢體文録三十一卷　（清）屠寄輯　清光緒十六年（1890）刻本　八册

320000－1615－0006481　集1141/501122
皇朝文典七十四卷　（清）李兆洛編　清嘉慶刻本　十六册

320000－1615－0006482　集1142/501123
唐詩鼓吹箋注十卷　（金）元好問編　（元）郝天挺注　（明）廖文炳解　清乾隆二十七年（1762）光霽堂刻本　四册

320000－1615－0006483　集1142/501124
吴學士文集四卷　（清）吴鼒撰　清光緒八年（1882）江寧藩署刻本　四册

320000－1615－0006484　集1142/501125
曹集銓評十卷　（三國魏）曹植撰　（清）丁晏評　清同治十一年（1872）金陵書局刻本　二册

320000－1615－0006485　集1142/501126
萬善花室文稿六卷附録一卷　（清）方履籛撰　清刻本　三册

320000－1615－0006486　集1142/501127
采香詞二卷　（清）杜文瀾撰　清咸豐十一年（1861）曼陀羅華閣刻本　一册

320000－1615－0006487　集1142/501128
菊壽盦詞稿四卷　（清）姚輝第撰　清咸豐木活字印本　四册

320000－1615－0006488　集1142/501129
捲秋亭詞鈔二卷　（清）胡念修撰　清光緒二十七年（1901）刻本　一册

320000－1615－0006489　集1142/501130
太素齋詞鈔二卷　（清）勒方錡撰　清光緒十年（1884）刻本　一册

320000－1615－0006490　集1142/501131
苾芻館詞集六卷　（清）胡延撰　清光緒二十九年（1903）金陵糧儲道廨刻本　二册　存三卷（一至三）

320000－1615－0006491　集1142/501132
東甌草堂詞二卷附録一卷　（清）周星譽撰　清光緒十二年（1886）江陰金氏訒齋刻本　一册

320000－1615－0006492　集1142/501133
帶經堂集九十二卷　（清）王士禛撰　（清）程哲校編　清刻本　二册　存九卷（四十四至五十二）

320000－1615－0006493　集1142/501134
載書圖詩一卷　（清）王士禛撰　清刻本

一册

320000－1615－0006494　集1142/501135

五言詩十七卷　(清)王士禛選　清刻本　一册　存六卷(一至六)

320000－1615－0006495　集1142/501136

古詩箋三十二卷　(清)王士禛選　(清)聞人倓箋　清芷蘭堂刻本　二册　存八卷(五言詩一至四、七言詩一至四上)

320000－1615－0006496　集1143/501137

南北朝文鈔二卷　(清)彭兆蓀輯　清光緒二年(1876)廣州刻本　二册

320000－1615－0006497　集1143/501138

七十家賦鈔六卷　(清)張惠言輯　清光緒二十三年(1897)江蘇書局刻本　二册

320000－1615－0006498　集1143/501139

七十家賦鈔六卷　(清)張惠言輯　清道光元年(1821)合河康氏刻本　四册

320000－1615－0006499　集1143/501140

選註六朝唐賦二卷　(清)馬傳庚選注　清光緒十八年(1892)希樸齋刻本　二册

320000－1615－0006500　集1143/501141

宋四六選二十四卷　(清)彭元瑞編　清刻本　八册

320000－1615－0006501　集1144/501142

八家四六文註八卷首一卷補註一卷增訂一卷校勘一卷　(清)許貞幹註　清光緒十八年(1892)上海圖書集成局鉛印本　八册

320000－1615－0006502　集1144/501143

宋四六選二十四卷　(清)曹振鏞編　清刻本　十二册

320000－1615－0006503　集1144/501144

八家四六文八種九卷　(清)吴鼒編　清嘉慶三年(1798)較經堂刻本　六册

320000－1615－0006504　集1144/501145

忠雅堂評選四六法海八卷　(明)王志堅編　(清)蔣士銓評　清光緒十年(1884)深柳讀書堂刻朱墨套印本　八册

320000－1615－0006505　集1145/501146

皇朝古學類編十四卷　(清)姚燮選　清光緒二十一年(1895)玉軸山房石印本　八册

320000－1615－0006506　集1145/501147

六朝文絜四卷　(清)許槤評選　清光緒三年(1877)滬上刻本　一册

320000－1615－0006507　集1145/501148

粵東觀海集六卷　(清)李調元選　清嘉慶十九年(1814)廣東學署刻本　六册

320000－1615－0006508　集1145/501149

律賦從新初集四卷　(清)陸小嚴　(清)陸小南輯　清道光十八年(1838)揚州刻本　四册

320000－1615－0006509　集1145/501150

律賦經畬集四卷　(清)錢文佐等輯　清同治九年(1870)揚州二酉堂刻本　四册

320000－1615－0006510　集1145/501151

選注六朝唐賦二卷　(清)馬傳庚選注　清光緒十九年(1893)寶善書局石印本　二册

320000－1615－0006511　集1145/501152

山谷先生詩鈔不分卷　(宋)黄庭堅撰　清刻本　四册

320000－1615－0006512　集1145/501153

文選考異十卷　(清)胡克家撰　清末四明林氏刻本　三册　存七卷(一至四、八至十)

320000－1615－0006513　集1145/501154

詞源二卷　(宋)張炎撰　清道光二十九年至光緒十一年(1849－1885)南海伍氏刻粵雅堂叢書本　一册

320000－1615－0006514　集1145/501155

和使東雜詠詩不分卷　莊介褘撰　清光緒刻本　一册

320000－1615－0006515　集1151/501156

牧齋全集　(清)錢謙益撰　清宣統二年(1910)邃漢齋鉛印本　八册　存三十二卷(有學集十五至二十二、三十至五十,有學集補遺二卷,投筆集一卷)

320000－1615－0006516　集1151/501157

玉臺新詠箋注十卷　(南朝陳)徐陵撰　(清)吴兆宜箋注　清光緒五年(1879)宏達堂刻本　四册

320000－1615－0006517　集1151/501158
角山樓蘇詩評註彙鈔二十卷附録三卷　(清)趙克宜輯訂　清咸豐刻本　八册

320000－1615－0006518　集1151/501159
支遁集二卷　(晉)釋支遁撰　清光緒刻本　一册

320000－1615－0006519　集1151/501160
居易録三十四卷　(清)王士禛撰　清刻本　五册　缺六卷(一至六)

320000－1615－0006520　集1152/501161
話山草堂文鈔一卷話山草堂雜著二卷　(清)沈道寬撰　清光緒三年(1877)潤州榷廨刻本　一册

320000－1615－0006521　集1152/501162
小謨觴館詩文集注十六卷　(清)彭兆蓀撰　(清)孫元培　(清)孫長熙注　清光緒十九年(1893)佟氏吴門寓齋刻本　四册

320000－1615－0006522　集1152/501163
庸庵文續編二卷　(清)薛福成撰　清刻本　二册

320000－1615－0006523　集1152/501164
亭林餘集一卷　(清)顧炎武撰　清光緒二年(1876)誦芬樓刻本　一册

320000－1615－0006524　集1152/501165
俞俞齋文稿四卷　(清)史念祖撰　清刻本　一册　存一卷(四)

320000－1615－0006525　集1152/501166
潛研堂文集五十卷　(清)錢大昕撰　清刻本　十一册　存四十七卷(四至五十)

320000－1615－0006526　集1152/501167
沈下賢文集十二卷　(唐)沈亞之撰　清刻本　三册　存三卷(四至六)

320000－1615－0006527　集1152/501168
西崑酬唱集二卷　(宋)楊億編　清邵武徐氏刻本　一册

320000－1615－0006528　集1152/501169
列朝詩集　(清)錢謙益輯　清刻本　一册　存三卷(丙集十至十二)

320000－1615－0006529　集1152/501170
定盦文集三卷續集四卷續録一卷古今體詩二卷雜詩一卷詞選一卷詞録一卷　(清)龔自珍撰　清同治七年(1868)刻本　一册

320000－1615－0006530　集1153/501171
古文淵鑑六十四卷　(清)徐乾學等編　清光緒二十九年(1903)蜚英分局石印本　十六册

320000－1615－0006531　集1153/501172
經史百家簡編二卷　(清)曾國藩纂　清光緒十四年(1888)鴻文書局鉛印本　一册

320000－1615－0006532　集1153/501173
十八家詩鈔二十八卷　(清)曾國藩編　清光緒十四年(1888)鴻文書局鉛印本　八册

320000－1615－0006533　集1153/501174
經史百家雜鈔二十六卷　(清)曾國藩纂　清光緒十四年(1888)鴻文書局石印本　六册

320000－1615－0006534　集1154/501175
北江詩話四卷　(清)洪亮吉撰　清刻本　一册

320000－1615－0006535　集1154/501176
震川大全集三十卷補集八卷别集十卷餘集八卷　(明)歸有光撰　清宣統二年(1910)國學扶輪社石印本　八册　缺十三卷(一至十三)

320000－1615－0006536　集1154/501177
紀文達公遺集文集十六卷詩集十六卷　(清)紀昀撰　(清)孫樹馨編校　清道光三十年(1850)小嫏嬛山館刻本　十册

320000－1615－0006537　集1154/501178
國朝二十四家文鈔二十四卷　(清)徐斐然輯評　清道光十年(1830)刻本　四册

320000－1615－0006538　集1155/501179
韓昌黎詩集編年箋注十二卷　(清)方世舉訂　(清)朱彝尊　(清)何焯批評　清宣統二年

(1910)海寧陳氏石印本　十二冊

320000－1615－0006539　集 1155/501180
聲調譜前譜一卷後譜一卷續譜一卷附談龍録一卷　(清)趙執信撰　清刻本　二冊

320000－1615－0006540　集 1155/501181
冰泉唱和集一卷續和一卷再續和一卷附録一卷閏集一卷　金武祥輯　清光緒十五年(1889)刻本　一冊

320000－1615－0006541　集 1155/501182
憺園全集三十六卷　(清)徐乾學撰　清光緒九年(1883)鉏月唫館刻本　十六冊

320000－1615－0006542　集 1155/501183
漁隱叢話前集六十卷後集四十卷　(宋)胡仔撰　清海山仙館刻本　一冊　存九卷(三十三至四十一)

320000－1615－0006543　集 1155/501184
雲溪樂府二卷　(清)趙懷玉撰　清光緒十二年(1886)江陰金氏刻本　一冊

320000－1615－0006544　集 1155/501185
嘯古堂詩集八卷　(清)蔣敦復撰　清宣統三年(1911)廣益書局石印本　二冊

320000－1615－0006545　集 1155/501186
自怡園屏錦詩集二卷詞集二卷　(清)葉珪輯　清咸豐六年(1856)刻本　二冊

320000－1615－0006546　集 1211－2/501187
全唐詩三十二卷　(清)曹寅等輯　清光緒十三年(1887)上海同文書局石印本　三十二冊

320000－1615－0006547　集 1213－6/501188
御定全唐詩九百卷　(清)曹寅等輯　清光緒元年(1875)饒玉成刻本　一百十五冊　缺九冊(第一函第一冊,第四函第三冊,第六函第十冊,第七函第一至二冊,第九函第一冊、三冊,第十一函第二冊、六冊)

320000－1615－0006548　集 1221－2/501189
唐詩百名家全集一百四種四百二卷　(清)席啟寓編　清光緒八年(1882)琴川書屋刻本　五十八冊　缺十八種一百三十六卷(劉禹錫十八卷、白居易三十八卷、元稹二十六卷、許琳一卷、邵謁一卷、周朴一卷、司空圖表聖三卷、皮日休十卷、陸龜蒙十二卷、韦庄十卷、徐夤三卷、張蠙一卷、翁承贊一卷、任藩一卷、孟貫一卷、李咸用六卷、黄滔二卷、林寛一卷)

320000－1615－0006549　集 1223/501190
詞綜三十六卷　(清)朱彝尊輯　清乾隆九年(1744)汪孟鋗刻本　二冊　存八卷(一至五、三十四至三十六)

320000－1615－0006550　集 1223/501191
觀劇絶句三卷　(清)金德瑛等撰　葉德輝輯　清光緒三十四年(1908)葉氏觀古堂刻本　一冊

320000－1615－0006551　集 1223/501192
觀劇絶句三卷　(清)金德瑛等撰　葉德輝輯　清光緒三十四年(1908)葉氏觀古堂刻本　一冊

320000－1615－0006552　集 1223/501193
重訂李義山詩集箋注三卷外詩箋注一卷　(唐)李商隱撰　(清)朱鶴齡箋注　(清)程夢星删補　**年譜一卷詩話一卷**　(清)程夢星輯　清乾隆東柯草堂刻本　六冊

320000－1615－0006553　集 1223/501194
七子詩選十四卷　(清)沈德潛輯　清乾隆刻本　四冊

320000－1615－0006554　集 1223/501195
移華館駢體文二卷　(清)董基誠撰　**偶存集一卷**　(清)董貽清撰　清刻本　一冊

320000－1615－0006555　集 1223/501196
鴛鴦宜福館吹月詞二卷　(清)陳元鼎撰　清同治元年(1862)刻本　一冊

320000－1615－0006556　集 1223/501197
鐵橋漫稿八卷　(清)嚴可均撰　清光緒十一年(1885)長洲蔣氏刻本　一冊　存五卷(一至五)

320000－1615－0006557　集 1223/501198
西河文選十一卷　(清)毛奇齡撰　清乾隆四

十八年(1783)刻本　四册

320000－1615－0006558　集1223/501199
秣陵集六卷　(清)陳文述撰　清光緒十年(1884)淮南書局刻本　三册

320000－1615－0006559　集1223/501200
列朝詩集八十一卷　(清)錢謙益編　清刻本　二册　存七卷(一至五、八至九)

320000－1615－0006560　集1224/501201
樂府詩集一百卷　(宋)郭茂倩編　清同治十三年(1874)湖北崇文書局刻本　十六册

320000－1615－0006561　集1225/501202
樂府詩集一百卷　(宋)郭茂倩編　清湖北崇文書局刻本　十二册　存八十二卷(十至九十一)

320000－1615－0006562　集1225/501203
八代詩選二十卷　王闓運撰　清光緒十六年(1890)江蘇書局刻本　八册

320000－1615－0006563　集1231/501204
新刻張太岳先生文集四十七卷　(明)張居正撰　清刻本　十六册

320000－1615－0006564　集1231/501205
韻山堂詩集七卷補遺一卷　(清)王文誥撰　清光緒十四年(1888)浙江書局刻本　一册

320000－1615－0006565　集1231/501206
續東軒遺集一卷　(清)高均儒撰　清光緒七年(1881)刻本　一册

320000－1615－0006566　集1231/501207
玉谿生詩箋註三卷首一卷樊南文集箋註八卷首一卷　(唐)李商隱撰　(清)馮浩注　清乾隆四十五年(1780)德聚堂刻本　四册

320000－1615－0006567　集1231/501208
王荆文公詩五十卷　(宋)王安石撰　(宋)李壁箋注　清刻本　一册　存八卷(一至八)

320000－1615－0006568　集1232/501209
御選唐宋詩醇四十七卷　(清)高宗弘曆選　清乾隆十六年(1751)内府刻四色套印本　二十册

320000－1615－0006569　集1233/501210
御選唐宋詩醇四十七卷　(清)高宗弘曆選　清光緒七年(1881)浙江書局刻本　二十册

320000－1615－0006570　集1234/501211
御選唐宋詩醇四十七卷　(清)高宗弘曆選　清光緒七年(1881)浙江書局刻本　二十册

320000－1615－0006571　集1241/501212
移芝室古文二卷　(清)楊彝珍撰　清同治刻本　二册

320000－1615－0006572　集1241/501213
移芝室詩集三卷　(清)楊彝珍撰　清刻本　二册　存二卷(一至二)

320000－1615－0006573　集1241/501214
鐵橋漫稿八卷　(清)嚴可均撰　清光緒十一年(1885)長洲蔣氏刻本　三册　存六卷(三至八)

320000－1615－0006574　集1241/501215
天隱堂文録二卷　(清)淩霞撰　清刻本　一册　缺二葉(一至二)

320000－1615－0006575　集1241/501216
趙文敏公松雪齋全集十卷外集一卷續集一卷　(元)趙孟頫撰　(清)曹培廉校　清康熙城書室刻本　三册　缺三卷(一至三)

320000－1615－0006576　集1241/501217
雲芬館雜著續編四卷　(清)郭麟撰　清刻本　一册

320000－1615－0006577　集1241/501218
檗隖詩存别集不分卷　王以慜撰　清光緒二十九年(1903)江西官書局石印本　一册

320000－1615－0006578　集1241/501219
檗隖詩存不分卷　王以慜撰　清刻本　一册

320000－1615－0006579　集1241/501220
西泠消寒集二卷　(清)秦緗業選　清同治十三年(1874)刻本　一册

320000－1615－0006580　集1241/501221
顧祠聽雨圖詩録不分卷　(清)王鵠撰　清同治元年(1862)刻本　一册

320000－1615－0006581　集 1241/501222
天游閣集五卷　(清)顧太清撰　清宣統二年(1910)風雨樓鉛印本　一册

320000－1615－0006582　集 1241/501223
霜紅龕詩鈔　(清)傅山撰　清宣統三年(1911)上海國學扶輪社鉛印本　一册

320000－1615－0006583　集 1241/501224
尚絅廬詩存二卷　(清)吴嘉賓撰　清同治五年(1866)廣東富文齋刻本　一册

320000－1615－0006584　集 1241/501225
袖海集二卷　葉玉森撰　清宣統二年(1910)鉛印本　一册

320000－1615－0006585　集 1241/501226
來雲閣詩六卷　(清)金和撰　清光緒刻本　一册　存四卷(三至六)

320000－1615－0006586　集 1241/501227
敦夙好齋詩初編十二卷續編十一卷首一卷　(清)葉名澧撰　清光緒十六年(1890)刻本　四册　存十三卷(初編一至九、續編九至十一、首一卷)

320000－1615－0006587　集 1241/501228
檗隝詩存不分卷　王以慜撰　清光緒三十三年(1907)刻本　一册

320000－1615－0006588　集 1241/501229
冬心草堂詩選二卷　(清)李恩綬撰　清宣統三年(1911)安徽官紙印刷局鉛印本　一册　存一卷(下)

320000－1615－0006589　集 1241/501230
歸樸齋詩鈔戊集二卷己集二卷　(清)曾紀澤撰　清光緒十九年(1893)江南製造總局鉛印本　一册

320000－1615－0006590　集 1241/501231
海峰先生詩六卷　(清)劉大櫆撰　(清)徐宗亮編　清刻本　一册

320000－1615－0006591　集 1241/501232
鬻字齋詩略四卷　曹允源撰　清光緒二十二年(1896)刻本　一册

320000－1615－0006592　集 1242/501233
散原精舍詩二卷　陳三立撰　清宣統元年(1909)石印本　二册

320000－1615－0006593　集 1242/501234
東萊詩集二十卷　(宋)吕本中撰　清咸豐九年(1859)刻本　四册

320000－1615－0006594　集 1242/501235
考槃集不分卷　(清)方東樹撰　清刻本　一册

320000－1615－0006595　集 1242/501236
碧琅玕館詩集一卷甌香詞一卷　(清)徐漢蒼撰　清道光三年(1823)刻本　一册

320000－1615－0006596　集 1242/501237
敬齋先生古今黈十二卷逸文二卷附録一卷　(元)李治撰　清光緒二十八年(1902)刻藕香零拾本　一册　存四卷(一至四)

320000－1615－0006597　集 1242/501238
考槃詩文集十二卷　(清)方東樹撰　清光緒十五年(1889)刻本　五册

320000－1615－0006598　集 1242/501239
遲鴻軒詩文集六卷　(清)楊峴撰　清光緒十一年(1885)刻本　四册

320000－1615－0006599　集 1242/501240
寓庵集八卷　(元)李庭撰　清宣統二年(1910)刻藕香零拾本　二册

320000－1615－0006600　集 1242/501241
靜軒集五卷附録一卷　(元)閻復撰　清光緒二十一年(1895)刻藕香零拾本　一册

320000－1615－0006601　集 1242/501242
清河集七卷附録一卷　(元)元明善撰　繆荃孫輯　清光緒二十一年(1895)刻藕香零拾本　二册

320000－1615－0006602　集 1242/501243
菊譚集四卷　繆荃孫輯　清光緒二十一年(1895)刻藕香零拾本　一册

320000－1615－0006603　集 1242/501244
壺園詩鈔選十卷　(清)徐寶善撰　清道光十

八年(1838)琉璃廠精華齋刻本　二冊

320000－1615－0006604　集1243/501245
玉堂才調集三十一卷　(清)于朋舉編　清刻本　八冊

320000－1615－0006605　集1243/501246
古詩源十四卷　(清)沈德潛選　清嘉慶八年(1803)西山堂刻本　四冊

320000－1615－0006606　集1243/501247
古詩源十四卷　(清)沈德潛選　清光緒十九年(1893)鎮江文成堂刻本　四冊

320000－1615－0006607　集1243/501248
宛鄰書屋古詩録十二卷　(清)張琦撰　清同治八年(1869)刻本　二冊

320000－1615－0006608　集1243/501249
唐詩別裁集十卷　(清)沈德潛選　清刻本　二冊

320000－1615－0006609　集1243/501250
貫華堂選批唐才子詩甲集八卷　(清)金聖嘆撰　清刻本　三冊　缺二卷(七至八)

320000－1615－0006610　集1244/501251
消寒詞一卷　(清)孫原湘撰　清刻本　一冊

320000－1615－0006611　集1244/501252
明湖載酒集一卷　(清)陳琪編　清光緒三十四年(1908)鉛印本　一冊

320000－1615－0006612　集1244/501253
明湖載酒二集一卷　(清)陳琪輯　清宣統二年(1910)片雲樓鉛印本　一冊

320000－1615－0006613　集1244/501254
詞綜三十八卷　(清)朱彝尊輯　(清)汪森增定　**明詞綜十二卷國朝詞綜四十八卷**　(清)王昶輯　清刻本　二冊

320000－1615－0006614　集1244/501255
藤香館詞一卷　(清)薛時雨撰　清同治刻本　一冊

320000－1615－0006615　集1244/501256
聞妙香室詞鈔四卷　錢錫寀撰　清宣統二年(1910)天津醒華報館石印本　一冊

320000－1615－0006616　集1244/501257
萬卷書屋詩存一卷　(清)朱榆撰　**楙花龕詩二卷**　(清)葉廷琯撰　清光緒九年(1883)刻本　一冊

320000－1615－0006617　集1244/501258
壺園詩鈔選十卷五代新樂府一卷　(清)徐寶善撰　清刻本　二冊

320000－1615－0006618　集1244/501259
六逝集存　(清)梁葵輯　清光緒二十九年(1903)刻本　二冊

320000－1615－0006619　集1244/501260
春暉堂叢書十二種　(清)徐渭仁輯　清道光、咸豐間上海徐氏刻同治補刻本　一冊　存三種四卷(儀鄭堂殘稿二卷、賜硯齋題畫偶録一卷、居易堂殘稿一卷)

320000－1615－0006620　集1244/501261
覺生詩鈔十卷詠物詩鈔四卷詠史詩鈔三卷感舊詩鈔二卷　(清)鮑桂星撰　清嘉慶二十五年(1820)刻本　四冊

320000－1615－0006621　集1244/501262
錢南園先生遺集五卷　(清)錢灃撰　清同治十一年(1872)冬月書局刻本　二冊

320000－1615－0006622　集1244/501263
鮚埼亭詩集十卷　(清)全祖望撰　清光緒十六年(1890)大鄮山館刻本　三冊

320000－1615－0006623　集1244/501264
郘亭詩鈔六卷　(清)莫友芝撰　清咸豐二年(1852)遵義湘川講舍刻同治五年(1866)江寧三山客舍重修本　一冊

320000－1615－0006624　集1244/501265
庸庵海外文編四卷　(清)薛福成撰　清光緒刻本　一冊　存一卷(四)

320000－1615－0006625　集1244/501266
介存齋詩六卷　(清)周濟撰　清道光三年(1823)刻本　一冊　存四卷(一至四)

320000－1615－0006626　集1244/501267

遜學齋詩鈔十卷　(清)孫衣言撰　清同治三年(1864)刻本　一冊

320000－1615－0006627　集1244/501268
澹餘詩略三卷　(清)旺暕撰　清咸豐八年(1858)刻本　一冊

320000－1615－0006628　集1251－2/501269
宋黄山谷先生全集八十一卷　(宋)黄庭堅撰　清同治七年(1868)雙井堂刻本　四十冊

320000－1615－0006629　集1253/501270
香研居詞麈五卷　(清)方成培撰　清光緒二年(1876)刻嘯園叢書本　一冊

320000－1615－0006630　集1253/501271
翠薇花館詞十九卷　(清)戈載撰　清刻本　一冊　存五卷(十一至十五)

320000－1615－0006631　集1253/501272
吴詩集覽二十卷補註二十卷　(清)吴偉業撰　(清)靳榮藩注　清刻本　一冊　存三卷(集覽十九至二十、補註二十)

320000－1615－0006632　集1253/501273
苾芻館詞集六卷　(清)胡延撰　清光緒二十九年(1903)金陵糧儲道廨刻本　四冊

320000－1615－0006633　集1253/501274
周氏詞辨二卷介存齋論詞雜箸一卷　(清)周濟輯　清光緒四年(1878)刻本　一冊

320000－1615－0006634　集1253/501275
詞選二卷　(清)張惠言録　**續詞選二卷附録一卷**　(清)董毅録　清官書處刻本　一冊

320000－1615－0006635　集1253/501276
京江耆舊集十三卷　(清)張學仁　(清)王豫輯　清宣統元年(1909)刻本　八冊

320000－1615－0006636　集1253/501277
制義叢話二十四卷題名一卷　(清)梁章鉅撰　清刻知足知不足齋叢書本　八冊

320000－1615－0006637　集1253/501278
兩般秋雨盦詩選一卷　(清)梁紹壬撰　清宣統二年(1910)南陵徐乃昌刻本　一冊

320000－1615－0006638　集1253/501279
介白堂詩集二卷　(清)劉光第撰　清光緒二十九年(1903)儷峰書屋刻本　二冊

320000－1615－0006639　集1253/501280
北山樓詩集一卷師友緒餘一卷　吴保初撰　清光緒二十五年(1899)刻本　一冊

320000－1615－0006640　集1253/501281
三家宫詞三卷二家宫詞二卷　(清)毛晉輯　清同治十二年(1873)淮南書局刻本　一冊

320000－1615－0006641　集1254/501282
南宋群賢小集　(宋)陳起編　(清)顧修輯　清嘉慶石門顧氏讀畫齋刻本　二十四冊

320000－1615－0006642　集1311/501283
宋詩略十八卷　(清)汪景龍　(清)姚壎同輯　清乾隆三十五年(1770)竹雨山房刻本　六冊

320000－1615－0006643　集1311/501284
元詩選六卷　(清)顧嗣立輯　清乾隆十六年(1751)刻本　二冊

320000－1615－0006644　集1311/501285
元詩紀事二十四卷　陳衍輯　清光緒石遺室鉛印本　六冊

320000－1615－0006645　集1311/501286
宋四名家詩鈔不分卷　(清)周之鱗　(清)柴升同選　清有文堂刻本　六冊

320000－1615－0006646　集1311/501287
金詩選四卷　(清)顧奎光選輯　清乾隆十六年(1751)刻本　二冊

320000－1615－0006647　集1311/501288
即墨詩乘十二卷　(清)周鑚翕輯　清道光二十年(1840)小峴山房刻本　六冊

320000－1615－0006648　集1312/501289
楊園先生全集五十四卷　(清)張履祥撰　**張楊園先生年譜一卷**　(清)蘇淳元纂　清同治十年(1871)江蘇書局刻本　十六冊

320000－1615－0006649　集1313/501290
國朝詩十七卷　(清)吴翌鳳選　清光緒新陽

趙氏刻本　六冊

320000－1615－0006650　集 1313/501291
國朝六家詩鈔八卷　(清)劉執玉選　清乾隆三十二年(1767)刻本　八冊

320000－1615－0006651　集 1313/501292
明詩紀事一百八十七卷　陳田輯　清光緒三十二年(1906)陳氏聽詩齋刻本　十一冊　存五十四卷(甲籤三至十二、乙籤一至十、丙籤一至十二、戊籤一至五、辛籤十二至二十八)

320000－1615－0006652　集 1314/501293
東洲草堂詩鈔□□卷　(清)何紹基撰　清刻本　一冊　存三卷(峩眉瓦屋游草二卷、去蜀入秦詩一卷)

320000－1615－0006653　集 1314/501294
駢體文鈔三十一卷　(清)李兆洛輯　清道光合河康氏刻本　七冊　缺十一卷(四至十一、二十七至二十九)

320000－1615－0006654　集 1314/501295
存研樓文集十六卷　(清)儲大文撰　清刻本　七冊　缺三卷(一至三)

320000－1615－0006655　集 1314/501296
選注六朝唐賦一卷　(清)馬傳庚選注　清光緒十四年(1888)南陵徐氏餘學齋刻本　一冊

320000－1615－0006656　集 1314/501297
二家詠古詩一卷二家試帖二卷　(清)張之洞　樊增祥撰　**二家詞鈔五卷**　(清)李慈銘　樊增祥撰　清光緒刻本　一冊　缺三卷(二家詞鈔三至五)

320000－1615－0006657　集 1314/501298
和靖尹先生文集十卷　(宋)尹焞撰　清刻本　四冊

320000－1615－0006658　集 1314/501299
金忠節公文集八卷　(明)金聲撰　清刻本　一冊　存二卷(三至四)

320000－1615－0006659　集 1314/501300
松溪集一卷　(清)汪梧鳳撰　清同治十二年(1873)金陵刻本　一冊

320000－1615－0006660　集 1314/501301
三天入直瑣記一卷附補竹圖　(清)鮑源深撰　清刻本　一冊

320000－1615－0006661　集 1314/501302
文選六十卷　(南朝梁)蕭統輯　(唐)李善注　清刻本　一冊　存五卷(四十一至四十五)

320000－1615－0006662　集 1314/501303
古文苑二十一卷　(宋)章樵註　清光緒十二年(1886)江蘇書局刻本　四冊

320000－1615－0006663　集 1954/501304
七星寶石一卷　(英國)勃蘭姆司道格撰　清光緒三十二年(1906)商務印書館鉛印本　一冊

320000－1615－0006664　集 1321/501305
松石齋詩續三卷　周懋泰撰　清光緒二十五年(1899)海陽刻本　一冊

320000－1615－0006665　集 1321/501306
沽上題襟集一卷　(清)陳皋撰　清乾隆六年(1741)刻本　一冊

320000－1615－0006666　集 1321/501307
吳會英才集二十四卷　(清)畢沅編　清刻本　五冊　缺四卷(十二至十五)

320000－1615－0006667　集 1321/501308
古詩箋三十二卷　(清)王士禛選　(清)聞人倓箋　清芷蘭堂刻本　九冊　存二十三卷(五言詩四至十五、七言詩五至十五)

320000－1615－0006668　集 1321/501309
聊齋志異拾遺一卷　(清)蒲松齡撰　清道光十年(1830)刻本　一冊

320000－1615－0006669　集 1321/501310
玉搔頭傳奇二卷　(清)李漁編　清刻本　二冊

320000－1615－0006670　集 1321/501311
種竹軒詩選四卷續選一卷　(清)王豫撰　清刻本　二冊

320000－1615－0006671　集 1321/501312
西湖竹枝集一卷　(元)楊維禎撰　清光緒七

年(1881)錢塘丁氏刻本　一册

320000－1615－0006672　集1321/501313
月齋詩集四卷　(清)張穆撰　清刻本　一册

320000－1615－0006673　集1321/501314
新鎸唐五言千家詩注解二卷　(清)王桐選注　清光緒京□善化堂刻本　一册

320000－1615－0006674　集1321/501315
小學千家詩二卷　(清)晦齋學人編　清光緒八年(1882)文星堂刻本　一册

320000－1615－0006675　集1321/501316
娱親雅言六卷　(清)嚴元照撰　清嘉慶刻本　二册

320000－1615－0006676　集1321/501317
樵歌三卷　(宋)朱敦儒撰　清光緒二十六年(1900)四印齋刻本　一册

320000－1615－0006677　集1321/501318
西湖秋柳詞一卷　(清)楊風苞撰　清光緒丁氏嘉惠堂刻武林掌故叢編本　一册

320000－1615－0006678　集1321/501319
浩然齋雅談三卷　(宋)周密撰　清刻本　一册

320000－1615－0006679　集1321/501320
昆崙集一卷附一卷續一卷　葉德輝等編　清萃文堂刻本　一册

320000－1615－0006680　集1322/501321
道咸同光四朝詩史甲集八卷　(清)孫雄輯　清宣統二年(1910)刻本　十册

320000－1615－0006681　集1322/501322
惜抱軒今體詩選十八卷　(清)姚鼐選　清同治五年(1866)金陵書局刻本　四册

320000－1615－0006682　集1322/501323
詩林韶濩二十卷　(清)顧嗣立選　清弘文書屋刻本　十二册

320000－1615－0006683　集1323/501324
國朝湖州詩録三十四卷　(清)陳焯編　清道光十年(1830)小谷□刻本　二册　存二卷(一至二)

320000－1615－0006684　集1323/501325
梅里詩輯二十八卷　(清)許燦編　清道光三十年(1850)嘉興刻本　十二册

320000－1615－0006685　集1323/501326
京江七子詩鈔七卷　(清)張學仁輯　清光緒刻本　二册

320000－1615－0006686　集1323/501327
續金陵詩徵六卷　陳作霖等輯　清光緒二十年(1894)刻本　六册

320000－1615－0006687　集1324/501328
國朝滄州詩鈔十二卷續鈔四卷補鈔二卷明詩鈔一卷　(清)王國均輯　清咸豐刻本　七册　缺三卷(十至十二)

320000－1615－0006688　集1324/501329
渝水詩觀三十二卷　(清)黄之晉輯　清道光五年(1825)刻本　十册

320000－1615－0006689　集1324/501330
黔詩紀略三十三卷　(清)黎兆勲　(清)莫友芝輯　清同治十二年(1873)遵義唐氏金陵刻本　八册

320000－1615－0006690　集1331/501331
嶺南三大家詩選二十四卷　(清)王隼選　清同治七年(1868)南海陳氏刻本　六册

320000－1615－0006691　集1331/501332
瀛奎律髓刊誤四十九卷　(元)方回輯　(清)紀昀評　清嘉慶刻本　十二册

320000－1615－0006692　集1331/501333
李氏蒙求補注六卷　(清)金三俊輯　清刻本　一册

320000－1615－0006693　集1331/501334
重刊文章辨體式十二卷　(明)吴納編　(清)程崟重訂　清乾隆二十一年(1756)刻本　十一册　存十一卷(一至九、十一至十二)

320000－1615－0006694　集1332/501335
蔗根集十七卷　(清)劉寶楠等撰　清道光刻本　二册　存十卷(八至十七)

320000－1615－0006695　集1332/501336
扁善齋詩選二卷　(清)鄧嘉緝撰　**盋山詩録二卷**　(清)顧雲撰　**青溪詩選二卷**　(清)蔣師轍撰　清光緒刻本　一册

320000－1615－0006696　集1332/501337
清尊集十六卷　(清)汪遠孫編　清道光十九年(1839)錢唐振綺堂刻本　四册

320000－1615－0006697　集1332/501338
于湖題襟集十卷　(清)袁昶輯　清光緒二十一年(1895)小漚巢刻本　四册

320000－1615－0006698　集1332/501339
于湖題襟集十卷　(清)袁昶輯　清光緒二十一年(1895)小漚巢刻本　二册　存二卷(文二至三)

320000－1615－0006699　集1332/501340
苔岑集初刊　(清)蔣棨渭輯　清道光三十年(1850)味清堂刻本　七册

320000－1615－0006700　集1333/501341
道咸同光四朝詩史一斑録不分卷補遺一卷　(清)孫雄輯　清光緒三十四年(1908)油印本　三册

320000－1615－0006701　集1333/501342
掩關集二卷　(清)劉繼善撰　**易簡書屋詩存一卷**　(清)李本撰　**義迹山房詩稿一卷**　(清)劉履恂撰　清道光十九年(1839)劉氏刻世德堂叢書本　一册

320000－1615－0006702　集1333/501343
三家絕句選五卷　(清)吴泰來撰　(清)江昱録　清刻本　一册

320000－1615－0006703　集1333/501344
六逝集存　(清)梁葵輯　清光緒二十九年(1903)刻本　一册

320000－1615－0006704　集1333/501345
六逝集存　(清)梁葵輯　清光緒二十九年(1903)刻本　二册

320000－1615－0006705　集1334/501346
南菁講舍文集七卷　(清)黄以周選　清光緒十八年(1892)上海石印本　四册

320000－1615－0006706　集1334/501347
重訂唐詩别裁集二十卷明詩别裁集十二卷欽定國朝詩别裁集三十二卷　(清)沈德潛選評　**宋詩别裁集八卷元詩别裁集八卷**　(清)姚培謙選評　清小西山房刻本　二十五册　存五十卷(重訂唐詩别裁集七至八、十一至二十,明詩别裁集一至十,欽定國朝詩别裁集一至四、十三至二十、二十三至三十,宋詩别裁集一至四,元詩别裁集三至六)

320000－1615－0006707　集1335－6/501348
重訂唐詩别裁集二十卷明詩别裁集十二卷欽定國朝詩别裁集三十二卷　(清)沈德潛選評　**宋詩别裁集八卷元詩别裁集八卷**　(清)姚培謙選評　清小西山房刻本　六十八册

320000－1615－0006708　集1341/501349
司空詩品註釋一卷　(唐)司空圖撰　清同治九年(1870)寶文書局刻本　一册

320000－1615－0006709　集1341/501350
古今諺拾遺六卷　(清)史夢蘭輯　清刻本　一册　存三卷(四至六)

320000－1615－0006710　集1341/501351
一微塵集五卷　何震彝校録　清宣統元年(1909)江陰何氏覯芬室鉛印本　一册

320000－1615－0006711　集1341/501352
絕妙好詞箋七卷續鈔二卷　(宋)周密輯　(清)查為仁　(清)厲鶚箋　清同治十一年(1872)會稽張氏刻本　一册

320000－1615－0006712　集1341/501353
吴梅村詞一卷　(清)吴偉業撰　清光緒十六年(1890)湖北官書處刻本　一册

320000－1615－0006713　集1341/501354
有正味齋詞七卷　(清)吴錫麒撰　清咸豐五年(1855)刻吴氏一家稿本　一册

320000－1615－0006714　集1341/501355
夢窗詞四卷補遺一卷　(宋)吴文英撰　清光緒三十四年(1908)歸安朱氏刻本　一册

320000－1615－0006715　集 1341/501356
皖詞紀騰一卷　徐乃昌編　清光緒三十年(1904)南陵徐氏小檀欒室刻朱印本　一册

320000－1615－0006716　集 1341/501357
荆圃倡和集詩十卷詞六卷　(清)楊芳燦等撰　清刻本　一册　存八卷(詩九至十、詞六卷)

320000－1615－0006717　集 1341/501358
雲起軒詞鈔一卷　(清)文廷式撰　清光緒三十三年(1907)南陵徐乃昌刻本　一册

320000－1615－0006718　集 1341/501359
水流雲在館詞鈔八卷集唐詞鈔一卷　(清)周天麟撰　清光緒二十一年(1895)刻本　一册

320000－1615－0006719　集 1341/501360
止菴文一卷詩一卷詞一卷　(清)周濟撰　清道光二十年(1840)刻本　一册

320000－1615－0006720　集 1341/501361
白香山詩後集十七卷别集一卷補遺二卷　(唐)白居易撰　(清)汪立名編　清康熙一隅草堂刻本　四册

320000－1615－0006721　集 1341/501362
小蘇譚詞六卷　(清)蕉南舊史撰　清刻本　一册

320000－1615－0006722　集 1341/501363
第一生修梅花館詞三卷附録一卷　況周儀撰　清光緒刻本　一册

320000－1615－0006723　集 1341/501364
憶雲詞甲乙丙丁稿四卷删存一卷　(清)項廷紀撰　清光緒十九年(1893)刻本　一册

320000－1615－0006724　集 1341/501365
玉壺山房詞選二卷　(清)改琦編　清道光八年(1828)刻本　一册

320000－1615－0006725　集 1341/501366
縫月軒詞録一卷續録一卷　(清)李恩綬撰　清光緒三十年(1904)上海蜚英書館石印本　一册

320000－1615－0006726　集 1341/501367
定盦文集三卷續集四卷文集補五卷　(清)龔自珍撰　清光緒石印本　一册　存一種五卷(文集補五卷)

320000－1615－0006727　集 1342/501368
明三十家詩選初二集十六卷　(清)汪端輯　清同治十二年(1873)蘊蘭吟館刻本　八册

320000－1615－0006728　集 1342/501369
古文辭類纂七十四卷　(清)姚鼐編　**續古文辭類纂三十四卷**　王先謙撰　清光緒十八年(1892)湖南文章書局刻本　十六册　存七十七卷(古文辭類纂一至八、二十七至七十四，續古文辭類纂七至二十七)

320000－1615－0006729　集 1343/501370
文心雕龍十卷　(南朝梁)劉勰撰　(清)黄叔琳注　清乾隆養素堂刻本　一册

320000－1615－0006730　集 1343/501371
白香山詩後集十七卷補遺二卷　(唐)白居易撰　(清)汪立名編　清康熙一隅草堂刻本　二册　缺十二卷(一至十二)

320000－1615－0006731　集 1343/501372
紫石泉山房文集十二卷　(清)吴定撰　清光緒十三年(1887)刻本　二册　存七卷(二至八)

320000－1615－0006732　集 1343/501373
壯悔堂文集十卷　(清)侯方域撰　(清)賈開宗等評點　清刻本　二册　存三卷(一至三)

320000－1615－0006733　集 1343/501374
惜抱先生尺牘八卷　(清)姚鼐撰　(清)陳用光編　清刻本　一册　存四卷(五至八)

320000－1615－0006734　集 1343/501375
唱經堂語録纂二卷隨手通一卷　(清)金聖嘆撰　清宣統上海神州國光社鉛印本　一册

320000－1615－0006735　集 1343/501376
惜抱先生尺牘補編二卷　(清)姚鼐撰　(清)徐宗亮輯　清光緒五年(1879)刻本　一册

320000－1615－0006736　集 1343/501377
惜抱軒書録四卷　(清)姚鼐撰　清光緒五年

(1879)刻本　一册

320000－1615－0006737　集 1343/501378

國朝古文正的五卷附録二卷　(清)楊彝珍纂　清末上海淞隱閣鉛印本　一册　存一卷(三)

320000－1615－0006738　集 1343/501379

誰園詩存一卷　(清)鮑宋軾撰　清光緒二年(1876)刻本　一册

320000－1615－0006739　集 1343/501380

古文講授談二編　尚秉和輯　清宣統二年(1910)鉛印本　二册

320000－1615－0006740　集 1343/501381

輟耕録三十卷　(明)陶宗儀撰　清刻本　三册　存十二卷(三至六、十二至十五、二十七至三十)

320000－1615－0006741　集 1343/501382

天崇百篇四卷　(清)吴懋政選輯　清光緒十七年(1891)經國書局刻本　二册

320000－1615－0006742　集 1343/501383

昭昧詹言十卷續八卷續録二卷附録一卷陶詩附考一卷　(清)副墨子闡解　清宣統元年(1909)安徽官紙印刷局鉛印本　三册　缺六卷(昭昧詹言五至十)

320000－1615－0006743　集 1344/501384

清綺軒詞選十三卷　(清)夏秉衡選　清清綺軒刻本　八册

320000－1615－0006744　集 1344/501385

牡丹亭還魂記二卷　(明)湯顯祖編　清光緒十八年(1892)五彩公司石印本　四册

320000－1615－0006745　集 1344/501386

玉茗堂四種　(明)湯顯祖撰　清刻本　四册　存二種八卷(邯鄲夢四卷、南柯記四卷)

320000－1615－0006746　集 1344/501387

繪圖佛門緣二十齣　(清)方濬聰正譜　(清)楊祖榮編次　清光緒二十年(1894)寶文書局石印本　二册

320000－1615－0006747　集 1344/501388

夜雨秋燈録四卷　(清)宣鼎撰　清光緒二十二年(1896)上海福記石印本　六册

320000－1615－0006748　集 1344/501389

客窗閒話初集四卷續集四卷　(清)吴熾昌撰　清光緒二十五年(1899)上海順成書局石印本　四册

320000－1615－0006749　集 1344/501390

全像紅樓圓夢四卷　(清)夢夢先生撰　清光緒二十三年(1897)上海書局石印本　四册

320000－1615－0006750　集 1344/501391

第九才子書平鬼傳四卷　題(清)樵雲山人編　清光緒十九年(1893)上海古香閣鉛印本　四册

320000－1615－0006751　集 1344/501392

繪圖閨秀英才傳十二卷　題(清)煙水散人撰　清光緒十九年(1893)石印本　四册

320000－1615－0006752　集 1345/501393

姚選唐人絶句詩鈔一卷　(清)姚鼐選　清末石印本　一册

320000－1615－0006753　集 1345/501394

天下才子必讀書十五卷　(清)金聖嘆選評　清刻本　五册　存九卷(二至三、六至十、十三至十四)

320000－1615－0006754　集 1345/501395

留雲借月盦詞五卷　(清)劉柄照撰　清光緒十九年(1893)刻本　一册

320000－1615－0006755　集 1345/501396

眉綠樓詞一卷　(清)顧文彬撰　清光緒五年(1879)刻本　一册

320000－1615－0006756　集 1345/501397

眉綠樓詞一卷　(清)顧文彬撰　清光緒六年(1880)刻本　一册

320000－1615－0006757　集 1345/501398

可園詞存四卷　陳作霖撰　清宣統二年(1910)刻本　一册

320000－1615－0006758　集 1345/501399

懷荃室詩餘二卷　(清)王鑒撰　清光緒三十

三年(1907)鉛印本　一册

320000－1615－0006759　集1345/501400
花簾詞一卷　(清)吴藻撰　清道光刻本　一册

320000－1615－0006760　集1345/501401
夢窗詞四卷札記一卷　(宋)吴文英撰　清光緒三十四年(1908)歸安朱氏刻本　一册

320000－1615－0006761　集1345/501402
湘綺樓詞乙巳自定本一卷　王闓運撰　清光緒三十三年(1907)鉛印本　一册

320000－1615－0006762　集1345/501403
綠梅影樓詩存一卷詞存一卷　(清)顧翎撰　清光緒十四年(1888)刻本　一册

320000－1615－0006763　集1345/501404
眉綠樓詞一卷　(清)顧文彬撰　清光緒五年(1879)刻本　一册

320000－1615－0006764　集1345/501405
眉綠樓詞一卷　(清)顧文彬撰　清光緒六年(1880)刻本　一册

320000－1615－0006765　集1345/501406
紅豆簾琴意一卷　(清)陳克劬撰　清光緒十三年(1887)刻本　一册

320000－1615－0006766　集1345/501407
秋夢盦詞鈔二卷續一卷再續一卷　(清)葉衍蘭撰　清光緒十六年(1890)羊城刻本　一册

320000－1615－0006767　集1345/501408
瘦鶴軒詞一卷　(清)趙彦俞撰　清同治十二年(1873)刻本　一册

320000－1615－0006768　集1345/501409
樊山全集六種　樊增祥撰　清光緒十九年(1893)渭南縣署刻本　一册　存三種五卷(二家詠古詩一卷、二家試帖二卷、二家詞鈔霞川花隱詞二卷)

320000－1615－0006769　集1345/501410
夢窗甲乙丙丁稿四卷補遺一卷續補遺一卷　(宋)吴文英撰　清咸豐十一年(1861)刻曼陀羅華閣叢書本　二册

320000－1615－0006770　集1351/501411
明詩紀事甲籤三十卷　陳田輯　清光緒二十五年(1899)陳氏聽詩齋刻本　六册

320000－1615－0006771　集1351/501412
唐文粹一百卷　(宋)姚鉉編　清光緒九年(1883)江蘇書局刻本　十五册　存九十二卷(一至四十七、五十六至一百)

320000－1615－0006772　集1352－3/501413
國朝文徵四十卷　(清)吴翌鳳輯　清咸豐元年(1851)世美堂刻本　三十八册　缺三卷(十八、二十五、三十八)

320000－1615－0006773　集1353/501414
元明八大家古文選十三卷　(清)劉肇虞選　清乾隆二十九年(1764)刻本　二册

320000－1615－0006774　集1353/501415
八家四六文鈔八種　(清)吴鼒編　清較經堂刻本　四册

320000－1615－0006775　集1353/501416
七十家賦鈔六卷　(清)張惠言輯　清道光元年(1821)合河康氏刻本　四册　缺二卷(一至二)

320000－1615－0006776　集1353/501417
駢體文鈔三十一卷　(清)李兆洛編　清同治六年(1867)婁江徐氏刻本　八册

320000－1615－0006777　集1354/501418
夢溪櫂謳二卷　(清)張崇蘭撰　清光緒二十三年(1897)刻本　一册

320000－1615－0006778　集1354/501419
寄龕詞四卷　(清)孫德祖撰　清同治九年(1870)山陰許氏刻本　一册

320000－1615－0006779　集1354/501420
文選考異十卷　(清)胡克家撰　清同治八年(1869)湖北崇文書局刻本　四册

320000－1615－0006780　集1354/501421
初唐四傑文集二十一卷　(清)□□輯　清光緒五年(1879)淮南書局刻本　四册

320000－1615－0006781　集1354/501422

養餘齋初集四卷二集四卷三集六卷　(清)柳樹芳撰　清道光二十七年(1847)勝谿草堂刻本　四册

320000－1615－0006782　集 1354/501423
六朝文絜箋注十二卷　(清)許槤評選　(清)黎經誥箋注　清光緒十五年(1889)枕溢書屋刻本　四册

320000－1615－0006783　集 1354/501424
嘯吾遺集不分卷　(清)宗山撰　清光緒十六年(1890)刻本　二册

320000－1615－0006784　集 1354/501425
丹魁堂外集四卷　(清)季芝昌撰　清咸豐十一年(1861)刻本　二册

320000－1615－0006785　集 1411－2/501426
八代文粹二百二十卷　(清)簡桑　(清)陳崇哲編　清四川考雋堂刻本　二十六册

320000－1615－0006786　集 1413/501427
楹聯叢話十二卷續話四卷　(清)梁章鉅輯　清道光二十年(1840)刻本　六册

320000－1615－0006787　集 1413/501428
樂府雅詞三卷拾遺二卷　(宋)曾慥輯　清嘉慶刻本　四册

320000－1615－0006788　集 1413/501429
汪梅村先生集十二卷外集一卷　(清)汪士鐸撰　清光緒七年(1881)刻本　四册

320000－1615－0006789　集 1413/501430
柈湖文集十二卷　(清)吴敏樹撰　清光緒十九年(1893)思賢講舍刻本　四册

320000－1615－0006790　集 1413/501431
柈湖詩録六卷首一卷　(清)吴敏樹撰　清同治八年(1869)刻本　三册

320000－1615－0006791　集 1413/501432
劍南詩鈔不分卷　(宋)陸游撰　(清)楊大鶴選　清敦化堂刻本　八册

320000－1615－0006792　集 1413/501433
宛鄰書屋古詩録十二卷　(清)張琦撰　清同治八年(1869)刻本　二册

320000－1615－0006793　集 1414/501434
古文辭類纂七十四卷　(清)姚鼐纂　清同治八年(1869)江蘇書局刻本　十二册

320000－1615－0006794　集 1414/501435
古文辭類纂七十四卷　(清)姚鼐纂　清同治八年(1869)江蘇書局刻本　十二册

320000－1615－0006795　集 1414/501436
古文辭類纂七十四卷　(清)姚鼐纂　清同治八年(1869)江蘇書局刻本　十二册

320000－1615－0006796　集 1421/501437
歸愚文鈔十二卷詩鈔十四卷文續十二卷黄山遊草一卷浙江通省志圖説一卷竹嘯軒詩鈔十八卷説詩晬語二卷　(清)沈德潛撰　清乾隆刻本　十六册

320000－1615－0006797　集 1421/501438
楚辭十七卷　(漢)王逸章句　(宋)洪興祖補　清初毛氏汲古閣刻本　四册

320000－1615－0006798　集 1422/501439
柳南隨筆六卷續筆四卷　(清)王應奎撰　清光緒申報館鉛印本　四册

320000－1615－0006799　集 1422/501440
嘯亭雜録八卷續録二卷　(清)昭槤撰　清光緒六年(1880)刻本　十册

320000－1615－0006800　集 1422/501441
嘯亭雜録十卷續録二卷　(清)昭槤撰　清光緒申報館鉛印本　十册

320000－1615－0006801　集 1422/501442
增智囊補二十八卷　(明)馮夢龍撰　清刻本　十三册　存二十三卷(二至二十四)

320000－1615－0006802　集 1422/501443
茶餘客話十二卷　(清)阮葵生撰　清光緒五年(1879)千頃堂刻本　四册

320000－1615－0006803　集 1422/501444
茶餘客話十二卷　(清)阮葵生撰　清光緒五年(1879)千頃堂刻本　四册

320000－1615－0006804　集 1422/501445
在園雜志四卷　(清)劉廷璣撰　清光緒申報

館鉛印本　一册

320000－1615－0006805　集 1423/501446
薑露庵雜記六卷　(清)施山撰　清光緒鉛印申報館叢書本　二册

320000－1615－0006806　集 1423/501447
印雪軒隨筆四卷　(清)翁鴻漸撰　(清)徐廷華評　清光緒二年(1876)鉛印申報館叢書本　四册

320000－1615－0006807　集 1423/501448
對山書屋墨餘録十六卷　(清)毛祥麟撰　清同治九年(1870)湖州醉六堂刻本　八册

320000－1615－0006808　集 1423/501449
對山書屋墨餘録十六卷　(清)毛祥麟撰　清同治九年(1870)湖州醉六堂刻本　六册　缺四卷(十三至十六)

320000－1615－0006809　集 1423/501450
子不語二十四卷　(清)袁枚撰　清蓮溪書屋刻本　十二册

320000－1615－0006810　集 1423/501451
覓燈因話二卷　(明)邵景詹撰　清刻本　一册

320000－1615－0006811　集 1423/501452
增補一夕話六卷　(清)咄咄夫撰　清道光十二年(1832)經元堂刻本　三册

320000－1615－0006812　集 1423/501453
增補一夕話六卷　(清)咄咄夫撰　清道光十二年(1832)經綸堂刻本　四册

320000－1615－0006813　集 1424/501454
十八家詩鈔二十八卷　(清)曾國藩編　清同治十三年(1874)傳忠書局刻本　二十七册　缺一卷(十三)

320000－1615－0006814　集 1425/501455
沅湘耆舊集二百卷　(清)鄧顯鶴編　清道光二十七年(1847)鄧氏南邨草堂刻本　九册　存一百十九卷(一至八十、九十六至一百三十四)

320000－1615－0006815　集 1431/501456
崇川各家詩鈔彙存五十二卷補遺六十一卷　(清)王藻編　清咸豐七年(1857)有嘉樹軒刻本　四册　存九卷(補遺二十至二十三、四十一至四十五)

320000－1615－0006816　集 1431/501457
唐人五十家小集　(清)江標輯　清光緒二十一年(1895)元和江氏靈鶼閣刻本　十九册　存三種三卷(雀塗詩集一卷、張蠙詩集一卷、劉駕詩集一卷)

320000－1615－0006817　集 1432/501458
御訂全金詩增補中州集七十二卷首二卷　(金)元好問輯　(清)郭元釪補輯　清刻本　六册　存七卷(一至五、首二卷)

320000－1615－0006818　集 1432/501459
南宋雜事詩七卷　(清)沈嘉轍等撰　清刻本　一册

320000－1615－0006819　集 1432/501460
感舊集十六卷　(清)王士禛選　(清)盧見曾補傳　清乾隆十七年(1752)德州盧氏雅雨堂刻本　八册

320000－1615－0006820　集 1432/501461
感舊集十六卷　(清)王士禛選　(清)盧見曾補傳　清乾隆十七年(1752)德州盧氏雅雨堂刻本　一册　存八卷(一至八)

320000－1615－0006821　集 1432/501462
李長吉歌詩四卷首一卷外集一卷　(唐)李賀撰　(清)王琦彙解　清光緒四年(1878)宏達堂刻宏達堂叢書本　四册

320000－1615－0006822　集 1433/501463
峭帆樓叢書　趙詒琛輯　清宣統至民國間新陽趙氏刻本　五册　存三種十三卷(雲間三子新詩合稿九卷、離憂集二卷、從游集二卷)

320000－1615－0006823　集 1433/501464
古謠諺一百卷　(清)杜文瀾輯　清咸豐十一年(1861)曼陀羅華閣刻本　十五册　存八十二卷(五至六、十二至七十八、八十六至九十八)

320000－1615－0006824　集1434/501465
柳堂師友詩録初編　(清)李長榮輯　清刻本　二册　存二十五種二十五卷(春暉書屋詩集一卷、子良詩存一卷、榕堂吟館詩鈔一卷、融谷詩草一卷、宜亭草一卷、嘯劍山房剩草一卷、靈洲山人詩鈔一卷、詩義堂後集一卷、蓼東賸草一卷、懷古田舍詩鈔一卷、柳村遺草一卷、至堂詩鈔一卷、海天樓詩鈔一卷、太華山人詩存一卷、松石齋詩集一卷、培根堂詩鈔一卷、愛廬吟草一卷、松寮詩訪存一卷、樵湖詩鈔一卷、紅樹山莊詩鈔一卷、澧陽遺草一卷、黎齋詩草一卷、寄漚館拾餘草一卷、未覺軒遺草一卷、修竹軒遺草一卷)

320000－1615－0006825　集1434/501466
樊山批判十四卷　樊增祥撰　清光緒刻本　四册　存十二卷(三至十四)

320000－1615－0006826　集1434/501467
樊山公牘三卷批判十四卷　樊增祥撰　清光緒二十年(1894)刻本　七册

320000－1615－0006827　集1434/501468
檜門觀劇詩三卷　(清)金德瑛撰　清光緒三十四年(1908)觀古堂刻本　一册

320000－1615－0006828　集1434/501469
燕蘭小譜五卷　(清)吴長元撰　**海鷗小譜一卷**　(清)趙執信撰　清宣統三年(1911)長沙葉氏刻本　一册

320000－1615－0006829　集1434/501470
古文講授談二編　尚秉和纂　清宣統二年(1910)京師京華印書局鉛印本　二册

320000－1615－0006830　集1441/501471
夷堅志二十卷　(宋)洪邁撰　清刻本　七册　存十四卷(丙上、下,丁上、下,戊上、下,己上、下,庚上、下,辛上、下,癸上、下)

320000－1615－0006831　集1441/501472
史餘萃覽四卷　(清)楊家麟集　清光緒申報館鉛印本　二册

320000－1615－0006832　集1441/501473
史餘萃覽四卷　(清)楊家麟集　清光緒申報館鉛印本　二册

320000－1615－0006833　集1441/501474
甕牖餘談八卷　(清)王韜撰　清光緒元年(1875)申報館鉛印本　三册　存六卷(一至六)

320000－1615－0006834　集1441/501475
紀載彙編十種　(明)馮夢龍編　題(清)莫釐山人增補　清光緒四年(1878)鉛印申報館叢書本　二册

320000－1615－0006835　集1441/501476
談古偶録二卷　(清)陳星瑞撰　清光緒申報館鉛印本　二册

320000－1615－0006836　集1441/501477
茶餘談薈二卷　見南山人撰　清光緒申報館鉛印本　二册

320000－1615－0006837　集1441/501478
香祖筆記十二卷　(清)王士禛撰　清光緒申報館鉛印本　四册

320000－1615－0006838　集1441/501479
獨悟庵叢鈔　(清)楊引傳編　清光緒四年(1878)鉛印申報館叢書本　一册　存二種二卷(鏡亭軼事一卷、天山清辨一卷)

320000－1615－0006839　集1441/501480
鸝砭軒質言四卷　(清)戴蓮芬撰　清光緒申報館鉛印本　二册

320000－1615－0006840　集1441/501481
四夢彙譚四卷　(清)吴紹箕撰　清光緒五年(1879)鉛印申報館叢書本　四册

320000－1615－0006841　集1441/501482
壺天録三卷　題百一居士撰　清光緒二十七年(1901)申報館鉛印本　二册

320000－1615－0006842　集1441/501483
客窗閒話八卷　(清)吴熾昌撰　清道光十九年(1839)敬義堂刻本　四册

320000－1615－0006843　集1442/501484
選註六朝唐賦不分卷　(清)馬傳庚選注　清光緒二年(1876)刻本　二册

320000－1615－0006844　集 1442/501485

李長吉詩四卷外集一卷　（唐）李賀撰　（清）吴汝綸評注　清末刻本　一册

320000－1615－0006845　集 1442/501486

天真閣集五十四卷外集六卷　（清）孫原湘撰　清刻本　二册　存六卷（四至九）

320000－1615－0006846　集 1442/501487

玉谿生詩詳註三卷首一卷樊南文集詳註八卷首一卷　（唐）李商隱撰　（清）馮浩註　清乾隆刻本　四册　存四卷（玉谿生詩詳註三卷、首一卷）

320000－1615－0006847　集 1442/501488

卷施閣文乙集八卷續集一卷　（清）洪亮吉撰　清光緒五年（1879）授經堂刻本　三册

320000－1615－0006848　集 1442/501489

欽定全唐文一千卷目録三卷　（清）董誥等編　清嘉慶十九年（1814）揚州書局内府刻本　三册　存十卷（一百九十至一百九十九）

320000－1615－0006849　集 1442/501490

謝疊山先生文章軌範七卷　（宋）謝枋得撰　清光緒八年（1882）青簡齋刻朱墨套印本　二册

320000－1615－0006850　集 1442/501491

影宋本註魏鶴山先生渠陽詩一卷　（宋）魏了翁撰　（宋）王德文注　清光緒二十八年（1902）武昌黄岡陶子麟刻本　一册

320000－1615－0006851　集 1442/501492

西泠酬唱集五卷二集五卷三集五卷　（清）秦緗業等撰　清刻本　二册　存五卷（二集五卷）

320000－1615－0006852　集 1442/501493

西泠酬唱集五卷　（清）秦緗業等撰　清光緒四年（1878）刻本　一册　存二卷（一至二）

320000－1615－0006853　集 1442/501494

文心雕龍十卷　（南朝梁）劉勰撰　清光緒三年（1877）湖北崇文書局刻本　二册

320000－1615－0006854　集 1442/501495

文心雕龍十卷　（南朝梁）劉勰撰　（清）黄叔琳輯注　（清）紀昀評　清道光十三年（1833）兩廣節署刻朱墨套印本　三册　存八卷（三至十）

320000－1615－0006855　集 1442/501496

荔村草堂詩續鈔一卷　（清）譚宗浚撰　清宣統二年（1910）刻本　一册

320000－1615－0006856　集 1442/501497

欽定狀元策不分卷　（清）□□編　清末刻本　二册

320000－1615－0006857　集 1443/501498

説郛一百二十卷　（明）陶宗儀輯　**説郛續四十六卷**　（明）陶珽等輯　明末刻清初李際期宛委山堂刻匯印本　六册　存七十三種七十七卷（説郛詩式一卷、詩譜一卷、二十四詩品一卷、詩談一卷、詩論一卷、詩病五事一卷、杜詩箋一卷、風騷旨格一卷、韻語陽秋一卷、藝苑雌黄一卷、譚苑醍醐一卷、竹林詩評一卷、謝氏詩源一卷、潛溪詩眼一卷、本事詩一卷、碧溪詩話一卷、環溪詩話一卷、東坡詩話一卷、西清詩話一卷、艇齋詩話一卷、梅澗詩話一卷、後村詩話一卷、漫叟詩話一卷、桐江詩話一卷、蘭莊詩話一卷、金玉詩話一卷、漢皋詩話一卷、陳輔之詩話一卷、敖器之詩話一卷、潘子真詩話一卷、青瑣詩話一卷、玄散詩話一卷、六一居士詩話一卷、司馬溫公詩話一卷、劉攽貢父詩話一卷、後山居士詩話一卷、許彦周詩話一卷、滄浪詩話一卷、珊瑚鉤詩話三卷、石林詩話三卷、烏臺詩案一卷、庚溪詩話一卷、紫微詩話一卷、竹坡老人詩話一卷、臨漢隱居詩話一卷、苕溪隱居叢話一卷、歲寒堂詩話一卷、娱書堂詩話一卷、二老堂詩話一卷、比紅兒詩一卷、林下詩談一卷、詩話雋永一卷、詩詞餘話一卷、詞品一卷、詞旨一卷、四六餘話一卷、月泉吟社一卷，續説郛談藝録一卷、秋圃擷餘一卷、歸田詩話一卷、南濠詩話一卷、蓉塘詩話一卷、敬君詩話一卷、蜀中詩話一卷、麓堂詩話一卷、夷白齋詩話一卷、存餘堂詩話一卷、娱書堂詩話一卷、升菴辭品一卷、千里面譚一卷、雪濤詩評一卷、閨秀詩評

一卷、閒書杜率一卷)

320000－1615－0006858　集1443/501499

國朝常州駢體文録三十一卷附結一宧駢體文一卷　(清)屠寄輯　清光緒刻本　四册

320000－1615－0006859　集1443/501500

晚學集八卷　(清)桂馥撰　清道光刻本　一册

320000－1615－0006860　集1443/501501

李太白全集十六卷　(唐)李白撰　(清)李調元　(清)鄧在珩編　清光緒九年(1883)刻本　四册　存十一卷(一至五、十一至十六)

320000－1615－0006861　集1443/501502

古文講授談二編　尚秉和纂　清宣統二年(1910)京師京華印書局鉛印本　一册　存一册(下)

320000－1615－0006862　集1444/501503

新安先集二十卷　(清)朱爲弼撰　清同治十三年(1874)蘇州刻本　六册

320000－1615－0006863　集1444/501504

全唐文紀事一百二十二卷　(清)陳鴻墀纂　清同治十二年(1873)廣州富文齋刻本　十六册

320000－1615－0006864　集1444/501505

是程堂集十四卷　(清)屠倬撰　清嘉慶十九年(1814)真州官舍刻本　一册　存四卷(十一至十四)

320000－1615－0006865　集1444/501506

天游閣詩集二卷　(清)顧太清撰　清宣統元年(1909)徐氏刻本　一册

320000－1615－0006866　集1445/501507

豈有此理四卷　(清)□□撰　清嘉慶四年(1799)刻本　四册

320000－1615－0006867　集1445/501508

閨秀詞鈔十六卷　徐乃昌編　清宣統三年(1911)徐氏小檀欒室刻本　八册

320000－1615－0006868　集1451/501509

慎宜軒詩八卷　姚永概撰　清宣統二年(1910)鉛印本　一册

320000－1615－0006869　集1451/501510

龔定盦全集　(清)龔自珍撰　清宣統二年(1910)上海國學扶輪社鉛印本　七册　存十六卷(文集三卷、續集四卷、補編四卷、補一卷、别集一卷、拾遺一卷、補詞選一卷、年譜一卷)

320000－1615－0006870　集1451/501511

海門詩鈔八卷外集四卷末一卷　(清)鮑皋撰　清宣統三年(1911)刻本　四册

320000－1615－0006871　集1451/501512

楚望閣詩集十卷　程頌萬撰　清光緒二十七年(1901)刻本　三册

320000－1615－0006872　集1451/501513

唐七律詩鈔二卷　(清)曹毓德編　清道光二十四年(1844)刻本　一册

320000－1615－0006873　集1451/501514

五周先生集六種　(清)周沐潤等撰　清光緒二十二年(1896)刻本　一册　存四種四卷(蟄室詩録一卷、訒庵遺稿一卷、傳忠堂學古文一卷、歐堂勝稿一卷)

320000－1615－0006874　集1451/501515

秋柳詩釋一卷　(清)王士禛撰　清光緒十四年(1888)王氏刻本　一册

320000－1615－0006875　集1451/501516

七十家賦鈔六卷　(清)張惠言輯　清道光元年(1821)合河康氏刻本　二册

320000－1615－0006876　集1451/501517

李義山詩集十六卷　(唐)李商隱撰　(清)姚培謙箋注　清乾隆四年(1739)刻本　四册

320000－1615－0006877　集1451/501518

亭林遺書十種　(清)顧炎武撰　清刻本　七册　缺二種四卷(左傳杜解補正三卷、顧氏譜系考一卷)

320000－1615－0006878　集1452/501519

兩當軒詩鈔十四卷悔存詞鈔二卷　(清)黄景仁撰　清刻本　二册

320000－1615－0006879　集 1452/501520
甘泉鄉人稿二十四卷　(清)錢泰吉撰　**年譜一卷**　清同治十一年(1872)刻本　三冊　存十一卷(一至五、十五至十九,年譜一卷)

320000－1615－0006880　集 1452/501521
投筆集一卷　(清)錢謙益撰　清末刻本　一冊

320000－1615－0006881　集 1452/501522
餐芍華館詩集八卷附詞一卷　(清)周騰虎撰　清光緒十九年(1893)木活字印本　四冊

320000－1615－0006882　集 1452/501523
初唐四傑文集二十一卷　(清)□□輯　清光緒五年(1879)淮南書局刻本　一冊　存五卷(盧照鄰文集二卷、駱賓王文集三卷)

320000－1615－0006883　集 1452/501524
古微堂内集三卷外集七卷　(清)魏源撰　清光緒四年(1878)淮南書局刻本　四冊

320000－1615－0006884　集 1453/501525
聲調三譜　(清)王祖源輯　清同治、光緒間福山王氏刻天壤閣叢書本　二冊

320000－1615－0006885　集 1453/501526
向湖邨舍詩初集十二卷　(清)趙藩撰　清光緒十四年(1888)長沙刻本　一冊

320000－1615－0006886　集 1453/501527
琴海集二卷　(清)陳玉鄰撰　清光緒二十一年(1895)刻本　一冊

320000－1615－0006887　集 1453/501528
雪鴻偶鈔詩四卷詞一卷　(清)倪世珍録　清光緒四年(1878)吴縣倪氏刻本　二冊

320000－1615－0006888　集 1453/501529
香石詩話四卷　(清)黄培芳撰　清嘉慶十五年(1810)嶺海樓刻本　一冊　存二卷(三至四)

320000－1615－0006889　集 1453/501530
雪青閣詩集四卷　(清)謝維藩撰　清光緒九年(1883)刻本　二冊

320000－1615－0006890　集 1453/501531
定盦文集三卷續集四卷　(清)龔自珍撰　清末刻本　一冊　存二卷(續集三至四)

320000－1615－0006891　集 1453/501532
定盦文集三卷　(清)龔自珍撰　清同治七年(1868)刻本　一冊

320000－1615－0006892　集 1453/501533
舊學四種　(清)譚翩撰　清光緒刻本　四冊

320000－1615－0006893　集 1453/501534
小石山房叢書　(清)顧湘輯　清同治十三年(1874)虞山顧氏刻本　一冊　存二種三卷(明人詩品二卷、夢曉樓隨筆一卷)

320000－1615－0006894　集 1453/501535
三徑草堂詩鈔四卷　(清)蔣師軾撰　清光緒十六年(1890)刻本　一冊

320000－1615－0006895　集 1453/501536
篋中集一卷　(唐)元結輯　**札記一卷**　徐乃昌撰　清光緒至民國間南陵徐氏隨盦刻徐氏叢書本　一冊

320000－1615－0006896　集 1453/501537
明詩别裁集十二卷　(清)沈德潛輯　清乾隆四年(1739)刻本　二冊

320000－1615－0006897　集 1453/501538
欽定全唐文一千卷目録三卷　(清)董誥等編　清嘉慶十九年(1814)揚州書局内府刻本　一冊　存三卷(七百九十四至七百九十六)

320000－1615－0006898　集 1453/501539
明詩别裁集十二卷　(清)沈德潛　(清)周準輯　清刻本　三冊　存九卷(四至十二)

320000－1615－0006899　集 1453/501540
六朝文絜箋注十二卷　(清)許槤評選　(清)黎經誥箋注　清光緒十五年(1889)刻本　二冊

320000－1615－0006900　集 1454/501541
漁洋山人精華録會心偶筆六卷　(清)王士禛撰　(清)伊應鼎編述　清乾隆二十四年(1759)刻本　三冊　存四卷(一至二、五至六)

320000－1615－0006901　集1454/501542
禨鼿亭集三十二卷　(清)祁寯藻撰　清刻本　一册　存二卷(古今體詩六十三首己酉、古今體詩四十六首己酉至庚戌)

320000－1615－0006902　集1454/501543
觀河集四卷　(清)彭紹升撰　清同治元年(1862)刻本　一册

320000－1615－0006903　集1454/501544
縵雅堂駢體文八卷　(清)王詒壽撰　清光緒六年(1880)刻本　二册

320000－1615－0006904　集1454/501545
鸞簫集三卷　沈同芳撰　清光緒二十二年(1896)刻本　一册

320000－1615－0006905　集1454/501546
雪鴻堂詩蒐逸三卷附録一卷　(明)謝三秀撰　清咸豐元年(1851)遵義刻本　一册

320000－1615－0006906　集1454/501547
汪子詩録四卷文録十卷附録一卷　(清)汪縉撰　清光緒八年(1882)刻本　三册

320000－1615－0006907　集1454/501548
李義山文集箋注十卷　(唐)李商隱撰　(清)徐樹穀箋注　清刻本　三册　存八卷(三至十)

320000－1615－0006908　集1454/501549
左海文集乙編二卷　(清)陳壽祺撰　(清)徐炯注　清刻本　一册

320000－1615－0006909　集1454/501550
更生齋文甲集四卷乙集四卷　(清)洪亮吉撰　清刻本　二册

320000－1615－0006910　集1454/501551
玉谿生詩詳註三卷首一卷樊南文集詳註八卷首一卷　(唐)李商隱撰　(清)馮浩註　清刻本　四册　存四卷(玉谿生詩詳註三卷、首一卷)

320000－1615－0006911　集1511/501552
湖海文傳七十五卷　(清)王昶輯　清同治五年(1866)刻本　十六册

320000－1615－0006912　集1511/501553
補竹軒詩集三卷　(清)鮑源深撰　清光緒刻本　一册

320000－1615－0006913　集1511/501554
補竹軒文集六卷　(清)鮑源深撰　清光緒刻本　三册

320000－1615－0006914　集1511/501555
水雲樓詞二卷續一卷　(清)蔣春霖撰　清湖南思賢書局刻本　一册

320000－1615－0006915　集1511/501556
唐詩別裁集引典備註二十卷　(清)沈德潛選　(清)俞汝昌增注　清刻本　三册　存六卷(二至三、七至八、十七至十八)

320000－1615－0006916　集1511/501557
蟦廬詩鈔十卷　(清)王蔭槐著　清光緒七年(1881)刻本　一册　存五卷(一至五)

320000－1615－0006917　集1512/501558
文心雕龍十卷　(南朝梁)劉勰撰　(清)黄叔琳輯注　(清)紀昀評　清道光十三年(1833)兩廣節署刻朱墨套印本　四册

320000－1615－0006918　集1512/501559
文心雕龍十卷　(南朝梁)劉勰撰　(清)黄叔琳注　清乾隆養素堂刻本　一册

320000－1615－0006919　集1512/501560
文心雕龍十卷　(南朝梁)劉勰撰　(清)黄叔琳注　清乾隆養素堂刻本　四册

320000－1615－0006920　集1512/501561
讀書作文譜十二卷父師善誘法二卷　(清)唐彪輯　清刻本　二册

320000－1615－0006921　集1512/501562
文章緣起一卷　(南朝梁)任昉撰　清刻朱印本　四册

320000－1615－0006922　集1512/501563
詩比興箋四卷　(清)陳沆撰　清光緒九年(1883)武昌刻本　二册

320000－1615－0006923　集1512/501564
詩比興箋四卷　(清)陳沆撰　清咸豐五年

(1855)刻本　四冊

320000－1615－0006924　集1513/501565
石州詩話八卷　(清)翁方綱撰　清乾隆三十三年(1768)刻本　二冊

320000－1615－0006925　集1513/501566
苕溪漁隱叢話前集六十卷後集四十卷　(宋)胡仔纂　清耘經樓刻本　十二冊

320000－1615－0006926　集1513/501567
彭剛直公詩集八卷　(清)彭玉麟撰　清光緒十七年(1891)刻本　一冊　存四卷(一至四)

320000－1615－0006927　集1513/501568
黄詩全集五十八卷　(宋)黄庭堅撰　(清)翁方綱編　清乾隆五十三年(1788)樹經堂刻本　八冊　存二十卷(一至二十)

320000－1615－0006928　集1514/501569
京江鮑氏課選樓合稿四種　(清)戴燮元輯　清刻本　四冊

320000－1615－0006929　集1514/501570
重訂文選集評十五卷首一卷末一卷　(南朝梁)蕭統輯　(清)于光華編　清乾隆四十六年(1781)心簡齋刻本　十六冊

320000－1615－0006930　集1514/501571
龍文鞭影二卷二集二卷　(明)蕭良有撰　(明)楊臣諍增訂　(清)李輝吉　(清)徐瓚續撰　清同治七年(1868)書樓刻本　四冊

320000－1615－0006931　集1514/501572
張石樵先生遺集二種四卷　(清)張安保撰　清光緒七年(1881)淮浦刻本　四冊

320000－1615－0006932　集1514/501573
岳忠武王文集八卷首一卷末一卷　(宋)岳飛撰　清乾隆三十五年(1770)刻本　四冊

320000－1615－0006933　集1521/501574
傅鶉觚集五卷　(晉)傅玄撰　清光緒二年(1876)廣州書局刻本　一冊　存二卷(一至二)

320000－1615－0006934　集1521/501575
國朝詩人徵略六十卷　(清)張維屏輯　清刻本　七冊　存三十卷(一至四、十二至二十三、三十至四十三)

320000－1615－0006935　集1521/501576
柳亭詩話三十卷　(清)宋長白撰　清光緒八年(1882)刻本　九冊

320000－1615－0006936　集1521/501577
帶經堂詩話三十卷首一卷　(清)王士禛撰　清同治十二年(1873)廣州藏脩堂刻本　十二冊

320000－1615－0006937　集1522/501578
宋元明詩約鈔三百首二卷　(清)朱梓　(清)冷昌言編　(清)華黼臣註　清道光二十一年(1841)金陵李光明莊刻本　二冊

320000－1615－0006938　集1522/501579
宋元明詩約鈔三百首二卷　(清)朱梓　(清)冷昌言編　(清)華黼臣註　清道光二十一年(1841)金陵李光明莊刻本　二冊

320000－1615－0006939　集1522/501580
唐詩近體四卷　(清)胡本淵選　清光緒十七年(1891)金陵李光明莊刻本　二冊

320000－1615－0006940　集1522/501581
詁經精舍四集十六卷續選一卷　(清)俞樾編　清光緒五年(1879)刻本　八冊

320000－1615－0006941　集1522/501582
甌北詩話十卷續詩話二卷　(清)趙翼撰　清嘉慶趙氏湛貽堂刻本　二冊

320000－1615－0006942　集1522/501583
甌北詩話十卷續詩話二卷　(清)趙翼撰　清嘉慶趙氏湛貽堂刻本　二冊

320000－1615－0006943　集1522/501584
回文類聚四卷續編十卷　(宋)桑世昌纂　(清)朱象賢輯　清裕文堂刻本　五冊

320000－1615－0006944　集1522/501585
星湄詩話二卷　(清)徐傳詩撰　清宣統三年(1911)趙氏峭帆樓刻本　一冊

320000－1615－0006945　集1522/501586
星湄詩話二卷　(清)徐傳詩撰　清宣統三年

(1911)趙氏峭帆樓刻本　一册

320000－1615－0006946　集1522/501587
詩品一卷　(南朝梁)鍾嶸原本　**詩式一卷**　(唐)釋皎然原本　**二十四詩品一卷**　(唐)司空圖原本　清乾隆海鹽朱氏刻本　一册

320000－1615－0006947　集1522/501588
司空詩品註釋一卷　(唐)司空圖撰　清末李光明莊刻本　一册

320000－1615－0006948　集1522/501589
司空詩品註釋一卷　(唐)司空圖撰　清同治九年(1870)寶文書局刻本　一册

320000－1615－0006949　集1522/501590
回文類聚四卷續編十卷　(宋)桑世昌纂　(清)朱象賢輯　清麟玉堂刻本　一册　存四卷(回文類聚四卷)

320000－1615－0006950　集1522/501591
顧仲恭文集一卷　(清)顧大韶撰　清宣統元年(1909)國學扶輪社鉛印本　一册

320000－1615－0006951　集1954/501592
古今説海一百三十五種一百四十二卷　(明)陸楫輯　清宣統元年(1909)上海集成圖書公司排印本　六册　存七十七種七十九卷

320000－1615－0006952　集1522/501593
柳隱叢談五卷　(清)于源撰　清咸豐刻本　一册

320000－1615－0006953　集1522/501594
今體詩鈔注略宋詩三卷首一卷補注一卷　(清)姚鼐撰　清同治八年(1869)補讀齋刻本　一册　存三卷(一至二、首一卷)

320000－1615－0006954　集1523/501595
儀鄭堂文二卷　(清)孔廣森撰　清刻本　一册

320000－1615－0006955　集1523/501596
國朝文録八十二卷　(清)姚椿輯　清咸豐元年(1851)終南山館刻本　三十一册

320000－1615－0006956　集1523/501597
海門詩鈔八卷外集四卷末一卷　(清)鮑皋撰　清宣統三年(1911)刻本　三册　存八卷(海門詩鈔五至八、外集四卷)

320000－1615－0006957　集1523/501598
角山樓賦鈔二卷　(清)趙克宜撰　清道光二十三年(1843)刻本　一册　存一卷(上)

320000－1615－0006958　集1524/501599
八家四六文鈔八種　(清)吴鼒輯　清較經堂刻本　三册　存三種三卷(玉芝堂文集一卷、思補堂文集一卷、儀鄭堂遺稿一卷)

320000－1615－0006959　集1524/501600
庚辰集五卷　(清)紀昀編　清刻本　五册

320000－1615－0006960　集1524/501601
桃花扇四卷　(清)孔尚任撰　(清)云亭山人編　清道光十三年(1833)刻本　四册

320000－1615－0006961　集1524/501602
山陽詩徵續編四十四卷　王錫祺輯　清光緒鉛印本　十二册　缺六卷(二十一至二十四、三十一至三十二)

320000－1615－0006962　集1524/501603
巧對録八卷　(清)梁章鉅輯　清道光二十九年(1849)刻本　二册

320000－1615－0006963　集1524/501604
遯窟讕言十二卷　(清)王韜撰　**眉珠盦憶語一卷**　(清)華鬘生撰　清光緒元年(1875)申報館鉛印本　四册

320000－1615－0006964　集1525/501605
隨園詩話十六卷補遺十卷　(清)袁枚撰　清光緒十八年(1892)著易堂鉛印本　三册　存十四卷(一至十四)

320000－1615－0006965　集1525/501606
藝苑叢話十六卷　(清)陳琰編　清宣統三年(1911)上海六藝書局石印本　四册

320000－1615－0006966　集1525/501607
分韻文選題解擇要□□卷　汪承元輯注　清刻本　四册　存十卷(一至十)

320000－1615－0006967　集1525/501608
名賢手札不分卷　(清)郭慶藩撰　清光緒十

一年(1885)上海同文書局石印本　二册

320000－1615－0006968　集1525/501609
兩宧江南記略一卷　(清)海霈撰　**淮程旅韻一卷**　(□)□□撰　清光緒元年(1875)刻本　一册

320000－1615－0006969　集1525/501610
笠翁一家言全集　(清)李漁撰　清芥子園刻本　十七册　存二種四十四卷(一家言文集四卷、詩集八卷、二集十二卷、別集四卷,閒情偶寄十六卷)

320000－1615－0006970　集1525/501611
紫琅詩話九卷　(清)顧鵷巢撰　清道光五年(1825)崇蘭館刻本　二册

320000－1615－0006971　集1531/501612
苕溪漁隱叢話前集六十卷後集四十卷　(宋)胡仔纂　清道光二十六年(1846)海山仙館刻本　十六册

320000－1615－0006972　集1531/501613
殿試策不分卷　(□)□□撰　清光緒刻本　四册

320000－1615－0006973　集1532/501614
桐陰清話八卷　(清)倪鴻撰　清刻本　四册

320000－1615－0006974　集1532/501615
漁洋詩話二卷　(清)王士禛撰　清同治九年(1870)湝灣立文堂刻本　二册

320000－1615－0006975　集1532/501616
耐冷譚十六卷　(清)宋咸熙撰　清道光武林方西齋刻本　八册

320000－1615－0006976　集1532/501617
閨秀詩評一卷　題棣華園主人編　清光緒三年(1877)申報館鉛印本　一册

320000－1615－0006977　集1532/501618
詩法入門四卷首一卷　(清)游藝輯　清致和堂刻本　一册　存四卷(一至三、首一卷)

320000－1615－0006978　集1532/501619
龍威秘書　(清)馬俊良輯　清乾隆五十九年(1794)石門馬氏大酉山房刻本　二册　存三種七卷(臨漢隱居詩話一卷、滹南詩話三卷、蓮坡詩話三卷)

320000－1615－0006979　集1532/501620
藝苑叢話十六卷　(清)陳琰編　清宣統三年(1911)上海六藝書局石印本　三册　存十二卷(一至十二)

320000－1615－0006980　集1532/501621
雨村詩話十六卷　(清)李調元撰　清九經堂刻本　八册

320000－1615－0006981　集1532/501622
歲寒堂詩話二卷　(宋)張戒撰　清刻本　一册

320000－1615－0006982　集1532/501623
圍爐詩話六卷　(清)吴喬述　清道光四年(1824)刻本　四册

320000－1615－0006983　集1533/501624
藝概六卷　(清)劉熙載撰　清同治十二年(1873)刻本　四册

320000－1615－0006984　集1533/501625
昭昧詹言十卷續八卷續録二卷　(清)方東樹撰　清刻本　四册

320000－1615－0006985　集1533/501626
文心雕龍十卷　(南朝梁)劉勰撰　(清)黄叔琳輯注　(清)紀昀評　清道光十三年(1833)兩廣節署刻朱墨套印本　四册

320000－1615－0006986　集1533/501627
履園叢話二十四卷　(清)錢泳撰　清道光五年(1825)刻本　八册

320000－1615－0006987　集1533/501628
重訂唐詩別裁集二十卷　(清)沈德潛選　清教忠堂刻本　四册

320000－1615－0006988　集1533/501629
注釋唐詩三百首二卷　(清)孫洙編　清末金陵李光明書莊刻本　一册　存一卷(上)

320000－1615－0006989　集1533/501630
宋元明詩約鈔三百首二卷　(清)朱梓　(清)冷昌言編　(清)華黼臣註　清李光明莊刻本

一册

320000－1615－0006990　集1534/501631
牡丹亭還魂記二卷　(明)湯顯祖撰　(清)王尚辰評閱　清光緒十二年(1886)同文書局石印本　四册

320000－1615－0006991　集1534/501632
翰苑分楷十三經集字不分卷　(□)□□撰　清光緒二十二年(1896)寶善書局石印本　一册

320000－1615－0006992　集1534/501633
南野堂詩集七卷首一卷　(清)吴文溥撰　清刻本　四册

320000－1615－0006993　集1534/501634
蕩平髪逆圖記二十二卷首一卷　(清)杜小舫纂　清光緒鉛印本　四册

320000－1615－0006994　集1534/501635
兒女英雄傳不分卷四十回　(清)文康撰　清光緒四年(1878)申報館鉛印本　十六册

320000－1615－0006995　集1534/501636
新鐫批評出像通俗奇俠禪真逸史四十回　(清)清心道人編　(清)心心仙侣評　清同治四年(1865)刻本　十六册

320000－1615－0006996　集1535/501637
文章軌範七卷　(宋)謝枋得輯　清乾隆四十年(1775)曹氏四焉齋刻本　二册

320000－1615－0006997　集1535/501638
河南程氏文集十二卷附録一卷遺文一卷　(宋)程頤　(宋)程顥撰　清刻本　四册

320000－1615－0006998　集1535/501639
河南程氏外書十二卷　(宋)程頤　(宋)程顥撰　清刻本　一册

320000－1615－0006999　集1535/501640
東嵒草堂評訂唐詩鼓吹十卷　(金)元好問編　(元)郝天挺注　清乾隆四十年(1775)刻本　六册

320000－1615－0007000　集1535/501641
顔魯公文集三十卷補遺一卷　(唐)顔真卿撰　(清)黄本驥編　清刻本　九册

320000－1615－0007001　集1541/501642
趙恭毅公賸稿八卷　(清)趙申喬撰　(清)趙侗斆輯　清光緒十八年(1892)浙江書局刻本　四册

320000－1615－0007002　集1541/501643
唐四家集二十八卷　同文書局編　清光緒十年(1884)同文書局石印本　八册

320000－1615－0007003　集1541/501644
宋代五十六家詩集　(清)坐春書塾選輯　清宣統二年(1910)北京龍文閣石印本　六册

320000－1615－0007004　集1541/501645
全唐詩話六卷　(宋)王衮撰　清宣統三年(1911)上海朝記書莊石印本　六册

320000－1615－0007005　集1541/501646
讀書堂杜工部詩集注解二十卷　(唐)杜甫撰　(清)張溍評注　清刻本　一册　存二卷(一至二)

320000－1615－0007006　集1541/501647
述庵詩零一卷　(清)林崧祁撰　清宣統元年(1909)鉛印本　一册

320000－1615－0007007　集1541/501648
述庵詩零一卷　(清)林崧祁撰　清宣統元年(1909)鉛印本　一册

320000－1615－0007008　集1541/501649
八家四六文註八卷首一卷補註一卷增訂一卷校勘一卷　(清)許貞幹注　清光緒十八年(1892)上海圖書集成印書局鉛印本　八册

320000－1615－0007009　集1541/501650
二家詞鈔五卷　(清)李慈銘　樊增祥撰　清光緒二十八年(1902)上海會文堂石印本　二册

320000－1615－0007010　集1541/501651
花月痕全書十六卷　題(清)眠鶴主人編　題(清)棲霞居士評　清光緒三十一年(1905)育文書局石印本　四册

320000－1615－0007011　集1541/501652

增訂袁文箋正四卷 （清）魏大縉增訂 清同治十三年(1874)影印本 一册

320000－1615－0007012 集1541/501653
袁文箋正十六卷補注一卷 （清）袁枚撰 （清）石韞玉箋 清光緒十四年(1888)上海蜚英館石印本 二册

320000－1615－0007013 集1542/501654
兩般秋雨盦隨筆八卷 （清）梁紹壬撰 清同文堂刻本 八册

320000－1615－0007014 集1542/501655
重編留青新集二十四卷 （清）陳枚編 清光緒三十四年(1908)上海廣益書局鉛印本 十二册

320000－1615－0007015 集1542/501656
分類絨腋不分卷 （清）涂謙撰 清道光五年(1825)聚錦堂刻本 八册

320000－1615－0007016 集1542/501657
楹帖採腴七卷 （清）羅昌基纂 清咸豐刻本 四册

320000－1615－0007017 集1542/501658
四書對聯新編二卷 （□）□□撰 清光緒九年(1883)刻本 一册

320000－1615－0007018 集1543/501659
疑雨集四卷 （明）王彦泓撰 清文選樓刻本 二册

320000－1615－0007019 集1543/501660
隨園詩話十六卷補遺十卷 （清）袁枚撰 清光緒十八年(1892)袖海山房石印本 四册 缺六卷(補遺五至十)

320000－1615－0007020 集1543/501661
改良繪圖解人頤廣集八卷 （清）錢德蒼增訂 清光緒三十二年(1906)善記書莊石印本 三册 缺二卷(五至六)

320000－1615－0007021 集1543/501662
十二種曲四集 （清）李漁編 清刻本 十四册 缺七種十卷(蜃中樓上、凰求鳳二卷、奈何天下、比目魚上、慎鸞交下、南柯記二卷、邯鄲夢二卷)

320000－1615－0007022 集1543/501663
元詩别裁八卷補遺一卷 （清）姚培謙 （清）張景星 （清）王永棋點閲 清刻本 三册

320000－1615－0007023 集1543/501664
全圖三才子玉嬌梨雙美奇緣四卷二十回 （清）荻岸散人編次 清光緒十九年(1893)深柳堂石印本 三册 存三卷(一至二、四)

320000－1615－0007024 集1544/501665
制義叢話二十四卷題名一卷 （清）梁章鉅撰 清咸豐九年(1859)知足知不足齋刻本 六册 缺六卷(八至十、十六至十八)

320000－1615－0007025 集1544/501666
四六叢話三十三卷 （清）孫梅輯 清光緒七年(1881)吴下刻本 十二册

320000－1615－0007026 集1544/501667
桐城吴氏文法教科書二編 吴闓生撰 清光緒三十一年(1905)文明書局鉛印本 一册

320000－1615－0007027 集1544/501668
小石帆亭著録六卷 （清）翁方綱等撰 清光緒八年(1882)福山王氏天壤閣刻本 一册

320000－1615－0007028 集1544/501669
本事詩前後集十二卷 （清）徐釚輯 清光緒邵武徐氏刻本 四册

320000－1615－0007029 集1545/501670
岱游集一卷 （清）陳文述撰 **跋南雷文定一卷** （清）方東樹撰 **同文集一卷** （清）黄超曾輯 清宣統元年(1909)刻本 一册

320000－1615－0007030 集1545/501671
樗庵存稿五卷 （清）蔣學鏞撰 清嘉慶十八年(1813)刻本 四册

320000－1615－0007031 集1545/501672
九靈山房集十九卷 （元）戴良撰 清同治九年(1870)退補齋刻金華文萃本 六册

320000－1615－0007032 集1545/501673
新刻鐘伯敬先生批評封神演義十九卷 （明）許仲琳撰 清學庫山房刻本 二十册

320000－1615－0007033　集 1551/501674
眉山詩案廣證六卷　(清)張鑑撰　清光緒十年(1884)江蘇書局刻本　二册

320000－1615－0007034　集 1551/501675
山左詩鈔六十卷　(清)盧見曾纂　清乾隆雅雨堂刻本　十册　存二十九卷(三至二十八、三十五至三十七)

320000－1615－0007035　集 1551/501676
道古堂詩集二十六卷文集四十八卷集外文一卷集外詩一卷軼事一卷　(清)杭世駿撰　清乾隆四十一年(1776)汪沆振綺堂刻光緒十四年(1888)振綺堂補刻本　十六册

320000－1615－0007036　集 1552/501677
緝雅堂詩話二卷　(清)潘衍桐撰　清光緒十七年(1891)杭州刻本　一册

320000－1615－0007037　集 1552/501678
自春堂詩十二卷　(清)楊鑄撰　清刻本　一册　存二卷(雙峯白門集、金華天台集)

320000－1615－0007038　集 1552/501679
誦芬詩略三卷　(清)黄炳垕撰　清同治八年(1869)刻本　一册

320000－1615－0007039　集 1552/501680
潤州賦鈔不分卷　(清)李恩綬輯　清光緒二十三年(1897)刻本　二册

320000－1615－0007040　集 1552/501681
制義叢話二十四卷題名一卷　(清)梁章鉅撰　清刻知足知不足齋叢書本　四册　存十二卷(一至十二)

320000－1615－0007041　集 1552/501682
京江七子詩鈔七卷　(清)張學仁輯　清刻本　二册

320000－1615－0007042　集 1552/501683
邵武徐氏叢書　(清)徐榦輯　清光緒刻本　一册　存二種六卷(琴操二卷、補一卷,支遁集二卷、補遺一卷)

320000－1615－0007043　集 1552/501684
貫華堂第五才子書二十卷　(元)施耐庵撰　清刻本　十册

320000－1615－0007044　集 1553/501685
微雲榭詞選五卷　樊增祥輯　清光緒三十四年(1908)誦青閣鉛印本　一册　存二卷(四至五)

320000－1615－0007045　集 1553/501686
忠武侯諸葛孔明先生全集五種　(三國蜀)諸葛亮撰　(清)張澍輯　清刻本　二册　存三種十六卷(兵法六卷、首一卷,火攻心法十一、首一卷,奇門遁甲六卷、首一卷)

320000－1615－0007046　集 1553－4/501687
欽定全唐文一千卷目録三卷　(清)董誥等編　清刻本　三十二册　存一百三十四卷(一至四、二十一至二十五、四十九至六十二、七十一至七十四、一百十六至一百二十、一百四十六至一百五十、二百九至二百十六、二百二十八至二百三十、二百三十八至二百四十五、三百八十一至三百九十四、五百十八至五百二十四、五百四十一至五百四十五、七百五十四至七百五十六、七百五十九至七百六十九、七百七十四至七百九十、七百九十六至七百九十九、八百六十一至八百六十五、八百八十七至八百九十、八百九十五至八百九十八、九百七至九百十)

320000－1615－0007047　集 1554/501688
養一齋集二十五卷　(清)潘德輿撰　清道光二十九年(1849)刻本　六册　缺一卷(四)

320000－1615－0007048　集 1611/501689
世説新語補二十卷　(南朝宋)劉義慶撰　(明)何良俊補　清乾隆二十七年(1762)茂清書屋刻本　八册

320000－1615－0007049　集 1611/501690
曾文正公家書八卷　(清)曾國藩撰　清光緒五年(1879)傳忠書局刻本　八册

320000－1615－0007050　集 1611/501691
采真匯稿四卷　(清)檀萃撰　清嘉慶六年(1801)刻本　三册

320000－1615－0007051　集 1611/501692

楹聯叢話十二卷　(清)梁章鉅輯　清道光二十年(1840)桂林刻本　四册

320000－1615－0007052　集1612/501693
遣愁集十二卷　(清)張貴騰編　清刻本　六册

320000－1615－0007053　集1612/501694
大雲山房文稿初集四卷二集四卷言事二卷　(清)惲敬撰　清嘉慶二十年(1815)南昌甲戌坊刻本　七册　存八卷

320000－1615－0007054　集1612/501695
印須集八卷續集六卷又續集六卷附女士詩録一卷　(清)吴翌鳳輯　清嘉慶十九年(1814)刻本　二十册

320000－1615－0007055　集1613/501696
古今文統十六卷　(明)張以忠輯　清刻本　十四册　存十五卷(二至十六)

320000－1615－0007056　集1613/501697
國朝古文正的五卷附録二卷　(清)楊彝珍輯　清光緒六年(1880)鉛印本　五册　缺一卷(三)

320000－1615－0007057　集1613/501698
遼文萃七卷藝文志補證一卷西夏文綴二卷藝文志一卷　王仁俊輯　清光緒三十年(1904)長沙刻本　一册

320000－1615－0007058　集1614/501699
宋四六選二十四卷　(清)曹振鏞編　清乾隆刻本　十二册

320000－1615－0007059　集1614/501700
國朝十家四六文鈔不分卷　王先謙輯　清光緒十五年(1889)長沙王氏刻本　四册

320000－1615－0007060　集1614/501701
駢體文鈔三十一卷　(清)李兆洛撰　清同治六年(1867)刻本　八册

320000－1615－0007061　集1614/501702
香南雪北詞一卷　(清)吴藻撰　清道光刻本　二册

320000－1615－0007062　集1614/501703
水雲樓詞續一卷　(清)蔣春霖撰　清光緒二年(1876)嚴州刻本　一册

320000－1615－0007063　集1614/501704
百末詞五卷詞餘一卷　(清)尤侗撰　清刻本　一册

320000－1615－0007064　集1614/501705
苾芻館詞集六卷　(清)胡延撰　清刻本　一册　存一卷(三)

320000－1615－0007065　集1614/501706
詞選二卷　(清)張惠言録　**續詞選二卷附録一卷**　(清)董毅録　清光緒湖北刻本　二册

320000－1615－0007066　集1614/501707
聽松廬詩略二卷　(清)張維屏撰　**續三十五舉**　(清)黄子高撰　清同治十年(1871)刻學海堂叢書本　一册

320000－1615－0007067　集1614/501708
苾芻館詞集六卷　(清)胡延撰　清刻朱印本　二册

320000－1615－0007068　集1621/501709
果報録十二卷　(清)海芝濤撰　清木活字印本　十二册

320000－1615－0007069　集1621/501710
品花寶鑑六十回　(清)陳森撰　清刻本　二十四册

320000－1615－0007070　集1622/501711
正續古文辭類纂一百八卷　(清)姚鼐纂　清光緒三十三年(1907)上海商務印書館鉛印本　六册

320000－1615－0007071　集1622/501712
文苑英華選六十卷　(清)宫夢仁訂　清刻本　二册　存六卷(三十七至四十二)

320000－1615－0007072　集1622/501713
唐宋八大家類選十四卷　(清)儲欣評　清刻本　四册　缺一卷(七)

320000－1615－0007073　集1622/501714
唐宋八大家類選十四卷　(清)儲欣評　清雍正元年(1723)刻本　七册

320000－1615－0007074　集1623/501715
辨體三種　(清)徐與喬述　清刻本　八册

320000－1615－0007075　集1623/501716
儲選古文七種　(清)儲欣評　清嘉慶十三年(1808)刻本　十六册

320000－1615－0007076　集1624/501717
初學辨體不分卷　(清)徐與喬輯　清刻本　二十四册　存二種(經部、史部)

320000－1615－0007077　集1625/501718
古文關鍵二卷　(宋)吕祖謙編　清退補齋刻本　一册　存一卷(下)

320000－1615－0007078　集1625/501719
賦鈔箋略十五卷　(清)雷琳　(清)張杏濱箋　清嘉慶二十二年(1817)刻本　四册　存七卷(七至八、十一至十五)

320000－1615－0007079　集1954/501720
續古文辭類纂十卷　王先謙纂集　清光緒十六年(1890)上海文瑞樓鉛印本　四册

320000－1615－0007080　集1625/501721
唐宋八家文讀本三十卷　(清)沈德潛評點　清刻本　十三册　存二十五卷(三至十二、十六至三十)

320000－1615－0007081　集1631/501722
龍文鞭影四卷　(明)蕭良有輯　清光緒十四年(1888)鎮江文成堂刻本　四册

320000－1615－0007082　集1631/501723
三字經註解備要不分卷　(宋)王應麟撰　清李光明莊刻本　一册

320000－1615－0007083　集1631/501724
黄陵書牘二卷　杜俞撰　清光緒三十三年(1907)姑蘇鉛印海嶽軒叢刻本　一册

320000－1615－0007084　集1631/501725
周文忠公尺牘二卷雜文附録一卷　(清)周天爵撰　清同治七年(1868)蘇松太道署刻本　一册

320000－1615－0007085　集1631/501726
聊齋詞一卷　(清)蒲松齡撰　清宣統二年(1910)國學扶輪社鉛印本　一册

320000－1615－0007086　集1631/501727
紅雪詞鈔四卷　(清)黄湘南撰　清道光中湘陰蔣環刻三長物齋叢書本　二册

320000－1615－0007087　集1631/501728
櫻海詞一卷桃渡詞一卷　葉玉森撰　清宣統元年(1909)鉛印本　一册

320000－1615－0007088　集1631/501729
墨井集五卷　(明)吴歷撰　清宣統元年(1909)土山灣印書館鉛印本　一册

320000－1615－0007089　集1631/501730
千家詩箋注二卷　(宋)謝枋得選　清光緒二年(1876)維揚留餘堂刻本　一册

320000－1615－0007090　集1631/501731
千字文釋義不分卷　(清)汪嘯尹纂輯　清同治、光緒間李光明莊刻本　一册

320000－1615－0007091　集1631/501732
歷代詞腴二卷眠鷗集遺詞一卷　(清)黄承勳輯　清光緒十一年(1885)黛山樓刻本　一册

320000－1615－0007092　集1631/501733
水雲樓詞二卷　(清)蔣春霖撰　清咸豐十一年(1861)曼陀羅華閣刻本　一册

320000－1615－0007093　集1631/501734
增批繪圖古文觀止十二卷　(清)吴乘權　(清)吴大職輯　清宣統元年(1909)文瑞樓石印本　二册

320000－1615－0007094　集1631/501735
絶妙好詞箋七卷續鈔一卷　(宋)周密輯　(宋)查為仁　(清)厲鶚箋　清刻本　四册

320000－1615－0007095　集1631/501736
宋元明詩約鈔三百首二卷　(清)朱梓　(清)冷昌言編　(清)華鰴臣註　清咸豐八年(1858)刻本　二册

320000－1615－0007096　集1631/501737
談異八卷　(清)伊園漫録　清光緒十九年(1893)木活字本　四册

320000－1615－0007097　集 1631/501738
楚辭集注八卷　(宋)朱熹集注　清聽雨齋刻朱墨套印本　三冊　缺一卷(一)

320000－1615－0007098　集 1631/501739
有正味齋詩集十六卷外集五卷詞集八卷駢體文二十四卷　(清)吴錫麒撰　清嘉慶十三年(1808)刻本　二冊　存十四卷(丙上下、丁上下、戊上下、己上下、庚上下、辛上下、癸上下)

320000－1615－0007099　集 1632/501740
草窗詞二卷補二卷　(宋)周密撰　**斷腸詞一卷**　(宋)朱淑真撰　**漱玉詞一卷**　(宋)李清照撰　清光緒二十六年(1900)刻本　一冊

320000－1615－0007100　集 1632/501741
景石齋詞略一卷　(清)姚詩雅撰　清光緒十年(1884)羊城富文齋刻本　一冊

320000－1615－0007101　集 1632/501742
江譚漁唱一卷　(清)羅志讓撰　清光緒四年(1878)刻本　一冊

320000－1615－0007102　集 1632/501743
名家詞集十種　(清)侯文燦輯　清光緒十三年(1887)江陰金氏刻粟香室叢書本　一冊

320000－1615－0007103　集 1632/501744
聞妙香室詞鈔四卷　錢錫寀撰　清宣統二年(1910)天津醒華報館石印本　一冊

320000－1615－0007104　集 1632/501745
薝蔔花館詩詞集不分卷附補遺附傳一卷　(清)徐鴻謨撰　清光緒十二年(1886)刻本　一冊

320000－1615－0007105　集 1632/501746
小遊仙館詞鈔一卷　(清)周尚文撰　清同治六年(1867)刻本　一冊

320000－1615－0007106　集 1632/501747
説劍堂集不分卷　潘飛聲撰　清光緒二十四年(1898)刻本　一冊

320000－1615－0007107　集 1632/501748
唐詩別裁集引典備註二十卷　(清)沈德潛選　(清)俞汝昌增注　清道光十八年(1838)資善堂刻本　三冊　存三卷(四至六)

320000－1615－0007108　集 1632/501749
唐詩別裁集引典備註二十卷　(清)沈德潛選　(清)俞汝昌增注　清道光十八年(1838)資善堂刻本　十冊

320000－1615－0007109　集 1632/501750
南宋雜事詩七卷　(清)沈嘉轍等撰　清刻本　四冊

320000－1615－0007110　集 1632/501751
咏物詩選八卷　(清)俞琰輯　清刻本　三冊　存六卷(三至八)

320000－1615－0007111　集 1632/501752
李太白文集三十六卷　(唐)李白撰　(清)王琦注　清刻本　二冊　存四卷(三十三至三十六)

320000－1615－0007112　集 1632/501753
定山堂詩餘四卷　(清)龔鼎孳撰　清光緒刻本　一冊

320000－1615－0007113　集 1633/501754
明詩綜一百卷　(清)朱彝尊編　(清)汪森輯　清刻本　三十五冊

320000－1615－0007114　集 1633/501755
花簾詞一卷　(清)吴藻撰　清道光十年(1830)刻本　二冊

320000－1615－0007115　集 1634/501756
知足齋詩續集四卷　(清)朱珪撰　清刻本　一冊　存三卷(一至三)

320000－1615－0007116　集 1634/501757
列朝詩集　(清)錢謙益輯　清刻本　二冊　存七卷(乾集上下、甲集前編一至四、閏集四至六)

320000－1615－0007117　集 1634/501758
南來志一卷北歸志一卷廣州遊覽小志一卷　(清)王士禛撰　清刻本　一冊

320000－1615－0007118　集 1634/501759
國朝謚法考一卷　(清)王士禛輯　清刻本　一冊

320000－1615－0007119　集1634/501760
文心雕龍十卷　(南朝梁)劉勰撰　清刻本　一册　存六卷(五至十)

320000－1615－0007120　集1634/501761
裘文達公詩集十二卷　(清)裘日修撰　清刻本　一册　存六卷(一至六)

320000－1615－0007121　集1634/501762
雪青閣詩集四卷　(清)謝維藩撰　清光緒九年(1883)開封官廨刻本　四册

320000－1615－0007122　集1634/501763
閨秀詩鈔十五卷　徐乃昌編　清宣統元年(1909)徐氏小檀欒室刻本　八册

320000－1615－0007123　集1634/501764
姑溪居士集七十卷　(宋)李之儀撰　清宣統三年(1911)金陵督糧道署刻本　八册

320000－1615－0007124　集1641/501765
文選六十卷　(南朝梁)蕭統輯　(唐)李善注　清嘉慶十四年(1809)胡克家刻本　二十四册　天頭有朱筆批校

320000－1615－0007125　集1642/501766
文選六十卷　(南朝梁)蕭統輯　(唐)李善注　清嘉慶胡克家翻元刻本　二十四册

320000－1615－0007126　集1643/501767
吹網録六卷　(清)葉廷琯輯　清同治八年(1869)刻本　三册

320000－1615－0007127　集1643/501768
鷗陂漁話六卷　(清)葉廷琯撰　清同治八年至九年(1869－1870)刻本　三册

320000－1615－0007128　集1643/501769
浪跡叢談十一卷續談八卷　(清)梁章鉅撰　清刻本　八册

320000－1615－0007129　集1643/501770
歸田瑣記八卷　(清)梁章鉅撰　清道光二十五年(1845)刻本　四册

320000－1615－0007130　集1643/501771
閱微草堂筆記二十四卷　(清)紀昀撰　清嘉慶五年(1800)北平盛氏刻本　十二册

320000－1615－0007131　集1643/501772
黄勤敏公全集　(清)黄鉞撰　清咸豐、同治間刻本　一册　存五種五卷(壹齋集賦一卷、二十四畫品一卷、畫友録一卷、泛槳録一卷、蕭湯二老遺詩合編一卷)

320000－1615－0007132　集1643/501773
唐四家詩集四集二十卷附採輯歷朝詩話一卷附辨訛考異一卷　(清)胡鳳丹輯　清同治九年(1870)退補齋刻本　六册

320000－1615－0007133　集1644/501774
秋水軒詩選一卷詞一卷　(清)莊盤珠撰　清光緒二年(1876)思補樓木活字印本　一册

320000－1615－0007134　集1644/501775
宋六十名家詞　(清)毛晉輯　清光緒十四年(1888)刻本　二十一册　存二十五種四十卷(樂章集一卷,東坡詞一卷,山谷詞一卷,小山詞一卷,東堂詞一卷,梅溪詞一卷,白石詞一卷,石林詞一卷,酒邊詞二卷,溪堂詞一卷,竹山詞一卷,書舟詞一卷,坦菴詞一卷,惜香樂府十卷,西樵語業一卷,竹屋癡語一卷,夢窗甲藁一卷、乙藁一卷、丙藁一卷、丁藁一卷、絕筆一卷、補遺一卷,散花菴詞一卷,和清眞詞一卷,後村别調一卷,蘆川詞一卷,于湖詞一卷,洺水詞一卷,歸愚詞一卷,龍洲詞一卷)

320000－1615－0007135　集1644/501776
詞學全書十四卷　(清)查培繼編　清乾隆致和堂刻本　六册

320000－1615－0007136　集1644/501777
宋六十名家詞　(清)毛晉輯　清光緒十四年(1888)刻本　二册　存九種十卷(東浦詞一卷,知稼翁詞一卷,無任詞一卷,後山詞一卷,蒲江詞一卷,龍洲詞一卷,初寮詞一卷,龍川詞一卷、補一卷,姑溪詞一卷)

320000－1615－0007137　集1644/501778
一微塵集五卷　何震彝校録　清宣統元年(1909)江陰何氏靚芬室鉛印本　一册

320000－1615－0007138　集1651－2/501779
江西詩徵九十四卷附刻一卷　(清)曾燠輯

清嘉慶九年(1804)刻本　三十四册　存四十九卷(一至七、四十二至四十四、五十四至九十、九十三至九十四)

320000－1615－0007139　集1652/501780
詞綜三十八卷　(清)朱彝尊輯　**明詞綜十二卷**　(清)王昶輯　清嘉慶刻本　十二册

320000－1615－0007140　集1652/501781
國朝詞綜續編二十四卷　(清)黄燮清編　清同治十二年(1873)鄂省刻本　六册

320000－1615－0007141　集1652/501782
閒情偶寄十六卷　(清)李漁撰　清刻本　八册

320000－1615－0007142　集1653/501783
繪圖第二奇書八卷　題(清)隨緣下士編　清光緒二十一年(1895)上海書局石印本　七册

320000－1615－0007143　集1653/501784
傅相游歷各國日記二卷　題(清)桃溪漁隱題(清)惺新庵主輯　清光緒二十三年(1897)上海石印本　二册

320000－1615－0007144　集1653/501785
唐人説薈十六集二十卷　(清)陳世熙編　清同治三年(1864)刻本　十九册　缺一卷(四)

320000－1615－0007145　集1653－4/501786
全上古三代秦漢三國六朝文七百四十六卷　(清)嚴可均輯　清光緒刻本　四十一册　存十二種二百六十六卷(全上古三代文六至十一,全漢文一至七、二十三至三十、五十六至六十三,全後漢文一至八、二十四至三十、五十一至五十四、七十一至九十八,全晉文八十八至一百三十九,全後魏文八至四十四、五十四至六十,全齊文一至二十六,全梁文三十六至四十九,全北齊文一至四,全陳文七至十八,全隋文一至七、十六至二十二、三十至三十五,全唐文一,全後周文一至十七)

320000－1615－0007146　集1654/501787
嶺南三大家詩選二十四卷　(清)王隼編　清刻本　四册

320000－1615－0007147　集1654/501788
樊山時文不分卷　樊增祥撰　清光緒二十年(1894)渭南官舍刻本　一册

320000－1615－0007148　集1654/501789
七十家賦鈔六卷　(清)張惠言輯　清道光元年(1821)刻本　四册

320000－1615－0007149　集1654/501790
遜學齋文鈔十二卷首一卷末一卷　(清)孫衣言撰　清同治十二年(1873)刻本　一册

320000－1615－0007150　集1654/501791
澤雅堂詩二集十八卷　(清)施補華撰　清光緒刻本　二册　存十卷(九至十八)

320000－1615－0007151　集1654/501792
思適齋集十八卷　(清)顧廣圻撰　清道光二十九年(1849)上海徐氏刻本　一册

320000－1615－0007152　集1654/501793
海峰文集不分卷詩集十一卷　(清)劉大櫆撰　清道光縹碧軒刻本　三册　存十一卷(詩集十一卷)

320000－1615－0007153　集1654/501794
陋軒詩十二卷　(清)吴嘉紀撰　清道光二十年(1840)刻本　五册

320000－1615－0007154　集1654/501795
楊椒山先生文集二卷　(明)楊繼盛撰　清同治五年(1866)福州正誼書院刻正誼堂全書本　一册

320000－1615－0007155　集1711/501796
宋六十名家詞　(清)毛晉輯　清光緒十四年(1888)錢唐汪氏刻本　三十二册

320000－1615－0007156　集1712/501797
詞綜三十八卷　(清)朱彝尊輯　**明詞綜十二卷國朝詞綜四十八卷國朝詞綜二集八卷**　(清)王昶輯　清同治四年(1865)亦西齋刻本　二十四册

320000－1615－0007157　集1712/501798
新刻京臺公餘勝覽國色天香十卷　(明)吴敬所編　清刻本　二册

320000－1615－0007158　集1712/501799
平妖傳八卷　(明)羅貫中撰　清刻本　八冊　存七卷(二至八)

320000－1615－0007159　集1712/501800
賞眉齋自喜集三卷　(清)王潤撰　清道光二十八年(1848)刻本　一冊

320000－1615－0007160　集1713/501801
歷代詞綜三種一百六卷　(清)朱彝尊　(清)王昶輯　清光緒二十八年(1902)金匱浦氏刻本　二十三冊　缺四卷(宋詞四至七)

320000－1615－0007161　集1713/501802
芬陀利室詞集五卷遺集一卷雜録一卷　(清)蔣敦復撰　清光緒十一年(1885)長洲王韜淞隱廬刻本　二冊

320000－1615－0007162　集1713/501803
竹屋癡語一卷　(宋)高觀國撰　清刻本　一冊

320000－1615－0007163　集1713/501804
彊邨詞四卷前集一卷别集一卷　朱祖謀撰　清光緒三十一年(1905)刻本　二冊

320000－1615－0007164　集1713/501805
清夢盦二白詞五種五卷　(清)沈傳桂撰　清道光刻本　一冊　存三種三卷(蘭騷剩譜一卷、小臨印琴弄一卷、霏玉集一卷)

320000－1615－0007165　集1713/501806
吴詩談藪二卷　(清)靳榮藩輯　清刻本　一冊

320000－1615－0007166　集1713/501807
侯鯖詞五種五卷　(清)吴唐林輯　清光緒十一年(1885)杭州刻本　一冊

320000－1615－0007167　集1713/501808
大野草堂詩一卷螟巢詞一卷白癡詞餘一卷　(清)張文田撰　清光緒十三年(1887)刻本　一冊

320000－1615－0007168　集1713/501809
杜詩百篇二卷　(唐)杜甫撰　(清)張燮承集解　清咸豐刻本　二冊

320000－1615－0007169　集1713/501810
白石詩集一卷詞集一卷　(宋)姜夔撰　清乾隆三十六年(1771)刻本　一冊

320000－1615－0007170　集1714/501811
小檀欒室彙刻閨秀詞　徐乃昌輯　清光緒南陵徐氏刻本　三冊　存二十種二十五卷(琴清閣詞一卷,生香館詞一卷,鴻雪廔詞一卷,古春軒詞一卷,洞簫廔詞一卷,拙政園詩餘三卷,栖香閣詞二卷,碧桃館詞一卷,寫縻廔詞一卷,炑水軒詞一卷,雨花盦詩餘一卷,蘅影廔詞一卷,澹蘜軒詞一卷,聞妙香室詞一卷,長真閣詩餘一卷,炑瘦閣詞一卷,綠蘅軒遺詞一卷,賦鷰廔詞一卷,聽雨廔詞二卷,瑤華閣詞一卷、補遺一卷)

320000－1615－0007171　集1714/501812
西泠詞萃　(清)丁丙輯　清光緒錢塘丁氏刻本　四冊

320000－1615－0007172　集1714/501813
小檀欒室彙刻閨秀詞　徐乃昌輯　清光緒南陵徐氏刻本　十二冊　存六卷(一至六)

320000－1615－0007173　集1721/501814
增像第六才子書四卷首一卷　(元)王實甫撰　清光緒三十一年(1905)上海書局石印本　二冊

320000－1615－0007174　集1721/501815
帝女花二卷　(清)黄燮清填詞　(清)查仲誥正譜　清光緒二十六年(1900)石印本　二冊

320000－1615－0007175　集1721/501816
翼駉稗編八卷　(清)湯用中撰　清道光二十九年(1849)刻本　四冊

320000－1615－0007176　集1721/501817
無一是齋叢鈔三十七種　(清)張心泰撰　清刻本　四冊

320000－1615－0007177　集1721/501818
論文集要四卷　(清)薛福成纂　清光緒二十八年(1902)農學報館石印本　二冊

320000－1615－0007178　集1721/501819

秋笳集八卷 (清)吴兆騫撰 清乾隆四十一年(1776)知止草堂刻本 四册

320000－1615－0007179 集 1721/501820

香銷酒醒詞一卷曲一卷 (清)趙慶熺撰 清同治七年(1868)西泠王氏刻本 一册 存一卷(曲一卷)

320000－1615－0007180 集 1721/501821

味梨集一卷 (清)王鵬運撰 清光緒二十一年(1895)刻本 一册

320000－1615－0007181 集 1721/501822

塵談拾雅十種 (清)劉節卿輯 清光緒藏修書屋刻本 二册

320000－1615－0007182 集 1722/501823

桃花女陰陽聞室傳奇四卷 (清)裘日修撰 清光緒二十年(1894)上海書局石印本 二册

320000－1615－0007183 集 1722/501824

人間樂四卷 (清)天花藏主人撰 清光緒十九年(1893)上海書局石印本 二册

320000－1615－0007184 集 1722/501825

繪圖異想天開一卷 (清)飲霞居士編 清光緒二十二年(1896)上海書局石印本 二册

320000－1615－0007185 集 1722/501826

文選課虚四卷 (清)杭世駿編 清光緒十年(1884)同文書局石印本 一册

320000－1615－0007186 集 1722/501827

文選類腋十六卷 (清)吴承烜輯 清光緒二十年(1894)槲葉山房石印本 二册 存八卷(一至八)

320000－1615－0007187 集 1722/501828

文選類雋十四卷 (清)何松編 清光緒十六年(1890)珍藝書局鉛印本 一册

320000－1615－0007188 集 1722/501829

文林綺繡大觀十一種 鴻寶齋書局輯 清光緒二十二年(1896)鴻寶齋書局石印本 十二册

320000－1615－0007189 集 1722/501830

唐詩金粉十卷 (清)沈炳震輯 清光緒十二年(1886)集成書局石印本 二册

320000－1615－0007190 集 1722/501831

繪圖秘本殺子報全傳四卷二十回 (□)□□撰 清光緒石印本 四册

320000－1615－0007191 集 1723/501832

清綺軒詞選十三卷 (清)夏秉衡選 清桐石山房刻本 八册

320000－1615－0007192 集 1723/501833

白香詞譜一卷晚翠軒詞韻一卷 (清)舒夢蘭輯 (清)趙蘭石校訂 清道光二十四年(1844)刻本 二册

320000－1615－0007193 集 1723/501834

時下笑談録四卷 (□)□□撰 清光緒二十五年(1899)上海書局石印本 四册

320000－1615－0007194 集 1723/501835

繪像水晶珠合傳四卷 (□)□□撰 清光緒二十五年(1899)上海書局石印本 四册

320000－1615－0007195 集 1723/501836

春燈新謎不分卷 (清)俞象觀集 清光緒二年(1876)刻本 四册

320000－1615－0007196 集 1723/501837

詩句題解韻編總匯不分卷 (□)□□撰 清光緒石印本 五册

320000－1615－0007197 集 1723/501838

三十家燈謎大成不分卷 (清)周學濬輯 清光緒十八年(1892)刻本 三册

320000－1615－0007198 集 1724/501839

繡像義妖全傳二十八卷 (清)陳遇乾原稿 清同治八年(1869)刻本 十二册

320000－1615－0007199 集 1724/501840

繡像落金扇全傳二十六卷 (清)吹竽先生撰 清同治十二年(1873)刻本 八册

320000－1615－0007200 集 1724/501841

宫閨百詠四卷 (清)陳其泰輯 清海鹽陳氏桐花鳳閣刻本 二册

320000－1615－0007201 集 1724/501842

小倉山房詩集三十一卷補遺一卷　(清)袁枚撰　清刻本　二冊　存十一卷(一至七、十九至二十二)

320000－1615－0007202　集 1724/501843
清河書畫舫十二卷　(明)張丑撰　清乾隆二十八年(1763)池北草堂刻本　十一冊　缺一卷(十)

320000－1615－0007203　集 1725/501844
國朝詞綜四十八卷　(清)王昶撰　清刻本　四冊　存十九卷(二十五至三十九、四十五至四十八)

320000－1615－0007204　集 1725/501845
詞綜三十八卷　(清)朱彝尊輯　清刻本　九冊　缺一卷(三十一)

320000－1615－0007205　集 1725/501846
歷代詞綜三種一百六卷　(清)朱彝尊　(清)王昶輯　清光緒二十八年(1902)金匱浦氏刻本　十七冊　缺二種三十二卷(國朝詞綜二十五至四十八、國綜詞綜二集八卷)

320000－1615－0007206　集 1731/501847
宋稗類鈔三十六卷　(清)潘永因輯　清宣統三年(1911)斐章書局石印本　十冊　缺七卷(一至三、九、十六至十八)

320000－1615－0007207　集 1731/501848
兩罍軒尺牘十二卷　(清)吴雲撰　清宣統二年(1910)上海時中書局石印本　四冊

320000－1615－0007208　集 1731/501849
國朝名人小簡二卷　吴曾祺編　清宣統二年(1910)商務印書館鉛印本　二冊

320000－1615－0007209　集 1731/501850
國朝名人小簡二卷　吴曾祺編　清宣統二年(1910)商務印書館鉛印本　二冊

320000－1615－0007210　集 1731/501851
司空詩品注釋一卷　(唐)司空圖撰　清同治九年(1870)寶文書局刻本　一冊

320000－1615－0007211　集 1731/501852
論文集要四卷　(清)薛福成纂　清光緒二十八年(1902)農學報館石印本　二冊

320000－1615－0007212　集 1731/501853
古文辭類纂七十五卷　(清)姚鼐輯　清光緒十六年(1890)上海文瑞樓鉛印本　六冊

320000－1615－0007213　集 1731/501854
南雷文定三集三卷附録一卷　(清)黄宗羲撰　清宣統二年(1910)時中書局鉛印本　一冊

320000－1615－0007214　集 1731/501855
青泥蓮花記十三卷　(明)梅鼎祚輯　清宣統二年(1910)自強書局石印本　四冊

320000－1615－0007215　集 1731/501856
仕隱圖題詞一卷木犀香館詩草一卷都門唱和詩一卷　(清)范志熙輯　清咸豐七年(1857)刻本　一冊

320000－1615－0007216　集 1731/501857
林和靖詩集四卷　(宋)林逋撰　清宣統二年(1910)文瑞樓石印本　二冊

320000－1615－0007217　集 1731/501858
宋七家詞選七卷　(清)戈載輯　(清)杜文瀾注　清宣統三年(1911)掃葉山房石印本　三冊

320000－1615－0007218　集 1731/501859
兩罍軒尺牘十二卷　(清)吴雲撰　清宣統二年(1910)上海時中書局石印本　四冊

320000－1615－0007219　集 1954/501860
三星使書牘三卷　(清)郭嵩燾撰　清宣統二年(1910)廣智書局鉛印本　一冊

320000－1615－0007220　集 1732/501861
七家詞鈔　(清)汪世泰輯　清小倉山房刻本　二冊　存四種五卷(捧月樓詞二卷、緑秋草堂詞一卷、玉山堂詞一卷、崇睦山房詞一卷)

320000－1615－0007221　集 1732/501862
花間集十卷　(五代)趙崇祚集　清光緒十四年(1888)邵武徐氏刻本　二冊

320000－1615－0007222　集 1732/501863
絕妙好詞箋七卷　(宋)周密輯　清道光八年(1828)錢唐徐氏刻本　四冊

320000－1615－0007223　集1732/501864
香草詞一卷補遺一卷附録一卷　(清)陳鍾祥撰　清刻本　一册

320000－1615－0007224　集1732/501865
悔翁詩餘五卷　(清)汪士鐸撰　清光緒九年(1883)合肥張氏味古齋刻本　一册

320000－1615－0007225　集1732/501866
樊山全集六種　樊增祥撰　清光緒十九年(1893)渭南縣署刻本　二册　存三種八卷(二家詞鈔五卷、二家試帖二卷、二家詠古詩一卷)

320000－1615－0007226　集1732/501867
湘瑟秋雅一卷淚影詞一卷碧雲詞一卷　成本璞撰　清光緒刻本　一册

320000－1615－0007227　集1732/501868
重訂西青散記八卷　(清)史震林撰　清嘉慶十六年(1811)刻本　六册

320000－1615－0007228　集1732/501869
龍輔女紅餘志二卷　(宋)龍輔撰　清宣統二年(1910)懷荃室鉛印本　一册

320000－1615－0007229　集1732/501870
豔史叢鈔　(清)王韜撰　清光緒四年(1878)弢園鉛印本　一册　存四種六卷(續板橋雜記三卷,白門新柳記一卷、補記一卷、附記一卷)

320000－1615－0007230　集1732/501871
秦淮畫舫録二卷餘譚一卷　(清)捧花生編　清光緒四年(1878)弢園鉛印豔史叢抄本　一册

320000－1615－0007231　集1732/501872
啖蔗軒全集　(清)方士淦撰　清同治十一年(1872)兩淮運署刻本　一册　存三種三卷(蔗餘偶筆一卷、鮑覺生先生未刻詩一卷、梁聞山先生評書貼一卷)

320000－1615－0007232　集1732/501873
豔史叢鈔　(清)王韜輯　清光緒四年(1878)弢園鉛印本　一册　存二種四卷(十洲春語二卷,雪鴻小記一卷、補遺一卷)

320000－1615－0007233　集1732/501874
吴門畫舫録一卷　(清)西溪山人　**續録一卷紀事一卷**　(清)箇中生編　清光緒四年(1878)弢園鉛印豔史叢抄本　一册

320000－1615－0007234　集1732/501875
恩福堂筆記二卷　(清)英和撰　清道光十七年(1837)刻本　一册

320000－1615－0007235　集1732/501876
石菊影廬筆識二卷　(清)譚嗣同撰　清光緒二十八年(1902)石印本　一册

320000－1615－0007236　集1732/501877
石菊影廬筆識二卷　(清)譚嗣同撰　清光緒二十八年(1902)石印本　一册

320000－1615－0007237　集1732/501878
簷曝雜記六卷　(清)趙翼撰　清刻本　二册

320000－1615－0007238　集1733/501879
古學備體鴻裁十七卷　(清)范樫　(清)周采選訂　清光緒十二年(1886)寧波文照堂石印本　一册

320000－1615－0007239　集1733/501880
李太白文集三十卷　(唐)李白撰　(宋)宋敏求編　清光緒二十年(1894)袖海山房石印本　四册

320000－1615－0007240　集1733/501881
夢華廬賦海三十卷　(清)夢華廬主人選　清光緒十二年(1886)上海點石齋石印本　八册

320000－1615－0007241　集1733/501882
重訂唐詩别裁集二十卷　(清)沈德潛選　清刻本　十册

320000－1615－0007242　集1734/501883
茶香室叢鈔二十三卷續鈔二十五卷三鈔二十九卷四鈔二十九卷　(清)俞樾撰　清光緒刻本　二十六册

320000－1615－0007243　集1734/501884
道咸同光四朝詩史一斑録不分卷補遺一卷　(清)孫雄輯　清光緒三十四年(1908)油印本

二冊

320000－1615－0007244　集 1735/501885
隨園三十種　(清)袁枚撰　清隨園刻本　一冊　存二種三卷(飲水詞鈔二卷、七家詞鈔一卷)

320000－1615－0007245　集 1735/501886
縫月軒詞録一卷續録一卷　(清)李恩綬撰　清光緒三十年(1904)上海蜚英書館石印本　一冊

320000－1615－0007246　集 1735/501887
蘋洲漁笛譜二卷　(宋)周密撰　清乾隆、道光間長塘鮑氏刻知不足齋叢書本　一冊

320000－1615－0007247　集 1735/501888
雯窗瘦影詞一卷　(清)許誦珠撰　清光緒三十一年(1905)刻本　一冊

320000－1615－0007248　集 1735/501889
山中白雲詞八卷　(宋)張炎撰　清宣統三年(1911)北京龍文閣石印本　四冊

320000－1615－0007249　集 1735/501890
秋水軒詩選一卷詞一卷　(清)莊盤珠撰　清光緒二年(1876)思補樓木活字印本　一冊

320000－1615－0007250　集 1735/501891
漱六編　(□)□□輯　清刻本　一冊　存三種三卷(寓意編一卷、樂府補題一卷、七頌堂識小録一卷)

320000－1615－0007251　集 1735/501892
水雲樓詞二卷水雲樓燼餘稿一卷　(清)蔣春霖撰　清末有正書局鉛印本　一冊

320000－1615－0007252　集 1735/501893
知不足齋叢書　(清)鮑廷博輯　清乾隆、道光間長塘鮑氏刻本　一冊　存三種四卷(石湖詞一卷、補遺一卷,和石湖詞一卷,花外集一卷)

320000－1615－0007253　集 1735/501894
陽春白雪八卷外卷一卷　(宋)趙聞禮輯　清咸豐三年(1853)南海伍氏刻粵雅堂叢書本　一冊　存三卷(一至三)

320000－1615－0007254　集 1735/501895
延露詞一卷　(隋)彭孫遹撰　清光緒申報館鉛印本　一冊

320000－1615－0007255　集 1735/501896
縫月軒詞録一卷續録一卷　(清)李恩綬撰　清光緒三十年(1904)上海蜚英書館石印本　一冊

320000－1615－0007256　集 1735/501897
映奩詞一卷　夏敬觀撰　清末刻本　一冊

320000－1615－0007257　集 1735/501898
挹翠樓詩話四卷　(清)潘清撰　清刻本　一冊　存二卷(一至二)

320000－1615－0007258　集 1735/501899
後樂堂集十九卷　(清)陳玉樹撰　清光緒二十五年(1899)鹽城陳氏鉛印本　四冊　存九卷(文鈔一至九)

320000－1615－0007259　集 1735/501900
亭林詩稿六卷　(清)顧炎武撰　清幽光閣鉛印本　二冊

320000－1615－0007260　集 1735/501901
兩當軒集二十二卷附録四卷　(清)黄景仁撰　**考異二卷**　(清)黄志述撰　清宣統二年(1910)掃葉山房石印本　六冊

320000－1615－0007261　集 1741/501902
繡像第五才子書水滸傳七十五卷七十回　(元)施耐庵撰　清雍正十二年(1734)刻本　十九冊　缺四卷(五十二至五十五)

320000－1615－0007262　集 1741/501903
蕭選韻系二卷　(清)李麟閣輯　清光緒十年(1884)同文書局石印本　二冊

320000－1615－0007263　集 1742/501904
二家詞鈔五卷　(清)李慈銘　樊增祥撰　清身云閣刻本　一冊　存三卷(三至五)

320000－1615－0007264　集 1742/501905
花外集一卷　(宋)王沂孫撰　清光緒十八年(1892)中華書局鉛印本　一冊

320000－1615－0007265　集 1742/501906

聞妙香室詞鈔四卷　錢錫寀撰　清宣統二年(1910)天津醒華報館石印本　一冊

320000－1615－0007266　集 1742/501907
四明近體樂府十四卷　(清)袁鈞集　清嘉慶慈水藏密廬刻本　七冊

320000－1615－0007267　集 1742/501908
詞律拾遺八卷　(清)徐本立纂　清同治十二年(1873)吴下刻本　六冊

320000－1615－0007268　集 1742/501909
白雨齋詞話八卷附詩鈔一卷詞存一卷　(清)陳廷焯撰　清光緒二十年(1894)刻本　四冊

320000－1615－0007269　集 1742/501910
詞源二卷　(宋)張炎撰　清刻本　一冊

320000－1615－0007270　集 1742/501911
樂府指迷一卷　(宋)沈義父撰　**詞源二卷**　(宋)張炎撰　**詞旨一卷**　(元)陸輔之撰　清光緒十三年(1887)刻本　一冊

320000－1615－0007271　集 1742/501912
古愚老人消夏録　(清)汪汲撰　清乾隆、嘉慶間烏程古愚山房刻本　二冊　存二種七卷(壘字編一卷、詞名集解六卷)

320000－1615－0007272　集 1742/501913
普陀觀音寶一卷　(□)□□撰　清光緒二十年(1894)瑪瑙經房刻本　一冊

320000－1615－0007273　集 1742/501914
宋六十名家詞　(清)毛晉輯　清光緒十四年(1888)刻本　一冊　存三種三卷(梅溪詞一卷、白石詞一卷、石林詞一卷)

320000－1615－0007274　集 1742/501915
古文觀止十二卷　(清)吴乘權　(清)吴大職録　清五洲書局刻本　六冊

320000－1615－0007275　集 1742/501916
圭盦詩録一卷　(清)吴觀禮撰　清光緒五年(1879)刻本　一冊

320000－1615－0007276　集 1743/501917
南宋雜事詩七卷　(清)沈嘉轍等撰　清步月山房刻本　四冊

320000－1615－0007277　集 1743/501918
南宋雜事詩七卷　(清)沈嘉轍等撰　清芹香閣刻本　二冊

320000－1615－0007278　集 1743/501919
夢窗詞四卷補遺一卷　(宋)吴文英撰　清咸豐十一年(1861)曼陀羅華閣刻本　一冊

320000－1615－0007279　集 1743/501920
彈指詞三卷補遺一卷　(清)顧貞觀撰　**匏園詞一卷**　(清)顧景文撰　**清琴詞一卷**　(清)顧衡文撰　**栖香詞一卷**　(清)顧貞立撰　**井華詞一卷**　(清)顧皋撰　**繡餘詞一卷**　(清)朱蕙貞撰　清光緒四年(1878)枕經葄史刻本　二冊

320000－1615－0007280　集 1743/501921
遠村吟稿一卷　(清)陳鑑撰　清同治十三年(1874)刻本　一冊

320000－1615－0007281　集 1743/501922
橋西雜記一卷山房隨筆一卷　(清)葉名澧撰　清宣統三年(1911)國學扶輪社鉛印本　一冊

320000－1615－0007282　集 1743/501923
續劍俠傳四卷　(清)鄭官應輯　清刻本　一冊

320000－1615－0007283　集 1743/501924
江湖異人傳圖詠四卷　(清)静庵撰　清末石印本　一冊　存二卷(一至二)

320000－1615－0007284　集 1743/501925
酉陽雜俎二十卷續集十卷　(唐)段成式撰　清道光二十九年(1849)小嫏嬛山館刻本　六冊

320000－1615－0007285　集 1743/501926
雲谷雜紀四卷首一卷末一卷　(宋)張淏撰　清刻本　二冊　存三卷(□、□,末一卷)

320000－1615－0007286　集 1743/501927
唐摭言十五卷　(五代)王定保撰　清嘉慶十年(1805)常熟照曠閣刻本　二冊

320000－1615－0007287　集 1743/501928

浩然齋雅談三卷　（宋）周密撰　清刻本　一册

320000－1615－0007288　集 1743/501929
遼東行部志一卷僞齊録二卷　（金）王寂撰　清刻本　一册

320000－1615－0007289　集 1743/501930
詒煒集五卷　（清）許振褘輯　清光緒十八年(1892)東河節署刻本　一册

320000－1615－0007290　集 1743/501931
半塘定稿二卷　（清）王鵬運撰　清光緒三十一年(1905)刻本　一册

320000－1615－0007291　集 1744/501932
留青新集三十卷　（清）陳枚編　清福慶堂刻本　二十册

320000－1615－0007292　集 1744/501933
尺牘初桄二卷　題（清）子虚氏輯　清光緒十三年(1887)申報館鉛印本　四册

320000－1615－0007293　集 1744/501934
清暉閣贈貽尺牘二卷　（清）王翬輯　清光緒元年(1875)上海申報館鉛印申報館叢書本　二册

320000－1615－0007294　集 1744/501935
曾文正公家書十卷　（清）曾國藩撰　清末申報館鉛印本　九册　缺一卷(一)

320000－1615－0007295　集 1744/501936
曾文正公家訓二卷　（清）曾國藩撰　清末申報館鉛印本　二册

320000－1615－0007296　集 1744/501937
六梅書屋尺牘四卷　（清）淩丹陛撰　清末申報館鉛印本　二册

320000－1615－0007297　集 1744/501938
雙桂軒尺牘一卷　（清）丁善儀撰　清光緒四年(1878)申報館鉛印本　一册

320000－1615－0007298　集 1745/501939
紅樓夢不分卷一百二十回　（清）曹霑撰　清耘香閣刻本　十二册

320000－1615－0007299　集 1745/501940
管注秋水軒尺牘四卷　（清）許思湄撰　清光緒十一年(1885)榮禄閣刻本　四册

320000－1615－0007300　集 1745/501941
本朝名家詩鈔小傳四卷　（清）鄭方坤撰　清刻本　三册　存三卷(一至三)

320000－1615－0007301　集 1745/501942
孝義真跡珍珠塔六卷二十四回　（清）周殊士編　清方東堂刻本　五册　缺一卷(一)

320000－1615－0007302　集 1745/501943
殘唐五代史演義傳六卷　（明）羅貫中撰（明）湯顯祖批評　清刻本　一册

320000－1615－0007303　集 1751/501944
有正味齋尺牘二卷　（清）吴錫麒撰　清上海申報館鉛印本　一册　存一卷(上)

320000－1615－0007304　集 1751/501945
四大奇書第一種六十卷　（清）毛宗崗評　清經文堂刻本　十册

320000－1615－0007305　集 1751/501946
西游真詮一百回　（清）陳士斌詮解　清刻本　九册

320000－1615－0007306　集 1752/501947
篋中詞六卷續四卷　（清）譚獻輯　清光緒八年(1882)刻本　一册

320000－1615－0007307　集 1752/501948
碧梧山館詞二卷　（清）汪世泰撰　清末刻本　一册

320000－1615－0007308　集 1752/501949
捧月樓詞二卷　（清）袁通撰　清刻本　一册

320000－1615－0007309　集 1752/501950
玉山堂詞一卷　（清）汪度撰　清刻本　一册

320000－1615－0007310　集 1752/501951
粤西詞見二卷　況周儀撰　清光緒二十二年(1896)金陵刻本　一册

320000－1615－0007311　集 1752/501952
湘綺樓詞乙巳自定本一卷　王闓運撰　清光

緒三十三年(1907)鉛印本　一册

320000－1615－0007312　集1752/501953
白石道人歌曲四卷别集一卷　(宋)姜夔撰　清光緒十年(1884)娱園刻本　一册

320000－1615－0007313　集1752/501954
山中白雲詞八卷　(宋)張炎撰　清光緒八年(1882)娱園刻本　一册

320000－1615－0007314　集1752/501955
曝書亭詞拾遺三卷志異一卷　(清)朱彝尊撰　(清)翁之潤輯　清光緒二十二年(1896)常熟翁氏刻本　一册

320000－1615－0007315　集1752/501956
玉井山館詞一卷　(清)許宗衡撰　清咸豐十一年(1861)刻本　一册

320000－1615－0007316　集1752/501957
國朝常州詞録三十一卷　繆荃孫輯　清光緒刻本　一册　存三卷(一至三)

320000－1615－0007317　集1752/501958
碧雞漫志五卷　(宋)王灼撰　清乾隆、道光間長塘鮑氏刻知不足齋叢書本　一册

320000－1615－0007318　集1752/501959
白雨齋詞話八卷附詩鈔一卷詞存一卷　(清)陳廷焯撰　清光緒二十年(1894)刻本　一册　存八卷(白雨齋詞話八卷)

320000－1615－0007319　集1752/501960
心日齋十六家詞録二卷　(清)周之琦輯　清道光刻本　一册

320000－1615－0007320　集1752/501961
蓮子居詞話四卷　(清)吴衡照輯　清宣統至民國間上海國學扶輪社鉛印古今説部叢書本　一册

320000－1615－0007321　集1752/501962
風木盦圖題詠一卷　(清)丁修甫輯　清光緒丁氏刻本　一册

320000－1615－0007322　集1752/501963
春在堂隨筆十卷　(清)俞樾撰　清同治十年(1871)刻本　一册　存四卷(一至四)

320000－1615－0007323　集1752/501964
袖中書二卷　(清)俞樾撰　清同治七年(1868)刻本　一册

320000－1615－0007324　集1752/501965
春在堂尺牘六卷　(清)俞樾撰　清同治十年(1871)刻本　一册　存三卷(一至三)

320000－1615－0007325　集1753/501966
新編鳳雙飛前後全傳四十二回　(清)程惠英撰　清光緒二十六年(1900)上海書局石印本　二十六册

320000－1615－0007326　集1753/501967
臺灣外記三十卷　(清)江日昇編　清末申報館鉛印本　六册

320000－1615－0007327　集1753/501968
臺灣外記三十卷　(清)江日昇編　清末申報館鉛印本　二册　存十卷(一至十)

320000－1615－0007328　集1753/501969
繡像續彭公案十卷　(清)葛惠甫撰　清光緒二十二年(1896)上海書局石印本　六册

320000－1615－0007329　集1753/501970
繪圖彭公案六卷　(清)葛惠甫撰　清光緒十九年(1893)上海書局石印本　六册

320000－1615－0007330　集1753/501971
衛濟餘編五卷　(清)王纕堂纂　清同治二年(1863)華經堂刻本　六册

320000－1615－0007331　集1754/501972
東游叢録四卷　(清)吴汝綸撰　清光緒二十八年(1902)石印本　一册

320000－1615－0007332　集1754/501973
説鈴□□種　(清)吴震方輯　清刻本　十七册　存十種十五卷

320000－1615－0007333　集1754/501974
見聞隨筆二十六卷　(清)齊學裘撰　清同治十年(1871)刻本　八册

320000－1615－0007334　集1754/501975
諧鐸十二卷　(清)沈起鳳撰　清刻本　三册　存六卷(五至十)

320000－1615－0007335　集1755/501976
名家詞集十種　(清)侯文燦輯　清光緒十三年(1887)江陰金氏刻粟香室叢書本　四冊

320000－1615－0007336　集1755/501977
香研居詞麈五卷　(清)方成培撰　清光緒二年(1876)刻本　二冊

320000－1615－0007337　集1755/501978
見聞續筆二十四卷　(清)齊學裘撰　清光緒二年(1876)刻本　八冊

320000－1615－0007338　集1755/501979
左文襄公雪牘節要十一卷　(清)左宗棠撰　清光緒二十八年(1902)刻本　五冊

320000－1615－0007339　集1755/501980
巴黎茶花女遺事一卷　(法國)小仲馬撰　林紓譯　清光緒二十五年(1899)昌言報館鉛印本　一冊

320000－1615－0007340　集1755/501981
聊齋誌異新評十六卷　(清)蒲松齡撰　清光緒十五年(1889)上海廣百宋齋鉛印本　七冊

320000－1615－0007341　集1811/501982
唐文粹一百卷　(宋)姚鉉編　清光緒九年(1883)江蘇書局刻本　十六冊

320000－1615－0007342　集1811/501983
歷朝詩約選九十三卷　(清)劉大櫆輯　清光緒二十一年至二十三年(1895－1897)文徵閣刻本　二十二冊

320000－1615－0007343　集1812/501984
東周列國全志二十三卷一百八回　(清)蔡奡評點　清大成堂刻本　八冊

320000－1615－0007344　集1812/501985
東周列國全志二十三卷一百八回　(清)蔡奡評點　清經元堂刻本　二十三冊　缺一卷(十六)

320000－1615－0007345　集1813/501986
紅樓夢傳奇八卷　(清)陳鍾麟撰　清刻本　十六冊

320000－1615－0007346　集1813/501987
納書楹牡丹亭全譜二卷邯鄲記全譜二卷南柯記全譜二卷紫釵記全譜二卷　(清)葉堂撰　(清)王文治參訂　清乾隆五十七年(1792)刻本　四冊

320000－1615－0007347　集1814/501988
元文類七十卷目録三卷　(元)蘇天爵編　清光緒十五年(1889)刻本　十冊

320000－1615－0007348　集1814/501989
明文在一百卷　(清)薛熙纂　清光緒十五年(1889)江蘇書局刻本　十冊

320000－1615－0007349　集1814/501990
六朝文絜箋注十二卷　(清)許槤評選　清光緒十五年(1889)刻本　四冊

320000－1615－0007350　集1814/501991
有正味齋詩集十六卷詞集八卷　(清)吴錫麒撰　清嘉慶十三年(1808)刻本　三冊

320000－1615－0007351　集1821/501992
犨雅堂詩十一卷　(清)張景祁撰　清刻本　一冊　存五卷(七至十一)

320000－1615－0007352　集1821/501993
納書楹曲譜正集四卷續集四卷外集二卷補遺四卷玉茗堂四夢曲譜八卷　(清)葉堂撰　(清)王文治參訂　清道光二十八年(1848)刻本　二十二冊

320000－1615－0007353　集1822/501994
日知堂筆記三卷　(清)郭沛霖撰　清光緒十四年(1888)刻本　一冊

320000－1615－0007354　集1822/501995
山中白雲詞八卷　(宋)張炎撰　清光緒八年(1882)娛園刻本　二冊

320000－1615－0007355　集1822/501996
鷗笑集一卷十鞭詞鈔一卷　程頌萬撰　清光緒十七年(1891)羊城藥洲連理榕齋刻本　一冊

320000－1615－0007356　集1822/501997
納蘭詞五卷補遺一卷　(清)性德撰　清光緒六年(1880)娛園刻本　一冊

320000－1615－0007357　集1822/501998
無弦琴譜二卷　(元)仇遠撰　清光緒十一年(1885)刻本　一冊

320000－1615－0007358　集1822/501999
蓮子居詞話四卷　(清)吴衡照輯　清同治六年(1867)刻本　四冊

320000－1615－0007359　集1822/502000
緱笙館修簫譜四卷　(清)舒位撰　清道光十三年(1833)錢塘汪氏振綺堂刻本　一冊

320000－1615－0007360　集1822/502001
吟香堂曲譜長生殿曲譜二卷　(清)馮起鳳定　清乾隆刻本　一冊

320000－1615－0007361　集1822/502002
日知堂筆記三卷　(清)郭沛霖撰　清光緒十四年(1888)刻本　一冊

320000－1615－0007362　集1822/502003
搜神後記十卷　(晉)陶潛撰　清光緒元年(1875)湖北崇文書局刻本　一冊

320000－1615－0007363　集1822/502004
拾遺集十卷　(晉)王嘉撰　(南朝梁)蕭綺録　清光緒元年(1875)湖北崇文書局刻本　一冊

320000－1615－0007364　集1822/502005
述異記二卷　(南朝梁)任昉撰　清光緒元年(1875)湖北崇文書局刻本　一冊

320000－1615－0007365　集1822/502006
紀文達公遺集文集十六卷詩集十六卷　(清)紀昀撰　(清)孫樹馨編校　清刻本　五冊　存六卷(文集四至五,詩集一、三至五)

320000－1615－0007366　集1822/502007
更生齋文甲集四卷乙集四卷續集二卷詩八卷續集十卷　(清)洪亮吉撰　清光緒三年(1877)刻四年(1878)續刻洪北江全集本　一冊　存四卷(乙集四卷)

320000－1615－0007367　集1822/502008
卷施閣文集甲集十卷續一卷補遺一卷乙集八卷續編一卷詩二十卷　(清)洪亮吉撰　清光緒三年(1877)刻五年(1879)續刻洪北江全集本　三冊　存九卷(乙集八卷、續編一卷)

320000－1615－0007368　集1823/502009
楚望閣集六卷　程頌萬撰　清光緒二十一年(1895)長沙刻本　二冊

320000－1615－0007369　集1823/502010
題江南曹文正公祠百詠一卷　朱孔彰撰　清光緒十三年(1887)金陵刻本　二冊

320000－1615－0007370　集1823/502011
刻鵠集三卷　沈同芳撰　清宣統三年(1911)鉛印本　一冊

320000－1615－0007371　集1823/502012
賴古堂名賢尺牘新鈔十二卷　(清)高阜　(清)羅燿選　(清)周在浚　(清)周在梁鈔　清宣統元年(1909)鉛印本　七冊

320000－1615－0007372　集1823/502013
退思文存一卷詩存四卷　(清)范志熙撰　清光緒十四年(1888)木犀香館刻本　二冊　缺二卷(三至四)

320000－1615－0007373　集1823/502014
小倉山房全集　(清)袁枚撰　清光緒石印本　五冊

320000－1615－0007374　集1823/502015
隨園三十六種　(清)袁枚撰　清光緒上海圖書集成印書局鉛印本　二十二冊

320000－1615－0007375　集1824/502016
桃花扇傳奇後序詳註四卷　(清)吴穆輯　清嘉慶二十一年(1816)刻本　一冊

320000－1615－0007376　集1824/502017
紅雪樓九種曲　(清)蔣士銓撰　清刻本　十二冊

320000－1615－0007377　集1824/502018
藏園九種曲　(清)蔣士銓撰　清漁古堂刻本　二冊

320000－1615－0007378　集1824/502019
坦園傳奇六種　(清)楊恩壽撰　清長沙楊氏坦園刻本　四冊

320000－1615－0007379　集1831/502020
唐宋八家精選層級集讀本四卷　（清）吴煒編　清乾隆二十四年（1759）紫陽書院刻本　四册

320000－1615－0007380　集1831/502021
雙白詞八卷　（清）王鵬運撰　**山中白雲詞續補一卷**　（宋）張炎撰　（清）王鵬運撰　**詞旨一卷**　（元）陸輔之撰　清光緒七年（1881）臨桂王鵬運四印齋刻本　二册

320000－1615－0007381　集1831/502022
詞選二卷　（清）張惠言録　**續詞選二卷附録一卷**　（清）董毅録　清同治十一年（1872）會稽章氏刻本　一册

320000－1615－0007382　集1831/502023
雲自在龕叢書　繆荃孫輯　清光緒江陰繆氏刻本　二册　存九種十二卷（立山詞一卷，竹鄰詞一卷，柳下詞一卷，齊物論齋詞一卷，萬善花室詞一卷，汀鷺詩餘一卷，水雲樓詞二卷、續一卷、詩賸稿一卷，蘭紉詞一卷，瓠落詞一卷）

320000－1615－0007383　集1831/502024
篋中詞六卷　（清）譚獻輯　清光緒八年（1882）譚氏刻本　二册

320000－1615－0007384　集1831/502025
窺生鐵齋詞一卷　（清）宗山撰　**劍虹盦詞一卷**　（清）邊寶樞撰　**橫山草堂詞一卷**　（清）吴唐林撰　清光緒十一年（1885）杭州刻侯鯖詞五種本　一册

320000－1615－0007385　集1831/502026
晨風閣叢書　沈宗畸等輯　清宣統元年（1909）番禺沈氏刻本　一册　存二種四卷（南唐二主詞一卷、補遺一卷、附校勘記一卷，眉庵詞一卷）

320000－1615－0007386　集1831/502027
簡學齋詩删四卷　（清）陳沆撰　清刻本　一册

320000－1615－0007387　集1832/502028
隨園三十種　（清）袁枚撰　清乾隆、嘉慶間隨園刻本　五册　存二種三卷（飲水詞鈔二卷、七家詞鈔一卷）

320000－1615－0007388　集1832/502029
秘本蘇黄詞鈔二卷　（宋）蘇軾　（宋）黄庭堅撰　清宣統元年（1909）上海中華圖書館石印本　二册

320000－1615－0007389　集1832/502030
遏雲閣曲譜初集不分卷　（清）王錫純輯　清光緒十九年（1893）鉛印本　八册

320000－1615－0007390　集1832/502031
御製文二集十四卷　（清）仁宗顒琰撰　清刻本　二册　存五卷（二至六）

320000－1615－0007391　集1832/502032
王夢樓先生詩鈔五卷　（清）王文治撰　清藝古堂刻本　一册

320000－1615－0007392　集1832/502033
樂府古題要解二卷　（唐）吴兢撰　清同治十三年（1874）富文齋刻本　一册

320000－1615－0007393　集1832/502034
鷗堂日記三卷　（清）周星譽撰　清光緒十二年（1886）金氏刻本　一册

320000－1615－0007394　集1832/502035
牡丹亭還魂記二卷　（明）湯顯祖撰　清光緒十二年（1886）國文書局石印本　四册

320000－1615－0007395　集1832/502036
疑雨集四卷　（明）王彦泓撰　清宣統元年（1909）著易堂石印本　二册

320000－1615－0007396　集1832/502037
桃花扇傳奇二卷　（清）孔尚任撰　清刻本　四册

320000－1615－0007397　集1833/502038
鈞天樂二卷　（清）尤侗撰　清刻本　一册

320000－1615－0007398　集1833/502039
樊山集二十八卷　樊增祥撰　清光緒二十年（1894）刻本　七册

320000－1615－0007399　集1833/502040

樊山集二十八卷續集二十八卷二家詠古詩一卷　樊增祥撰　清光緒刻本　五册　存二十一卷(樊山集七至十八、續集二十至二十八)

320000－1615－0007400　集1833/502041
紅雪樓九種曲　(清)蔣士銓撰　清乾隆紅雪樓刻本　五册　存四種五卷(一片石一卷、第二碑一卷、香祖樓二卷、空香谷一卷)

320000－1615－0007401　集1833/502042
桃花扇四卷　(清)孔尚任撰　清光緒二十年(1894)蘭雪堂刻本　三册　缺二卷(三至四)

320000－1615－0007402　集1834/502043
金詩選四卷　(清)顧奎光選輯　清乾隆十六年(1751)刻本　二册

320000－1615－0007403　集1834/502044
桐溪耆隱集一卷補録一卷　(清)袁炯輯　**榆園雜興詩一卷**　(清)袁振業撰　清光緒十六年(1890)春藻堂刻本　一册

320000－1615－0007404　集1834/502045
元詩選六卷補遺一卷　(清)顧嗣立輯　清乾隆十六年(1751)刻本　四册

320000－1615－0007405　集1834/502046
樊山集二十四卷　樊增祥撰　清光緒二十年(1894)刻本　四册　存十三卷(一至七、十三至十六、二十三至二十四)

320000－1615－0007406　集1834/502047
湖海詩傳四十六卷　(清)王昶輯　清嘉慶八年(1803)三泖漁莊刻本　十二册

320000－1615－0007407　集1834/502048
芳茂山人文集十二卷　(清)孫星衍撰　清光緒十一年(1885)朱氏槐廬刻本　三册　存三卷(文集七、十至十一)

320000－1615－0007408　集1834/502049
六如居士全集七卷補遺一卷　(明)唐寅撰　(清)唐仲冕編　清光緒十一年(1885)鎮江文成堂刻本　四册

320000－1615－0007409　集1841/502050
繪圖鐵花仙史二十六回　題(清)雲封山人等撰　清光緒十七年(1891)鉛印本　四册

320000－1615－0007410　集1841/502051
繪圖花月因緣十六卷　(清)魏秀仁撰　清光緒十九年(1893)上海書局石印本　六册

320000－1615－0007411　集1841/502052
繪圖花月因緣十六卷五十二回　(清)魏秀仁撰　清光緒石印本　七册　缺二卷(一至二)

320000－1615－0007412　集1841/502053
繪圖萬花樓傳十四卷　(清)唐在田撰　清光緒十九年(1893)上海書局石印本　四册

320000－1615－0007413　集1841/502054
繪圖閨秀英才傳十二卷　題(清)煙水散人撰　清光緒十八年(1892)上海中和書局石印本　四册

320000－1615－0007414　集1841/502055
精訂綱鑑二十四史通俗衍義二十六卷　(清)吕撫輯　清光緒十三年(1887)鴻寶齋石印本　六册

320000－1615－0007415　集1841/502056
庚子國變彈詞不分卷四十回　(清)李寶嘉撰　清光緒二十九年(1903)世界繁華報館鉛印本　六册

320000－1615－0007416　集1842/502057
文章游戲初編八卷二編八卷三編八卷四編八卷　(清)繆艮輯　清光緒元年(1875)文盛堂刻本　二十二册

320000－1615－0007417　集1842/502058
衛濟餘編十八卷　(清)王纕堂纂　清道光二十二年(1842)寶善堂刻本　六册

320000－1615－0007418　集1843/502059
淞隱漫録十二卷　(清)王韜撰　清光緒十三年(1887)上海點石齋石印本　四册

320000－1615－0007419　集1843/502060
餘墨偶談八卷續集八卷　(清)孫桂編　清光緒七年(1881)刻本　十二册　缺四卷(續集五至八)

320000－1615－0007420　集1843/502061

海上花天酒地傳不分卷　題(清)瀟湘館侍者編　清光緒十年(1884)二石軒刻本　四册

320000－1615－0007421　集 1843/502062
繪圖希奇古怪四卷　(清)李慶辰撰　清光緒二十年(1894)理文軒鉛印本　二册

320000－1615－0007422　集 1843/502063
增補笑林廣記二卷　(清)遊戲主人輯　清光緒十八年(1892)上海書局石印本　二册

320000－1615－0007423　集 1843/502064
蘭苕館外史十卷　(清)許奉恩撰　清光緒十九年(1893)上海二友居石印本　五册

320000－1615－0007424　集 1843/502065
懷永堂繪像第六才子書八卷　(清)金聖嘆批　清懷永堂刻本　六册

320000－1615－0007425　集 1844/502066
皇朝駢文類苑十四卷　(清)姚燮選　清光緒刻本　二十四册

320000－1615－0007426　集 1844/502067
樊山續集二十八卷　樊增祥撰　清光緒石印本　五册

320000－1615－0007427　集 1844/502068
選輯駢珠小草一卷　(清)海霈輯　清光緒元年(1875)刻俟園叢書本　一册

320000－1615－0007428　集 1844/502069
國朝名人小簡二卷　吴曾祺編　清宣統元年(1909)商務印書館鉛印本　二册

320000－1615－0007429　集 1845/502070
賴古堂名賢尺牘新鈔十二卷　(清)高阜(清)羅燿選　(清)周在浚　(清)周在梁鈔　清宣統元年(1909)鉛印本　四册　存八卷(一至二、五至十)

320000－1615－0007430　集 1845/502071
知不足齋叢書　(清)鮑廷博輯　清乾隆、道光間長塘鮑氏刻本　二册　存三種五卷(韻石齋筆談二卷、七頌堂識小録一卷、書學捷要二卷)

320000－1615－0007431　集 1845/502072
弦雪居重訂遵生八牋十九卷目録一卷　(明)高濂編　清刻本　一册　存一卷(十四)

320000－1615－0007432　集 1845/502073
弦雪居重訂遵生八牋十九卷目録一卷　(明)高濂編　清刻本　三册　存三卷(十四至十六)

320000－1615－0007433　集 1845/502074
賴古堂名賢尺牘新鈔十二卷　(清)高阜(清)羅燿選　(清)周在浚　(清)周在梁鈔　清宣統元年(1909)鉛印本　六册

320000－1615－0007434　集 1845/502075
皇朝駢文類苑十四卷首一卷　(清)姚燮選　清刻本　十册　存十卷(三至七、九至十三)

320000－1615－0007435　集 1845/502076
精訂綱鑑二十四史通俗衍義二十六卷　(清)吕撫輯　清光緒十五年(1889)廣百宋齋鉛印本　六册

320000－1615－0007436　集 1851/502077
觀劇絶句三卷　(清)金德瑛撰　清光緒三十四年(1908)葉氏觀古堂刻本　一册

320000－1615－0007437　集 1851/502078
古愚老人消夏録　(清)汪汲編　清乾隆、嘉慶間烏程古愚山房刻本　一册　存二種四卷(宋樂類編二卷、南北詞名宫調彙録二卷)

320000－1615－0007438　集 1851/502079
芙蓉碣傳奇二卷　(清)張雲驤撰　王以慜評點　清光緒九年(1883)刻本　一册

320000－1615－0007439　集 1851/502080
古愚老人消夏録　(清)汪汲編　清乾隆、嘉慶間烏程古愚山房刻本　一册　存四種五卷(南北詞名宫調彙録二卷、院本名目一卷、雜劇待考一卷、琴曲萃攬一卷)

320000－1615－0007440　集 1851/502081
曲録六卷　王國維編　清宣統元年(1909)晨風閣刻本　二册　存四卷(一至四)

320000－1615－0007441　集 1851/502082
滄桑艷二卷　丁傳靖編　清光緒三十四年

(1908)刻本　一册

320000－1615－0007442　集1851/502083
鑑止水齋集二十卷　(清)許宗彦撰　清咸豐八年(1858)刻本　六册

320000－1615－0007443　集1851/502084
陳文恭公手禮節要不分卷　(清)陳宏謀撰　清同治三年(1864)四川藩署刻本　一册

320000－1615－0007444　集1851/502085
唐詩三百首注釋六卷　(清)孫洙輯　(清)章燮注　**續選一卷**　(清)于慶元輯　清光緒十六年(1890)石渠山房刻本　六册

320000－1615－0007445　集1851/502086
唐詩箋註十卷　(清)黄叔燦箋註　清乾隆刻本　一册　存二卷(四至五)

320000－1615－0007446　集1851/502087
宋元明詩約鈔三百首二卷　(清)朱梓等編　清刻本　一册　存一卷(一)

320000－1615－0007447　集1852/502088
全上古三代秦漢三國六朝文七百四十六卷　(清)嚴可均輯　清刻本　二十二册　存八種一百五十九卷(全齊文一至七、十四至二十六,全漢文一至七、三十一至六十三,全後周文九至二十四,全晉文一至七、二十三至二十九、四十五至五十一、一百四十七至一百六十一,全隋文一至七、三十至三十五,全梁文十四至二十、二十八至四十二、六十九至七十四,先唐文一卷,晉書校勘記五卷)

320000－1615－0007448　集1854/502089
唐中興閒氣集二卷　(唐)高仲武述　清武進費氏刻本　二册

320000－1615－0007449　集1854/502090
金梁夢月詞二卷懷夢詞一卷　(清)周之琦撰　清麋研齋刻朱印本　一册

320000－1615－0007450　集1854/502091
曝書亭詞拾遺三卷　(清)朱彝尊撰　(清)翁之潤輯　清光緒二十二年(1896)常熟翁氏刻本　一册

320000－1615－0007451　集1854/502092
碎金續譜六卷　(清)謝元淮輯　清刻朱墨套印本　一册　存一卷(四)

320000－1615－0007452　集1854/502093
碎金詞一卷碎金詞譜六卷附録一卷　(清)謝元淮輯　清道光二十四年(1844)刻朱墨套印本　四册　缺一卷(碎金詞譜一)

320000－1615－0007453　集1854/502094
搜神記二十卷　(晉)干寶撰　清光緒元年(1875)湖北崇文書局刻本　二册

320000－1615－0007454　集1854/502095
博物志十卷　(晉)張華撰　清光緒元年(1875)湖北崇文書局刻本　一册

320000－1615－0007455　集1854/502096
復堂類集四種　(清)譚獻撰　清刻本　二册　存一種七卷(復堂日記二至八)

320000－1615－0007456　集1854/502097
越縵堂駢體文四卷散體文一卷　(清)李慈銘撰　清光緒二十三年(1897)刻本　三册

320000－1615－0007457　集1854/502098
越縵堂駢體文四卷散體文一卷　(清)李慈銘撰　清光緒二十三年(1897)刻本　三册

320000－1615－0007458　集1854/502099
味經書屋詩存不分卷　(清)寶珣撰　清光緒二十七年(1901)刻本　二册

320000－1615－0007459　集1854/502100
湘煙小録一卷　(清)陳裴之撰　清道光四年(1824)刻本　一册

320000－1615－0007460　集1854/502101
皖詞紀騰一卷　徐乃昌編　清光緒南陵徐氏小檀欒室刻本　一册

320000－1615－0007461　集1854/502102
冷紅詞四卷　鄭文焯撰　清光緒耦園刻本　一册

320000－1615－0007462　集1854/502103
西泠詞萃　(清)丁丙輯　清光緒錢塘丁氏刻本　二册　存三種五卷(簫臺公馀詞一卷,片

玉詞二卷、補遺一卷,斷腸詞一卷)

320000－1615－0007463　集 1854/502104
春暉堂叢書十二種　(清)徐渭仁輯　清道光、咸豐間上海徐氏刻同治補刻本　一册　存二種三卷(煙霞晚古樓詩選二卷、秋紅丈室遺詩一卷)

320000－1615－0007464　集 1854/502105
續語堂詩存一卷文存一卷　(清)魏錫曾撰　清光緒九年(1883)羊城刻本　一册

320000－1615－0007465　集 1854/502106
養默山房詩餘三卷　(清)謝元淮撰　清道光刻本　一册　存一卷(碎金詞一卷)

320000－1615－0007466　集 1911－2/502107
太平廣記五百卷　(宋)李昉等編　清道光二十六年(1846)刻本　六十二册

320000－1615－0007467　集 1913/502108
唐代叢書六集一百六十四種　(清)王文誥編　清嘉慶十一年(1806)刻本　三十六册

320000－1615－0007468　集 1913/502109
唐代叢書六集一百六十四種　(清)王文誥編　清嘉慶十一年(1806)刻本　三十二册

320000－1615－0007469　集 1915/502110
聊齋志異新評十六卷　(清)蒲松齡撰　清刻朱墨套印本　九册　存八卷(五至六、九、十一至十三、十五至十六)

320000－1615－0007470　集 1915/502111
聊齋志異新評十六卷　(清)蒲松齡撰　清道光二十二年(1842)廣順但氏朱墨套印本　八册　存八卷(一至四、七、十至十一、十四)

320000－1615－0007471　集 1915/502112
聊齋志異新評十六卷　(清)蒲松齡撰　清道光二十二年(1842)廣順但氏刻本　七册　缺二卷(七至八)

320000－1615－0007472　集 1921/502113
廣虞初新志四十卷　(清)黄承增輯　清嘉慶八年(1803)寄鷗閑舫刻本　十八册　缺四卷(二十至二十三)

320000－1615－0007473　集 1921/502114
齊省堂增訂儒林外史五十六回　(清)吴敬梓撰　清刻本　二册　存九卷(二十七至三十五)

320000－1615－0007474　集 1921/502115
西湖佳話古今遺蹟十六卷　(清)墨浪子輯　清三益堂刻本　四册

320000－1615－0007475　集 1921/502116
燕山外史二卷　(清)陳球撰　清光緒三年(1877)刻本　二册

320000－1615－0007476　集 1921/502117
兩漢策要十二卷　(宋)陶叔獻編　清光緒十三年(1887)同文書局石印本　八册

320000－1615－0007477　集 1921/502118
陶淵明集十卷　(晉)陶潛撰　清光緒刻本　二册

320000－1615－0007478　集 1922/502119
歸田瑣記八卷　(清)梁章鉅撰　清同治八年(1869)立文堂刻本　四册

320000－1615－0007479　集 1922/502120
太平廣記五百卷　(宋)李昉等編　清刻本　四十册　存二百六十六卷(二十至四十四、五十六至一百五十九、一百七十一至一百九十、二百一至二百三十八、二百八十至二百八十三、三百八至三百十五、三百七十五至三百八十八、四百三至四百五十五)

320000－1615－0007480　集 1923/502121
冷廬雜識八卷　(清)陸以湉撰　清咸豐六年(1856)刻本　四册

320000－1615－0007481　集 1923/502122
歸田瑣記八卷　(清)梁章鉅撰　清同治八年(1869)立文堂刻本　四册

320000－1615－0007482　集 1923/502123
敏求軒述記十六卷　(清)陳世箴輯　清道光二十八年(1848)刻本　八册

320000－1615－0007483　集 1923/502124
異談可信録二十三卷　(清)鄧晅輯　清嘉慶

六年(1801)漁古山房刻本　五冊　存九卷(一、十至十一、十四至十五、十八至十九、二十二至二十三)

320000－1615－0007484　集 1923/502125
新訂解人頤廣集八卷　(清)錢德蒼撰　清刻本　一冊

320000－1615－0007485　集 1924/502126
七修類稿五十一卷　(明)郎瑛撰　清乾隆四十年(1775)耕煙草堂刻本　十六冊

320000－1615－0007486　集 1924/502127
文苑英華選六十卷　(清)宮夢仁訂　清刻本　二十一冊　缺八卷(一至二、三十七至四十二)

320000－1615－0007487　集 1925/502128
冷廬雜識八卷　(清)陸以湉撰　清咸豐六年(1856)刻本　八冊

320000－1615－0007488　集 1925/502129
南窗紀談一卷　(宋)□□撰　清乾隆、道光間長塘鮑氏刻知不足齋叢書本　一冊

320000－1615－0007489　集 1925/502130
人海記二卷　(清)查慎行撰　清宣統二年(1910)掃葉山房石印本　二冊

320000－1615－0007490　集 1925/502131
揮麈拾遺六卷　(清)邱煒萲撰　清光緒二十七年(1901)鉛印本　二冊

320000－1615－0007491　集 1925/502132
揮麈拾遺六卷　(清)邱煒萲撰　清光緒二十七年(1901)鉛印本　二冊

320000－1615－0007492　集 1925/502133
揮麈拾遺六卷　(清)邱煒萲撰　清光緒二十七年(1901)鉛印本　二冊

320000－1615－0007493　集 1925/502134
漁磯漫鈔十卷　(清)雷琳輯　清同治十年(1871)刻本　二冊

320000－1615－0007494　集 1925/502135
今世説八卷　(清)王晫撰　清光緒刻本　四冊

320000－1615－0007495　集 1925/502136
西溪叢語二卷　(宋)姚寬撰　清光緒五年(1879)刻本　二冊

320000－1615－0007496　集 1925/502137
吹劍録外集一卷　(宋)俞文豹撰　清乾隆、道光間長塘鮑氏刻知不足齋叢書本　一冊

320000－1615－0007497　集 1925/502138
説鈴一卷　(清)汪琬撰　清光緒四年(1878)刻本　一冊

320000－1615－0007498　集 1925/502139
東山談苑八卷　(清)余懷撰　清光緒三年(1877)西脥仙館鉛印本　一冊

320000－1615－0007499　集 1925/502140
揮麈拾遺六卷　(清)邱煒萲撰　清光緒二十七年(1901)鉛印本　二冊

320000－1615－0007500　集 1925/502141
桐陰清話八卷　(清)倪鴻撰　清同治十三年(1874)申江刻本　四冊

320000－1615－0007501　集 1925/502142
雨窗消意録甲部四卷　(清)牛應之編　清刻本　四冊

320000－1615－0007502　集 1926/502143
太平廣記五百卷　(宋)李昉等編　清刻本　三十二冊

320000－1615－0007503　集 1931/502144
御選唐宋詩醇四十七卷目録二卷　(清)高宗弘曆選　清刻本　二十冊

320000－1615－0007504　集 1931/502145
少嵒賦草四卷　(清)夏思沺撰　清咸豐九年(1859)大文堂刻本　二冊

320000－1615－0007505　集 1932/502146
鳴原堂論文二卷　(清)曾國荃審訂　清同治十二年(1873)勵志齋刻本　二冊

320000－1615－0007506　集 1932/502147
絕妙好詞箋七卷續鈔二卷　(宋)周密輯　(宋)查為仁　(清)厲鶚箋　清道光八年(1828)刻本　三冊

320000－1615－0007507　集1932/502148
搜神記二十卷　（晉）干寶撰　清光緒元年（1875）湖北崇文書局刻本　二冊

320000－1615－0007508　集1932/502149
搜神記二十卷　（晉）干寶撰　清光緒元年（1875）湖北崇文書局刻本　二冊

320000－1615－0007509　集1932/502150
世説新語六卷　（南朝宋）劉義慶撰　清光緒十七年（1891）思賢講舍刻本　四冊

320000－1615－0007510　集1932/502151
漁洋山人精華録箋注十二卷　（清）王士禛撰　（清）金榮箋注　清鳳翽堂刻本　八冊

320000－1615－0007511　集1932/502152
濂亭遺文五卷遺詩二卷　（清）張裕釗撰　清光緒二十一年（1895）遵義黎氏刻本　二冊

320000－1615－0007512　集1932/502153
百子全書一百種　（清）崇文書局輯　清光緒湖北崇文書局刻本　一冊　存四種十二卷（神异經一卷、海内十洲記一卷、别國洞冥記四卷、穆天子傳六卷）

320000－1615－0007513　集1933/502154
第一才子書六十卷　（明）羅貫中撰　清同文書局石印本　十二冊

320000－1615－0007514　集1933/502155
詳註聊齋志異圖詠十六卷　（清）蒲松齡撰　清光緒十二年（1886）同文書局石印本　八冊

320000－1615－0007515　集1933/502156
紅樓夢本義約編二卷　題（清）話石主人手訂　清光緒刻本　二冊

320000－1615－0007516　集1933/502157
紅樓夢賦一卷竹枝詞一卷　（清）沈謙撰　清光緒刻本　一冊

320000－1615－0007517　集1933/502158
紅樓夢類聯集要一卷補遺一卷對語一卷　題（清）話石主人手訂　清刻本　一冊

320000－1615－0007518　集1933/502159
石頭記分評一卷　（□）□□撰　清刻本　二冊

320000－1615－0007519　集1933/502160
新譯包探案一卷　（英國）解佳撰　（清）曾廣銓譯　清光緒二十五年（1899）昌言報館鉛印本　一冊

320000－1615－0007520　集1934/502161
居易録三十四卷　（清）王士禛撰　清刻本　八冊

320000－1615－0007521　集1934/502162
分甘餘話四卷　（清）王士禛撰　清刻本　一冊

320000－1615－0007522　集1934/502163
清寤齋心賞編一卷　（明）王象晉輯　清刻本　一冊

320000－1615－0007523　集1934/502164
池北偶談二十六卷　（清）王士禛撰　清刻本　八冊

320000－1615－0007524　集1934/502165
剪桐載筆一卷　（明）王象晉撰　清刻本　一冊

320000－1615－0007525　集1935/502166
文心雕龍十卷　（南朝梁）劉勰撰　清乾隆三年（1738）刻本　二冊

320000－1615－0007526　集1935/502167
竹葉亭雜記八卷　（清）姚元之撰　清光緒十九年（1893）刻本　一冊

320000－1615－0007527　集1935/502168
安舟雜鈔三卷　（清）蘇珥撰　清嘉慶十九年（1814）種德堂刻本　一冊

320000－1615－0007528　集1935/502169
鷗陂漁話六卷　（清）葉廷琯撰　清同治九年（1870）姑蘇刻本　六冊

320000－1615－0007529　集1935/502170
閱微草堂筆記二十四卷　（清）紀昀撰　清嘉慶二十一年（1816）北平盛氏刻本　八冊　缺六卷（十九至二十四）

320000－1615－0007530　集 1935/502171
小學弦歌八卷　(清)李元度輯　清光緒五年(1879)刻本　四冊

320000－1615－0007531　集 1935/502172
張文虎十種　(清)張文虎撰　清光緒十三年(1887)刻本　四冊

320000－1615－0007532　集 1941/502173
寄園寄所寄十二卷　(清)趙吉士輯　清文德堂刻本　十二冊

320000－1615－0007533　集 1941/502174
香艷叢書　國學扶輪社編　清宣統元年(1909)國學扶輪社鉛印本　四冊

320000－1615－0007534　集 1941/502175
音釋坐花誌果八卷　(清)汪道鼎撰　清光緒十四年(1888)廣百宋齋鉛印本　二冊

320000－1615－0007535　集 1941/502176
藏山閣詩存十四卷文存六卷　(清)錢澄之撰　清光緒三十四年(1908)龍潭室鉛印本　三冊

320000－1615－0007536　集 1942/502177
息影偶録八卷　(清)張埏輯　清光緒八年(1882)翠筠山房刻本　四冊

320000－1615－0007537　集 1942/502178
無稽讕語五卷　(清)蘭皋居士撰　清刻本　四冊

320000－1615－0007538　集 1942/502179
客窗閒話八卷續客窗閒話八卷　(清)吴熾昌撰　清光緒二年(1876)申報館鉛印本　八冊

320000－1615－0007539　集 1942/502180
客窗閒話八卷　(清)吴熾昌撰　清光緒十一年(1885)京都奎文堂刻本　四冊

320000－1615－0007540　集 1942/502181
剪燈新話二卷　(清)瞿祐撰　清同治十年(1871)鎮江三星堂刻本　二冊

320000－1615－0007541　集 1942/502182
剪燈餘話三卷　(清)李禎撰　清同治十年(1871)鎮江三星堂刻本　二冊

320000－1615－0007542　集 1942/502183
秋燈叢話十八卷　(清)王椷撰　清同治十年(1871)鎮江三星堂刻本　五冊　存十二卷(一至十二)

320000－1615－0007543　集 1942/502184
女才子十二卷　(清)煙水散人撰　清光緒三年(1877)申報館鉛印本　四冊

320000－1615－0007544　集 1942/502185
異書四種　申報館輯　清光緒二年(1876)申報館鉛印本　二冊

320000－1615－0007545　集 1942/502186
想當然耳八卷　(清)鄒鍾樂撰　清同治十年(1871)聚興堂刻本　四冊

320000－1615－0007546　集 1942/502187
皆大歡喜四卷　(清)韻鶴軒集　清道光元年(1821)杏葉樓刻本　四冊

320000－1615－0007547　集 1943/502188
更豈有此理四卷　(清)半軒主人撰　清嘉慶十九年(1814)醒目齋刻本　四冊

320000－1615－0007548　集 1943/502189
外史誌異八卷　(明)薛朝選撰　清光緒二十六年(1900)德記書局石印本　二冊

320000－1615－0007549　集 1943/502190
遺珠貫索八卷　(清)張純照記　清刻本　四冊

320000－1615－0007550　集 1943/502191
客窗閒話八卷續客窗閒話八卷　(清)吴熾昌撰　清光緒二年(1876)學庫山房刻本　七冊　缺二卷(續客窗閒話七至八)

320000－1615－0007551　集 1943/502192
六朝文絜四卷　(清)許槤評選　清李光明莊刻本　一冊

320000－1615－0007552　集 1943/502193
七家詩選七卷　(清)許槤評選　清刻本　一冊

320000－1615－0007553　集 1943/502194
耳食録十二卷二編八卷　(清)樂鈞編　清同

治七年(1868)刻本　十册

320000－1615－0007554　集 1944－53/502195

全上古三代秦漢三國六朝文七百四十六卷　(清)嚴可均輯　清光緒二十年(1894)黄岡王氏刻本　一百册

320000－1615－0007555　集 1954/502196

巴黎秘密案不分卷　小說林總編輯所編　清光緒三十二年(1906)小說林鉛印本　一册

320000－1615－0007556　集 1954/502197

柏梘山房文集十六卷　(清)梅曾亮撰　清宣統三年(1911)國學扶輪社石印本　一册

320000－1615－0007557　集 1954/502198

吴赤溟集一卷附録一卷　(清)吴炎撰　清光緒三十二年(1906)鉛印國粹叢書本　一册

320000－1615－0007558　集 1954/502199

鄺湛若手寫嶠雅二卷　(清)鄺露纂　清光緒三十二年(1906)國學保存會影印本　二册

320000－1615－0007559　集 1954/502200

古今説海一百三十五種一百四十二卷　(明)陸楫編　清宣統元年(1909)集成圖書公司鉛印本　十二册

320000－1615－0007560　集 1954/502201

三星使書牘三卷　(清)郭嵩燾撰　清光緒三十四年(1908)廣智書局鉛印本　二册

320000－1615－0007561　集 1954/502202

枯樹花四十四回　山外山人撰　清光緒三十一年(1905)商務印書館鉛印本　二册

320000－1615－0007562　集 1954/502203

拊掌録一卷　(美國)歐文撰　林紓譯　清光緒三十三年(1907)商務印書館鉛印本　一册

320000－1615－0007563　集 1954/502204

九尾龜初集四卷二集四卷三集四卷四集四卷五集四卷　張春帆編　清光緒三十二年(1906)上海圖書局鉛印本　五册

320000－1615－0007564　集 1954/502205

利俾瑟戰雪餘腥記二卷　(法國)阿猛查登原撰　林紓　曾宗鞏譯　清光緒三十一年(1905)文明書局鉛印本　一册

320000－1615－0007565　集 2011/w001

全上古三代秦漢三國六朝文七百四十六卷　(清)嚴可均輯　清末至民國間影印本　二十九册　存八種二百六卷(全北齊文十卷、全晉文一百二十七至一百六十七、全後魏文四十八至六十、全後周文二十四卷、全隋文三十六卷、先唐文一卷、全宋文二十六至六十四、全梁文四十二卷)

320000－1615－0007566　集 2012/w002

古今説部精華　(清)陳琰編　清末至民國間六藝書局石印本　五册

320000－1615－0007567　集 2012/w003

增評補圖石頭記一百二十回首一卷　(清)曹霑撰　清末至民國間鉛印本　十四册　缺十五回(一至七、二十三至三十)

320000－1615－0007568　集 2013/w004

土苴集二卷　(明)周鼎撰　清末至民國間鉛印本　一册

320000－1615－0007569　集 2013/w005

章譚合鈔二種　(清)譚嗣同撰　清末至民國間鉛印本　一册

320000－1615－0007570　集 2013/w006

雙棠書屋存稿二卷潄經齋散文賸稿潄經齋詩鈔潄經齋雜記　(清)丁壽祺　(清)丁壽恒著　清末民國鉛印本　一册

320000－1615－0007571　集 2013/w007

龍文鞭影二集二卷　(明)蕭良有撰　(明)楊臣諍增訂　(清)李輝吉　(清)徐瓚續撰　清末至民國間石印本　二册

320000－1615－0007572　集 2013/w008

校刊詞律二十卷　(清)萬樹撰　**詞律拾遺八卷**　(清)徐本立輯　**補遺一卷**　(清)杜文瀾輯　清末至民國間德記書局石印本　十二册

320000－1615－0007573　集 2013/w009

詞苑叢談十二卷　(清)徐釚編　清末至民國

間有正書局鉛印本　四冊

320000－1615－0007574　集2013/w010
黄梨洲先生五種附一種　(清)黄宗羲撰　清末至民國間影印本　七冊　缺一種二卷(南雷文案一至二)

320000－1615－0007575　集2044/w011
[雜詩]四首　(□)□□撰　稿本　二冊

320000－1615－0007576　集2014/w012
海藏樓詩九卷　鄭孝胥撰　清末至民國間武昌石印本　四冊

320000－1615－0007577　集2014/w013
後樂堂詩存一卷　(清)陳玉樹撰　清光緒二十五年(1899)鹽城陳氏鉛印本　一冊

320000－1615－0007578　集2014/w014
弢園文録外編十二卷　(清)王韜撰　清末至民國間鉛印本　一冊　存二卷(十一至十二)

320000－1615－0007579　集2014/w015
文選六十卷　(南朝梁)蕭統輯　(唐)李善注　**文選考異十卷**　(清)胡克家撰　清末至民國間上海鴻文書局石印本　六冊

320000－1615－0007580　集2014/w016
白香詞譜箋四卷　(清)舒夢蘭輯　謝朝徵箋　清末至民國間石印本　二冊　存三卷(二至四)

320000－1615－0007581　集2014/w017
詞律校勘記二卷　(清)杜文瀾撰　清末至民國間掃葉山房石印本　二冊

320000－1615－0007582　集2014/w018
詞律校勘記二卷　(清)杜文瀾撰　清末至民國間掃葉山房石印本　二冊

320000－1615－0007583　集2014/w019
詞律二十卷拾遺八卷補遺一卷　(清)萬樹撰　清末至民國間德記書局石印本　十二冊

320000－1615－0007584　集2014/w020
有正味齋日記不分卷　(清)吴錫麒撰　清末至民國間申報館鉛印本　二冊

320000－1615－0007585　集2014/w021
廣陽雜記五卷　(清)劉獻廷撰　清末至民國間鉛印本　一冊

320000－1615－0007586　集2014/w022
繪圖三字經一卷　(□)□□撰　清末至民國間石印本　一冊

320000－1615－0007587　集2014/w023
梨洲遺著彙刊　(清)黄宗羲著　清末民國鉛印本　一冊

320000－1615－0007588　集2014/w024
文選六十卷　(南朝梁)蕭統輯　(唐)李善注　清末至民國間石印本　二冊　存三十一卷(三十至六十)

320000－1615－0007589　集2015/w025
宋六十名家詞　(清)毛晉輯　清末至民國間影印本　二十二冊　存四十六種六十九卷(友古詞一卷,石屏詞一卷,初寮詞一卷,龍川詞一卷、補一卷,姑溪詞一卷,空同詞一卷,介菴詞一卷,平齋詞一卷,文溪詞一卷,丹陽詞一卷,竹齋詩餘一卷,金谷遺音一卷,散花菴詞一卷,琴趣外篇六卷,烘堂詞一卷,知稼翁詞一卷,無住詞一卷,後山詞一卷,蒲江詞一卷,西樵語業一卷,竹屋癡語一卷,洛水詞一卷,歸愚詞一卷,龍洲詞一卷,海野詞一卷,逃禪詞一卷,梅溪詞一卷,白石詞一卷,壽域詞一卷,審齋詞一卷,東浦詞一卷,孏窟詞一卷,客齋詞一卷,芸窗詞一卷,書舟詞一卷,坦菴詞一卷,惜香樂府十卷,石林詞一卷,酒邊詞二卷,夢窗詞稿六卷,竹坡詞三卷,聖求詞一卷,山谷詞一卷,淮海詞一卷,樂章集一卷,小山詞一卷)

320000－1615－0007590　集2015/w026
宋六十名家詞　(清)毛晉輯　清末至民國間影印本　二冊　存二種四卷(小山詞一卷、于湖詞三卷)

320000－1615－0007591　集2021/w027
雁門集十四卷　(元)薩都剌撰　清末至民國間鉛印本　一冊　存二卷(三至四)

320000－1615－0007592　集2021/w028
潛子詩鈔五卷　(清)高潛撰　清末至民國間鉛印本　一冊

320000－1615－0007593　集2021/w029
燕巢小草一卷　(清)王柏心撰　清末至民國間鉛印本　一冊

320000－1615－0007594　集2021/w030
桐鳳集二卷　(清)曾彥撰　清末至民國間成都昌福公司鉛印本　一冊

320000－1615－0007595　集2021/w031
寥天一閣文二卷　(清)譚嗣同撰　清末至民國間石印本　一冊

320000－1615－0007596　集2021/w032
漱玉詞一卷　(宋)李清照撰　**斷腸詞一卷**　(宋)朱淑真撰　清末至民國間石印本　一冊

320000－1615－0007597　集2021/w033
廣雅堂詩集不分卷　(清)張之洞撰　清末至民國間石印本　二冊

320000－1615－0007598　集2021/w034
饔喜廬存札一卷　(清)李郁農等撰　清末至民國間影印本　一冊

320000－1615－0007599　集2021/w035
曾文正公手書日記不分卷(清道光二十一年正月初一至同治十一年二月初三)　(清)曾國藩撰　清末至民國間商務影印本　十七冊

320000－1615－0007600　集2021/w036
定盦文集三卷續集四卷文集補五卷　(清)龔自珍撰　清末至民國間鉛印本　一冊　存五卷(文集補五卷)

320000－1615－0007601　集2021/w037
隴蜀餘聞一卷　(清)王士禛撰　清末至民國間刻本　一冊

320000－1615－0007602　集2022/w038
問琴閣文録二卷　宋育仁撰　清末至民國間刻本　一冊　存一卷(二)

320000－1615－0007603　集2022/w039
篋衍集十二卷　(清)陳維崧輯　清末至民國間神州國光社鉛印本　四冊

320000－1615－0007604　集2022/w040
感舊集十六卷　(清)王士禛選　清末至民國間神州國光社鉛印本　八冊

320000－1615－0007605　集2022/w041
澹廬詩餘二卷　徐鋆撰　清末至民國間鉛印本　一冊

320000－1615－0007606　集2022/w042
雙辛夷樓詞一卷花影吹笙室詞一卷　(清)李宗偉撰　清末至民國間鉛印墨巢叢刻本　一冊

320000－1615－0007607　集2022/w043
庸菴詩鈔四卷　陳夔龍撰　清末至民國間鉛印本　二冊

320000－1615－0007608　集2022/w044
越縵堂日記不分卷　(清)李慈銘撰　清末至民國間影印本　八冊

320000－1615－0007609　集2022/w045
唐四家詩□□卷　(清)汪立名撰　清末至民國間鉛印本　一冊　存四卷(柳宗元一至四)

320000－1615－0007610　集2022/w046
通雅堂詩鈔箋注十卷詩續集箋注二卷　(清)施山撰　清末至民國間石印本　一冊　存四卷(四至七)

320000－1615－0007611　集2022/w047
楊孟載手録詩稿眉庵集二卷　(明)楊基撰　清末至民國間石印本　二冊

320000－1615－0007612　集2023/w048
譚友夏批點想當然傳奇二卷　(明)盧柟撰　(明)譚元春批點　清末至民國間藹室新書影印本　二冊

320000－1615－0007613　集2023/w049
紅樓夢散套十六卷　題(清)荆石山民撰　清末至民國間影印本　六冊

320000－1615－0007614　集2023/w050
遏雲閣曲譜初集不分卷　(清)王錫純輯　清末至民國間鉛印本　十二冊

320000－1615－0007615　集 2023/w051
繡像繪圖燕子箋傳奇二卷　(明)阮大鋮撰　清末至民國間進步書局石印本　二冊

320000－1615－0007616　集 2023/w052
牡丹亭還魂記二卷　(明)湯顯祖撰　清末至民國間木石居影印本　四冊

320000－1615－0007617　集 2023/w053
兩般秋雨盦隨筆八卷　(清)梁紹壬纂　清末掃葉山房石印本　四冊

320000－1615－0007618　集 2023/w054
惜抱軒尺牘四卷補編二卷　(清)姚鼐撰　清末至民國間中華圖書館石印本　一冊

320000－1615－0007619　集 2023/w055
郭靈芬手寫徐江庵詩一卷　徐濤著　清末民國影印本　一冊

320000－1615－0007620　集 2023/w056
曾惠敏公文集五卷　(清)曾紀澤撰　清末至民國間鉛印本　一冊

320000－1615－0007621　集 2024/w057
黄漳浦集五十卷年譜二卷首一卷目録二卷　(明)黄道周撰　清末至民國間鉛印本　十六冊

320000－1615－0007622　集 2024/w058
揅石齋詩集五十卷　(清)錢載撰　清末至民國間蘇州交通圖書館刻本　八冊

320000－1615－0007623　集 2024/w059
揅石齋詩集五十卷　(清)錢載撰　清末至民國間長興王氏仁壽堂刻本　六冊

320000－1615－0007624　集 2031/w060
註釋唐詩三百首六卷　(清)孫洙編　清末至民國間上海昌文書局石印本　四冊　存四卷(一至四)

320000－1615－0007625　集 2031/w061
十種唐詩選十七卷　(清)王士禛編　清末至民國間中華圖書館石印本　四冊

320000－1615－0007626　集 2031/w062
續詞選二卷　(清)董毅輯　清末至民國間石印本　一冊

320000－1615－0007627　集 2031/w063
原本紅樓夢八十回　(清)曹霑撰　清末至民國間有正書局石印本　二十冊

320000－1615－0007628　集 2032/w064
姜白石集□□卷　(宋)姜夔撰　清末至民國間掃葉山房石印本　一冊　存九卷(白石道人歌曲四卷、別集一卷,續書譜一卷,白石詩評論一卷、補遺一卷,白石道人逸事一卷)

320000－1615－0007629　集 2032/w065
宋氏綿津詩鈔八卷　(清)宋犖撰　清末至民國間掃葉山房石印本　四冊

320000－1615－0007630　集 2032/w066
文選六十卷　(南朝梁)蕭統輯　(唐)李善注　**文選考異十卷**　(清)胡克家撰　清末至民國間上海鴻文書局石印本　六冊

320000－1615－0007631　集 2032/w067
全唐詩□□卷　(清)曹寅等輯　清末至民國間石印本　一冊　存二卷(二十一至二十二)

320000－1615－0007632　集 2032/w068
漁洋詩話二卷　(清)王士禛撰　清末至民國間上海同文圖書館石印本　一冊

320000－1615－0007633　集 2032/w069
白香詞譜一卷　(清)舒夢蘭輯　清末至民國間上海會文堂書局石印本　一冊

320000－1615－0007634　集 2032/w070
五七言今體詩鈔十八卷　(清)姚鼐編　清末至民國間掃葉山房石印本　九冊

320000－1615－0007635　集 2032/w071
庚子秋詞二卷　(清)王鵬運等撰　清末至民國間有正書局影印本　二冊

320000－1615－0007636　集 2032/w072
庚子秋詞二卷　(清)王鵬運等撰　清末至民國間有正書局影印本　二冊

320000－1615－0007637　集 2032/w073
憶雲詞甲乙丙丁稿四卷刪存一卷　(清)項廷紀撰　清末至民國間有正書局石印本　一冊

320000－1615－0007638　集 2032/w074

憶雲詞甲乙丙丁稿四卷删存一卷　（清）項廷紀撰　清末至民國間有正書局石印本　一册

320000－1615－0007639　集 2032/w075

全唐詩三十二卷　（清）曹寅等輯　清末至民國間石印本　三册　存三卷（二十三、二十七至二十八）

320000－1615－0007640　集 2032/w076

著作林第十九期　（□）□□編　清末至民國間鉛印本　一册

320000－1615－0007641　集 2032/w077

詳註聊齋志異圖詠十六卷　（清）蒲松齡撰　清末至民國間石印本　一册　存二卷（七至八）

320000－1615－0007642　集 2032/w078

避暑録話二卷　（宋）葉夢得撰　清末至民國間上海中華圖書館石印本　二册

320000－1615－0007643　集 2033/w079

雪月梅傳六卷五十回　（清）陳朗輯　清末石印本　一册　存三卷（四至六）

320000－1615－0007644　集 2033/w080

定山堂古文小品二卷　（清）龔鼎孳撰　清末至民國間淞隱閣鉛印本　一册

320000－1615－0007645　集 2033/w081

最新分類尺牘大觀不分卷　上海文明書局編　清末至民國間上海文明書局石印本　八册

320000－1615－0007646　集 2033/w082

曾文正公家書十卷　（清）曾國藩撰　清末至民國間著易堂鉛印本　三册

320000－1615－0007647　集 2033/w083

宋元三十一家詞三十一卷　（清）王鵬運輯　清末民國影印本　四册

320000－1615－0007648　集 2033/w084

繡像一笑緣三卷　（清）吴航野客撰　清末至民國間上海石印本　一册

320000－1615－0007649　集 2033/w085

香祖筆記十二卷　（清）王士禛撰　清末申報館鉛印本　二册　存六卷（一至六）

320000－1615－0007650　集 2033/w086

分類尺牘備覽三十卷　（清）王虎榜撰　清末至民國間上海寶善局石印本　八册

320000－1615－0007651　集 2033/w087

繡像綠野仙踪八卷八十回　李百川撰　清末至民國間石印本　四册　存四卷（四至五、七至八）

320000－1615－0007652　集 2033/w088

歷科狀元殿試策不分卷　（□）□□編　清末至民國間石印本　二册

320000－1615－0007653　集 2033/w089

餘師録四卷　（宋）王正德撰　清末至民國間影印本　一册　存二卷（三至四）

320000－1615－0007654　集 2034/w090

瀏陽二傑文二卷　（清）譚嗣同　（清）唐才常撰　清末至民國間鉛印本　二册

320000－1615－0007655　集 2034/w091

注釋唐詩三百首二卷　（清）孫洙編　清末金陵李光明書莊刻本　二册

320000－1615－0007656　集 2034/w092

浪跡叢談十一卷續談八卷　（清）梁章鉅撰　清末至民國間刻本　八册

320000－1615－0007657　集 2034/w093

古文讀本二卷　吴啟孫評選　清末至民國間華新書局鉛印本　一册

320000－1615－0007658　集 2034/w094

唐詩絕句五卷　（宋）趙蕃等選注　清末至民國間刻本　一册

320000－1615－0007659　集 2041/w095

本朝滿漢陞官圖不分卷　（□）□□撰　清末至民國間抄本　一册

320000－1615－0007660　集 2041/w096

［燈謎稿本］不分卷　（□）□□撰　清末至民國間抄本　二册

320000－1615－0007661　集 2041/w097

燈謎不分卷　劉棣棠撰　清末至民國間抄本　一冊

320000－1615－0007662　集 2041/w098

集聯不分卷　(□)□□撰　清末至民國間抄本　一冊

320000－1615－0007663　集 2041/w099

雙思寶卷不分卷　(□)□□撰　清末至民國間抄本　二冊

320000－1615－0007664　集 2042/w100

皮日休文藪十卷　(唐)皮日休撰　清末至民國間抄本　六冊

320000－1615－0007665　集 2042/w101

李杜詩話三卷　(清)潘德輿撰　清末至民國間抄本　三冊

320000－1615－0007666　集 2042/w102

歷朝名媛詩詞十二卷　(清)陸昶評選　清掃葉山房石印本　四冊

320000－1615－0007667　集 2042/w103

古詩偶鈔一卷　姚子壽編　清抄本　一冊

320000－1615－0007668　集 2042/w104

王右丞詩選一卷　(唐)王維撰　清末至民國間抄本　一冊

320000－1615－0007669　集 2042/w105

國朝三家詩偶録一卷　(□)□□撰　清抄本　一冊

320000－1615－0007670　集 2042/w106

文選詩賦抄□□卷　(□)□□撰　清抄本　二冊

320000－1615－0007671　集 2042/w107

宋明詩鈔一卷　(□)□□撰　清末至民國間抄本　一冊

320000－1615－0007672　集 2042/w108

古唐詩合解十二卷　(清)王堯衢註　清抄本　七冊

320000－1615－0007673　集 2042/w109

竹裡館遺詩不分卷　曹彭洛撰　清抄本　一冊

320000－1615－0007674　集 2043/w110

[抄本作文]　(□)□□撰　清末至民國間抄本　二冊

320000－1615－0007675　集 2043/w111

漁洋詩話不分卷　(清)王士禛撰　**説詩晬語**　(清)沈德潛撰　清抄本　一冊

320000－1615－0007676　集 2043/w112

王漁洋詩讀本不分卷　(清)王士禛撰　清末至民國間抄本　一冊

320000－1615－0007677　集 2043/w113

吴日千詩文集不分卷　(清)吴騏撰　清末至民國間抄本　一冊

320000－1615－0007678　集 2043/w114

吴澗泉先生手鈔曲譜不分卷　吴澗泉輯　清末至民國間吴澗泉抄本　一冊

320000－1615－0007679　集 2043/w115

琵琶記不分卷　(明)湯顯祖撰　清末至民國間抄本　二冊

320000－1615－0007680　集 2043/w116

弔琵琶傳奇一卷　(清)尤侗撰　清末至民國間抄本　一冊

320000－1615－0007681　集 2043/w117

詞譜偶鈔一卷　(□)□□撰　清末至民國間抄本　一冊

320000－1615－0007682　集 2043/w118

會心録四卷　題慎庵録　清抄本　二冊

320000－1615－0007683　集 2043/w119

黄志壽太史手校白石道人歌曲一卷　(清)黄彭年校　清末至民國間抄本　一冊

320000－1615－0007684　集 2043/w120

詩句題解不分卷　(□)□□撰　清末至民國間抄本　一冊

320000－1615－0007685　集 2043/w121

試帖賦鈔　汪廷珍撰　清末至民國間抄本　一冊

320000－1615－0007686　集2043/w122
燈謎不分卷　劉棣棠撰　清末至民國間抄本　二册

320000－1615－0007687　集2043/w123
澹靜軒筆記不分卷　嚴毅撰　清末至民國間抄本　一册

320000－1615－0007688　集2043/w124
瘦藤花館詩存一卷　(清)顧景濂撰　清末抄本　二册

320000－1615－0007689　集2044/w125
廉泉酬唱集一卷　(清)忞劬稿　**吟香閣存草一卷**　(□)□□撰　**敬恕堂賸稿一卷**　孫世禮謹録　清末至民國間抄本　一册

320000－1615－0007690　集2044/w126
古文釋義新編八卷　(清)余誠評注　清末至民國間抄本　八册

320000－1615－0007691　集2044/w127
自訂國朝詩選不分卷　(□)□□撰　清末至民國間抄本　六册

320000－1615－0007692　集2044/w128
曝書亭集詞注七卷　(清)朱彝尊撰　(清)李富孫注　清末至民國間抄本　四册

320000－1615－0007693　集2044/w129
雲起軒詞鈔一卷　(清)文廷式撰　清末至民國間抄本　一册

320000－1615－0007694　叢0111－55/600001
廣雅書局叢書　(清)廣雅書局輯　清光緒廣雅書局刻本　五百六十三册　缺四十五種七百十二卷(易釋四卷,尚書伸孔篇一卷,書蔡傳附釋一卷,輪輿私箋二卷、附圖一卷,大戴禮記解詁十三卷,禮記天算釋一卷,孟子劉注一卷,爾雅注疏本正誤五卷,幼學堂文稿一卷,東塾遺書一卷,親屬記二卷,先聖生卒年月日考二卷,朱子語類日鈔五卷,小學集解六卷,少室山房六十四卷,後漢書辨疑十一卷,續漢書辨疑九卷,後漢書注輔正八卷,後漢書注又補一卷,後漢書補注續一卷,前漢書注考證一卷,後漢書注考證一卷,後漢郡國今長考一卷,晉書校勘記五卷,元史譯文證補三十卷,後漢三公年表一卷,補續漢書藝文志一卷,南北史世系表五卷,南北史帝王世系表一卷,元史氏族表三卷,西魏書二十四卷、附録一卷,續唐書七十卷,晉書地道記一卷,晉太康三年地記一卷,十六國春秋纂録校本十卷、附校勘記一卷,太常因革禮一百卷,大金集禮四十卷、附校刊識語一卷、校勘記一卷,中興小記四十卷,建炎以來繫年要録二百卷,國語翼解六卷,戰國策釋地二卷,吉林外記十卷,黑龍江外記八卷,屈子離騷彙訂三卷、雜文箋略二卷、首一卷,楚辭天問箋一卷)

320000－1615－0007695　叢0211/600002
子書二十二種　集成圖書公司輯　清宣統三年(1911)上海集成圖書公司鉛印本　八册　存十種九十一卷(老子二卷、莊子十卷、管子二十四卷、列子八卷、文中十卷、關尹子一卷、揚子法言十三卷、墨子十六卷、尸子二卷、商君書五卷)

320000－1615－0007696　叢0211－2/600003
三長物齋叢書二十五種　(清)黄本驥輯　清道光湘陰蔣環刻本　六十三册　缺一種二卷(茶香閣遺草一卷、附録一卷)

320000－1615－0007697　叢0213/600004
祕書二十一種　(清)汪士漢輯　清康熙七年(1668)新安汪氏刻本　十一册　缺四種四十卷(汲冢周書十卷、拾遺記十卷、白虎通德論二卷、山海經十八卷)

320000－1615－0007698　叢0213/600005
挹秀山房叢書　(清)朱克敬撰　清同治、光緒間刻本　二十四册　缺三種三卷(暝庵詩録一卷、暝庵學詩一卷、暝庵叢稿一卷)

320000－1615－0007699　叢0214－21/600006
玉函山房輯佚書　(清)馬國翰輯　清同治十年(1871)濟南皇華館書局刻本　八十册

320000－1615－0007700　叢0221/600007
藕香零拾三十九種　繆荃孫輯　清光緒至宣

統間刻本　三十二册

320000－1615－0007701　叢 0222/600008
滂喜齋叢書　(清)潘祖蔭輯　清同治、光緒間吴縣潘氏京師刻本　三十二册

320000－1615－0007702　叢 0223/600009
入幕須知五種八卷　張廷驤輯　清光緒十八年(1892)浙江書局刻本　六册

320000－1615－0007703　叢 0223/600010
義門讀書記十八種　(清)何焯撰　清乾隆三十四年(1769)刻本　十册　缺二種七卷(史記二卷、昌黎集五卷)

320000－1615－0007704　叢 0223/600011
龍莊遺書四種　(清)汪輝祖纂　清光緒江蘇書局刻本　六册

320000－1615－0007705　叢 0223/600012
龍莊遺書四種　(清)汪輝祖纂　清光緒江蘇書局刻本　六册

320000－1615－0007706　叢 0224－5/600013
平津館叢書　(清)孫星衍輯　清嘉慶蘭陵孫氏刻本　六十一册

320000－1615－0007707　叢 0231/600014
藝海珠塵　(清)吴省蘭輯　清嘉慶聽彝堂刻本　三册　存五種十四卷(勝朝彤史遺記六卷、蜀檮杌二卷、東南防守利便三卷、抱璞簡記一卷、一樱居詩稿二卷)

320000－1615－0007708　叢 0231/600015
藝海珠塵　(清)吴省蘭輯　清嘉慶聽彝堂刻本　二十九册　存七十五種一百六十卷(春秋經玩四卷,五經贊一卷,婦學一卷,天問略一卷,夢占逸旨八卷,五總志一卷,孔氏談苑五卷,讀書偶見一卷,學福齊雜著一卷,岳忠武王集一卷,丁孝子詩集三卷,圭塘欸乃集一卷,刻燭集一卷,駮五經異義一卷、輔遺一卷,駢字分箋二卷,武宗外紀一卷,勝朝彤史拾遺記六卷,蜀檮杌二卷,東南防守利便三卷,炳燭偶鈔一卷,讀史論略一卷,曆學疑問補二卷,半村野人閒談一卷,抱璞簡記一卷,一樱居詩稿二卷,魯齋述得一卷,二儀銘補注一卷,曆學答問一卷,蘇氏演義二卷,投甕隨筆一卷,風月堂雜識一卷,學圃餘力一卷,王義士輞川詩鈔六卷,呵凍漫筆二卷,墨畬錢傳一卷,瓠里子筆談一卷,洗硯新録一卷,蓉塘記聞一卷,夏内史集九卷、附録一卷,易緯乾坤鑿度二卷,易緯是類謀一卷,洪範統一一卷,説學齋經説一卷,辨定嘉靖大禮議二卷,儒林譜一卷,雲間第宅志一卷,恥言二卷,修慝餘編一卷,太玄解一卷,素履子三卷,握奇經解一卷、附握奇經續圖一卷、八陣總數一卷,黄帝授三子玄女經一卷,冐檠録一卷,東皐雜鈔三卷,茶餘客話十二卷,易稽覽圖二卷,詩説一卷,詩疑二卷,左氏蒙求註一卷,匡謬正俗八卷,皇朝武功紀盛四卷,山海經圖讃一卷、補遺一卷,明洪武四年進士登科録一卷,社事始末一卷,淞故述一卷,雲仙散録一卷,燕魏雜記一卷,叩舷憑軾録一卷,交行摘稿一卷,貞蕤稿略文一卷、詩一卷,拜經樓詩話四卷,月山詩集四卷,月山詩話一卷,謙山草堂詩合鈔二卷,四繪軒詩鈔一卷)

320000－1615－0007709　叢 0233/600016
雅雨堂藏書　(清)盧見曾輯　清乾隆二十一年(1756)德州盧氏刻本　二十八册

320000－1615－0007710　叢 0232/600017
邵武徐氏叢書　(清)徐榦輯　清光緒邵武徐氏刻本　二十册　缺九種七十五卷(李忠定公别集十卷,澂景堂史測十四卷,剩録十卷,邵氏姓解辨誤一卷,讒書五卷、附校一卷,竹齋詩集四卷,亨甫詩選八卷,本事詩十二卷,花間集十卷)

320000－1615－0007711　叢 0234/600018
峭帆樓叢書　趙詒琛輯　清宣統至民國間新陽趙氏刻本　二十册

320000－1615－0007712　叢 0234－5/600019
小石山房叢書　(清)顧湘輯　清同治十三年(1874)虞山顧氏刻本　十六册

320000－1615－0007713　叢 0224/600020
小石山房叢書　(清)顧湘輯　清同治十三年(1874)虞山顧氏刻本　十六册

320000－1615－0007714　叢 0233/600021
二酉堂叢書　(清)張澍輯　清道光元年(1821)武威張氏二酉堂刻本　十二册

320000－1615－0007715　叢 0235/600022
邵武徐氏叢書　(清)徐榦輯　清光緒邵武徐氏刻本　二十册　缺九種七十五卷(李忠定公別集十卷,澂景堂史測十四卷,剡録十卷,邵氏姓解辨誤一卷,讒書五卷、附校一卷,竹齋詩集四卷,亨甫詩選八卷,本事詩十二卷,花間集十卷)

320000－1615－0007716　叢 0241/600023
鐵華館叢書　(清)蔣鳳藻輯　清光緒長洲蔣氏影宋刻本　六册

320000－1615－0007717　叢 0242/600024
春暉堂叢書十二種　(清)徐渭仁輯　清道光、咸豐間上海徐氏刻同治補刻本　十二册

320000－1615－0007718　叢 0243/600025
咫進齋叢書　(清)姚覲元輯　清光緒九年(1883)歸安姚氏刻本　十一册　存十五種五十二卷(務民義齋算學十四卷,大雲山房十二章圖説二卷,大雲山房雜記二卷,棠湖詩稿一卷,春草堂遺稿一卷,小爾雅疏證五卷,説文引經考二卷、補遺一卷,古今韵考四卷,前徽録一卷,中州金石目四卷、補遺一卷,寒秀艸堂筆記四卷,禮記天算釋一卷,孝經鄭注一卷,爾雅補郭二卷,説文新附考六卷)

320000－1615－0007719　叢 0242/600026
觀自得齋叢書　(清)徐士愷輯　清光緒石埭徐氏觀自得齋刻本　二十六册

320000－1615－0007720　叢 0243/600027
月河精舍叢鈔　(清)丁寶書述　清光緒六年(1880)苕溪丁氏刻本　十册　缺一種二十八卷(唐尚書省郎官石柱題名考二十六卷、首一卷、附録一卷)

320000－1615－0007721　叢 0244/600028
檀幾叢書　(清)王晫　(清)張潮輯　清康熙三十四年(1695)新安張氏霞舉堂刻本　十二册　缺三種三卷(元寶公案一卷、新婦譜補一卷、俗砭一卷)

320000－1615－0007722　叢 0244/600029
小萬卷樓叢書　(清)錢培名編　清光緒四年(1878)錢氏刻本　十六册

320000－1615－0007723　叢 0243/600030
祕書二十一種　(清)汪士漢輯　清康熙七年(1668)新安汪氏刻本　九册　存十二種七十五卷(汲冢周書十卷、吴越春秋六卷、拾遺記十卷、白虎通德論二卷、山海經十八卷、博物志十卷、桂海虞衡志一卷、續博物志十卷、劍俠傳四卷、楚史檮杌一卷、晉史乘一卷、竹書紀年二卷)

320000－1615－0007724　叢 0245/600031
天壤閣叢書　(清)王懿榮編　清同治、光緒間福山王氏刻本　十六册　缺六種十二卷(正俗備用字解四卷、附一卷,周公年表一卷,簠齋傳古別録一卷,木皮子詞一卷,王太常集二卷,王布政集二卷)

320000－1615－0007725　叢 0251－2/600032
崇文書局彙刻書　(清)崇文書局編　清光緒三年(1877)湖北崇文書局刻本　八十册

320000－1615－0007726　叢 0245/600033
滂喜齋叢書　(清)潘祖蔭編　清同治、光緒間吴縣潘氏京師刻本　十八册　存二十四種五十四卷(虞氏易消息圖説初稿一卷,大誓答問一卷,求古録禮説補遺一卷、續一卷,公羊逸禮考徵一卷,吴頊儒遺書喪禮經傳約一卷,京畿金石考二卷,止觀輔行傳宏決一卷,炳燭編四卷,橋西雜記一卷,蕙西先生遺稿一卷,張文節公遺集二卷,越三子集七卷,藝芸書舍宋元本書目二卷,玉井山館筆記一卷、舊遊日記一卷,别雅訂五卷,炳燭室雜文一卷,天馬山房詩别録一卷,稽瑞樓書目四卷,懷舊集二卷,愛吾廬文鈔一卷,寶鐵齋金石文跋尾三卷,徐元歎先生殘稿浪齋新舊詩一卷,二苕詩集五卷,石氏喬梓詩集三卷)

320000－1615－0007727　叢 0314/600034
汗筠齋叢書　(清)秦鑑編　清嘉慶三年至四年(1798－1799)嘉定秦氏刻本　十二册

320000－1615－0007728　叢 0241/600035
湖海樓叢書　(清)陳春編　清嘉慶蕭山陳氏刻本　十六册　存十種九十四卷(論語類考二十卷,孟子雜記四卷,列子八卷、附列子沖虛至德眞經釋文二卷,尸子尹文子合刻二卷,潛夫論十卷,學林十卷,卮林十卷、補遺一卷,訂譌雜録十卷,龍筋鳳髓判四卷,永嘉先生八面鋒十三卷)

320000－1615－0007729　叢 0254－5/600036
左文襄公全集　(清)左宗棠撰　清光緒二十七年(1901)刻本　六十四册

320000－1615－0007730　叢 0321/600037
式訓堂叢書　(清)章壽康輯　清光緒會稽章氏刻本　二十七册　存二十四種九十三卷(古易音訓二卷,傳經表一卷、通經表一卷,漢書西域傳補注二卷,晉書地理志新補正五卷,乾道臨安志十五卷、附札記一卷,弟子職集解一卷,吕子校補二卷,竹汀先生日記鈔三卷,經籍跋文一卷,對策六卷,拜經樓藏書題跋記五卷、附録一卷,曝書雜記三卷,溉亭述古録二卷,誌銘廣例二卷,金石例補二卷,春秋夏正二卷,家語疏證六卷,鐘山札記四卷,龍城札記三卷,知聖道齋讀書跋二卷,平津館鑒藏記書籍三卷、補遺一卷、續編一卷,廉石居藏書記二卷,銅熨斗齋隨筆八卷,癖談六卷)

320000－1615－0007731　叢 0311－3/600038
常州先哲遺書　盛宣懷輯　清光緒二十三年(1897)盛氏刻本　六十四册　存四十三種四百三十九卷(詩傳旁通十五卷,三續千字文注一卷,崇禎朝記事四卷,陳定生先生遺書三卷,吴中水利書一卷,遂初堂書目一卷,江陰李氏得月樓書目摘録一卷,景仰撮書一卷,宜齋野乘一卷,梁谿漫志十卷,萬柳溪邊舊話一卷,陽羨茗壺系一卷,洞山岕茶系一卷,五行大義五卷,戒菴老人漫筆八卷,梁昭明太子集五卷、補遺一卷,文選考異一卷,蕭茂挺集一卷,文恭集四十卷,春卿遺稿一卷,摛文堂集十五卷、附録一卷,毗陵集十六卷、補遺一卷、附録一卷,鴻慶居士文集四十二卷,宋孫仲益内簡尺牘十卷,丹陽集二十四卷,梁谿遺稾二卷、補遺一卷、附録一卷,侍郎葛公歸愚集十卷、補遺一卷,信齋詞一卷,定齋集二十卷,牆東類稾二十卷、補遺一卷、附校勘記一卷,清閟閣全集十二卷,滄螺集六卷、補遺一卷,唐荆川先生文集十八卷、補遺一卷、附録一卷,小辨齋偶存八卷、附録一卷,從野堂存稿八卷、補遺一卷、附録一卷,落落齋遺集十卷、附録一卷,金忠潔公文集二卷,堆山先生前集鈔一卷,韻語陽秋二十卷,存餘堂詩話一卷、附録一卷,留溪外傳十八卷,邵青門全集三十卷、附邵氏家録二卷,學文堂文集十六卷、詩集五卷、詩餘三卷)

320000－1615－0007732　叢 0322/600039
功順堂叢書　(清)潘祖蔭輯　清光緒吴縣潘氏刻本　二十四册

320000－1615－0007733　叢 0323/600040
木犀軒叢書　李盛鐸輯　清光緒德化李氏木犀軒刻本　四十册　缺六種十一卷(穀梁大義述不分卷、孝經徵文一卷、春秋平議一卷、有不爲齋算學四卷、珠神眞經二卷、東潛文稿二卷)

320000－1615－0007734　叢 0324/600041
木犀軒叢書　李盛鐸輯　清光緒德化李氏木犀軒刻本　二十四册　缺十五種五十五卷(京氏易八卷、曉菴遺書十五卷、詩考異字箋餘十四卷、説文聲類二卷、舊學蓄疑一卷、荀勗笛律圖注一卷、管色考一卷、律吕臆説一卷、心得要旨一卷、穀梁大義述不分卷、孝經徵文一卷、春秋平議一卷、有不爲齋算學四卷、珠神眞經二卷、東潛文稿二卷)

320000－1615－0007735　叢 0325/600042
經訓堂叢書　(清)畢沅編　清乾隆畢氏靈巖山館刻本　三十二册

320000－1615－0007736　叢 0334/600043
金陵叢刻　(清)傅春官輯　清光緒刻本　十二册

320000－1615－0007737　叢 0331/600044
靈鶼閣叢書　(清)江標輯　清光緒二十三年(1897)元和江氏湖南使院刻本　四十八册

320000－1615－0007738　叢0332/600045
鐵華館叢書　（清）蔣鳳藻編　清光緒長洲蔣氏影宋刻本　十六册

320000－1615－0007739　叢0332/600046
榆園叢刻　（清）許增編　清同治、光緒間刻本　十六册

320000－1615－0007740　叢0333/600047
小石山房叢書　（清）顧湘輯　清同治十三年（1874）常熟顧氏刻本　十二册　缺十一種二十九卷（四書講義一卷，淮雲問答一卷、續編一卷，論學酬答四卷，韋庵經説一卷，疑年録四卷、續疑年録四卷，湛園題跋一卷，義門題跋一卷，山家清供一卷，勿藥須知一卷，夢曉樓隨筆一卷，虞東先生文録八卷）

320000－1615－0007741　叢0333/600048
鄦齋叢書　徐乃昌編　清光緒二十六年（1900）南陵徐氏刻本　十一册　缺五種九卷（説文諧聲孳生述不分卷、唐折衝府考四卷、讀書小記二卷、漢氾勝之遺書一卷、焦里堂先生軼文一卷）

320000－1615－0007742　叢0333/600049
晨風閣叢書　沈宗畸等輯　清宣統元年（1909）番禺沈氏刻本　十六册

320000－1615－0007743　叢0334/600050
二思堂叢書　（清）梁章鉅撰　清光緒元年（1875）福州梁氏浙江刻本　十六册

320000－1615－0007744　叢0335/600051
二思堂叢書　（清）梁章鉅撰　清光緒元年（1875）福州梁氏浙江刻本　十四册

320000－1615－0007745　叢0335/600052
貸園叢書初集　（清）周永年編　清乾隆青州李文藻刻乾隆五十四年（1789）歷城周永年竹西書屋印本　十六册

320000－1615－0007746　叢0335/600053
通藝録二十二種　（清）程瑶田撰　清嘉慶刻本　二册　存二種二卷（聲律小記一卷、數度小記一卷）

320000－1615－0007747　叢0335/600054
唱經堂才子書十一種　（清）金聖嘆撰　清刻本　六册　存五種六卷（語録纂二卷、聖人千案一卷、隨手通一卷、易鈔引一卷、通宗易論一卷）

320000－1615－0007748　叢0341/600055
寒松閣集二十卷　（清）張鳴珂撰　清光緒嘉興張氏刻本　六册

320000－1615－0007749　叢0341/600056
京口掌故叢編初集六種　（清）陶駿保編　清光緒三十四年（1908）丹徒陶氏刻本　二册

320000－1615－0007750　叢0341/600057
隨庵徐氏叢書　徐乃昌輯　清光緒至民國間南陵徐氏刻本　二十四册

320000－1615－0007751　叢0342/600058
覆瓿集十三種　（清）張文虎撰　清同治、光緒間刻本　十一册

320000－1615－0007752　叢0342/600059
娱園叢刻十五卷　（清）許增編　清光緒十五年（1889）刻本　一册　存四種五卷（金粟箋説一卷、賞延素心録一卷、書畫説鈴一卷、陽羨名陶録二卷）

320000－1615－0007753　叢0342/600060
娱園叢刻十五卷　（清）許增編　清光緒十五年（1889）刻本　一册　存六種七卷（筆史一卷、頻羅庵論書一卷、金粟箋説一卷、賞延素心録一卷、書畫説鈴一卷、陽羨名陶録二卷）

320000－1615－0007754　叢0232/600061
國粹叢書　（清）國學保存會輯　清光緒、宣統間鉛印本　二册　存二種六卷（孟子字義疏證三卷、原善三卷）

320000－1615－0007755　叢0232/600062
小石山房叢書　（清）顧湘輯　清同治十三年（1874）虞山顧氏刻本　一册　存六種六卷（詞評一卷、墨井詩鈔一卷、三巴集一卷、墨井題跋一卷、海珊詩鈔一卷、蓺庵遺詩一卷）

320000－1615－0007756　叢0232/600063

微波榭叢書　(清)孔繼涵輯　清乾隆曲阜孔氏刻本　二冊　存二種四卷(策算一卷、勾股割圜記三卷)

320000－1615－0007757　叢 0343－5/600064

常州先哲遺書　盛宣懷編　清光緒武進盛氏刻本　六十四冊　存四十三種四百三十九卷(詩傳旁通十五卷,三續千字文注一卷,崇禎朝記事四卷,陳定生先生遺書三卷,吴中水利書一卷,遂初堂書目一卷,江陰李氏得月樓書目摘録一卷,景仰撮書一卷,宜齋野乘一卷,梁谿漫志十卷,萬柳溪邊舊話一卷,陽羨茗壺系一卷,洞山岕茶系一卷,五行大義五卷,戒菴老人漫筆八卷,梁昭明太子集五卷、補遺一卷,文選考異一卷,蕭茂挺集一卷,文恭集四十卷,春卿遺稿一卷,摛文堂集十五卷、附録一卷,毗陵集十六卷、補遺一卷、附録一卷,鴻慶居士文集四十二卷,宋孫仲益内簡尺牘十卷,丹陽集二十四卷,梁谿遺稿二卷、補遺一卷、附録一卷,侍郎葛公歸愚集十卷、補遺一卷,信齋詞一卷,定齋集二十卷,牆東類稿二十卷、補遺一卷、附校勘記一卷,清閟閣全集十二卷,滄螺集六卷、補遺一卷,唐荆川先生文集十八卷、補遺一卷、附録一卷,小辨齋偶存八卷、附録一卷,從野堂存稿八卷、補遺一卷、附録一卷,落落齋遺集十卷、附録一卷,金忠潔公文集二卷,堆山先生前集鈔一卷,韻語陽秋二十卷,存餘堂詩話一卷、附録一卷,留溪外傳十八卷,邵青門全集三十卷、附邵氏家録二卷,學文堂文集十六卷、詩集五卷、詩餘三卷)

320000－1615－0007758　叢 0351－3/600065

十萬卷樓叢書　(清)陸心源輯　清光緒歸安陸氏刻本　一百二十冊

320000－1615－0007759　叢 0354－5/600066

宜稼堂叢書　(清)郁松年輯　清道光上海郁氏刻本　六十四冊

320000－1615－0007760　叢 0353/600067

咫進齋叢書　(清)姚覲元輯　清光緒九年(1883)歸安姚氏刻本　十八冊

320000－1615－0007761　叢 0314/600068

風雨樓秘笈留真十種　鄧實輯　清宣統至民國間順德鄧氏風雨樓影印本　十冊

320000－1615－0007762　叢 0256/600069

知不足齋叢書　(清)鮑廷博輯　清乾隆、道光間長塘鮑氏刻本　四冊　存四種十五卷(孫子算經三卷,五曹算經五卷,釣磯立談一卷、附録一卷,洛陽舊聞記五卷)

320000－1615－0007763　叢 0256/600070

知不足齋叢書　(清)鮑廷博輯　清乾隆、道光間長塘鮑氏刻本　六冊　存六種二十六卷(寓簡十卷,兩漢刊誤補遺十卷、附録一卷,涉史隨筆一卷,客杭日記一卷,韻石齋筆談二卷,七頌堂識小録一卷)

320000－1615－0007764　叢 0411/600071

集虚草堂叢書甲集　李國松編　清光緒三十年至三十二年(1904－1906)合肥李氏刻本　二十冊　缺一種四卷(敦艮吉齋文鈔四卷)

320000－1615－0007765　叢 0342/600072

知服齋叢書　(清)龍鳳鑣編　清光緒順德龍氏刻本　十九冊　存十一種五十八卷(逸周書十卷,風俗通姓氏篇二卷,十三州志一卷,三秦記一卷,三輔決録二卷,金華赤松山志一卷,島夷誌略一卷,寧古塔紀略一卷,少陽集十卷,雙溪醉隱集六卷,陶庵集二十二卷、首一卷)

320000－1615－0007766　叢 0412－3/600073

潛研堂全書　(清)錢大昕撰　清乾隆、嘉慶間刻道光二十年(1840)錢師光重修本　八十冊　存十七種二百五十六卷(二十二史考異一百卷,三史拾遺五卷,諸史拾遺五卷,元史氏族表三卷,元史藝文志四卷,宋遼金元四史朔閏考二卷,通鑑注辯正二卷,洪文惠公年譜一卷,洪文敏公年譜一卷,陸放翁先生年譜一卷,深寧先生年譜一卷,弇州山人年譜一卷,潛研堂金石文跋尾六卷、續七卷、又續六卷、三續六卷,潛研堂金石文字目録八卷,十駕齋養新録二十卷、餘録三卷,三統術衍三卷、鈐一卷,潛研堂文集五十卷、詩集十卷、詩續集

十卷)

320000－1615－0007767　叢0256/600074

安吴四種　(清)包世臣撰　清同治十一年(1872)包誠刻光緒十四年(1888)印本　十六册

320000－1615－0007768　叢0414－5/600075

抱經堂叢書　(清)盧文弨輯　清乾隆餘姚盧氏刻本　四十册　缺三種七十二卷(經典釋文三十卷、附考證三十卷,新書十卷,明史藝文志二卷)

320000－1615－0007769　叢0314/600076

亭林遺書十種　(清)顧炎武輯　清吴江潘氏遂初堂刻本　六册　存十種二十七卷(左傳杜解補正三卷、九經誤字一卷、石經考一卷、金石文字記六卷、韻補正一卷、昌平山水記二卷、譎觚十事一卷、顧氏譜系考一卷、亭林文集六卷、亭林詩集五卷)

320000－1615－0007770　叢0422/600077

顧亭林先生遺書　(清)顧炎武輯　清蓮瀛閣刻吴縣朱記榮增刻光緒三十二年(1906)彙印本　八册　存十種二十七卷(左傳杜解補正三卷、九經誤字一卷、石經考一卷、金石文字記六卷、韻補正一卷、昌平山水記二卷、譎觚十事一卷、顧氏譜系考一卷、亭林文集六卷、亭林詩集五卷)

320000－1615－0007771　叢0422/600078

麗廔叢書　葉德輝編　清光緒長沙葉氏刻本　八册

320000－1615－0007772　叢0422/600079

半廠叢書初編　(清)譚獻編　清光緒仁和譚氏刻本　八册　存六種三十一卷(詩本誼一卷,復堂類集文四卷、詩十一卷、詞三卷,復堂日記八卷,合肥三家詩録二卷,待堂文一卷,池上題襟小集一卷)

320000－1615－0007773　叢0422/600080

微波榭叢書　(清)孔繼涵編　清乾隆曲阜孔氏刻本　十四册　存六種十四卷(考工記圖二卷、孟子字義疏證三卷、原善三卷、續天文略二卷、水地記一卷、句股割圜記三卷)

320000－1615－0007774　叢0415－21/600081

岱南閣叢書　(清)孫星衍輯　清乾隆、嘉慶間蘭陵孫氏刻本　三十六册

320000－1615－0007775　叢0423－31/600082

惜陰軒叢書　(清)李錫齡輯　清道光二十六年(1846)宏道書院刻本　一百二十册　缺二種四十二卷(宋四子抄釋二十一卷、吕涇野經説二十一卷)

320000－1615－0007776　叢0432－3/600083

槐廬叢書　(清)朱記榮輯　清光緒十三年(1887)吴縣朱氏家塾刻本　八十册

320000－1615－0007777　叢0434－41/600084

增訂漢魏叢書　(清)王謨輯　清光緒刻本　九十四册　缺十五種三十一卷(焦氏易林四卷、易傳三卷、關氏易傳一卷、周易略例一卷、古三墳一卷、三國志辨誤一卷、孫子二卷、列子八卷、傅子一卷、道德經評注二卷、中華古今注三卷、輶軒絕代語一卷、鄴中記一卷、博異記一卷、世本一卷)

320000－1615－0007778　叢0442/600085

微波榭叢書　(清)孔繼涵編　清乾隆曲阜孔氏刻本　二十八册　缺九種二十九卷(春秋金鎖匙一卷、五經文字三卷、新加九經字樣一卷、水經釋地八卷、雜體文稾七卷、同度記一卷、長行經一卷、紅櫚書屋詩集四卷、冰詞三卷)

320000－1615－0007779　叢0443－5/600086

春在堂全書　(清)俞樾撰　清光緒吴門刻本　八十七册　缺十九種一百二十六卷(羣經平議三十五卷,俞樓雜纂五十卷,四書文一卷,經課續編八卷,九九銷夏録十四卷,金剛般若波羅蜜經注二卷,小蓬萊謠一卷,東瀛詩記二卷,東海投桃集一卷,慧福樓幸草一卷,曲園自述詩一卷、補一卷,曲園墨戲一卷,曲園三耍一卷,瓊英小録一卷,春在堂全書録要

一卷,春在堂全書校勘記一卷,春在堂傳奇二種二卷,新定牙牌數一卷,春在堂輓言一卷)

320000－1615－0007780　叢 0452/600087
重刊拜經樓叢書七種　(清)吴騫編　清光緒十一年(1885)會稽章氏鄂渚刻本　八冊

320000－1615－0007781　叢 0452/600088
番禺陳氏東塾叢書　(清)陳澧撰　清咸豐、光緒間番禺陳氏刻本　十冊

320000－1615－0007782　叢 0451/600089
顨軒孔氏著書　(清)孔廣森撰　清嘉慶二十二年(1817)曲阜孔氏儀鄭堂刻本　十冊

320000－1615－0007783　叢 0451/600090
珍執宧遺書　(清)莊述祖撰　清嘉慶、道光間武進莊氏脊令舫刻本　十二冊

320000－1615－0007784　叢 0452/600091
頤志齋叢書　(清)丁晏撰　清咸豐、同治間丁氏六藝堂刻本　二十四冊

320000－1615－0007785　叢 0453/600092
求益齋全集　(清)強汝詢撰　清光緒二十四年(1898)江蘇書局刻本　八冊

320000－1615－0007786　叢 0445/600093
峋嶁叢書　(清)曠敏本撰　清乾隆四十年(1775)曠氏澄滓山房刻本　二十冊

320000－1615－0007787　叢 0453/600094
鄒叔子遺書七種　(清)鄒漢勛撰　清光緒刻本　十六冊

320000－1615－0007788　叢 0455/600095
左海全集　(清)陳壽祺撰　清嘉慶、道光間刻陳紹墉補刻本　二十四冊

320000－1615－0007789　叢 0453/600096
儆居集二十二卷　(清)黄式三撰　清光緒十四年(1888)刻儆居遺書本　八冊

320000－1615－0007790　叢 0514/600097
授堂遺書　(清)武億撰　清道光二十三年(1843)刻本　十六冊

320000－1615－0007791　叢 0511－3/600098
郝氏遺書　(清)郝懿行撰　清嘉慶至光緒間刻本　一百冊　缺一種一卷(曬書堂閨中文存一卷)

320000－1615－0007792　叢 0454/600099
永嘉叢書　(清)孫衣言輯　清同治、光緒間瑞安孫氏詒善祠塾刻本　三十八冊　缺三種五十二卷(竹軒雜著六卷,水心文集二十九卷、補遺一卷,水心先生別集十六卷)

320000－1615－0007793　叢 0514－5/600100
連筠簃叢書十二種　(清)楊尚文輯　清道光二十八年(1848)靈石楊氏刻本　三十冊　存十三種一百十三卷(韻補五卷、附録一卷,韻補正一卷,元朝秘史十五卷,唐兩京城坊考五卷,長春眞人西遊記二卷,漢石例六卷,句股截積和較算術二卷,橢圓術一卷,鏡鏡詅癡五卷,癸巳存稿十五卷,羣書治要五十卷,湖北金石詩一卷,落颿樓文稿四卷)

320000－1615－0007794　叢 0521－4/600101
船山遺書　(清)王夫之撰　清同治四年(1865)湘鄉曾氏金陵節署刻本　九十九冊　缺七種七十卷(四書訓義三十八卷、搔首問一卷、相宗絡索一卷、古詩評選六卷、唐詩評選四卷、明詩評選八卷、春秋四傳質十二卷)

320000－1615－0007795　叢 0524/600102
李厚岡集　(清)李榮陛撰　清嘉慶二十年(1815)亘古齋刻本　十八冊　缺二種五卷(書經補篇一卷、厚岡詩集四卷)

320000－1615－0007796　叢 0232/600103
梨洲遺著彙刊　(清)黄宗羲撰　清宣統二年(1910)時中書局鉛印本　五冊　存十七種十九卷(明夷待訪録一卷、破邪論一卷、歷代甲子考一卷、西壹慟哭記註一卷、冬青樹引註一卷、汰存録一卷、隆武紀年一卷、贛州失事記一卷、紹武爭立紀一卷、魯紀年二卷、舟山興廢一卷、日本乞師記一卷、四明山寨記一卷、永歷紀年一卷、沙洲定亂記一卷、滇考一卷、今水經二卷)

320000－1615－0007797　叢 0525/600104
永嘉叢書　(清)孫衣言輯　清同治、光緒間

武昌局刻瑞安孫氏本　四十八冊　缺三種三十六卷(水心文集二十九卷、補遺一卷,谷艾園文稿四卷,孫太史稿二卷)

320000－1615－0007798　叢0531－2/600105
洪北江全集　(清)洪亮吉撰　清光緒三年(1877)洪用懃授經堂刻本　八十三冊　缺一種六卷(北江詩話六卷)

320000－1615－0007799　叢0541/600106
大鶴山房全書　鄭文焯撰　清光緒至民國間刻民國十年(1921)蘇州交通圖書館彙印本　八冊

320000－1615－0007800　叢0541/600107
影山草堂六種　(清)莫友芝撰　清咸豐、光緒間刻本　六冊

320000－1615－0007801　叢0541/600108
章氏遺書　(清)章學誠撰　清道光十二年至十三年(1832－1833)刻本　四冊

320000－1615－0007802　叢0541/600109
經韻樓叢書　(清)段玉裁撰　清乾隆、道光間金壇段氏刻本　十冊　存五種六十八卷(戴東原集十二卷、附覆校札記一卷,古文尚書撰異三十二卷,周禮漢讀考六卷,春秋左氏古經十二卷、五十凡一卷,聲韻考四卷)

320000－1615－0007803　叢0542/600110
微波榭叢書　(清)孔繼涵編　清乾隆曲阜孔氏刻本　三十六冊　存十四種六十卷(東原文集十卷,毛鄭詩考正四卷、首一卷,杲溪詩經補注二卷,考工記圖二卷,孟子字義疏證三卷,聲韻考四卷,聲類表九卷、首一卷,原善三卷,原象一卷,續天文略二卷,水地記一卷,方言疏證十三卷,句股割圜記三卷,水經注不分卷)

320000－1615－0007804　叢0533－5/600111
聚學軒叢書　劉世珩輯　清光緒貴池劉氏刻本　一百冊

320000　－　1615　－　0007805　　叢　0543　－51/600112
曾文正公全集　(清)曾國藩撰　清同治、光緒間傳忠書局刻本　一百二十八冊　缺二種十二卷(曾文正公家書十卷、曾文正公家訓二卷)

320000－1615－0007806　叢0551－2/600113
紹興先正遺書四集十五種　(清)徐友蘭編　清光緒會稽徐氏鑄學齋刻本　三十二冊　缺一種一卷(江右紀變一卷)

320000－1615－0007807　叢0611－5/600114
西河合集　(清)毛奇齡撰　清康熙書留草堂刻乾隆十年(1745)毛健等重修本　一百六十冊　缺二十二種一百二十四卷(經集首一卷、仲氏易三十卷、推易始末四卷、河圖洛書原舛編一卷、太極圖説遺議一卷、易小帖五卷、易韻四卷、春秋毛氏傳三十六卷、春秋屬辭比事記四卷、春秋條貫篇十一卷、春秋占筮書三卷、春秋簡書刊誤二卷,文集首一卷、揭子一卷、剳子二卷、史館擬判一卷、古禮今律無繼嗣文一卷、古今無慶生日文一卷、禁室女守志殉死文一卷、賸朝彤史拾遺記六卷、武宗外記一卷、後鑒録七卷)

320000－1615－0007808　叢0553－5/600115
西河合集　(清)毛奇齡撰　清康熙書留草堂刻乾隆十年(1745)毛健等重修本　一百冊

320000－1615－0007809　叢0623/600116
觀古堂所著書　葉德輝撰　清光緒長沙葉氏刻本　十六冊

320000－1615－0007810　叢0623/600117
觀古堂彙刻書　葉德輝輯　清光緒長沙葉氏刻本　十六冊

320000－1615－0007811　叢0621－2/600118
琳琅祕室叢書　(清)胡珽編　清光緒十四年(1888)會稽董氏取斯堂刻木活字印本　三十六冊

320000－1615－0007812　叢0624/600119
南菁札記十四種二十二卷　(清)溥良編　清光緒二十四年(1898)江陰使署刻本　六冊

320000－1615－0007813　叢0624/600120
台州叢書　(清)宋世犖編　清嘉慶、道光間

臨海宋氏刻本　二十四册　存二種十二卷（道南書院録五卷、臺學源流七卷）

320000－1615－0007814　叢 0624/600121
美術叢書　鄧實輯　清宣統三年（1911）上海神州國光社鉛印本　五册　存十一種十三卷（前塵夢影録二卷、書法約言一卷、書眼一卷、書訣一卷、陽羡名陶録二卷、窰器説一卷、後觀石録一卷、秋水園印説一卷、墨志一卷、荀勗笛律圖注一卷、書影擇録一卷）

320000－1615－0007815　叢 0631－4/600122
曾文正公全集　（清）曾國藩撰　清同治、光緒間傳忠書局刻本　一百二十八册　缺二種十二卷（曾文正公家書十卷、曾文正公家訓二卷）

320000－1615－0007816　叢 0641－3/600123
武林往哲遺箸　（清）丁丙編　清光緒錢唐丁氏嘉惠堂刻本　九十六册

320000－1615－0007817　叢 0643－53/600124
武林掌故叢編　（清）丁丙編　清光緒錢唐丁氏嘉惠堂刻本　二百八册　缺一種二卷（宋僧元淨外傳二卷）

320000－1615－0007818　叢 0654－0711/600125
嶺南遺書　（清）伍元薇　（清）伍崇曜編　清道光、同治間南海伍氏粤雅堂文字歡娱室刻本　九十册

320000－1615－0007819　叢 0712－5/600126
湖北叢書　（清）趙尚輔輯　清光緒十七年（1891）三餘草堂刻本　一百册

320000－1615－0007820　叢 0625/600127
玉簡齋叢書第一集　羅振玉輯　清宣統二年（1910）上虞罗氏刻本　八册　缺八種二十四卷（濮陽蒲汀李先生家藏目録一卷、萬卷堂書目四卷、脈望館書目一卷、近古堂書目二卷、四明天一閣藏書目録一卷、也是園藏書目十卷、傳是樓宋元本書目一卷、知聖道齋書目四卷）

320000－1615－0007821　叢 0625/600128
國粹叢書　（清）國學保存會輯　清光緒、宣統間鉛印本　三十九册　缺十六種二百三十二卷（吕用晦文集八卷、續集四卷、附録一卷，廣陽雜記五卷，顔氏學記十卷，顔習齋先生年譜二卷，李恕谷先生年譜五卷，張蒼水全集十二卷、補遺一卷、附録四卷、題詠二卷，冰槎集題中人物考略一卷、傳略補一卷，戴褐夫集一卷、補遺一卷、續補遺一卷、附紀行一卷、紀略一卷、年譜一卷、戴刻戴褐夫集目録一卷，禁書目録四卷，吾汶藁十卷、補遺一卷，歸玄恭先生文續鈔七卷、附録一卷，伯牙琴一卷，張文烈公遺詩一卷，湖隱外史一卷，留都見聞録二卷，孑遺録一卷，續甬上耆舊詩集一百四十卷）

320000－1615－0007822　叢 0635/600129
武英殿聚珍版書　清乾隆浙江刻本　十六册　存十二種二十七卷（春秋傳説例一卷、鄴中記一卷、春秋辨疑一至三、嶺表録異上、澗泉日記三卷、孫子算經三卷、海島算經一卷、夏侯陽算經三卷、王經算術二卷、墨法集要一卷、弢古質疑六卷、禹貢指南三至四）

320000－1615－0007823　叢 0635/600130
檇李遺書　（清）孫福清輯　清光緒四年（1878）孫氏望雲仙館刻本　二十四册

320000－1615－0007824　叢 0731－5/600131
武英殿聚珍版書　清乾隆浙江刻本　一百二十三册　存三十八種二百九十七卷（郭氏傳家易説十一卷、總論一卷，易象意言一卷，易緯十二卷，禹貢指南四卷，融堂書解二十卷，絜齋毛詩經筵講義四卷，儀禮識誤三卷，春秋傳説例一卷，春秋辨疑四卷、附校勘記一卷，魏鄭公諫續録二卷，鄴中記一卷，水經注四十卷、附御製文一卷，嶺表録異三卷，麟臺故事五卷、拾遺二卷、附考異一卷，漢官舊儀二卷、補遺一卷，直齋書録解題二十二卷，傳子一卷，帝範四卷，明本釋三卷，晨桑輯要七卷，孫子算經三卷，海島算經一卷，夏侯陽算經三卷，五經算術二卷，墨法集要一卷，雲谷雜記四卷、首一卷、末一卷，甕牖閒評八卷，考古質

疑六卷，澗泉日記三卷，敬齋古今黈八卷、拾遺五卷，老子道德經二卷，文恭集四十卷、拾遺一卷，茶山集八卷、拾遺一卷，絜齋集二十四卷、拾遺一卷，拙軒集六卷，金淵集六卷，歲寒堂詩話二卷，浩然齋雅談三卷）

320000－1615－0007825　叢 0725/600132

士禮居黄氏叢書　（清）黄丕烈輯　清光緒十三年（1887）上海蜚英館石印本　二十七冊　缺十五種一百八十八卷（周禮十二卷、附札記一卷，儀禮十七卷、附校録一卷、續校一卷，夏小正戴氏傳四卷、附校録一卷，夏小正經傳集解四卷，國語二十一卷、附札記一卷，戰國策三十二卷、附札記三卷，輿地廣記三十八卷、附札記二卷，傷寒總病論六卷、附札記一卷，洪氏集驗方五卷，焦氏易林十六卷，博物誌十卷，新刊宣和遺事前集一卷、後集一卷，汪本隸釋刊誤一卷，船山詩選六卷，同人唱和詩三卷）

320000－1615－0007826　叢 0715－24/600133

曾文正公全集　（清）曾國藩撰　清同治傳忠書局刻本　一百十八冊　缺五種三十二卷（曾文正公詩集四卷、文集四卷，曾文正公批牘六卷，孟子要略五卷、附録一卷，曾文正公家書十卷，曾文正公家訓二卷）

320000－1615－0007827　叢 0736－7/600134

隨園三十八種　（清）袁枚撰　清乾隆、嘉慶間隨園刻本　五十六冊　存十三種一百七十一卷（小倉山房文集三十五卷，小倉山房外集八卷，小倉山房詩集三十七卷、補遺二卷，小倉山房尺牘十卷，隨園隨筆二十八卷，續同人集十七卷，隨園八十壽言六卷，碧腴齋詩存八卷，南園詩選二卷，筱雲詩集二卷，粲花軒詩稿二卷，七家詞鈔七種十卷，隨園同人天牘四卷）

320000－1615－0007828　叢 0741/600135

秘書二十八種　（清）汪士漢輯　清嘉慶十六年（1811）刻本　二十冊

320000－1615－0007829　叢 0741/600136

鐵香室叢刻　（清）李世勛輯　清光緒刻本　十冊

320000－1615－0007830　叢 0742/600137

粤雅堂叢書續集　（清）伍崇曜輯　清道光、光緒間南海伍氏刻本　九十冊　缺三種十九卷（至正直記四卷、京嗜舊傳九卷、三國志補註六卷）

320000－1615－0007831　叢 0744－5/600138

粤雅堂叢書　（清）伍崇曜輯　清道光、光緒間南海伍氏刻本　六十三冊　存三十六種二百四十三卷（韓柳年譜八卷，朱子年譜考異四卷、附録二卷，疑年録四卷，米海岳年譜一卷，元遺山先生年譜三卷、附墓園記略一卷，續疑年録四卷，漢書地理志稽疑六卷，寒山堂金石林時地考二卷，騰飲編十八卷，採硫日記三卷，嵩洛訪碑日記一卷，通志堂經解目録一卷，蘇米齋蘭亭考八卷，石渠随筆八卷，詞林韻釋二卷，相臺書塾刊正九經三傳沿革例一卷，九經補韻一卷、附録一卷，宋季三朝政要五卷、附録一卷，鄭志三卷、附録一卷，文館詞林殘四卷，兩京新記殘一卷，新譯大方廣佛華嚴經音義四卷，太上感應篇注二卷，紀元編三卷、末一卷，中興禦侮録二卷，襄陽守城録一卷，羣經音辨七卷，詞源二卷，精選名儒草堂詩餘三卷，樓山堂集二十七卷，周官新義十六卷、附考工記解二卷，詩書古訓六卷，十三經音略十三卷、附録一卷，説文聲系十四卷，後漢書補注二十四卷，國策地名考二十卷、首一卷）

320000－1615－0007832　叢 0754－0827/600139

粤雅堂叢書　（清）伍崇曜輯　清道光、光緒間南海伍氏刻本　四百冊

320000－1615－0007833　叢 0827/600140

屑玉叢談初集六卷二集六卷三集六卷四集六卷　（清）錢徵　蔡爾康輯　清光緒四年（1878）上海申報館鉛印本　二十三冊　缺一種一卷（第四集笠夫雜録一卷）

320000－1615－0007834　叢 0741/600141

嘯園叢書　(清)葛元煦輯　清光緒九年(1883)序仁和葛氏刻本　十二冊　存十種四十一卷(臨池心解一卷、三十五舉一卷、續三十五舉一卷、篆刻鍼度八卷、聽訓齋語二卷、説鈴一卷、匏園掌録二卷、雲仙雜記十卷、赤雅三卷、清嘉録十二卷)

320000－1615－0007835　叢 0753/600142
粵雅堂叢書　(清)伍崇曜輯　清道光、光緒間南海伍氏刻本　二十四冊　存十五種七十五卷(南部新書十卷,中吴紀聞六卷,志雅堂雜鈔二卷,焦氏筆乘六卷、續八卷,奉天録四卷,咸淳遺事二卷,昭忠録一卷,月泉吟社一卷,谷音二卷,汾河諸老詩集八卷,五代詩話十卷,絳雲樓書目四卷,述古堂藏書目四卷、宋版書目一卷,石柱記箋釋五卷,林屋唱酬録一卷)

320000－1615－0007836　叢 0746－7/600143
玲瓏山館叢書　(清)□□輯　清光緒十五年(1889)文選樓刻本　五十冊　缺一種三卷(五經算術二卷、附考證一卷)

320000－1615－0007837　叢 0751－2/600144
讀畫齋叢書　(清)顧修輯　清嘉慶四年(1799)桐川顧氏刻本　六十四冊

320000－1615－0007838　叢 0831－44/600145
古香齋袖珍十種　(清)高宗弘曆編　清光緒七年(1881)南海孔氏嶽雪樓刻本　三百三十冊

320000－1615－0007839　叢 0852－3/600146
龍威秘書　(清)馬後良輯　清乾隆五十九年(1794)石門馬氏大酉山房刻本　八十冊

320000－1615－0007840　叢 0844－6/600147
龍威秘書　(清)馬後良輯　清乾隆五十九年(1794)石門馬氏大酉山房刻本　七十九冊　缺二種三卷(酉陽雜俎二卷、諸皋記一卷)

320000－1615－0007841　叢 0846－51/600148
指海二十集　(清)錢熙祚輯　清道光金山錢氏守山閣刻本　七十八冊　存七十三種二百一卷(禹貢山川地理圖二卷,詩説一卷,春秋胡氏傳辨疑二卷,孟子解一卷,炎徼紀聞四卷,内閣小志一卷、内閣故事一卷,石經考一卷,震澤長語二卷,易例二卷,思陵勤政紀一卷,襄陽守城録一卷,義府二卷,儀禮釋宫增註一卷,春秋説一卷,韻補正一卷,音學辨微一卷,大業雜記一卷,西洋朝貢典録三卷,中西經星同異考一卷,瑟譜六卷,崑崙河源考一卷,吕氏雜記二卷,潄華隨筆四卷,尚書地理今釋一卷,字詁一卷,出塞紀略一卷,手臂録四卷,論語拾遺一卷,異域録二卷,楓山語録一卷,何博士備論一卷,司馬法三卷、逸文一卷,救命書二卷,鄧析子一卷,商子五卷,李相國論事集六卷,唐才子傳十卷,吴乘竊筆一卷,戲瑕三卷,本語六卷,春秋日食質疑一卷,汝南遺事四卷,乘軺録一卷,蜀碧四卷,淮南天文訓補註二卷,觚不觚録一卷,彭文憲公筆記一卷,三魚堂日記二卷,辛巳泣蘄録一卷,閩部疏一卷,寧海將軍固山貝子功績録一卷,脈訣刊誤二卷、附録一卷,漢書西域傳補註二卷,長春真人西遊記二卷,古今刀劍録一卷,桓子新論一卷,洪武聖政記一卷,嘉靖以來内閣首輔傳八卷,孔業子七卷,南華真經章句音義十四卷、章句餘事一卷、餘事雜録二卷,莊列十論一卷,思陵典禮紀四卷,難光録一卷,祕傳水龍經五卷,名疑四卷,晏子春秋七卷,大唐郊祀録十卷、末一卷、附録一卷,龍沙紀略一卷,塞外雜識一卷,少廣正負術内篇三卷、外篇三卷,爾雅圖贊一卷,山海經圖贊一卷,疊庵雜述二卷、附一卷)

320000－1615－0007842　叢 0854－6/600149
船山遺書　(清)王夫之撰　清同治四年(1865)湘鄉曾氏金陵節署刻本　一百三十三冊　缺九種二十卷(周易稗疏二卷、周易考異一卷、書經稗疏四卷、尚書引義六卷、四書稗疏一卷、四書考異一卷、説文廣義三卷、愚鼓詞一卷、柳岸吟一卷)

320000－1615－0007843　叢 0622/600150
鄦齋叢書　徐乃昌輯　清光緒二十六年(1900)南陵徐氏刻本　十六冊　缺一種一卷

（區田圖説一卷）

320000－1615－0007844　叢 0912/600151

晨風閣叢書第一集　沈宗畸等輯　清光緒三十四年至宣統三年（1908－1911）國學萃編社鉛印本　二十册

320000－1615－0007845　叢 0912/600152

雙楳景闇叢書　葉德輝輯　清光緒、宣統間長沙葉氏郎園刻本　三册

320000－1615－0007846　叢 0912/600153

晨風閣叢書第一集　沈宗畸等輯　清光緒三十四年至宣統三年（1908－1911）國學萃編社鉛印本　二册　存十八種五十六卷（樸學齋文鈔四卷、鍊庵駢體文選四卷、眉韻樓詩話八卷、詩羣六卷、今詞綜三卷、江鄉漁話一卷、小三吾亭詞話五卷、望夫石一卷、海底讐一卷、謎話二卷、實獲齋文鈔四卷、湖海同聲集四卷、幽夢影一卷、綠天香雪簃詩話八卷、異伶傳一卷、明詩紀事鈔一卷、毛鄭詩斠議一卷、今齊諧一卷）

320000－1615－0007847　叢 0912/600154

晨風閣叢書第一集　沈宗畸等輯　清光緒三十四年至宣統三年（1908－1911）國學萃編社鉛印本　一册　存十種三十五卷

320000－1615－0007848　叢 0911/600155

靈鶼閣叢書　（清）江標輯　清光緒元和江氏刻本　三十三册　缺十七種四十卷（尚書大傳七卷，皇象本急就章一卷，説文解字索隱一卷、補例一卷，天壤閣雜記一卷，董華亭書畫録一卷，前塵夢影録二卷，國語校文一卷，嘉陰簃藏器目一卷，愛吾鼎齋藏器目一卷，石泉書屋藏器目一卷，雙虞壺齋藏器目一卷，簠齋藏器目第二本一卷，選青閣藏器目一卷，藏書紀事詩六卷，沅湘通藝録八卷、四書文二卷，日本華族女學校規則一卷，黄蕘圃先生年譜二卷）

320000－1615－0007849　叢 0623/600156

靈鶼閣叢書　（清）江標輯　清光緒元和江氏湖南使院刻本　十六册　存三十種五十二卷（韓詩遺説二卷、訂譌一卷，尚書大傳七卷，皇象本急就章一卷，説文解字索隱一卷、補例一卷，菉友肊説一卷、附録一卷，教童子法一卷，洨民遺文一卷，欽定四庫全書總目提要四部類鈸一卷，朔方備乘札記一卷，使德日記一卷，積古齋藏器目一卷，平安館藏器目一卷，清儀閣藏器目一卷，懷米山房藏器目一卷，爾疊軒藏器目一卷，木庵藏器目一卷，梅花草盦藏器目一卷，簠齋藏器目一卷，窓齋藏器目一卷，天壤閣雜記一卷，董華亭書畫録一卷，江寧金石待訪目二卷，山左南北朝石刻存目一卷，漢鐃歌十八曲集解一卷，碧城仙館詩鈔八卷，聽園西疆雜述詩四卷，瓊州雜事詩一卷，匪石山人詩一卷，衍波詞一卷，和林金石録一卷、詩一卷）

320000－1615－0007850　叢 0623/600157

靈鶼閣叢書　（清）江標輯　清光緒元和江氏湖南使院刻本　三册　存十五種十六卷（積古齋藏器目一卷、平安館藏器目一卷、清儀閣藏器目一卷、懷米山房藏器目一卷、爾疊軒藏器目一卷、木庵藏器目一卷、梅花草盦藏器目一卷、簠齋藏器目一卷、窓齋藏器目一卷、天壤閣雜記一卷、江寧金石待訪目二卷、山左南北朝石刻存目一卷、瓊州雜事詩一卷、匪石山人詩一卷、衍波詞一卷）

320000－1615－0007851　叢 0913－4/600158

增訂漢魏叢書　（清）王謨輯　清光緒六年（1880）三餘堂刻本　八十一册

320000－1615－0007852　叢 0921－2/600159

空山堂全集　（清）牛運震撰　清嘉慶二十三年（1818）空山堂刻本　四十三册

320000－1615－0007853　叢 0922/600160

知不足齋叢書　（清）鮑廷博輯　清乾隆、道光間長塘鮑氏刻本　十九册　存十二種四十九卷（御覽闕史二卷，寓簡十卷、附録一卷，兩漢刊誤補遺十卷、附録一卷，客杭日記一卷，韻石齋筆談二卷，孫子算經三卷，四朝聞見録五卷、附録一卷，昌武段氏詩義指南一卷，慶元黨禁一卷，酒經三卷，鬼董五卷，墨史三卷）

320000－1615－0007854　叢 0917－8/600161

知不足齋叢書 (清)鮑廷博輯 清乾隆道光間長塘鮑氏刻本 六十六册 存四十二種一百六十三卷(南濠詩話一卷,麓堂詩話一卷,四朝聞見録五卷、附録一卷,玉壺清話一卷,離騷草木疏一卷,金樓子一卷,農書三卷,蠶書一卷,蘭亭續考二卷,江西詩社宗派圖録一卷,顔氏家訓七卷、附攷證一卷,洞霄詩集十四卷,離騷集傳一卷,江淮異人録一卷,山居新話一卷,相臺書塾刊正九經三傳沿革例一卷,元真子三卷,翰苑羣書二卷,皇宋書録三卷,武林舊事十卷、附録一卷,嶺外帶答十卷,文苑英華辨證十卷,西塘集耆舊續問十卷,黄山領要録二卷,松窗百説一卷,北軒筆記一卷,石湖紀行三録三卷,庶齋老學叢談三卷,吹劍録外集一卷,宋遺民録十五卷,竹譜詳録七卷,書學捷要二卷,五行大義五卷,負暄野録二卷,梅花喜神譜二卷,斜川集六卷、附録二卷、訂誤一卷,道命録十卷,字通一卷,透簾細草一卷,續古摘奇算法一卷,丁巨算法一卷,緝古算經細草三卷)

320000－1615－0007855 叢 0915－6/600162
增訂漢魏叢書 (清)王謨輯 清光緒六年(1880)三餘堂刻本 七十八册 缺三種三卷(蓮社高賢傳一卷、枕中書一卷、佛國記一卷)

320000－1615－0007856 叢 0931/600163
增訂漢魏叢書 (清)王謨輯 清光緒六年(1880)三餘堂刻本 十六册 存十九種八十七卷(焦氏易林四卷、春秋繁露十七卷、獨斷一卷、忠經一卷、孝傳一卷、小爾雅一卷、方言十三卷、博雅十卷、釋名四卷、羣輔録一卷、英雄記鈔一卷、鹽鐵論十二卷、中論二卷、古今注三卷、博物志十卷、荆楚歲時記一卷、南方草木狀三卷、竹譜一卷、禽經一卷)

320000－1615－0007857 叢 0924－5/600164
抗希堂十六種 (清)方苞撰 清康熙、嘉慶間抗希堂刻本 五十五册

320000－1615－0007858 叢 0923－4/600165
粟香室叢書 金武祥輯 清光緒至民國間江陰金氏刻本 四十二册 缺一種三卷(江南春詞集一卷、附録一卷、附考一卷)

320000－1615－0007859 叢 0931－3/600166
廣漢魏叢書 (明)何允中輯 清嘉慶刻本 六十二册 存四十三種二百八十七卷(焦氏易林四卷,韓詩外傳十卷,獨斷一卷,忠經一卷,孝傳一卷,方言十三卷,博雅十卷,小爾雅一卷,吴越春秋六卷,越絕書十五卷,十六國春秋十六卷,鄴中記一卷,元經薛氏傳十卷,竹書紀年二卷,穆天子傳六卷,漢武帝内傳一卷,飛燕外傳一卷,雜事祕辛一卷,羣輔録一卷,神僊傳十卷,高士傳三卷,英雄記鈔一卷,孫子二卷,新語二卷,新書十卷,新序十卷,新論十卷,淮南鴻烈解二十一卷,孔義二卷、附詰墨一卷,抱朴子内篇四卷、外篇四卷,申鑒五卷,中論二卷,中説二卷,枕中書一卷,潛夫論十卷,天禄閣外史八卷,説苑二十卷,論衡三十卷,拾遺記十卷,詩品三卷,書品一卷,顔氏家訓二卷,鹽鐵論十二卷)

320000－1615－0007860 叢 0934/600167
仰視千七百二十九鶴齋叢書六集四十種 (清)趙之謙輯 清光緒會稽趙氏刻本 三十六册

320000－1615－0007861 叢 0935/600168
粤雅堂叢書 (清)伍崇曜輯 清道光、光緒間南海伍氏刻本 二十七册 存十七種一百十卷(奉天録四卷,天香閣隨筆二卷,天香閣集一卷,芻蕘奥論二卷,唐史論斷三卷,唐史論斷三卷,叔苴子内篇六卷、外篇二卷,西洋朝貢典録三卷,易圖明辨十卷,四書逸箋六卷,石柱記箋釋五卷,九國志十二卷,胡子知言六卷、疑義一卷、附録一卷,後漢書補注二十四卷,後漢書補表八卷,續談助五卷,太清神鑒六卷)

320000－1615－0007862 叢 0944/600169
龍威秘書 (清)馬俊良輯 清乾隆五十九年(1794)石門馬氏大酉山房刻本 十四册 存二十一種三十七卷(二十四詩品一卷、本事詩一卷、雲溪友議一卷、蓮坡詩話三卷、歸田詩話三卷、臨漢隱居詩話一卷、滹南詩話三卷、龍女傳一卷、妙女傳一卷、神女傳一卷、楊太眞外傳二卷、長恨歌傳一卷、梅妃傳一卷、紅

綫傳一卷、劉無雙傳一卷、麗體金膏八卷、板橋雜記三卷、揚州鼓吹詞序一卷、匡廬紀遊一卷、遊雁蕩山記一卷、甌江逸志一卷)

320000－1615－0007863　叢 0941/600170
士禮居黄氏叢書　(清)黄丕烈輯　清光緒十三年(1887)上海蜚英館石印本　三十册　缺三種四卷(蕘言二卷、三經音義一卷、千手千眼觀世音菩薩廣大圓滿無礙大悲心陀羅尼經一卷)

320000－1615－0007864　叢 0942/600171
花雨樓叢鈔　(清)張壽榮輯　清光緒十年(1884)張氏花雨樓刻本　四十八册

320000－1615－0007865　叢 0943/600172
增訂漢魏叢書　(清)王謨輯　清光緒二十一年(1895)石印本　七册　存三十九種一百九十九卷(焦氏易林四卷,易傳三卷,關氏易傳一卷,周易略例一卷,古三墳一卷,汲冢周書十卷,詩傳孔氏傳一卷,詩説一卷,韓詩外傳十卷,白虎通德論四卷,獨斷一卷,忠經一卷,孝傳一卷,小爾雅一卷,方言十三卷,博雅十卷,釋名四卷,竹書紀年二卷,穆天子傳六卷,越絕書十五卷,吴越春秋六卷,西京雜記六卷,漢武帝内傳一卷,飛燕外傳一卷,雜事祕辛一卷,華陽國志十四卷,十六國春秋十六卷,三國志辨誤一卷,元經薛氏傳十卷,羣輔録一卷,英雄記鈔一卷,高士傳三卷,蓮社高賢傳一卷,神僊傳十卷,孔叢二卷、附詰墨一卷,新語二卷,新書十卷,新序十卷,鹽鐵論十二卷)

320000－1615－0007866　叢 0943/600173
增訂漢魏叢書　(清)王謨輯　清宣統三年(1911)上海育文書局石印本　三十二册

320000－1615－0007867　叢 0944－5/600174
正覺樓叢刻　(清)崇文書局輯　清光緒崇文書局刻本　三十四册　缺二種九卷(化書六卷、指南後録三卷)

320000－1615－0007868　叢 0945/600175
正覺樓叢刻　(清)崇文書局輯　清光緒崇文書局刻本　二十五册　存十九種五十四卷(括地志八卷,兩京新記殘一卷,李嶠雜詠二卷,樂書要録殘三卷,化書六卷,指南後録三卷,酌中志餘二卷,人海記二卷,律吕新義四卷、附録一卷,樂府傳聲二卷,二林居集二卷,周官指掌五卷,紀事約言二卷,舊唐書疑義四卷,臨安旬制紀三卷,全浙詩話刊誤一卷,禮記天算釋一卷,三國紀年表一卷,五代紀年表一卷)

320000－1615－0007869　叢 0951－2/600176
海山仙館叢書　(清)潘仕成輯　清道光、咸豐間潘氏刻本　六十一册　存三十二種三百四十卷(遂初堂書目一卷,易大義一卷,讀書敏求記四卷,尚書註考一卷,讀書拙言一卷,四書逸箋六卷,一切經音義二十五卷,古史輯要六卷、首一卷,史記短長説二卷,順宗實録五卷,九國志十二卷,靖康傳信録三卷,庚申外史二卷,二十二史感應録二卷,洛陽名園記一卷,廣名將傳二十卷,高僧傳十三卷,酌中志二十四卷,敬齋古今黈八卷,晁具茨先生詩集十五卷,青藤書屋文集三十卷、補遺一卷,婦人集一卷、附補一卷,漁隱叢話六十卷、後集四十卷,四溟詩話四卷,宋四六話十二卷,詞苑叢談十二卷,竹雲題跋四卷,讀書録四卷,續三十五舉一卷,茶董補二卷,酒顛補三卷,尺牘新鈔十二卷)

320000－1615－0007870　叢 0953－6/600177
海山仙館叢書　(清)潘仕成輯　清道光、咸豐間潘氏刻本　八十四册　缺十三種六十四卷(二十二史感應録二卷,廣名將傳二十卷,高僧傳十三卷,明夷待訪録一卷,茶董補二卷,酒顛補三卷,同文算指前編二卷、通編八卷,圜容較義一卷,測量法義一卷,測量異同一卷,句股義一卷,翼梅八卷,海録一卷)

320000－1615－0007871　叢 1011－2/600178
漸西村舍彙刊　(清)袁昶輯　清光緒袁氏刻本　四十七册　存十六卷(春闈雜詠一卷、附録一卷,于湖小集六卷,金陵雜事詩一卷,廣雅碎金四卷、附録一卷,經籍舉要一卷、附録一卷)

320000　－　1615　－　0007872　　叢　1013　－

21/600179
海山仙館叢書　(清)潘仕成輯　清道光、咸豐間番禺潘氏刻光緒補刻本　一百二十册

320000－1615－0007873　叢1022－5/600180
守山閣叢書　(清)錢熙祚輯　清光緒十五年(1889)上海鴻文書局影印本　一百册

320000－1615－0007874　叢1012/600181
暢園叢書　(清)張邁輯　清光緒二十年(1894)始豐張氏四明刻本　四册　缺一種一卷(南遊記一卷)

320000－1615－0007875　叢1012/600182
暢園叢書　(清)張邁輯　清光緒二十年(1894)始豐張氏四明刻本　四册　缺一種一卷(南遊記一卷)

320000－1615－0007876　叢1012/600183
暢園叢書　(清)張邁輯　清光緒二十年(1894)始豐張氏四明刻本　四册　缺一種一卷(南遊記一卷)

320000－1615－0007877　叢1012/600184
暢園叢書　(清)張邁輯　清光緒二十年(1894)始豐張氏四明刻本　四册　缺一種一卷(南遊記一卷)

320000－1615－0007878　叢1021/600185
心矩齋叢書　(清)蔣鳳藻輯　清光緒長洲蔣氏心矩齋刻本　十一册　存四種四十二卷(春秋左氏傳補注十二卷、鐵橋漫稿八卷、春秋左氏傳地名補注十二卷、札樸十卷)

320000－1615－0007879　叢1035－6/600186
武林往哲遺箸　(清)丁丙輯　清光緒錢唐丁氏嘉惠堂刻本　五十四册　缺二十四種一百九十八卷(褚亮集一卷,褚遂良集一卷,鄭巢詩集一卷,錢唐韋先生文集十八卷、附録一卷,準齋雜説二卷、附録一卷,碁訣一卷、附録一卷,芝田小詩一卷,漁溪詩稿二卷、乙稿一卷、補遺一卷,橘潭詩稿一卷,芸居乙稿一卷、補遺一卷、附録一卷,雲泉詩稿一卷、補遺一卷,稗史一卷,奚囊蠹餘二十卷、補遺一卷、附録二卷,藝苑玄歲一卷,韓忠獻公遺事一卷、補遺一卷,汴都賦一卷、附録一卷,参寥集十二卷、附録二卷,石門文字禅三十卷,太上感應靈篇圖説一卷、附録一卷,牧潛集七卷,少保于公奏議十卷,于肅愍公集八卷、拾遺一卷、附録一卷,倪文僖公集三十二卷、補遺一卷,青谿漫稿二十四卷、補遺一卷)

320000－1615－0007880　叢1043/600187
述古齋鈔　(清)劉晚榮輯　清同治、光緒間古岡劉氏藏修書屋刻本　四十册

320000－1615－0007881　叢1044/600188
行素草堂金石叢書二十種　(清)朱記榮輯　清光緒吴縣朱氏刻十四年(1888)彙印本　十三册　存十一種五十二卷(廣川書跋十卷,京畿金石考二卷,漢石例六卷,金石例補二卷,誌銘廣例二卷,漢魏六朝墓銘纂例四卷,金石綜例四卷,金石稱例四卷、續一卷,石經閣金石跋文一卷,補寰寧訪碑録五卷、失編附刊誤一卷,碑版文廣例十卷)

320000－1615－0007882　叢1041/600189
劉武慎公遺書　(清)劉長佑撰　清光緒刻本　二十六册

320000－1615－0007883　叢1042/600190
劉武慎公遺書　(清)劉長佑撰　清光緒二十六年(1900)鉛印本　二十八册

320000－1615－0007884　叢1035/600191
畿輔河道水利叢書　(清)吴邦慶編　清道光刻本　七册　缺二種二卷(水利營田圖説一卷、畿輔水利輯覽一卷)

320000－1615－0007885　叢1026－35/600192
知不足齋叢書　(清)鮑廷博編　清乾隆、道光間長塘鮑氏刻本　二百三十五册　缺十一種二十一卷(離騷集傳一卷,江淮異人録一卷,慶元黨禁一卷,酒經三卷,山居新話一卷,鬼董五卷,墨史三卷,畫訣一卷,畫筌一卷,今水經一卷、表一卷,佐治藥言一卷、續一卷)

320000－1615－0007886　叢1116/600193
洪北江全集　(清)洪亮吉撰　清光緒三年

(1877)洪用懃授經堂刻本　十五冊　缺一種六卷(北江詩話六卷)

320000 - 1615 - 0007887　叢 1121/600194
平津館叢書　(清)孫星衍編　清光緒十一年(1885)吴縣朱氏槐廬家塾刻本　二冊　存七種二十一卷(六韜六卷、附逸文一卷,魏武帝註孫子三卷,吴子二卷,司馬灋三卷,尸子二卷,燕丹子三卷,牟子一卷)

320000 - 1615 - 0007888　叢 1121/600195
説郛一百二十卷　(明)陶宗儀輯　(明)陶珽重校　明末刻清初李際期宛委山堂刻匯印本　二冊　存四種十二卷(詩品三卷、書品一卷、顔氏家訓七卷、考證一卷)

320000 - 1615 - 0007889　叢 1121/600196
鄔家初集　鄔慶時輯　清光緒、宣統間刻民國二十年(1931)廣州鄔氏彙印本　八冊　存八種十卷(詩學要言三卷、耕雲别墅詩話一卷、耕雲别墅詩集一卷、達菴隨筆一卷、明珠一卷、吉祥録一卷、智因閣詩集一卷、立德堂詩話一卷)

320000 - 1615 - 0007890　叢 1121/600197
廣漢魏叢書　(明)何允中輯　清末刻本　二冊　存四種十八卷(雜事秘辛一卷、群輔録一卷、神僊傳十卷、穆天子傳六卷)

320000 - 1615 - 0007891　叢 1121/600198
增訂漢魏叢書　(清)王謨輯　清末刻本　一冊　存二種四卷(詩品三卷、書品一卷)

320000 - 1615 - 0007892　叢 1121/600199
抱經堂叢書　(清)盧文弨輯　清末刻本　三冊　存二種十六卷(白虎通四卷、附校勘補遺一卷、闕文一卷,新書十卷)

320000 - 1615 - 0007893　叢 1044 - 51/600200
隨園全集　(清)袁枚撰　清光緒刻本　六十四冊

320000 - 1615 - 0007894　叢 1116/600201
國朝名人著述叢編十三種　(清)□□輯　清光緒五年(1879)上海淞隱閣鉛印本　二冊　存六種七卷(救文格論一卷,金石要例一卷,師友詩傳録一卷、續録一卷,然燈記聞一卷,聲調譜一卷,談龍録一卷)

320000 - 1615 - 0007895　叢 1116/600202
琳琅新館匯刻詩　(清)俞鍾詒輯　清光緒九年至二十二年(1883 - 1896)俞鍾詒琳琅新館刻本　一冊　存四種五卷(畯喜堂漫稿二卷、紅薔小院詩鈔一卷、種藍室詩鈔一卷、潭影山房詩鈔一卷)

320000 - 1615 - 0007896　叢 1116/600203
靈鶼閣叢書　(清)江標輯　清光緒元和江氏湖南使院刻本　一冊　存二種二卷(洨民遺文一卷、欽定四庫全書總目提要四部類鈸一卷)

320000 - 1615 - 0007897　叢 1116/600204
范白舫所刊書　(清)范鍇輯　清道光烏程范氏刻本　一冊　存八種十卷(詞説二卷、附記一卷,吴興藏書録一卷,吴興山墟名一卷,吴興記一卷,吴興入東記一卷,吴興統記一卷,吴興志續編一卷,清湘樓詩選一卷)

320000 - 1615 - 0007898　叢 1116/600205
陳氏毛詩五種　(清)陳奐撰　清道光、咸豐間吴門南園陳氏掃葉山莊刻本　二冊　缺一種三十卷(詩毛氏傳疏三十卷)

320000 - 1615 - 0007899　叢 1116/600206
集虚草堂叢書甲集　李國松輯　清光緒三十年至三十二年(1904 - 1906)合肥李氏刻本　七冊　存二種三十八卷(周易費氏學八卷、叙録一卷,尚書誼略二十八卷、敘録一卷)

320000 - 1615 - 0007900　叢 1121/600207
梨洲遺著彙刊　(清)黄宗羲撰　清宣統二年(1910)时中書局鉛印本　十八冊　缺四種二十四卷(南雷文約四卷,南雷文定前集十一卷、後集四卷、三集二卷、附録一卷,賜姓始末一卷,鄭成功傳一卷)

320000 - 1615 - 0007901　叢 1121/600208
國學叢刊　東南大學國學研究會編　清宣統三年(1911)石印本　二冊

320000－1615－0007902　叢1121/600209
春在堂全集　(清)俞樾撰　清光緒石印本　四册

320000－1615－0007903　叢1111/600210
粤雅堂叢書　(清)伍崇曜輯　清道光、光緒間南海伍氏刻本　十四册　存五種四十九卷(南雷文定前集十一卷、後集四卷、三集三卷、詩歷四卷、世譜一卷、附録一卷,李元賓文集文編三卷、外編二卷、續編一卷,吕衡州集十卷、附考證一卷,西崑酬倡集二卷,羅鄂州小集六卷)

320000－1615－0007904　叢1111/600211
粤雅堂叢書　(清)伍崇曜輯　清道光、光緒間南海伍氏刻本　十二册　存二種七十八卷(姑溪居士文集五十卷、後集二十卷,授堂文鈔八卷)

320000－1615－0007905　叢1111/600212
程侍郎遺集十卷附録一卷　(清)程恩澤撰　清道光、光緒間南海伍氏刻粤雅堂叢書本　三册

320000－1615－0007906　叢1112－3/600213
粤雅堂叢書　(清)伍崇曜輯　清道光、光緒間南海伍氏刻本　六十五册　存二十種二百十一卷(月泉吟社一卷,玉笥集十卷,雙溪集十五卷、附遺言一卷,後漢書補注二十四卷,文館詞林殘四卷,朱子年譜四卷、考異四卷,漢書地理志稽疑六卷,顧亭林先生年譜四卷、附録一卷,閻潛邱先生年譜四卷,吕衡州集十卷、附考證一卷,陽春白雪八卷、外集一卷,西域釋地一卷、西陲要略四卷,瘞鶴銘考一卷,小山書譜二卷,雲中紀程二卷,漢唐事箋前集十二卷、後集八卷,煙霞萬古樓文集六卷、詩選二卷、仲瞿詩録一卷,羣書治要五十卷,四聲等子一卷,崔舍人玉堂類稿二十卷、西垣類稿二卷、附録一卷)

320000－1615－0007907　叢1114/600214
古經解彙函二十四種　(清)鍾謙鈞等輯　清光緒十四年(1888)上海蜚英館石印本　二册　存三種二十七卷(匡謬正俗八卷、急就篇四卷、説文解字十五卷)

320000－1615－0007908　叢1114/600215
古經解彙函二十四種附小學彙函二十八種　(清)鍾謙鈞等輯　清光緒十四年(1888)上海蜚英館石印本　二十册

320000－1615－0007909　叢1115/600216
花雨樓叢鈔　(清)張壽榮輯　清光緒十年(1884)張氏花雨樓刻本　四册　存二種六卷(確山駢體文四卷、尚絅堂駢體文二卷)

320000－1615－0007910　叢1115/600217
宋四六話十二卷　(清)彭元瑞輯　清道光二十六年(1846)番禺潘氏刻海山仙館叢書本　四册

320000－1615－0007911　叢1115/600218
海山仙館叢書　(清)潘仕成輯　清道光、咸豐間番禺潘氏刻光緒補刻本　二册　存二種五卷(二十二史感應録二卷、揭曼碩詩三卷)

320000－1615－0007912　叢1115/600219
海山仙館叢書　(清)潘仕成輯　清道光、咸豐間番禺潘氏刻光緒補刻本　十四册　存四種三十九卷(桂苑筆耕集二十卷,婦人集一卷、附補一卷,尺牘新鈔十二卷,顔氏家藏尺牘四卷、姓氏考一卷)

320000－1615－0007913　叢1052－4/600220
小方壺齋輿地叢鈔十二帙補編十二帙再補編十二帙　王錫祺輯　清光緒十七年至二十三年(1891－1897)上海著易堂鉛印本　八十四册

320000－1615－0007914　叢1131/600221
隨庵徐氏叢書　徐乃昌輯　清末至民國間南陵徐氏自刻本　十册　存八種四十一卷(吴越春秋十卷、附札記一卷、逸文一卷,蒼崖先生金石例十卷、附札記一卷,中朝故事一卷,雲仙散録十卷、附札記一卷,述異記二卷,離騷集傳一卷,唐女郎魚玄機詩一卷,篋中集一卷、附札記一卷)

320000－1615－0007915　叢1132－4/600222
國粹叢書　(清)國學保存會輯　清末至民國

間國粹學報雜誌社鉛印本　五十四册

320000－1615－0007916　叢1135－6/600223
國粹叢書　（清）國學保存會輯　清末至民國間國粹學報雜誌社鉛印本　二十四册

320000－1615－0007917　叢1136/600224
國粹叢書　（清）國學保存會輯　清末至民國間國粹學報雜誌社鉛印本　十册

320000－1615－0007918　叢1136/600225
國粹叢書　（清）國學保存會輯　清末至民國間國粹學報雜誌社鉛印本　一册

320000－1615－0007919　叢1141/600226
國粹叢書　（清）國學保存會輯　清末至民國間國粹學報雜誌社鉛印本　三十七册

320000－1615－0007920　叢1142/600227
國粹叢書　（清）國學保存會輯　清末至民國間國粹學報雜誌社鉛印本　三十册

320000－1615－0007921　叢1142/600228
國粹學報　（清）國粹學報館編　清末至民國間國粹學報雜誌社鉛印本　一册

320000－1615－0007922　叢1143/600229
國粹學報　（清）國粹學報館編　清末至民國間國粹學報雜誌社鉛印本　三十二册

320000－1615－0007923　叢1144/600230
新陽趙氏叢刊　（清）趙元益輯　清光緒中新陽趙氏刻本　一册　存二種二卷

320000－1615－0007924　叢0918/600231
續知不足齋叢書十七種四十四卷　（清）高承勳輯　清道光渤海高氏刻本　九册　存四種十八卷(增廣太平惠民和劑局方十卷、用藥總論三卷,芥隱筆記一卷,資暇集三卷,陰符七篇一卷)

320000－1615－0007925　叢1231/合001
空谷傳聲一卷　（清）汪鎏述　清光緒八年(1882)李光明莊刻本　一册

320000－1615－0007926　叢1231/合001
韻考略五卷　（清）謝庭蘭撰　清刻本　與320000－1615－0007925合一册

320000－1615－0007927　叢1231/合002
聲韻叢説一卷　（清）毛先舒撰　清刻昭代叢書本　一册

320000－1615－0007928　叢1231/合002
説文雙聲二卷　（清）劉熙載撰　清光緒四年(1878)刻本　與320000－1615－0007927合一册

320000－1615－0007929　叢1231/合003
二亭詩鈔六卷首一卷　（清）朱篔撰　清嘉慶十三年(1808)刻本　二册

320000－1615－0007930　叢1231/合003
卧秋草堂詩鈔一卷　（清）朱冕撰　清道光十四年(1834)刻本　與320000－1615－0007929合二册

320000－1615－0007931　叢1231/合004
香月廊詩存二卷　（清）文汝梅撰　清道光二十八年(1848)刻本　一册

320000－1615－0007932　叢1231/合004
揖雅堂詩集一卷　（清）符燦撰　清道光十年(1830)刻本　與320000－1615－0007931合一册

320000－1615－0007933　叢1231/合005
晚晴軒詩鈔三卷　（清）陳文田撰　清咸豐刻本　一册

320000－1615－0007934　叢1231/合005
伊蒿室詩集二卷　（清）王效成撰　清末刻本　與320000－1615－0007933合一册

320000－1615－0007935　叢1231/合006
琴語堂行卷一卷　（清）李肇增撰　清光緒元年(1875)刻本　一册

320000－1615－0007936　叢1231/合006
琴語堂雜體文續一卷　（清）李肇增撰　清同治三年(1864)刻本　與320000－1615－0007935合一册

320000－1615－0007937　叢1231/合007
吴文節[文鎔]年譜一卷　（清）吴養原撰　清刻本　與民國本卞徵君七卷合一册

320000－1615－0007938　叢1231/合008
增訂金壺字考一卷　(清)郝在田輯　清同治十三年(1874)刻本　一册

320000－1615－0007939　叢1231/合008
增訂韻辨摘要一卷　(□)□□撰　清刻本　與320000－1615－0007938合一册

320000－1615－0007940　叢1231/合009
孝經疑問一卷　(明)姚舜牧撰　清光緒九年(1883)刻咫進齋叢書本　一册

320000－1615－0007941　叢1231/合009
藝海珠塵　(清)吴省蘭輯　清刻本　與320000－1615－0007940合一册　存二種二卷(中文孝經一卷、孝經外傳一卷)

320000－1615－0007942　叢1231/合010
論語補註三卷　(清)劉開撰　清同治十一年(1872)刻本　一册

320000－1615－0007943　叢1231/合010
鄉黨約説一卷補遺一卷　(清)楊廷芝撰　清刻本　與320000－1615－0007942合一册

320000－1615－0007944　叢1231/合011
大學中庸説不分卷　(清)郭階撰　清同治四年(1865)刻本　一册

320000－1615－0007945　叢1231/合011
學庸臆解不分卷　(清)張承華撰　清同治元年(1862)刻本　與320000－1615－0007944合一册

320000－1615－0007946　叢1231/合012
等韻簡明指掌圖不分卷　(清)張象津撰　清刻本　一册

320000－1615－0007947　叢1231/合012
音韻合註四書五經二卷　(清)鄒岳輯　清同治刻本　與320000－1615－0007948、320000－1615－0007946合一册

320000－1615－0007948　叢1231/合012
韻歧五卷　(清)江昱撰　清乾隆刻本　與320000－1615－0007947、320000－1615－0007946合一册

320000－1615－0007949　叢1231/合013
大易圖解一卷　(清)蕭寅顯撰　清刻本　一册

320000－1615－0007950　叢1231/合013
乾坤兩卦解一卷　(清)湯斌撰　清刻本　與320000－1615－0007951、320000－1615－0007949合一册

320000－1615－0007951　叢1231/合013
易經卦變解一卷　吴脈鬯撰　清道光柏柳堂刻本　與320000－1615－0007949、320000－1615－0007950合一册

320000－1615－0007952　叢1231/合014
一燈精舍甲部稿五卷　(清)何秋濤撰　清刻本　一册

320000－1615－0007953　叢1231/合014
踵息廬稿二卷　(清)謝珍撰　清刻本　與320000－1615－0007952、320000－1615－0007954合一册

320000－1615－0007954　叢1231/合014
周易漢讀考三卷　(清)郭階學　清刻本　與320000－1615－0007952、320000－1615－0007953合一册

320000－1615－0007955　叢1231/合015
知非齋易釋三卷　(清)陳懋侯撰　清光緒十四年(1888)刻本　一册

320000－1615－0007956　叢1231/合015
周易卦本反對圖説一卷　(清)汪濟撰　清光緒刻本　與320000－1615－0007955合一册

320000－1615－0007957　叢1231/合016
慈溪黄氏日鈔分類九十七卷　(宋)黄震撰　清抄本　一册

320000－1615－0007958　叢1231/合016
曲園襍纂五十卷　(清)俞樾撰　清刻本　與320000－1615－0007957、320000－1615－0007959合一册　存三種三卷(艮宧易説一卷、邵易補原一卷、卦氣直日考一卷)

320000－1615－0007959　叢1231/合016

易漢學八卷 (清)惠棟撰 清刻本 與320000－1615－0007957、320000－1615－0007958合一册 存一卷(八)

320000－1615－0007960 叢1231/合017
圖書一得一卷 (□)□□撰 清刻本 一册

320000－1615－0007961 叢1231/合017
雜卦傳釋一卷 (清)周照撰 清刻本 與320000－1615－0007960、民國本羣經考略十六卷合一册

320000－1615－0007962 叢1231/合018
石經考一卷 (清)萬斯同撰 清省吾堂刻本 一册

320000－1615－0007963 叢1231/合018
石經考異二卷 (清)杭世駿撰 清乾隆刻本 與320000－1615－0007962合一册

320000－1615－0007964 叢1231/合019
讀書辨字録一卷 (清)楊城撰 清刻本 一册

320000－1615－0007965 叢1231/合019
觀風雜藝不分卷 (清)姚文枏撰 清刻本 與320000－1615－0007964、320000－1615－0007966、民國本群經考略三卷合一册

320000－1615－0007966 叢1231/合019
稽古日鈔八卷 (清)張方湛等輯 清秋曉山房刻本 與320000－1615－0007964、320000－1615－0007965、民國本群經考略三卷合一册

320000－1615－0007967 叢1231/合020
説文辨疑一卷 (清)顧廣圻撰 清光緒三年(1877)湖北崇文書局刻本 一册

320000－1615－0007968 叢1231/合020
説文引經考證八卷 (清)陳瑑撰 清同治十三年(1874)湖北崇文書局刻本 與320000－1615－0007967合一册

320000－1615－0007969 叢1231/合021
大學緯注一卷 (清)鍾穎陽撰 清光緒二十三年(1897)鍊雪山房刻本 一册

320000－1615－0007970 叢1231/合021
大學章句解一卷 (□)□□撰 清末、民國間抄本 與320000－1615－0007969合一册

320000－1615－0007971 叢1231/合022
大學古本釋一卷 (清)郭階撰 清光緒三年(1877)刻本 一册

320000－1615－0007972 叢1231/合022
四書隨見録四十三卷 (清)鄒鳳池撰 清道光刻本 與320000－1615－0007971合一册

320000－1615－0007973 叢1232/合023
漢魏二十一家易注一卷 (清)孫堂輯 清嘉慶四年(1799)平湖孫氏映雪草堂刻本 一册

320000－1615－0007974 叢1232/合023
易漢學八卷 (清)惠棟撰 清刻本 與320000－1615－0007975、320000－1615－0007973、320000－1615－0007976合一册

320000－1615－0007975 叢1232/合023
易義別録十四卷 (清)張惠言撰 清道光九年(1829)廣東學海堂刻皇清經解本 與320000－1615－0007973、320000－1615－0007974、320000－1615－0007976合一册

320000－1615－0007976 叢1232/合023
周易鄭康成注一卷 (漢)鄭玄撰 (宋)王應麟輯 清刻本 與320000－1615－0007975、320000－1615－0007973、320000－1615－0007974合一册

320000－1615－0007977 叢1232/合024
易音訓二卷 (清)宋咸熙輯 清嘉慶七年(1802)刻本 一册

320000－1615－0007978 叢1232/合024
周易尚占三卷 (元)李道純撰 清嘉慶四年(1799)刻本 與320000－1615－0007977合一册

320000－1615－0007979 叢1232/合025
四書叅證不分卷 (清)王佶撰 清刻本 一册

320000－1615－0007980 叢1232/合025
四書典故考辨一卷 (清)戴清撰 清道光刻

本　與 320000－1615－0007979、320000－1615－0007981 一册

320000－1615－0007981　叢 1232/合 025
四書隨見録四十一卷首一卷　(清)鄒鳳池撰　(清)陳作梅輯　清刻本　與 320000－1615－0007979、320000－1615－0007980 合一册

320000－1615－0007982　叢 1232/合 026
四書聯璧不分卷　(清)徐壽基輯　清光緒十六年(1890)刻本　一册

320000－1615－0007983　叢 1232/合 026
鐵禪四書説賸一卷　(清)黄之晉稿　清同治元年(1862)刻本　與 320000－1615－0007982 合一册

320000－1615－0007984　叢 1232/合 027
春秋目論二卷　(清)鄧顯鶴撰　清道光十九年(1839)刻本　一册

320000－1615－0007985　叢 1232/合 027
春秋審疑録不分卷　(清)楊城撰　清刻本　與 320000－1615－0007984、320000－1615－0007986 合一册

320000－1615－0007986　叢 1232/合 027
稽古日鈔八卷　(清)張方湛等輯　清刻本　與 320000－1615－0007984、春秋審疑録不分卷合一册

320000－1615－0007987　叢 1232/合 028
古文尚書考二卷　(清)惠棟撰　清乾隆五十七年(1792)刻本　一册

320000－1615－0007988　叢 1232/合 028
尚書今古文五藏説一卷　(清)胡廷綬撰　清蟄園刻本　與 320000－1615－0007989、320000－1615－0007987 合一册

320000－1615－0007989　叢 1232/合 028
尚書未定稿二卷　(清)茹敦和撰　清刻本　與 320000－1615－0007987、320000－1615－0007988 合一册

320000－1615－0007990　叢 1232/合 029
尚書大傳四卷考異一卷補遺一卷續補遺一卷　(漢)伏勝撰　(漢)鄭玄注　(清)盧見曾補遺　(清)盧文弨考異并續補遺　清嘉慶十三年(1808)刻本　一册

320000－1615－0007991　叢 1232/合 029
曲園襍纂五十卷　(清)俞樾撰　清刻本　與 320000－1615－0007992、320000－1615－0007990 合一册　存二種二卷(達齋書説一卷、生霸死霸考一卷)

320000－1615－0007992　叢 1232/合 029
太誓答問一卷　(清)龔自珍撰　清同治六年(1867)滂喜齋刻本　與 320000－1615－0007991、320000－1615－0007990 合一册

320000－1615－0007993　叢 1232/合 030
劉氏碎金一卷　(清)劉禧延撰　清同治十三年(1874)刻本　一册

320000－1615－0007994　叢 1232/合 030
平仄辨疑對句一卷　(清)陳壺山編　清刻本　與 320000－1615－0007996、320000－1615－0007997、320000－1615－0007995、320000－1615－0007993 合一册

320000－1615－0007995　叢 1232/合 030
清嘉集初編不分卷　王先謙編　清刻本　與 320000－1615－0007996、320000－1615－0007997、320000－1615－0007994、320000－1615－0007993 合一册

320000－1615－0007996　叢 1232/合 030
説文辨疑一卷　(清)顧廣圻撰　清刻本　與 320000－1615－0007997、320000－1615－0007994、320000－1615－0007995、320000－1615－0007993 合一册

320000－1615－0007997　叢 1232/合 030
字書誤讀一卷　(宋)王雰撰　清同治十三年(1874)刻本　與 320000－1615－0007996、320000－1615－0007994、320000－1615－0007995、320000－1615－0007993 合一册

320000－1615－0007998　叢 1232/合 031
仿唐寫本説文解字木部箋異一卷　(清)莫友芝撰　清同治三年(1864)刻本　一册

320000－1615－0007999　叢1232/合031
新刻釋名八卷　(清)劉熙撰　清刻本　與320000－1615－0007998一冊

320000－1615－0008000　叢1232/合032
説文辨似音義摘要續編一卷　(□)□□撰　清光緒二十三年(1897)抄本　一冊

320000－1615－0008001　叢1232/合032
説文地理今釋不分卷　(□)□□撰　清末、民國間抄本　與320000－1615－0008000、320000－1615－0008002一冊

320000－1615－0008002　叢1232/合032
字體正僞一卷字音正僞一卷　(□)□□撰　清道光九年(1829)寶樹堂刻本　與320000－1615－0008000、320000－1615－0008001合一冊

320000－1615－0008003　叢1232/合033
古易音訓二卷　(宋)吕祖謙撰　(清)宋咸熙輯　清刻本　二冊

320000－1615－0008004　叢1232/合033
十三經詁答問六卷　(清)馮登府撰　清光緒十三年(1887)刻本　與320000－1615－0008003合二冊

320000－1615－0008005　叢1232/合034
博雅十卷　(三國魏)張揖纂輯　清刻本　一冊

320000－1615－0008006　叢1232/合034
匡謬正俗八卷　(唐)顔師古撰　清刻本　與320000－1615－0008005、320000－1615－0008007合一冊

320000－1615－0008007　叢1232/合034
小爾雅一卷　(漢)孔鮒撰　清刻本　與320000－1615－0008005、320000－1615－0008006合一冊

320000－1615－0008008　叢1232/合035
稽古日鈔八卷　(清)張方湛等輯　清乾隆二十九年(1764)秋曉山房刻本　一冊

320000－1615－0008009　叢1232/合035
周禮指掌七卷　(清)楊潮觀輯　清乾隆九年(1744)刻本　與320000－1615－0008008合一冊

320000－1615－0008010　叢1232/合036
春秋左傳類對賦一卷　(宋)徐晉卿撰　(清)高士奇補注　清康熙刻本　一冊

320000－1615－0008011　叢1232/合036
公羊問答二卷　(清)淩曙撰　清道光刻咫進齋叢書本　與320000－1615－0008010合一冊

320000－1615－0008012　叢1232/合037
春秋三傳補注三卷　(清)姚鼐撰　清刻本　一冊

320000－1615－0008013　叢1232/合037
公羊逸禮考徵一卷　(清)陳奂撰　清同治至光緒吴縣潘氏京師刻滂喜齋叢書本　與320000－1615－0008012、320000－1615－0008014合一冊

320000－1615－0008014　叢1232/合037
箴膏肓一卷起廢集一卷發墨守一卷　(漢)鄭玄撰　(清)王復輯　清嘉慶中南匯吴氏聽彝堂刻藝海珠塵本　與320000－1615－0008013、320000－1615－0008012合一冊

320000－1615－0008015　叢1232/合038
讀易日札一卷　(清)茹敦和撰　清刻本　一冊

320000－1615－0008016　叢1232/合038
周易辭考一卷　(清)茹敦和撰　清刻本　與320000－1615－0008017、320000－1615－0008018、320000－1615－0008015合一冊

320000－1615－0008017　叢1232/合038
周易象考一卷　(清)茹敦和撰　清刻本　與320000－1615－0008016、320000－1615－0008018、320000－1615－0008015合一冊

320000－1615－0008018　叢1232/合038
周易占考一卷　(清)茹敦和撰　清刻本　與320000－1615－0008016、320000－1615－

0008017、320000－1615－0008015 合一册

320000－1615－0008019　叢 1232/合 039
關氏易傳一卷　(北魏)關朗撰　清刻本　二册

320000－1615－0008020　叢 1232/合 039
易傳三卷　(漢)京房撰　清刻本　與 320000－1615－0008019、320000－1615－0008021 二册

320000－1615－0008021　叢 1232/合 039
周易略例一卷　(三國魏)王弼撰　清刻本　與 320000－1615－0008019、320000－1615－0008020 二册

320000－1615－0008022　叢 1233/合 040
易經審疑録一卷　(清)楊城撰　清刻本　一册

320000－1615－0008023　叢 1233/合 040
周易明報三卷首一卷末一卷　(清)陳懋侯輯　清刻本　與 320000－1615－0008022 合一册

320000－1615－0008024　叢 1233/合 041
斁經筆記一卷　(清)陳倬撰　清光緒刻本　一册

320000－1615－0008025　叢 1233/合 041
四書虚字講義一卷　(清)丁守存撰　清同治十年(1871)刻本　與 320000－1615－0008024 合一册

320000－1615－0008026　叢 1233/合 042
武英殿聚珍版叢書　清刻本　一册

320000－1615－0008027　叢 1233/合 042
儀禮釋宫一卷　(宋)李如圭撰　清刻本　與 320000－1615－0008026 合一册

320000－1615－0008028　叢 1233/合 043
東塾讀書記□□卷　(清)陳澧撰　清木活字印本　一册

320000－1615－0008029　叢 1233/合 043
儀禮經注一隅二卷　(清)朱允倩撰　清道光二十九年(1849)刻本　與 320000－1615－0008028 合一册

320000－1615－0008030　叢 1233/合 044
儀禮稽古日鈔八卷　(清)張方湛輯　清秋曉山房刻本　一册

320000－1615－0008031　叢 1233/合 044
儀禮瑣辨一卷　(清)常增撰　清道光刻本　與 320000－1615－0008030 合一册

320000－1615－0008032　叢 1233/合 045
讀禮志疑不分卷　(清)陸隴其撰　清嘉慶刻本　一册

320000－1615－0008033　叢 1233/合 045
喪服答問紀實一卷　(清)汪喜孫輯　清刻本　與 320000－1615－0008032、320000－1615－0008034 合一册

320000－1615－0008034　叢 1233/合 045
喪禮經傳約一卷　(清)吴卓信撰　清刻本　與 320000－1615－0008032、320000－1615－0008033 合一册

320000－1615－0008035　叢 1233/合 046
春在堂全書　(清)俞樾撰　清光緒刻本　一册　存二種二卷

320000－1615－0008036　叢 1233/合 046
韓詩翼要一卷　(漢)侯包撰　清光緒刻本　與 320000－1615－0008035、320000－1615－0008037、320000－1615－0008038 合一册

320000－1615－0008037　叢 1233/合 046
毛朱詩説一卷　(清)閻若璩撰　清刻昭代叢書本　與 320000－1615－0008035、320000－1615－0008036、320000－1615－0008038 合一册

320000－1615－0008038　叢 1233/合 046
詩序辨説一卷　(宋)朱熹撰　清同治刻本　與 320000－1615－0008035、320000－1615－0008036、320000－1615－0008037 合一册

320000－1615－0008039　叢 1233/合 047
冬日百詠一卷　(清)徐琪撰　清光緒元年(1875)刻本　一册

320000－1615－0008040　叢 1233/合 047
蜀秀集九卷　(清)譚宗浚輯　清光緒刻本　與 320000－1615－0008039、320000－1615－0008041、320000－1615－0008042 合一册

320000－1615－0008041　叢 1233/合 047
夏時明堂陰陽經三卷　(清)莊述祖撰　清嘉慶十四年(1809)刻本　與 320000－1615－0008040、320000－1615－0008039、320000－1615－0008042 合一册

320000－1615－0008042　叢 1233/合 047
夏小正一卷　(元)金履祥注　清刻本　與 320000－1615－0008040、320000－1615－0008039、320000－1615－0008041 合一册

320000－1615－0008043　叢 1233/合 048
七十二候考一卷　(清)曹仁虎撰　清光緒刻春在堂全書本　一册

320000－1615－0008044　叢 1233/合 048
夏小正注四卷　(清)任兆麟註　清乾隆五十一年(1786)刻本　與 320000－1615－0008043、320000－1615－0008045 合一册

320000－1615－0008045　叢 1233/合 048
七十二候考一卷　(清)曹仁虎撰　清嘉慶中南匯吴氏聽彝堂刻藝海珠塵本　與 320000－1615－0008043、320000－1615－0008044 合一册

320000－1615－0008046　叢 1233/合 049
夏時考訓蒙一卷　(清)鄭曉如集　清同治八年(1869)廣州華文堂刻本　一册

320000－1615－0008047　叢 1233/合 049
夏小正箋疏四卷　(清)馬徵慶述　清光緒十四年(1888)德清俞氏刻本　與 320000－1615－0008046 合一册

320000－1615－0008048　叢 1233/合 050
三十六字母辨一卷　(清)黄廷鑑撰　清刻本　一册

320000－1615－0008049　叢 1233/合 050
音學辨微一卷　(清)江永撰　清刻本　與 320000－1615－0008048 合一册

320000－1615－0008050　叢 1233/合 051
稽古日鈔八卷　(清)張方湛等輯　清秋曉山房刻本　一册

320000－1615－0008051　叢 1233/合 051
禮記審疑録一卷　(清)楊城撰　清末、民國間刻本　與 320000－1615－0008050、320000－1615－0008052 合一册

320000－1615－0008052　叢 1233/合 051
養一齋文集二十卷　(清)李兆洛撰　清光緒四年(1878)刻本　與 320000－1615－0008050、320000－1615－0008051 合一册　存一卷(十九)

320000－1615－0008053　叢 1233/合 052
車制考一卷　(清)錢坫撰　清光緒十一年(1885)木犀軒刻本　一册

320000－1615－0008054　叢 1233/合 052
樂記異文考一卷　(清)俞樾撰　清光緒刻春在堂全書本　與 320000－1615－0008053、320000－1615－0008055、320000－1615－0008056 合一册

320000－1615－0008055　叢 1233/合 052
讀禮問一卷　(清)吴肅公撰　清刻昭代叢書本　與 320000－1615－0008054、320000－1615－0008053、320000－1615－0008056 合一册

320000－1615－0008056　叢 1233/合 052
心齋雜組二卷　(清)張潮撰　清詒清堂刻本　與 320000－1615－0008054、320000－1615－0008053、320000－1615－0008055 合一册

320000－1615－0008057　叢 1233/合 053
夏小正補傳不分卷　(清)朱駿聲補傳　清刻本　一册

320000－1615－0008058　叢 1233/合 053
夏小正四卷　(清)王貞箋　清同治十一年(1872)刻本　與 320000－1615－0008057 合一册

320000－1615－0008059　叢 1233/合 054
古韻論三卷　(清)胡秉虔撰　清光緒二年(1876)世澤樓刻本　一册

320000－1615－0008060　叢 1233/合 054
續方言又補二卷　徐乃昌撰集　清光緒二十一年(1895)刻本　與 320000－1615－0008059、320000－1615－0008061、320000－1615－0008062、320000－1615－0008063、320000－1615－0008064 合一册

320000－1615－0008061　叢 1233/合 054
方言據二卷　(明)岳元聲撰輯　清刻本　與 320000－1615－0008059、320000－1615－0008060、320000－1615－0008062、320000－1615－0008063、320000－1615－0008064 合一册

320000－1615－0008062　叢 1233/合 054
韻問一卷　(清)毛先舒撰　清康熙三十六年至四十二年(1697－1703)刻昭代叢書本　與 320000－1615－0008059、320000－1615－0008060、320000－1615－0008061、320000－1615－0008063、320000－1615－0008064 合一册

320000－1615－0008063　叢 1233/合 054
韻雅一卷　(清)俞樾撰　清光緒二十五年(1899)刻春在堂全書本　與 320000－1615－0008059、320000－1615－0008060、320000－1615－0008061、320000－1615－0008062、320000－1615－0008064 合一册

320000－1615－0008064　叢 1233/合 054
輶軒絕代語一卷　(漢)揚雄撰　清刻本　與 320000－1615－0008059、320000－1615－0008060、320000－1615－0008061、320000－1615－0008062、320000－1615－0008063 合一册

320000－1615－0008065　叢 1233/合 055
南菁劄記十四種二十二卷　(清)溥良輯　清末刻本　一册　存四種五卷(古文觀書一卷,倉頡篇補本續一卷,纂要一卷,桂苑珠叢一卷、補遺一卷)

320000－1615－0008066　叢 1233/合 055
通俗文一卷　(漢)服虔撰　清嘉慶四年(1799)林慰曾刻本　與 320000－1615－0008065 合一册

320000－1615－0008067　叢 1233/合 056
石經考一卷　(清)萬斯同撰　清省吾堂刻本　一册

320000－1615－0008068　叢 1233/合 056
石經考異二卷　(清)杭世駿撰　清乾隆刻本　與 320000－1615－0008067 合一册

320000－1615－0008069　叢 1233/合 057
九經誤字一卷　(清)顧炎武輯　清省吾堂刻本　一册

320000－1615－0008070　叢 1233/合 057
石經考一卷　(清)杭世駿撰　清刻本　與 320000－1615－0008069 合一册

320000－1615－0008071　叢 1234/合 058
前徽録一卷　(清)姚世錫撰　清光緒九年(1883)歸安姚氏刻咫進齋叢書本　一册

320000－1615－0008072　叢 1234/合 058
吴耿尚孔四王合傳一卷　(清)錢名世撰　清刻本　與 320000－1615－0008071、320000－1615－0008073 合一册

320000－1615－0008073　叢 1234/合 058
吴三桂軼聞一卷　(清)陳琰撰　清宣統三年(1911)石印本　與 320000－1615－0008071、320000－1615－0008072 合一册

320000－1615－0008074　叢 1234/合 059
帝王廟謚年諱譜一卷　(清)陸費墀撰　清刻本　一册

320000－1615－0008075　叢 1234/合 059
男子雙名記一卷　(明)陶涵中録　清木活字印本　與 320000－1615－0008074、320000－1615－0008076、320000－1615－0008077 合一册

320000－1615－0008076　叢 1234/合 059
宋中興學士院題名一卷　(宋)何異撰　清光

緒十二年(1886)武林丁氏刻本　與 320000－1615－0008074、320000－1615－0008075、320000－1615－0008077 合一册

320000－1615－0008077　叢 1234/合 059
小名録一卷　(唐)陸龜蒙撰　清刻本　與 320000－1615－0008074、320000－1615－0008075、320000－1615－0008076 合一册

320000－1615－0008078　叢 1234/合 060
陸宣公集一卷　(唐)陸贄撰　清刻本　一册

320000－1615－0008079　叢 1234/合 060
南陵無雙譜一卷　(清)金史撰　清刻本　與 320000－1615－0008078 合一册

320000－1615－0008080　叢 1234/合 061
金剛愍公傳略一卷　(清)金頤增輯　清刻本　一册

320000－1615－0008081　叢 1234/合 061
枕干紀録一卷　(清)冒沅輯　清光緒五年(1879)水繪園刻本　與 320000－1615－0008080、320000－1615－0008082 合一册

320000－1615－0008082　叢 1234/合 061
忠貞録一卷　(清)顧雲輯　清光緒二十二年(1896)刻本　與 320000－1615－0008080、320000－1615－0008081 合一册

320000－1615－0008083　叢 1234/合 062
皇朝經世文編生存姓名一卷　(□)□□撰　清刻本　一册

320000－1615－0008084　叢 1234/合 062
皇朝經世文編姓名總目二卷　(□)□□撰　清刻本　與 320000－1615－0008083、320000－1615－0008085、320000－1615－0008086、320000－1615－0008087 合一册

320000－1615－0008085　叢 1234/合 062
詩人爵里一卷　(明)唐汝詢選　清刻本　與 320000－1615－0008083、320000－1615－0008084、320000－1615－0008086、320000－1615－0008087 合一册

320000－1615－0008086　叢 1234/合 062
詩人總目一卷　(□)□□撰　清刻本　與 320000－1615－0008083、320000－1615－0008084、320000－1615－0008085、320000－1615－0008087 合一册

320000－1615－0008087　叢 1234/合 062
制義叢話二十四卷　(清)梁章鉅撰　清刻知不足齋叢書本　與 320000－1615－0008083、320000－1615－0008084、320000－1615－0008085、320000－1615－0008086 合一册

320000－1615－0008088　叢 1234/合 063
李孝庶晴山母胡太子禹人傳一卷　(□)□□撰　清乾隆刻本　與民國本冒姬董小宛傳一卷、民國本羅蘭夫人傳一卷、民國本曼殊别誌書傳一卷合一册

320000－1615－0008089　叢 1234/合 064
國寶新編一卷　(明)顧璘撰　清刻本　一册

320000－1615－0008090　叢 1234/合 064
壽者傳三卷　(明)陳懋仁撰　清乾隆五十年(1785)刻本　與 320000－1615－0008089、320000－1615－0008091 合一册

320000－1615－0008091　叢 1234/合 064
雲林遺事一卷　(明)顧元慶撰　清刻本　與 320000－1615－0008090、320000－1615－0008089 合一册

320000－1615－0008092　叢 1234/合 065
文廟思源録一卷　(清)葉慶禔輯　清同治九年(1870)刻本　一册

320000－1615－0008093　叢 1234/合 065
西湖三祠名賢考略十一卷　(清)戴啟文纂　清光緒杭州任有容齋刻本　與 320000－1615－0008092 合一册

320000－1615－0008094　叢 1234/合 066
漫遊隨録不分卷　(清)王韜撰　清光緒十三年(1887)石印本　一册

320000－1615－0008095　叢 1234/合 066
南越遊記三卷　(清)陳徽言撰　清咸豐七年(1857)刻本　與 320000－1615－0008094 合

一册

320000 - 1615 - 0008096　叢 1234/合 067

萍蓬類稿三種　(清)陳克劬撰　清光緒十九年(1893)刻本　一册

320000 - 1615 - 0008097　叢 1234/合 067

榆塞紀行録四卷　(清)李嘉績撰　清光緒十二年(1886)刻本　與 320000 - 1615 - 0008096 合一册

320000 - 1615 - 0008098　叢 1234/合 068

五印度疆域平反一卷　(□)□□撰　清刻本　一册

320000 - 1615 - 0008099　叢 1234/合 068

訂正海國全志原起一卷　(□)□□撰　清刻本　與 320000 - 1615 - 0008098、320000 - 1615 - 0008100、320000 - 1615 - 0008101 合一册

320000 - 1615 - 0008100　叢 1234/合 068

同光以來使臣筆記一指一卷　(□)□□撰　清刻本　與 320000 - 1615 - 0008099、320000 - 1615 - 0008098、320000 - 1615 - 0008101 合一册

320000 - 1615 - 0008101　叢 1234/合 068

西東南三方沿革小傳□□卷　(□)□□撰　清末、民國間刻本　與 320000 - 1615 - 0008099、320000 - 1615 - 0008098、320000 - 1615 - 0008100 合一册

320000 - 1615 - 0008102　叢 1234/合 069

泛槳録二卷　(清)黄鉞撰　清刻本　一册

320000 - 1615 - 0008103　叢 1234/合 069

九煙先生續集不分卷　(清)黄周星撰　(清)周光輔校　清刻本　與 320000 - 1615 - 0008102、320000 - 1615 - 0008105、320000 - 1615 - 0008104、壹齋集一卷合一册

320000 - 1615 - 0008104　叢 1234/合 069

隨軺日記一卷　韓國鈞撰　清光緒二十五年(1899)刻本　與 320000 - 1615 - 0008102、320000 - 1615 - 0008103、320000 - 1615 - 0008105、壹齋集一卷合一册

320000 - 1615 - 0008105　叢 1234/合 069

有正味齋駢體文二十四卷　(清)吴錫麒撰　清刻本　與 320000 - 1615 - 0008102、320000 - 1615 - 0008103、320000 - 1615 - 0008104、壹齋集一卷合一册

320000 - 1615 - 0008106　叢 1234/合 070

鄱陽湖櫂歌一卷　(清)王其淦撰　清刻本　一册

320000 - 1615 - 0008107　叢 1234/合 070

三雁紀游三卷　(清)郭鍾岳撰　清光緒十四年(1888)刻本　與 320000 - 1615 - 0008106 合一册

320000 - 1615 - 0008108　叢 1234/合 071

閩中覽勝集一卷　(清)曾省撰　清刻本　一册

320000 - 1615 - 0008109　叢 1234/合 071

錢塘湖山騰概詩文二卷　(明)夏時撰　清刻本　與 320000 - 1615 - 0008108、320000 - 1615 - 0008110 合一册

320000 - 1615 - 0008110　叢 1234/合 071

雁山遊草二卷　(清)郭鍾岳撰　清同治十年(1871)溫處道署刻本　與 320000 - 1615 - 0008109、320000 - 1615 - 0008108 合一册

320000 - 1615 - 0008111　叢 1234/合 072

出蜀記一卷　(清)方濬頤撰　清光緒刻本　一册

320000 - 1615 - 0008112　叢 1234/合 072

東歸日記(清道光八年三月十五日至六月三十日)一卷　(清)方士淦撰　清同治十一年(1872)刻本　與 320000 - 1615 - 0008113、320000 - 1615 - 0008114、320000 - 1615 - 0008111、320000 - 1615 - 0008115 合一册

320000 - 1615 - 0008113　叢 1234/合 072

行程記一卷　(□)□□撰　清末抄本　與 320000 - 1615 - 0008114、320000 - 1615 - 0008112、320000 - 1615 - 0008111、320000 -

1615 - 0008115 合一册

320000 - 1615 - 0008114　叢 1234/合 072

家蔭堂來西録一卷　(清)周奎撰　清道光十八年(1838)刻本　與 320000 - 1615 - 0008113、320000 - 1615 - 0008112、320000 - 1615 - 0008111、320000 - 1615 - 0008115 合一册

320000 - 1615 - 0008115　叢 1234/合 072

流寰瑣記　(清)王韜輯　清末民國鉛印本　與 320000 - 1615 - 0008113、320000 - 1615 - 0008114、320000 - 1615 - 0008112、320000 - 1615 - 0008111 合一册

320000 - 1615 - 0008116　叢 1234/合 073

大九洲考不分卷　(□)□□撰　清刻本　一册

320000 - 1615 - 0008117　叢 1234/合 073

地球五帶寒暑不同淺言不分卷　(□)□□撰　清刻本　與 320000 - 1615 - 0008118、320000 - 1615 - 0008116 合一册

320000 - 1615 - 0008118　叢 1234/合 073

輿圖總論註釋一卷　(清)謝蘭生撰　清刻本　與 320000 - 1615 - 0008116、320000 - 1615 - 0008117 合一册

320000 - 1615 - 0008119　叢 1234/合 074

白下愚園集八卷　(清)胡光國撰　清刻本　一册

320000 - 1615 - 0008120　叢 1234/合 074

寶盤銘釋文一卷　(清)陳介祺撰　清末、民國間抄本　與 320000 - 1615 - 0008123、320000 - 1615 - 0008119、320000 - 1615 - 0008121、320000 - 1615 - 0008122 合一册

320000 - 1615 - 0008121　叢 1234/合 074

東巡金石録八卷　(清)崔應階輯　清刻本　與 320000 - 1615 - 0008123、320000 - 1615 - 0008119、320000 - 1615 - 0008120、320000 - 1615 - 0008122 合一册

320000 - 1615 - 0008122　叢 1234/合 074

非見齋審定六朝正書碑目一卷　(清)譚獻撰　清刻本　與 320000 - 1615 - 0008123、320000 - 1615 - 0008119、320000 - 1615 - 0008120、320000 - 1615 - 0008121 合一册

320000 - 1615 - 0008123　叢 1234/合 074

秦漢碑篆文考□□卷　(清)楊鋭撰　清刻本　與 320000 - 1615 - 0008119、320000 - 1615 - 0008120、320000 - 1615 - 0008121、320000 - 1615 - 0008122 合一册

320000 - 1615 - 0008124　叢 1234/合 075

[同治]上江兩縣志二十九卷首一卷　(清)甘紹盤撰　清同治十三年(1874)刻本　一册

320000 - 1615 - 0008125　叢 1234/合 075

嘉慶海州直隸州志三十二卷首一卷　(清)唐仲冕等修　(清)汪梅鼎等纂　清嘉慶刻本　與 320000 - 1615 - 0008124 合一册

320000 - 1615 - 0008126　叢 1234/合 076

讀西學書法一卷　梁啟超撰　清末時務報館刻本　一册

320000 - 1615 - 0008127　叢 1234/合 076

經籍舉要一卷　(清)龍啟瑞撰　清光緒十年(1884)濟南刻本　與 320000 - 1615 - 0008130、320000 - 1615 - 0008129、320000 - 1615 - 0008128、320000 - 1615 - 0008128 合一册

320000 - 1615 - 0008128　叢 1234/合 076

西學書目表一卷　梁啟超撰　清末時務報館刻本　與 320000 - 1615 - 0008130、320000 - 1615 - 0008129、320000 - 1615 - 0008126、320000 - 1615 - 0008127 合一册

320000 - 1615 - 0008129　叢 1234/合 076

楊氏海源閣藏書目不分卷　(清)楊紹和撰　清光緒十四年(1888)江氏靈鶼閣刻本　與 320000 - 1615 - 0008130、320000 - 1615 - 0008126、320000 - 1615 - 0008127、320000 - 1615 - 0008128 合一册

320000 - 1615 - 0008130　叢 1234/合 076

徵求明季遺書目一卷　劉世瑗輯　清宣統二

年(1910)鉛印本　與320000－1615－0008129、320000－1615－0008126、320000－1615－0008127、320000－1615－0008128合一册

320000－1615－0008131　叢1234/合077
經籍跋文一卷　(清)陳鱣撰　清刻本　一册

320000－1615－0008132　叢1234/合077
竹汀先生日記鈔三卷　(清)錢大昕撰　(清)何元錫編　清刻本　與320000－1615－0008131合一册

320000－1615－0008133　叢1235/合078
皇朝祭器樂舞録一卷　(清)徐暢達撰　清刻本　一册

320000－1615－0008134　叢1235/合078
御製律吕正義一卷　(清)聖祖玄燁纂　清刻本　與320000－1615－0008133合一册

320000－1615－0008135　叢1235/合079
許奉使行程録一卷　(宋)許亢宗撰　清末抄本　一册

320000－1615－0008136　叢1235/合079
京師通各省會城道里記一卷　繆九疇校　清末、民國間江楚書局刻本　與320000－1615－0008137、320000－1615－0008135合一册

320000－1615－0008137　叢1235/合079
潛虚先生文集十四卷　(清)戴名世撰　清刻本　與320000－1615－0008136、320000－1615－0008135合一册

320000－1615－0008138　叢1235/合080
讀書社約一卷　(明)丁奇遇撰　清光緒十二年(1886)刻本　一册

320000－1615－0008139　叢1235/合080
汲古閣校刻書目一卷附補遺一卷　(清)毛晉編　**刻板存亡考一卷**　(清)鄭德懋輯　清刻本　與320000－1615－0008138、320000－1615－0008140、320000－1615－0008141、320000－1615－0008142合一册

320000－1615－0008140　叢1235/合080
靈隱書藏紀事一卷　(清)潘衍桐輯　清光緒嘉惠堂丁氏刻本　與320000－1615－0008138、320000－1615－0008139、320000－1615－0008141、320000－1615－0008142合一册

320000－1615－0008141　叢1235/合080
思適齋集十八卷　(清)顧廣圻撰　清刻本　與320000－1615－0008138、320000－1615－0008139、320000－1615－0008140、320000－1615－0008142合一册

320000－1615－0008142　叢1235/合080
銷燬抽燬書目一卷　(清)高宗弘曆編　清光緒歸安姚氏刻本　與320000－1615－0008138、320000－1615－0008139、320000－1615－0008140、320000－1615－0008141合一册

320000－1615－0008143　叢1235/合081
通商志一卷　(□)□□撰　清光緒六年(1880)長沙刻本　一册

320000－1615－0008144　叢1235/合081
萬國通商史不分卷　(英國)瑣米爾士編述　(日本)古城貞譯　清光緒南洋公學譯書院鉛印本　與320000－1615－0008143合一册

320000－1615－0008145　叢1235/合082
續修畿輔通志採訪條款不分卷　(清)李鴻章等編　清刻本　一册

320000－1615－0008146　叢1235/合082
湖北通志凡例不分卷　(清)章學誠纂　清光緒八年(1882)武昌官書處木活字印本　與320000－1615－0008145、320000－1615－0008146、320000－1615－0008148合一册

320000－1615－0008147　叢1235/合082
湖南通志不分卷　(清)曾國荃等纂　清抄本　與320000－1615－0008145、320000－1615－0008146、320000－1615－0008148合一册

320000－1615－0008148　叢1235/合082
寰宇述要不分卷　(清)馬德新撰　清同治元年(1862)刻本　與320000－1615－0008145、

320000－1615－0008146、320000－1615－0008147 合一册

320000－1615－0008149　叢 1235/合 083
江蘇海運全案十二卷　(清)賀長齡輯　清道光刻本　一册

320000－1615－0008150　叢 1235/合 083
兩淮鹽法撰要二卷　陳慶年撰　清光緒十八年(1892)刻本　與 320000－1615－0008149 合一册

320000－1615－0008151　叢 1235/合 084
范文忠公[仲淹]年譜不分卷　(清)王孫錫編　清思仁堂刻本　一册

320000－1615－0008152　叢 1235/合 084
黄忠端公[尊素]年譜二卷　(清)黄炳垕編　清光緒元年(1875)刻本　與 320000－1615－0008151、320000－1615－0008153、320000－1615－0008154 合一册

320000－1615－0008153　叢 1235/合 084
楊忠愍公自著年譜一卷　(明)楊繼盛撰　清刻本　與 320000－1615－0008151、320000－1615－0008152、320000－1615－0008154 合一册

320000－1615－0008154　叢 1235/合 084
左忠毅公[光斗]年譜二卷　(清)左宰撰　清乾隆四年(1739)維揚柏華陞刻本　與 320000－1615－0008151、320000－1615－0008152、320000－1615－0008153 合一册

320000－1615－0008155　叢 1235/合 085
聖門諸賢輯傳不分卷　(清)查光泰輯　清光緒十三年(1887)刻本　一册

320000－1615－0008156　叢 1235/合 085
四書章句集注二十六卷　(宋)朱熹撰　(清)潘興祚輯　清刻本　與 320000－1615－0008155 合一册

320000－1615－0008157　叢 1235/合 086
大明令一卷　(明)太祖朱元璋纂　清刻陸庵叢書本　一册

320000－1615－0008158　叢 1235/合 086
會典簡明錄一卷　(清)張祥河訂　清末鉛印本　與 320000－1615－0008157 合一册

320000－1615－0008159　叢 1235/合 087
古微堂外集七卷　(清)魏源撰　清光緒刻本　一册

320000－1615－0008160　叢 1235/合 087
孔門師弟年表一卷後説一卷附孟子時事年表一卷後説一卷　(清)林春溥撰　清嘉慶二十一年(1816)竹柏山房刻本　與 320000－1615－0008159、320000－1615－0008161 合一册

320000－1615－0008161　叢 1235/合 087
一燈精舍甲部稿五卷　(清)何秋濤撰　清光緒刻本　與 320000－1615－0008159、320000－1615－0008160 合一册　存一卷(一)

320000－1615－0008162　叢 1235/合 088
考訂朱子世家一卷　(清)江永撰　清同治十三年(1874)朱氏刻本　一册

320000－1615－0008163　叢 1235/合 088
吕東萊先生本傳一卷　(清)王崇炳輯　清敬臘堂刻吕東萊先生遺集本　與 320000－1615－0008162、320000－1615－0008164 合一册

320000－1615－0008164　叢 1235/合 088
宋宗忠簡公集八卷　(宋)宗澤撰　清刻本　與 320000－1615－0008162、320000－1615－0008163 合一册

320000－1615－0008165　叢 1235/合 089
[光緒]江蘇海塘新志八卷　(清)李慶雲編纂　清光緒十六年(1890)刻本　一册

320000－1615－0008166　叢 1235/合 089
浙江巡撫楊石泉中丞南田奏摺不分卷　(清)楊石泉撰　清末、民國間抄本　與 320000－1615－0008165、民國本嘉慶年間勘覆南田島丕地畝數節略一卷合一册

320000－1615－0008167　叢 1235/合 090
兩當軒集二十二卷附録四卷　(清)黄景仁撰　**考異二卷**　(清)黄志述撰　清刻本　一册

320000－1615－0008168　叢1235/合090
山東督糧道孫君墓志銘一卷　(清)阮元撰　清刻本　與320000－1615－0008167、320000－1615－0008169、320000－1615－0008170合一冊

320000－1615－0008169　叢1235/合090
遂翁自訂年譜一卷　(清)趙昫撰　清刻本　與320000－1615－0008167、320000－1615－0008168、320000－1615－0008170合一冊

320000－1615－0008170　叢1235/合090
孫淵如先生[星衍]年譜二卷　(清)張紹南撰　清光緒刻本　與320000－1615－0008167、320000－1615－0008168、320000－1615－0008169合一冊

320000－1615－0008171　叢1235/合091
畿輔水利議一卷　(清)林則徐撰　清光緒二年(1876)三山林氏刻本　一冊

320000－1615－0008172　叢1235/合091
昭代叢書　(清)張潮輯　清刻本　與320000－1615－0008171、320000－1615－0008173合一冊　存二種(西北水利議一卷、東西二漢水辯一卷)

320000－1615－0008173　叢1235/合091
卷施閣集文甲集十卷補遺一卷乙集八卷續編一卷　(清)洪亮吉著　清末民國刻本　與320000－1615－0008171、320000－1615－0008172合一冊　存三卷(甲集四至六)

320000－1615－0008174　叢1235/合092
復淮故道圖説一卷　(清)丁顯撰　清同治八年(1869)刻本　一冊

320000－1615－0008175　叢1235/合092
淮河圖説一卷　(□)□□撰　清抄本　與320000－1615－0008174合一冊

320000－1615－0008176　叢1235/合093
慱羅勝語一卷　(清)謝淮植撰　清嘉慶十一年(1806)刻本　一冊

320000－1615－0008177　叢1235/合093
嚴郡九姓漁課録一卷　(清)戴槃撰　清刻本　與320000－1615－0008178、320000－1615－0008176、320000－1615－0008179合一冊

320000－1615－0008178　叢1235/合093
清嘉集初編不分卷二編四卷三編三卷　王先謙編　清光緒刻本　與320000－1615－0008179、320000－1615－0008177、320000－1615－0008176合一冊

320000－1615－0008179　叢1235/合093
正誼書院課選三集不分卷　(清)朱琦選　清道光刻本　與320000－1615－0008177、320000－1615－0008178、320000－1615－0008176合一冊

320000－1615－0008180　叢1235/合094
金陵水利論一卷　(清)金濬撰　清末、民國間抄本　一冊

320000－1615－0008181　叢1235/合094
四溟鎖記十二卷　申報館編　清末鉛印本　與320000－1615－0008180、320000－1615－0008182合一冊

320000－1615－0008182　叢1235/合094
築圩圖説一卷　(清)孫峻撰　清刻本　與320000－1615－0008180、320000－1615－0008181合一冊

320000－1615－0008183　叢1235/合095
施愚山先生[閏章]年譜四卷　(清)施念曾編　清乾隆刻本　一冊

320000－1615－0008184　叢1235/合095
張蒼水[煌言]年譜一卷　(清)趙子謙撰　清末民初鉛印本　與320000－1615－0008183、320000－1615－0008185合一冊

320000－1615－0008185　叢1235/合095
張楊園先生[履祥]年譜一卷　(清)蘇惇元撰　清道光刻本　與320000－1615－0008183、320000－1615－0008184合一冊

320000－1615－0008186　叢1241/合096
岑春萱一卷　世次郎撰　清末、民國間石印本　一冊

320000－1615－0008187　叢1241/合096

康南海傳一卷　梁啟超撰　清末、民國間石印本　與 320000－1615－0008188、320000－1615－0008186 合一冊

320000－1615－0008188　叢 1241/合 096
張文襄公大事記一卷　(□)□□撰　清末、民國間石印本　與 320000－1615－0008186、320000－1615－0008187 合一冊

320000－1615－0008189　叢 1241/合 097
徐烈婦詩鈔二卷　(清)吳宗愛撰　清同治十三年(1874)桐城吳氏雲鶴仙館刻光緒元年(1875)印本　一冊　存傳後

320000－1615－0008190　叢 1241/合 097
歷代名媛詩詞十二卷　(清)陸昶輯　清刻本　與 320000－1615－0008189、320000－1615－0008191 合一冊

320000－1615－0008191　叢 1241/合 097
淞隱漫録十二卷　(清)王韜撰　清光緒刻本　與 320000－1615－0008189、320000－1615－0008190 合一冊

320000－1615－0008192　叢 1241/合 098
東牟守城紀略一卷附東牟守城詩一卷　(清)戴燮元撰　清同治八年(1869)刻本　一冊

320000－1615－0008193　叢 1241/合 098
商城守禦紀略一卷　(清)周穀田撰　清末、民國間石印本　與 320000－1615－0008194、320000－1615－0008192 合一冊

320000－1615－0008194　叢 1241/合 098
守蒙紀略不分卷　(清)賀緒蕃撰　清同治三年(1864)刻本　與 320000－1615－0008192、320000－1615－0008193 合一冊

320000－1615－0008195　叢 1241/合 099
[同治]上海縣志□□卷　(□)□□輯　清刻本　一冊

320000－1615－0008196　叢 1241/合 099
[光緒]通州直隸州志十六卷首一卷末一卷　(清)梁悅馨修　清刻本　與 320000－1615－0008195、320000－1615－0008197 合一冊

320000－1615－0008197　叢 1241/合 099
乍浦備志三十六卷首一卷　(清)鄒璟撰　清刻本　與 320000－1615－0008195、320000－1615－0008196 合一冊

320000－1615－0008198　叢 1241/合 100
建炎復辟記一卷　(□)□□撰　清光緒二十三年(1897)丁氏嘉惠堂刻本　一冊

320000－1615－0008199　叢 1241/合 100
南遷録一卷　(金)張師顏録　清刻朱印本　與 320000－1615－0008198 合一冊

320000－1615－0008200　叢 1241/合 101
皇朝武功紀盛四卷　(清)趙翼撰　清乾隆五十七年(1792)湛貽堂刻本　一冊

320000－1615－0008201　叢 1241/合 101
嘉定屠城紀略一卷　(清)朱子素撰　清刻本　與 320000－1615－0008200 合一冊

320000－1615－0008202　叢 1241/合 102
慈安太后喪儀一卷　(□)□□撰　清光緒七年(1881)刻本　一冊

320000－1615－0008203　叢 1241/合 102
大婚禮節一卷　(清)清內務府禮部編　清同治十一年(1872)刻本　與 320000－1615－0008202 合一冊

320000－1615－0008204　叢 1241/合 103
漢制考四卷　(宋)王應麟撰　清刻本　一冊

320000－1615－0008205　叢 1241/合 103
曲園褀纂五十卷　(清)俞樾撰　清光緒二十五年(1899)刻春在堂全書本　與 320000－1615－0008204、320000－1615－0008206 合一冊　存二卷(讀鶡冠子一卷、讀鹽鐵論一卷)

320000－1615－0008206　叢 1241/合 103
讀莊子法一卷　(清)林雲銘撰　清刻昭代叢書本　與 320000－1615－0008204、320000－1615－0008205 合一冊

320000－1615－0008207　叢 1241/合 104
顧恕齋山右讞獄記不分卷(安徽官報第九期至二十一期)　(清)顧麟趾撰　清光緒安徽

官報鉛印本　一冊

320000－1615－0008208　叢 1241/合 104

洗冤録解一卷　(清)姚德豫撰　清同治九年(1870)任由容齋刻本　與 320000－1615－0008207 合一冊

320000－1615－0008209　叢 1241/合 105

解例庸言一卷　(清)蔡炳榮解　清同治九年(1870)刻本　一冊

320000－1615－0008210　叢 1241/合 105

爽鳩要録二卷　(清)蔣超伯輯　清同治五年(1866)刻本　與 320000－1615－0008209 合一冊

320000－1615－0008211　叢 1241/合 106

德國軍制述要不分卷　(德國)來春石泰撰　沈敦和　(德國)錫樂巴譯　清光緒二十一年(1895)刻本　一冊

320000－1615－0008212　叢 1241/合 106

各國海運政策不分卷　張元通撰　清宣統元年(1909)京華印書局鉛印本　與 320000－1615－0008211、320000－1615－0008213 合一冊

320000－1615－0008213　叢 1241/合 106

日本師船考一卷　沈敦和編　清光緒二十年(1894)江南水師學堂石印本　與 320000－1615－0008213、320000－1615－0008211 合一冊

320000－1615－0008214　叢 1241/合 107

度支部奏維持預算實行辦法摺稿不分卷　(清)度支部編　清末、民國間鉛印本　一冊

320000－1615－0008215　叢 1241/合 107

欽定大清商律不分卷　(□)□□撰　清末、民國間鉛印本　與 320000－1615－0008214、320000－1615－0008216 合一冊

320000－1615－0008216　叢 1241/合 107

奏定商會簡明章程二十六條　(清)商部編　清末、民國間鉛印本　與 320000－1615－0008214、320000－1615－0008215 合一冊

320000－1615－0008217　叢 1241/合 108

度支部幣制奏案輯要不分卷　(清)度支部編　清末、民國間鉛印本　一冊

320000－1615－0008218　叢 1241/合 108

會議銀價説帖不分卷　(□)□□撰　清末、民國間上海商務部印書館鉛印本　與 320000－1615－0008217、320000－1615－0008219 合一冊

320000－1615－0008219　叢 1241/合 108

民政統計表式解説二卷　(□)□□撰　清末民初鉛印本　與 320000－1615－0008217、320000－1615－0008218 合一冊

320000－1615－0008220　叢 1241/合 109

德國積金法要略一卷　(□)□□撰　清末、民國間鉛印本　一冊

320000－1615－0008221　叢 1241/合 109

德國銀行章程一卷　(□)□□撰　清末、民國間鉛印本　與 320000－1615－0008220、320000－1615－0008222、320000－1615－0008223、320000－1615－0008224 合一冊

320000－1615－0008222　叢 1241/合 109

美國國立銀行沿革略不分卷　(□)□□撰　清末、民國間鉛印本　與 320000－1615－0008220、320000－1615－0008221、320000－1615－0008223、320000－1615－0008224 合一冊

320000－1615－0008223　叢 1241/合 109

英國積金法一卷　(□)□□撰　清末、民國間鉛印本　與 320000－1615－0008220、320000－1615－0008221、320000－1615－0008222、320000－1615－0008224 合一冊

320000－1615－0008224　叢 1241/合 109

英蘭銀行章程一卷　(□)□□撰　清末、民國間鉛印本　與 320000－1615－0008220、320000－1615－0008221、320000－1615－0008222、320000－1615－000822 合一冊

320000－1615－0008225　叢 1241/合 110

白耳義國立銀行章程一卷　(□)□□撰　清末、民國間鉛印本　一冊

320000－1615－0008226　叢1241/合110

調查各國銀行義例彙抄六卷　（日本）神津助太郎　（清）舒邦傑編述　清末、民國間翰墨林書局鉛印本　與320000－1615－0008225、320000－1615－0008227、320000－1615－0008228、320000－1615－0008229、320000－1615－0008230、320000－1615－0008231合一册

320000－1615－0008227　叢1241/合110

日本鈔票章程一卷　（□）□□撰　清末、民國間鉛印本　與320000－1615－0008226、320000－1615－0008225、320000－1615－0008228、320000－1615－0008229、320000－1615－0008230、320000－1615－0008231合一册

320000－1615－0008228　叢1241/合110

日本貨幣條例一卷造幣規則一卷　（□）□□撰　清末、民國間鉛印本　與320000－1615－0008226、320000－1615－0008225、320000－1615－0008227、320000－1615－0008229、320000－1615－0008230、320000－1615－0008231合一册

320000－1615－0008229　叢1241/合110

日本農工銀行章程一卷　（□）□□撰　清末、民國間鉛印本　與320000－1615－0008226、320000－1615－0008225、320000－1615－0008227、320000－1615－0008228、320000－1615－0008230、320000－1615－0008231合一册

320000－1615－0008230　叢1241/合110

日本僞票刑法一卷　（□）□□撰　清末、民國間鉛印本　與320000－1615－0008226、320000－1615－0008225、320000－1615－0008227、320000－1615－0008228、320000－1615－0008229、320000－1615－0008231合一册

320000－1615－0008231　叢1241/合110

日本銀行定章一卷　（□）□□撰　清末、民國間鉛印本　與320000－1615－0008226、320000－1615－0008225、320000－1615－0008227、320000－1615－0008228、320000－1615－0008229、320000－1615－0008230合一册

320000－1615－0008232　叢1242/合111

避疫大意稿一卷　（日本）神保濤次郎立案　（日本）中野太郎具稿　清末、民國間鉛印本　一册

320000－1615－0008233　叢1242/合111

全體圖説二卷　（清）范培蘭撰　清宣統元年（1909）江北印刷官廠鉛印本　與320000－1615－0008236、320000－1615－0008232、320000－1615－0008235、320000－1615－0008234合一册

320000－1615－0008234　叢1242/合111

太乙神針方一卷　（清）潘霨撰　清咸豐八年（1858）刻本　與320000－1615－0008236、320000－1615－0008232、320000－1615－0008235、320000－1615－0008233合一册

320000－1615－0008235　叢1242/合111

衛生要説一卷　（英國）稻惟德譯　清光緒十年（1884）刻本　與320000－1615－0008236、320000－1615－0008232、320000－1615－0008234、320000－1615－0008233合一册

320000－1615－0008236　叢1242/合111

走馬喉疳論一卷　姬茂暢撰　清同治十一年（1872）刻本　與320000－1615－0008232、320000－1615－0008235、320000－1615－0008234、320000－1615－0008233合一册

320000－1615－0008237　叢1242/合112

圖註八十一難經四卷　（明）張世賢注　清末、民國間石印本　一册

320000－1615－0008238　叢1242/合112

校正圖註脈訣四卷　（晉）王叔和撰　（明）張世賢註　清光緒三十一年（1905）上海日新書莊石印本　與320000－1615－0008237合一册

320000－1615－0008239　叢1242/合113

砥齋題跋一卷　（清）姜宸英撰　清刻本　一册

320000－1615－0008240　叢 1242/合 113

隱綠軒題識一卷　（清）陳奕禧撰　清刻本　與 320000－1615－0008239、320000－1615－0008241 合一册

320000－1615－0008241　叢 1242/合 113

湛園題跋一卷　（清）王宏撰　清刻本　與 320000－1615－0008240、320000－1615－0008239 合一册

320000－1615－0008242　叢 1242/合 114

闢妄不分卷　（明）徐光啟撰　清刻本　一册

320000－1615－0008243　叢 1242/合 114

沙門日用録一卷　（清）釋古雲編　清廣州海幢寺刻本　與 320000－1615－0008242 合一册

320000－1615－0008244　叢 1242/合 115

説嵩三十二卷　（清）景日昣　（清）釋成鷲撰　清刻本　一册　存二卷（二十至二十一）

320000－1615－0008245　叢 1242/合 115

虎邱山志十卷　（清）顧湄撰　清刻本　與 320000－1615－0008244、320000－1615－0008246 合一册　存一卷（九）

320000－1615－0008246　叢 1242/合 115

鼎湖山志八卷　（清）釋成鷲撰　清刻本　與 320000－1615－0008244、320000－1615－0008245 合一册　存一卷（五）

320000－1615－0008247　叢 1242/合 116

純陽吕祖百字碑一卷　（清）□□撰　清刻本　一册

320000－1615－0008248　叢 1242/合 116

陸地仙經不分卷　（清）馬齊撰　清刻本　與 320000－1615－0008252、320000－1615－0008247、320000－1615－0008250、320000－1615－0008249、320000－1615－0008251 合一册

320000－1615－0008249　叢 1242/合 116

邱長春真人青天歌一卷　（明）陸西星撰　清刻本　與 320000－1615－0008252、320000－1615－0008247、320000－1615－0008250、320000－1615－0008248、320000－1615－0008252 合一册

320000－1615－0008250　叢 1242/合 116

無上玉皇心印妙經一卷　（明）陸西星撰　清刻本　與 320000－1615－0008252、320000－1615－0008247、320000－1615－0008249、320000－1615－0008248、320000－1615－0008251 合一册

320000－1615－0008251　叢 1242/合 116

陰符經不分卷　（明）陸西星撰　清刻本　與 320000－1615－0008252、320000－1615－0008247、320000－1615－0008250、320000－1615－0008249、320000－1615－0008248 合一册

320000－1615－0008252　叢 1242/合 116

陰符玄解一卷　（清）范宜賓輯　清刻本　與 320000－1615－0008247、320000－1615－0008250、320000－1615－0008249、320000－1615－0008248、320000－1615－0008251 合一册

320000－1615－0008253　叢 1242/合 117

符咒大全一卷　□□撰　清末、民國間抄本　一册

320000－1615－0008254　叢 1242/合 117

陽宅正宗二卷　（清）姚承輿撰　清道光三十年（1850）刻本　與 320000－1615－0008253 合一册

320000－1615－0008255　叢 1242/合 118

誠是録一卷　（清）孟超然撰　清嘉慶十八年（1813）刻本　一册

320000－1615－0008256　叢 1242/合 118

地理氷海一卷　（清）高文俊撰　清宣統三年（1911）丹徒莊啟智刻本　與 320000－1615－0008255、320000－1615－0008257 合一册

320000－1615－0008257　叢 1242/合 118

渾蓋合一解一卷　(清)茅杰撰　清光緒八年(1882)刻本　與 320000－1615－0008256、320000－1615－0008255 合一冊

320000－1615－0008258　叢 1242/合 119
葬圖一卷　(□)□□撰　清刻本　一冊

320000－1615－0008259　叢 1242/合 119
資孝葬書述要一卷　(清)養拙山人輯　清懷新堂刻本　與 320000－1615－0008258 合一冊

320000－1615－0008260　叢 1242/合 120
先天宅法一卷　(清)程承瀚撰　清光緒八年(1882)刻本　一冊

320000－1615－0008261　叢 1242/合 120
陽宅總訣一卷　(清)黄海山人撰　清光緒刻本　與 320000－1615－0008260 合一冊

320000－1615－0008262　叢 1242/合 121
六韜六卷附逸文一卷　(□)□□撰　清刻本　一冊

320000－1615－0008263　叢 1242/合 121
尸子二卷　(清)孫星衍輯　清刻本　與 320000－1615－0008262、320000－1615－0008264 合一冊

320000－1615－0008264　叢 1242/合 121
孫吴司馬法三種八卷附一種一卷　(清)孫星衍輯　清刻本　與 320000－1615－0008262、320000－1615－0008263 合一冊

320000－1615－0008265　叢 1242/合 122
古聖賢像傳略十六卷　(清)顧沅輯　清道光刻本　一冊

320000－1615－0008266　叢 1242/合 122
聖廟祀典圖考五卷　(清)顧沅輯　清刻本　與 320000－1615－0008265 合一冊

320000－1615－0008267　叢 1242/合 123
測地志要四卷　(清)黄炳垕撰　清同治六年(1867)刻本　一冊

320000－1615－0008268　叢 1242/合 123
五緯捷算四卷　(清)黄炳垕撰　清光緒四年(1878)刻本　與 320000－1615－0008267 合一冊

320000－1615－0008269　叢 1242/合 124
開方用表簡術一卷　(清)程之驥撰　清刻本　一冊

320000－1615－0008270　叢 1242/合 124
三統厤算式三卷　(清)方楷撰　清刻本　與 320000－1615－0008269 合一冊

320000－1615－0008271　叢 1242/合 125
南菁札記　(清)溥良輯　清刻本　一冊　存四種四卷(讀四元玉鑑記一卷、讀代數術記一卷、盈朒演代一卷、代數盈朒細草一卷)

320000－1615－0008272　叢 1242/合 125
兩湖書院課程二卷附一卷附表一卷　(清)兩湖書院編　清刻本　與 320000－1615－0008271、320000－1615－0008275、320000－1615－0008273、320000－1615－0008274 合一冊　存一卷(附一卷)

320000－1615－0008273　叢 1242/合 125
莘齋文鈔四卷　(清)宦懋庸撰　清刻本　與 320000－1615－0008271、320000－1615－0008272、320000－1615－0008275、320000－1615－0008274 合一冊　存一卷(一)

320000－1615－0008274　叢 1242/合 125
顯微鏡論五章　(日本)中西留應撰　(清)樊炳清譯　清刻本　與 320000－1615－0008271、320000－1615－0008272、320000－1615－0008275、320000－1615－0008273 合一冊

320000－1615－0008275　叢 1242/合 125
格術補一卷　(清)鄒伯奇撰　清同治十二年(1873)刻本　與 320000－1615－0008271、320000－1615－0008272、320000－1615－0008273、320000－1615－0008274 合一冊

320000－1615－0008276　叢 1242/合 126
算經十書十種　(清)孔繼涵輯　清光緒刻本　六冊　缺一種十一卷(九章算術九卷、附音義一卷、策算一卷)

320000－1615－0008277　叢1242/合126
楊輝算法六卷附札記一卷　（宋）楊輝撰　清刻宜稼堂叢書本　與320000－1615－0008276、320000－1615－0008278合六册

320000－1615－0008278　叢1242/合126
心齋雜組二卷　（清）漲潮撰　清詒清堂刻本　與320000－1615－0008276、320000－1615－0008277合六册　存一卷（下）

320000－1615－0008279　叢1243/合127
官賑芻言一卷　（□）□□撰　清末、民國間益森印刷公司鉛印本　一册

320000－1615－0008280　叢1243/合127
區田編加註一卷　（□）□□撰　清同治刻本　與320000－1615－0008282、320000－1615－0008281、320000－1615－0008279合一册

320000－1615－0008281　叢1243/合127
義賑芻言一卷　劉鍾琳撰　清末、民國間益森印刷公司鉛印本　與320000－1615－0008282、320000－1615－0008280、320000－1615－0008279合一册

320000－1615－0008282　叢1243/合127
治蝗書一卷　（清）陳崇砥撰　清同治十三年（1874）蓮池書局刻本　與320000－1615－0008280、320000－1615－0008281、320000－1615－0008279合一册

320000－1615－0008283　叢1243/合128
捕蝗要訣除蝻八要二卷圖説一卷　（清）錢炘和撰　清同治八年（1869）崇文書局刻本　一册

320000－1615－0008284　叢1243/合128
教種山蠶譜一卷樗繭譜一卷　（清）鄭珍纂　清光緒二十年（1894）宜賓官署刻本　與320000－1615－0008286、320000－1615－0008285、320000－1615－0008283合一册

320000－1615－0008285　叢1243/合128
橡蠶新編一卷　許鵬翊編　清宣統元年（1909）吉林官書刷印局鉛印本　與320000－1615－0008286、320000－1615－0008284、320000－1615－0008283合一册

320000－1615－0008286　叢1243/合128
種棉花法一卷　（清）桂嵩慶撰　清刻本　與320000－1615－0008285、320000－1615－0008284、320000－1615－0008283合一册

320000－1615－0008287　叢1243/合129
無綫電報不分卷　（英國）克爾撰　（美國）衛理口譯　范熙庸筆述　清光緒二十六年（1900）江南製造局刻本　與民國本煤表機工教範二卷合一册

320000－1615－0008288　叢1243/合130
婦嬰新説不分卷　（英國）合信　（清）管茂材撰　清咸豐八年（1858）刻本　一册

320000－1615－0008289　叢1243/合130
爛喉丹痧輯要一卷　（清）金德鑒撰　清刻本　與320000－1615－0008288、320000－1615－0008290、320000－1615－0008291合一册

320000－1615－0008290　叢1243/合130
脈鏡須知二卷　（清）梅江村撰　（清）劉鳳翥編次　清光緒二年（1876）鉛印本　與320000－1615－0008288、320000－1615－0008289、320000－1615－0008291合一册

320000－1615－0008291　叢1243/合130
疫喉淺論二卷　（清）夏春農撰　清光緒五年（1879）刻本　與320000－1615－0008288、320000－1615－0008289、320000－1615－0008290合一册

320000－1615－0008292　叢1243/合131
辨脈平脈章句二卷　（漢）張機撰　（清）周學海章句　清刻本　一册

320000－1615－0008293　叢1243/合131
格致餘論一卷　（元）朱震亨撰　清刻本　與320000－1615－0008294、320000－1615－0008295、320000－1615－0008292合一册

320000－1615－0008294　叢1243/合131
咽喉脈證通論一卷　（□）□□撰　清同治十三年（1874）川東刻本　與320000－1615－

0008295、320000－1615－0008292、320000－1615－0008293 合一册

320000－1615－0008295　叢 1243/合 131
診家直訣二卷　(清)周學海撰　清刻本　與 320000－1615－0008294、320000－1615－0008292、320000－1615－0008293 合一册

320000－1615－0008296　叢 1243/合 132
慎疾芻言一卷　(清)徐大椿撰　清刻本　一册

320000－1615－0008297　叢 1243/合 132
醫學源流論二卷　(清)徐大椿撰　清刻本　與 320000－1615－0008296 合一册

320000－1615－0008298　叢 1243/合 133
廣陵花冊一卷　題(清)愛蓮居士重訂　清光緒二十七年(1901)刻本　一册　存四卷(淞隱漫録八、十,續録一、四)

320000－1615－0008299　叢 1243/合 133
南徐看花吟一卷　(□)□□撰　清末、民國間石印本　與 320000－1615－0008300、320000－1615－0008301、320000－1615－0008298 合一册

320000－1615－0008300　叢 1243/合 133
淞隱漫録十二卷續録十二卷　(清)王韜撰　清末、民國間石印本　與 320000－1615－0008301、320000－1615－0008298、320000－1615－0008299 合一册　存四卷(淞隱漫録八、十、續録一、四)

320000－1615－0008301　叢 1243/合 133
竹西花事小録一卷　(清)芬利它行者編　清光緒四年(1878)茈園鉛印本　與 320000－1615－0008300、320000－1615－0008298、320000－1615－0008299 合一册

320000－1615－0008302　叢 1243/合 134
離騷箋二卷　(清)龔景瀚撰　清乾隆澹静齋刻本　一册

320000－1615－0008303　叢 1243/合 134
屈宋古音義三卷　(明)陳第撰　清光緒六年(1880)武昌張裕釗刻本　與 320000－1615－0008302 合一册

320000－1615－0008304　叢 1243/合 135
香案集一卷　(清)蔣立鏞撰　清道光十三年(1833)刻本　一册

320000－1615－0008305　叢 1243/合 135
遺安堂詩一卷　(清)金英撰　清乾隆三十年(1765)刻本　與 320000－1615－0008304 合一册

320000－1615－0008306　叢 1243/合 136
寄青齋詩稿一卷　(清)徐虔復撰　清光緒十一年(1885)刻本　一册

320000－1615－0008307　叢 1243/合 136
七月廲作一卷　李詳撰　清光緒三十二年(1906)木活字印本　與 320000－1615－0008308、320000－1615－0008306 合一册

320000－1615－0008308　叢 1243/合 136
且巢詩存四卷　(清)周葆濂撰　清光緒十六年(1890)刻本　與 320000－1615－0008307、320000－1615－0008306 合一册

320000－1615－0008309　叢 1243/合 137
北游草一卷　(清)江瀚撰　清光緒刻本　一册

320000－1615－0008310　叢 1243/合 137
集選詩一卷　(清)郭階撰　清刻本　與 320000－1615－0008309、320000－1615－0008311、320000－1615－0008312 合一册

320000－1615－0008311　叢 1243/合 137
己酉北行續草一卷　(清)黄爵滋撰　清刻本　與 320000－1615－0008309、320000－1615－0008312、320000－1615－0008310 合一册

320000－1615－0008312　叢 1243/合 137
真息齋詩鈔四卷續鈔一卷　(清)陸費瑔撰　清刻本　與 320000－1615－0008309、320000－1615－0008311、320000－1615－0008310 合一册

320000－1615－0008313　叢 1243/合 138
陳女繡君墓志銘一卷　(清)俞樾撰　清光緒

三十三年(1907)蘇省刷印總局鉛印本　一冊

320000－1615－0008314　叢1243/合138
孤鸞吟一卷　(清)郭鍾岳撰　清光緒六年(1880)刻本　與瑞芝山房詩鈔一卷、320000－1615－0008313、320000－1615－0008318、320000－1615－0008315、320000－1615－0008317合一冊

320000－1615－0008315　叢1243/合138
錦瑟集一卷　徐乃昌撰　清光緒十七年(1891)刻本　與320000－1615－0008314、320000－1615－0008316、320000－1615－0008313、320000－1615－0008318、320000－1615－0008317合一冊

320000－1615－0008316　叢1243/合138
瑞芝山房詩鈔一卷　(清)戴燮元輯　清光緒元年(1875)刻本　與320000－1615－0008314、320000－1615－0008313、320000－1615－0008318、320000－1615－0008315、320000－1615－0008317合一冊

320000－1615－0008317　叢1243/合138
雙鵜録一卷　吴灝撰　清光緒二十三年(1897)刻本　與320000－1615－0008314、320000－1615－0008316、320000－1615－0008313、320000－1615－0008318、320000－1615－0008315合一冊

320000－1615－0008318　叢1243/合138
詒煒集一卷　(清)許振禕輯　清刻本　與320000－1615－0008314、320000－1615－0008316、320000－1615－0008313、320000－1615－0008315、320000－1615－0008317合一冊

320000－1615－0008319　叢1243/合139
百萼紅詞二卷　(清)達園鉏菜叟(吴鼒)撰　清末刻本　一冊

320000－1615－0008320　叢1243/合139
碧春詞□□卷　□□撰　清末民國鉛印本　與320000－1615－0008321、320000－1615－0008322、320000－1615－0008319合一冊

320000－1615－0008321　叢1243/合139
侯鯖詞五種五卷　(清)吴唐林輯　清末民國間鉛印本　與320000－1615－0008320、320000－1615－0008322、320000－1615－0008319合一冊　存三種三卷(窺生鐵齋詞一卷、劍虹盦詞一卷、横山草堂詞一卷)

320000－1615－0008322　叢1243/合139
摘星楼詞選□□卷　□□撰　清末民國鉛印本　與320000－1615－0008320、320000－1615－0008321、320000－1615－0008319合一冊

320000－1615－0008323　叢1243/合140
春聲館曲選一卷　□□撰　清末、民國間鉛印本　一冊

320000－1615－0008324　叢1243/合140
遯渚唱和集一卷　(清)孫運錦輯　清末、民國間刻本　與民國本戊午春詞一卷、320000－1615－0008327、320000－1615－0008328、320000－1615－0008325、320000－1615－0008326、320000－1615－0008323、民國本近代詩鈔不分卷合一冊

320000－1615－0008325　叢1243/合140
南北社卷選瑜□□卷　□□撰　清末、民國間鉛印本　與民國本戊午春詞一卷、320000－1615－0008327、320000－1615－0008328、320000－1615－0008324、320000－1615－0008326、320000－1615－0008323、民國本近代詩鈔不分卷合一冊

320000－1615－0008326　叢1243/合140
潛社詞刊四集□□卷　□□撰　清末、民國間抄本　與民國本戊午春詞一卷、320000－1615－0008327、320000－1615－0008328、320000－1615－0008325、320000－1615－0008324、320000－1615－0008323、民國本近代詩鈔不分卷合一冊

320000－1615－0008327　叢1243/合140
瑶花夢影録一卷　(清)朱慕庵輯　清末刻本　與民國本戊午春詞一卷、320000－1615－0008328、320000－1615－0008325、320000－

1615－0008324、320000－1615－0008326、320000－1615－0008323、民國本近代詩鈔不分卷合一册

320000－1615－0008328　叢 1243/合 140

雨花草堂詞選□□卷　□□撰　清末刻本　與民國本戊午春詞一卷、320000－1615－0008327、320000－1615－0008325、320000－1615－0008324、320000－1615－0008326、320000－1615－0008323、民國本近代詩鈔不分卷合一册

320000－1615－0008329　叢 1243/合 141

新聲譜一卷　（清）朱和羲輯　清宣統元年（1909）南陵徐氏刻懷豳雜俎本　與民國本倉庚詞不分卷、民國本樂府補題後集甲編一卷乙編一卷、民國本如社詞鈔十二集合一册

320000－1615－0008330　叢 1243/合 142

懷豳雜俎十二種十七卷　徐乃昌輯　清宣統元年（1909）南陵徐氏刻本　一册　存二種二卷（念宛齋詞鈔一卷、海漚漁唱一卷）

320000－1615－0008331　叢 1243/合 142

迦厰詞四卷　左運奎撰　清宣統二年（1910）鉛印本　與 320000－1615－0008332、民國本企言詩存二卷詞存一卷、320000－1615－0008330、320000－1615－0008333 合一册

320000－1615－0008332　叢 1243/合 142

留雲借月盦詞五卷　（清）劉炳照撰　清刻本　與民國本企言詩存二卷詞存一卷、320000－1615－0008330、320000－1615－0008331、320000－1615－0008333 合一册

320000－1615－0008333　叢 1243/合 142

心潛書屋詩存一卷詞賸一卷　（清）陳亮疇撰　清光緒九年（1883）刻本　與 320000－1615－0008332、民國本企言詩存二卷詞存一卷、320000－1615－0008330、320000－1615－0008331 合一册

320000－1615－0008334　叢 1243/合 143

紅無詞鈔二卷　鍾景撰　清末、民國間刻本　一册

320000－1615－0008335　叢 1243/合 143

題紅閣詞鈔一卷　（清）于源撰　清末刻本　與 320000－1615－0008337、320000－1615－0008336、320000－1615－0008334 合一册

320000－1615－0008336　叢 1243/合 143

雪鄉盦詞草一卷　汪世梅撰　清末、民國間刻本　與 320000－1615－0008335、320000－1615－0008337、320000－1615－0008334 合一册

320000－1615－0008337　叢 1243/合 143

語兒村篴一卷　（清）于源撰　清咸豐刻本　與 320000－1615－0008335、320000－1615－0008336、320000－1615－0008334 合一册

320000－1615－0008338　叢 1243/合 144

詞辨二卷介存齋論詞雜箸一卷　（清）周濟撰　清刻本　一册

320000－1615－0008339　叢 1243/合 144

松心古歌謠一卷　（清）張維屏撰　清刻本　與 320000－1615－0008338、320000－1615－0008340 合一册

320000－1615－0008340　叢 1243/合 144

戲曲考原一卷　王國維撰　清宣統元年（1909）番禺沈氏刻晨風閣叢書本　與 320000－1615－0008338、320000－1615－0008339 合一册

320000－1615－0008341　叢 1243/合 145

秦淮畫舫録二卷餘譚一卷　（清）捧花生編　清光緒四年（1878）弢園鉛印豔史叢抄本　一册

320000－1615－0008342　叢 1243/合 145

秦淮廿四花品一卷　琅玕詞客　惜花居士輯　清末、民國間抄本　與 320000－1615－0008343、320000－1615－0008341 合一册

320000－1615－0008343　叢 1243/合 145

秦淮艷品一卷　（清）張曦照撰　清光緒元年（1875）刻本　與 320000－1615－0008342、320000－1615－0008341 合一册

320000－1615－0008344　叢 1244/合 146

閨律一卷 題(清)芙蓉外史撰 **妒律一卷** 題(清)廣野居士撰 清光緒石印本 一冊

320000－1615－0008345 叢 1244/合 146
嘉定女子職業談一卷 (□)□□撰 清末、民國間抄本 與 320000－1615－0008348、320000－1615－0008349、320000－1615－0008352、320000－1615－0008350、320000－1615－0008346、320000－1615－0008344、320000－1615－0008347、320000－1615－0008351 合一冊

320000－1615－0008346 叢 1244/合 146
女界鐘一卷 (□)□□撰 清末、民國間刻本 與 320000－1615－0008348、320000－1615－0008349、320000－1615－0008345、320000－1615－0008352、320000－1615－0008350、320000－1615－0008344、320000－1615－0008347、320000－1615－0008351 合一冊

320000－1615－0008347 叢 1244/合 146
女誡注釋一卷 裘毓芳撰 清光緒二十四年(1898)上海商務印書館鉛印本 與 320000－1615－0008348、320000－1615－0008349、320000－1615－0008345、320000－1615－0008352、320000－1615－0008350、320000－1615－0008346、320000－1615－0008344、320000－1615－0008351 合一冊

320000－1615－0008348 叢 1244/合 146
士禮紀要□卷 楊端輯 清刻本 與 320000－1615－0008349、320000－1615－0008345、320000－1615－0008352、320000－1615－0008350、320000－1615－0008346、320000－1615－0008344、320000－1615－0008347、320000－1615－0008351 合一冊

320000－1615－0008349 叢 1244/合 146
蘇州婚嫁風俗記一卷 (□)□□撰 清末、民國間抄本 與 320000－1615－0008348、320000－1615－0008345、320000－1615－0008352、320000－1615－0008350、320000－1615－0008346、320000－1615－0008344、320000－1615－0008347、320000－1615－0008351 合一冊

320000－1615－0008350 叢 1244/合 146
[光緒]西石城風俗志一卷 陳慶年撰 清末、民國間抄本 與 320000－1615－0008348、320000－1615－0008349、320000－1615－0008345、320000－1615－0008352、320000－1615－0008346、320000－1615－0008344、320000－1615－0008347、320000－1615－0008351 合一冊

320000－1615－0008351 叢 1244/合 146
瀛寰瑣紀一卷 (□)□□撰 清末、民國間鉛印本 與 320000－1615－0008348、320000－1615－0008349、320000－1615－0008345、320000－1615－0008352、320000－1615－0008350、320000－1615－0008346、320000－1615－0008344、320000－1615－0008347 合一冊

320000－1615－0008352 叢 1244/合 146
中饋録二十節一卷 曾懿撰 清末、民國間抄本 與 320000－1615－0008348、320000－1615－0008349、320000－1615－0008345、320000－1615－0008350、320000－1615－0008346、320000－1615－0008344、320000－1615－0008347、320000－1615－0008351 合一冊

320000－1615－0008353 叢 1244/合 147
述舊三卷 (清)李福祚輯 清咸豐七年(1857)刻本 一冊

320000－1615－0008354 叢 1244/合 147
蔗餘偶筆一卷 (清)方士淦撰 清同治十一年(1872)兩淮運署刻本 與 320000－1615－0008353 合一冊

320000－1615－0008355 叢 1244/合 148
合訂西廂記文機活趣全解八卷 (清)金聖嘆批點 清新德堂刻本 一冊

320000－1615－0008356 叢 1244/合 148
淞隱漫録十二卷淞隱續録五卷淞隱隨録二卷

（清）王韜撰　清末石印本　與 320000－1615－0008355、320000－1615－0008357 合一册

320000－1615－0008357　叢 1244/合 148
文章遊戲四編八卷　（清）繆艮輯　清刻本　與 320000－1615－0008356、320000－1615－0008355 合一册

320000－1615－0008358　叢 1244/合 149
禮耕堂叢説一卷　（清）施國祁撰　清道光二十五年(1845)刻本　一册

320000－1615－0008359　叢 1244/合 149
四寸學三卷　（清）張雲璈撰　清道光十一年(1831)簡松草堂刻本　與 320000－1615－0008358 合一册

320000－1615－0008360　叢 1244/合 150
秋槎雜記一卷　（清）劉履恂撰　清刻本　一册

320000－1615－0008361　叢 1244/合 150
養初子筆記一卷　（清）舒紹基撰　清末金陵曼陀羅花室鉛印本　與 320000－1615－0008360、320000－1615－0008362、320000－1615－0008363 合一册

320000－1615－0008362　叢 1244/合 150
説郛一百二十卷　（明）陶宗儀編　明末刻清順治三年(1646)兩浙督學周南李際期宛委山堂印本　與 320000－1615－0008360、320000－1615－0008361、320000－1615－0008363 合一册　存二種(鹿門隱書一卷、文藪雜著一卷)

320000－1615－0008363　叢 1244/合 150
養痾囈語一卷　（清）法嘉蓀撰　清宣統三年(1911)鉛印本　與 320000－1615－0008360、320000－1615－0008361、320000－1615－0008362 合一册

320000－1615－0008364　叢 1244/合 151
家蔭堂一瞬録一卷　（清）周際華撰　清道光十八年(1838)刻本　一册

320000－1615－0008365　叢 1244/合 151
吴門消夏記三卷　（清）江瀚撰　清光緒二十一年(1895)刻本　與 320000－1615－0008364 合一册

320000－1615－0008366　叢 1244/合 152
兩朝恩賚記一卷　（清）黄鉞撰　清刻本　一册

320000－1615－0008367　叢 1244/合 152
芹曝録内篇一卷　（清）郭階撰　清光緒十五年(1889)刻本　與 320000－1615－0008366、320000－1615－0008368、320000－1615－0008369、320000－1615－0008370 合一册

320000－1615－0008368　叢 1244/合 152
三天入直瑣記一卷　（□）□□撰　清刻本　與 320000－1615－0008367、320000－1615－0008366、320000－1615－0008369、320000－1615－0008370 合一册

320000－1615－0008369　叢 1244/合 152
臆説一卷　（□）□□撰　清末、民國間抄本　與 320000－1615－0008367、320000－1615－0008366、320000－1615－0008368、320000－1615－0008370 合一册

320000－1615－0008370　叢 1244/合 152
藻川堂全集　（清）鄧繹撰　清末刻本　與 320000－1615－0008367、320000－1615－0008366、320000－1615－0008368、320000－1615－0008369 合一册

320000－1615－0008371　叢 1244/合 153
雞澤脞録一卷　（清）程鴻詔撰　清道光刻本　一册

320000－1615－0008372　叢 1244/合 153
讕言瑣記一卷　（清）劉因之撰　清光緒十二年(1886)刻本　與 320000－1615－0008373、320000－1615－0008371、320000－1615－0008374 合一册

320000－1615－0008373　叢 1244/合 153
疊雲閣集□□卷　（清）曹楙堅撰　清刻本　與 320000－1615－0008372、320000－1615－0008371、320000－1615－0008374 合一册

320000－1615－0008374　叢1244/合153
迎霱筆記二卷　(清)程鴻詔撰　清刻本　與320000－1615－0008373、320000－1615－0008372、320000－1615－0008371合一冊

320000－1615－0008375　叢1245/合154
小倉浪詩話四卷　(清)張燮承纂　清咸豐九年(1859)刻本　一冊

320000－1615－0008376　叢1245/合154
觀我生齋詩話二卷　(清)鍾秀撰　清光緒刻本　與320000－1615－0008375合一冊

320000－1615－0008377　叢1244/合155
石菊影廬筆識二卷　(清)譚嗣同撰　清光緒二十八年(1902)上海石印本　一冊

320000－1615－0008378　叢1244/合155
咫學讀經紀略一卷　(清)楊澄鑒撰　清刻本　與320000－1615－0008377合一冊

320000－1615－0008379　叢1244/合156
桂學答問一卷　康有為撰　清末刻本　一冊

320000－1615－0008380　叢1244/合156
求在我齋示子弟帖一卷　(清)成毅撰　清咸豐八年(1858)邵州濂溪講院刻本　與320000－1615－0008379、320000－1615－0008382、320000－1615－0008381合一冊

320000－1615－0008381　叢1244/合156
勸學瑣言二卷　王先謙撰　清刻本　與320000－1615－0008380、320000－1615－0008379、320000－1615－0008382合一冊

320000－1615－0008382　叢1244/合156
施愚山先生外集二卷　(清)施璜撰　清刻本　與320000－1615－0008380、320000－1615－0008379、320000－1615－0008381合一冊

320000－1615－0008383　叢1244/合157
讀律提綱一卷　(清)吳蘭修撰　清光緒三年(1877)學海堂刻本　一冊

320000－1615－0008384　叢1244/合157
桐花閣詞鈔一卷　(清)楊榮緒撰　清光緒七年(1881)刻本　與320000－1615－0008383合一冊

320000－1615－0008385　叢1244/合158
白雨齋詞存一卷　(清)陳廷焯撰　清光緒二十年(1894)刻本　一冊

320000－1615－0008386　叢1244/合158
紅豆簾琴意一卷　(清)陳克劬撰　清光緒十三年(1887)刻本　與320000－1615－0008385、320000－1615－0008388、320000－1615－0008389、320000－1615－0008387合一冊

320000－1615－0008387　叢1244/合158
寄漚詞稿一卷　丁立棠撰　清末、民國間刻本　與320000－1615－0008385、320000－1615－0008388、320000－1615－0008389、320000－1615－0008386合一冊

320000－1615－0008388　叢1244/合158
露洗春腴館詞鈔遺編一卷　戴屺撰　清末、民國間抄本　與320000－1615－0008385、320000－1615－0008389、320000－1615－0008386、320000－1615－0008387合一冊

320000－1615－0008389　叢1244/合158
藤花館詩餘一卷　(清)陳克劬撰　清末刻本　與320000－1615－0008385、320000－1615－0008388、320000－1615－0008386、320000－1615－0008387合一冊

320000－1615－0008390　叢1244/合159
江東詞稿一卷　(清)尹恭保撰　清光緒刻本　一冊

320000－1615－0008391　叢1244/合159
夢溪櫂謳二卷　(清)張崇蘭撰　清光緒二十三年(1897)刻本　與320000－1615－0008392、320000－1615－0008390、320000－1615－0008393合一冊

320000－1615－0008392　叢1244/合159
瘦鶴軒詞一卷續一卷　(清)趙彥俞撰　清同治十二年(1873)刻本　與320000－1615－0008391、320000－1615－0008390、320000－1615－0008393合一冊

320000－1615－0008393　叢1244/合159
櫻海詞一卷桃渡詞一卷　葉玉森撰　清宣統元年(1909)鉛印本　與320000－1615－0008392、320000－1615－0008391、320000－1615－0008390合一册

320000－1615－0008394　叢1244/合160
北海漁唱一卷　(清)王寅撰　清光緒十五年(1889)刻朱墨套印本　一册

320000－1615－0008395　叢1244/合160
容安小室詞一卷　楊福申撰　清末、民國間鉛印本　與320000－1615－0008394、民國本青箱書屋兩世詞稿二卷、民國本寸灰詞不分卷、320000－1615－0008396合一册

320000－1615－0008396　叢1244/合160
竹簾館詞一卷　(清)王樹藩撰　清宣統元年(1909)刻本　與320000－1615－0008394、民國本青箱書屋兩世詞稿二卷、民國本寸灰詞不分卷、320000－1615－0008395合一册

320000－1615－0008397　叢1244/合161
緑雪館詞□□卷　(清)張鴻章撰　清刻本　一册

320000－1615－0008398　叢1244/合161
瑞雲詞一卷　(清)徐其志撰　清咸豐四年(1854)刻本　與320000－1615－0008399、320000－1615－0008397合一册

320000－1615－0008399　叢1244/合161
蘇盦詞録一卷　(清)楊葆光撰　清刻本　與320000－1615－0008398、320000－1615－0008397合一册

320000－1615－0008400　叢1244/合162
浣花閣詞鈔二卷　(清)熊德慶撰　清刻本　與民國本足園遺稿二卷合一册

320000－1615－0008401　叢1244/合163
蕙風簃隨筆二卷　況周儀撰　清刻本　一册

320000－1615－0008402　叢1244/合163
欠愁集一卷　(清)史震林撰　清光緒二十六年(1900)刻本　與民國本人間詞話二卷、320000－1615－0008403、320000－1615－0008401合一册

320000－1615－0008403　叢1244/合163
西河詞話一卷　(清)毛奇齡撰　清末、民國間石印本　與民國本人間詞話二卷、320000－1615－0008402、320000－1615－0008401合一册

320000－1615－0008404　叢1244/合164
安徽選拔貢卷□卷　(□)□□輯　清末鉛印本　一册

320000－1615－0008405　叢1244/合164
江南鄉試硃卷□卷　(□)□□輯　清刻本　與320000－1615－0008406、320000－1615－0008404合一册

320000－1615－0008406　叢1244/合164
鄉試硃卷□卷　(□)□□輯　清刻本　與320000－1615－0008405、320000－1615－0008404合一册

320000－1615－0008407　叢1245/合165
巢雲山房詩存二卷　(清)徐錫麟撰　清光緒十年(1884)刻本　一册

320000－1615－0008408　叢1245/合165
九煙先生遺集六卷　(清)黄周星撰　清刻本　與320000－1615－0008407合一册

320000－1615－0008409　叢1245/合166
寄青齋詞稿一卷　(清)徐虔復撰　清末刻本　一册

320000－1615－0008410　叢1245/合166
竹石居詞草一卷川雲集一卷　(清)童華撰　清末刻本　與民國本碧漪坊人遺草一卷、320000－1615－0008409、民國本霜紅詞一卷合一册

320000－1615－0008411　叢1245/合167
笛椽詞二卷　(清)夏寶晉撰　清末刻本　一册

320000－1615－0008412　叢1245/合167
槿郇樵唱四卷　(清)夏崑林撰　清末刻本

與 320000－1615－0008411、320000－1615－0008413 合一册

320000－1615－0008413 叢 1245/合 167
琴隱詞一卷湖中明月詞一卷 (清)夏寶晉撰 清末刻本 與 320000－1615－0008411、320000－1615－0008412 合一册

320000－1615－0008414 叢 1245/合 168
水流雲在館詩詞二卷 (清)周天麟撰 清末、民國間石印本 一册

320000－1615－0008415 叢 1245/合 168
享帚詞鈔二卷 (清)周恩綬撰 清刻本 與 320000－1615－0008414 合一册

320000－1615－0008416 叢 1245/合 169
吹月填詞館勝稾三卷 (清)瞿紹堅撰 **鐵琴銅劍樓詞草一卷** (清)瞿鏞撰 清末、民國間鉛印本 一册

320000－1615－0008417 叢 1245/合 169
瓶廬詞一卷 (清)翁同龢撰 清末、民國間抄本 與 320000－1615－0008419、320000－1615－0008416、320000－1615－0008418 合一册

320000－1615－0008418 叢 1245/合 169
玉琤瑽館詞一卷 龐樹柏撰 清末、民國間鉛印本 與 320000－1615－0008417、320000－1615－0008419、320000－1615－0008416 合一册

320000－1615－0008419 叢 1245/合 169
執虛詞鈔一卷 (清)吴蔚光撰 清末刻本 與 320000－1615－0008417、320000－1615－0008416、320000－1615－0008418 合一册

320000－1615－0008420 叢 1245/合 170
眉綠樓詞一卷 (清)顧文彬撰 清光緒刻本 一册

320000－1615－0008421 叢 1245/合 170
睡香花室詞一卷秋碧詞一卷同心室詞一卷憶碧居詞一卷蝶園詞一卷花好月圓室詞一卷 (清)潘曾綬撰 清末刻本 與 320000－1615－0008420、民國本夢花館詞鈔一卷合一册

320000－1615－0008422 叢 1245/合 171
古香凹詩餘二卷 (清)方濬頤撰 清光緒十年(1884)刻本 一册

320000－1615－0008423 叢 1245/合 171
淑園詩餘四卷 余庭訓撰 清光緒十七年(1891)刻本 與 320000－1615－0008422 合一册

320000－1615－0008424 叢 1245/合 172
蓮漪詞二卷 (清)鄭由熙撰 清同治九年(1870)刻本 一册

320000－1615－0008425 叢 1245/合 172
夢影詞六卷 (清)王錫元撰 清光緒二十七年(1901)刻本 與民國本香雪盦詞賸一卷、320000－1615－0008426、320000－1615－0008427、320000－1615－0008424 合一册

320000－1615－0008426 叢 1245/合 172
萍軒詞草一卷 (清)黄富民撰 清末刻本 與民國本香雪盦詞賸一卷、320000－1615－0008427、320000－1615－0008424、320000－1615－0008425 合一册

320000－1615－0008427 叢 1245/合 172
人天清籟集一卷 (清)舒紹基撰 清末、民國間抄本 與民國本香雪盦詞賸一卷、320000－1615－0008426、320000－1615－0008424、320000－1615－0008425 合一册

320000－1615－0008428 叢 1245/合 173
唐詩類苑二百卷 (明)張之象輯 (明)趙應元編 (清)毛晉補訂 明刻本 一册 存目録

320000－1615－0008429 叢 1245/合 173
御定全金詩增補中州集七十二卷首二卷 (金)元好問纂輯 (清)郭元釪補輯 清康熙刻本 與 320000－1615－0008428 合一册 存目録

320000－1615－0008430 特 0111－2/700001
續資治通鑑長編一百八卷 (宋)李燾撰 清

抄本　四十八册

320000－1615－0008431　特0112/700002
元氏長慶集六十卷補遺六卷　(唐)元稹撰　明萬曆三十二年(1604)馬元調刻本　八册

320000－1615－0008432　特0113/700003
白氏長慶集七十一卷　(唐)白居易撰　明萬曆三十四年(1606)馬元調刻本　十六册　存六十九卷(一至六十九)

320000－1615－0008433　特0113/700004
楝亭藏書十二種六十九卷　(清)曹寅編　清康熙四十五年(1706)揚州使院刻本　十六册

320000－1615－0008434　特0114/700005
通鑑續編二十四卷　(明)陳桱撰　元至正二十一年(1361)顧逖刻明修本　十四册

320000－1615－0008435　特0114/700006
繪事備考八卷　(清)王毓賢撰　清康熙三十年(1691)刻本　十二册

320000－1615－0008436　特0121/700007
京口三山志選補二十卷首四卷附録四卷　(明)霍鎮方修　(明)陳仁錫校　明萬曆三十九年(1611)吴門清溪堂刻本　十二册　存三卷(十八至二十)

320000－1615－0008437　特0121/700008
前唐十二家詩二十四卷　(明)許自昌輯　明萬曆刻本　十四册

320000－1615－0008438　特0122/700009
班馬異同三十五卷　(宋)倪思撰　(宋)劉辰翁評　明末刻本　四册

320000－1615－0008439　特0122/700010
大明律例附疏三十卷圖一卷附一卷　(明)舒化等纂修　明萬曆十三年(1585)刻本　十册　存二十卷(一、六、八至九、十一至十九、二十三、二十五、二十八至三十,圖一卷,附一卷)

320000－1615－0008440　特0122/700011
江左三大家詩鈔九卷　(清)顧有孝　(清)趙澐輯　清康熙七年(1668)桐葉山房刻本　六册

320000－1615－0008441　特0122/700012
渭南文集五十卷　(宋)陸游撰　明萬曆毛晉汲古閣刻本　十册

320000－1615－0008442　特0122/700013
緯蕭草堂詩六卷　(清)宋至撰　清康熙六十一年(1722)刻本　六册

320000－1615－0008443　特0123/700014
北齊書五十卷　(唐)李百藥撰　明萬曆十七年(1589)趙用賢刻本　十二册

320000－1615－0008444　特0123/700015
唐荆川先生文集十二卷　(明)唐順之撰　明唐國達廣慶堂刻本　十二册

320000－1615－0008445　特0123/700016
梓溪文鈔内集八卷外集十卷　(明)舒芬撰　明萬曆四十八年(1620)舒琛刻本　十二册

320000－1615－0008446　特0124/700017
史記補抄二卷　(□)□□撰　明刻本　四册

320000－1615－0008447　特0124/700018
明史紀事本末八十卷　(清)谷應泰輯　清順治築益堂刻本　二十册

320000－1615－0008448　特0124/700019
學史十三卷　(明)邵賓撰　明嘉靖七年(1528)陳察刻本　四册

320000－1615－0008449　特0124/700020
崔東洲集二十卷　(明)崔桐撰　明刻本　三册　存九卷(三至五、十四至十五、十七至二十)

320000－1615－0008450　特0124/700021
缶林文集二卷　(清)王心湛撰　清抄本　四册

320000－1615－0008451　特0131/700022
屯防便覽不分卷　(□)□□撰　清抄本　二十册

320000－1615－0008452　特0131/700023
樂善堂全集定本三十卷目録一卷　(清)高宗

弘曆撰　清乾隆二十三年(1758)内府刻本　十八册

320000－1615－0008453　特0132－3/700024
陸放翁全集一百五十七卷　(宋)陸游撰　明毛晉汲古閣刻本　六十四册　存一百五十三卷(渭南文集一至五十、劍南詩稿一至八十五、南唐書一至十八)

320000－1615－0008454　特0133/700025
復園詩鈔八卷　(清)龔士薦撰　清康熙五十六年(1717)趙侗斅刻本　一册

320000－1615－0008455　特0133/700026
晉之詩鈔三卷　(清)龔策撰　清康熙五十六年(1717)趙侗斅刻本　一册

320000－1615－0008456　特0133/700027
李義山詩集三卷附録一卷　(唐)李商隱撰　(清)朱鶴齡箋注　清順治十六年(1659)孫千雩堂刻本　四册

320000－1615－0008457　特0133/700028
梅會詩人遺集十三種三十九卷　(清)李維鈞輯　清康熙六十一年(1722)刻本　四册

320000－1615－0008458　特0134/700029
詞科掌録十七卷餘話七卷　(清)杭世駿輯　清乾隆道古堂刻本　六册

320000－1615－0008459　特0134/700030
詩筏八卷　(清)陶開虞撰　清順治十六年(1659)刻本　四册　存七卷(一至七)

320000－1615－0008460　特0134/700031
玉茗堂全集四十六卷　(明)湯顯祖撰　明天啓刻本　十六册　存十八卷(詩集一至十八)

320000－1615－0008461　特0141－2/700032
三朝北盟會編二百五十卷　(宋)徐夢莘撰　清抄本　四十四册

320000－1615－0008462　特0142/700033
籌海圖編十三卷　(明)胡宗憲輯　明天啓四年(1624)胡維極刻本　二十册

320000－1615－0008463　特0143/700034
唐詩品彙九十卷拾遺十卷　(明)高棅輯　明張恂刻本　二册　存十卷(拾遺十卷)

320000－1615－0008464　特0143/700035
文選六十卷　(南朝梁)蕭統輯　(唐)李善注　明成化二十三年(1487)唐藩朱芝址刻本　二十册

320000－1615－0008465　特0143/700036
赤雅一卷　(明)鄺露撰　清抄本　一册

320000－1615－0008466　特0143/700037
蒹葭書屋詩一卷　(清)喬崇烈撰　清康熙刻本　一册

320000－1615－0008467　特0144/700038
續資治通鑑六十四卷　(明)王宗沐編　明隆慶五年(1571)刻本　二十四册

320000－1615－0008468　特0211－2/700039
宋史新編二百卷　(明)柯維騏撰　明嘉靖刻本(卷一至六配清抄本)　四十册

320000－1615－0008469　特0212/700040
燕泉何先生餘冬序録六十五卷　(明)何孟春撰　明萬曆十二年(1584)刻本　十三册

320000－1615－0008470　特0213/700041
匯古菁華二十四卷　(明)張國璽　(明)劉一相輯　明萬曆二十四年(1596)刻本　二十四册

320000－1615－0008471　特0214/700042
黄帝内經素問十二卷素問靈樞經十二卷　(□)□□撰　明嘉靖金溪吴悌刻本　十四册

320000－1615－0008472　特0214/700043
貞觀政要十卷　(唐)吴競撰　明成化十二年(1476)内府刻本　六册

320000－1615－0008473　特0214/700044
柯山集五十卷　(宋)張耒撰　清乾隆三十九年(1774)武英殿木活字印本　十册

320000－1615－0008474　特0221/700046
訒菴集古印存三十二卷　(清)汪啟淑鑒藏　清乾隆二十五年(1760)汪氏開萬樓鈐印本　十六册

320000－1615－0008475　特 0221/700047

梨雲館類定袁中郎全集二十四卷　（明）袁宏道撰　明萬曆四十五年（1617）何偉然刻本　十二册

320000－1615－0008476　特 0222/700048

文編六十四卷　（明）唐順之輯　明天啓元年（1621）刻本　二十册　存六十三卷（一至三十九、四十一至六十四）

320000－1615－0008477　特 0222/700049

千古斯文二十二卷　（明）徐奮鵬輯并評　明萬曆五年（1577）刻本　六册　存三卷（文集一至三）

320000－1615－0008478　特 0223/700050

洪武正韻十六卷　（明）樂韶鳳等撰　明刻本　五册

320000－1615－0008479　特 0223/700051

山海經十八卷　（晉）郭璞傳　清康熙五十三年至五十四年（1714－1715）項絪群玉書堂刻本　二册

320000－1615－0008480　特 0223/700052

水經注四十卷　（北魏）酈道元注　清康熙五十三年至五十四年（1714－1715）項絪群玉書堂刻本　十册

320000－1615－0008481　特 0223/700053

致堂讀史管見三十卷　（宋）胡寅撰　宋寶祐二年（1254）刻元明遞修本　十一册　存十一卷（一至七、十六至十九）

320000－1615－0008482　特 0224/700054

采昭堂秘書史拾九種十四卷附四種四卷（明）鍾惺論次　（明）吴弘基點定　明末刻本　八册

320000－1615－0008483　特 0224/700055

解學士文毅公全集十卷附録一卷　（明）解縉撰　（清）解悦輯　清康熙五十六年至五十七年（1717－1718）解悦刻本　十二册

320000－1615－0008484　特 0224/700056

鴻爪録十卷　（清）周大樞輯　清抄本　十册

320000－1615－0008485　特 0224/700057

王荆文公詩五十卷　（宋）王安石撰　（宋）李壁箋注　清乾隆五年至六年（1740－1741）張宗松清綺齋刻本　八册

320000－1615－0008486　特 0231/700058

國史紀聞十二卷　（明）張銓撰　明天啓刻本　八册

320000－1615－0008487　特 0231/700059

周禮十二卷　（漢）鄭玄注　明嘉靖吴郡徐氏刻三禮本　十二册

320000－1615－0008488　特 0231/700060

唐百家詩一百七十一卷　（明）朱警輯　**唐詩品一卷**　（明）徐獻忠撰　明嘉靖十九年（1540）刻本　二册　存五卷（唐太宗文皇帝集一卷、虞世南集一卷、許敬宗集一卷、李百藥集一卷、楊師道集一卷）

320000－1615－0008489　特 0232/700061

左粹類纂十二卷　（明）施仁輯　明嘉靖安國弘仁堂刻本　六册

320000－1615－0008490　特 0232/700062

韓詩外傳十卷　（漢）韓嬰撰　明萬曆新安程氏刻漢魏叢書本　二册

320000－1615－0008491　特 0232/700063

經序録五卷　（明）朱睦㮮撰　清抄本　二册

320000－1615－0008492　特 0232/700064

古詩歸十五卷　（明）鍾惺　（明）譚元春輯　明閔振業刻三色套印本　七册

320000－1615－0008493　特 0232/700065

柳文七卷　（唐）柳宗元撰　（明）茅坤輯　明刻朱墨套印本　七册

320000－1615－0008494　特 0233/700067

二禮集解十二卷　（明）李黼撰　明嘉靖十六年（1537）常州府刻本　六册　存六卷（一至六）

320000－1615－0008495　特 0234/700068

世紀耕堂詩集二卷　（清）孫一致撰　清康熙孫氏世耕堂刻本　二册

320000－1615－0008496　特0234/700069

唐人選唐詩八種二十三卷　(清)毛晉輯　明崇禎元年(1628)毛氏汲古閣刻本　八册

320000－1615－0008497　特0234/700070

朱文公校昌黎先生文集四十卷外集十卷遺文一卷　(唐)韓愈撰　(宋)朱熹考異　(宋)王伯大音釋　**傳一卷**　明正統十三年(1448)書林王宗玉刻本　八册

320000－1615－0008498　特0234/700071

瘞鶴銘考一卷　(清)汪士鋐編　清康熙五十三年(1714)松南書屋刻本　一册

320000－1615－0008499　特0234/700072

冬心先生三體詩一卷　(清)金農撰　清乾隆刻本　一册

320000－1615－0008500　特0241/700073

杜審言集二卷　(唐)杜審言撰　**陳伯玉集二卷**　(唐)陳子昂撰　明嘉靖刻本　二册

320000－1615－0008501　特0241/700074

宋之問集二卷　(唐)宋之問撰　明嘉靖刻本　二册

320000－1615－0008502　特0241/700075

智品十三卷　(明)樊玉衡輯　(明)於倫增輯　明萬曆刻本　十册

320000－1615－0008503　特0241/700076

重刊荆川先生文集十七卷新刊荆川先生外集三卷　(明)唐順之撰　明萬曆元年(1573)純白齋刻本　十二册

320000－1615－0008504　特0242/700077

古賦辨體十卷　(元)祝堯輯　明嘉靖二十一年(1542)蘇祐刻本　十册

320000－1615－0008505　特0242/700078

蠛蠓集五卷　(明)盧柟撰　明萬曆三十年(1602)張其忠刻本　六册

320000－1615－0008506　特0242/700079

内臺集七卷　(明)王廷相撰　明嘉靖十五年至十八年(1536－1539)張鵬刻本　二册

320000－1615－0008507　特0242/700080

駱賓王文集十卷　(唐)駱賓王撰　**考異一卷**　(清)顧廣圻撰　清嘉慶二十年(1815)揚州秦恩復石研齋刻唐三家集本　二册

320000－1615－0008508　特0243/700081

五倫書六十二卷　(明)朱瞻基撰　明景泰五年(1454)劉氏翠巖精舍刻本　二十四册

320000－1615－0008509　特0244/700082

李于麟唐詩廣選七卷　(明)李攀龍輯　(明)淩瑞森輯評　(明)淩南榮輯評　明萬曆三年(1575)淩氏盟鷗館刻朱墨套印本　三册

320000－1615－0008510　特0244/700083

蒼霞草十二卷　(明)葉向高撰　明萬曆三十四年(1606)刻本　十六册

320000－1615－0008511　特0311/700084

喻林一百二十卷　(明)徐元太輯　明萬曆四十三年(1615)刻本　二十三册　存一百十五卷(一至二十五、三十一至一百二十)　有“項子京家珍藏”印

320000－1615－0008512　特0312/700085

群書治要五十卷　(唐)魏徵輯　明抄本　四十册

320000－1615－0008513　特0313/700086

馮元成選集詩七卷文集七卷　(明)馮時可撰　明萬曆刻本　十二册　存七卷(馮元成選集詩七卷)

320000－1615－0008514　特0313/700087

周禮訓雋二十卷　(明)陳深撰　明萬曆刻本　三册

320000－1615－0008515　特0314/700088

山谷外集詩注十七卷　(宋)黄庭堅撰　(宋)史容注　**别集詩注二卷**　(宋)史季溫注　明弘治九年(1496)陳沛刻本　十册

320000－1615－0008516　特0314/700089

趙清獻公文集十卷　(清)趙抃撰　明嘉靖四十一年(1562)刻本(卷八至十配清抄本)　四册

320000－1615－0008517　特0321/700090

博物典彙二十卷　(明)黄道周纂　明崇禎刻

本　四册　存十卷(一至十)

320000-1615-0008518　特0321/700091
文致不分卷　(明)劉士鏻輯　明天啓元年(1621)閔氏刻朱墨套印本　八册

320000-1615-0008519　特0321/700092
天目中峰和尚廣録三十卷　(元)釋明本撰　明刻本　五册　存二十九卷(一至十、十二下至三十)

320000-1615-0008520　特0321/700093
閱史約書五卷　(明)王光魯撰　明崇禎刻本　七册

320000-1615-0008521　特0322/700094
子品金函四卷　(明)陳仁錫輯　明末刻本　八册

320000-1615-0008522　特0322/700095
二水樓詩集十八卷文集二十卷　(清)李如旻撰　清乾隆二十二年(1757)李氏刻本　十二册

320000-1615-0008523　特0323/700096
揚州畫舫録十八卷　(清)李斗撰　清乾隆自然庵刻本　六册

320000-1615-0008524　特0323/700097
癸巳類稿十五卷　(清)俞正燮撰　清道光十三年(1833)求日益齋刻本　十四册

320000-1615-0008525　特0324/700098
春秋胡傳三十卷附諸國興廢説一卷　(宋)胡安國撰　(宋)林堯叟音注　明刻本　四册

320000-1615-0008526　特0324/700099
唐宋八大家文鈔一百六十四卷　(明)茅坤評選　明萬曆七年(1579)茅一桂刻本　二十册　存四十四卷(韓文公文鈔一至十六、柳柳州文鈔一至十二、王文公文鈔一至十六)

320000-1615-0008527　特0331/700100
野獲編三十卷補遺四卷　(明)沈德符撰　清道光七年(1827)姚氏扶荔山房刻本　二十册

320000-1615-0008528　特0332/700101
日下舊聞四十二卷　(清)朱彝尊撰　清康熙刻本(目録前部分有補配)　二十四册

320000-1615-0008529　特0333/700102
皇明表忠紀十卷　(明)錢士升撰　**附録一卷**　明崇禎刻本　二册

320000-1615-0008530　特0333/700103
古逸書三十卷附语一卷　(明)潘基慶輯　明萬曆刻本　十六册

320000-1615-0008531　特0334/700104
坡仙集十六卷　(宋)蘇軾撰　明萬曆二十八年(1600)陳大来繼志齋刻本　二十三册

320000-1615-0008532　特0334/700105
草堂詩餘正集六卷續集二卷新集五卷别集四卷　(明)沈際飛選評　明末刻本　八册　存九卷(續集二卷、新集五卷、别集一至二)

320000-1615-0008533　特0341-4/700106
六十種曲　(清)毛晉輯　明虞山毛氏汲古閣刻本　一百十一册　缺七種十卷(荆釵記一至二、霞箋記上、北西廂記一至二、南西廂記一至二、春蕪記一卷、琴心記上、青衫記下)

320000-1615-0008534　特0342/700107
天原發微辨正五卷圖一卷篇目名義一卷　(宋)鮑云龍撰　(明)鮑寧辨正　**問答節要一卷**　(明)鮑寧輯　明天順五年(1461)鮑氏耕讀書堂刻本　十二册

320000-1615-0008535　特0343/700108
易象大旨八卷象原一卷　(明)薛甲撰　明嘉靖四十年(1561)刻本　八册

320000-1615-0008536　特0344/700109
昌谷集四卷　(唐)李賀撰　(明)曾益釋　明末刻本　二册

320000-1615-0008537　特0351-3/700110
佩文齋書畫譜一百卷　(清)孫岳頒等纂　清康熙四十七年(1708)刻本　三十二册

320000-1615-0008538　特0354/700111
類編標注文公朱先生經濟文衡前集二十五卷後集二十五卷續集二十二卷　(宋)朱熹撰　明萬曆三十四年(1606)朱吾弼、朱崇沐等刻

本　十冊

320000－1615－0008539　特0411/700112
七修類稿五十一卷續稿七卷　(明)郎瑛撰　明刻本(卷一至二配清抄本)　十二冊

320000－1615－0008540　特0411/700113
韓非子二十卷　(明)趙用賢編　明萬曆十年(1582)趙用賢刻管韓合刻本　二冊

320000－1615－0008541　特0411/700114
改堂先生文鈔二卷　(清)唐紹祖撰　清乾隆刻本　一冊

320000－1615－0008542　特0412/700115
夢林玄解三十四卷首一卷　題(宋)邵雍纂輯　(明)陳士元增刪　(明)何棟如重輯　明崇禎九年(1636)刻本　十六冊　存二十九卷(一至二十九)

320000－1615－0008543　特0412/700116
新鍥簪纓必用增補秘笈新書十三卷別集三卷　(宋)謝枋得編　(明)李廷機補　明萬曆三十六年(1608)刻本　二冊　存八卷(一至八)

320000－1615－0008544　特0413/700117
劉氏鴻書一百八卷　(明)劉仲達纂輯　(明)湯賓尹刪正　明萬曆三十九年(1611)梅墅石渠閣刻本　二十冊

320000－1615－0008545　特0414/700118
初學記三十卷　(唐)徐堅等輯　明嘉靖十三年(1534)晋府虚益堂刻本　二十冊

320000－1615－0008546　特0421/700119
新鐫歷朝捷録增定全編大成四卷　(明)顧充撰　(明)鍾惺輯　明崇禎刻本　八冊

320000－1615－0008547　特0421/700120
梅苑十卷　(宋)黄大輿輯　清康熙四十五年(1706)揚州詩局刻本　二冊

320000－1615－0008548　特0421－3/700121
唐類函二百卷目録二卷　(明)俞安期彙纂　明萬曆三十一年(1603)東吴俞氏刻本　四十冊

320000－1615－0008549　特0422/700122
陽明先生道學鈔八卷　(明)李贄輯　明萬曆三十七年(1609)武林繼錦堂刻本　八冊　存七卷(一至四、六至八)

320000－1615－0008550　特0423/700123
李氏焚書六卷　(明)李贄撰　明萬曆刻本　八冊

320000－1615－0008551　特0423/700124
唐皮日休文藪十卷　(唐)皮日休撰　清初抄本　六冊

320000－1615－0008552　特0424/700125
續藏書二十七卷　(明)李贄撰　(明)陳仁錫評　明末刻本　八冊

320000－1615－0008553　特0424/700126
藏書六十八卷　(明)李贄撰　(明)陳仁錫評　明萬曆二十七年(1599)焦竑刻本　二十四冊

320000－1615－0008554　特0431/700127
初潭集三十卷　(明)李贄輯　明萬曆刻本　十六冊

320000－1615－0008555　特0431/700128
拍案驚奇三十六卷　(明)淩濛初撰　清刻本　十二冊

320000－1615－0008556　特0432/700129
濟陰綱目五卷　(明)武之望編　明萬曆四十八年(1620)刻本　五冊

320000－1615－0008557　特0432/700130
活幼便覽二卷　(明)劉錫撰　明正德五年(1510)刻本　三冊

320000－1615－0008558　特0432/700131
指月録三十二卷　(明)瞿汝稷撰　明末刻本　十六冊

320000－1615－0008559　特0433/700132
唐荆川先生纂輯武編前六卷後六卷　(明)唐順之輯　(明)焦竑校　明萬曆四十六年(1618)徐象橒曼山館刻本　二十四冊

320000－1615－0008560　特0434/700134
穀山筆麈十八卷　(明)于慎行撰　明天啓五

年(1625)于緯刻本　十册

320000－1615－0008561　特0434/700135
十可篇十卷　(明)馬嘉松輯　明崇禎刻本　二十册

320000－1615－0008562　特0434/700136
韓子迂評二十卷　題(明)門無子撰　明刻朱墨套印本　二册

320000－1615－0008563　特0441/700137
史通通釋二十卷舉要一卷附録新唐書劉知幾本傳一卷　(清)浦起龍撰　**史通通釋舉例一卷**　(清)蔡焯撰　清乾隆十七年(1752)梁溪浦氏求放心齋刻本　十四册

320000－1615－0008564　特0441－4/700138
天中記五十卷　(明)陳耀文撰　明萬曆刻本　五十册

320000－1615－0008565　特0442/700139
劉氏二書三十卷　(漢)劉向撰　明嘉靖二十六年(1547)刻本　八册

320000－1615－0008566　特0443/700140
夢溪筆談二十六卷補筆談一卷　(宋)沈括撰　明萬曆刻稗海本　四册

320000－1615－0008567　特0443/700141
四書章句十九卷　(宋)朱熹撰　(清)丁晏批點　清合志堂刻本　六册

320000－1615－0008568　特0444/700142
谷園印譜四卷　(清)許容篆刻　(清)胡介祉藏　清康熙二十五年(1686)胡介祉鈐印本　三册　存三卷(一至二、四)

320000－1615－0008569　特0444/700143
長安志二十卷附圖三卷　(宋)宋敏求撰　(清)畢沅校正　清乾隆四十九年(1784)靈巖山館刻本　四册

320000－1615－0008570　特0451－2/700144
古文奇賞二十二卷　(明)陳仁錫選評　明萬曆四十六年(1618)刻本　二十册　存二十卷(一至四、七至二十二)

320000－1615－0008571　特0452/700145
日知録三十二卷　(清)顧炎武撰　清康熙三十四年(1695)潘耒遂初堂刻本　八册

320000－1615－0008572　特0452/700146
李義山詩文集箋注十一卷詩話一卷　(唐)李商隱撰　(清)馮浩注　**年譜一卷**　(清)馮浩撰　清乾隆二十八年(1763)刻本　四册

320000－1615－0008573　特0453/700147
古今律歷考七十二卷　(明)邢雲路撰　明萬曆二十七年(1599)徐安刻本(卷一配清抄本)　二十册

320000－1615－0008574　特0454/700148
歐陽文忠公集一百五十三卷附録六卷　(宋)歐陽修撰　**年譜一卷**　(宋)胡柯撰　明刻本　二十四册

320000－1615－0008575　特0511/700149
牧齋初學集一百十卷　(清)錢謙益撰　明崇禎十六年(1643)刻本　二十四册

320000－1615－0008576　特0512－3/700150
明詩綜一百卷　(清)朱彝尊編　(清)汪森輯　清康熙四十四年(1705)刻本　四十册

320000－1615－0008577　特0514/700151
醒世恒言四十卷　(明)馮夢龍編　明末刻本　十四册

320000－1615－0008578　特0514/700152
玉堂才調集三十一卷　(清)于朋舉編　清康熙金壇于氏刻本　八册

320000－1615－0008579　特0521/700153
春秋左傳十五卷　(明)孫鑛批點　明萬曆四十四年(1616)吴興閔齊伋刻朱墨套印本　八册

320000－1615－0008580　特0521/700154
春秋三書　(明)張溥撰　明刻本　六册

320000－1615－0008581　特0521/700155
删補古今文致十卷　(明)劉士鏻輯　(明)王宇增删　明天啓刻本　八册

320000－1615－0008582　特0522/700156
分類補注李太白詩二十五卷　(唐)李白撰

(宋)楊齊賢集注　(元)蕭士贇補注　**分類編次李太白文五卷**　(唐)李白撰　明霏玉齋刻本　十冊

320000－1615－0008583　特0522/700158
盍簪集十四卷　(清)雷國楫輯　清乾隆刻本　四冊

320000－1615－0008584　特0523/700159
分類補註李太白詩二十五卷　(唐)李白撰　(宋)楊齊賢集注　(元)蕭士贇補註　**年譜一卷**　明嘉靖二十五年(1546)玉幾山人刻本　十二冊

320000－1615－0008585　特0523/700160
牧雲和尚嬾齋別集十四卷　(明)釋通門撰　(清)毛晉輯　清順治十四年(1657)毛氏汲古閣刻本　十二冊

320000－1615－0008586　特0523/700161
重刊嘉祐集十五卷　(宋)蘇洵撰　明弘治刻本　四冊

320000－1615－0008587　特0524/700162
道鄉先生鄒忠公文集四十卷　(宋)鄒浩撰　明刻本　十一冊　存二十八卷(一至十八、二十三至三十二)

320000－1615－0008588　特0524/700163
安雅堂文集二卷重刻安雅堂文集二卷　(清)宋琬撰　清康熙刻本　四冊

320000－1615－0008589　特0524/700164
楝亭詩鈔八卷詩別集四卷詞鈔一卷詞鈔別集一卷文鈔一卷　(清)曹寅撰　清康熙郭振基刻本　四冊

320000－1615－0008590　特0524/700165
張海房先生依歸草十卷首一卷　(清)張符驤撰　清康熙刻本　四冊

320000－1615－0008591　特0524/700166
揚州休園志八卷首一卷　(清)鄭慶祜輯　清乾隆三十八年(1773)察視堂刻本　二冊

320000－1615－0008592　特0531/700167
滄溟先生集三十卷附録一卷　(明)李攀龍撰　明隆慶六年(1572)王世貞刻本　十冊

320000－1615－0008593　特0531/700168
詩慰初集二十家二十四卷二集十家十一卷續集四家四卷　(清)陳允衡輯　清順治刻本　五冊

320000－1615－0008594　特0531/700169
徐文長逸稿二十四卷畸譜一卷　(明)徐渭撰　明天啓三年(1623)張維城刻本　六冊　存八卷(三至八、十三至十四)

320000－1615－0008595　特0532/700170
樗全集八卷　(明)王畿撰　清乾隆二十四年(1759)王宗敏等刻本　六冊

320000－1615－0008596　特0532/700171
樂府詩集一百卷　(宋)郭茂倩編　明末毛氏汲古閣刻本　十二冊

320000－1615－0008597　特0533/700173
七雄策纂八卷　(明)穆文熙輯　明萬曆十六年(1588)陳禹謨刻本　四冊

320000－1615－0008598　特0533－4/700174
西山先生真文忠公文集五十一卷目録二卷　(宋)真德秀撰　明嘉靖三年(1524)書林精舍刻本　四十冊　存四十八卷(一至四十八)

320000－1615－0008599　特0534/700175
書傳會選六卷　(明)劉浯等撰　清抄本　六冊

320000－1615－0008600　特0541/700176
詞譜四十卷　(清)王奕清等纂　清康熙五十四年(1715)内府刻本　十六冊

320000－1615－0008601　特0541/700177
丹鉛總録二十七卷　(明)楊慎撰　明嘉靖三十三年(1554)梁佐刻本　五冊

320000－1615－0008602　特0542/700178
徐文長文集三十卷　(明)徐渭撰　(明)袁宏道評點　明萬曆四十二年(1614)鍾人傑刻本　八冊

320000－1615－0008603　特0542/700179
徐文長文集三十卷四聲猿一卷逸稿二十四卷

（明）徐渭撰　明刻本　十冊　存二十一卷（文集一至七、十三至十八，逸稿三至八、十三至十四）

320000－1615－0008604　特0542/700180
兩漢金石記二十二卷　（清）翁方綱撰　清乾隆五十四年（1789）南昌使院刻本　六冊

320000－1615－0008605　特0543/700181
宋詩選一百七卷　（明）曹學佺輯　明崇禎四年（1631）刻石倉十二代詩選本　十二冊

320000－1615－0008606　特0543/700182
震川先生集三十卷別集十卷　（明）歸有光撰　清康熙十年至十四年（1671－1675）刻乾隆四十八年（1783）歸景灝等重修本　八冊

320000－1615－0008607　特0544/700183
楚辭章句十七卷附録一卷　（漢）王逸章句　明萬曆十四年（1586）馮紹祖觀妙齋刻本　四冊

320000－1615－0008608　特0544/700184
鈐山堂集四十卷附録一卷　（明）嚴嵩撰　明嘉靖刻本　十六冊

320000－1615－0008609　特0544/700185
南溪筆録群賢詩話前集一卷後集一卷續集一卷　（明）王恕輯　明正德五年（1510）程啟充刻本　四冊　存二卷（前集一卷、後集一卷）

320000－1615－0008610　特0551/700186
杜工部集二十卷　（唐）杜甫撰　（清）錢謙益箋註　**附注杜詩略例一卷諸家詩話一卷附録一卷唱酬題詠附録一卷少陵先生年譜一卷**　清康熙六年（1667）季氏靜思堂刻本　八冊

320000－1615－0008611　特0551－4/700187
史記一百三十卷　（漢）司馬遷撰　（南朝宋）裴駰集解　（唐）司馬貞索隱　（唐）張守節正義　明嘉靖四年至六年（1525－1527）王延喆刻本　八十冊

320000－1615－0008612　特0552/700188
梅村集二十卷　（清）吴偉業撰　清康熙刻本　八冊

320000－1615－0008613　特0553/700189
中晚唐詩叩彈集十二卷續集三卷　（清）杜詔集　（清）杜庭珠輯　清刻本　六冊

320000－1615－0008614　特0554/700190
西涯先生擬古樂府二卷　（明）李東陽撰　（明）何孟春音注　（明）石濂汕訂梓　（明）嚴蘭偶辨注　清康熙三十八年（1699）刻本　一冊

320000－1615－0008615　特0611/700191
御纂性理精義十二卷　（清）李光地纂　清康熙五十六年（1717）内府刻本　十冊

320000－1615－0008616　特0611/700192
國語二十一卷　（明）陳仁錫　（明）鍾惺評　明末刻本　六冊

320000－1615－0008617　特0611/700193
精選黄眉故事十卷　（明）鄧志謨輯　清順治十八年（1661）天德堂刻本（卷六配清刻本）　八冊

320000－1615－0008618　特0612/700194
陳眉公先生訂正丹淵集四十卷拾遺二卷　（宋）文同撰　**附録諸公署翰詩文一卷**　（元）李應魁纂　（明）吴一標校　**宋故尚書司封員外郎充秘閣校理新知湖州文公墓誌銘一卷**　（宋）范百禄撰　**石室先生年譜一卷**　（宋）家誠之編　明萬曆三十八年（1610）吴一標刻崇禎四年（1631）毛晉重修本　六冊

320000－1615－0008619　特0612/700195
小木子詩三刻六卷　（清）朱休度撰　清嘉慶三年至十七年（1798－1812）朱氏刻本　四冊

320000－1615－0008620　特0612－3/700196
新刊文選考注前集十五卷後集十四卷　（南朝梁）蕭統輯　（唐）李善等考注　清康熙刻本　二十八冊

320000－1615－0008621　特0613/700197
曹子建集十卷　（三國魏）曹植撰　**疑字音釋一卷**　明嘉靖二十一年（1542）郭雲鵬刻本　五冊

320000－1615－0008622　特0614/700198
施注蘇詩四十二卷總目二卷　(宋)蘇軾撰　(宋)施元之等注　(清)邵長蘅等删補　**蘇詩續補遺二卷**　(宋)蘇軾撰　(清)馮景補注　**王注正譌一卷**　(清)邵長蘅撰　**東坡先生年譜一卷**　(宋)王宗稷撰　清康熙三十八年(1699)宋犖刻本　十八册

320000－1615－0008623　特0621/700199
虞初志八卷續虞初志四卷　(明)湯顯祖評點　明末刻本　四册

320000－1615－0008624　特0621－2/700200
晚邨天蓋樓偶評不分卷　(清)吕留良輯　清康熙天蓋樓刻本　四十册

320000－1615－0008625　特0622/700201
李卓吾先生讀升菴集二十卷　(明)楊慎撰　(明)李贄評　明刻本　四册

320000－1615－0008626　特0623/700202
楊升庵先生雜撰六卷　(明)楊慎撰　清抄本　二十册

320000－1615－0008627　特0623/700203
鶴林玉露十六卷補遺一卷　(宋)羅大經撰　明萬曆刻本　六册

320000－1615－0008628　特0624/700204
西山先生真文忠公文集五十五卷　(宋)真德秀撰　明萬曆二十五年(1597)景賢堂刻楊鶚等重修本　十册

320000－1615－0008629　特0624/700205
韓子迂評二十卷　題(明)門無子撰　明刻朱墨套印本　十二册

320000－1615－0008630　特0631/700206
元人十種詩　(清)毛晉輯　明崇禎十一年(1638)海虞毛氏汲古閣刻本　二十四册

320000－1615－0008631　特0632/700207
大學衍義補一百六十卷首一卷目録一卷　(明)丘濬撰　明嘉靖十三年(1534)刻本　二十册

320000－1615－0008632　特0632/700208
香乘二十八卷　(明)周嘉胄撰　明崇禎十四年(1641)刻清康熙元年(1662)周亮節重修本　八册

320000－1615－0008633　特0633/700209
御定歷代題畫詩類一百二十卷　(清)陳邦彦輯　清康熙刻本　三十二册

320000－1615－0008634　特0634/700210
鳥鼠山人小集十六卷後集二卷近取編二卷願學篇二卷雅音四卷唐雅八卷擬古樂府二卷擬漢樂府八卷　(明)胡纘宗撰　明嘉靖刻本　八册　存十八卷(鳥鼠山人小集十六卷、後集二卷)

320000－1615－0008635　特0634/700211
孫月峰先生評文選三十卷　(明)孫鑛評　(明)閔齊華注　明天啓二年(1622)刻本　十六册

320000－1615－0008636　特0641－54/700212
資治通鑑二百九十四卷　(宋)司馬光撰　(元)胡三省音注　**釋文辨誤十二卷**　(元)胡三省撰　清嘉慶二十一年(1816)胡克家仿元刻本　一百册

320000－1615－0008637　特0711/700213
脈經十卷人元脈影歸指圖説二卷　(晉)王叔和撰　明末刻本　三册

320000－1615－0008638　特0711/700214
吕氏春秋二十六卷　(漢)高誘注　明萬曆吴勉學刻二十子本　六册

320000－1615－0008639　特0711/700215
湧幢小品三十二卷　(明)朱國楨輯　明刻本(卷一、五、十七、三十二配抄本)　十二册

320000－1615－0008640　特0712/700216
莊子南華真經四卷　(唐)陸德明音義　明末刻朱墨套印本　八册

320000－1615－0008641　特0712/700217
老子解二卷　(明)徐學謨撰　明萬曆十八年(1590)申用嘉刻本　四册

320000－1615－0008642　特0712/700218
老子二卷　（宋）林希逸注　明萬曆二年(1574)施觀民刻鬳齋三子□義本　二册

320000－1615－0008643　特0712/700219
列子沖虚真經不分卷　明閔齊伋刻朱墨套印本　二册

320000－1615－0008644　特0712/700220
世説新語三卷　（南朝宋）劉義慶撰　（南朝梁）劉孝標注　明萬曆周氏博古堂刻本　五册　缺一卷(中卷下)

320000－1615－0008645　特0712/700221
説郛一百二十卷　（明）陶宗儀輯　清初刻本　二册　存七種七卷(昨夢録一卷、仇池筆記一卷、玉澗雜書一卷、調謔編一卷、拊掌録一卷、艾子雜説一卷、鑑戒録一卷)

320000－1615－0008646　特0713/700222
老子道德真經二卷　明刻本　一册

320000－1615－0008647　特0713/700223
公孫龍子一卷　（明）楊慎批點　明天啓姜午生刻本　一册

320000－1615－0008648　特0713/700224
列子通義八卷　（明）朱得之撰　明嘉靖浩然齋刻本　二册

320000－1615－0008649　特0713/700225
松陵集十卷　（唐）皮日休　（唐）陸龜蒙撰　明末毛氏汲古閣刻本　六册

320000－1615－0008650　特0713/700226
精華録訓纂十卷自撰年譜二卷　（清）王士禛撰　（清）惠棟注　清紅豆齋刻本　十二册

320000－1615－0008651　特0714/700227
史記論文一百三十卷　（清）吴見思撰　清康熙二十六年(1687)吴興祚尺本堂刻本　十六册

320000－1615－0008652　特0721/700228
錦綉萬花谷前集四十卷後集四十卷續集四十卷　（宋）□□編　明嘉靖十五年(1536)秦汴繡石書堂刻本　二十册

320000－1615－0008653　特0722/700229
東坡集選五十卷　（宋）蘇軾撰　（明）陳繼儒定　（明）陳夢槐輯　**外紀二卷**　（明）王世貞輯　**外紀逸編一卷**　（明）璩之璞撰　明刻本　十八册

320000－1615－0008654　特0723/700230
周文歸二十卷　（明）鍾惺選　（清）陳淏子輯　明崇禎十三年(1640)刻本　八册

320000－1615－0008655　特0723/700231
秦文歸十卷漢文歸十五卷　（明）鍾惺輯　明末古香齋刻本　八册

320000－1615－0008656　特0724/700232
古文眉詮七十九卷首一卷　（清）浦起龍編　清乾隆九年(1744)静寄東軒刻本　二十四册

320000－1615－0008657　特0731/700233
韋蘇州集十卷拾遺一卷　（唐）韋應物撰　明萬曆何湛之刻本　四册

320000－1615－0008658　特0731/700234
黄帝内經靈樞注證發微九卷　（明）馬蒔撰　明刻本　十二册

320000－1615－0008659　特0731/700235
畏壘筆記四卷　（清）徐昂發撰　清康熙桂森堂刻本　二册

320000－1615－0008660　特0731/700236
譚子化書六卷　（五代）譚峭撰　明刻本　二册

320000－1615－0008661　特0731/700237
莊子郭注十卷　（晉）郭象注　（唐）陸德明音義　明萬曆三十三年(1605)鄒之嶧等刻本　六册

320000－1615－0008662　特0732/700238
古文品外録十二卷　（明）陳繼儒選評　（明）朱蔚然參閲　明天啓五年(1625)朱蔚然刻本　六册

320000－1615－0008663　特0732/700239
皇極經世書傳八卷　（宋）邵雍撰　（明）黄畿傳　明嘉靖三十三年(1554)黄佐刻本　十

六册

320000－1615－0008664　特0733/700240
文選六十卷　(南朝梁)蕭統輯　(唐)李善注　明末汲古閣刻本　十七册　存五十五卷(一至四十、四十六至六十)

320000－1615－0008665　特0734/700241
籌海圖編十三卷　(明)胡宗憲撰　明天啓四年(1624)胡維極刻本　十四册

320000－1615－0008666　特0741/700242
避園擬存詩集一卷　(明)王思任撰　明末刻本　二册

320000－1615－0008667　特0741/700243
孟東野集十卷附一卷　(唐)孟郊撰　明汲古閣刻本　二册

320000－1615－0008668　特0741/700244
孟襄陽集二卷　(唐)孟浩然撰　(宋)劉辰翁批點　(明)袁宏道叅評　明刻韋孟全書本　四册

320000－1615－0008669　特0741/700245
豫章黄先生簡尺二卷　(宋)黄庭堅撰　明弘治葉天爵刻嘉靖六年(1527)喬遷、余載仕重修本　六册

320000－1615－0008670　特0741/700246
河嶽英靈集二卷　(唐)殷璠集　明汲古閣刻本　二册

320000－1615－0008671　特0741/700247
坡仙集十六卷　(宋)蘇軾撰　明萬曆四十七年(1619)程明善刻本　十二册

320000－1615－0008672　特0742/700248
補注李滄溟先生文選四卷附録一卷　(明)李攀龍撰　(明)宋光廷校閲　(明)宋祖驊　(明)宋祖駿補注　明宋光廷刻本　四册

320000－1615－0008673　特0742/700249
翠娱閣評選鍾伯敬先生合集六卷　(明)鍾惺撰　(明)陸雲龍評　明崇禎刻本　六册

320000－1615－0008674　特0742/700250
翠娱閣評選諸名家小品□□卷　(明)丁允和選　(明)陸雲龍評　明崇禎刻本　六册　存四卷(董思白文集二卷、王季重集二卷)

320000－1615－0008675　特0742/700251
翠娱閣評選陳明卿先生文集二卷　(明)陳仁錫撰　明崇禎刻本　四册

320000－1615－0008676　特0742/700252
翠娱閣評選屠赤水先生文集二卷　(明)屠隆撰　明崇禎刻本　四册

320000－1615－0008677　特0742/700253
翠娱閣評選陳眉公文集二卷　(明)陳繼儒撰　明崇禎刻本　四册

320000－1615－0008678　特0743－4/700254
六科證治準繩　(明)王肯堂輯　明萬曆刻清康熙三十八年(1699)金壇虞氏補修刻本(傷寒證治準繩卷八配抄本)　二十四册　存四種二十八卷(幼科證治準繩九卷、女刻證治準繩五卷、傷寒證治準繩八卷、瘍醫準繩六卷)

320000－1615－0008679　特0744/700255
丹溪心法五卷附録一卷　(元)朱震亨撰　明萬曆二十九年(1601)吴勉學刻古今醫統正脈全書本　六册

320000－1615－0008680　特0751/700256
春草堂集三十六卷　(清)謝堃撰　清道光二十年(1840)曲阜奎文齋刻二十五年(1845)印本　二十四册

320000－1615－0008681　特0752/700257
弇州山人四部稿選十五卷　(明)王世貞撰　(明)沈一貫選　明末書林西湖劉炯刻本　五册　存五卷(賦一卷、詩四卷)

320000－1615－0008682　特0752/700258
隋書八十五卷　(唐)魏徵等撰　明萬曆南京國子監刻明清遞修本　十一册

320000－1615－0008683　特0753/700259
春秋四傳三十八卷　明嘉靖吉澄刻樊獻科、楊一鶚遞修本　二十册

320000－1615－0008684　特0811－2/700261
史記評林一百三十卷　(明)淩稚隆輯　明萬

曆四年(1576)淩氏刻本　三十册

320000－1615－0008685　特0813/700262
宋元通鑑一百五十七卷　(明)薛應旂編集　明天啓六年(1626)刻本　十六册

320000－1615－0008686　特0814/700263
十六國春秋一百卷　(北魏)崔鴻撰　清乾隆四十六年(1781)汪日桂刻本　二十册

320000－1615－0008687　特0821/700264
荆駝逸史五十三種　(清)陳湖逸士編　清道光古槐山房木活字印本　二十四册　缺七種七卷(李仲達被逮紀畧一卷、東陽兵變一卷、平回紀略一卷、人變述略一卷、江陵紀事一卷、永歷紀事一卷、平臺紀略一卷)

320000－1615－0008688　特0822/700265
史記一百三十卷　(漢)司馬遷撰　(唐)司馬貞索隱　(唐)張守節正義　(南朝宋)裴駰集解　(明)陳仁錫評　**三皇本紀一卷**　(唐)司馬貞撰并注　**圖一卷**　**難字直音一卷**　清初刻本　三十二册

320000－1615－0008689　特0823－4/700266
東坡全集一百十五卷目録七卷　(宋)蘇軾撰　**年譜一卷**　(宋)王宗稷撰　明刻本　三十六册

320000－1615－0008690　特0831－3/700267
陸放翁全集一百五十七卷　(宋)陸游撰　明汲古閣刻本　五十册

320000－1615－0008691　特0833/700268
岳石帆先生鑒定四六宙函三十卷　(明)李自榮輯　(明)王世茂釋　明天啓六年(1626)蔣時機刻本　二十四册

320000－1615－0008692　特0833/700269
春秋左傳節文十五卷　(明)汪道昆輯　明萬曆刻本(卷一至四補配清抄本)　十册

320000－1615－0008693　特0834/700270
太函集一百二十卷　(明)汪道昆撰　明萬曆金陵刻本　二十册　存五十四卷(一至十二、二十九至四十、五十三至六十一、六十七至七十、七十六至八十、九十三至一百、一百九至一百十二)

320000－1615－0008694　特0841－2/700271
通鑑紀事本末二百三十九卷　(宋)袁樞撰　(明)張溥論正　明末刻本　三十册

320000－1615－0008695　特0843/700272
行水金鑑一百七十五卷首一卷　(清)傅澤洪録　清雍正三年(1725)淮揚官舍刻本　四十册

320000－1615－0008696　特0844/700273
唐詩鼓吹十卷　(金)元好問編　(元)郝天挺注　(明)廖文炳解　清順治十六年(1659)陸貽典、錢朝鼒等刻本　五册

320000－1615－0008697　特0844/700274
龍經三卷　(唐)楊筠松撰　(宋)吴景鸞圖解　(明)吴嵩集注　明萬曆刻本　五册

320000－1615－0008698　特0852/700277
靜惕堂詩集四十四卷　(清)曹溶撰　清雍正三年(1725)李維鈞刻本　十六册

320000－1615－0008699　特0854/700278
文公家禮儀節八卷　(明)丘濬撰　明萬曆三十六年(1608)錢時刻本　八册

320000－1615－0008700　特0854/700279
西齋集十八卷　(清)王仲儒撰　清康熙夢華山房刻本　八册

320000－1615－0008701　特0911－4/700280
文獻通考三百四十八卷　(元)馬端臨撰　明嘉靖馮天馭刻本(卷一百五十六至一百五十九配清抄本)　八十册

320000－1615－0008702　特0912/700281
[道光]揚州營志十六卷　(清)陳述祖纂修　清道光十一年(1831)刻本　四册

320000－1615－0008703　特0921/700282
佩觿三卷　(宋)郭忠恕撰　清抄本　二册

320000－1615－0008704　特0921/700283
河清集前編三卷後編三卷　(清)張元時撰　清乾隆抄本　四册

320000－1615－0008705　特 0921/700284

樓邨詩選二卷　（清）王式丹撰　清康熙、雍正間抄本　二册

320000－1615－0008706　特 0921/700285

文選六十卷　（南朝梁）蕭統輯　（唐）李善注　元張伯顔刻本　六册　存六卷（二至七）

320000－1615－0008707　特 0921/700286

花史左編二十四卷　（明）王路撰　明刻本　十二册

320000－1615－0008708　特 0922/700287

六書正僞五卷　（元）周伯琦撰　明嘉靖元年（1522）于鏊刻本　五册

320000－1615－0008709　特 0922/700288

四書釋地一卷續一卷又續一卷三續一卷孟子生卒年月考一卷　（清）閻若璩撰　清乾隆八年（1743）閻氏眷西堂刻本　三册

320000－1615－0008710　特 0922/700289

周易傳義十六卷　（宋）程頤撰　（宋）朱熹撰　**上下篇義一卷**　（宋）程頤撰　**朱子易説一卷卦變圖一卷易五贊一卷筮儀一卷**　（宋）朱熹撰　明嘉靖常州府應檟刻本　八册

320000－1615－0008711　特 0923/700292

周易本義十二卷易圖一卷五贊一卷筮儀一卷　（宋）朱熹撰　清初影宋咸淳元年（1265）吴革刻本　四册

320000－1615－0008712　特 0923/700293

吕氏家塾讀詩記三十二卷　（宋）吕祖謙撰　明萬曆四十一年（1613）陳龍光、蘇進等刻本　四册

320000－1615－0008713　特 0923/700294

春秋左傳十五卷　（明）孫鑛批點　明萬曆四十四年（1616）吴興閔齊伋刻朱墨套印本　八册

320000－1615－0008714　特 0923/700295

玉篇三卷　（南朝梁）顧野王撰　清康熙四十三年（1704）張士俊譯存堂刻本　三册

320000－1615－0008715　特 0924/700296

五雅四十一卷　（明）郎奎金編　明天啓六年（1626）郎氏堂策檻刻本　六册

320000－1615－0008716　特 0924/700297

古今韻會舉要小補三十卷　（明）方日升編輯　（明）李維楨校正　明萬曆周士顯刻本　十四册

320000－1615－0008717　特 0931/700298

欽定詩經傳説彙纂二十一卷首二卷序二卷　（清）王鴻緒等編　清雍正五年（1727）内府刻本　二十册

320000－1615－0008718　特 0932/700300

左粹類纂十二卷　（明）施仁輯　明萬曆十一年（1583）任養心刻本　八册

320000－1615－0008719　特 0932/700301

春秋紀傳五十一卷條例一卷世系圖一卷　（清）李鳳雛輯　清康熙六十一年（1722）懷德堂刻本　十二册

320000－1615－0008720　特 0932/700302

玉茗堂還魂記二卷　（明）湯顯祖撰　清乾隆五十年（1785）冰絲館刻本　四册　存一卷（上）

320000－1615－0008721　特 0933/700303

禮書一百五十卷　（宋）陳祥道撰　明末刻本　十二册

320000－1615－0008722　特 0933/700304

王黄州小畜集　（宋）王禹偁撰　清光緒三十年（1904）周氏鴿峰草堂抄本　十二册

320000－1615－0008723　特 0934/700305

周禮注疏删翼三十卷　（明）王志長撰　明崇禎十二年（1639）葉培恕刻本　八册

320000－1615－0008724　特 0934/700306

晉書纂十六卷　（明）錢岱撰　明刻本　六册

320000－1615－0008725　特 0934/700307

楚辭八卷　（明）沈雲翔輯　明崇禎十年（1637）吴郡八詠樓刻本　六册

320000－1615－0008726　特 0941/700308

後村居士詩二十卷　（宋）劉克莊撰　清康熙

五十九年(1720)姚廷謙刻本　十册

320000－1615－0008727　特0941－54/700309
淵鑑類函四百五十卷目録四卷　(清)張英等編　清康熙四十九年(1710)内府刻本　一百五十九册　存四百四十七卷(一至一百五、一百九至四百五十)

320000－1615－0008728　特0942/700310
薛文清公行實録五卷　(明)王鴻輯　明萬曆十六年(1588)正學書院刻崇禎增修本　四册

320000－1615－0008729　特0942/700311
新鐫楊家府世代忠勇演志義傳八卷　(明)秦淮墨客校閲　清刻本　四册

320000－1615－0008730　特0943/700312
楮記室十五卷　(明)潘塤輯　明嘉靖潘蔓刻本　八册

320000－1615－0008731　特0944/700313
像象管見四卷　(明)錢一本撰　明萬曆刻本　四册

320000－1615－0008732　特1011/700314
弇山堂别集一百卷　(明)王世貞撰　明萬曆十八年(1590)金陵刻本　十八册　存九十二卷(一至九十二)

320000－1615－0008733　特1011/700315
陶菴文集七卷詩集八卷吾師録一卷　(明)黄淳耀撰　清康熙十五年(1676)張懿實刻本　十四册

320000－1615－0008734　特1012/700316
漢書鈔九十三卷　(明)茅坤輯　明萬曆十七年(1589)茅氏刻本　二十册

320000－1615－0008735　特1013/700317
絳雲樓書目不分卷　(清)錢謙益編　(清)陳景雲注　清抄本　二册

320000－1615－0008736　特1013/700318
南齊書五十九卷　(南朝梁)蕭子顯撰　明萬曆十六年至十七年(1588－1589)南京國子監刻明清遞修本　十一册　缺六卷(四十二至四十七)

320000－1615－0008737　特1014/700319
蘇門六君子文萃七十卷　(宋)陳亮輯　明崇禎六年(1633)胡仲修刻本　十册

320000－1615－0008738　特1014/700320
昌黎先生詩集注十一卷　(唐)韓愈撰　(清)顧嗣立删補　**附年譜一卷**　清康熙三十八年(1699)顧氏秀野草堂刻本　四册

320000－1615－0008739　特1014/700321
篋衍集十二卷　(清)陳維崧輯　清康熙蔣國祥刻本　十二册

320000－1615－0008740　特1014/700322
溫飛卿詩集七卷别集一卷集外詩一卷　(唐)溫庭筠撰　(明)曾益注　(清)顧予咸補注　(清)顧嗣立續注　清康熙三十六年(1697)顧氏秀野草堂刻本　一册

320000－1615－0008741　特1021/700323
甲申傳信録八卷　(明)錢軹撰　清抄本　四册

320000－1615－0008742　特1021/700324
勸戒圖説不分卷　(明)鄒迪光輯　明萬曆十七年(1589)刻本　二册

320000－1615－0008743　特1021/700325
國語解二十一卷　(三國吴)韋昭注　**國語札記一卷**　(清)黄丕烈撰　清嘉慶五年(1800)吴門黄氏讀未見書齋刻本　二册

320000－1615－0008744　特1021－3/700326
漢魏名文集不分卷　(明)張運泰　(明)余元熹輯　明末刻本　四十八册

320000－1615－0008745　特1022/700327
山帶閣集三十三卷　(明)朱曰藩撰　明萬曆元年(1573)刻本　六册

320000－1615－0008746　特1022/700328
慎子内篇一卷外篇一卷　(明)慎懋賞注　明萬曆七年(1579)慎氏耕芝館刻本　一册

320000－1615－0008747　特1023/700329
會稽三賦四卷　(宋)王十朋撰　(明)南逢吉

注　(明)尹壇補注　明刻本　二冊

320000－1615－0008748　特1023/700330
寶顔堂秘笈　(明)陳繼儒輯　明萬曆繡水沈氏刻本　一冊　存三種三卷(古奇器録一卷附江東藏書目録小序、蜩笑瑣言一卷、鼎録一卷)

320000－1615－0008749　特1023/700331
螢雪叢説二卷　(宋)俞成撰　明萬曆會稽商氏半埜堂刻稗海本　一冊

320000－1615－0008750　特1023/700332
夷門廣牘　(明)周履靖撰　明萬曆刻本　三冊

320000－1615－0008751　特1023/700333
五代名畫補遺一卷　(宋)劉道醇撰　明嘉靖刻本　一冊

320000－1615－0008752　特1024/700334
國語二十一卷　(三國吴)韋昭注　(宋)宋庠補音　明萬曆刻本　四冊

320000－1615－0008753　特1024/700335
毛詩振雅六卷　(明)張元芳　(明)魏浣初撰　明天啓版築居刻朱墨套印本　八冊

320000－1615－0008754　特1024/700336
南華真經副墨八卷讀南華真經雜説一卷　(明)陸西星撰　明萬曆十三年(1585)孫大綬刻本　八冊

320000－1615－0008755　特1031/700337
淮海集四十卷後集六卷長短句三卷　(宋)秦觀撰　明萬曆四十六年(1618)李之藻刻本　五冊

320000－1615－0008756　特1031/700338
樓邨詩集二十五卷　(清)王式丹撰　清雍正刻本　二冊

320000－1615－0008757　特1031/700339
詞林典故八卷　(清)張廷玉等纂　清乾隆十三年(1748)武英殿刻本　七冊　存五卷(一至五)

320000－1615－0008758　特1032/700340
五代史七十四卷　(宋)歐陽修撰　明刻清康熙二十五年(1686)重修本　十六冊

320000－1615－0008759　特1032/700341
淳化閣帖釋文十卷　(清)朱家標釋　清康熙二十二年(1683)絅錦堂刻本　二冊

320000－1615－0008760　特1033/700342
説文解字十二卷　(漢)許慎撰　明萬曆二十六年(1598)陳大科刻本　十二冊

320000－1615－0008761　特1033/700343
法苑珠林一百二十卷　(唐)釋道世撰　北宋重和元年(1118)福州開元寺刻明正統重修本　五冊　存十卷(十九至二十八)

320000－1615－0008762　特1034/700344
南華山人詩鈔十六卷南華山房詩鈔六卷　(清)張鵬翀撰　清乾隆刻本　五冊

320000－1615－0008763　特1034/700345
小窗四紀四種　(明)吴從先撰　明萬曆四十三年(1615)刻本　八冊　存四卷(自紀二至四、別紀一)

320000－1615－0008764　特1041/700346
容齋隨筆十六卷續筆十六卷三筆十六卷四筆十六卷五筆十卷　(宋)洪邁撰　明崇禎馬元調刻清康熙三十九年(1700)重修本　十四冊

320000－1615－0008765　特1041/700347
狀元策不分卷　(清)□□輯　清康熙六十年(1721)至雍正京都榮錦堂書坊刻本(卷末有抄寫葉)　十冊

320000－1615－0008766　特1041/700348
集千家註杜工部詩集二十卷文集二卷　(唐)杜甫撰　(宋)黄鶴注　明萬曆三十年(1602)許自昌刻本　六冊

320000－1615－0008767　特1042/700349
新刊資治通鑑綱目大全五十九卷首一卷　(宋)朱熹等撰　明書林楊氏清江書堂刻本　十七冊　存二十三卷(一至八、四十六至五十九,首一卷)

320000－1615－0008768　特1042/700350

揚州東園題詠四卷　（清）賀君召輯　清乾隆十一年（1746）刻本　四册

320000－1615－0008769　特1043/700351

淮海集四十卷後集六卷長短句三卷　（宋）秦觀撰　明萬曆四十六年（1618）李之藻刻本　八册　存十九卷（一至六、三十五至四十，後集六卷，長短句三）

320000－1615－0008770　特1043/700352

弢甫集十四卷　（清）桑調元撰　清乾隆七年（1742）蘭陔草堂刻本　一册

320000－1615－0008771　特1043/700353

選學膠言二十卷補遺一卷　（清）張雲璈撰　清道光十一年（1831）張氏簡松草堂刻本　八册

320000－1615－0008772　特1043/700354

四婦人集　（清）沈恕　（清）沈慈輯　清嘉慶二十四年（1819）沈氏古倪園刻本　二册　存四種七卷（薛濤詩一卷，唐女郎魚玄機詩一卷、魚集考異一卷，楊太后宫詞一卷、校勘記一卷、附録一卷，緑牕遺稿一卷）

320000－1615－0008773　特1043/700355

聲畫集八卷　（宋）孫紹遠編　清康熙四十五年（1706）揚州使院刻本　四册

320000－1615－0008774　特1044/700356

禮記集説十卷　（元）陳澔撰　明崇道堂刻本　十册

320000－1615－0008775　特1044/700357

秋仙彙選四卷碁經十三篇纂要一卷奕法要旨一卷　（清）沈國俊輯　清順治十七年（1660）刻本　六册

320000－1615－0008776　特1044/700358

康對山先生集四十五卷首一卷　（明）康海撰　清康熙馬逸姿貽榖堂刻本　五册　存二十四卷（一至六、十一至十五、二十五至二十七、三十至三十六、四十三至四十五）

320000－1615－0008777　特1044/700359

溫飛卿詩集七卷别集一卷集外詩一卷　（唐）溫庭筠撰　（明）曾益注　（清）顧予咸補注　（清）顧嗣立續注　清康熙三十六年（1697）顧氏秀野草堂刻本　一册

320000－1615－0008778　特1044/700360

文章軌範七卷　（宋）謝枋得輯　（明）戴許光重訂　清康熙三十三年（1694）刻本　一册

320000－1615－0008779　特1044/700361

大唐新語十三卷　（唐）劉肅撰　明刻稗海本　四册

320000－1615－0008780　特1051/700362

御製曆象考成上編十六卷下編十卷附表十六卷　（清）允禄等編　清雍正内府刻本　二十八册

320000－1615－0008781　特1052－3/700363

子史精華一百六十卷　（清）聖祖玄燁編　清雍正五年（1727）武英殿刻本　六十四册

320000－1615－0008782　特1054/700364

詩經類考三十卷　（明）沈萬鈳輯　明萬曆刻本　十二册　存二十九卷（一至二十三、二十五、二十六下至三十）

320000－1615－0008783　特1054/700365

删注荀子二卷　（明）王納諫撰　明萬曆刻本　六册

320000－1615－0008784　特1054/700366

世説新語補二十卷附釋名一卷　（南朝宋）劉義慶撰　（南朝梁）劉孝標注　（明）何良俊增補　（明）王世貞删定　（明）王世懋批釋　（明）張文柱校注　明萬曆十三年（1585）張文柱刻本　五册

320000－1615－0008785　特1111/700367

春秋穀梁傳十二卷　（晉）范甯集解　明天啓元年（1621）閔氏刻本　四册

320000－1615－0008786　特1111－22/700368

津逮秘書十五集七百五十五卷　（清）毛晉輯　明崇禎虞山毛氏汲古閣刻本　一百五册　缺十四種六十五卷（焦氏易林四卷，齊民要術七至十，青烏先生葬經一卷，古本葬經内篇一卷、附葬經翼一卷、難解二十四篇一卷、圖一卷，握奇經續圖一卷、八陣總述一卷，通占大象曆星經二卷，法書要録六至十，古書品録一卷，續書品録一卷，酉陽雜俎續集十卷，後邨題跋四卷，容齋題跋二卷，癸辛雜識後集一卷、續集二卷、别集二卷，揮麈前録四卷、後録十一卷、三録三卷、餘話二卷）

320000 - 1615 - 0008787　特 1123/700369
焦氏易林十六卷　（漢）焦延壽撰　清嘉慶十三年（1808）黄氏士禮居刻本　一册

320000 - 1615 - 0008788　特 1123/700370
祁文端所集聯句不分卷　（清）祁寯藻輯　稿本　一册

320000 - 1615 - 0008789　特 1123/700371
寶顔堂訂正入蜀記四卷　（宋）陸游撰　明萬曆陳繼儒刻寶顔堂秘笈本　二册

320000 - 1615 - 0008790　特 1123/700372
朱子成書十卷　（宋）朱熹撰　（元）黄瑞節輯　元刻本　六册

320000 - 1615 - 0008791　特 1124/700374
韓詩外傳十卷　（漢）韓嬰撰　**序説一卷補逸一卷**　（清）趙懷玉輯　清乾隆五十五年（1790）武進趙氏亦有生齋刻本　二册

320000 - 1615 - 0008792　特 1124/700375
日湖晚唱一卷補遺一卷續補遺一卷　（宋）陳允平撰　清道光九年（1829）江都秦氏享帚精舍刻本　一册

320000 - 1615 - 0008793　特 1124/700376
使粵集一卷　（清）喬萊撰　清康熙刻本　一册

320000 - 1615 - 0008794　特 1124/700377
丁亥詩鈔一卷　（清）王念孫撰　清宣統元年（1909）刻本　一册

320000 - 1615 - 0008795　特 1131/700378
周禮注疏删翼三十卷　（明）王志長撰　明崇禎十二年（1639）葉培恕刻本　十二册

320000 - 1615 - 0008796　特 1131/700379
李義山文集箋注十卷　（唐）李商隱撰　（清）徐樹穀箋注　（清）徐炯注　清康熙花谿堂刻本　四册

320000 - 1615 - 0008797　特 1131/700380
揚州畫舫録十八卷　（清）李斗撰　清乾隆六十年至嘉慶二年（1795 - 1797）自然庵刻本　八册

320000 - 1615 - 0008798　特 1132/700381
泊如齋重修宣和博古圖録三十卷　（宋）王黼等撰　明萬曆十六年（1588）泊如齋刻本　十册

320000 - 1615 - 0008799　特 1132/700382
吴草廬詩集六卷　（元）吴澄撰　明萬曆刻本　一册

320000 - 1615 - 0008800　特 1132/700383
寶顔堂增訂讀書鏡十卷　（明）陳繼儒撰　明萬曆刻寶顔堂秘笈本　二册

320000 - 1615 - 0008801　特 1132/700384
春秋公羊傳十二卷　（明）閔齊伋編　明天啓元年（1621）文林閣刻本　二册

320000 - 1615 - 0008802　特 1133/700385
六書通十卷　（明）閔齊伋撰　（清）畢弘述纂訂　清康熙五十九年（1720）畢弘述基聞堂刻本　五册

320000 - 1615 - 0008803　特 1133/700386
文選纂注評林十二卷　（南朝梁）蕭統輯　（明）張鳳翼纂注　明末贈言堂刻本　十二册

320000 - 1615 - 0008804　特 1133/700387
唐詩選八卷　（明）李攀龍輯　（明）高江批點　（明）蔣一葵箋釋　明末讀書坊刻本　六册

320000 - 1615 - 0008805　特 1133/700388
遺山先生詩集二十卷　（金）元好問撰　明虞山毛氏汲古閣刻本　六册

320000 - 1615 - 0008806　特 1134/700389
指月録三十二卷　（明）瞿汝稷撰　明靈隱道人弘禮刻本（卷一至三配清抄本）　十册

320000－1615－0008807　特1134/700390
白田草堂存稿二十四卷附崇祀鄉賢録一卷行狀一卷　（清）王懋竑撰　清乾隆刻本　六册

320000－1615－0008808　特1134/700391
楊升庵辭品四卷　（明）楊慎撰　明萬曆四十六年（1618）周懋宗刻本　三册　存三卷（一、三至四）

320000－1615－0008809　特1134/700392
廣陵覽古七卷　（清）顧鑾撰　清嘉慶十三年（1808）刻本　六册

320000－1615－0008810　特1141/700393
古文世編一百卷　（明）潘士達輯　明刻本　十二册　存二十四卷（四十一至五十二、五十五至六十六）

320000－1615－0008811　特1141/700394
歷代帝王姓系統譜六卷　（明）淩迪知輯　明萬曆刻本　一册　存四卷（一至四）

320000－1615－0008812　特1141/700395
司馬溫公稽古録二十卷　（宋）司馬光撰　明末刻本　八册

320000－1615－0008813　特1142/700396
大般涅槃經四十卷　（印度）釋曇無讖譯　**大般涅槃經後分二卷**　（唐）釋若那跋陀羅譯　清康熙十八年（1679）刻本　八册

320000－1615－0008814　特1142/700397
遂初堂詩集十六卷文集二十卷别集四卷　（清）潘耒撰　清康熙刻本　十六册

320000－1615－0008815　特1143/700398
儀禮疏五十卷　（唐）賈公彦等撰　清嘉慶十一年（1806）陽城張敦仁刻本　八册

320000－1615－0008816　特1143/700399
堯峰詩鈔十卷文鈔四十卷　（清）汪琬撰　（清）林佶編　清康熙林佶刻本　八册

320000－1615－0008817　特1144/700400
隸釋二十七卷　（宋）洪適撰　清乾隆汪日秀樓松書屋刻本　十八册　存十九卷（四至十九、二十一、二十六至二十七）

320000－1615－0008818　特1144/700401
金石苑不分卷　（清）劉喜海輯　清道光二十八年（1848）劉氏來鳳堂刻本　六册

320000－1615－0008819　特1144/700402
魏公題跋一卷　（宋）蘇訟撰　明崇禎虞山毛氏汲古閣刻津逮秘書本　一册

320000－1615－0008820　特1144/700403
元豐題跋一卷　（宋）曾鞏撰　明崇禎虞山毛氏汲古閣刻津逮秘書本　一册

320000－1615－0008821　特1144/700404
止齋題跋二卷　（宋）陳傅良撰　明崇禎虞山毛氏汲古閣刻津逮秘書本　一册

320000－1615－0008822　特1144/700405
水心題跋一卷　（宋）葉適撰　明崇禎毛氏汲古閣刻本　一册

320000－1615－0008823　特1151－4/700406
資治通鑑綱目正編五十九卷　（宋）朱熹撰　（明）陳仁錫輯評　**續編二十七卷**　（明）商輅等撰　**前編二十五卷**　（明）南軒撰　明末陳仁錫刻本（正編卷五十七配抄本）　一百二十册

320000－1615－0008824　特1211－34/700407
十七史一千五百七十四卷　（清）毛晉編　明崇禎至清順治間琴川毛氏汲古閣刻本　七十四册　存五種四百四十八卷（南史八十卷、五代史七十四卷、後周書五十卷、晉書一百三十卷、魏書一百十四卷）

320000－1615－0008825　特1213/700408
五代史補五卷　（宋）陶岳撰　**五代史闕文一卷**　（宋）王禹偁撰　明末毛氏汲古閣刻本　一册

320000－1615－0008826　特1213/700409
五代史補五卷　（宋）陶岳撰　**五代史闕文一卷**　（宋）王禹偁撰　明末毛氏汲古閣刻本　一册

320000－1615－0008827　特1214/700411

詩觀初集十二卷二集十四卷閨秀别卷一卷 (清)鄧漢儀輯　清康熙慎墨堂刻本　二十五冊　缺一卷(二集十四)

320000－1615－0008828　特1221/700412
蘇廷碩集二卷 (唐)蘇頲撰　明刻本　一冊

320000－1615－0008829　特1221/700413
新刻醫學要數不分卷 (明)胡文煥撰　明刻醫學要數太素脈訣合刻本　二冊

320000－1615－0008830　特1221/700414
三家宫詞三卷 (清)毛晉輯　明天啓、崇禎間虞山毛晉刻詩詞雜俎本　一冊

320000－1615－0008831　特1221/700415
魯公文集十五卷 (唐)顔真卿撰　明萬曆二十四年(1596)顔胤祚刻本　八冊

320000－1615－0008832　特1221/700416
雪月梅傳十卷 (清)陳朗撰　清乾隆四十年(1775)刻本　十冊

320000－1615－0008833　特1222/700417
春秋左傳十五卷 (明)孫鑛批點　明萬曆四十四年(1616)吴興閔齊伋刻朱墨套印本　十二冊

320000－1615－0008834　特1222/700418
唐韓昌黎集四十卷外集十卷遺文一卷 (唐)韓愈撰　(明)蔣之翹輯注　**附録一卷**　明崇禎六年(1633)蔣之翹刻本　二十四冊

320000－1615－0008835　特1223/700419
重校正唐文粹一百卷目録一卷 (宋)姚鉉輯　明嘉靖三年(1524)姑蘇徐焴刻本(第十一、二十冊配清刻本)　二十冊　存十四卷(四十四至四十九、九十四至一百,目録一卷)

320000－1615－0008836　特1223/700420
方氏墨譜六卷 (明)方于魯撰　明萬曆十七年(1589)刻本　六冊

320000－1615－0008837　特1224－31/700421
唐詩品彙九十卷 (明)高棅輯　明刻本　三十冊

320000－1615－0008838　特1231/700422
水經注四十卷 (北魏)酈道元撰　明崇禎二年(1629)刻本　十八冊

320000－1615－0008839　特1232/700423
飛鴻堂印譜四十卷 (清)汪啟淑鑒藏　清末至民國間石印本　二十冊

320000－1615－0008840　特1233/700424
楮記室十五卷 (明)潘塤撰　明嘉靖潘蔓刻本(卷一至九配抄本)　四冊

320000－1615－0008841　特1233/700425
隋書八十五卷 (唐)魏徵等撰　宋刻後印本(卷七十九至八十五配抄本,卷六十五、六十八、七十至七十一、七十三、七十五略配抄頁)　十二冊　存二十一卷(六十五至八十五)

320000－1615－0008842　特1233/700426
藝文類聚一百卷 (唐)歐陽詢撰　明嘉靖刻本　四冊　存十八卷(二十六至三十五、五十六至六十三)

320000－1615－0008843　特1233/700427
揚州東園題詠四卷 (清)賀君召輯　清乾隆刻本　二冊

320000－1615－0008844　特1311－21/700428
硃批諭旨二百五十二卷 (清)世宗胤禛撰　清乾隆内府木活字朱墨套印本　一百十二冊

320000－1615－0008845　特1322/700429
説文校定本一卷 (清)朱士端撰　稿本　一冊

320000－1615－0008846　特1322/700430
汗簡三卷 (宋)郭忠恕纂　清朱士端抄本　二冊

320000－1615－0008847　特1322/700431
[嘉慶]瓜州志稿不分卷 (清)王豫纂　稿本　一冊

320000－1615－0008848　特1322/700432
御選唐宋文醇五十八卷 (清)高宗弘曆選　清乾隆三年(1738)武英殿刻四色套印本　二

十冊

320000－1615－0008849　特 1323/700433
欽定春秋傳説彙纂三十八卷首二卷　(清)王掞等撰　清康熙六十年(1721)内府刻御纂七經本　十六冊

320000－1615－0008850　特 1331/700434
道德經四卷　(宋)蘇轍注　明刻朱墨套印本　三冊　存三卷(上經二、下經二卷)

320000－1615－0008851　特 1331/700435
尚書序傳疏大意一卷　(清)劉文淇撰　稿本　一冊

320000－1615－0008852　特 1331/700436
待堂四書七卷　(清)王止堂手定　(清)詹淇輯録　稿本　六冊

320000－1615－0008853　特 1331/700437
待堂禮記會義十二卷　(清)詹淇撰　稿本　八冊

320000－1615－0008854　特 1332/700438
御纂周易折中二十二卷首一卷　(清)李光地等撰　清康熙五十四年(1715)内府刻御纂七經本　十冊　存十九卷(一至十八、首一卷)

320000－1615－0008855　特 1333/700439
五色線二卷　(宋)□□撰　明崇禎毛氏汲古閣刻津逮秘書本　一冊　存一卷(下)

320000－1615－0008856　特 1333/700440
孫武子直解十二卷　(明)劉寅輯　(明)張居正增訂　明崇禎十年(1637)刻本　十冊　存十卷(二至十一)

320000－1615－0008857　特 1333/700441
古今類書纂要增删十二卷　(明)璩崑玉輯　明崇禎七年(1634)刻本　八冊

320000－1615－0008858　特 1411/700442
覆審張汶詳刺馬奏稿一卷　(清)鄭敦謹　(清)曾國藩撰　清抄本　一冊

320000－1615－0008859　特 1411/700443
程氏墨苑十二卷　(明)程大約撰　明萬曆程氏滋蘭堂刻本　十二冊

320000－1615－0008860　特 1411/700444
黄氏畫譜八種八卷　(明)黄鳳池輯　明刻本　二冊　存二種二卷(新鐫六言唐詩畫譜一卷、唐詩七言畫譜一卷)

320000－1615－0008861　特 1412/700445
蘇長公小品四卷　(宋)蘇軾撰　(明)王納諫輯　明泰昌元年(1620)淩啟康刻朱墨印本　四冊

320000－1615－0008862　特 1412/700446
西廂記五卷　(元)王實甫撰　(元)關漢卿撰　(明)淩濛初評　**解證五卷**　(明)淩濛初撰　**會真記一卷**　(唐)元稹撰　**附録一卷**　明淩氏刻朱墨套印本　八冊

320000－1615－0008863　特 1412/700447
淮海集四十卷後集六卷長短句三卷　(宋)秦觀撰　明萬曆四十六年(1618)李之藻刻本　六冊

320000－1615－0008864　特 1412/700448
秘傳證治要訣十二卷　(明)戴元禮述　明新安吴勉學刻本　三冊

320000－1615－0008865　特 1412/700449
孟晉齋文鈔不分卷　(清)陳章撰　稿本　一冊

320000－1615－0008866　特 1413/700450
剪燈叢話三種七卷　(□)□□輯　明刻本　六冊　存六卷(一至六)

320000－1615－0008867　特 1413/700451
高皇帝御製文集二十卷　(明)太祖朱元璋撰　明嘉靖徐九皋、王惟賢刻本　十冊

320000－1615－0008868　特 1413/700452
劉向古列女傳七卷　(漢)劉向撰　**續一卷**　明萬曆三十四年(1606)刻本　八冊

320000－1615－0008869　特 1413/700453
歷代鐘鼎彝器款識法帖二十卷　(宋)薛尚功撰　明崇禎六年(1633)朱謀垔刻本　二冊

320000－1615－0008870　特 1421/700454
灤京雜詠一卷　(元)楊允孚撰　清抄本

一册

320000－1615－0008871　特1421/700455

新鐫古今大雅北宫詞紀六卷　(明)陳所聞輯　明萬曆三十二年(1604)刻本　五册

320000－1615－0008872　特1421/700456

章大力先生全稿不分卷　(明)章世純撰　(清)吕留良評點　清初天蓋樓刻本　四册

320000－1615－0008873　特1421/700457

續編錦囊詩對故事四卷　明嘉靖十二年(1533)恭裕王府刻本　四册　存二卷(三至四)

320000－1615－0008874　特1421/700458

新刻合諸名家評選古文啟秀六卷　(明)王納諫輯　明刻本　三册

320000－1615－0008875　特1421/700459

脾胃論三卷　(金)李杲撰　明嘉靖八年(1529)遼藩朱寵瀼梅南書屋刻東垣十書本　三册

320000－1615－0008876　特1422/700460

程孟陽先生中州詩選不分卷　(明)程嘉燧輯　明崇禎刻本　一册

320000－1615－0008877　特1422/700461

新刻註釋二三場合刪五卷　(明)朱隗輯并評　明崇禎刻本　二十册

320000－1615－0008878　特1422/700462

評選古尺牘八卷　(明)王納諫輯　明天啓元年(1621)黄呈理等刻本　三册

320000－1615－0008879　特1423/700463

重梓徐緝之先生詩説闕疑十五卷　(明)徐熙撰　清初抄本　六册　存五卷(大雅一至二、小雅一至二、頌一)

320000－1615－0008880　特1423/700464

註釋白眉故事十卷　(明)許以忠輯　明末天禄閣刻本　六册

320000－1615－0008881　特1423/700465

史記一百三十卷　(漢)司馬遷撰　(明)鄒德沛輯評　明崇禎十三年(1640)酣古齋刻本　十六册

320000－1615－0008882　特1424/700466

纂評註漢書奇編十四卷　(明)焦竑撰　(明)許順義注　明萬曆建陽余彰德萃慶堂刻本　十四册

320000－1615－0008883　特1424/700467

明璫彰癉録一卷　(明)顧爾邁輯　明抄本　一册

320000－1615－0008884　特1424/700468

丁卯集二卷　(唐)許渾撰　(明)雷起劍評　明崇禎十年(1637)刻本　一册

320000－1615－0008885　特1424/700469

千首宋人絶句十卷　(清)嚴長明輯　清乾隆三十五年(1770)畢沅刻本　二册

320000－1615－0008886　特1424/700470

北渚朱先生崇祀名宦詩初集一卷　(清)朱龍御輯　清康熙六十一年(1722)刻本　一册

320000－1615－0008887　特1424/700471

讀書通二卷　(明)孫國光撰　明萬曆四十六年(1618)梧梧館刻本　二册

320000－1615－0008888　特1424/700472

東洲幾上語一卷枕上語一卷　(宋)施清臣撰　清抄本　一册

320000－1615－0008889　特1431/700473

宗伯集八十一卷　(明)馮琦撰　明萬曆三十五年(1607)刻本　三十二册

320000－1615－0008890　特1432/700474

李義山詩集十六卷　(唐)李商隱撰　(清)姚培謙箋注　清乾隆松桂讀書堂刻本　四册

320000－1615－0008891　特1432－3/700475

東坡先生編年詩五十卷年表一卷　(宋)蘇軾撰　(清)查慎行補注　清乾隆二十六年(1761)查開香雨齋刻本　三十二册

320000－1615－0008892　特1433/700476

詩慰初集二十家二十四卷二集十家十一卷續集四家四卷　(清)陳允衡評選　清初澄懷閣刻本　四册　存十一種十一卷(嶧桐後集選

一卷、溉園集選一卷、幾社集選一卷、石臼後集選一卷、獄歸堂集選一卷、鼇峰集選一卷、蓮鬚閣集選一卷、昔耶園集選一卷、雪鴻集選一卷、汉上集選一卷、唾餘集選一卷）

320000－1615－0008893　特1434/700477
史漢合編題評八十八卷附録四卷　（明）茅一桂輯　明萬曆十六年（1588）金陵唐龍泉、周對峰刻本　十四冊　存六十九卷（二至五十四、五十六至五十七、五十九、六十一至六十二、六十六至六十七、七十六至八十、八十五至八十八）

320000－1615－0008894　特1441－3/700478
稗海十函七十四種四百四十七卷　（明）商濬輯　明商氏刻清康熙振鷺堂補刻本　八十四冊

320000－1615－0008895　特1443－4/700479
新刻九我李太史校正大方性理全書七十卷　（明）胡廣等撰　明萬曆三十一年（1603）吴勉學刻本　三十六冊

320000－1615－0008896　特1451/700480
柴墟文集十五卷首一卷　（明）儲巏撰　明萬曆四十二年（1614）儲巏刻本（卷五至十五配抄本）　十二冊

320000－1615－0008897　特1451/700481
楊維節先生稿不分卷　（明）楊以任撰　（清）吕留良評點　清吕氏天蓋樓刻本　二冊

320000－1615－0008898　特1451/700482
唐詩英華二十二卷　（清）顧有孝輯　清順治十四年（1657）顧氏寧遠堂刻本　十二冊

320000－1615－0008899　特1452－3/700483
昌黎先生集四十卷外集十卷遺文一卷　（唐）韓愈撰　**朱子校昌黎先生集傳一卷**　明徐氏東雅堂刻本　二十八冊

320000－1615－0008900　特1453/700484
文章正論二十卷　（明）劉祜選　明萬曆十九年（1591）徐圖刻本　二十冊

320000－1615－0008901　特1454/700485
香乘二十八卷　（明）周嘉胄撰　明崇禎十四年（1641）刻本（卷三至八、十九至二十八配抄本）　六冊

320000－1615－0008902　特1454/700486
魯公文集十五卷　（唐）顏真卿撰　明萬曆二十四年（1596）顏胤祚刻本　四冊

320000－1615－0008903　特1454/700487
集千家註杜工部詩集二十卷文集二卷　（唐）杜甫撰　（宋）黄鶴補注　**附録一卷**　明嘉靖十五年（1536）玉几山人刻本　十二冊　缺一卷（詩集一至十八）

320000－1615－0008904　特1511/700488
文章正宗二十四卷　（宋）真德秀編　元至正元年（1341）高仲文刻明修本（卷十三至十八、二十部分配清抄本）　十九冊　存十九卷（一、三至二十）

320000－1615－0008905　特1512/700489
第一奇書不分卷一百回　（明）王世貞撰　（清）張竹坡評　清初玩花書屋刻本　二十四冊

320000－1615－0008906　特1512/700490
宛雅初編八卷　（明）梅鼎祚輯　**二編八卷**　（清）施閏章輯　（清）蔡蓁春輯　**三編二十四卷**　（清）施念曾輯　（清）張汝霖輯　清乾隆十四年（1749）廣州西阪草堂刻本　十冊

320000－1615－0008907　特1513/700491
四子全書九卷　（明）董逢元輯　明萬曆二十三年（1595）董氏秋聲閣刻本　十冊

320000－1615－0008908　特1513/700492
嬾真子五卷　（宋）馬永卿撰　明萬曆中會稽商氏半埜堂刻稗海本　二冊

320000－1615－0008909　特1513/700493
漁洋山人精華録十卷　（清）王士禛撰　清康熙三十九年（1700）刻本　五冊

320000－1615－0008910　特1514/700494
南豐先生元豐類稿五十一卷　（宋）曾鞏撰　明嘉靖王忬刻本　八冊

320000－1615－0008911　特 1514/700495
林蕙堂文集六卷　(清)吴綺撰　清康熙四十九年(1710)其據堂刻本　六冊

320000－1615－0008912　特 1521/700496
國雅二十卷續四卷　(明)顧起綸輯　**國雅品一卷**　(明)顧起綸撰　明萬曆元年(1573)顧氏奇字齋刻本　六冊

320000－1615－0008913　特 1521/700497
遵嚴先生文集四十一卷　(明)王慎中撰　明隆慶五年(1571)邵廉刻本　十二冊

320000－1615－0008914　特 1522/700498
兩漢記六十卷　(宋)王銍編　明嘉靖二十七年(1548)黄姬水刻本(前漢紀卷三十配清抄本)　二十四冊

320000－1615－0008915　特 1522/700499
晉書一百三十卷　(唐)房玄齡等撰　元刻本　一冊　存一卷(三十九)

320000－1615－0008916　特 1523/700500
牧齋有學集五十卷　(清)錢謙益撰　清康熙刻本　八冊

320000－1615－0008917　特 1523－4/700501
太史升庵文集八十一卷　(明)楊慎撰　明萬曆十年(1582)蔡汝賢四川刻本　三十二冊

320000－1615－0008918　特 1531/700502
空同集六十三卷　(明)李夢陽撰　明嘉靖十一年(1532)刻本　三十冊

320000－1615－0008919　特 1532－4/700503
大學衍義補一百六十卷首一卷　(明)丘濬撰　明嘉靖十二年(1533)宗文堂刻本　四十冊

320000－1615－0008920　特 1541/700504
柳文四十三卷別集二卷外集二卷　(唐)柳宗元撰　**附録一卷**　明嘉靖三十五年(1556)莫如士刻本　六冊

320000－1615－0008921　特 1541/700505
草堂詩餘五卷　(明)楊慎批點　明閔暎璧刻朱墨套印本　八冊

320000－1615－0008922　特 1542/700506
午亭文編五十卷　(清)陳廷敬撰　清康熙林佶寫刻本　四冊　存七卷(一至七)

320000－1615－0008923　特 1542/700507
文璨清娱四十八卷　(明)華國才輯　明崇禎四年(1631)刻本　十四冊

320000－1615－0008924　特 1543/700508
文章辨體五十卷外集五卷總論一卷　(明)吴訥輯　明嘉靖三十四年(1555)徐洛刻本　二十四冊

320000－1615－0008925　特 1543/700509
文録十二卷　(明)王道撰　明萬曆三十七年(1609)朱延禧刻本　四冊

320000－1615－0008926　特 1544/700510
日知録三十二卷　(清)顧炎武撰　清康熙三十四年(1695)潘耒遂初堂刻本　三十二冊

320000－1615－0008927　特 1551－3/700511
晉書一百三十卷　(唐)房玄齡等撰　明萬曆六年(1578)周若年、丁孟嘉刻二十四年(1596)王亮臣重修本　六十冊

320000－1615－0008928　特 1553/700512
海防纂要十三卷圖一卷　(明)王在晉撰　明萬曆四十一年(1613)刻本　六冊

320000－1615－0008929　特 1554/700513
高郵張氏遺稿七種不分卷　(明)張綖撰　(清)張廷樞輯　稿本　四冊

320000－1615－0008930　特 1554/700514
舒梓溪先生全集二十卷　(明)舒芬撰　明萬曆四年(1576)漆彬刻本　八冊

320000－1615－0008931　特 1554/700515
金石所見録不分卷　(清)淩霞輯　稿本　五冊

320000－1615－0008932　特 1554/700516
桂林禮約三十六卷　(明)顧懋樊撰　明崇禎刻本　八冊

320000－1615－0008933　特 1611/700517
郡牧廉平傳十卷　(明)王昌時撰　明末刻本　十冊

320000－1615－0008934　特 1611－2/700518

王允寧先生存笥稿四十二卷附録一卷　(明)王維楨撰　明崇禎十二年(1639)李嗣京鄧承藩華州刻本　三十二册

320000－1615－0008935　特 1612/700519

通鑑紀略十卷　(明)舒弘諤撰　明崇禎種秀堂刻本　八册

320000－1615－0008936　特 1612/700520

古列女傳八卷　(漢)劉向撰　明張溥刻本　二册

320000－1615－0008937　特 1613/700521

青蓮閣集十卷　(明)李言恭撰　明萬曆刻本　三册

320000－1615－0008938　特 1613/700522

楓山章先生集語録一卷　(明)章接輯　明崇禎十三年(1640)刻本　一册

320000－1615－0008939　特 1613/700523

楓山章先生實紀八卷　(明)章接輯　明崇禎十三年(1640)刻本　三册

320000－1615－0008940　特 1613－4/700524

遜志齋集二十四卷　(明)方孝孺撰　**附録一卷**　明嘉靖二十年(1541)蜀藩朱讓栩刻本　三十六册

320000－1615－0008941　特 1614/700525

聞妙香室詩鈔八卷　(清)李宗昉撰　稿本　八册

320000－1615－0008942　特 1614/700526

小墨林詩鈔一卷枯蘭集一卷雜著一卷　(清)項廷紀撰　稿本　四册

320000－1615－0008943　特 1621/700527

三立堂新編閫外春秋三十二卷　(明)尹商撰　明崇禎刻本　十六册　存十六卷(八至九、十五至二十四、二十九至三十二)

320000－1615－0008944　特 1621/700528

古雜劇二十卷　(明)王驥德編　明萬曆顧曲齋刻本　三册

320000－1615－0008945　特 1622－1634/700529

十七史　(清)毛晉輯　明崇禎至清順治間琴川毛氏汲古閣刻本　二百二十册　存十三種一千九十八卷(史記一百三十卷、漢書一百卷、後漢書一百二十卷、三國志六十五卷、晉書一百三十卷、宋書一百卷、南齊書五十九卷、梁書五十六卷、陳書三十六卷、魏書一百十四卷、北齊書五十卷、周書五十卷、隋書八十八卷)

320000－1615－0008946　特 1634/700530

宋史紀事本末十卷　(明)馮琦撰　(明)陳邦瞻補　**元史紀事本末四卷**　(明)陳邦瞻撰　明末刻本　十册　缺二卷(宋史紀事本末一至二)

320000－1615－0008947　特 1641－42/700531

通鑑紀事本末二百三十九卷　(宋)袁樞撰　(明)張溥論正　明刻本　六十册

320000－1615－0008948　特 1643/700532

通鑑紀事本末八十卷　(清)谷應泰編撰　清順治刻本　三十二册

320000－1615－0008949　特 1644－51/700533

綱鑑會編九十八卷　(清)葉澐輯　清康熙四十一年(1702)刻本　三十五册　缺六卷(八十五至九十)

320000－1615－0008950　特 1651/700534

日下舊聞四十二卷　(清)朱彝尊輯　(清)朱昆田補遺　清康熙二十七年(1688)六峰閣刻本　二十册

320000－1615－0008951　特 1652－1653/700535

路史四十六卷　(宋)羅泌纂　明敦化堂刻本　三十册

320000－1615－0008952　特 1653/700536

明季北略二十四卷　(清)計六奇輯　清末琉璃廠半松居士木活字印本　十二册

320000－1615－0008953　特 1653/700537

天台山志十八卷 (清)張聯元輯 清康熙刻本 八册

320000－1615－0008954 特1654/700538
廬山志十五卷 (清)毛德琦重訂 清康熙五十八年(1719)順德堂刻本 十六册

320000－1615－0008955 特1654/700539
居濟一得八卷 (清)張伯行撰 清康熙刻本 四册

320000－1615－0008956 特1654/700540
居濟一得八卷 (清)張伯行撰 清康熙刻本 二册

320000－1615－0008957 特1654/700541
岳林寺志六卷 (清)戴明琮纂 清康熙刻本 一册

320000－1615－0008958 特1654/700542
明史擬稿六卷 (清)尤侗纂 清康熙刻本 一册

320000－1615－0008959 特1711/700543
金史一百三十五卷 (元)脱脱等撰 明萬曆三十四年(1606)刻本 十三册 缺二十八卷(六十三至九十)

320000－1615－0008960 特1711/700544
戰國策十卷 (宋)鮑彪校注 (元)吴師道重校 清康熙姑蘇書業堂刻本 十册

320000－1615－0008961 特1712/700545
御製人臣儆心録一卷 (清)世祖福臨撰 清順治十二年(1655)刻本 一册

320000－1615－0008962 特1712/700546
白香山[居易]年譜一卷 (清)汪立名編 **年譜舊本一卷** (宋)陳振孫撰 清康熙四十二年(1703)一隅草堂刻本 一册

320000－1615－0008963 特1712/700547
十七史蒙求十六卷 (宋)王令輯 清康熙五十二年(1713)程宗璜刻本 二册

320000－1615－0008964 特1712/700548
增訂廣興記二十四卷圖一卷 (明)陸應陽撰 (清)蔡方炳增輯 清康熙五十六年(1717)聚錦堂刻本 十二册

320000－1615－0008965 特1712/700549
李文襄公奏議二卷奏疏十卷别録六卷 (清)李之芳撰 **年譜一卷** (清)程光禋撰 清康熙刻本 十册

320000－1615－0008966 特1712/700550
白香山年譜舊本一卷 (宋)陳振孫撰 清康熙四十二年(1703)一隅草堂刻本 一册

320000－1615－0008967 特1713/700551
杜氏通典二百卷 (唐)杜佑撰 明嘉靖刻本 一册 存四卷(九十至九十三)

320000－1615－0008968 特1713/700552
新鐫海内奇觀十卷 (明)楊爾曾撰 明萬曆三十七年(1609)夷白堂刻本 一册 存一卷(二)

320000－1615－0008969 特1713/700553
日下舊聞四十二卷 (清)朱彝尊輯 (清)朱昆田補遺 清康熙二十七年(1688)六峰閣刻本 三册

320000－1615－0008970 特1714－21/700554
綱鑑易知録九十二卷附明鑑易知録十五卷 (清)吴乘權等輯 清康熙五十年(1711)刻本 四十八册

320000－1615－0008971 特1722－23/700555
通志堂經解 (清)成德(性德)輯 清康熙十九年(1680)通志堂刻本 六十七册 存三十種三百三十四卷(漢上易傳一至二,易裨傳外篇一卷,易圖説一卷,易雅一卷、筮宗一卷,周易輯聞一卷,周易傳義附録八,周易繫辭傳上經一卷、下經一卷,周易本義附録纂注五至十五,周易本義集成六至十二,合訂删補大易集義粹言三十六至四十五、五十六至七十四、七十七至八十,詩本義十五卷、鄭氏詩譜補亡十一至十五,李迂仲黄實夫毛詩集解十一至三十五、三十九至四十二,毛詩名物解二十卷,詩傳遺説三至六,逸齋詩補傳一至十九、二十三至三十，詩經疑問七卷、附編一卷，詩解頤四卷，木訥先生春秋經筌十六卷，石林先生春秋傳一至十、十六至二十，止齋先生春秋後傳十二卷，春秋集解四至十、二十四至三十，春秋左氏傳事類始末五卷、附録一卷，春秋提綱十卷，春秋王霸列國世紀編三卷，春秋或問二十卷，儀禮圖十七卷、旁通圖一卷、附儀禮本經十七卷，禮記集説一至七，儀禮集説十二至十五，經禮補逸九卷、附録一卷，禮記陳氏集説補正八至十六）

320000－1615－0008972　特1724/700556
六書分類十二卷　（清）傅世垚編　清康熙四十四年（1705）聽松閣刻本　十册

320000－1615－0008973　特1724/700557
尚書纂傳四十六卷　（元）王天與纂　清康熙通志堂刻本　五册

320000－1615－0008974　特1724/700558
尚書通考十卷　（元）黄鎮成撰　清康熙十九年（1680）通志堂刻本　四册

320000－1615－0008975　特1724/700559
尚書句解十三卷　（元）朱祖義撰　清康熙十九年（1680）通志堂刻本　二册

320000 － 1615 － 0008976　特 1731 －41/700560
十三經注疏三百三十三卷　明崇禎汲古閣刻清乾隆四十年（1775）補刻本　一百二十册

320000－1615－0008977　特1741/700561
六書分類十二卷　（清）傅世垚編　清康熙四十四年（1705）聽松閣刻本　十四册

320000－1615－0008978　特1742/700562
正字通十二卷首一卷　（清）張自烈　（清）廖文英輯　清康熙弘文書院刻本　十三册

320000 － 1615 － 0008979　特 1743 －44/700563
禮記集説一百六十卷　（宋）衛湜撰　清康熙通志堂刻本　四十册

320000－1615－0008980　特1744/700564
春秋胡傳三十卷　（宋）胡安國撰　明汲古閣刻本　六册

320000－1615－0008981　特1744/700565
新定三禮圖二十卷　（宋）聶崇義集注　清康熙刻本　四册

320000－1615－0008982　特1751/700566
四書十九卷　（宋）朱熹集注　明崇禎十四年（1641）汲古閣本　一册　存二卷（大學一卷、中庸一卷）

320000－1615－0008983　特1751/700567
論語十卷　（宋）朱熹集注　明崇禎十四年（1641）毛氏汲古閣刻本　二册

320000－1615－0008984　特1751/700568
新增説文韻府群玉二十卷　（元）陰時夫編輯　（元）陰中夫註　（元）王元慶校　明萬曆十八年（1590）聚錦堂刻本　二十册

320000－1615－0008985　特1751/700569
通志堂經解　（清）成德（性德）輯　清康熙十九年（1680）通志堂刻本　存一册　存二種二十一卷（毛詩名物解二十卷、詩説一卷）

320000－1615－0008986　特1752/700570
新刻爾雅翼三十二卷　（宋）羅願撰　（明）胡文煥校　明萬曆胡氏文會堂刻壽養叢書本　四册

320000－1615－0008987　特1752/700571
五經類語八卷　（明）梁宇喬撰　（明）施宗誼訂　（明）吴民泰重校　明陳長卿刻本　一册

320000－1615－0008988　特1752/700572
通志堂經解　（清）成德（性德）輯　清康熙十九年（1680）通志堂刻本　六册　存三種十八卷（子夏易傳十一卷，易數鈎隱圖三卷、遺論九事一卷，横渠先生易説三卷）

320000－1615－0008989　特1752/700573
詩經不分卷　（宋）陳非木集注　清康熙雲姿堂刻本　二册

320000－1615－0008990　特1752/700574
大宋重修廣韻五卷　（宋）陳彭年撰　清康熙

張氏澤存堂刻本　五冊

320000－1615－0008991　特1752/700575
大宋重修廣韻五卷　（宋）陳彭年撰　清康熙張氏澤存堂刻本　二冊　存二卷（一、五）

320000－1615－0008992　特1752/700576
新定三禮圖二十卷　（宋）聶崇義集注　清康熙刻本　二冊

320000－1615－0008993　特1753/700577
周易四卷首一卷　（宋）朱熹注　明崇禎十四年（1641）毛氏汲古閣刻本　二冊

320000－1615－0008994　特1753/700578
書經六卷　（宋）蔡沈集傳　明崇禎十四年（1641）毛氏汲古閣刻本　四冊

320000－1615－0008995　特1753/700579
資治通鑑綱目五十九卷　（宋）朱熹撰　明崇禎三年（1630）陳仁錫刻本　一冊　存一卷（五十三）

320000－1615－0008996　特1753/700580
詩補傳三十卷　（宋）范處義撰　清康熙十九年（1680）通志堂刻本　八冊

320000－1615－0008997　特1753/700581
增修東萊書説三十五卷　（宋）吕祖謙撰　清康熙通志堂刻本　六冊

320000－1615－0008998　特1753/700582
尚書句解十三卷　（元）朱祖義撰　清康熙十九年（1680）通志堂刻本　一冊

320000－1615－0008999　特1754/700583
禹貢錐指二十卷圖一卷　（清）胡渭撰　清康熙八年（1669）漱六軒刻本　十冊

320000－1615－0009000　特1754/700584
通志堂經解　（清）成德（性德）輯　清康熙十九年（1680）通志堂刻本　三冊　存三種九卷（程尚書禹貢論二卷、後論一卷、山川地理圖二卷，定正洪範集説一卷、首一卷，王耕野先生讀書管見二卷）

320000－1615－0009001　特1754/700585
禹貢錐指二十卷略例一卷圖一卷　（清）胡渭撰　清康熙四十四年（1705）漱六軒刻本　八冊

320000－1615－0009002　特1754/700586
埤雅二十卷　（宋）陸佃撰　清康熙顧棫刻本　四冊

320000－1615－0009003　特1811－22/700587
淵鑑類函四百五十卷　（清）張英等編　清康熙清吟堂刻本　一百二十冊

320000－1615－0009004　特1823/700588
寓意草一卷　（清）喻昌撰　明崇禎十六年（1643）刻本　二冊

320000－1615－0009005　特1823/700589
二如亭群芳譜二十八卷首一卷　（明）王象晉纂輯　明末刻本　二十八冊

320000－1615－0009006　特1824－31/700590
景岳全書六十四卷　（明）張介賓撰　清康熙四十九年（1710）榮寶堂刻本　三十二冊

320000－1615－0009007　特1831/700591
名醫方論四卷　（清）羅美選編　清康熙刻本　二冊

320000－1615－0009008　特1831/700592
千金方九十三卷　（唐）孫思邈撰　清康熙刻本　十七冊　缺四卷（一至四）

320000－1615－0009009　特1832－33/700593
朱子全書六十六卷　（宋）朱熹撰　（清）李光地等輯　清康熙刻本　三十二冊

320000－1615－0009010　特1833/700594
通雅五十二卷首三卷　（清）方以智輯　清康熙五年（1666）姚氏浮山此藏軒刻本　十六冊

320000－1615－0009011　特1834/700595
蓉槎蠡説十二卷　（清）程哲撰　清康熙刻本　二冊

320000－1615－0009012　特1834/700596
類林新咏三十六卷　（清）姚之駰撰　清康熙

刻本　十冊

320000－1615－0009013　特1834/700597

學蔀通辯十二卷　(明)陳建撰　清康熙十七年(1678)啟後堂刻本　二冊

320000－1615－0009014　特1841/700598

南華經解三十三卷　(清)宣穎撰　清康熙寶旭齋刻本　六冊

320000－1615－0009015　特1841/700599

劉子全書八卷　(明)劉宗周撰　清康熙景姚堂楊開沅、楊景忠刻本　一冊　缺四卷(二至五)

320000－1615－0009016　特1841/700600

二曲集二十六卷二曲先生讀四書説一卷四書反身録六卷續録一卷司牧寶鑒一卷歷年紀略一卷　(清)李顒撰　清康熙刻本　十四冊

320000－1615－0009017　特1841/700601

芥子園畫傳五卷　(清)王槩輯　清康熙十八年(1679)刻本　四冊　存四卷(一至四)

320000－1615－0009018　特1841/700602

北溪先生字義二卷補遺一卷傳略嚴陵講義一卷附一卷　(宋)陳淳撰　清康熙五十三年(1714)戴嘉禧愛荆堂刻本　二冊

320000－1615－0009019　特1841/700603

北溪先生字義二卷補遺一卷傳略嚴陵講義一卷　(宋)陳淳撰　清康熙五十三年(1714)戴嘉禧愛荆堂刻本　一冊

320000－1615－0009020　特1842/700604

庚子山集十六卷年譜一卷　(北周)庚信撰　(清)倪璠注　清康熙二十六年(1687)崇岫堂刻本　十一冊　缺一卷(十五)

320000－1615－0009021　特1842/700605

杜詩詳註二十五卷諸家詠杜二卷首一卷　(唐)杜甫撰　(清)仇兆鰲輯註　清康熙三十二年(1693)刻本　十四冊

320000－1615－0009022　特1843/700606

杜工部集二十卷　(唐)杜甫撰　(清)錢謙益箋註　**附注杜詩略例一卷諸家詩話一卷附録一卷唱酬題詠附録一卷少陵先生年譜一卷**　清康熙六年(1667)季氏靜思堂刻本　十冊

320000－1615－0009023　特1843/700607

杜工部集二十卷　(唐)杜甫撰　(清)錢謙益箋註　**少陵先生年譜一卷**　清康熙六年(1667)季氏靜思堂刻本　七冊

320000－1615－0009024　特1843/700608

昌黎先生詩集注十一卷　(唐)韓愈撰　(清)顧嗣立删補　清康熙三十八年(1699)秀野草堂刻本　二冊

320000－1615－0009025　特1844/700609

杜詩論文五十六卷　(清)吴見思注　清康熙吴郡寶翰樓刻本　十九冊

320000－1615－0009026　特1851/700610

白香山詩集四十卷後集十七卷　(唐)白居易撰　(清)汪立名編　清康熙一隅草堂刻本　八冊　存二十卷(詩集一至二十)

320000－1615－0009027　特1851/700611

施注蘇詩四十二卷　(宋)蘇軾撰　(宋)施元之等注　(清)邵長蘅等删補　**蘇詩續補遺二卷**　(宋)蘇軾撰　(清)馮景補注　清康熙三十八年(1699)宋犖刻本　十二冊

320000－1615－0009028　特1851/700612

溫飛卿詩集七卷别集一卷集外詩一卷　(唐)溫庭筠撰　(明)曾益注　(清)顧予咸補注　(清)顧嗣立續注　清康熙三十六年(1697)顧氏秀野草堂刻本　一冊　存三卷(一至三)

320000－1615－0009029　特1851/700613

劍南詩鈔不分卷　(宋)陸游撰　(清)楊大鶴選　清康熙二十四年(1685)刻本　六冊

320000－1615－0009030　特1852/700614

施注蘇詩四十二卷　(宋)蘇軾撰　(宋)施元之等注　(清)邵長蘅等删補　**蘇詩續補遺二卷**　(宋)蘇軾撰　(清)馮景補注　清康熙三十八年(1699)刻本　十二冊

320000－1615－0009031　特1852－53/700615

晦庵先生朱文公文集一百卷續集五卷别集七卷　(宋)朱熹撰　清康熙二十七年(1688)蔡方炳刻本　四十册

320000－1615－0009032　特1854/700616
震川先生集三十卷别集十卷　(明)歸有光撰　**補編一卷**　清康熙刻本　十册

320000－1615－0009033　特1854/700617
渠亭山人半部稿四種　(清)張貞撰　清康熙二十八年(1689)刻本　四册

320000－1615－0009034　特1854/700618
後村詩集七卷　(清)王文治撰　清康熙刻本　三册

320000－1615－0009035　特1854/700619
秋錦山房集十卷　(清)李良年撰　清康熙三十五年(1696)刻本　一册　存四卷(一至四)

320000－1615－0009036　特1911/700620
青門簏稿十六卷青門旅稿六卷青門勝稿八卷　(清)邵長蘅撰　清康熙三十二年(1693)刻本　十二册

320000－1615－0009037　特1911/700621
尤西堂全集十七種　(清)尤侗撰　**湘中草六卷**　(明)湯傳楹撰　清康熙善城堂刻本　二十册　缺一卷(哀弦集一卷)

320000－1615－0009038　特1912/700622
帶經堂全集　(清)王士禛撰　清康熙刻本　八册　存三種十七卷(雍益集一卷,南海集二卷,蠶尾集十卷、續集二卷、後集二卷)

320000－1615－0009039　特1912/700623
漁洋山人精華録十卷文略十四卷蠶尾集十卷續集二卷後集二卷　(清)王士禛撰　清康熙刻本　十五册

320000－1615－0009040　特1912/700624
南州草堂集三十卷首一卷　(清)徐釚撰　清康熙刻本　三册　存十九卷(一至十八、首一卷)

320000－1615－0009041　特1913/700625
海峰文集不分卷詩集十一卷　(清)劉大櫆撰　清道光縹碧軒刻本　十二册

320000－1615－0009042　特1913/700626
敬恕堂文集十卷　(清)耿介撰　清康熙四十八年(1709)刻本　八册

320000－1615－0009043　特1914/700627
元詩選　(清)顧嗣立輯　清康熙長洲顧氏秀野草堂刻本　十九册　存九十五種一百四卷(松雪齋集一卷,清容居士集一卷,石田集一卷,雲林集一卷,雪莊類藁一卷,漢泉漫藁一卷,圭塘小藁一卷、圭塘欸乃集一卷,閑居叢藁一卷,默菴集一卷,道園學古録一卷、道園遺稿一卷,仲弘集一卷,秋宜集一卷,蜕菴集一卷,玩齋集一卷、玩齋拾遺一卷,金臺集一卷,鹿皮子集一卷,詠物詩一卷,經濟集一卷,存復齋集一卷、續集一卷,所安遺集一卷,清江碧嶂集一卷,叔淵遺藁一卷,白雲先生集一卷,俟菴集一卷,賓峯集一卷,榜栳山人集一卷,續軒渠集一卷,書林外集一卷,溝南漫存藁一卷,顧北集一卷,青陽集一卷,友石山人遺藁一卷,師山集一卷,雲陽集一卷,不繫舟漁集一卷,圭峰集一卷,秋聲集一卷,傲軒吟藁一卷,僑吴集一卷,近光集一卷、扈從詩一卷,夷白齋藁一卷、外藁一卷,玉笥集一卷,灤京雜咏一卷,待清軒遺藁一卷,鐵崖古樂府一卷、復古詩一卷、鐵崖先生集一卷,松鄉集一卷,紫巖集一卷,盱里子集一卷,得之集一卷,清江集一卷,至治集一卷,燕石集一卷,樵水集一卷,桂隱集一卷,雲臺集一卷,山陰集一卷,南湖集一卷,海粟集一卷,雪菴集一卷,如是翁集一卷,侍郎集一卷,華峰漫槀一卷,拙菴集一卷,仁父集一卷,超然集一卷,聲之集一卷,效顰集一卷,南山先生集一卷,丹丘生槀一卷,時中集一卷,可立集一卷,絪緼集一卷,中行齋集一卷,本齋集一卷,仲實集一卷,仁里漫槀一卷,止止齋槀一卷,覺是集一卷,仲淵集一卷,仲禮集一卷,兩峰慚槀一卷,鳴琴集一卷,江村先生集一卷,元亮集一卷,明卿集一卷,鐵牛翁遺槀一卷,雲松野褐集一卷,希吕集一卷,山長集一卷,北郭集一卷,雲丘道人集一卷,睿夫集一卷,乾乾居士集一卷,公振集一卷,來鶴草堂槀一卷、既白軒槀

一卷、竹洲歸田稾一卷）

320000－1615－0009044　特1914/700628
元詩選　（清）顧嗣立輯　清康熙五十九年（1720）秀野草堂刻本　八册

320000－1615－0009045　特1914/700629
明詩綜一百卷　（清）朱彝尊編　清康熙刻本　一册　存六卷（九十五至一百）

320000－1615－0009046　特1921/700630
梁昭明文選二十四卷　（明）張鳳翼纂　清康熙刻本　六册

320000－1615－0009047　特1921/700631
古文析義合編十四卷　（清）林雲銘評注　清康熙金閶小西山房刻本　十四册

320000－1615－0009048　特1922/700632
載書圖詩一卷　（清）王士禛撰　清康熙刻本　一册

320000－1615－0009049　特1922/700633
高季迪先生大全集十八卷　（明）高啟撰　清康熙長洲許氏竹素園刻本　三册　存十三卷（一至九、十五至十八）

320000－1615－0009050　特1922/700634
瀛奎律髓四十九卷　（元）方回輯　清康熙四十九年（1710）刻本　十二册

320000－1615－0009051　特1922/700635
古文賞音十二卷　（清）謝有煇纂　清康熙四十六年（1707）刻本　四册

320000－1615－0009052　特1923/700636
御定全唐詩録一百卷　（清）徐倬輯　清康熙四十五年（1706）刻本　二十四册

320000－1615－0009053　特1924/700637
唐賢三昧集三卷　（清）王士禛編　清康熙刻本　一册

320000－1615－0009054　特1924－31/700638
宋詩鈔四集　（清）吴之振　（清）吕留良　（清）吴爾堯編　清康熙十年（1671）刻本　二十五册　缺五種（朝天集、江西道院集、朝天續集、江東集、退休集）

320000－1615－0009055　特1931/700639
宋詩鈔初集　（清）吴之振　（清）吕留良　（清）吴爾堯編　清康熙十年（1671）刻本　十六册　缺二十九種（龍雲集、栟櫚集、文公集、石湖集、劍南集、止齋集、江湖集、南海集、荆溪集、朝天集、西歸集、江西道院集、朝天續集、江東集、退休集、勉齋集、鶴山集、蛟峰集、雪巖集、緗雲集、玉楮集、滄浪吟、竹齋集、疊山集、仲安集、所南集、魯齋集、玉蟾集、斷腸集）

320000－1615－0009056　特1932－33/700640
宋詩鈔四集　（清）吴之振　（清）吕留良　（清）吴爾堯編　清康熙三餘堂刻本　三十二册

320000－1615－0009057　特1933/700641
御選宋詩七十八卷　（清）張豫章等輯　清康熙四十八年（1709）刻本　三十册

320000－1615－0009058　特1934/700642
全唐詩録一百卷　（清）徐倬編　清康熙四十五年（1706）刻本　十六册　存八十八卷（一至四十二、四十九至八十四、九十一至一百）

320000－1615－0009059　特1941/700643
全唐詩鈔八十卷補遺十六卷　（清）吴成儀編　清乾隆刻本　十七册　缺三十卷（詩鈔一、六至十一、十九至三十、三十七、六十三至六十四、七十三至七十六，補遺五至八）

320000－1615－0009060　特1941/700644
重訂唐詩别裁集二十卷　（清）沈德潛編　清康熙五十六年（1717）教忠堂刻本　四册

320000－1615－0009061　特1941/700645
梅村詩鈔三卷　（清）吴偉業撰　清康熙六年（1667）刻江左三大家詩鈔本　一册

320000－1615－0009062　特1941/700646
全唐詩鈔八十卷補遺十六卷　（清）吴成儀編　清乾隆刻本　二册　存四卷（五十八至六十一）

320000－1615－0009063　特 1942/700647
諸子奇賞五十一卷　(明)陳仁錫評選　明刻本　十九册　存四十五卷(七至五十一)

320000－1615－0009064　特 1942/700648
柳亭詩話三十卷　(清)宋長白纂　清康熙天茁園刻本　四册　存十五卷(一至十五)

320000－1615－0009065　特 1942/700649
唐柳河東先生全集　(唐)柳宗元撰　清康熙刻本　一册　存二卷(四至五)

320000－1615－0009066　特 1943/700650
古文賞音十二卷　(清)謝有煇纂　清康熙刻本　六册

320000－1615－0009067　特 1943/700651
古詩源十四卷　(清)沈德潛撰　清康熙十六年(1677)刻本　四册

320000－1615－0009068　特 1943/700652
江左三大家詩鈔九卷　(清)顧有孝　(清)趙澐輯　清康熙七年(1668)桐葉山房刻本　四册

320000－1615－0009069　特 1943/700653
元詩選　(清)顧嗣立輯　清康熙長洲顧氏秀野草堂刻本　十二册

320000－1615－0009070　特 1944/700654
宋詩鈔初集　(清)吴之振　(清)吕留良　(清)吴爾堯編　清康熙刻本　三十二册

320000－1615－0009071　特 1951/700655
元詩選　(清)顧嗣立輯　清康熙長洲顧氏秀野草堂刻本　二册　存九種十二卷(丁亥集一卷、静修續集一卷、静修遺詩一卷、静修拾遺一卷,草廬集一卷,金囦吟一卷,松雪齋集一卷,雪莊類藁一卷,清江碧嶂集一卷,清江集一卷,至治集一卷,燕石集一卷)

320000－1615－0009072　特 1951/700656
元詩選　(清)顧嗣立輯　清康熙長洲顧氏秀野草堂刻本　十九册

320000－1615－0009073　特 1951/700657
文苑彙雋二十四卷　(明)孫丕顯彙纂　清康熙刻本　六册　存十四卷(一至十四)

320000－1615－0009074　特 1952/700658
施注蘇詩四十二卷　(宋)蘇軾撰　(宋)施元之等注　(清)邵長蘅等删補　**蘇詩續補遺二卷**　(宋)蘇軾撰　(清)馮景補注　清康熙刻本　十六册

320000－1615－0009075　特 1952/700659
文章軌範七卷　(宋)謝枋得輯　清康熙五十七年(1718)刻本　一册

320000－1615－0009076　特 1952/700660
詞苑叢談十二卷　(清)徐釚編　清康熙刻本　三册

320000－1615－0009077　特 1952/700661
説鈴續集　(清)吴震方輯　清康熙五十一年(1712)刻本　二册　缺二種四卷(筠廊二筆一卷、池北偶談三卷)

320000－1615－0009078　特 1953/700662
詞律二十卷　(清)萬樹撰　清康熙二十六年(1687)萬氏堆絮園保滋堂刻本　十二册

320000－1615－0009079　特 1953/700663
古夫于亭雜録五卷　(清)王士禛撰　清康熙六十年(1721)刻本　二册

320000－1615－0009080　特 1953/700664
香祖筆記十二卷　(清)王士禛撰　清康熙四十四年(1705)刻本　四册

320000－1615－0009081　特 1954/700665
寄園寄所寄十二卷　(清)趙吉士輯　清康熙刻本　八册

320000－1615－0009082　特 1954/700666
説鈴二集五十三種　(清)吴震方撰　清康熙刻本　十册

320000－1615－0009083　特 2011/700667
説鈴二集五十三種　(清)吴震方編　清康熙刻本　十六册

320000－1615－0009084　特 2011/700668
説鈴二集五十三種　(清)吴震方輯　清康熙刻本　四册　存十四種十八卷(冬夜箋記一

卷、隴蜀餘閑一卷、分甘餘話二卷、安南雜記一卷、游雁蕩山記一卷、筠廊偶筆二卷、金鰲退食筆記二卷、扈從西巡録一卷、見聞録一卷、冥報録二卷、談助一卷、畫壁詩一卷、邇語一卷、庸言一卷)

320000－1615－0009085　特 2011/700669
吴梅村先生詩集二十卷　(清)吴偉業撰　清康熙刻本　五册

320000－1615－0009086　特 2012/700670
堯峰文鈔四十卷　(清)汪琬撰　(清)林佶編　清康熙刻本　五册

320000－1615－0009087　特 2012/700671
施注蘇詩四十二卷　(宋)蘇軾撰　(宋)施元之等注　(清)邵長蘅等删補　**蘇詩續補遺二卷**　(宋)蘇軾撰　(清)馮景補注　清康熙刻本　十二册

320000－1615－0009088　特 2013/700672
唐文粹詩選六卷　(清)王士禛纂　清康熙刻本　二册

320000－1615－0009089　特 2013/700673
皇華紀聞四卷　(清)王士禛撰　清康熙二十九年(1690)刻本　一册　存二卷(一至二)

320000－1615－0009090　特 2013/700674
古文析義六卷　(清)林雲銘輯　清康熙二十一年(1682)經元堂刻本　六册

320000－1615－0009091　特 2013/700675
漁洋詩話三卷　(清)王士禛撰　清康熙四十七年(1708)刻本　一册

320000－1615－0009092　特 2013/700676
蕙風叢書　況周儀撰　清光緒刻本　一册　存二種十卷(第一生修梅花館詞九卷、香海棠館詞話一卷)

320000－1615－0009093　特 2013/700677
漁洋山人精華録十卷　(清)王士禛撰　(清)林佶編　清康熙三十九年(1700)林佶寫刻本　六册

320000－1615－0009094　特 2013/700678
白木詞五卷詞餘一卷　(清)尤侗撰　清康熙刻本　一册

320000－1615－0009095　特 2013/700679
御選歷代詩餘一百二十卷　(清)沈辰垣等輯　清康熙内府刻本　一册　存十四卷(八十七至一百)

320000－1615－0009096　特 2013/700680
于京集五卷　(清)尤侗撰　清康熙二十二年(1683)西堂全集刻本　一册

320000－1615－0009097　特 2013/700681
漁洋山人詩集二十二卷續集十六卷　(清)王士禛撰　清康熙八年(1669)刻本　六册

320000－1615－0009098　特 2013/700682
陳檢討詞鈔十二卷　(清)陳維崧撰　(清)蔣景祁等選　清康熙金閶葉繼照刻本　二册

320000－1615－0009099　特 2014/700683
王文成公文集十六卷　(明)王守仁撰　清康熙刻本　十六册　缺一卷(十六)

320000－1615－0009100　特 2021/700684
分甘餘話四卷　(清)王士禛撰　清康熙刻本　二册

320000－1615－0009101　特 2021/700685
三魚堂文集十二卷外集六卷附録一卷　(清)陸隴其撰　清康熙刻本　五册

320000－1615－0009102　特 2021/700686
三魚堂文集十二卷外集六卷附録一卷　(清)陸隴其撰　清康熙刻本　八册

320000－1615－0009103　特 2021/700687
方正學先生遜志齋集二十四卷年譜一卷　(明)方孝孺撰　(明)張紹謙纂定　(明)盧演輯訂　清康熙刻本　二册　存十二卷(一至六、十五至二十)

320000－1615－0009104　特 2022/700688
湯子遺書十卷　(清)湯斌撰　**附録一卷**　(清)湯沆等撰　清康熙四十二年(1703)刻本　四册

320000－1615－0009105　特 2022/700689

振雅堂彙編詩最十卷　(清)倪匡世輯　清康熙刻本　一冊　存一卷(四)

320000－1615－0009106　特2022/700690
振雅堂彙編詩最十卷　(清)倪匡世輯　清康熙刻本　三冊　存三卷(二至三、七)

320000－1615－0009107　特2022/700691
諸葛武侯文集四卷　(三國蜀)諸葛亮撰　(清)張伯行輯　清康熙四十八年(1709)正誼堂刻本　一冊　存一卷(二)

320000－1615－0009108　特2022/700692
楊忠愍公集四卷　(明)楊繼盛撰　(清)朱永輝輯　清康熙刻本　四冊

320000－1615－0009109　特2022/700693
嘯餘譜十一卷　(明)程明善輯　清康熙刻本　一冊　存三卷(二至四)

320000－1615－0009110　特2023/700694
濟陰綱目十四卷保生碎事一卷　(明)武之望輯撰　(清)汪淇箋釋　清康熙四年(1665)刻本　八冊

320000－1615－0009111　特2023/700695
[江蘇寶應]張氏家乘三卷　(清)孫云譔撰　清康熙二十九年(1690)抄本　八冊

320000－1615－0009112　特2023/700696
溉堂前集九卷　(清)孫枝蔚撰　清康熙刻本　六冊

320000－1615－0009113　特2024/700697
莊子因六卷　(清)林雲銘評述　清康熙五十五年(1716)文盛堂刻本　六冊

320000－1615－0009114　特2024/700698
小紅詞集一卷　(清)朱經撰　清康熙刻本　一冊

320000－1615－0009115　特2024/700699
燕堂賦稿三卷小紅詞集一卷　(清)朱經撰　清康熙四十年(1701)刻本　一冊

320000－1615－0009116　特2024/700700
燕堂詩鈔八卷　(清)朱經撰　清康熙刻本　四冊

320000－1615－0009117　特2024/700701
虞初新志二十卷　(清)張潮輯　清康熙刻本　二冊　存十八卷(一至十八)

320000－1615－0009118　特2031/700702
[康熙]寶應縣志二十四卷　(清)徐虁修　(清)喬萊纂　清康熙二十九年(1690)刻本　十二冊

320000－1615－0009119　特2031/700703
施愚山先生學餘文集二十八卷　(清)施閏章撰　清康熙四十七年(1708)楝亭刻本　四冊

320000－1615－0009120　特2031/700704
真詮二卷　(明)桑喬撰　清康熙四十九年(1710)彭定求刻本　二冊

320000－1615－0009121　特2032/700705
[康熙]揚州府志四十卷　(清)金鎮修　清康熙十四年(1675)刻本　十六冊

320000－1615－0009122　特2033－41/700706
資治通鑑綱目正編五十九卷　(宋)朱熹撰　(明)陳仁錫輯評　**續編二十七卷**　(明)商輅等撰　**前編二十五卷**　(明)南軒撰　清康熙六十一年(1722)四喜堂刻本　八十九冊　存八十八卷(前編二十五卷、正編一至三十六、續編二十七卷)

320000－1615－0009123　特2042/700718
海陵詩徵二卷　(清)夏荃輯　稿本　六冊

320000－1615－0009124　特2042/700719
太玄靈曜□□卷　(清)陳本禮纂　(清)陳逢衡校　稿本　一冊

320000－1615－0009125　特2043/700725
揚州鹽河水利沿革圖説一卷　(清)徐庭曾撰　稿本　一冊

320000－1615－0009126　特2043/700728
林氏来往書簡集一卷　(清)林氏集　稿本　一冊

320000－1615－0009127　特2043/700733
寶應朱曼伯等資料雜輯不分卷　(□)□□輯

清末稿剪報合訂本　一册

320000－1615－0009128　特2043/700738
[甘泉五塘志]不分卷　(□)□□撰　稿本　三册

320000－1615－0009129　特2051/700748
寶應朱氏集存史料書牘不分卷　(□)□□輯　稿本　四册

320000－1615－0009130　特2051/700749
寶應王希伊夫婦墨跡不分卷　(清)王希伊等撰　稿本　一册

320000－1615－0009131　特2051/700751
王白田書札不分卷　(清)王懋竑輯　稿本　一册

320000－1615－0009132　特2051/700753
阮元家書七帙　(清)阮元撰　稿本　一册

320000－1615－0009133　特2051/700758
揚州城東八景圖及圖説　(清)汪鋆繪　稿本　十六張

320000－1615－0009134　特2111/700762
天下一統志九十卷　(明)李賢等修　明刻本　四十三册

320000－1615－0009135　特2112/700763
東垣十書　(金)真定　(金)李杲等撰　明刻清印本　十三册　存二十二卷(脈訣一卷、局方發揮一卷、脾胃論三卷、格致餘論一卷、蘭室秘藏三卷、湯液本草三卷、外科精義二卷、海藏斑論萃英一卷、醫經溯洄集一卷、醫壘元戎一卷、内外傷辨惑論三卷、東垣先生此事難知集二卷)

320000－1615－0009136　特2112/700764
四六法海十二卷　(明)王志堅編　明天啓七年(1627)載德堂刻清乾隆二十三年(1758)王鶚槐蔭堂重修本　十六册

320000－1615－0009137　特2113/700765
古詩源十四卷　(清)沈德潛選　清刻本　有清嘉慶十六年(1811)潘德與批校題跋　二册

320000－1615－0009138　特2113/700766
羅昭諫集八卷　(唐)羅隱撰　清康熙七年(1668)張瓚刻道光四年(1824)羅氏裔孫建寅啟發等補刻本　四册

320000－1615－0009139　特2113/700767
諸子彙函二十六卷　(明)歸有光輯　明天啓刻本　二十册　存二十卷(一至二十)

320000－1615－0009140　特2114/700768
説嵩三十二卷　(清)景日昣撰　清康熙刻本　十册

320000－1615－0009141　特2114/700769
奏疏存稿六卷　(清)趙良棟撰　清康熙刻本　十二册

320000－1615－0009142　特2121/700770
漢宫瓦當一卷　(清)陳廣寧輯　清乾隆五十六年(1791)刻本　一册　陳廣寧題跋并題記

320000－1615－0009143　特2121/700771
陳書三十六卷　(唐)姚思廉撰　清乾隆四年(1739)武英殿刻本　六册

320000－1615－0009144　特2121/700772
遼史　(元)脱脱等修　清乾隆四年(1739)刻本　八册

320000－1615－0009145　特2122/700773
讀杜心解六卷首二卷　(清)浦起龍撰　(清)李天生等五先生評　清雍正寧我齋刻本　八册　存四卷(一至四)　鳳山氏等六人評語題跋,其中三册為杜詩抄本,書中批校題跋與刻本頗有聯繫

320000－1615－0009146　特2122/700775
過日集二十卷附名媛不分卷　(清)曾燦輯　清康熙刻本　十二册　存五卷(三、七、十一、十四至十五)

320000－1615－0009147　特2123/700776
明詩別裁集十二卷　(清)沈德潛選　清乾隆刻本　八册

320000－1615－0009148　特2123/700777
楚辭十七卷　(宋)朱熹集注　清初毛氏汲古閣刻本　四册　清王引之批跋

320000－1615－0009149　特2123/700778
王荊公詩箋注五十卷　（宋）王安石撰　（宋）李壁箋注　清乾隆六年（1741）武原張宗松清綺齋刻本　十冊

320000－1615－0009150　特2124/700779
史記論文一百三十卷　（清）吴見思評點　清康熙尺木堂刻本　二十冊

320000－1615－0009151　特2131/700780
江文通集四卷　（清）梁江淹輯　清乾隆二十四年（1759）安愚堂刻本　四冊

320000－1615－0009152　特2131/700781
廿二史考異一百卷　（清）錢大昕撰　清乾隆四十五年（1780）潛研堂錢氏刻本　十四冊

320000－1615－0009153　特2132/700782
曝書亭集八十卷附録葉兒樂府一卷　（清）朱彝尊撰　清康熙刻本　十六冊

320000－1615－0009154　特2132/700783
補注東坡先生編年詩五十卷目録一卷　（清）查慎行補注　清乾隆二十六年（1761）查開香雨齋刻本　二十冊

320000－1615－0009155　特2133/700784
施愚山先生學餘詩集五十卷文集二十八卷別集四卷　（清）施閏章撰　**施愚山先生年譜四卷**　（清）施念曾輯　清康熙、乾隆間刻本　二十冊

320000－1615－0009156　特2134/700785
秦漢瓦當文字一卷　（清）張邦梁手拓　清道光二十四年（1844）拓印本　清張廷濟題記并題跋　一冊

320000－1615－0009157　特2142/700797
十峰草堂詩稿不分卷　（清）王雪垞撰　清抄本（前序、後跋配乾隆二十二年刻本）　一冊

320000－1615－0009158　特2142/700798
靜壽齋詩鈔十三卷　朱爽亭撰著　清末民國抄本　四冊

320000－1615－0009159　特2142/700799
伊川擊壤集二十卷　（宋）邵雍撰　清抄本（前序、後跋配乾隆二十二年刻本）　四冊

320000－1615－0009160　特2142/700801
霜猨集二卷補佚一卷　（明）周同谷著　清不易草堂抄本　一冊　李梅閣跋

320000－1615－0009161　特2142/700802
王臨川文選不分卷　（宋）王安石著　（清）詹湛抄　清抄本　二冊　清詹淇批校

320000－1615－0009162　特2142/700803
湘谷初稿八卷　（清）謝庭蘭撰　清末民國抄本　六冊

320000－1615－0009163　特2142/700804
文苑英華辨正十卷　（宋）彭叔夏撰　清寶閑堂抄本　二冊

320000－1615－0009164　特2142/700805
湛然居士集十四卷　（元）耶律楚材撰　清抄本　四冊

320000－1615－0009165　特2143/700806
青山集三十卷　（宋）郭祥正撰　清光緒二十年（1894）吴孟節抄本　十冊　吴孟節跋

320000－1615－0009166　特2143/700807
竹素園詩抄八卷　（清）許廷鑅撰　清抄本　二冊

320000－1615－0009167　特2143/700808
曹秋岳詩（靜惕堂詩、雲中集）不分卷　（清）曹溶著　清抄本　五冊

320000－1615－0009168　特2143/700809
日星河嶽不分卷　（□）□□撰　清抄本　四冊

320000－1615－0009169　特2144/700811
復堂古詩録七卷附敘文五篇唐詩録五卷附詞録一卷　（清）譚獻撰　稿本　三冊

320000－1615－0009170　特2144/700813
雍南公詩集五卷　（清）李基簡撰　清抄本　五冊

320000－1615－0009171　特2151/700815
素問不分卷　（唐）王冰注　清抄本　六冊

320000－1615－0009172　特2151/700816
水陸攻守戰略方術秘書七種三十六卷　(清)澼洸道人輯　清抄本　十六册

320000－1615－0009173　特2152/700817
金湯借箸十二籌十二卷　(明)李盤撰　清初抄本　六册

320000－1615－0009174　特2152/700818
説文解字翼十五卷　(清)嚴可均撰　清末抄本　二册

320000－1615－0009175　特2152/700819
鬼谷子干支數不分卷　清末抄本　一册

320000－1615－0009176　特2152/700821
傷寒門佘氏周氏藏稿歌括等雜録二卷　(□)□□撰　清抄本　一册

320000－1615－0009177　特2152/700823
傅氏家集九種　(清)傅基賜等撰　清抄本　六册

320000－1615－0009178　特2153/700825
花間集四卷　(五代)趙崇祚集　(明)湯顯祖評　清抄本　四册

320000－1615－0009179　特2153/700826
餘園詩詞稿十一卷附賦鈔一卷試帖詩一卷　(清)陸文鍵撰　清末民國抄本　四册

320000－1615－0009180　特2153/700827
儀禮聚考一卷　(清)楊筠撰　清抄本　一册

320000－1615－0009181　特2153/700829
張菉畦詩話不分卷　孝則抄　清末民國抄本　一册

320000－1615－0009182　特2153/700832
樊南四六集六卷　(唐)李商隱撰　清抄本　四册

320000－1615－0009183　特2153/700833
御製天地異象圖附風角總占不分卷　(□)□□撰　清抄本　八册

320000－1615－0009184　特2153/700834
野史三十二章附集異七則　(清)初性抄　清嘉慶十三年(1808)抄本　二册

320000－1615－0009185　特2154/700835
石庵相國手書葩經真蹟　(清)劉墉書　稿本　一册

320000－1615－0009186　特2212/700841
宋文文山先生正氣歌　(宋)文天祥撰　韓汝春書　清光緒六年(1880)韓汝春寫本　一册　劉藝跋

書名筆畫字頭索引

一畫

二畫

三畫

四畫

五畫

六畫

七畫

八畫

九畫

十畫

十一畫

十二畫

十三畫

十四畫

十五畫

十六畫

十七畫

十八畫

十九畫

二十畫

二十一畫

二十二畫

二十三畫

二十四畫

二十六畫

二十八畫

三十畫

其他

書名筆畫索引

一畫

二畫

三畫

四畫

五畫

六畫

七畫

八畫

九畫

十畫

十一畫

十二畫

十三畫

十四畫

十五畫

十六畫

十七畫

十八畫

十九畫

二十畫

二十一畫

二十二畫

二十三畫

二十四畫

二十六畫

二十八畫

三十畫

其他